揭秘历史真相，走出戏说误区

这才是南宋史

余耀华　著

中国书籍出版社
China Book Press

入围"第八届茅盾文学奖"作家
获第三届"薛暮桥价格研究奖"专家
重磅推出最新力作

序

南宋始于高宗赵构，亡于末帝赵昺，历经九个皇帝，一百五十二年。

南宋历代帝王，有见敌人就跑的，有侍亲至孝的，有畏老婆畏如虎的，就是没有收复大宋疆土的。

"精忠报国"，岳母刺字激励了一代又一代中国人；"人生自古谁无死，留取丹心照汗青！"文天祥的千古绝句，表现了仁人志士慷慨赴死的民族气节；"人从宋后无名桧，我到坟前愧姓秦"，清人秦涧泉在岳王庙秦桧铁像前的信口吟联，表达了世人对奸臣是多么的厌恶。这些都是发生在南宋的人和事。

本书以正史为经，野史为纬。

涉及的重大事件有：宋室南迁、激战黄天荡、淮西兵变、襄阳之战、顺昌之战、郾城之战、朱仙镇大捷、千古奇冤风波亭、绍兴和议、隆兴和议、庆元党禁、襄阳之战等。

涉及重要的历史人物有：除了南宋九位皇帝之外，尚有李纲、宗泽、张浚、韩世忠、梁红玉、岳飞、赵立、秦桧、张俊、吴玠、贾似道、文天祥等。

历史在南宋拐了一个弯，那里有武将的血，也有文臣的痛，那种伤痛永远不该被遗忘。抖开千年尘封的历史，不戏说，不臆断，让世人看到最接近真实的历史。

余耀华于湖北鄂州寓所
2013 年 10 月 20

目　录

第一章　中兴之主

　　北宋灭亡的当年，宋徽宗的第九个儿子康王赵构在应天府即位做了皇帝。在宋徽宗三十一个儿子当中，赵构排行第九，位置算是靠前的，但他是庶出，也就是说，是小老婆养的，依宗法制度，皇位继承权根本就轮不到他。说赵构捡了个皇位，似乎并不过分。而这个捡到皇位的人，却担起了光复大宋的使命，他是否能做好这个"中兴之主"，历史将会回答这个问题。

　　一　捡来的皇位 / 1
　　二　李纲得罪了谁 / 11
　　三　宗泽临终三喊"过河" / 22
　　四　惊弓之鸟 / 33
　　五　苗刘兵变 / 41
　　六　韩世忠讨逆 / 46
　　七　装孙子，当兔子 / 57
　　八　金人也有哭的时候 / 70
　　九　狼烟从西北燃起 / 80
　　十　儿皇帝、伪皇帝 / 89
　　十一　张俊剿匪很风光 / 99
　　十二　吴玠是个真爷们儿 / 105
　　十三　神勇岳家军 / 114
　　十四　谁在大仪镇布下陷阱 / 121
　　十五　洞庭湖岳飞剿贼 / 129
　　十六　淮西兵变，谁是罪魁祸首 / 139
　　十七　议和背后的秘闻 / 151
　　十八　刘锜吹响了抗金号角 / 163
　　十九　十二道催命金牌 / 173

二十　千古奇冤风波亭 / 185

二十一　绍兴和议 / 200

二十二　秦桧弄权 / 206

二十三　谁撕毁了盟约 / 224

二十四　虞允文扬威采石矶 / 237

二十五　撂挑子 / 245

第二章　继位玄机

赵昚是宋太祖赵匡胤的直系七世孙，赵匡胤的小儿子赵德芳的遗脉。

在赵匡胤将皇位传给弟弟赵光义后的第七代，赵昚坐上了金銮殿里的那把龙椅，皇位重新回到宋太祖赵匡胤这一脉，实在有些出人意料。

赵昚的继位，涉及北宋初年最大的一桩谜案，带有很大的神秘色彩。

一　皇帝继位有玄机 / 254

二　收拾旧山河 / 258

三　隆兴和议 / 266

四　撂挑子 / 273

第三章　忤逆皇帝

赵惇能当上皇帝，实在是有些侥幸，因为在赵昚和郭皇后所生的四个儿子中，他排行老三，那个被立为太子的大哥年纪轻轻地就死了，按立嫡立长的皇位继承法则，太子的差事应该是老二赵恺接着干，偏偏赵昚认为老三赵惇"英武类己"，便跳过了老二，选择老三赵惇做了太子。

赵昚破格提拔赵惇为太子，实在是犯了一个极大的错误，实践证明，在赵惇的身上，既找不到半点"英武"的影子，"类己"更是扯淡，他不但忤逆，而且还成了疯子。

一　刁蛮皇后 / 282

二　忤逆子 / 289

三　疯子皇帝的悲哀 / 297

第四章　政治傀儡

赵扩是南宋第四位皇帝，他的父亲光宗皇帝不幸患上精神疾病，南宋面临极其严重的政治危机，文臣们发动了一场文明的宫廷政变，换了皇帝。这个还没有做太子的皇子，被硬拽上金銮殿里那把至高无上的龙椅，跳级做了皇帝。

赵扩即位的一幕颇具戏剧性，当太皇太后命赵扩穿上龙袍时，他居然围着大殿的柱子逃了三圈，口中大喊："儿臣做不得，做不得！"最后，还是太皇太后命大臣强行给他披上龙袍。这个皇帝，似乎有点赶鸭子上架的味道。

  一 窝里斗 / 305
  二 唯小人与女子难养也 / 314
  三 引火自焚的北伐 / 327
  四 一锤子买卖 / 338
  五 草原上崛起的蒙古人 / 348
  六 风水轮流转 / 359
  七 来自民间的继承人 / 371

第五章 草根皇帝

赵昀出生在绍兴府山阴县虹桥里，十七岁之前，他还是一个没有父亲，寄居在舅舅家的穷小子。虽然是太祖皇帝赵匡胤的十世孙、燕王赵德昭的九世孙，但燕王这一支很早就没落了，丢了王爵，作为赵德昭的后代，赵昀的曾祖和祖父都是平民百姓，父亲赵希瓐也不过是一个九品县尉。因此，赵昀身上虽然流淌着皇室的血液，其实就是一介草民。自他被人从民间挖出来，到坐上金銮殿里那把龙椅，前后只有三年时间。历史开了一个天大的玩笑。

  一 淮东之乱 / 382
  二 山穷水尽的女真人 / 396
  三 走了一只狼，来了一只虎 / 407
  四 最后的名将 / 418
  五 余玠的结局很悲怆 / 429
  六 王坚是个纯爷们 / 437
  七 贾似道的弥天大谎 / 443
  八 疯狂的报复 / 449

第六章 弱智天子

  李湛是荣王赵与芮的儿子，他的母亲黄氏是赵与芮的正室李氏的一个陪嫁侍女，同赵与芮春风一度后，便怀上了李禥。黄氏在怀孕期间，担心自己的身份低贱、生下的儿子将来没出息，曾服过堕胎药，但没有成功。李禥可能是在母腹中受到药物的影响，出生后，七岁之前不会说话，是一个有先天缺陷的弱智人士。

李禥虽是一个弱智人士，但凭着他与理宗赵昀的血缘关系，登上了无数人梦寐以求的皇帝宝座。

一　弱智皇帝遭臣欺 / 461

二　贾似道专权误国 / 466

三　襄阳沦陷 / 472

第七章　亡国之君

度宗皇帝赵禥于咸淳十年（1274年）去世，留下三个未成年的儿子：杨淑妃所生的赵昰七岁，全皇后所生的赵显四岁，俞修容所生的赵昺三岁。谢太后召集群臣开会，商议皇位继承人问题。

谢太后认为，按先嫡后庶、先长后幼的宗法制度，赵显是全皇后所生，属嫡子，是当然的皇位继承人。她的意见，得到了贾似道的赞成。

赵显被立为皇帝。

赵显还是一个乳臭未干的孩子，因此由太皇太后谢氏垂帘听政，但朝廷的实权，仍然掌握在宰相贾似道的手里。

一　大厦将倾 / 479

二　最后的战斗 / 489

第八章　流亡小朝廷

南宋朝廷宣布无条件投降，小皇帝、皇太后以及朝中的头头脑脑们，都被蒙古人带走了。尽管宋朝已经灭亡了，小皇帝、皇太后以及朝中大臣们，也都被蒙古人掳走了，但各地的仁人志士，却不甘做亡国奴，他们先后将益王赵昰、广王赵昺扶上皇位，组建起宋朝的流亡小朝廷，继续同元军战斗。

这是一场不为名、没有私欲，只是为了国家和民族，抛头颅、洒热血的战斗，可歌！可泣！

一　慷慨赴死留悲歌 / 500

二　正气照汗青 / 508

开篇词曰：

富贵沉浮都是梦，时光似电如风。人生何处不相逢。品茗侃俊杰，煮酒论英雄。

一百余年南宋史，是非成败皆空。何人慧眼辨奸忠？人心分曲直，都付笑谈中。

第一章　中兴之主

一　捡来的皇位

康王赵构

北宋灭亡的当年，宋徽宗的第九个儿子康王赵构在应天府即位做了皇帝。

在宋徽宗三十一个儿子当中，赵构排行第九，位置算是靠前的，但他是庶出，也就是说，是小老婆养的，依宗法制度，皇位继承权根本就轮不到他。说赵构捡了个皇位，似乎并不过分。而这个捡到皇位的人，却担起了光复大宋的使命，他是否能做好这个"中兴之主"，历史将会做出回答。

赵构的母亲韦氏贤妃的称号，还是赵构十九岁时才得到的。宋徽宗是个书画皇帝，风流天子，嫔妃非常多，其中大刘妃、小刘妃艳压群芳，郑贵妃、乔贵妃也貌美如花，韦贤妃是宫女出身，地位卑微，相貌平平，也没有什么才艺，她的优点大概是温柔、善解人意，但女人在皇宫里，这是最起码的要求，算不上强项。

韦贤妃能生下赵构，纯粹是一个机缘巧合。

韦贤妃同乔贵妃的关系非常好，俩人情同姐妹。还在做宫女的时候，俩人就约定"先贵毋相忘"，意思是说，谁发达了，都不要忘记对方，要相互提携。后来，乔氏被徽宗看中而荣升贵妃，她果然没有忘记与韦氏的约定，多次恳请徽宗能将雨露滋润一下韦氏。徽宗对韦氏虽然没有多大兴趣，但经不住乔贵妃的一再请求，也就临幸了韦氏一次。韦氏的肚皮实在是很争气，就那么一夜之欢，她就诞育了龙种，而且还是一个男孩，这个男孩就是赵构。

据《宋史·本纪》记载，赵构"资性朗悟，博学强记，读书日诵千余言，挽弓至一石五斗"。意思是说，赵构不仅有学问，而且武功也不错，能拉开一石五斗的强弓。如此看来，赵构倒是一个文武双全的人，不是评书、野史中所说的那样懦弱无能、见了金人只知道逃跑的人。十五岁那年，赵构晋封为康王。

如果没有金人的南侵，没有宋徽宗赵佶、宋钦宗赵桓两代皇帝的昏庸无道，假如北宋王朝这艘大船能在正常航向上行驶，赵构在历史上恐怕就是一个默默无闻的亲王而已。然而，历史没有假如，很多事情都不以人们的意志为转移，该发生的还是要发生，该来的还是要来。

金兵第一次渡过黄河包围东京汴梁的时候，要求宋朝派一个亲王、一个宰相到金营去做人质，谁都知道，当人质是一件非常危险的事情，那是人头扎在裤腰上，随时有可能掉到地上，搁谁谁都不愿意去做的。

在国家生死存亡之际，所有的亲王都浑身颤抖，害怕人质的差事落到自己身上，唯有一个却不是这样想，这个人就是康王赵构，他挺身而出，愿意以身赴难，甘愿到金营去做人质。这种气概，不是一般人能具备的，而他临行前说的一句话，更是让人震撼。

赵构要到金营做人质，宋钦宗率文武百官给他送行，分别时，他对宋钦宗说："朝廷若有用兵之机，勿以一亲王为念。"意思是说，朝廷只要有机会出兵，那就不要顾及我这个亲王，该怎么打，就怎么打。这种气吞山河的气概，在当时偌大的大宋王朝是很少见的。相较于与他同行的宰相张邦昌，那是天壤之别。

赵构与宋钦宗话别时，随同他到金营做人质的宰相张邦昌也站在旁边，本来他就哭丧着脸，后悔自己做了宰相，去做这个要人命的人质，当听到赵构的话别之言，竟然吓得哭出声来。赵构看了他一眼问道："张相，你这是什么意思？"

"康王！"张邦昌可怜巴巴地说："我们在金营做人质，朝廷怎么能同金人开战呢？这不是要了我们的命吗？"

"大丈夫死则死矣，何足惧哉？"赵构说罢，大踏步向金营走去。

金国人知道宋朝重文轻武，也同宋朝打过几仗，很清楚宋朝领兵打仗的大将是什么样的情况，宰相肯定是文官，亲王才十九岁，从小在宫里长大，是一个没有见过世面的毛头小伙子，就想吓唬吓唬他们。于是，金国主帅完颜宗望在大帐门前安排了两排武士，个个刀出鞘，箭上弦，横眉怒目，杀气腾腾。

赵构来到金军大营，昂首阔步往前走，张邦昌哆哆嗦嗦、浑身发抖地跟在后面。史书记载："金帅斡不离（完颜宗望）留之军中旬日，帝意气闲暇"，"奉使军中，意气闲暇。"这就是说，赵构在金军营中充当人质，丝毫没有惊慌失措的样子，每天该看书就看书，该练武就练武，就像在家里一样，若无其事。

完颜宗望看到赵构神态自若的样子，觉得奇怪，装着很随意地踱进赵构的帐中，问赵构看的是什么书，赵构说看的是《孙子兵法》，完颜宗望讥笑地说："你们宋人只会纸上谈兵，不会打仗，你不如研究一下，金国是怎么打败宋朝的吧！"

赵构手一伸说："把你的弓借我一用，好吗？"

"你也能拉弓？"完颜宗望摇摇头说："我这可是强弓，一般的武将都拉不开，何况你这个宋朝的王子？"

赵构说："试试就知道了。"

完颜宗望取下背上的弓和箭递给赵构，赵构接过弓箭，张弓搭箭，假装瞄准完颜宗望，吓得完颜宗望纵步跳出帐外。赵构冲天射了一箭，箭头带着呼啸之声穿透帐篷，射向天空。随之将弓丢到地上，仰天大笑。

完颜宗望见赵构如此神勇，对他的身份产生了怀疑，他认为这个亲王是个冒牌货，可能是一位将门之后来顶替亲王做人质的，接下来发生的事，更坚定了完颜宗望的怀疑。

原来，当赵构在金营做人质的时候，宋朝各路勤王兵马陆续赶到京城，宋钦宗赵桓看到自己一下子有了这么多的军队，腰杆子顿时硬了起来，竟然不顾还在金营做人质的赵构的安全，采纳了姚平仲的建议，派兵偷袭了金营。

偷袭的结果没有想象的那么好，派出去的部队犹如肉包子打狗，有去无回，宋军几乎全军覆没，主将姚平仲自知罪责难逃，逃得不知去向。

宋军虽然没有得手，金人还是气得发疯，冲着当人质的赵构和张邦昌大发雷霆。史书记载当时的情况是："邦昌恐惧啼泣，帝不为动，斡不离（宗望）异之。"也就是说，张邦昌吓得痛哭流涕，赵构却和平时一样，泰然自若，不为所动。

完颜宗望奇怪了，问赵构到底是不是亲王。

赵构当然不会否认自己亲王的身份，完颜宗望却说什么也不相信。在他的印象中，宋朝王室的人，都是一些软蛋，怕死鬼，没有一个真男人，眼前这位康王，既有胆识，又有武功，肯定是一个将门虎子冒充的王爷，宋朝在糊弄他。

完颜宗望怀疑赵构的身份，便向宋朝发话，说这个人质我们不要了，你们把宋徽宗的第五个儿子肃王赵枢送过来，将这个假王爷换回去。

赵构就这样侥幸地从人质中解脱出来，有惊无险地返回东京汴梁城。

赵构回来后，身价大增，宋钦宗晋封他为太傅，加封节度使。节度使虽是一个虚衔，但级别很高。此时的赵构只有十九岁，文封太傅，武封节度使，成为皇室中一颗耀眼的新星。

金人放走了赵构，不久又后悔了，因为他们打听到，赵构确实是个货真价实的亲王，因此，金人第二次围攻东京汴梁的时候，谈判时点名"须康王亲到，议乃可成"。就是说，要想议和，必须康王亲自来，只有他来，议和才可以达成，其他的人免谈。

宋钦宗心急火燎地找到赵构，要求他出任和谈使者，到金营去议和。说议和是好听的，说白了，就是把赵构往虎口里送，为了安抚赵构，钦宗是"赐以玉带，抚慰甚厚"。其实，这就是收买人心，虚情假意罢了。

陪同赵构前往金营议和的还有刑部大员王云。

他们一路同行，走到相州的时候，相州知州汪伯彦劝赵构不要到金兵那里去，去了恐怕是有去无回，王云坚决不同意，赵构也只得向前走。

赵构也算是经过风雨的人了，知道此去是凶多吉少，汪伯彦虽然没有留住他，但他心里还是很感激他。当他走到磁州的时候，金军已经渡过了黄河，一路秋风扫落叶般直扑东京汴梁，根本就没有和谈的意思。

磁州知州宗泽力劝赵构再不要向北走了，并且还以肃王赵枢一去不复返的例子相警告。赵构的心动了，但却没有下定决心。

在宗泽的默许下，磁州的百姓阻断了赵构北去的道路，劝谏赵构不要北去，并且还以汉奸罪名，当着赵构的面，将王云活活地打死了。事情到了这步田地，赵构也就断了北去的念头，就这样，赵构就留在了磁州。

赵构是金人的心头之患，他们发现赵构走到磁州后便失去了踪影，派出侦骑在磁州城外打听赵构的消息，磁州也不安全了。

汪伯彦得知这个消息后，偷偷地派人给赵构送了一封信，让他到相州去避避风头。这对于因金军的侦骑频频出现而烦恼的赵构来说，无疑是一个好消息。不久，汪伯彦亲自带兵到磁州来迎接赵构，这让身处险境的赵构更加感动。从此，汪伯彦成了影响赵构的第一人，也被认为是南宋的第一奸相，这是后话。

赵构在相州住得还算安稳，并且还认识了一个名叫岳飞的年轻人。

宋钦宗在京城的日子却不好过，因为金兵又将京城围得水泄不通，京城已是岌岌可危。这时候，他又想起了赵构，派人带着蜡丸诏书潜出京城去见赵构，任命他为河北兵马大元帅，让他赶快集合兵马，火速赶往汴梁救驾勤王。

兵马大元帅

靖康元年（1126年）十二月一日，赵构在相州建立大元帅府。

靖康是宋钦宗赵桓继位后的年号，有人对"靖康"二字拆字，得出"十二月立康王"的结论，"靖"字拆开，正好是"十二月立"四个字，于是就有了"十二月立康王"之说。其实，这只是一个巧合而已，恰恰这个巧合，被有些人利用了。

赵构这个大元帅，其实只是一个光杆司令，要钱没钱，要粮没粮，要兵也没兵，他凭康王和兵马大元帅的双重身份，向天下发布檄文，开始招兵买马，召集河北各地的军队进京勤王。

这时候的大宋王朝已经成了一盘散沙，河北的据点失守的失守，自保的自保，军队有的被金兵歼灭了，有的溃散了，有的占山为王，残存的军队，也都是各自为战，全都成了一群没头的苍蝇。

赵构的檄文，犹如黑夜里的一座灯塔，使人们找到了方向，各地残存的宋军，开始向赵构靠拢。

最先赶到相州的是磁州的古稀老将宗泽，他带来了二千兵马，再加上相州原有的兵马和陆续招集到的一些散兵游勇，赵构已经有了万余兵马。指望这区区的万余兵马，想要解东京汴梁之围，实在是不自量力。然而，救兵如救火，赵构也不能再等了，带上汪伯彦、陈遘和宗泽等几个将佐及万余兵马，命宗泽为开路先锋，从相州出发，向北京大名府逼进。

金兵沿黄河岸驻扎，连绵数十营。宗泽率领本部二千兵马为前驱，率先出发。据史书记载，宗泽一路势如破竹，连挑金兵三十余座营盘，踏冰渡过黄河，进驻大名府。

宗泽是个知州，一名文官，凭他的二千兵马，为何能所向披靡、威震敌胆？这实在有些蹊跷。是金兵不堪一击，还是史家的溢美之词？不得而知。但不管怎么说，宗泽作为前部先锋，率先进驻大名，却是事实。

赵构进驻大名后，知信德府梁扬祖率三千人马也随后赶来投靠，在这支队伍中，有张俊、苗傅、杨沂中、田师中等几员将领，这几个人都是后来的重要人物，至于是忠是奸，暂时姑且不论。

赵构这个大元帅到此时才算是有兵有将，有了点模样。不知出于何种原因，赵构到达大名后，有些踌躇不前，是等待各路兵马的集合，还是对金人的畏惧？还是有其他更深层次的原因，不得而知。

宗泽却坐不住了，他对赵构说，京城深陷金兵的重围之中，随时都有失守的危险，救兵如救火，应该立即起兵驰援汴梁。

赵构犹豫再三，终究还是同意了宗泽的建议。正当赵构准备兵发汴梁之时，宋钦宗突然派人送来蜡丸诏书，诏书中说，朝廷正在同金人议和，叫赵构屯兵近甸，不要来京师，至于何时勤王，先缓一缓再说。

宗泽认为这道圣旨是假的，不可能是皇上的主意，金人狡猾，一定是他们逼迫皇上发了这道假圣旨，欲缓我勤王之师。他认为，京城危在旦夕，要赶紧出兵。建议康王赵构督军赶往澶渊，然后步步为营，向汴梁方向行军，万一发现是金人的阴谋，援军已迫近汴梁城下了，是战是和，到时可以应对自如。

如果按宗泽的建议行事，金人是否能顺利地劫走宋徽宗、宋钦宗二帝，恐怕还真的说不清楚。

历史实在是没有假设，事情的发展，并没有按宗泽预想的方向发展。

赵构的心里自然明白，仅凭这一万多人去解汴梁之围，那是羊入虎口，肉包子打狗，白白搭上上万条性命。本来他就对驰援汴梁持犹豫态度，听了宗泽的话，沉默不语。

汪伯彦站出来说话了，他质问宗泽说："你有什么证据证明圣旨是假的？我们依旨而行，难道也有错吗？既然是皇上的圣旨，我们就得执行，就得在这里等，擅自行动，就是抗旨不遵。"

"将在外，君命有所不受。"宗泽反问道："你能够保证这道圣旨不是在金人的胁迫下发出的吗？"

汪伯彦和宗泽争得面红耳赤，赵构却有了决定，他的决定，就是信汪伯彦的主张。为了不过分损伤宗泽的面子，他让宗泽率部先去澶渊。

宗泽率领本部兵马从大名出发，赶赴开德，一路连战连捷，他一面驰书向赵构报告前方战况，请赵构檄文各路，号召天下兵马会师京城，一面派人给北道总管赵野、河东北路宣抚使范讷、知兴仁府曾楙送信，请他们会师勤王。

几路将帅都没有响应宗泽的号召，而且各自按兵不动。宗泽只得孤军作战，并传书赵构，催促他火速进军。

赵构此时已经有了八万兵马，并召集了高阳关路安抚使黄潜善及总管杨维忠，军势虽然壮大了，但并没有驰援京师之意，只是移师东平，驻扎在济州、濮州。有那么一股隔岸观火的味道。

金人已经知道康王赵构蠢蠢欲动，但他们没有时间对付赵构，因为他们正在汴梁城忙着搜刮金银，抢掠珍宝，挑选美女。于是，他们通过已经被他们控制的宋钦宗赵桓，接二连三地给赵构发命令，让他回到京城。

赵构似乎还是嫩了点，接到诏书后，竟然真的想动身去汴梁，幸巧张浚及时劝阻，说这一定是金人设的圈套，假传圣旨，引君入瓮。

一语点醒梦中人，赵构果然打消了赴京的念头，不但没有去京城，反而跑到济州避风头去了。

宗泽虽然屡催赵构出兵，赵构却是磨磨蹭蹭，并没有出兵京城的意思。

按理说，赵构手上已经有了八万人的军队，也是一支不小的力量，但他却不急于进京勤王。到底是怎么想的，谁也说不清楚。

赵构终于等来了金军北撤的消息，而且还掳走了宋徽宗、宋钦宗二帝，以及皇后、嫔妃，皇室中所有的龙子龙孙、公主、驸马等。这是不是赵构最想得到的消息，不得而知，但有一点可以肯定，他是所有皇子硕果仅存的一位。

宗泽屡催赵构出兵无果，而且还等来了二帝被金人掳走的消息。他率领孤军返回大名，传檄河北各路兵马，拟邀请他们在半路拦截金人的归路，夺回二帝。无奈他的号召无人相信，没有一支勤王之兵赶来与他会合，眼见独力难支，他也不敢贸然轻进。

康王赵构这时候还在济州，当谢克家从京城赶到济州后，他才知道二帝已被金人掳走的消息。谢克家劝他进兵拦截，夺回二帝。赵构以金兵势大为由，拒绝出兵。

皇帝

金人北撤，掳走了宋徽宗、宋钦宗二帝及宗室大臣和后宫嫔妃。按金人的意思，是要彻底废了赵宋江山，让赵氏以外的人做皇帝，这就是他们一手扶持起来的大楚政权和傀儡皇帝张邦昌。

金人废了赵氏,却漏掉了两个人,一个是康王赵构,一个是前朝废后、元祐皇后孟氏,即宋哲宗孟皇后。

对于赵构,因为他拥兵在外,金人鞭长莫及,对于元祐皇后孟氏,则是降金汉奸们的疏忽。因为他们根本就没有向金人报告宋朝皇室中还有这号人物。

孟氏被遗忘,得益于她被废后,撵出了皇宫,住在宫外的私宅。有人说,"大元帅在外,元祐皇后在内,此为天意"。是不是天意不好说,但由于有了这两个人,赵宋江山社稷得以延续却是事实。

再说京师汴梁,在所谓的"大楚"政府班子里,除了充满当"开国功臣"幻想的几个家伙外,没有几个人甘当金人的走狗,他们朝拜张邦昌,那是被金人逼的。其实,他们的心里并不承认张邦昌这个傀儡皇帝,身在曹营心在汉,还是惦记着被金人掳走的宋徽宗和宋钦宗二位皇帝,他们也知道皇室中还有一个康王赵构。

权领门下省的吕好问就曾在金人扬言要以铁骑偷袭赵构的时候,秘密地向赵构传递了消息。金人北撤以后,张邦昌仍然还在过皇帝瘾。吕好问对他说:"相公是真的想做皇帝,还是权宜之计,然后再寻求其他的解决办法?"

吕好问在这里,只称张邦昌为相公,不称陛下,其意图已经很明显:你这个大楚皇帝,是金人封的,现在金人已经走了,你还想当皇帝吗?

"你这话是什么意思?"张邦昌似乎有点明知故问。

"相公是个有知识、有阅历的人,应该知道进退。当时金兵的刀架在脖子上,文武百官是在被逼的情况下,才同意你做个临时皇帝的,现在金人走了,你认为还有人承认你这个皇帝吗?"吕好问看了张邦昌一眼,见他两眼看着自己,继续说:"我也是为相公着想,你还是还政吧!"

张邦昌终于明白了,他这个傀儡皇帝不能再当下去了。当初,他是不愿当这个傀儡皇帝的,在被金人强拥到皇帝宝座上后,心里还真想过一把皇帝瘾,吕好问的一席话终于使他明白,这个皇帝不好当。于是他问计于吕好问,下一步该怎么办。

吕好问似乎胸有成竹,献计说:"最好的办法,就是内迎元祐皇后进宫,外请康王早日继承皇位,这样才可以保证你的安全。不然的话,你将死无葬身之地。"

监察御史马伸也给张邦昌上书,说他如果赖在皇位上不下来,就犯了谋逆之罪，并劝他迎康王进京，把皇帝让给康王做才是正理。

张邦昌终于认清了一个事实：金人扶持起来的"大楚"政权只是个傀儡政府，除了金人以外，得不到人们的承认，皇帝这把交椅也不是他坐的。于是，他接受了吕好问的建议，请哲宗的废后孟氏出山。他对孟皇后说："虽然你不姓赵，但毕竟曾是赵氏的皇后，我得把政权还给你，你来临时主持大局吧！我如果还赖在皇帝的位子上不下来，到时死了还不知是怎么死的。"

元祐皇后孟氏被迎进延福宫，张邦昌尊她为宋太后，这个金人的傀儡当了三十三天的大楚皇帝，请出孟太后来垂帘听政。

一个在瑶华宫中度过了二十余年岁月的女人，重新进入了人们的视线。这个多灾多难的女人，在宋室危亡的紧要关头，勇敢地站出来，担负起了光复赵宋江山的历史重任。

汴梁城发生的事情，赵构在济州自然是知道的，群臣也有人上表进言，说他是赵宋皇室仅存的正根，这个皇帝必须由他来当，这是他的权力，更是他的义务。

赵构愿不愿意当皇帝，这一点无从知晓，但说他并不迫切，似乎说得过去。因为当张邦昌派蒋思愈到济州代呈张邦昌的书信，说他在汴梁恭候康王回汴梁继承皇位的意思后，赵构并没有欣喜若狂的感觉，只是回信将张邦昌，慰勉一番。如果这不能表示赵构对皇位的不迫切的话，那就是赵构的城府很深，故意不将他的真实意图表露出来。因为满天下去找，只有他一个人是即皇位最合适的人选，皇帝这把交椅迟早要由他来坐，他先拿拿架子再说。

如果赵构不做皇帝，会出现一种什么样的情况呢？那可能会出现一种群龙无首、天下混战、遍地都是皇帝的混乱局面。因为金军一撤，北宋的地方政权趋于瓦解，张邦昌肯定是镇不住天下的，整个中原就会乱套。

乱世出英雄，有枪就是草头王，很多人会揭竿而起，去争夺金銮殿上那把交椅。特别是分散在民间的那些太祖、魏王的后代们，更是蠢蠢欲动，欲光复祖业。这是一种最坏的结果。只是，历史并没有朝这个方向发展。

老将宗泽对赵构温和地给张邦昌回信表示不满，他认为张邦昌已是篡逆，他请求赵构声讨张邦昌篡逆之罪，光复社稷。

正在赵构犹豫不决之际，身在汴梁的吕好问派人给赵构送来一封信，他在信中劝赵构早即帝位，迟了恐怕就有人要抢了。

张邦昌看来是真心实意地不想当皇帝了，再次派谢克家和赵构的亲舅舅、忠州防御使韦渊亲自到济州来，并且还将传国玉玺也带来了，请赵构到汴梁继承皇位，孟皇后也派冯澥等人为奉迎使，一同到了济州。

赵构推让再三，接受了传国玉玺，并派谢克家返回汴京，办理即位应用的礼仪之物。

孟皇后垂帘听政后，命太常少卿汪藻代起草一份手诏谕告中外，她在诏令中说了这样几句话：

> 汉家之厄十世，宜光武之中兴，献公之子九人，惟重耳之尚在。兹惟天意，夫岂人谋？尚期中外之协心，同定安危之至计。

意思是说，西汉王朝传了十代，后来被王莽篡位，汉光武帝刘秀把政权从王莽新朝手中抢回来，又开创了东汉将近两百年天下。这里，孟皇后把赵构比作汉光武帝刘秀，把赵构即位比作"光武中兴"。

春秋时期的晋献公有九个儿子，重耳继承了父亲的位子，就是后来的晋文公，把晋国发展起来，使晋国成为春秋五霸之一。

孟皇后用这两位历史上有名的中兴再造之主来比喻赵构，是在表达这样一个意思：赵构继位皇位，完全是顺承天意，是众望所归。

这道手书传到济州。济州父老奔走相告，都说济州城四面红光冲天，这是天降祥瑞，他们恳请赵构就在济州即皇帝位。

就在这个时候，直龙图阁、东道副总管、权知应天府朱胜非到了济州，他力主赵构去南京应天府（河南商丘）即位。他说："南京即宋州，是太祖皇帝的发迹之地，四方向往，而且那里漕运发达，交通便利，是个好地方。"

宗泽也认为朱胜非的意见可行。

赵构也不想去东京汴梁，因为汴梁是金兵南侵攻击的首选目标，听了朱胜非的话，就坡下驴，去了应天府。

临行时，鄜延副总管刘光世从陕州来到济州，赵构命他为五军都提举；西道总管王襄，宣抚使统制官韩世忠也陆续赶到，随赵构到了应天府。

赵构到达应天府，命人在应天府左首修筑受命坛，确定五月初一正式即位。

张邦昌在四月底赶到应天府朝见赵构，一见面，他就跪在地上磕头，痛哭流涕，说他实在是被逼无奈，迫不得已，做了三十三天伪皇帝，并连声说："死罪！死罪！"

赵构伸手扶起他，不住地安慰他，说他有功于社稷，如果不是他在当时的情况下主持大局，安定人心，汴梁城还不知会乱成什么样子。按赵构的说法，张邦昌似乎还成了大宋朝的功臣。

王时雍等人带着皇帝穿的龙袍等御用之物来到应天府后，赵构即位的一切准备工作也就完成了。

五月初一，赵构在南京应天府即位，完成了从大元帅到皇帝的转变。

赵构即位，改元建炎，当年为建炎元年（1127年）。

赵构即位后，照例是大赦天下，对那些投靠金人的朝臣，包括张邦昌在内，一概赦免，既往不咎。惟童贯、蔡京、朱勔、李彦、梁师成、王黼六贼的子孙，不得起用。

遥上靖康帝即钦宗尊号为孝慈渊圣皇帝，尊元祐皇后孟氏为元祐太后。遥尊生母韦氏为宣和皇太后。遥立夫人邢氏为皇后。

孟皇后得知赵构在应天府即位，随之在东京汴梁撤帘，将一切权力交给新皇上。

赵构的政权，历史上称为南宋。

二　李纲得罪了谁

李纲的志向

赵构的皇位是从张邦昌的手中接过来的，而张邦昌的皇位是金人册立的，如此算来，赵构的皇位似乎同金人扯上了关系。这就是说，赵构的皇位，似乎有点来路不正。但宋徽宗赵佶的嫡亲就只剩下赵构这么一根独苗，他是仅存的皇位继承人，皇帝这把交椅，也只能由他坐，别无选择。

群臣拥立赵构为皇帝，希望他继承大统，光复大宋，收复失地，迎回被金人掳去的二圣，做一位中兴之主。元祐皇后孟氏垂帘听政时所发的诏书，也是将赵构比作汉光武帝刘秀、春秋时期晋献公的儿子重耳，目的也是希望赵构能做一位中兴之主。

赵构即位后，任命黄潜善为中书侍郎，汪伯彦为枢密院知事；授张邦昌太保，封同安郡王，加爵太傅；罢免尚书左丞耿南仲和尚书右丞冯澥；任用吕好问为尚书右丞；设置御营司掌管军队；命黄潜善为御营使，汪伯彦兼副使。王渊、刘光世、韩世忠、张俊、杨维忠等得到任用。

将误国罪臣李邦彦流放到浔州、吴敏流放到柳州、蔡懋流放到英州、李𥓻、宇文虚中、郑望之、李邺等人都撵出京城，安置到广南诸州去了。

又因宣仁圣烈太后高氏从前保护哲宗，立过大功，后来有人诬蔑她，向她身上泼脏水，命国史馆将这些诬谤之词改过来，还宣仁圣烈太后高氏一个清白。

追贬蔡确、蔡卞、邢恕等人，御史中丞张澄上表再论耿南仲，说宋金议和，他罪责难逃，因而再次下诏，将耿南仲流放到雄州，永远不得离开雄州。

赵构重组了中枢领导班子，宰相却是虚位以待，这并不是赵构的疏漏，而是另有打算。他知道，新朝面临的首要任务是稳定大局，稳定人心。这是一篇大文章，新任的宰相如果威望不高，这个文章就做不出来。搜遍朝野，有一个人进入了他的视线，这个人就是在东京保卫战中击退金人的李纲。

赵构下诏，任命李纲为尚书右仆射中书侍郎，火速赶往南京应天府上任。

李纲出任宰相，最失望的是黄潜善、汪伯彦。

黄潜善是赵构刚当上大元帅的时候，就投奔在赵构的旗下，张邦昌称帝，也是他第一个跑来报信的。

汪伯彦更算得上是赵构的患难之交，赵构被困磁州，是他带兵将赵构迎到相州，是最先对赵构提供帮助的人。

两人都铆足了劲，准备在新朝中当宰相。按他们两人的想法，左相、右相之位，非他们莫属。谁知半路上杀出一个李纲，让他们的梦想泡汤了。黄潜善虽然说当上了中书侍郎、汪伯彦也做了枢密使，也都位列宰臣，但他们心里还是不平衡，两人筹谋，要给李纲使绊。

李纲还没有正式上任，无端地就冒出了两个劲敌。

如果是君子之间的公平竞争，那也就无怨无悔，优胜劣汰，这是人类进步的自然法则。可惜，李纲的对手并不是正人君子，而是两个十足的奸佞小人。

李纲未上任，就已经是危机四伏。

仅仅是这两位嫉妒也就罢了，还有一些人反对李纲拜相，右谏议大夫范宗尹就在赵构身边进谗言，说李纲"名浮于实"，恐怕会有"震主之危"。

"震主之危"这四个字，是君主最忌讳的，赵构不是不懂得这个道理，可当时的国情实在是太乱了，他实在找不到一个合适的人选。李纲有能力，也有威望，他必须借助李纲来稳定大局。李纲是否真的震主，也只好等到以后再说了。

范宗尹反对李纲的理由有些无理取闹，御史中丞颜歧的奏章则更近乎荒唐，他在奏章中说："张邦昌为金人所喜，虽已封三公郡王，宜更加同平章事，增重其礼。李纲为金人所恶，虽已命相，宜及其未到罢之。"

意思是说，金国人喜欢张邦昌，既然封他为三公郡王，就应再加封同平章事，让张邦昌做宰相。李纲最不受金人欢迎，虽然已经命他为宰相，应该在他还没有上任之前就罢了他，千万不能让这样的人当宰相。

宋金互为敌国，两国交战，金人喜欢的当然是屈膝投降、甘当汉奸的卖国贼。李纲就是当时为数不多、敢与金人对着干的铮铮铁汉，并且还在东京保卫战中让金人吃尽了苦头，对于这样的人，他们当然不会喜欢。

颜歧竟以金人的好恶为标准，作为用人的取舍，实在是荒唐。

赵构没有答复颜歧，他竟然连上五道奏章，大有不达目的誓不罢休的意思。

赵构也是为形势所迫，不得已才起用李纲，颜歧不懂他的心情，一再纠缠不休，搞得他实在是有些心烦，他板着脸对颜歧说："朕当皇帝，恐怕金人也不喜欢吧？如此说来，朕这个皇帝是不是也不应该当了？"

颜歧碰了一鼻子灰，不敢再奏，但他并未就此缩手，竟然派人将他的奏章副本送给正在赴任途中的李纲，企图阻止李纲上任。

李纲看了颜歧奏章的副本，并没有像颜歧所希望的那样打道回府，而是继续前进。

六月，李纲到达南京，赵构得知李纲到了，立即召见李纲。这是经过一场浩劫之后的重逢，君臣二人缅怀旧事，嘘唏感叹，不禁放声痛哭，一旁的宗泽也跟着掉眼泪。好不容易止住了悲伤，赵构询问李纲，怎样做才能够重振朝纲。李纲奏说出他的光复大计，竟然与宗泽的观点不谋而合，说到动情处，一旁的宗泽竟然高兴得手舞足蹈起来。

赵构听了，也为之动容。

李纲似乎没有忘记颜歧派人送给他的奏章副本，气愤地对赵构说："臣愚蠢，但心里只知有赵氏，不知道有金人，言官如果说我才不足以任宰相，我无话可说，说金人不喜欢我而不能当宰相，真是匪夷所思。如果做赵氏的臣子要金人喜欢，那卖国贼都成为忠臣了。如果真的这样，我请求卸职归田。"

"你怎么知道这件事？"赵构惊奇地问。

李纲从袖内取出颜岐的奏章副本呈上。赵构接过扫了一眼后，弃之于地，叫李纲不要计较这件事，说颜岐是言官，不能捂住他的嘴不让他说话，想说，就让他说去吧！并说他知道李纲忠义，在东京保卫战中使"远人威服"，宰相之职，非他莫属。

话说到了这个地步，李纲也就不好再计较了。

黄潜善、汪伯彦两人本来对宗泽就有所忌妒，又见他同新上任的李纲打得火热，担心他们联手后势力更大，便联名上表，说襄阳为江汉防守要塞之处，必须有一员大将镇守，宗泽智勇双全，是镇守襄阳最合适的人选。

赵构不防有他，还以为他们两人考虑得周到，下诏命宗泽出知襄阳府。

黄潜善、汪伯彦两人赶走了宗泽之后，又来打李纲的主意，他们分别向赵构进谗言，奏请撤销李纲的宰相之职。

李纲得知这个消息后，向赵构提交了辞呈。

赵构要利用李纲"使远人威服"，当然不会批准李纲的请辞。

李纲的刚直

李纲果然没有辜负赵构的期望，上任伊始，便向赵构上书，提出了十条建议，这道奏章就是著名的"十议书"，具体内容为：

议国事：丢掉幻想，积极备战；

议行巡：到汴京祭祖庙，如果汴京不能住，则定都关中，次则襄阳，再次建康；

议赦令：不要南逃；恢复宋朝赦令法制；

议僭逆：处死张邦昌；

议伪命：严惩叛臣；

议战宜：严肃军纪；

议守宜：加强沿黄河、江淮的防务；

议本政：政令统一，权力归中书省，不要政出多门；

议久任：任用和罢免大臣要慎重；

议修德：皇帝要修孝悌恭俭，副民望而致中兴。

十议包括两个核心：一是杀掉张邦昌，张邦昌是卖国贼，不杀不足以平民愤，二是加强练兵，然后发兵北上，迎回二圣，洗雪前耻。

十议是李纲为赵构谋划的立国之策。仔细琢磨，每一条都有大道理，如果真能按李纲筹谋的方向发展，赵构或许能成为名副其实的中兴之主，然而，历史的发展并不是这样。

赵构看了李纲的奏章后，次日下诏仅颁行了八条，处置张邦昌和处罚伪官这两条被删减掉了。

李纲似乎也较上了劲，再次上表，坚持要处罚张邦昌，扬言要"以笏击之"。笏就是大臣们上朝时手中拿的用来记事的小板子，有的是用象牙做的，有的是用木板做的。

李纲的意思，就是在朝堂上见到张邦昌，要用手中的笏板打他，见一次，打一次。

赵构根本就不管你打架不打架，倒是李纲在奏章中所说的"陛下想要建立中兴大业，却把张邦昌这样的僭逆之臣供奉起来，天下谁还会归附于新朝呢？"这句话打动了他。于是，他召来黄潜善、汪伯彦，询问他们对这件事的看法。这两个人对李纲本来就是横挑鼻子竖瞪眼的，当然不会附和李纲的意见，他们极力替张邦昌辩护，说张邦昌能在国家危亡之际挺身而出，有功无过，不应该受到处罚。

赵构又召问吕好问，说金兵围城之时，吕好问也在城中，比别人了解得更清楚，让他发表意见。

吕好问回答说："张邦昌僭越之事，天下人都知道，不过，他已经归顺了朝廷，至于如何处理，还是陛下自己裁夺吧！"

吕好问等于是在打哈哈，根本就没有给赵构出什么主意，说了等于没说。

赵构更加拿不定主意了。

李纲知道赵构还在犹豫，便说张邦昌是金人扶起来的傀儡皇帝，如果将他留在朝廷，百姓还以为有两个天子呢！并声言，他不愿与这样的贼臣共事，如果实在要用张邦昌，那就免去他宰相之职，让他解甲归田。

在李纲的一再坚持下，赵构才下诏揭发张邦昌的罪行，将他贬为昭化军节度使，安置在潭州。

一班受伪命的官员，也都受到处罚，如王时雍、吴开、莫俦、李耀、孙觌等，分别被贬谪到高州、梅州、永州、全州、柳州。

张邦昌被贬往潭州，厄运还没有到头，有人又揭发他当傀儡皇帝的时候做下的一件秽乱之事，正是这一揭发，要了张邦昌的命。

这件事是宋宫中的秩闻，由于皇宫秘事，当时的史臣没有秉笔直书，故在正史中不曾记载，但野史中对这件事却有较详细的记载。

张邦昌当傀儡皇帝的时候，北宋朝廷的嫔妃、公主很多都随二帝去了北方，这些北上的后宫女人，都是金人按范琼等人拟定的名单带走的，六宫粉黛，并没有一网打尽，还有一部分仍留宫中。

张邦昌住进皇宫的时候，华国靖恭夫人李氏常常给他进献水果，其实，这个女人是醉翁之意不在酒，她以为张邦昌是新登大宝的天子，年纪和自己也差不多，自己虽是徐娘半老，但风韵犹存。如果能勾搭上新天子，封皇后虽然不可能，妃子或贵人总还是有些希望。谁知落花有意，流水无情，尽管她献尽了殷勤，张邦昌就是不来电。

一天，李氏把一盘削了皮的甘蔗送到张邦昌面前，笑着说："陛下请尝尝，甘蔗是老头甜，其味比鲜嫩的雪藕、冰梨更有味。"

张邦昌笑着说："朕平生最爱吃的雪藕、冰梨，越嫩越妙。老甘蔗朕不想尝，你还是拿回去自己受用吧！"

李氏乘兴而来，败兴而归，回到福宁宫，气恼地将一盘甘蔗摔得满地都是，养女陈氏见义母如此生气，便问发生了什么事。

李氏看了养女一眼，见她娇颜欲滴，肌肤粉嫩，简直像雪藕冰梨一般，心里突然一动，皇上要吃嫩藕，眼前这位不正是一根嫩藕吗？想到这里，她心里的不快一扫而光，关心地对陈氏说："你正当妙龄，长得也漂亮，娘本想请上皇做主，替你选个乘龙快婿，不料事与愿违，江山易主，天下已经姓张了，你要想受封号，做妃嫔，只有去侍奉大楚皇帝。"

"楚帝春秋已高，昨天我见他的孙女和我的年纪差不多，年纪相差太悬殊了吧！"陈氏看了李氏一眼后说："听宫中的人说，人心并不归楚，朝中大臣提议迎康王来京继承大统，大楚皇帝的龙椅坐不长，何必去巴结他呢？"

"楚帝有金人做靠山，谁敢把他怎么样？"李氏说："就算勤王之兵想立康王，金兵一到，照样杀得片甲不留。"

陈氏点点头，算是同意了李氏的看法。

李氏便吩咐陈氏去沐浴更衣，精心打扮一番，说晚上请大楚皇帝来宫里吃饭，趁机将他灌醉，然后见机行事。陈氏含羞而去。

李氏亲自去邀请张邦昌，见面就笑眯眯地说"陛下不是爱吃雪藕冰梨吗？臣妾已在福宁宫备好，特来恭请圣驾到宫中夜宴，尝尝雪藕冰梨的美味。"

张邦昌早就知道陈氏有个天姿国色的养女，听她的口气，想必雪藕冰梨指的就是那位养女，随口答道："靖恭夫人盛情难却，朕就恭敬不如从命。"

张邦昌来到福宁宫，见了陈氏，身子早已酥了半截，假装不知地问李氏："这位美人怎么称呼？"

李氏便说陈氏是她收养的义女。然后吩咐下人立即摆上宴席，让陈氏侍宴。

陈氏给张邦昌殷勤敬酒，并频频秋波送情，惹得张邦昌神魂颠倒，酒过三巡，张邦昌已经是酒不醉人自醉，醉眼朦胧地问李氏："你说请朕吃雪藕冰梨，在哪里呀？"

李氏拉过陈氏的玉臂说："这不就是雪藕吗？"

"嗯！白嫩白嫩的，像！像！"张邦昌摸着陈氏的玉臂，涎着脸说："冰梨又在哪里呢？"

李氏伸手指轻轻弹了弹陈氏的脸颊说："鲜嫩如乳，吹弹欲滴，较之冰梨如何？"

张邦昌趁机将陈氏搂在怀里，在陈氏的脸上亲了一口，眼里射出了贪婪的淫光。

陈氏半推半就地躺在张邦昌的怀里，嗲声奶气地撒起娇来，惹得张邦昌欲火中烧，难以自持。

李氏见火候已到，献媚地说："陛下酒喝多了，今晚就宿在福宁宫，享享雪藕冰梨的美味，好吗？"

"嗯！朕真的有些不胜酒力。"张邦昌装出昏昏欲睡之状。

李氏向陈氏使了个眼色，陈氏站起身，扶住张邦昌，媚笑着说："陛下，臣妾扶你去休息吧！"

张邦昌站起来，假装醉态，似乎有些站不稳的样子，李氏趁机上前扶住他，凑到张邦昌的耳边说道："陛下就去享用雪藕冰梨，但愿不要始乱终弃，辜负了我的女儿。"说罢，母子二人将张邦昌扶进卧室福，李氏关门自去。

张邦昌本来就是装醉，见李氏回避，一骨碌翻下床，抱住陈氏，陈氏半推半就，相拥进入罗帐，行那风去鱼水之乐……

次日天明，张邦昌将陈氏带回寝宫，封为伪妃。

陈氏红颜薄命，为贪富贵而铸成大错。伪封不久，张邦昌便退居东府，迎元祐皇后入宫垂帘听政。

张邦昌谪贬潭州之后，有人把这件事抖了出来。

赵构得知此事，龙颜震怒，责令将李氏拘拿下狱，命御史严加审讯。李氏无可抵赖，只好照实供认。

张邦昌罪上加罪，下诏赐死；李氏也被杖刑三百，发配到军营去了。

陈氏知道旧事败露，恐怕遭到惩罚，吞金自杀了。

吕好问曾受过伪命，请求解职，被贬往宣州做了知州。

张邦昌的死，很多人都为他鸣不平，他虽然当了傀儡皇帝，但很大程度上是出于无奈，并不是他抢着要干的，而那件淫乱后宫之事，也算得上是酒后乱性。

李纲过于刚直，为他的罢相埋下了祸根。

呕心沥血谋中兴

赵构解决了张邦昌之后，将国家大事全都交给李纲统一规划。

当时的局势，尽管金人掳走了二帝，但随后撤离了汴京，黄河以南并没有留下一兵一卒。因此，宋朝的失地并不多，河东失守的地方稍多，河北失守的只有真定、怀州、卫州、浚州，其余的地方都还在宋军的手里。只是金人掳走了二帝之后，各州的军队成了一盘散沙，各自为战，失去了统一指挥。

针对以上情况，李纲对军队进行整顿，按伍、甲、队、部、军进行编制。五人为伍，二十五人为甲，百人为队，五百人为部，两千五百人为军。形成由上至下的统一指挥体系，改变了军队一盘散沙的局面。

李纲向赵构摆明"河东、河北乃国之屏障"的道理，还以"君父之仇，不共戴天"来激励赵构，建议重建两河指挥中心。

赵构心里虽然不怎么愿意，但李纲说的道理却无可反驳，只好批准了李纲的建议，重建河北招抚司，任命张所为河北招抚使；重建河东经制司，任命傅亮为河东经制使；并调宗泽留守汴京，兼开封知府。

李纲还命令各路募兵买马，号召有钱的出钱，有力的出力，倾全国之力来抵抗金人的入侵。卧薪尝胆，誓报国耻，迎请二帝南归。

李纲呕心沥血谋中兴，夜以继日地为增强南宋的防御力量而忙碌，有人却在背后向他放起了冷箭，这些冷箭，在某种程度上又迎合了赵构的心理。

冷箭，射倒了李纲，也折射出南宋的历史命运。

李纲的脊梁断了

黄潜善、汪伯彦两人看到赵构对李纲言听计从，暗中忌恨。正巧这时候，金国的娄室领重兵进攻河中，知府郝仲连战死，金军乘势攻陷解州、绛州、慈州、隰州。黄潜善、汪伯彦趁机怂恿赵构转幸东南。

七月，赵构发手诏准备"南巡"。

李纲坚决反对南巡，他认为，自古中兴之主，都起之于西北，据中原腹地而有东南，如果起之于东南，则不足以恢复中原而有西北，其原因在于，天下的精兵良马都在西北，若弃之而去，今后若想收复，恐怕难上加难。他建议圣驾暂时移居襄阳或邓州，因为这里西邻川陕，可以召兵，北近京畿，可以驰援，南通天府之国，有取之不尽的货财，东连江淮，可以漕运江南的粮食，称得上是山川险固，民物淳厚。最后，他说出了狠话："如果陛下实在要巡幸扬州，臣这个宰相就不用当了。"

赵构虽然收回了手诏，但南巡之心一直未死。

南巡，是向南逃跑的代名词。当年金兵过了黄河后，宋徽宗仓皇出逃，也叫南巡。

赵构最初非常信任李纲，经不住黄潜善、汪伯彦不断地进谗言，逐渐疏远了李纲，对于李纲的建议，也不像当初那样言听计从了，李纲呈上的奏折，经常"留中不报"，即放在一边，置之不理。后来，又任命黄潜善为右相（右仆射），李纲升任左相（左仆射）。

表面上看，李纲得到了提升，实际上，结束了李纲独相的局面，黄潜善本来就同李纲意见不合，升任右相，对李纲起到了牵制作用。

对于李纲来说，这是一个不好的信号。

黄潜善上任后，果然对李纲采取了行动。他先授意河北转运副使、权知北京留守张益谦向朝廷上表，说设置安抚使司，导致河北"盗贼益炽"，奏请撤销河北安抚使司。

李纲举荐的张所还没到任，即使盗贼四起，也与设置安抚使司无关，更与还没有到任的安抚使张所扯不上关系。

黄潜善是要以此来打击李纲。

李纲当然看出了黄潜善的用心，据理力争，说张所在京师招集将佐，还没有到任，怎么会带来如此影响呢？黄潜善的想象力也太丰富了。

赵构似乎很厌恶这种争吵，而他的天秤，却倾向了黄潜善，竟然不分青红皂白，下诏罢免了张所。

黄潜善、汪伯彦下一个打击目标，对准了李纲举荐的河东经略使傅亮。

傅亮是陕西人，深通兵法，受任河东经略使，上任才十几天，正在筹划如何恢复河东地区的防御。

汪伯彦指责他故意"逗留"，拖延时间，贻误战机。

赵构再次武断地批示，"亮兵少不可渡河，可罢经制司，赴行在"。即撤销经制司，叫傅亮回应天府。

李纲坚决反对，并进宫找赵构说理。

赵构不以为然地说："傅亮有什么本事？难道真的离他不行吗？"

"傅亮有勇有谋，可为大将，还没有使用，就撤了职，古往今来，没有这样用将。"李纲负气地说："如果朝廷要罢免傅亮，我请求辞职归田。"

赵构虽然好言挽留李纲，但还是下诏罢了傅亮河东经略使之职。

李纲再次据理力争，却被赵构以这是一件小事不必争论不休为由，轻轻地就打发了。

两河防御，事关恢复国土构建国防体系的大事。当时金军仍在黄河北岸沿线摆开，对南宋政权虎视眈眈，随时都有可能再次南下。赵构竟说加强两河防御是小事，不知他心中的大事到底是什么？

说穿了也不难理解，赵构压根就没有同金人抵抗的勇气，根本就没有把两河防御放在心上，他骨子里的大事就是"南逃"，逃往江南，与金人划河而治，越往江南，离金人越远，似乎那样更安全。

黄潜善怂恿殿中侍御使张浚趁机上表弹劾李纲，说他恃才傲物，没有把皇上放在眼里，视群臣也于无物。

八月十八日，李纲被撤销了宰相之职，改任观文殿大学士，提举洞霄宫。

赵构的理由是：李纲刚愎自用，目无君上，以个人的好恶，决定朝廷用人取舍。

李纲是南宋第一任宰相，在位仅七十五天。经过他两个多月救火般的努力，汴梁、河北一带的局势初步稳定。

李纲罢相之后，他辛苦创建的防御体系被汪伯彦、黄潜善尽行废除。

李纲罢相的事，在社会上引起很大反响。

太学生陈东是靖康年间"伏阙上书"的组织者之一，赵构登基后，为了招揽人心，便把名满天下的陈东请到应天府。陈东上书，请求让李纲留任，罢免主张议和的黄潜善、汪伯彦。

赵构并没有理。

陈东再次上书，请赵构回东京，不要南逃，并建议整治军队，御驾亲征，迎回"二圣"。

赵构依然不理。

恰在此时，抚州布衣欧阳澈长途跋涉，步行来到应天府，上书痛斥黄潜善等人，并指责赵构"宫廷燕乐事"。

黄潜善见赵构很不高兴，趁机挑拨说，一个读书人，一个老百姓，竟敢对国家大事评头论足，任意指责，长此下去，恐怕他们就不知道自己姓什么了。

赵构便问如何处理这两个人。

"杀一儆百！"黄潜善恶狠狠地做了个杀头的动作。

赵构虽然也想杀了这两个人解恨，但也没有忘记太祖皇帝不杀士大夫，不杀上书言事者的遗训。考虑再三，还是将原书交给黄潜善，让他核查处理这件事。

案子落到黄潜善手里，陈东、欧阳澈等于就判了死刑。

许翰见黄潜善得意的样子，警告说："国家要中兴，就不可杜绝言路，这件事应该召集大臣们开会讨论一下。"

黄潜善虽然没有反对，背地里却嘱咐应天府抓捕陈东、欧阳澈。

应天府的捕快赶到陈东家捉人时，陈东正在家里看书，一看来人的架势，就知道是怎么回事，立即吩咐家人炒菜烫酒，说要饱餐一顿再走，小吏很同情陈东，同意了他的要求，因为他知道，陈东此一去，恐再无生还的机会。

陈东被带到应天府，几天后便被处死，随后，欧阳澈也遭到同样下场。

许翰得知陈东、欧阳澈被斩，亲自为他们写了悼词，然后辞官而去。

宋朝是一个言论比较自由、思想比较开放的王朝，太祖皇帝赵匡胤也留下了不杀士大夫的遗训，像王安石、司马光之间斗争得如此惨烈，也只是贬谪、逐出京城，相互之间也没有动杀机。陈东、欧阳澈被杀，开了一个杀戮的先河。后来，主和派之所以能够一直占据主流，控制朝廷的话语权，控制言论，与陈东、欧阳澈事件有极大关系。

陈东，字少阳，镇江人；欧阳澈，字德明，抚州人。两人以忠义而惹杀身之祸，无论相识与不相识的人，都在为他们流涕。

三年之后，汪伯彦、黄潜善获罪。陈东、欧阳澈被追赠为承事郎，各特准一位子弟入朝为官，并命州县抚恤他们的家属。绍兴四年，又加封朝奉郎，秘阁修撰官。算是对二人的在天之灵的一点安慰。此是后话，在此一笔带过。

三 宗泽临终三喊"过河"

东京留守

赵构罢了李纲，杀了言事者，满以为可以过几天清静日子，谁知金人又来找麻烦了。这是赵构最害怕的一件事，怕什么，来什么，似乎天也在与他作对。

原来，金人返回北国之后，得知他们一手扶持起来的傀儡皇帝张邦昌拱手把皇位让给了赵氏皇族，康王赵构即位，建立了南宋政权。本来，金国二太子完颜宗望曾主张遣返北宋二帝，重新与南宋和好。但大太子完颜宗翰却坚决不同意。

金国主战派占了上风，宋金两国的战火重新点燃。

山西诸路都统娄室率兵南下，进攻河中，权知府事郝仲连一门死于忠义。娄室攻占河中府后，又连陷解、绛、慈、隰诸州。

赵构得知金军南下，第一反应就是跑，在黄潜善、汪伯彦两人的怂恿下，赵构下了一道巡幸东南的诏令。

赵构欲巡幸东南，惹恼了一个大忠臣，他接连上表，恳求赵构回到汴京。这个人就是东京留守宗泽。

宗泽是南宋初年除李纲之外，不得不说的一个重要人物。如果说李纲筹谋方略，定鼎国是，在朝政上有所作为。宗泽则是对外屡败强敌，保住国都的根本，以战功而闻知于世，在军事上有所建树。

宗泽是地地道道的科举出身，正宗的进士。他虽是一介书生，但骁勇善战，胆识过人，在东京汴梁沦陷之时，率军支援京城，一路连战连捷，打了十三场胜仗，后因寡不敌众而被迫撤退，在举国溃败之时，他以区区数千兵力，纵横中州大地，绝非常人所能为。就是这样一位忠勇之人，在赵构即位之初，被黄潜善、汪伯彦排挤到襄阳去当了地方官。直到李纲当了宰相后，举荐他做了东京留守，才正式登上了宋朝这个历史大舞台。

宗泽初到东京时，汴梁城残破不堪，市场萧条，物价昂贵，盗匪横行，社会秩序相当混乱。他做的第一件事，就是整顿社会秩序，维护社会治安，擒杀盗匪首领。有道是，乱世须用重典，宗泽深识其道，他下令"谁要是再当强盗，一律军法从事"，并且还真的杀了几个盗匪头目。盗匪也是人，他们也怕死，在宗泽的重压之下，盗匪很快就销声匿迹。

河西有一个名叫王善的巨寇，据说拥众七十余万，扬言要攻打汴梁城。汴梁城的百姓一片恐慌。为了消除这个隐患，宗泽竟然单刀赴会，前往王善军营。

宗泽对王善说："金人入境，大敌当前，国家正处在危难之中，如果再有几个像你这样的人，金人也不至于耀武扬威。康王继承皇位，力图中兴。大丈夫应该胸怀大志，建功立业以报效国家。你不但不思报国，反而还要在金兵入侵之际，趁火打劫，你还是一个中国人吗？"

王善早闻宗泽之名，听他说得大义凛然，也深受感动，表示愿意归顺朝廷，听从宗泽的调遣。

宗泽收服了王善，又招抚了杨进、田再兴、李贵、王大郎等部众，京西、淮南、河南、河北一带，盗贼从此销声匿迹。

接着，宗泽又安抚百姓，修缮损坏的建筑，积聚粮草，储备物资，扩充兵力。还在城外设立二十四座连珠寨，沿黄河遍筑连珠寨，联结河东、河北，疏通五丈河，畅通水路，让商人前来做生意。

经过一番经营，再加上李纲及时调运一批物资支援，汴梁城内的经济很快好转，物价逐渐趋于稳定，四方商旅纷至沓来，汴梁城恢复了几分往日繁荣昌盛的景象。

宗泽再次上表，力请赵构回驾东京。他在奏疏中说："自金人再至，朝廷未尝命一将出一师，但闻奸邪之臣，朝进一言以主和，暮入一说以乞盟，终至二圣北迁，宗社蒙耻……臣虽驽怯，当躬冒矢石为诸将先，得捐躯报国恩足矣！"

意思是说，金国人一来，奸臣们整天嚷嚷着议和，从来没有看见朝廷派一兵一卒去跟金兵决战，所以造成二帝蒙尘被俘。他虽然不才，但愿冒飞箭滚石，带领将士抵抗金兵，捐躯报国。

赵构看了宗泽的奏疏，只说宗泽忠心可嘉，至于何时返回京城，却是只字未提。

宗泽虽是一介书生，不懂军事，但时势造英雄，让他站在抗击金人这个历史大舞台上，成为威震敌胆的抗金名将，不仅如此，在他的麾下，还有一些为后世推崇的名将，其中就包括著名的抗金英雄岳飞。

岳飞的成名，同宗泽的慧眼识才有很大关系。

岳飞最初的官阶是承信郎，宋徽宗政和年间，定武臣官阶为五十三阶，第五十二阶为承信郎，也就是说，岳飞的官阶，在所有武官当中，倒数第二。

岳飞天生桀骜不驯，很有个性，常常因意见不合而同上司发生冲突。宗泽第一次见到岳飞的时候，正是他因违反军令将要受到处罚的时候，宗泽救下了他。

宗泽之所以要救他，据说是因为岳飞生得虎背熊腰，相貌出众，宗泽见他"相貌非常，不忍加罪"，下令释放了他，说留下岳飞一颗人头，让他日后戴罪立功。

宗泽的一念之仁，为南宋留下了一位顶天立地的栋梁之材。

宗泽认为岳飞是个人才，但对他不拘一格的战法又有异议，特地找到岳飞，对他说："你确实英勇善战，是个可造之才，假以时日，必成大器。但你打仗太随心所欲，不按章法，不按套路，老这样瞎打可不行。"说罢，取出一册阵图递给岳飞说："这是太宗皇帝留下的阵图，你拿去好好研究一下，学学正规战法。"

岳飞接过阵图册，草草地看了一下就放到一边。

"怎么，看不上眼？"宗泽非常惊讶。

"阵而后战，兵法之常，运用之妙，存乎一心。"岳飞的这句话，被后世奉为兵家经典名言。

宗泽听后，点头表示赞同。

岳飞似乎说上了瘾，继续说："兵无常势，水无常形，战场上形势千变万化，不能按固定的阵图来打，只要能打胜仗，什么办法都可以用。"

宗泽虽然认为岳飞说得有理，但觉得他也太狂了，目空一切，竟然连太宗皇帝的阵图册都不放在眼里。恰在此时，传来金军攻入汜水的军报，宗泽便命岳飞率领五百骑兵驰援汜水，将功补过。

在宗泽的看来，这个年轻人得磨炼磨炼。

岳飞果然不负重托，率兵到达汜水后，竟不按常规套路来，刚一到达便发起了猛烈进攻，打了金兵一个措手不及，金兵大败而逃。

超常规的战法，让金兵吃尽了苦头。

岳飞一战成名，被提拔为统制，经宗泽推荐到河北都统制张所帐前任职。

宗泽再次上表，奏请赵构还京。

赵构不仅没有返京的意思，而且还派人将太庙的神位迎往应天府，将元祐太后及六宫与卫士家属，统统接走了。

赵构的意图很明显，他要舍弃东京。

宗泽看出了赵构的意图，欲再次上书，不料书信没有发出，李纲罢相，太学生陈东、布衣欧阳澈被杀的消息就传来了。宗泽也就只能望洋兴叹了。

赵构南逃扬州

赵构撵走李纲，诛杀陈东、欧阳澈，都不是一时心血来潮，而是为南逃扫清障碍。

早在七月份，他就把元祐太后孟氏送往扬州。九月，又下诏"择日幸淮甸"，并命扬州知州吕颐修城池，发运副使李祐等为随军转运使，所有这些，都为巡幸扬州做足了准备。

解州、绛州、慈州、隰州相继沦陷之后，赵构开始了南逃之旅。

南逃不得人心，赵构心知肚明，所以，临行前，他下了一道诏书，说自己前往扬州，不过是到那里去暂住一段时间，等战局稳定之后，就会返回京城。

赵构在南逃之前，就已经让隆祐太后及以下的人率先出发了。

隆祐太后就是元祐太后，只因元祐的"元"字犯太祖忌讳，所以改为隆祐。

赵构南逃，实际上等于放弃了中原，尽管宋军在两河地区还在抵抗，甚至有的取得局部胜利，由于没有统一的指挥，很难与金军抗衡。

扬州自隋朝开凿大运河以后，逐渐繁荣起来，在唐朝时，便已形成全国最大的工商业城市，地位甚至超过了长安和洛阳。唐诗很多诗句如"烟花三月下扬州"等，都是赞美扬州的。

赵构南渡以来，一直颠沛流离，惶惶不可终日，到了江南"繁华锦绣地，温柔富贵乡"，终于可以松一口气了。

汪伯彦、黄潜善两人到扬州后，向赵构进谗言，说李纲虽然罢相，仍然还在朝堂，金人很不乐意。如果不赶走李纲，金人不会收兵。

接他们的说法，金人出兵南下，不为别的，就是为李纲而来。

赵构一心想讨好金人，竟然将李纲贬到鄂州去了。

从此，朝廷忠良尽去，汪伯彦、黄潜善更加肆无忌惮，怂恿赵构同金人议和。

赵构心里惧怕金人，只想做个偏安半壁的小朝廷，在扬州安顿下来后，便派遣朝奉郎王伦、阁门舍人朱弁前往金国，请求金人休战议和。

宗泽的大手笔

宋朝越是示弱，金国就越要逞强。王伦、朱弁一到云中，就被完颜宗翰软禁起来。

此时，完颜宗望死了，完颜宗翰独掌兵权，看到王伦前来请和，就料定赵构是一个没用的主子。并奏请完颜晟，兵分三路，侵略南宋。

完颜宗翰自带一军从河阳渡河，直攻河南；又派银术可攻打汉上；讹里朵、完颜宗弼从燕山出发，从沧州渡河，进攻山东；蒲卢浑率军赴淮南；娄室与完颜杲、黑锋从同州渡河，转攻陕西。三路大军成"品"字形摆开，进军规模之大可谓空前。

汴梁城虽是名义上的都城，但仍然是金兵攻击的重要目标。金兵还没有过黄河，就有人建议东京留守宗泽拆毁黄河上的浮桥，将金兵拒之于国门之外。

宗泽对这个建议一笔置之，说："去年金兵南侵，宋军用的就是这一招，今天怎么能重蹈覆辙呢？"他命令刘衍、刘达分兵驻守滑州、郑州，与东京汴梁形成掎角之势。

金兵见宗泽严兵以待，料想进攻也得不到便宜，加上汴梁四周坚壁清野，"城外千里，无粮可因"，靠抢劫补充给养的金兵熬得口中流水，实在坚持不下去了，只得连夜撤退。

金兵东路军虽然受阻，其他两路军却进展神速。宗翰率领的中路军势如破竹，攻占了汜水关，留守孙昭远为国战死；娄室率领的西路军攻陷同州、华州，安抚使郑骧战败自尽，娄室率军攻破了潼关。由于汴梁城固若金汤，成了卡在金军喉咙中的一块硬骨头，使金国几路大军不能达到会合的目的。

转眼到了建炎二年（1128年）正月，银术可攻陷邓州，知州范致虚弃州而逃，安抚使刘汲战死，邓州为赵构巡幸所准备的物资，成了金兵的战利品。银术可乘胜出击，连陷襄阳、均州、房州、唐州、陈州、蔡州、汝州、郑州和颍昌府。郑州通判赵伯振、颍昌知府孙默、汝阳知县郭赞，先后战死沙场。

正月初七，骄横的完颜宗弼再次领兵来取汴梁，挥师直抵距汴梁数十里的白沙镇。

守城的宋军闻风而动，高扯吊桥，披甲登城，摆出与金兵决一死战的架势。

老百姓刚刚经过一场破城之痛，人人都成了惊弓之鸟，全城一片恐慌。

宗泽似乎胸有成竹，告诉众将不要惊慌，张榜安民，叫老百姓照常准备正月十五的元宵花灯，这才使军民的情绪稳定下来。

宗泽当然不会像有些官员那样，拿性命攸关的事情当儿戏，他是外松内紧，一边加强侦察金兵的动向，在金兵到来之前，已派刘衍、刘达到滑州、郑州牵制敌势，一边又选精兵数千骑绕道到敌人的后面，切断金兵的归路。

正月十五，汴梁城灯火通明，金兵悄悄摸到城外，见宋军毫无动静，反而还不敢动了，越是这样，越显得有些高深莫测，他们怀疑宗泽设了套。

正在金兵犹豫不决的时候，刘衍在板桥对金兵发动了进攻，战斗最激烈的时候，宋军的伏兵又抄了金兵的屁股，前后夹击，金兵溃退。

刘衍得理不让人，乘胜追击，一直将金兵撵到滑州，才收兵回营。

捷报传到汴梁，全城欢声雷动。宗泽得知获胜的消息，知道金人不会善罢甘休，派阎中立、郭俊民、李景良等率兵赶赴郑州加强防守。

这支人马在路上遇到了宗翰的大军，打了一场遭遇战。结果，阎中立战死，李景良临阵脱逃，郭俊民投降了金人。

宗泽一怒之下，将李景良就地正法了。

金军虽然胜了一场，但伤亡也很大，再次使出了打打谈谈的手段，派降将郭俊民和一名使者带上完颜宗翰的亲笔书信，进城招降宗泽。

宗泽二话不说，撕毁了完颜宗翰的书信，杀了叛徒郭俊民和金国使者。

进士出身的人，果然不简单，一连串的举动，极大地振奋了军心，众人对宗泽，算是心服口服了。

没过几天，金兵又去攻打滑州。滑州是汴梁城重要的桥头堡，失掉滑州，东京汴梁便门户大开。

宗泽绝不会让汴梁成为一座孤城，派大将王宣率兵驰援滑州。

援军尚未到达，滑州已被金兵攻破。

王宣是一员虎将，竟然率兵杀向滑州，乘金兵立足未稳之际，重新夺回滑州。

滑州一战，宗泽军威大振，就连金兵私下里也称他为"宗爷爷"，好长一段时间，不敢再打汴梁城的主意。

完颜宗翰见跨不过汴梁这道坎，三路金兵会师中原的目标只是一个幻想，只得下令退兵。临走时，在西京洛阳狠狠地抢了一把，然后在城内放了一把火。

抢劫、杀人、放火，这是强盗的行径。金兵就是强盗。

中路军一退，其他两路金兵也相继撤退。

宗泽胜利地保住了京城。

宗泽始终没有放弃北伐、迎回二圣的宏愿。日夜谋划要渡过黄河，联络北方的义军，让他们随时与北伐宋军相呼应，形成南北夹击之势。

南北夹击，是金兵最害怕的狠招。宗翰退兵，怕的就是这一招。

宗泽筹集到足够半年之用的粮食，把招抚的巨盗头目招来，共商北伐大计，并飞檄传召都统制王彦回守滑州。

王彦是宗泽帐下又一个了不起的人物，带领部下在太行山跟金兵打游击。被宗泽推荐给张所的岳飞，也被安排在这支队伍里。

王彦率兵渡过黄河到达新乡，正好与数万金兵狭路相逢，当时，王彦只有七千人兵士，包括岳飞在内，只有十数员将领。众军见金兵来势凶猛，都有怯战之意。岳飞手持一杆铁枪，单人匹马杀向敌阵，左冲右突，如入无人之境，杀入中军，砍倒了金军的大旗。众将见岳飞如此神勇，也都奋勇杀上前去，击退金兵，攻克新乡。

次日，岳飞率兵在侯兆川与金兵交战，受伤十几处，仍然身先士卒，击退金兵。不久，岳飞所部的粮食将尽，请求王彦支援。

王彦担心岳飞的风头盖过了自己，起了嫉妒之心，借口说粮食不多，拒绝调粮。

岳飞只得自行筹粮，率兵转战于太行山，活捉了金将拓跋耶乌。金军中有个骁帅名叫黑风大王，自恃枭悍，来单挑岳飞，交战未过三个回合，被岳飞斩落马下，金人见岳飞如此神勇退，慌忙退兵。

岳飞因王彦不给粮食，不便再进，便率所部重新渡过黄河，返回汴梁，重新归在宗泽帐前。

王彦失去了岳飞，缺人御敌，不久便被金人围住。他率兵突出重围，退入太行山，与金兵展开游击战。

王彦的部队打得很辛苦，他害怕部下不坚定，担心有人会出卖他，行动非常谨慎，能不见的人就尽量不见，有事叫传令兵传达。部下见不到王彦，都很纳闷。

有一天，一个部下偶然同王彦相遇，问为何总见不到他。王彦委婉说出了自己的顾虑。这名部下将王彦的顾虑告诉了大家。

为了取得统制的信任，大家一合计，每人都在自己脸上刺上"赤心报国，誓杀金贼"八个字。

南宋有支"八字军"，就是王彦的这支部队。

王彦率领八字军转战于太行山，并同两河的英雄豪杰相联络，欲图光复，得到响应，部队逐步壮大，发展到了十万人。

金人不敢正面同王彦的部队交战，转而拦截他的粮道，王彦的部队，成了一股重要的抗金力量。

王彦接到宗泽的檄文，率部赶往滑州。

宗泽得知王彦所部到达滑州，便将北伐计划上报赵构。

宗泽北伐的具体计划是：宋军趁金兵惧怕的六月暑天渡过黄河，派王彦率八字军从滑州渡河北上，取淮、卫、浚、相等州；马扩率军由大名进攻取洺、相、真定，杨进、王善、丁进等部分路并进。

他还在奏章中说明，已经与河北的义军约定，大军北伐，群起响应，兵民参战，人数不下百万，请求打头阵，并说中兴大业，在此一举。

赵构收到宗泽的奏章，龙心大悦，便欲择日返京。谁知，一件意外的事情，断了他返京念头。

美人计

赵构看了宗泽的奏章，连称宗泽忠勇可嘉，动了回京的念头。便与汪伯彦、黄潜善商量这件事。汪伯彦、黄潜善认为，回到东京后，他们能不能继续得宠，要打个问号，两人一唱一和，在赵构面前尽说宗泽的坏话。

汪伯彦说宗泽是一介书生，原来不过是磁州的知州，现在做了东京留守，提拔得够快的了，竟然屡次上表，请求陛上返回东京，东京处在风口浪尖之上，金兵南下，东京便暴露在金兵的铁蹄之下，他只想做所谓的名臣，从来不为陛下的安全着想。

黄潜善却说，据说，宗泽在东京大量招兵买马，已经拥兵百万，万一有朝一日造反怎么办？

这句话正好戳到了赵构的心痛处。因为宋朝自太祖杯酒释兵权后，一直崇文不尚武，其中一个重要原因，就是担心武将造反。赵匡胤就是武将造反夺取了后周天下。所以，宋朝千方百计地把兵权集中在皇帝手里，带兵的都是一些不会打仗的文人，能打仗的武将不准带兵。

宗泽虽是一介书生，出任东京留守之后，势力、威望急剧膨胀，如果要真的造反，谁能抵挡得住？

两个奸佞一唱一和，打消了赵构北归的念头。

宗泽上书后没有回音，却传来各地战败的消息。永兴军、潍州、淮宁、中山等地相继失陷。宗泽悲愤填膺，再次上书赵构，劝他回汴京，不要听信黄潜善等人的谗言，不要重蹈东晋覆辙。他愿以人头担保，北伐计划切实可行。

宗泽的忠心，似乎打动了赵构，他决定返回东京汴梁，做一个真正的中兴之主。并传令文武百官，准备行装，择日返回东京。

圣驾返京的消息传开后，文武百官奔走相告。有一个人却高兴不起来，这个人就是黄潜善。

黄潜善暗恨宗泽，因为宗泽在奏章多次提到他，骂他是奸臣。如果圣驾回京，他必定要遭到宗泽的弹劾，只有阻止赵构北上，才能免遭弹劾。赵构去意已定，劝阻很难有效果，他便找汪伯彦商量这件事。

汪伯彦也觉得没有办法改变赵构的主意。

"真的没有办法？"黄潜善心有不甘地说："难道真要回京，送肉上砧板吗？"

"美人计！"汪伯彦脱口而出："只有这个办法能拖住皇上。"

"美人计？"黄潜善无奈地说："一时半会，到哪里觅得美人？就算广陵多佳丽，皇上深居行宫，美人也近不得身呀！"

"原来你还蒙在鼓里呀！"汪伯彦笑着说："皇上自即位以来，常常思念邢皇后，皇后身在北国蒙尘，天涯相隔，皇上在行宫苦苦思恋。"

"你怎么知道？"

"内侍周仁是皇上的心腹，他最清楚皇上的心思。"汪伯彦说。

"啊……"黄潜善睁大了眼睛。

汪伯彦继续说道："有一天，周仁从二十四桥经过，发现临河一座红楼上一位美娇人相貌酷似邢皇后，他将这件事情告诉了皇上，皇上不信，说周仁故意哄他开心，周仁信誓旦旦，说确有其事。如果不信，可以亲自前去察看。"

"你怎么知道得这清楚?"

汪伯彦说:"那一天,皇上微服出宫,正好被我碰上,皇上向我递了个眼色,意思是叫我不要声张。"

"后来呢?"

"皇上在红楼下守候半天,果然见到了那位美娇人,回来后一直念念不忘,直夸长得太像了,简直就是第二个邢皇后。"汪伯彦看了黄潜善说:"事后,我盘问过周仁。他先不肯说,我就恫吓他,说他诱使皇上出宫,要治他的罪,他才和盘托出。"

两人密商了半天,叫人去找来周仁。

周仁不知发生了什么事,立即赶过来。汪伯彦要他想办法谏阻赵构北归。

周仁为难地说:"你们两位说话都不能算数,我人微言轻,说话更不管用。"

汪伯彦微笑着说:"这件事恐怕还真只有你能办到。"

"此话怎讲?"

"不需要你谏阻。"汪伯彦说:"只要你办一件事就行。"

"什么事?"

汪伯彦便将美人计告诉他。

周仁是赵构身边的人,知道他们两人的能量,尽管有些害怕,还是答应了。

次日,周仁打听到那位娇美人是盐商沈幼山的女儿,闺名昭容,不但娇嫩如花,而且琴棋书画样样精通。更为难得的是,此女尚待字闺中。

据说,此女对婚配的对象条件极为苛刻,既要家财豪富,品行端方,文才出众,还要亲自出题面试。

周仁找个机会,将这件事告诉了赵构,建议赵构冒充皇室前去应试,定能中雀屏之选。

"朕是万乘之尊,岂可调戏民间闺女?"赵构说:"如果被太后知道了,如何是好?"

周仁说:"沈女貌似邢皇后,即使太后知道了,也情有可原。"

赵构心想,只要宫中不出问题,朝中谅也无人敢说闲话。况且,皇上微服出宫,也是有先例的。沈女是良家女子,毕竟比嫖妓高雅得多。于是,他吩咐周仁去约面试日期。

"小臣已和沈幼山接洽过,推说陛下是肃王,久慕令嫒才名,欲来应试求婚。幼山极表欢迎，估计婚事已有八九分把握。只是……"周仁欲言又止。

"只是什么？"赵构问道。

"约定十六日面试，陛下决定十五日起驾回京。"周仁为难地说："这便如何是好？"

赵构不以为然地说："回京并非万全之策，汪伯彦、黄潜善二人也极力谏阻，说北去是飞蛾扑火，有去无回。朕也有些犹豫。那就取消北归的计划吧！"

如此重大的决定，竟然被两个奸佞、一个太监内外联手，轻易地就否决了。

汪伯彦、黄潜善得到消息，喜悦异常。虽然有几个忠良上疏谏请北归，赵构心里只想着美人，眼里不见奏疏，并还传令东京留守宗泽，不可轻举妄动。

宗泽临终三喊过河

宗泽的满腔热情，换来了一瓢冷水，这位年逾古稀的白发将军，气怒攻心，忧愤成疾，一下子就病倒了。他隐约感到病情来得太猛，在世的时日不多了。

众将得知宗泽病了，纷纷前来探望。

宗泽强打起精神对大家说："我以二帝蒙尘，积愤至此，如果你们能够奋勇杀敌，我就死而无憾了。"

众将听后，很多人都失声痛哭，表示要尽力完成他的愿望。

宗泽流着眼泪，念起了杜甫写诸葛亮的两句诗："出师未捷身先死，长使英雄泪满襟。"念罢，大叫三声："过河！过河！过河！"然后，含恨而逝。

宗泽咽气了，但他的眼睛却睁得大大的，这大概就是人们所说的死不瞑目吧！

宗泽的忠勇，较之徽宗时期的种师道，有过之而无不及，他为了请赵构回汴京，敢于直言上谏，前后上了二十余道奏章，而他制定的北伐计划，则更是一个大手笔，假如真能如宗泽的计划实施，赵构坐镇京城，明确发布"焦土抗战"的诏令，动员全国所有力量，全力支持宗泽北伐，宋金之战谁胜谁负，还真的难以料定。

历史没有假如，这就是历史。

宗泽死后，被追赠为观文殿学士谏议大夫，予谥忠简。

宗泽的儿子宗颖，随父从军，很得人心，汴梁城的军民请求让宗颖子承父职，继任东京留守之职，调令下来之后，新的东京留守却是原北京留守杜充，宗颖出任判官。

杜充是个不折不扣的混球，史称他"酷虐寡谋"。接任东京留守之职后，一反宗泽的做法，手下众将也开始离心离德，尤其是被宗泽招抚的那些山大王，很多人是被宗泽的个人魅力所征服，看到杜充作威作福的样子，打心眼里就瞧不起他。

杜充也知道自己不足以服众，便想杀人立威。当时驻守汴梁城东的张用，手下的兵马比较多，杜充便想拿他开刀，准备趁张用的部下进城领取军粮的时候，突然发起了进攻。

有人向张用透露了消息。

张用也不是孤立一个人，那些被招抚的"盗寇"李贵、王大郎等，都是他的铁哥们，这些结义兄弟见杜充想砍张用的脑袋，害怕下一个会轮到他们自己。于是。全都都带兵过来帮忙，同杜充干了一仗，杜充大败。

张用等人的官饭吃不成了，于是重操旧业，做起了山大王，有的甚至投降了金人。杜充搞的这一手窝里斗，使得汴梁城的军队十去其九，几乎成了一座空城。

四　惊弓之鸟

金兵再次南下

黄潜善、汪伯彦的美人计果然奏效，赵构断然取消了返回东京汴梁的决定，留在扬州迎娶盐商周幼山之女。

恰在此时，赵子砥从燕山逃回，赵构盼咐汪伯彦、黄潜善向他询问北方的事情。

赵子砥回答说，金人边讲和边采取军事行动，攻南宋于无备；南宋则是停止一切军事行动同金人议和，因此，屡次被金人打败。我们是自己误自己。太上皇掳到燕山后，被封为昏德公，皇上也被封为重昏侯，恐永无回归的希望。过去，契丹主欲与金人议和，金人却对契丹用兵，相隔不到十年，金人就灭了契丹，前者之亡，后者之师，我国不应重蹈契丹人的覆辙。譬如山里人很怕老虎，每天用肥羊喂养老虎，想让老虎不吃人，但羊终归有吃完的那一天，最终，老虎还是要吃人。不如预设一个陷阱，等待老虎来上钩，老虎虽猛，终究会有被捉住的一天。

赵子砥的话虽然有理，无奈不对黄潜善、汪伯彦两人的胃口。

汪伯彦进宫给赵构复旨，谎称赵子砥夸夸其谈，尽说大话，赵子砥说的山里人与老虎的故事，只字不提。

按常理，赵子砥刚从燕山回来，赵构应该召见他，询问一下赵佶、赵桓二帝在北方的情况。他却让人代问，听了汪伯彦的谗言后，连赵子砥见都不见，就撵到台州做了知州。

赵构的心里，压根就不关心二帝在北方的死活。

赵构知道，扬州在长江以北，金兵能过黄河，照样能过淮河，金军打到扬州是迟早的事。因此，他派人将隆祐太后、嫔妃、皇太子护送到长江以南的杭州，那里有长江天险做屏障，相对安全一些。他自己则留在扬州，摆出一副不忘中原的样子，实际上是在这里苟且偷安。

金国皇帝完颜晟得知宗泽已死，决定再次挥师南下，这一次，他发下狠话："康王当穷其所往而追之。"

完颜晟称赵构为康王，而不称皇帝，无论赵构逃到哪里，一定要将他抓到，藏在山里，就搜山，逃到海里，就检海。金人将这次军事行动称之为搜山检海抓赵构。

金军左副元帅完颜宗翰亲自率领大队金兵南下，轻而易举地攻占了西京。

金将娄室则率一路兵攻占了永兴，然后进攻秦州。

秦州宋将李绩开城降敌，金军兵不血刃就占领了秦州。随后攻打西河，在新店同前来增援的宋将刘惟辅所率的二千精兵打了一场遭遇战，先锋大将黑锋死在刘惟辅的刀下，进攻受阻。

完颜宗翰得知黑锋战死，娄室进攻受阻的消息后，立即率兵驰援娄室，临走时，在西京放了一把火，率兵西进，并留下宗弼据守河阳。

完颜宗翰引兵西进，娄室又转败为胜了，他率兵渡过黄河，回云中去了。

河南统制翟进见金兵退出西京，率兵进城救火，稍作安顿后，便命儿子翟亮为先锋，率兵攻击驻扎在河阳的完颜宗弼。谁知完颜宗弼早有防备，预先设下埋伏，翟亮率兵钻进了完颜宗弼的伏击圈，为国捐躯，翟进的部队几乎全军覆没，幸亏奉诏前来支援西京的御营统制韩世忠路过河阳，挥师上前，救下了翟进。

宋金两军在河阳相持了几天，完颜宗弼得知完颜宗翰撤兵，也无心恋战，撤兵退去。

惟娄室攻陷西河后，再进兵泾原，在青溪岭被制置使曲端的副将吴玠截住，大败而归。

其实，赵佶、赵桓二帝被金人掳往北国之后，除了康王赵构，还有一个亲王幸免于难，他就赵佶的第十八个儿子信王赵榛。

赵榛本来也跟随二帝北行，走到庆源的时候，乘乱逃出了金人的魔掌，流落于真定府民间。恰逢和州防御使马扩与赵邦杰在五马山聚兵，赵榛投奔马扩的部队，被马扩、赵邦杰奉为王，总领北方各寨。

两河的军民得知信王赵榛起兵，闻风响应。

赵榛手书奏章，说马扩、赵邦杰都是忠臣，说他逃出金人的魔掌后，对金人的底细很清楚，金人也有思归之心。说山西各寨有乡兵约十余万，都在顽强地同金兵作战，只是缺少粮草和武器，请求朝廷给予支援。奏请赵构委任他总领各路部队与乡兵，同金兵决一死战。

赵构看赵榛奏章的时候，黄潜善、汪伯彦正好也在场，他顺手将奏章递给他们看，黄潜善还没有看完，就怀疑地问："这是信王的亲笔吗？不会有假吧？"

赵构说确实是信王的笔迹。

"陛下可要看仔细哟！"汪伯彦还是不相信。

赵构立即召见马扩，询问了一些情况，证明奏章是信王赵榛的亲笔确凿无疑，当即授信王赵榛为河外兵马都元帅，并命马扩为河北应援使，回去向信王报信。

马扩退朝后，黄潜善似乎很关心地对他说，信王不是去了金国吗？怎么还在真定？你要小心监视他，不要中了奸人之计。

马扩一再辩解，说信王志在抗击金人，光复大宋。黄潜善见马扩不识趣，便说这是皇上的密旨，并说密旨中还叫马扩要听从诸路节制，不得有违。

马扩不便再争，只得怏怏而去，料到不能成功，便在大名逗留了几天。

金将讹里朵探知此事，担心马扩为信王赵榛请来援兵援，便来了个先下手为强，立即率兵攻打五马山各寨，并派人请完颜宗翰速来接应。

赵榛得知金兵来犯，连忙督兵迎战，金兵围住五马山后，并不急于进攻，而是切断了五马山的水道。

水是人的生命线，没有水，山寨顿时大乱，金兵乘乱杀入，攻陷了五马山各寨。

赵榛从此下落不明。有人说，信王死于乱军之中；也有人说，赵榛在战斗中腿被打断，流落到了民间；也有人说，赵榛对赵构彻底绝望了，找了一个没有人认识的地方，改名换姓，过起了平民百姓的生活。

不管怎么说，赵榛凭数万兵马，敢同金兵决战，比那个贪生怕死的皇帝哥哥赵构，还是强多了。

马扩得知五马山遭困，招募士兵快速驰援，但远水救不了近火，在清平遭到金兵截击，吃了一场大败仗，只好去了和州。

娄室被吴玠打败之后，退到咸阳，看见渭南满山遍野都是义兵，吓得不敢过河，只得沿河东下。渡过清水河，攻占了潼关，然后抄小道攻占了延安。

身为朝廷一路统兵元帅的陕西制置使曲端，居然按兵不动，让河东经制使王庶一个人疲于奔命。延安沦陷后，他反说王庶丢了延安，想治王庶战败之罪。

王庶知道曲端动了杀机，主动交出官印，自行向朝廷上表请罪。

赵构下诏，降王庶为京兆守。王庶才得脱身自去。

娄室转攻晋宁军，知军徐徽言写信给知州折可求，约他率兵夹攻金人。折可求的儿子折彦文赟在送信途中，被金兵抓获，娄室胁迫他写信劝说父亲投降。

折可求竟然弃国家于不顾，将辖区内的麟府三州拱手献给金军，以换得儿子的性命。

折可求同徐徽言是姻亲，娄室命他到晋宁城下向徐徽言喊话，劝他投降金国。徐徽言不理会折可求，只管向城下射箭。折可求慌忙退走，徐徽言乘势出击，杀了金兵个措手不及，大败而逃。

娄室败走十余里，才扎下营寨，清战人数，得知儿子死于乱军之中。他发誓要为儿子报仇，收拾残兵，再次进攻晋宁军。

两军相持三个多月，晋宁城中粮尽援绝，最终沦陷敌手。徐徽言被金兵杀害，统制孙昂等人也一同殉难。

娄室乘胜进兵，想继攻陷鄜州、坊州、巩州。秦陇一带，几乎全被金人占领。

完颜宗翰与讹里朵会师于濮州城下，一起攻打濮州。

濮州中是一个小郡，副将姚端却不愿束手待毙，乘金兵立脚未稳之际，率兵夜袭金营。完颜宗翰为了逃命，连鞋子都来不及穿。

虽然金兵对濮州发动了猛烈攻击，濮州城仍然坚守了三十三天。最终因内无粮草，外无救兵，才被金兵攻破，知州杨粹中战死。

完颜宗翰命讹里朵攻打大名府，完颜宗弼再下河南。

完颜宗弼率兵南下，接连攻占了开德府和相州，守臣王棣、赵不试相继战死。

讹里朵带兵攻到大名城下，守臣张益谦贪生怕死，欲弃城逃跑。提刑官郭永认为是朝廷北方的门户，力主坚守。张益谦似乎不为所动。

郭永知道张益谦靠不住，亲自率兵守城，并募招敢死队缒城而下，赶往扬州向朝廷告急。

恰逢天降大雾，丈远之外不能见物，金兵乘雾攀云梯登上城墙。

张益谦投降了金人，郭永同家人一起被金人杀害。

惊弓之鸟

金兵南侵，各路警报如雪片般飞向扬州。

黄潜善对赵构封锁了消息，成天和娇妻美妾寻欢作乐，有时还和汪伯彦到寺院去听老僧说法。

赵构以为天下太平，误将奸佞当成治国安邦的栋梁，任命黄潜善、汪伯彦为尚书左、右仆射。他还高兴对别人说："黄潜善是左宰相、汪伯彦是右宰相，朕有这两个人，还怕国家不昌盛呢？"

黄潜善、汪伯彦两人，除了阿谀奉承、排除异己外，其实什么也不是。殿中侍御史马伸就曾上表说："黄潜善、汪伯彦当宰相以来，军国大事举措不当。"他还提醒赵构"岁月流逝，机会易失，不早改图，大势去矣！"

赵构完全被黄潜善、汪伯彦二贼蒙蔽，听不进其他人的意见。

一天，黄潜善到大佛寺听一个名叫普善的高僧讲经说法。

普善曾经做过官，因见朝中奸臣当道，忠良遭屈而看破了红尘，挂印辞官，遁入空门。虽然出家二十多年了，但仍然关心着时政变化，眼见国家到了不可收拾的地步，特地赶到扬州，想为国家出一份力。

普善看见黄潜善、汪伯彦两人坐在前排太师椅中，就谈起了历朝兴亡，他说："国家兴亡，全在宰相。就汉朝而论，光武得良相而成中兴之业；最不幸的是汉献帝，遇到了一个董卓，费了九牛二虎之力，好容易把他铲除了，不料又换了个曹操，比董卓更奸诈，刘氏宗社，能不灭亡呢？现在，北宋由奸贼张邦昌一手断送。南宋如日初升，如果能得到良相辅政，赤胆忠心，匡君救国，招贤礼士，同天下英雄合力杀贼，直捣黄龙，迎回二帝，也不是一件很难的事。"

黄潜善、汪伯彦两人哪听得进这种话？起身拂袖而去。

建炎三年（1129年）正月，王彦从滑州来到扬州觐见赵构，先去拜见黄潜善、汪伯彦两人，指责他们不理军务，隐瞒军情。

"有什么事大惊小怪的，不知道这是仆射衙门吗？"黄潜善以为这样说，就可以让王彦不说话。

王彦就是不信邪，冷笑地道："讹里朵攻陷了大名，娄室接连侵扰秦、陇等地，完颜宗弼直下河南，最近，完颜宗翰又攻破延庆，前锋已到达徐州，你们是聋子还是哑巴？难道就没有听说过吗？"

黄潜善不以为然地说："敌兵入境，那要靠你们武将去防御，关我们宰相什么事？"

"两河一带的义士，眼巴巴地盼望王师赶来支援，我也日夜想着率兵北渡黄河，收复中原。这要靠两位宰相辅佐皇上，痛下诏书，提兵北上，以鼓励军心。如今，你们向皇上隐蔽消息，皇上对战事一无所知，照这样下去，恐怕不止中原失守，江南也要变成焦土了！"

王彦说得义正词严，汪伯彦、黄潜善无言以对，心里恨上了王彦。

王彦前脚出了宰相府，黄潜善后脚进了皇宫，他在赵构面前进谗言，说王彦疯了，请赵构不必见这种疯人，更不用听他胡说八道，因为他说的是疯话，听了就是找气怄。

赵构的日子过得很滋润，无心视朝，更不想找气怄，听信了黄潜善的谗言，降旨免王彦入觐，派他到御营做了一名平寇统领。

王彦满怀激情地来到扬州，连赵构的面都没有见，便被贬了职。他知道这是黄潜善、汪伯彦从中捣鬼，不愿在朝同汪黄两人共事，便称病辞官归隐了。

几天时间，完颜宗翰攻占了徐州，知州王复一家惨遭金人杀戮，韩世忠率师救援，无论怎么说，韩世忠的八千宋兵，绝对不是完颜宗翰六万金兵的对手。

韩世忠吃了败仗，只得退保盐城。

完颜宗翰继续挥军南进，攻下彭城，从小道进入淮东，一路如入无人之境，直抵泗州。

直到这时，赵构才知道金兵南下的消息，连忙派江淮制置使刘光世率兵镇守淮东。

谁知敌兵还没有来，刘光世的部队自己乱了阵脚，不战而溃。刘光世约制不住，只得随溃军撤退，将淮东之地拱手让给了金人。

金兵乘胜前进，继续南下，又破天长军，占领了距扬州只有几十里的楚州。

金兵已经杀到了家门口，黄潜善、汪伯彦两位宰相，每天仍然是悠闲自在，把自己当成了太平宰相。

赵构似乎多了一个心眼，派身边的宦官出去打探消息。

二月初三，宦官邝询照例到天长军探听消息，到了那里，看到了金兵，吓得他险些尿了裤子，没命地跑回扬州。

赵构其实也和黄潜善、汪伯彦一样，没有料到金兵来得这样快，邝询赶回扬州的时候，赵构还在宫中大享齐人之乐，和宫女颠鸾倒凤正在兴头上，由于军情紧急，邝询也忘记了先报告一声，一头就闯进寝宫，冲着龙床上激战正酣的赵构，惊慌失措的大声说："陛下，金兵杀来了！"

这个消息犹如晴天霹雳，赵构一下子就吓蔫了，满腔的欲念化着透骨的寒意，从脚底而入丹田，冲向头顶，慌忙推开美人，翻身下床，穿衣披甲，连宰相也不通知，出门上马狂奔出城。跟随身后的只有王渊、张俊及内侍康履、周仁、邝询及几名护驾军。

赵构逃出扬州后，犹如惊弓之鸟，一直狂奔到瓜州镇，找到一只小船，渡过长江到达江对岸的镇江，已是黄昏时分。镇江的百姓听说赵构来了，都纷纷逃走，镇江几乎成了一座空城。镇江守臣钱伯言带人到江边，将赵构及随行人员接进镇江府衙。

赵构经此一吓，落下了"熏腐"之疾，性功再也没有恢复过来。据说，赵构丧失了生育能力，是由于这次惊吓引起的。

赵构逃跑的时候，大臣们并不知道，汪伯彦、黄潜善两位宰相和一些官员参加完一个法会后，正在饮宴，突然有人大叫："御驾已经出了北门，金人已经兵临城下，两位相爷赶快逃生吧！"

汪伯彦、黄潜善听后吓傻了，丢掉手中的酒杯，逃出大佛寺，飞身上马，加鞭向南门疾驰而去。

皇帝跑了，宰相也逃了，扬州城顿时乱成了一锅粥，军民扶老携幼，争相逃出扬州城，城门被挤得水泄不通。不知谁大叫一声："金人来了！"

军民人等听到喊声，顿时大乱，互相践踏，死者不计其数。这时候，发生了一件更搞笑的事。

司农卿黄锷也姓黄，随从簇拥着他逃到城门口时，见城门口塞满了人，一边驱赶百姓，一边大叫："闪开！闪开！黄大人要出城。"

人群听说黄大人要出城，蜂拥而上，指着黄锷的鼻子大骂说："奸贼，误国害民，都是你的罪！"

愤怒的人群，将黄锷当成了黄潜善。

黄锷正要分辨，愤怒的人群已经围了上来，不由分说，一顿拳打脚踢，人群中，有人痛下杀手，一刀砍下了黄锷的头。

可怜的黄锷，莫明其妙地做了黄潜善的替死鬼。

事情来得仓猝，朝廷的礼仪贡奉物品，多半被遗弃。太常少卿季陵跑到太庙，将历代皇帝的神位装了一麻袋，背起来就跑，逃出城之后，回头见扬州城已经是火光冲天，又听到后面喊声大作，害怕金兵追来，抛下麻袋，跟着溃逃的人群，逃往镇江。

太祖的神像，也让他给抛了。

赵构到达镇江后，在一个小店凑合了一晚上。

次日一大早，便将陆续赶到的群臣召集在一起开会，商量去留问题。吏部尚书吕颐浩奏请赵构暂住在镇江，作为对江北的声援。

王渊却认为，镇江三面受敌，如果金兵从通州渡江占领苏州，镇江就不保。他认为杭州还有钱塘江之险，易守难攻，比镇江安全得多。

赵构的逻辑，国家可以不要，社稷可以不要，但性命不可以不要，他采纳了王渊的建议，决定移驾杭州。并让中书侍郎朱胜非驻守镇江，江淮节度使刘光世出任行在五军制置使，扼守江口。

四天之后，赵构一行，颠沛流离到了平江，他又命朱胜非节制平江、秀州军马，张浚为副，留王渊驻守平江。

两天之后到达崇德，又拜吕颐浩为同签书枢密院事，兼江淮、两浙制置使，驻扎在京口。又命张浚率八千兵马驻守吴江。然后继续南下。

赵构犹如惊弓之鸟，从扬州逃到杭州。

杭州，并不是赵构的避风港，一件惊天动地的事情，正等着他。

五　苗刘兵变

导火索

赵构在杭州安顿下来后，发了一道"罪己诏"，公开承认自己的错误，要求大臣们越职直言，并且大赦天下，唯独没有赦免李纲。

李纲不赦，这是汪伯彦、黄潜善的主意。因为李纲主战，金人最恨李纲，汪伯彦、黄潜善这样做的目的，既是为了讨好金人，也是为了自己。因为李纲一旦重从新起用，他们就没有市场了。

汪伯彦、黄潜善虽然用尽了心机，他们的好运也快到头了。

赵构到了杭州，命刘俊民到金兵那边议和。后来，接到吕颐浩的奏报，说金人在扬州抢掠一番，放了一把火后，就离走了。并说他已经收复了扬州，赵构这才稍稍放心。

御史中丞张澄上表弹骇汪伯彦、黄潜善有二十条大罪。

汪伯彦、黄潜善知道有人在弹骇他们，联名上书，说国家正在危难之时，他们不会因为有人对他们有意见而求退。

赵构逃出扬州后，对汪黄二人已是心存不满，这种不满来自于两个方面，一是这两个人的名声太臭，再用会引起公愤；二是觉得这两个人误国。

赵构所想的误国，并不是因为汪伯彦、黄潜善的巧言令色、阿谀奉承、善于谄媚，他所说的误国，是这两个人骗了他，整天说天下无事，结果，金军突然兵临城下，自己从扬州仓皇出逃的窘境。

赵构一想到这些，心里就有气，再加上有人弹骇汪伯彦、黄潜善，他便顺水推舟，贬黄潜善为江宁知府，汪伯彦为洪州知州。升任朱胜非为尚书右仆射兼中书侍郎，王渊为枢密院事。

赵构的这次人事洗牌，成了导火索，惹出了一场大乱。

苗刘兵变

王渊虽然是御营都统制，在徽宗时代剿灭方腊以及后来的剿抚群盗中，也立有战功，但威望并不高。特别是在扬州大逃亡时，他身为御营都统制，组织指挥不当，致使国库的金帛、皇帝的御用之物都没有运出来，全都留给了金人，据说他的私有财产却装了十几船，朝中百官对此议论纷纷。忽然被提拔为这么大的官，别的官员愤愤不平。其中，最不满的是御营统制苗傅和刘正彦。

苗傅和刘正彦是最早一批追随赵构从北方逃到南方的武将，在以前招抚群盗过程中也立有战功。他们觉得，自己的功劳不在王渊之下，王渊升任要职，他们没有得到应该得到的东西。他们怀疑，王渊和内侍康履、蓝珪有勾结，于是，两人密谋，决定先杀王渊，然后再杀康履、蓝珪。

中大夫王世修也恨那些内侍专横跋扈，加入了苗傅、刘正彦的行动。

这一天，苗傅在街上碰到了康履，冲上前去就破口大骂，说天子颠沛至此，就是他们这些宦官使造成的，扬言要杀了他。

苗傅是在无理取闹。

康履也不是一盏省油的灯，立即反唇相讥，说朝廷养兵千日，用在一时。他骂苗傅和他的兵，都是一群酒囊饭袋，只吃皇粮，不能打仗，这才使得金人敢如此猖獗。

苗傅在嘴巴上没有占到便宜，恼羞成怒，上前揪住康履就要打，幸亏刘正彦在一旁拉住他，将他劝走了。

两人回到住处，召来同党商量，准备发动兵变，逼赵构退位。

恰好这一天，殿前都指挥刘世光召集百官上朝议事。苗傅、刘正彦派王世修带兵埋伏在城北虹桥的桥下，这里是王渊上朝的必经之地。

王渊新任显职，正自洋洋得意，退朝后骑马出城，刚走到城北虹桥，桥下的伏兵一拥上前，将王渊拖下马。王渊大声喝道："为何拖我下骑？你们想造反吗？"

王渊的话音刚落，刘正彦飞马赶到。

王渊一手提拔了刘正彦，他以为是救兵到了，冲着刘正彦大喊："刘统制，快来救我！"

刘正彦走近王渊，不但没有救他，反而用剑指着他，大喝道："王渊，你勾结宦者谋反，今天要杀了你。"说音未落，剑尖已刺进了王渊的胸膛。

苗傅、刘正彦是两个大老粗，没有什么政治远见，杀了王渊后，准备带兵去抢王渊的家财，幸亏有一个稍微有点头脑的人劝止了。那人说，咱先别忙着抢东西，王渊之所以能得到皇上信任，就是因为他交结了宫中太监，我们必须先进宫去把这些太监杀了。不然的话，皇上一怒，就会派兵攻打我们，到时，抢到了财物再多，恐怕也无福消受。

苗傅觉得有理，拥兵入城，砍下王渊的人头，挂在宫门口示威，并派人分头搜捕太监，被杀者一百多人。

杭州知州康允听说有人作乱，带着人马进宫护驾，看到造反的都是御营的兵马，知道这件事他管不了，转从东门进宫护驾。

康履回家的时候，见有兵马围住他的家，知道不妙，慌忙返回宫中，向赵构报告，说苗傅、刘正彦造反，已经带人杀进宫来。

赵构吓得浑身发抖，手足无措。

朱胜非正好进宫奏事，得知苗傅、刘正彦领兵造反，飞步登上行宫门楼，质问苗傅、刘正彦，为何要擅杀大臣、内侍，血溅宫廷，惊扰圣驾。

苗傅大声说："苗傅不负国，是在为天下除害。"意思说，他们不是造反，是为天下除害才杀了王渊。

朱胜非便问他们有什么要求。

苗傅要朱胜非开门，说他要面见皇上。朱胜非担心这些人杀红了眼，放进来后难以控制，正在犹豫，不想中军统制吴湛已经大开宫门。

吴湛是苗傅一伙的。

苗傅见宫门大开，带兵一拥而入，声言要见皇上。

朱胜非见事起仓猝，知道同这些人说不清楚，只好下楼进宫，请赵构出来解决问题。

赵构慌里慌张地赶到城门楼。苗刘等人见到黄盖，知道是赵构来了，一齐参拜。赵构站在门楼上大声说道："朕并没有什么对不起你们的地方，你们为何要大开杀戒，做这种越轨的事情？王渊已经杀了，你们是不是可以退兵了？"

苗傅厉声答道："陛下信任中官，赏罚不公，军士有功者不赏，内侍推荐的人得到高官；黄潜善、汪伯彦误国殃民，罪恶滔天，仍然让他们逍遥法外；王渊遇敌不战，弃朝廷府库于不顾，自家的财产装了十几船，只因结交了康履，得到显官。臣自陛下即位以来，屡立战功，仅得薄赏。臣等不负国家，只为天下除害，已经将王渊斩首，在外面的太监都被我们杀了。康履、蓝珪这两个人，还在皇上身边，请将他们交出来，就地正法，以谢三军。"

赵构听说要杀康履，实在有些不忍，推辞说道："黄潜善、汪伯彦已经逐出京城，康履、蓝珪朕也要重罚他们，你们回营听命吧！"

苗傅、刘正彦拒不从命，说天下生灵，都被这些宦官害惨了，不斩康履、蓝珪，无以谢天下，他们决不回营。

赵构还在犹豫，苗傅、刘正彦和众兵士起哄了，说再不交出康履，他们就要进宫搜捕。无奈之下，赵构只得命吴湛去把康履送下城去。

赵构的话刚出口，早就有人将康履五花大绑地推了上来，吴湛命人找来一个大箩筐，将康履装进筐内，用绳索吊放下去。

大箩筐刚一落地，苗傅冲上前，一刀砍下了康履的头颅。

赵构站在门楼上大声喊："你们的要求达到了，现在可以回营了吧？"

苗傅仍然不走，冲着赵构大喊："陛下的皇位来路不明，渊圣皇帝一旦归来，将作何处置？"

渊圣皇帝就是赵桓，赵构即位后，给赵桓上尊号为"孝慈渊圣皇帝"。苗傅问赵构，渊圣皇帝如果回来了，你怎么办？

赵构听到这里，呆若木鸡，因为这是他最忌讳的一句话，虽然很多人都有这个想法，但没有人敢像苗傅这样公开喊出来。

被迫禅位

赵构气得浑身发抖，却又无言以对，僵持了半天，只得命朱胜非缒下门楼，好言劝慰苗傅、刘正彦，当场授予苗傅都统制这之职，刘正彦为副。

苗傅、刘正彦得了高官，还是不依不饶，大声喊道："你滚下去吧！请隆祐太后听政，派使臣同金人议和。"

兵临城下，赵构想发脾气也不敢。朱胜非见劝慰无效，只得攀绳上城。

赵构无奈，只得派人请隆祐太后。

当时正是隆冬季节，天气寒冷，赵构匆匆忙忙地赶来见这些乱军，连披风也来不及穿，衣服单薄，加之心情格外紧张，在凛冽的寒风下，冻得有些发抖。

隆祐太后请来后，赵构将仅有的一把椅子让给太后坐，他自己可怜巴巴地站在一旁。

隆祐太后坐定之后，便问乱军为何要闹事。苗傅说道："国家有难，二圣未归，皇上不思进取，宠信奸佞。我们建议皇上禅位给太子，太后听政。"

隆祐太后说："自道君皇帝误信蔡京、王黼之言，变更祖法，又被童贯收用降臣，招致金人之祸，这些都是先朝之事，同当今皇上没有关系。况且，皇上并没有失德之处，只是受了黄潜善、汪伯彦的蒙骗。现在，这两个人已经被逐出了京城，统制难道不知道这些事吗？"

苗傅、刘正彦仍坚持他们的意见，请太后垂帘听政，奉皇子为帝，治理天下。

"这可不行。"隆祐太后说："强敌压境，国势岌岌可危，上下协力同心，尚且不能应付当前混乱的局势，怎么能轻易更换皇帝呢？"

苗傅率众人在下面起哄，坚决要求赵构让位。

隆祐太后这时头脑还比较冷静，大声说："大敌当前，我一个老太婆，抱着一个三岁小孩，能干得了什么事？到时候，只能遭到敌人更大的侮辱。"

"皇上无能，退位，退位。"苗傅和刘正彦仍然不依不饶。

"皇上才二十多岁，就让他去做太上皇，这合适吗？"隆祐太后也来了脾气，"历朝历代，从来没有听说有这样的事情"。

苗傅和刘正彦是武将，只知道舞刀弄枪，不懂历史，声称，不答应他们的条件，他们就要用手中的战刀说话。

"这是国家大事，要由大臣们决定。"隆祐太后冲着朱胜非吼道："你身为宰相，怎么能袖手旁观，一言不发？"说罢站起来，拂袖而去，临走时丢下一句话："这件事我管不了，你们爱怎么样，就怎么样！"

隆祐太后一走，赵构傻了。

朱胜非凑近赵构，悄声说道："苗傅有个心腹叫王钧甫，刚才对臣说：苗傅和刘正彦胸无点墨，一介莽夫，而且生性执拗，都是牛脾气，只要他们认定的事，很难改变。"他看了一眼赵构，小心地说："是不是先缓一缓，依了他们，暂作权宜之计，以后再找他们算账？"

赵构无力地坐到椅子上，心灰意冷地说："朕确实有失德之处，致使百姓涂炭，臣民离散，上对不起列祖列宗，下对不起臣民百姓。不配做这个皇帝也罢，朕让位吧！"

赵构说罢，提笔写下禅位诏书：禅位于皇子，请太后垂帘听政。

朱胜非当场宣读了诏书。

苗傅和刘正彦这才带着部下退去。

建炎三年（1129年），三岁的太子赵旉即位，隆祐太后垂帘听政，尊赵构为睿圣仁孝皇帝。

颁诏大赦天下，改元明受。

加封苗傅为武当军节度使，刘正彦为武成军节度使。

将内侍蓝珪、曾泽贬到岭南各州。

苗傅派人将蓝珪、曾泽等人追回来，全部杀掉。

苗傅和刘正彦坚持要隆祐太后训政，并不是为了讨好，也不是觉得她能治国，而是担心赵构在位，以后一定会替康履和王渊报仇，他们的日子就不好过。强逼赵构退位，实际是为了保护自己。

苗傅和刘正彦终究是一介武夫，四肢发达，头脑简单，他们想用这种办法来保护，不但是小题大作，而且也是愚蠢至极，后来的事实证明，他们做了一件天底下最愚蠢的事情。

隆祐太后听政之后，朝中的大小事情，都是由宰相朱胜非处理。为了避免苗、刘两人的怀疑而再生事端，每天开会讨论国事，朱胜非都要请苗傅和刘正彦两人参加。

苗傅和刘正彦两人怀疑，赵构住在宫里，仍然在暗中操纵国事，于是密谋挟持隆祐太后和幼帝到徽、越等地去。朱胜非极力劝阻，说国家正在动乱之际，迁都会社会带来更大的动荡，并许诺让赵构迁居显宁寺。苗傅和刘正彦这才没有坚持要迁都。

显宁寺实际上是一座破庙，为了让赵构住进去光彩一点，才将显宁寺改名睿圣宫。赵构得知让他住进破庙里，心里的抵触很大，有些不服地说："我已禅位闲居了，难道住在宫里也不行吗？"

堂堂一国之君，话说到这种地步，赵构确实已是很无奈了。

朱胜非知道赵构的心思，安慰地说："目前时机还不成熟，凭朝中现有的实力，奈何不了苗傅和刘正彦，陛下还是逆来顺受，先委屈一下，住进去再说，等收拾了两个叛逆，再搬回宫也不迟。"

人在屋檐，不得不低头，赵构也不例外，尽管心里不服，还得住进破庙里。

六　韩世忠讨逆

勤王

苗傅和刘正彦发动一场兵变，将赵构赶下台，他们用幼帝的名义，开始发号施令了。

赦免的诏书发到平江，留守张浚看完之后，命左右严守诏书的秘密。

第一章 中兴之主

张浚觉得，赵构年纪尚轻，禅位之前，没有一点预兆，他对这件事产生了怀疑，连夜派心腹前往杭州去，看朝廷到底发生了什么事。

过了两天，张浚又接到苗傅的檄文，言语之中多有悖逆之词，凭张浚的头脑，他已经预感到朝中发生了重大变故，痛哭一场之后，立即召集汤东野及提刑官赵哲等人开会，商量起兵讨逆。

正好在这个时候，张俊带着八千名部下到了平江，他到平江来，是有事找张浚商量。

原来，张浚接到朝廷诏书，将他调任秦凤路，诏书中特别规定，只准他带三百人去，手下的兵马全部交给其他的将领。张俊怀疑朝中有人假传圣旨，但又拿不定主意。于是，他带着手下八千人马来到平江，向张浚打听消息，看朝廷到底发生了什么事。

张浚对张俊说，据他派到杭州打听消息的人回来报告，苗傅和刘正彦二贼在杭州发动兵变，皇上已经被关进破庙里，失去了人身自由。皇太子继位后，只是一个摆设，由隆祐太后垂帘听政，隆祐太后只是暂时稳定了大局，朝中事务都交给宰相朱胜非处理，朱胜非也不敢得罪苗刘二贼，很多事情也只能委曲求全。

"难道一点办法也没有吗？"张俊着急地问。

"办法倒是有。"张浚似乎下了决心，手一挥说："率兵勤王。"

张俊哭着说："这恐怕是唯一出路，但也得从长计议，不能惊动了皇上。"

两人正在商议之时，忽在接到江宁的一封信，张浚打开一看，是吕颐浩写来的询问消息，他在信中说："禅位的事情，一定不是皇上本心，皇上春秋鼎盛，二帝蒙尘沙漠，日夜盼望有人去拯救他们，这个时候，皇上怎么会将皇位传给一个三岁的小孩子呢？合理的解释：就是朝中出了叛臣，皇上受到胁迫。"因此，他在信中建议，共同商议讨贼之策。

张浚将信递给张俊，经过商量之后，张浚给吕颐浩回了一封信，约他共同起兵勤王。并且还给守镇江的刘光世去了一封信，请他带兵前来会师。

吕颐浩得书后，立即从江宁起兵，发誓：不灭叛臣，誓不回兵。

张浚一面约请各路大军会师讨贼，一面派冯幡到杭州，说服苗傅和刘正彦悬崖勒马。

冯幡到杭州后，见到了苗傅和刘正彦，劝他们赶快反正，说如果再坚持下去，各路勤王之兵一到，会出现什么样的结果，就很难说了。

刘正彦对冯幡说："你回去告诉张浚，请他到杭州来面谈。"

刘正彦在这里耍了一个花招，他想诱张浚到杭州来，然后来个瓮中捉鳖。

张浚的脑袋瓜子，不知要比刘正彦的脑袋瓜子好使多少倍，他不会上刘正彦的当而轻易涉险。

张浚得知吕颐浩已在江宁誓师出兵，立即命张俊率兵镇守吴江上游，同时还给刘正彦和苗傅去了一封信，请他们恢复赵构的皇位。

苗傅和刘正彦得信，知道张浚是他们的心腹大患，想要除掉他，却又鞭长莫及。于是，他们给张浚下达了一道命令，让他浚带领部队，迅速赶赴杭州。

张浚本想将计就计，率师赶赴杭州，由于各路大兵还没有到齐，他不敢骤然发动攻势，于是给刘正彦去了一封信，托词说张俊突然带兵过来，军心很不稳定，等军心稳定后，便率兵赶赴杭州。

一番较量，谁也没有制服谁。

这时，韩世忠从盐城率师出发，取海路乘船赶赴杭州，部队已经到达常熟。

张俊得知韩世忠带兵来了，大喜地说："韩世忠来了，万事俱备了！"他立即转告张浚，要他将韩世忠召过来。

张浚给韩世忠去了一封信，告诉他杭州的情况。

韩世忠得信后，发誓与苗刘二贼不共戴天，立即率兵赶赴平江同张浚会合，见到张浚后，又是痛哭流涕一番，声言讨伐叛逆，并愿与张俊打头阵。

看来，张浚、张俊、韩世忠这几个人都是忠诚之士，见赵构落难，都是痛哭流涕，南宋的大将们都很好哭。

临行前，张浚告诫韩世忠："皇上身陷杭州，投鼠忌器，不能操之过急，有防止二贼狗急跳墙，杀了皇上。如果有什么变化，就先到秀州占领粮道，等各路大军到齐后，再一起行动。"

韩世忠领命而去，到了秀州，推说自己得了重病，不再往前走了，暗中却大修战备。

美人嫁英雄

苗傅早就听说韩世忠的威名，得知他率兵南下，到达秀州后就不走了，心生疑云，便想将韩世忠的妻子抓起来做人质。

朱胜非得到这个消息后，立即找到苗傅，对他说，"韩世忠留在秀州不

第一章　中兴之主

走，看来还是没有下定决心，如果抓了他的妻子儿女，恐怕还会激怒他，逼他铤而走险。为今之计，不如对他的妻子以礼相待，让她去迎接韩世忠，好言慰抚，如果韩世忠能为大人所用，其他的人就成不了气候了。"

朱胜非其实是在暗中帮助韩世忠，如果韩夫人真的去了韩世忠军中，韩世忠就没有了后顾之忧，就可以放心大胆地率兵勤王了。

苗傅到底是一个四肢发达，头脑简单的武夫，欣然采纳了朱胜非的建议，进宫奏明隆祐太后，封韩世忠的妻子梁氏为安国夫人，让她前往秀州去迎接韩世忠。

梁氏，名叫红玉，她是南宋著名的巾帼英雄，在抗金战斗中，激战黄天荡，大败完颜宗弼。因此，有必要将这个人物略作交代。

梁红玉本是良家女，自幼没了父母，流入勾栏，艳名大噪，与李师师齐名。她的父亲是个教师爷，衣钵亲传，她也是十八般武艺，样样皆能，而且知书识字，善相术；堕落青楼，并不是她的志愿，久怀一颗择人从良之心。她对未来的夫婿的要求是，不求虚荣豪富，必须是文武全才的真英雄。所以，一班纨绔子弟，大腹商贾，像苍蝇一样围在她身边转，她都不屑一顾。平时往来的，都是一班文人墨客，虽然这些人能文不能武，并不符合她的择偶标准，不过虚与委蛇罢了。直到遇着了韩世忠，才托付终身。

说起梁红玉与韩世忠的相遇，倒是一段奇缘。

韩世忠在落魄之时，到京口投奔姨丈，不料姨丈到陕西去了，投亲不遇，便流落京口，借宿在天后宫的后屋中。

一天夜里，梁红玉做了一个梦，梦见自己乘一艘大船航行于大海上，她站立船头上，突然，风浪骤起，一条似鱼似蛇的怪物跃出水面，跳入船中，正好落在她的身上。

梁红玉从梦中惊醒，才知道做了一个怪梦。回想到梦境的怪异现象，不知是福是祸。

第二天，梁红玉起了个大早，带上使女，购办了香烛，雇了一乘小轿，前往天后宫进香，欲向天后宫的天妃娘娘拈香求签，请求指示迷途。

由于来得太早，天后宫的僧人还在吃早饭，梁红玉站在殿上等了一会儿后，缓步轻移，信步向殿后走去。刚走到殿后一个破屋门前，突然看见一只斑斓猛虎从身边跳过，窜进破屋去了。她自仗身手了得，并不畏怯，赶到屋门口，探头向破屋里看去，不见猛虎，却见一个男子睡在破榻上鼾声如雷，情不自禁地大叫道:"快快醒来,有猛虎来了!"

屋里的男子被叫声惊醒,一骨碌跳下床,冷静地说:"猛虎在哪里?我去打死它,不用畏惧!"

红玉走进屋里,四面寻找,别说是老虎,连耗子也没有看见一只。心中好生奇怪,就把眼前的男子仔细打量一番:只见他生得一张国字脸,两道浓眉,一双虎目,奕奕有神,鼻如悬胆,齿白唇红,颏下无须,年纪约三十光景。暗暗想:莫非猛虎应在此人身上?像他如此相貌,处变不惊,理当拜将封侯,为何衣衫褴褛,困顿穷途?谅因额角大狭,定是个苦出身,没有人引见,所以埋没了英雄。

屋里的男子见梁红玉只是打量自己,半天不说话,奇怪地问:"姑娘,你在哪里看见猛虎?到这里来做什么?"

梁红玉有些不好意思地说:"奴家到此烧香,因找寻香伙,经过这里,突然看见一只猛虎逃进这屋里,见你睡在里面,担心猛虎吃了你,故冒昧惊扰,实在是对不起。"

"没关系,说姑娘也是一片好心,何况已日上三竿,我也该起床了。"男子说到这里,突然想起自己衣不遮体的狼狈样子,有些局促不安起来,不自觉地向旁边站了站。

梁红玉善于相面,慧眼识英雄,看定眼前这位男子必有飞黄腾达的一天,起了委托终身之念,便含笑问道:"听相公口音,不是本地人,请问尊姓大名,家居何方,到此何干?"

"说来惭愧!"男子一脸的无奈地说:"在下韩世忠,来这里投亲不遇,这才流落异乡。"

梁红玉听罢,沉吟片刻,问道:"相公可曾拜投名师,习练过武艺?"

"在下自幼习武,空有一身武艺,却无人引荐,这才落魄至此。"韩世忠的眼神里,透出一股无奈的感觉。

"奴家虽然力薄,愿助相公一臂之力。"梁红玉对韩世忠有了好感,立即请他跟着自己走,以后的事再慢慢想办法。

韩世忠担心地说:"承蒙不弃,我与姑娘素昧平生,忽然一同回府,男女授受不亲,怎样对贵尊长说?"

"相公,你知道我是什么人吗?"梁红玉笑着问。

"我都穷昏了,还没有请教贵姓。"韩世忠抱歉地问:"敢请姑娘尊姓大名?"

梁红玉并不隐瞒,说她是花蕊院中的妓女梁红玉。韩世忠跟她走,没有必要担心尊长不答应,也不必担心有人说三道四。

"韩某衣衫褴褛,不敢随行。"韩世忠有些遗憾地说:"等我得志之后,再来登门求见。"

梁红玉从衣袋中摸出一锭银子递给韩世忠,叫他到衣庄上购买一身衣服,然后到花蕊院找她。

韩世忠推辞不过,只好收下。

梁红玉千叮咛,万嘱咐,叫韩世忠不要爽约,说她有话要对他说。

"人非草木,岂肯辜负姑娘一番美意?"韩世忠说罢,含笑作别,到衣庄购买衣物去了。

梁红玉拜过天妃娘娘,坐轿回到花蕊院,关照下人,说有个姓韩的亲戚要来找她,来了后要记得引见。

时隔不久,韩世忠果然换了一身新衣,体面地来到花蕊院拜访梁红玉。下人早就得到吩咐,将韩世忠引到梁红玉的房间。

梁红玉将他带进卧房,落座后劈头就问:"相公准备到哪里去投军?"

"当今之世,只有两河制置使种师道通晓兵法,能识拔英雄,我准备前往延安府,投奔种师道大帅。"韩世忠不好意思地看了梁红玉一眼说:"只是路途遥远,囊中羞涩,难以成行。"

梁红玉早已备好了二百两纹银,取出来递给韩世忠说:"这是我送你的川资,祝你此去青云得路,马上封侯。"

韩世忠也不推辞,伸手接过,豪爽地说:"他日如果得志,必定十倍奉还。"

"谁稀罕你十倍奉还?"梁红玉含情脉脉地说:"但愿你永远不忘今日之情,约个日期,隔段时间要来看我。"

"迟则两年,快则一年。"韩世忠说:"到时必来拜谢盛情。"

"我今把终身托付给你,盼望你早日成名来接我。"梁红玉流着眼泪说:"我在这苦海等着你。"

韩世忠虽是个血性男儿,这时也有些儿女情长,拉着梁红玉的手说:"承你如此多情,此一去,誓必拼命杀贼,博取功名之后,便来迎娶你。"

梁红玉说她身在勾栏,要想守身如玉很难,必须要想个办法。

韩世忠问她有没有什么办法。梁红玉如此这般交代一番。

韩世忠带着梁红玉来到花蕊院鸨妈面前，递上一百两纹银，对她说："梁红玉是我的未婚妻，今天在天后宫遇见，才晓得被她母舅押在这里，拿过二百两银子，现在年限不到，取赎似乎说不过去，且我要到战场上去立功，只好让她留在这里，先还你一半身价，等我打完仗回来，拿银子来取赎。留在这里，不许强逼接客。"

鸨妈见韩世忠气宇轩昂，说话的口气似乎有些咄咄逼人，只好接过银子，点头同意。

韩世忠别过梁红玉，依依不舍、一步三回头地上了前线。

这一段故事，正史不见记载，野史却证据确凿。

一年之后，韩世忠带了四个卫兵，挑着银两来到花蕊院。

结果是，韩世忠替梁红玉交了加倍赎金，带着梁红玉回家完婚。

名将美人，天生佳偶，有情人终成眷属。两人后来生了一个儿子，取名彦直。

赵构在应天府即位后，召韩世忠为左军统制，韩世忠便带着妻儿，住进了京城。后来，韩世忠带兵到前方去打仗，将妻儿留在南京。

赵构在扬州出逃，后来又奔赴杭州，梁氏母子也跟着赵构一起南行。

韩世忠率兵勤王

隆祐太后下诏，诰封梁红玉为安国夫人，并命她前往秀州迎接韩世忠。

梁红玉喜出望外。匆匆进宫谢过隆祐太后，回家带上儿子，上马出城，连夜赶往秀州。

韩世忠见妻儿来了秀州，喜出望外，但他对苗刘二人为何在这个时候放他的妻儿出城，百思不得其解。

梁夫人说，苗贼本来打算将她拘囚为人质，都是宰相朱胜非从中周旋，说服苗贼，奏请太后封赠她为安国夫人，派来迎接丈夫回杭州。

"苗贼上了朱胜非的当。"韩世忠哈哈大笑道："这是天让我成功，让我可以安心讨贼。"

没过多久，朝廷下诏书，催韩世忠回归杭州，年号是"明受"两个字。韩世忠撕毁了诏书，杀了来使，说自己只知有"建炎"，不知有"明受"。随即写信给张浚，准备马上进兵。

张浚也存在投鼠忌器之心，给苗傅和刘正彦写封信，派冯幡再到杭州，斥责他们的罪行。

苗傅等人接到书信，惊慌失措，立即派弟弟苗瑀、苗翊以及马柔吉率重兵扼守临平，并任命张俊、韩世忠为节度使，贬张浚为黄州团练副使，安置郴州。

张浚等人拒不受命，大家起草了一道讨逆檄文，散发到各地。吕颐浩、刘光世也先兵率师而来。

张浚将各路将领接到衙署，共商平叛之策。会议商定，以韩世忠为前军，张俊为辅，刘光世为游击，张浚与吕颐浩总领中军，即日由平江出发，一路浩浩荡荡，直奔杭州。途中接到隆祐太后密诏，命睿圣皇帝处理军国大事，以张浚同知枢密院事。李邴、郑瑴同签书枢密院事。各路军闻命，更加踊跃，陆续南下。

张浚等人从平江出发的时候，便同韩世忠、吕颐浩及众将士联名上疏，奏请恢复建炎皇帝之位。

苗傅和刘正彦见到奏疏，慌做一团，情急之下，只好去找朱胜非商议。

朱胜非心底暗喜，表面却装作很关心地说："为你们打算，还是赶快请皇上复位。韩世忠、张浚认为我们是叛军，不就是因为我们逼皇上退位吗？如果拥立皇上复位，他们就无叛可平，这事不就完了吗？"

苗傅和刘正彦本来就是两个没脑子的赳赳武夫，想了很久，也没有想出个好主意，只好把赵构从破庙里请出来，并命人写百官奏章，隆祐太后诏书，以最快的速度办完了赵构复位的一切手续。

四月，隆祐太后下诏，还政赵构，朱胜非等人将赵构迎回行宫，在前殿朝见文武百官。隆祐太后垂帘坐在屏风后面，下诏恢复建炎年号。进张浚知枢密院事。

又过了四天，太后撤帘还政，诏令张浚、吕颐浩入朝。

张浚、吕颐浩等人已经到达秀州，听到消息，免不了聚众商议一番，再决定前进还是后退。

张俊认为，隆祐太后既然已经撤帘还政，如果继续进兵，定会受苗刘二贼的责难，说我们师出无名。

吕颐浩仍然主张进兵，他说："赵构虽然已经恢复帝位，但朝廷的兵权还在苗刘二贼手中，事情如果安排得不周全，二贼必然要搞秋后算账，汉朝的翟义、唐朝的徐进业，都是前车之鉴。"

韩世忠振振有词地说："宁为玉碎，不为瓦全，不杀二贼，誓不罢休。"

最后形成一致意见：不清君侧，决不收兵。

商议好之后，张浚等驱军而入，到达临平的时候，远远看见苗翊、马柔吉等人率兵沿河扼守，靠山临水扎了几座大营，河里插满了木桩，阻挡船只通过。眼看水路不能通行，韩世忠下令舍舟上岸，一马当先，冲入叛军阵营。张浚、刘光世也各执武器，弃舟上马，随后跟上。士兵们一声呐喊，各执大刀阔斧，奋勇争先，潮水般杀向贼营。

苗翊、马柔吉立即命令手下用神臂弓防守。韩世忠大喝一声："谁敢反抗，杀无赦！"

通俗小说中说韩世忠用的是狮子吼，这是小说家们的描述，其实就是气沉丹田，冲着敌人大吼一声，只因韩世忠天生一员虎将，立马横刀的威武气概，怒愤之中的吼叫，让那些心存怯意的叛军听了，实在是有些胆战心惊。

韩世忠的一声吼叫，吓得叛军丢下弓箭，转身便逃。苗翊、马柔吉喝止不住，只得跟在溃军后面逃去。各路勤王之兵，乘胜追入北面关口。

苗傅和刘正彦听说勤王之兵将要杀到，知道再留在杭州是凶多吉少，两人去找赵构，要求离开京城。

赵构巴不得这两个瘟神离得远远的，立即命苗傅为淮西制置使，刘正彦为副制置使，让他们前去上任。

苗傅和刘正彦接旨后，兴冲冲地走了，刚出门，突然又转了回来。

"还有什么事吗？"赵构内心虽然吃惊，表面上还是装着若无其事。

"陛下，给我们一道赦免诏书吧！"苗傅故意将手搭在刀柄上，明显带有一种威胁的意思。

赦免诏书，也就是人们常说的"金书铁券"，也称免死金牌。因为他们担心，勤王之兵进城后，一定不会放过他们，讨一面免死铁券，他们就性命无忧了。

赵构一心只想送走他们，当然不会拒绝他们的要求，提笔写下誓书，开篇就是"除大逆外，余皆不问。"

苗刘二人讨了诏书，带着二千精兵，乘夜打开涌金门，逃命去了。

王世修正准备出逃，刚走到城门边，迎面碰见韩世忠，被韩世忠一把拖下马，交给了狱吏。

第一章 中兴之主

张浚、吕颐浩也一齐进城,觐见赵构,大家都趴在地上,说他们救驾来迟,让皇上受罪了。

赵构亲手扶起二人,好言相慰,并将身上的玉带解下来赏张浚。

韩世忠这时候也剿除逆党,前来觐见,赵构不等他行礼,就下座拉着韩世忠的手,指着门外的吴湛,悄声说:"门口那个人叫吴湛,和苗刘二贼是一伙的,要不是他开门,苗刘二贼就进不了宫。你能不能替朕除掉他?"

韩世忠一拍胸膛说:"陛下放心,这件事就交给臣去办。"说罢,走出门,假装上前同吴湛打招呼,顺手抓住吴湛的手腕,吴湛刚想挣扎,韩世忠一用力,便把他的手腕折断了。然后把吴湛扔到地上,几个亲兵冲上前,乱刀砍死了吴湛。

朱胜非见大局已定,向赵构递了辞职报告。

赵构吃惊地问:"乱贼已除,为何却要辞职呢?"

朱胜非伤感地说:"苗刘兵变,我本当赴死,之所以苟且偷生,为的就是今天。现在,陛上已经平安无事,他也就没有什么担心的了。"

"太后说了,这次苗刘叛乱,如果不是你从中周旋,维持乱局,情况将会更糟。"赵构安慰他说:"现在难关已过,没有必要辞职。"

"朝中出了这么大的乱子,我必须引咎辞职。"朱胜非叹了口气说:"我没资格再当这个宰相了。"

赵构见朱胜非去意已决,便问他退职以后,谁可以当宰相。

"吕颐浩、张浚两人都可以胜任此职。"

"他们两人,谁优谁劣?"赵构便再问。

"吕颐浩虽然很练达,但性情比较粗暴,张浚是个文人,有时也有点粗心。"

"张浚年纪太轻,能当此重任吗?"赵构反问道。

"张浚工作一直很出色,这次勤王,实际上也是张浚的主张。陛下怎么能说他少不更事呢?"

赵构没有立即表态。

几天后,赵构论功行赏,升吕颐浩为尚书右仆射,免掉朱胜非的职务,李邴为尚书右丞,郑瑴为签书枢密院事,韩世忠、张浚为御前左右军都统制,刘光世为御营副使。其余勤王有功人员,也都一一论功行赏。

赵构吸取这次兵变的教训,严令内侍不得干预朝政,不得与掌管兵权的武将有联系。重新修订三省官名,将左右仆射改为中书门下平章事,改中书门下侍郎为参知政事,撤掉尚书左右宰相。

以后的官员任命,都用这个称呼。

张浚等人又请赵构回北方,赵构就从杭州启程。出发之前,命韩世忠为浙江制置使,会同刘光世追讨苗刘二贼。

赵构到达江宁后,改江宁为建康府,暂时停居在这里。立儿子赵旉为皇太子。赦免苗傅的党羽马柔吉等人的罪名,允许他们悔过自新,只有苗傅、刘正彦及苗傅的弟弟苗翊、苗瑀不赦。

再说苗傅、刘正彦两人,从赵构那里讨了免死铁券后,便以为性命无忧、可以畅通于天下了,谁知刚过了一天,就有人向他们报告,说赵构派韩世忠带兵追剿他们。两人取出免死铁券,吃惊地说:"皇上不是赦免了我们吗?怎么又要来追剿呢?"

"上当了!上当了!"有人看了苗傅手中的诏书,大叫起来。

"谁上当了?"苗傅吃惊地问。

"诏书上说,'除大逆外,其余不问。'"那人说:"你们发动兵变,逼皇上让位,犯的是谋逆大罪,不在赦免之列。"

苗傅、刘正彦两人傻眼了,他们的部下也慌了。既然是谋逆大罪,谁还愿跟着送死呢?顷刻之间,除了几个铁杆死党外,苗傅的部下一哄而散。

苗傅、刘正彦率领死党,一路向南逃窜。

韩世忠从杭州出发,西出衢信,再南下追到浦城县内的鱼梁驿,终于追上了苗傅和刘正彦。韩世忠挺一杆长枪,徒步冲上敌阵,贼众见韩世忠杀来,吓得大叫道:"韩世忠来了,快跑!快跑!"

韩世忠对四处逃窜的小兵小卒视而不见,迈着大步直奔苗傅。

刘正彦不知死活,竟然挺剑上前迎战。韩世忠一双豹眼狠狠地盯着刘正彦,冲上前大喝一声,仅一个回合,就将刘正彦横扫在地。

苗翊连忙上前来救,韩世忠大喝一声:"来得好!"

不知是韩世忠的声音太大,还是苗翊的胆子太小,苗翊听到韩世忠的吼声,竟然呆若木鸡,愣在当场,韩世忠上前像抓小鸡一样,抓起来,抛倒在地,几个士兵冲上前,活捉了苗翊。

打虎亲兄弟,上阵父子兵。苗瑀见兄弟被捉,挥舞着大刀冲了上来,要与韩世忠拼命。

韩世忠正要出手，后面闪出一人大叫道："主帅请退下，这份功劳让给末将。"

韩世忠回头一看，原来是裨将王德，连忙挪步让开。

王德冲上前接住苗瑀，两人激战十余回合，王德卖个破绽，苗瑀不知是计，挥刀就砍，露出了门前空当，王德手起刀落，砍下了苗瑀的人头。

王德杀了苗瑀，抬头看见马柔吉正要逃跑，冲上前，一刀结束了他的生命。

苗傅见大势已去，丢下众人，跃上一匹快马，逃跑了。

韩世忠见追赶不上，择地驻营，向各州县发出檄文，悬赏缉拿苗傅。

几天后日，建阳县有一个叫詹飘的人，捉拿了苗傅前来领赏。韩世忠给了詹飘一笔赏钱，然后把苗傅、刘正彦、苗翊押送建康。三人同时正法。

赵构下诏，提拔韩世忠为检校少保兼武胜、昭胜军节度使，亲自写了"忠勇"二字，绣在一面大旗上，赐给韩世忠；封韩世忠的妻子梁氏为护国夫人，给一份俸禄。

南宋大将兼任两镇节度使，妻子享受朝廷俸禄，从韩世忠身上开了先例。

七　装孙子，当兔子

张浚除奸

建炎三年（1129年），注定是赵构的灾难之年。年初，他被金兵从繁华的扬州撵过长江，惶惶如犹如丧家之犬，逃到杭州后，屁股还没有坐热，又被苗傅、刘正彦将他从龙椅上拽了下来，住进破庙，徒自悲伤。幸亏张浚、韩世忠等一班文臣武将率兵勤王，总算使他的皇位失而复得，然后移驾建康。本以为可以过上几天安定的日子，谁知，又一件裂心之痛的事找上了他。

赵构从扬州逃出来的时候，由于惊吓过度落下了"熏腐"之疾，丧失了生育能力，到了建康后，他唯一的儿子，就是短暂登基的明受皇帝赵旉，由于一路颠沛流离，吃不好，睡不宁，而且还饱受惊吓，染上了疟疾。到了建康以后，病情越来越重，眼看就不行了。

一天晚上，刘宫人进赵旉的睡房送东西，不小心踢翻了铜火炉，清脆的响声，将皇太子从睡梦中惊醒。可怜的孩子，本来就病得奄奄一息，突然遭此惊吓，顿时浑身抽搐，第二天就死了。

赵构得知儿子死了，悲痛欲绝，命人将刘宫人乱棒打死，连太子的保姆也一并处死。惊吓而死的赵旉，谥为元懿太子。

赵构唯一的儿子死了，大臣们当然要安慰一番，劝慰的人群中，就包括张浚。

张浚是进士出身，在徽宗赵佶时代，他只是一个礼部小官，靖康之变时，他赶在金人到来之前逃出汴梁城，跑到相州，投奔了当时的康王、兵马大元帅赵构。赵构登基后，极缺人才，张浚当上了殿中侍御史，从一个七品小官陡升至四品大员。平定苗刘之乱，张浚是发起者之一，赵构恢复皇位，

隆祐太后垂帘听政了四天，张浚升任知枢密院事。

张浚此时年仅三十三岁，是宋朝继寇准之后，最年轻的宰相级人物。

张浚进宫劝慰赵构，只是一个借口，他要向赵构密奏一件事。在他的示意下，赵构屏退左右，只留下宰相吕颐浩。

张浚奏说，范琼大逆不道，恶贯满盈。在平江勤王的时候，几次派人送信约他进兵，他都不答复。现在又带兵到建康，似在示威，此人居心叵测，如果不及时诛戮，必有后患。

"是啊！此人的气焰很嚣张，朕下诏处决苗傅，他却要求朕饶他不死，当时那个气势，简直不把朕放在眼里。"赵构心有余悸地说："想起当时的情景，朕还有些害怕。"

吕颐浩也说范琼是张邦昌的帮凶，靖康之变的时候，他卖国求荣，充当金人的走狗，金人掳走太上皇、圣渊二帝，皇后和皇太子就是范琼命人硬拽上车的。张邦昌已经服法，范琼却逍遥法外。

最后，君臣三人达成一致意见，剪除范琼。

张浚领了密旨后，同枢密检详文字刘子羽商议了一条密计：密令张俊悄悄率一千兵士过江，对外说是围剿城北的一小股土匪，实则是潜入建康城，配合张浚的除奸行动。然后，以宰相的名义，召开一次特别会议，借机除去范琼。

张浚的计划，得到了赵构的批准。

第二天，宰相吕颐浩通知范琼、张浚、刘世光等人到都堂开会，时间定在午前到达，意思是在都堂吃午饭，吃完饭后接着开会。

当时朝廷开会的惯例，官职越小，到得越早，最后到的是宰相。这天开会，张浚、刘光世都早早地来了。范琼的官职虽然不过御营司提举，他手握重

兵，目中无人，连宰相吕颐浩都不放在眼里，所以，最后一个到会不是宰相，而是范琼。

范琼进入都堂的时候，饭菜都已经摆上桌了。吃完饭后，范琼冲着宰相吕颐浩大咧咧地问："今天开会是什么议题？相国怎么不提前通知一声呢？"

范琼的话声未落，刘子羽手捧诏书来到他的面前，朗声说道："皇上下了诏书，让范将军到大理寺去！"

"你说什么？"范琼知道不妙，假装没有听见，转身想夺门而逃。

张浚一声令下，张俊带领伏兵一齐冲进来。范琼知道反抗也无用，只得束手就擒。

范琼的下场是赐死，子女流放岭南。

刘光世出去安抚范琼的部下，宣称："范琼在靖康之乱时，充当金人的走狗，劫持二帝北上，罪恶昭著。奉皇上密旨，诛除范琼，不株连其他人，其他人一概无罪。"

众人见自己不受牵连，也都松了一口气，乖乖地放下武器，回营待命去了。

剪除范琼的行动，相当顺利，而且还干得非常漂亮。

张浚计除范琼之后，再次向赵构提出中兴大计。

中兴大计，李纲提过，而且还做了很多工作，赵构撤了他宰相之职，不让他干，李纲空有一番报国之心，但却报国无门；宗泽也提过，而且还制定了北伐金国、迎回二圣的具体计划，赵构没兴趣，下旨叫宗泽不可轻举妄动，宗泽气得老病得发，壮志未酬身先死。

赵构见张浚又提中兴，煞有介事地说："朕也想收复河山，重整祖业，但这件事很难办啊！你能有什么好办法吗？"

"中兴大宋，必须重视关中、陕西，如果金人占领关中、陕西，接着就会进攻四川，四川一失，金人就等于控制了长江上游，江南的半壁江山就保不住了。"张浚换了口气说："所以，朝廷必须控制关、陕，保全四川。这样，才能挡住金兵南侵。"

张浚见赵构有些心动，毛遂自荐，说他愿意亲自进军关中和陕西，肃清敌寇，让赵构和吕颐浩到武昌，然后等待机会到陕西。

赵构采纳张浚的建议，任命张浚为川、陕、京、湖宣抚处置使，即陕西前线总指挥，同时还授予他一个特权，允许他"便宜黜陟"，就是给了他罢免任用川陕官员的权力，可以先斩后奏。这样，张浚成了在川陕一带说一不二的土皇帝。

张浚到达陕西后，同金军能擦出多大的火花，这是后话。

装孙子

建炎三年（1129年）九月，金国大将完颜宗弼，率兵大举南下，连续攻陷磁州、单州、密州，并占领了兴仁府城。

赵构刚在建康安住下来，突然听到金兵南下的消息，非常恐慌，连忙派洪皓、崔纵为使臣，前往金国求和。赵构亲自给完颜宗翰写了一封信。开头自称：宋康王构谨致书元帅阁下，接下来便是"愿用正朔，比于藩臣。"

这里，赵构去掉了自己的帝号，自称为康王赵构，接着表示，南宋原意用金国的年号，也就是说，南宋将不是以一个独立的国家存在，而是以金国的附属国的身份存在。

准确地概括赵构的这一行为，可以说是"装孙子"。

赵构自降国格和人格，装孙子算是装到家了。

可是，金人并不想认孙子，而是要灭掉这个装孙子的人。

洪皓到金军营中求见完颜宗翰，请求他暂缓进兵。完颜宗翰不但没有休兵的意思，反而劝说洪皓投降金国，威胁说："不投降，就待在金国，不要回去了。"

洪皓倒是有骨气，坚决不肯投降。完颜宗翰竟然真的将他扣留在金国，像惩罚罪犯一样，将他流放到冷山。直到绍兴十二年（1142年），洪皓才南归，这是后话。

崔纵到金国求见金主完颜晟，比洪皓的下场更惨，完颜晟不但拒绝了他议和、迎接二帝南归的请求，而且还将他送到北方一个偏远的小山村，让他住在那里反省。

崔纵最终客死他乡。

金人继续挥师南下。

宰相吕颐浩送走了张浚之后，本来准备移驾武昌，听说金兵南侵后，便改变了主意，主张圣驾还是留在东南比较有利。

滕康、张守等人也说去武昌是百弊而无一利。

赵构决定将都城设在杭州，并升杭州为临安府，先授予李邴、滕康二人为权知三省枢密院事,让他们护送隆祐太后到洪州去。

再次派京东转运判官杜时亮和修武郎宋汝为出使金国,请求金国缓出兵。并再次给完颜宗翰写了一封信,他在信中是这样说的:

> 古之有国家而迫于危亡者,不过守与奔而已。今以守则无人,以奔则无地,所以鳏鳏然,惟冀阁下之见哀而已。故前者连奉书,愿削去旧号,是天地之间,皆大金之国,而尊无二上,亦何必劳师远涉而后快哉!

"古之有国家而迫于危亡者,不过守与奔而已。今以守则无人,以奔则无地。"意思是说,你来攻打我,我只有两种选择,一个是死守,一个是逃跑,现在,我要死守,却没有人能守,要逃跑,却又无处可逃。

"所以鳏鳏然,惟冀阁下之见哀而已。"意思是说,我唯一的希望就寄托在你大发慈悲上你可怜可怜我,不要再追我了。

接下来就是,我以前几次给你写信,表示愿意削去旧号,不做宋朝皇帝,由大金国给我册封,宋做大金的藩属国。这样,天地间,就只有你大金一国了。

当年,宋太祖赵匡胤开国的时候,江南的李煜也曾乞求休兵,赵匡胤不答应,说卧榻之旁,岂容他人鼾睡。

赵构将他的祖训忘得一干二净,摇尾乞怜的一副可怜相,装孙子算是装到家了。

金人的态度仍然不变,不想认这个孙子,而是要灭了这个装孙子的人和他的国家。

起居郎胡寅见赵构如此窝囊,如此作践自己,愤然上书,放胆直言赵构以前的过失。并请求:罢和议,修战略;务实效,去虚文;起天下之兵,图自强;建都荆、襄,以定根本;选贤才,存纪纲,立国体。说得痛快淋漓,慷慨激昂。

赵构对胡寅的建议不感兴趣。宰相吕颐浩也嫌胡寅说得太过直白。

胡寅为他的直言付出了撵出京城的代价。

金兵还在继续南下,赵构心里只有两个字,一个是"和",一个是"逃"。

和,就是装孙子,哀求金人给他一条活路。

逃,就是当兔子,因为兔子跑得快。

其实,还有一条路,就是奋起反抗,真打起来,说不定谁胜谁呢!赵构的心里，根本就没有这条路。

当兔子

赵构召集群臣开会，商议到哪里去避风头。讨论来，讨论去，他还是看中了临安有"重江之险"，要把临时首都安置在临安，也就是杭州。

有人戏称说，临安，临安，临时偷安。

韩世忠坚决反对，他认为，国家已经失去了河北、山东，现在再放弃江淮，以后就没有立足之地了。

吕颐浩却说，金人南侵，不是要夺地，而是要捉拿皇上，所以，皇上只能且战且走，哪里安全，就到哪里去。为了保证赵构能顺利地逃路，他愿意留下来抵挡金兵。

赵构却不同意，他说他的身边，不能没有宰相，他要求吕颐浩随他去临安，将镇守江淮防线的任务交给杜充。

杜充原本是东京留守，当他听到金兵南下的消息后，借口粮草不足，竟然丢下东京，擅自南下。部将岳飞曾劝谏说："中原之地，寸土也不能放弃，今天我们撤走了，以后再想收回来，非得动用数十万兵力不可，即使如此，也不一定收得回来。"

杜充并不是不懂这个道理，但他更在乎自己的生命，至于此后收复东京要动用多少军队，耗用多少钱粮，死亡多少将士，那是朝廷的事。他不听岳飞的劝告，硬是把队伍拉过了长江，将东京那个烂摊子丢给了副留守郭仲荀。

且不论杜充将宗泽留下来一个朝气蓬勃的东京整成一个烂摊子这件事，仅就他贪生怕死、擅离守地这一条，足够将他的脑袋砍十次。

赵构不但没有砍他的脑袋，反而还提拔他为副枢密使。

赵构不顾韩世忠等人的反对，决定把淮河防线后撤，兵力沿长江摆开，任命杜充为江淮安抚使，率十万大军镇守建康，负责指挥长江防线；韩世忠为浙西制置使，留守镇江；刘光世为江东宣抚使，留守太平、池州。

韩世忠、刘光世都听从杜充的指挥。

杜充是一个贪生怕死的逃兵，连东京尚且守不住，赵构却将整个镇守长江沿线的重任交给了他；韩世忠无论是从战功、还是个人指挥作战的能力，都比杜充强百倍，且在平定苗刘之乱中得到了充分体现，反过来却要受杜充的领导。

南宋的将才本来就不多，赵构又如此用人，宋军不打败仗，那就真的是怪事了。

赵构把防守长江战线的指挥权交给杜充之后，便溜之大吉，跑到临安去了。

此时是建炎三年（1129年）十月。

完颜宗弼听说赵构逃向临安，于是兴建水军，准备从海路到浙江。并命令降将刘豫攻打南京。

说到刘豫，有必要对这个人略作交代，因为此后不久，金人导演了一曲傀儡政权的闹剧，主角就是刘豫。

刘豫祖籍河北，世代都是种地的农民，到了刘豫这一代，他奋发读书，考中进士，实现了"朝为田舍郎，暮登天子堂"的转变。宋徽宗时代，官到殿中侍御史，这是一个管礼制和风纪的官。

刘豫当上殿中侍御后，倒是尽职尽责，只要有人违礼乱纪，他都要管。偏偏宋徽宗也是一个经常不按常规出牌的人，经常被刘豫逮个正着。他便常在宋徽宗面前嘀咕，今天说这件事违反了祖制，明天又说那件事于理不合，搞得宋徽宗很不高兴，一怒之下，将他撵出京城，派到两浙去做察访使。不久，金兵南下，朝廷很多事情都乱了套，朝廷就调刘豫出任河北提刑官。

提刑官是一路的最高司法长官，而且河北是刘豫的老家，按说衣锦还乡，对于刘豫来说，是一件很荣耀的事情，但是，刘豫却不想就任。不上任的理由很简单，也很实际：怕死。因为金人即将南下，河北首当其冲。回河北去当官，等于就是去送死。

刘豫磨磨蹭蹭，就是不去上任，这一拖，就拖到了北宋灭亡。

赵构建立南宋后，刘豫又找来了，说朝廷命我为河北提刑官，现在河北成了沦陷区，河北提刑官这个职位就没地方去了。他要求朝廷重新给他安排工作。当时是汪伯彦、黄潜善主政，两人一合计，让刘豫去济南当知府。刘豫觉得济南这个地方还是很危险，不愿去。最后，汪伯彦放出了狠话，想干你就去，不想干就回家去种地。不管怎么讲，当知府肯定比当农民强。于是，他极不情愿地到济南上任了。

刘豫到达济南后，屁股还没有坐热，金将完颜昌果然率兵打来了。一开始，刘豫还派他的儿子出兵同金兵打了一仗。后来，金人调查了刘豫的履历，给他写了一封劝降信，说你在南朝并没有得到信任，何苦要替那个没用的赵构卖命呢？你如果投降大金，那是高官随你挑，骏马任你骑，比你在南朝做一个小小的知府，不知要强多少倍。

刘豫觉得金人说得对，便拱手将济南献给了金人。史书记载："豫承前愤，遂蓄反谋。"

刘豫投降金兵后，完颜昌命他为东平知府，儿子刘麟任济南知府，并将金国在黄河以南的地盘，全部交给刘豫管辖。

刘豫降金后，不但在金人面前摇尾乞怜，而且还派兵镇压反抗金兵的百姓，成了真正的斯文败类，民族败类。

刘豫接到完颜宗弼的檄文，立即率兵攻占了南京，知府凌唐佐在刘豫的胁迫下，假装投降金人，暗地里，却派人向朝廷送了一封求援信，由于办事不密，被刘豫瞧出了破绽。凌唐佐被杀，全家同时遇害。

完颜宗弼分两路入侵，一路自滁州、和州进入江东，一路自蕲州、黄州进入江西。

赵构得到这个消息后，先命刘光世屯兵江州，作为洪州的屏蔽，因为隆祐太后住在洪州，他不能不顾隆祐太后的安全。然后，他带着身边的人，从临安出发，渡过钱塘江，向越州逃窜。满打满算，他在临安只住了七天时间。

完颜宗弼接到探报，知道赵构越跑越远，自己一时到不了浙东，就想转向江西进军，去抓隆祐太后。进兵夺取了寿州，攻下光州，接着又拿下黄州，渡过长江，直达江州城下。

驻守江州的刘光世，成天饮酒作乐，一点也不在意军事，金兵打到家门口，还以为是小股盗贼，当知道来的是金兵时，吓得尿了裤子，匆匆忙忙开了后门，向南逃窜，把护卫隆祐太后的任务抛到了九霄云外。知州韩相见守将都跑了，留在江州也是死路一条，带上妻儿老小，也跟着逃之夭夭了。

金人兵不血刃地开进了江州城，洗劫一空之后，又从在冶转攻洪州。

滕康、刘珏听说金兵要攻打洪州，知道洪州是守不住的，连忙带着隆祐太后出城，开始了逃难生涯。

江西制置使王子献弃城逃跑，洪州、抚州、袁州相继沦陷。

隆祐太后很不走运，跑到吉州，听说金兵再次追上来，急忙雇船逃跑，第二天早上，到了太和县，船老大起了歹心，抢了太后许多贵重物品逃走了。

负责保护太后的都指挥使杨维忠丢下老太后逃跑了，部下几千人也都溃散了。

滕康、刘珏两人也逃得无影无踪。

携带的库藏金帛、仪仗器物扔得满地都是。东西丢了不打紧，人也丢了不少，有的宫女被乱兵掳回家做老婆去了，有的在乱中跑散了。幸亏太后身边的卫兵还算有良心，保护着太后和元懿太子的母亲潘贵妃，雇了几个山野村夫，从万安赶到虔州城。

土豪陈新带着一帮喽啰围住虔州城，幸亏杨维忠的部将胡友及时赶到，太后才转危为安。直到来年八月，太后一行才辗转到达越州。

金人攻破吉州，又在洪州屠城。转而进攻庐州、和州、无为军。守臣不是逃跑，就是投降，金兵长驱直入，势如破竹。正当金兵围攻楚州的时候，终于有人站出来了，这个人叫赵立。

赵立是徐州人，在靖康年间立有战功，升任代理徐州知府，金兵南侵的时候，他正准备率三万大军去保护皇上，杜充却让他驰援楚州。

赵立率兵赶赴楚州，在淮阴遭到大队金兵阻击，他一马当先，从早晨杀到下午，血战一天，连破十阵，杀出四十里重围，终于杀到楚州城下。此时的赵立，两颊中箭，口不能言，只能用手势指挥战斗。直到杀进楚州城，才拔出箭镞。

金人见赵立如此勇猛，也不敢轻易进兵，改道去攻打真州，破溧水县。

杜充是长江防线的总指挥，却不能组织有效的防御，韩世忠不听他的指挥，刘光世只顾喝酒，金兵很从容地从马家渡过长江，进攻太平州。

直到这时，杜充才如梦初醒，意识到这个总指挥不好当，建康这块地也不好守，弄得不好，是会丢掉小命的。慌忙之间，便命令都统制陈淬领兵三万去阻击金兵，岳飞也在这支队伍里。

陈淬也是条汉子，率兵同金兵激战一天一夜，因援军不到，力战而亡，宋军的这场阻击战，以失败而告终。

宋军虽然失败了，有一个人却不得不提，这个人就是岳飞。

俗话说，兵败如山倒，到了这个时候，谁也不能凭一己之力挽回这种溃败的颓势。岳飞虽然英勇，也不能例外。但跑和溃败却是不一样的。比如岳飞，得知战局不可扭之后，命令部下有秩序地后撤，他一人断后，挺枪跃马，奋力冲突，金人不敢近身，杀出重围后，选择有利地形扎下营寨，以求自保。

从此，岳飞脱离了杜充的领导，开始慢慢地发展壮大。

杜充见宋军溃败下来，竟然放弃建康，逃往真州去了。

当时宋军众将对杜充怨恨不已，很多人都想找机会杀了他。杜充得到这个消息后，吓得不敢去军营，跑到一座破庙里躲起来。躲得过初一，躲不过十五，躲得过宋将的报复，却躲不过金人的追踪。

完颜宗弼派人找到他，对他说："你投降吧！投降后，我们会像对待张邦昌那样对待你，册封你做中原的皇帝。"

这是一个极大的诱惑，得知投降金人，不但能保命，还能过一把皇帝瘾，这是杜充做梦也没有想到的事。他立即潜回建康，与守臣陈邦光、户部尚书李棁开城投降，并在道路两边跪拜迎接。

完颜宗弼进城后，所有的宋官都投降，只有通判杨邦乂不降，他咬破手指，在衣裳上写下"宁作赵氏鬼，不为他邦臣"十个血字。

金兵将他捆绑了，牵到完颜宗弼的面前。完颜宗弼见了血书，敬佩他是一条好汉，婉言劝他归降。杨邦乂破口大骂，只求一死。完颜宗弼不得已，将他杀了。

杜充投降金人后，并没有得到想得到的东西，因为金人此后扶植刘豫做了傀儡皇帝。并且，金国的实权人物完颜宗翰也不喜欢他，曾把他关进大牢里，让他吃尽了苦头。

赵构回到杭州后，一会儿想亲征，一会儿想逃跑，等到听说杜充投降了金人，长江防线土崩瓦解后，吓得魂飞天外，连忙召吕颐浩商议，说长江防线崩溃了，江南失去了屏蔽，杭州、越州都不是安全的地方。他要吕颐浩想办法，找一个安全的地方躲避金兵的追杀。吕颐浩摇摇头，也是唉声叹气。

赵构仰天大哭道："苍天呀！天下之大，难道就没有朕立足的地方吗？"

吕颐浩沉默了半天，说有一个地方可去。赵构连忙问是哪里。吕颐浩回答："海上！"

"海上？"赵构吃惊地问。

"不错，就是海上。"吕颐浩似乎下定了决心："金人只会骑马，不会乘船，我们跑到海上，他们就没有办法。等金人退去后，我们再回到两浙。在兵法上，这叫做敌进我退，敌退我进。"

赵构采纳了吕颐浩的建议，当即向东逃到明州。

一个昏君，一个庸臣，对金人采取不抵抗政策，弃国土、百姓、军队于不顾，先是装孙子，后是当兔子。后人称赵构为"逃跑皇帝"。

完颜宗弼率兵继续南下，直抵临安，临安守将康允闻风而逃，钱塘县令朱踣自尽身亡。金兵顺利地占领了临安。进城之后，完颜宗弼得知赵构向明州方向逃窜，命令阿里蒲卢浑率兵渡过钱塘江，去追杀赵构。

赵构惶惶如丧家之犬，逃到明州，当他得知金兵过了钱塘江，还跟在屁股后面穷追的时候，觉得陆地上无路可逃，于是决定下海。

流窜海上

赵构要下海逃生，但却出现了一个问题，船不够用。僧多粥少还好办，大不了每人少吃几口，可船少了就有些难办，因为金兵赶来了，留下来的人有可能挨刀子。宰相吕颐浩出了一个馊主意，说除赵构身边的官员以外，其他的人可以解散，想到哪里去，就到哪里去。

吕颐浩的建议，给人一种树倒猢狲散的感觉。

吕颐浩的话传到卫兵们的耳里，大家都火了，吵吵闹闹地围来一堆人，说要将吕颐浩丢到海里去喂鱼，吓得他躲在屋里不敢露面。还是赵构出面，才平息了这场风波。

赵构决定，留参知政事范宗尹、御史中丞赵鼎和从越州赶来的张俊留守明州。并亲自下了一道手令："捍敌成功，当加王爵"，意思是说，只要挡住了金兵的追击，可以晋封他们为王。

赵构安排了留守人员之后，带上宰臣、卫士和吴美人乘船下海了。

吴氏是开封人，出生的时候，他的父亲吴近做了一个梦，梦见自己走进一座凉亭，凉亭匾额上有"侍康"二字，亭子四周长满了芍药，但芍药丛中只有一花独放，醒来后不解是何征兆。吴女长到十四岁的时候，生得亭亭玉立，秀外慧中，是一个人见人爱的美人。赵构当康王的时候，看上了吴氏，将她选进康王府，颇为宠爱。

吴近本是一个下等武将，因女儿得到康王的宠幸而升任武翼郎。这时他才悟出梦中"侍康"的意思，就是侍奉康王。

吴氏虽是将门之女，但却知书识理，有过目不忘之能，逃亡途中，一直跟在赵构身边。赵构乘船出海，先逃到定海县，接着又转逃昌国县，正在烟波浩渺的海洋中航行的时候，突然有一尾大白鱼从水中跃起，跳进赵构乘坐的船里。吴美人指着鱼称贺说："周武王途中得白鱼献瑞，最后灭纣兴周；陛下今天也得此祥瑞，天下将庆升平了。"

赵构大喜，立即封吴氏为和义郡夫人。

赵构乘船在大海里漂荡了四十多天，眼看残腊将近，大雪纷飞，水面上寒气逼人，他打算找个地方靠岸，到陆地上过年，谁知突然传来警讯，说金兵已经攻陷越州，吓得赵构浑身抖颤，懊丧地对吴美人说："就在水面上过年吧！金人消息灵通，太厉害了，如果登陆被他们知道了，我们还是要下海的。"

堂堂的一国之君，此时仿佛成了一个亡命天涯的逃犯。

赵构命移船温州，后又漂荡到台州，闷坐在船里过了年。

由于出逃仓促，船上的粮食准备也不足，挨饿受冻的日子很难过。据说，有一次，船只泊岸后，赵构跑到庙里去讨吃的，老和尚拿来五个炊饼，赵构狼吞虎咽地一口气吃了三个还意犹未尽，老和尚看到这个人饿得这样惨，便到庙后的菜园里弄点青菜，剁碎了撒上盐和姜末端上来，赵构又风卷残云地猛吃一顿。

这样的狼狈事，正史不便记载，但野史却是言之凿凿，以当事人的回忆录的笔法写出来，连"建炎三年十二月二十八日……台州临海县奉安祥符寺"时间和地点都记得清清楚楚，绝非杜撰而来。

除夕夜，赵构的乘船停泊在台州境内的章安镇，在吴美人的怂恿下，他乔装改扮，上岸去散心。一路行走，见当地的百姓，有的在烹鱼煮肉，准备祭祖；有的全家人围坐在一起吃年夜饭。天逐渐黑下来，闹市中已是万家灯火。赵构一路行来，对身边的吴美人说："各地的风俗虽然各不相同，但除夕夜的习惯却是一样的。朕自登基以来，由北到南。离乱中在几个地方度过了除夕，地方虽不同，但祀神祭祖，辞旧迎新的习俗却是一样的。"

吴美人答着说："今年陛下在船中度岁，像渔翁一样浮家泛宅，在水面上讨生活，但愿贼虏鹬蚌相争，陛下能坐收渔人之利。"

"唉！"赵构叹了口气说："此时已是水穷山尽，还有什么希望啊！朕不如渔。"

两人正在游逛之时，突然听到一阵金鼓之声，一群闲人急急奔跑，嘴里大喊道："来了！来了！"

赵构已是惊弓之鸟，听到鼓声，又有人喊来了，以为是金人追来了，吓得面如死灰，魂飞天外，拖着吴美人跑回船上。

章安的风俗，除夕夜，有舞狮子的习惯，百姓用纸竹扎成五彩狮子，前面有人打锣鼓引路，五彩狮子跟在后面，到各商店门前舞动，店家照例要赏若干喜钱，叫做掉狮子。

赵构不懂当地风俗,将舞狮子的喜庆鼓声当成了金兵的战鼓声。他真的到了谈金色变、草木皆兵的地步。

赵构逃回船中,面容失色,连喊"起锚!开船!"谁知喊了几句,没有人应声,再找船家,船家也不在船中,只有一个伙计在后梢看船。

伙计听到传唤,连忙上岸去找寻,隔了好半天,才将船主找回来。

赵构在船上只听到锣鼓声,不见有居民逃难,知道是个误会,就问船主,镇上为何有锣鼓声。船主回答说:"掉狮子,一班贫民,借此讨几文喜钱过年罢了。"

赵构听后,暗自松了一口气,嘀咕道:"朕还以为是金兵来了呢!"

赵构的船只在章安镇停泊了十几天,过了元宵之后,忽然传来警报,说明州已被金人攻陷。赵构惊恐万状,立即传命起航,驰向烟波浩渺的大海深处。

金兵也有弱点

金军兵发江南,一路长驱直入,宋军守将望风而逃。但也不乏忠义之士奋起抵抗金兵。其中有一个很感人的故事。

金将阿里蒲卢浑率轻骑追赶赵构,抵达越州后,南宋守将李邺率部向金兵缴械投降,拱手让出了越州。阿里蒲卢浑带着一千多名金兵进入越州城,宋军中有一个名叫唐琦的普通卫士,从地上捡起一块石头偷袭阿里蒲卢浑,可惜没有击中,反被金兵抓住了。

唐琦冲着李邺大骂道:"我一个月只有一石米的俸禄,尚知道以死报国,你世受皇恩,享受高官厚禄,金兵来了,不作抵抗,甘心投降金狗,你这样做,还算人吗?"

阿里蒲卢浑听了唐琦的话,对李邺说,你是一城主帅,气节还不如手下一个卫士。

李邺听了,羞愧难当。

阿里蒲卢浑佩服唐琦是一条汉子,不计较他投石偷袭的事情,问他愿不愿意投降。唐琦破口大骂,说他愿做宋朝鬼,不做金狗奴。金人无奈,只好将他杀了。

阿里蒲卢浑攻陷越州,率兵继续前进,渡过曹娥江,直扑明州。

张俊命统制刘保出城迎战,结果大败而归。第二天,再派统制杨沂中、知州刘洪道,分水陆两道一齐出击,杀死金兵数千名,金兵稍退。次日是大年初一，金兵又来攻城，张俊派兵出城应战，再次击败金兵，阿里蒲卢浑终于有些害怕了，败退到余姚，派人向完颜宗弼求援。

完颜宗弼得知阿里蒲卢浑在明州遇上了硬骨头，亲自率主力部队前来增援。

张俊见大队金兵涌到，心里顿生怯意，趁夜逃出明州城，退守台州。

完颜宗弼攻陷明州后，探得赵构在章安镇，当他率兵赶到章安镇的时候，赵构已于前一天乘船逃进了大海。

让赵构万万没有想到的是，以弓马娴熟著称的金兵，竟然敢乘船出海，吓得他命船家挂满帆，向大海深逃窜。

金兵在海上穷追了三百余里，突然，狂风骤起，大雨倾盆，金兵乘坐的船只像一片树叶一样，一会儿抛上浪尖，一会儿跌进谷底，船上的金兵，吓得哇哇大叫，有的直接被抛进了大海，没有跌落下海的，趴在船上，吐得一塌糊涂。偏偏在这个时候，南宋水军统领张公裕坐大船率水军杀了过来，又将晕头转向、狼狈不堪的金兵，痛痛快快地修理了一顿。

金人终于明白了"南人习水，北人擅马"这句话是真理，拿自己的短处去碰别人的长处，占不到任何便宜。退回岸上，已经是他们唯一的选择。

完颜宗弼没有捉到赵构，虽然很不甘心，但也无可奈何，因为赵构的战斗力虽然不怎么样，逃跑的功夫绝对是一流的，要想活捉赵构，恐怕比登天还难。加之天气逐渐炎热起来，生长在冰天雪地里的金人，适应不了南方这种气候，如果再病倒一大片，后果将不堪设想。无奈之下，他只好宣布"搜山检海"行动结束。

金人虽然没有捉到赵构，收获却也不小，他们带着抢来的财物，兴高采烈地打道回府了。谁知有人在他们回家的路上等着他们，给他们开了一个特别有刺激的天大玩笑，一向飞扬跋扈的金人，终于知道什么叫害怕了。

八　金人也有哭的时候

截断归路

完颜宗弼率军南侵，杀人、放火、抢夺，干的都是强盗买卖，杀人放火是他们的手段，抢夺是他们的目的。

完颜宗弼离开明州的时候，传下了一道命令："如扬州例"，意思是说，明州也按扬州那样办。于是，金兵撤离明州的时候，又放了一把火，据说这把火烧了三天三夜，大火过后，明州城成了一片废墟。

完颜宗弼离开临安的时候，遇到了一件快乐的烦恼事，那就是抢来的金帛财物、坛坛罐罐装满数百车。这么多物资如何运回金国，成了个大难题。有人给他出了个主意：走水路。就是沿着京杭大运河走，水陆并进。完颜宗弼采纳了这个建议，将数百车物资改用船装。取道秀州，返回北方。

经过平江的时候，留守周望跑到太湖去了，知府汤东野也逃走了。完颜宗弼又将平江洗劫一空，再经常州，直逼镇江府。

一路上，金兵人在岸上走，船在水中漂，个个都是乐呵呵的，笑得合不拢嘴。谁知到了镇江，突然爆发了一件意外的大事情，金人笑不出来了。

镇江是韩世忠的防地，他早就料定，金兵在江南折腾够了，肯定要返回北方，镇江是金兵回家的必经之地。他率领八千宋兵扼守镇江，截断了金兵的归路。

按常理，金兵有十万之众，韩世忠的部队不过八千，两军兵力相差悬殊，韩世忠是挡不住金兵的。完颜宗弼也有这样想的，所以，他根本就没有把镇江的宋军放在眼里。

有时候，事情的结果同人们的想象是有很大差别的，这一次就是这样，结果不但远远超出了完颜宗弼的想象，而且还让他终生难忘。

完颜宗弼到达镇江后，看到江面上战船一字儿排开，桅樯密布，斗大的"韩"字旗随风飘动。他隐隐约约感觉到，江对岸的这股宋军是有备而来。既然是专门在此等候，那就难以善罢甘休。要想过江，只能刀兵相见。他写了一份战书，派人乘小船送到江对岸。

韩世忠很爽快地答应了，约定次日决战。

当时，韩世忠的夫人梁红玉也在军中，她对韩世忠说，金兵有十万之众，我兵只有八千，兵力相差悬殊，如果不用奇计，胜算不大。韩世忠觉得夫人说得有理，问她有何良策。

梁红玉回答说："明天，我坐镇中军，在船楼上观察敌情，指挥战斗，将军率军冲锋陷阵，闻鼓则进，鸣锣则退，约定执旗为号，金兵如果逃向东边，船楼上的大旗指向东，将军便率军杀到东面去拦截；金兵如果逃向西边，船楼上的大旗指向西，将军则率军杀到西面去拦截。如果能一举击败金兵，也叫金兵不敢再窥视江南。"

"好！"韩世忠听罢，高兴得跳了起来，接着，他说他也有一计。

"你也有一计？"梁红玉高兴地问："什么好计？"

"完颜宗弼也是有名的武将，初到此地，不知我军虚实，不敢冒冒失失和我交战，必然要找一个地方观察地形，窥探我军虚实。"韩世忠指着不远处的一座山说："金山是附近最高的一座山，山上有座龙王庙，在那里居高临下，数十里的地形尽收眼底。完颜宗弼要观察地形，必定会选在金山山顶。"

梁红玉问道："这与你的妙计有关系吗？"

"当然有。"韩世忠说："我军预先在金山设伏，完颜宗弼真的来了，就来个瓮中捉鳖，一旦成功，就可免一场血战。"

梁红玉也赞同韩世忠的谋略。

韩世忠命令偏将苏德带二百精兵到金山埋伏，一百人潜伏在龙王庙内，一百人潜伏在山谷中，听到江中鼓响之后，山谷的伏兵杀向龙王庙，龙王庙的伏兵向外杀出，如果遇到了完颜宗弼，一定要活捉。

韩世忠和夫人梁红玉登上船楼，察看敌情。

时隔不久，果然有人上金山，一共是五骑人马，都是身着金人服饰，走在最后面的一位头上雉尾高挑，估计来头不小。

五名金人登上山顶后，径直走到龙王庙前的制高点，向山下指指点点。

韩世忠亲自抓起鼓棒，咚、咚、咚，敲响了战鼓。

苏德听到鼓声，率伏兵突然从龙王庙内杀了出来。五人中头上雉尾的人，正是金国四太子完颜宗弼，正准备下马，突然听到鼓声，正不知发生了什么事，突然看到有宋兵从庙内杀出，知道中了埋伏，连忙带转马头，快马加鞭地逃下山去，其余四骑人马，也跟在完颜宗弼的后面狂奔，等到山谷中的伏兵杀出之时，完颜宗弼刚好冲了过去，四骑金兵见有伏兵，拼命拦住宋军。

完颜宗弼趁机拍马向山下冲去，埋伏在山谷中的宋军虽然挡住了他的去路，但完颜宗弼是一员虎将，凭百十来人，是奈何不了他的。

宋军并不知道逃走的人是完颜宗弼，将四骑金兵，杀死了两个，活捉了两个。

审问俘虏，才知道逃跑的是金国四太子完颜宗弼。

韩世忠听说后，后悔不已。

金兵被逼进了黄天荡

完颜宗弼逃回大营后,惊魂未定,大骂韩世忠狡猾,说有本事可以堂堂正正地打一仗,不必做这些偷鸡摸狗的勾当。

次日一大早,梁红玉穿上金甲,坐上楼橹,准备指挥战斗。

完颜宗弼率领水师,也在长江摆开了阵式。当他远远地看见宋军的船楼上坐着一位身穿金甲的女将军,不甚在意,令旗一挥,战鼓便响了起来。

金兵坐着小船,向江对岸的宋军冲来,谁知宋军中军的船只并不移动,只听一梆声响,万弩齐发,箭如飞蝗,其中还夹杂有连珠火炮。小船上的金兵,不是被炮弹击毙,就是被弩箭射伤。完颜宗弼这才知道,敌船上的女将,比他以前遇到的男将还要厉害,连忙下令后退,打算向东冲出。

忽然,斜刺里突然冲出数十条战船挡住去路,为首大将,正是宋军主帅韩世忠。

金兵见了,吓得胆战心惊,不敢迎敌,连忙转舵向西逃走,行不多时,又有宋军的船只拦住去路,船头上站立的宋将,还是韩世忠。

完颜宗弼大惊失色,心想,这个人怎么像鬼影子一样缠着自己呀?他哪里知道,他的一举一动,逃不过船楼上那员女将的监视。

完颜宗弼的女婿龙虎大王,也是一员虎将,他见韩世忠像鬼影子一样缠着他们,不由大怒,跳上船头,用手中长矛同韩世忠接战。

完颜宗弼早就听说韩世忠的威名,知道女婿不是他的对手,正要派人上前助战,谁知已经来不及了。只见船头上的韩世舞动手中长矛,来了一招横扫千军,把龙虎大王打落水中。完颜宗弼急命部下捞救,但却慢了一步,宋军水兵已跃入水中,将龙虎大王像抓小鸡一样,抓走了。

完颜宗弼大惊,准备夺路而逃。宋军越战越勇,驾着他们的艨艟巨舰横冲直撞,最后居然玩起了猫戏老鼠的游戏,专找金兵的船撞。因为金军的船只都是临时抓来的小船,甚至连渔船都有,经不住撞,一撞就翻。再说那些兵士,虽然很多是投降的汉人,但这些汉兵也都是北方人,都是旱鸭子,同样不习水战,站在船上晕头转向,站都站不稳,船撞翻之后,掉进水里,冒几个水泡,就随江水冲走了,有的甚至连泡都不冒一个,几个人抱在一起,直接沉到了水底。

完颜宗弼费了九牛二虎之力,才退回南岸。

这一战，就是通俗小说中所说的"梁红玉击鼓战金山"。

完颜宗弼知道麻烦大了，心里害怕了，他写了一封信，派人送过江交给韩世忠，请求放他一条生路，并放还他的女婿龙虎大王。他愿意将抢来的所有物资都留下来。

韩世忠当然不会放弃这个千载难逢的机会，拒绝了完颜宗弼的要求。

完颜宗弼再次派人来请求，并且还加大了筹码，除了将所有抢来的物资留下外，再添加五百匹战马。

韩世忠仍然不为所动，当着来使的面砍下了龙虎大王的人头。金使吓得屁滚尿流，连滚带爬地跑回去向完颜宗弼复命。

完颜宗弼得知爱婿丧命，落下了几滴英雄泪。他知道韩世忠这一关过不了，传令所有兵马，溯流而上。

他想绕过韩世忠，到其他地方碰碰运气。

韩世忠见金兵战船动了，亲率战船追赶，金兵的船队在南岸，韩世忠的船队在北岸，有趣的是，金兵不敢过江来，宋军也不打过江去。当走到建康东北数十里处一个叫黄天荡的地方时，韩世忠就有了动作，他命令船队开过江心，向金兵放箭。

完颜宗弼不敢应战，带船队躲进了黄天荡。

黄天荡，成了金人噩梦。

牛头山又遇到狠人

黄天荡是一个断头港，进口，也就是出口，没有第二条路可走，韩世忠将金兵逼进黄天荡后，立即封锁了港口，完颜宗弼和他的十万金兵，成了瓮中之鳖。

完颜宗弼并不知道自己走进了绝地，像没头苍蝇一样，在里面转了几圈后，没有找到出路，抓几个当地的渔民一问，才知道中了韩世忠的圈套。

金兵成了瓮中之鳖，韩世忠认为大局已定，立即飞骑向赵构报捷。

宰相吕颐浩认为金兵陷入了绝境，奏请赵构御驾亲征，调军支援韩世忠。但赵鼎却说主张"持重"，他的意思，是怀疑情报的准确性，也许是韩世忠贪功谎报也说不定。

赵构接到报告后，心头为之一振，想去打一下落水狗，经赵鼎这么一吓，把他那点给勇气吓跑了。

第一章 中兴之主

赵构这一犹豫，失掉了一个歼灭金兵的大好时机。

韩世忠虽然堵死了黄天荡的出口，但他手头毕竟只有八千兵力，要吞掉完颜宗弼的十万金兵，实在是没有那么大的胃口。

没有后援，韩世忠只能孤军奋战。

韩世忠也知道自己兵力有限，将金兵逼入黄天荡，多少有些侥幸，他也不敢同金兵硬碰硬，只是守住黄天荡的出口，将金兵困在里面，不让他出来。

完颜宗弼困锁黄天荡，无法脱身。他的手下有个谋士向他出了个主意，说金兵被逼进黄天荡，是吃了不熟悉地形的亏，不如张贴榜文，悬赏征求脱困之法。

完颜宗弼觉得这个计策很好，于是命人贴出榜文，谁要是助金国大军脱困，必有重赏。

有钱能使鬼推磨，重赏之下必有勇夫。果然有一个贪财的当地人出来助贼，揭了榜文，向金人献策说，向北行十余里，有一条名叫老鹳河的故道，由于年长日久，淤泥阻塞，已经不通行了，如果人工开掘疏通这条旧河道，便可直达秦淮河。

完颜宗弼重赏了这个卖国贼，命部下兵卒开掘老鹳河的故道。十万金兵想逃命，一齐动手，不消一天的功夫，三十多里长的旧河道就疏通了。

完颜宗弼率领船队，经过疏通的旧河道，逃出黄天荡，直奔建康。

天快黑了，金兵走到一个叫牛头山的地方，突然鼓角齐鸣，一彪人马拦住了去路。完颜宗弼以为是留守的金兵前来迎接，拍马向前去探望，远远看见是一支黑衣军，因天色将晚，分不清是金军还是宋军。正在迟疑之际，突然看见对方阵前一位铁甲银鍪的大将，挺枪跃马，带着百余骑，旋风般杀了过来。完颜宗弼情知不妙，勒马回阵，大叫道："宋军来了，大家小心。"

来将如猛虎般冲入金兵阵中，凭着一杆丈八金枪，左挑右刺，盘旋飞舞，神出鬼没，所向披靡，无人可挡，金兵被刺伤一大片。

完颜宗弼见势不妙，落荒而逃，一口气跑到了新城，回顾后面，不见宋军追来，这才收住了缰绳。心有余悸问左右："宋军的那位大将是谁，竟然如此厉害。"

有一士兵脱口而出地说："就是岳爷爷。"

"岳飞?"完颜宗弼惊叫一声："果然名不虚传。"

岳飞在牛头山这一战中，凭他和手下一百余人，杀死金军千户级的军官一百七十五人，斩首二千余人，整个战场上一片血红，金兵浮尸数十里。

这天晚上，完颜宗弼就在新城扎营，命令兵士加强巡逻，他自己也不敢睡觉，等到夜深人静，才朦胧入睡，梦中突然听到有人喊："岳家军来了！"

完颜宗弼霍然跃起，披甲上马，弃营而逃，金兵也跟着一起逃。

岳家军紧追不舍，金兵惶惶如丧家之犬，只恨爹妈少生了两条腿，慢一步，做了刀下鬼，脚生得长的，腿跑得快的，侥幸成为脱网之鱼，随着完颜宗弼逃到龙湾。

完颜宗弼见岳家军没有再追赶，清点人马，十成中已伤亡了一半，忍不住长叹道："我在建康的时候，就担心岳飞截断我的后路，特命派副将王权留在广德境内做后援，王权到哪里去了？难道全军覆没了吗？现在这条路过不去，该如何是好啊？"

有人建议返回黄天荡，再从原路过江，说不定韩世忠得知我军杀出黄天荡后，放松了警戒，我们可以趁机杀过江去。

完颜宗弼沉吟半天，觉得也别无他法，只得命令金军又从龙湾乘船，返回黄天荡。

再说岳飞，自从脱离了杜充的领导后，转移到宜兴境内，成了一支独立的军队，虽然人数只有千余人，但却是一支能战斗的部队，在宜兴境内打了几仗，都获得胜利，深受百姓的拥戴。

据说，当地的老百姓给岳飞雕像，早晚焚香，像神一样供奉起来。后来，岳飞转战到广德境内，遇上了金将王权，两下交战数次，王权屡战屡败，最后被岳飞生擒了，连同他一起被捉的，还有三十多名将领。

岳飞杀了王权，纵火烧毁了金营，本想南下保护皇上，一来军中无粮，难以长途跋涉，二来他也料定，完颜宗弼南下之后，一定要北归，于是便移居牛头山，等在这里截击北归的金兵。

金兵北归，果然经过牛头山，被岳飞候个正着，出其不意的偷袭，杀了金兵一个措手不及，将金兵重新逼回黄天荡。

岳飞知道，水路有韩世忠的军队把守，他的陆军也帮不上多少忙，于是便率兵攻打建康去了。临走前，他派人给韩世忠送了一封信，叫韩世忠蹲在黄天荡出口守株待兔，说金兵已经返回黄天荡，很快就要送货上门了。

求人不如求自己

完颜宗弼返回黄天荡，满指望韩世忠已经解除警戒，他好从镇江渡江北归，谁知船只驶到荡口，韩世忠的战船仍然停泊在那里，忍不住叫起苦来。他命令船只退回黄天荡，决定次日再战。

韩世忠见金兵在荡口探了一下头又缩回去了，也不去理睬，只是守在荡口，敌不动，我不动，一晚无事。

第二天一大早，金军饱餐一顿，鼓噪而出，韩世忠命战船在江面一字排开，击鼓相迎。一时间，江面是鼓声大作，呐喊喧天。

完颜宗弼试图冲了几次，都被如蝗的乱箭和雨点般的飞石挡了回来，还白白地损失了几条船。因为那些巨石是用发石机发出来的，大的如磨盘，小的也有碗口大小，击在木船上，一打一个洞，江水从洞里冒进来，船只除了下沉，还是下沉，谁也救不了。

完颜宗弼急命后船退回，命人向宋军阵营大喊，请韩将军答话。

韩世忠走出船舱，站在船楼上，问有何事。

完颜宗弼苦着脸说："韩将军，你还是放我们一条生路吧！"

韩世忠怒斥道："好你个金狗，你们侵我国土，辱我族人，杀人放火，无恶不作，竟然还求我放你一条生路？"

"只要你肯放我一条生路，这一路得来的金银珠宝，全部归你，外加五百匹战马。"完颜宗弼继续哀求道："从今以后，我再也不南下了，有什么条件，你只管提出来，我一定满足你的要求。"

韩世忠冷笑一声，朗声地说："还我两宫，复我疆土，我当宽汝一线，令汝逃生。"意思是说，你把宋朝的两个皇帝放回来，把侵占大宋的土地还给我们，只有这样，我才能放你一条生路，让你回去。

韩世忠提出的条件，完颜宗弼是答复不了的，因为他不是皇帝，他做不了这个主。

完颜宗弼也是一个血性男儿，听后怒火直冲脑门，冲着韩世忠大吼道："韩世忠，你们的皇帝都在降表上签字了，像狗一样关在大金国，你一介武夫，逞什么英雄？"

韩世忠一听，扣弦搭弓，一箭向完颜宗弼射了过去。完颜宗弼慌忙钻进船舱，退回黄天荡。

隔了几天，金将孛堇奉完颜昌的命令，率兵前来支援完颜宗弼，大军驻扎在江北。

完颜宗弼见对岸金军的大旗迎风飘荡，胆子也壮了起来，再次要求同韩世忠会话，请让开一条道，让他北归。

韩世忠严词拒绝了完颜宗弼的请求。

"韩世忠！"完颜宗弼冷笑道："你不要轻视我，等我攻破了你的防线，渡江北归之后，一定要重整旗鼓，卷土重来，杀你个片甲不留。"

韩世忠并不搭话，悄悄地拈弓欲射。

完颜宗弼知道韩世忠又要放箭了，慌忙转身退入船中，一箭射来，射中了船篷。

金兵的船队，再次退入黄天荡。

完颜宗弼看见宋军的大船在江中乘风扯篷，往来如飞，对左右说："南军行船，如同我们骑马一样，进退自如，太厉害了，为之奈何？"

有人又向他献计，说上一次悬赏，我们找到了逃出黄天荡的通道，不妨再来一次悬赏，求破大船之策。

"嗯！"完颜宗弼说道："求人不如求自己，韩世忠既然不肯让路，那我们就想办法杀开一条血路。"

于是，他故伎重演，又贴了一张榜文，说谁教我破宋军之法，必有重赏。

悬赏令贴出之后，有一个姓王的家伙前来揭榜了。王某是福建人，客居在建康，他生在大海边，知道大船的优劣之势，他给完颜宗弼出了两个主意：一是对金兵的船只进行改造，船上装上土以增强稳定性，这样，人站在上面就不会因船晃动过大而站不稳；二是对宋军的大船实行火攻，因为宋军虽然船大坚固，冲撞起来有很大的优势，但船大调头就困难，而且全靠风帆的动力推动船只前进。因此，他建议完颜宗弼选一个无风的日子出战，以火箭焚烧宋军大船上的帆篷，就可以大获全胜。

完颜宗弼重赏了王某，依计准备去了。

再说韩世忠，两次击败了完颜宗弼，不免起了骄傲之心，以为金兵也不过尔尔，只要守住荡口，就可以将他们困死在里面，根本就没有想到完颜宗弼能找到破敌之策。

这一天，乘着夜色，韩世忠同夫人在船上对饮。倒是他的夫人提醒他，叫他不要因一时小胜而忘了大敌，她说完颜宗弼是金国的名帅，如果被他逃脱，对国人，对皇上都不好交代。

韩世忠不以为然地说，金兵已身陷绝境，内无粮草，外无救兵，要不了多长时间，粮食吃完后，就要饿死在黄天荡。

梁夫人劝说道:"江北、江南都是金营,将军还是小心为是。"

韩世忠仍然不以为然地说:"江北的金兵是陆师,不能过江,不足为虑,江南的金兵困死在黄天荡,成了瓮中之鳖,蹦跳不了几天,夫人就等着喝庆功酒吧!"说罢,乘着三分酒兴,拔剑起舞,口吟了一阕《满江红》:

万里长江,淘不尽、壮怀秋色。漫说道、秦宫汉帐,瑶台银阙。长剑倚天氛雾外,宝弓挂日烟尘侧。向星辰、拍袖整乾坤,难消歇。

龙虎啸,风云泣。千古恨,凭谁说。对山河、耿耿泪沾襟血。汴水夜吹羌笛管,銮舆步老辽阳月。把唾壶、敲碎问蟾蜍,圆何缺?

梁夫人见韩世忠已有几分醉意,请他回船休息,并对众将说,今夜月明如昼,想必金兵不敢来犯,但也要谨慎为是,并吩咐多安排一些小船,彻夜巡逻,以防不测。

众将听命。梁夫人扶了韩世忠,回船休息去了。

次日,天刚放亮,完颜宗弼带领船队杀出黄天荡,韩世忠根本就没有把金兵放在眼里,只是吩咐各船将士照常截击。突然,他发现情况有些不对劲,因为这次敌船来得相当快,而且队形整齐,不由大吃一惊,心想,莫非完颜宗弼得到高人指点、有备而来?正要下令叫拦住金兵的船只,突然又听到一声胡哨响,敌船上跳出许多弓箭手,轮番射出火箭,更要命的是,火箭专射帆篷不射人,帆篷都是经过桐油浸泡了的易燃之物,见火就着,他本想移船避让,但江面上没有一丝风,想避也行动不得,顷刻之间,宋军的大船,变成了一条条火船,众军只得跳下小船逃命,没有抢到小船的,就只能跳江逃命。

韩世忠见大势已去,只得和梁夫人下了靠在大船边的小船,由几十个亲兵护着向镇江逃去。其余将士有的被烧死,有的淹死,只有一小半逃得性命。

韩世忠逃到镇江清点残兵,两员副将孙世询、严允战死,八千兵士只剩下三千多名,他又气又恨又后悔。

从大胜到大败,韩世忠自知罪责难逃,准备向朝廷上表请罪。

梁夫人认为,如果向朝廷请罪,定会遭到重处,因为皇上身边的那些人,只知道金兵来了,就怂恿皇帝逃跑,而对待同金人对着干的人,绝不会心慈手软。因此,她准备向太后上密奏。因为她受封安国夫人的时候,受到太后的召见,觉得太后是一个很仁慈的人,在平定苗刘之乱的时候,她也立有大功,深得太后的喜欢。听说皇上已经到了越州,已派人到虔州迎请太后。她向太后上密奏，形式上是弹劾，实际上是请求太后对韩世忠免除处罚。

韩世忠很赞同夫人的想法，于是，两人商定，梁夫人给太后上密奏，韩世忠向朝廷上表自行请罪。两封奏书拟好后，派人送往越州。

过了数天，钦差到了镇江，传达了赵构的命令，诏书中说："世忠仅八千人，拒金兵十万之众，相持至四十八天，数胜一败，不足为罪。特拜检校少保，兼武成感德诏节度使。以示勉励。"

韩世忠能得到这样一个处理，梁夫人功不可没。

黄天荡一战，韩世忠虽然没有歼灭金军，但他以八千人的兵力，把十万金兵困在黄天荡达四十八天之久，逼得金国四太子完颜宗弼哀求告饶，痛哭流涕，也算得上是奇功一件。

最后虽然功亏一篑，虽败犹荣。

完颜宗弼渡过长江，回到北岸后，他对这次侥幸逃得性命，仍心有余悸，后来提起这件事，竟后怕得痛哭流涕，眼泪汪汪地说："那次到江南，真是太危险了，险些连命都丢在那里了。宋朝皇帝虽然是窝囊废，但他的臣子中也有硬汉子，韩世忠、岳飞，就是两个狠角色。"

从此以后，完颜宗弼视长江如畏途，再也不敢轻言过江。

九　狼烟从西北燃起

不倒的赵立

完颜宗弼渡过长江之后，押着战利品，一路北行，他想到建康去歇脚，喘口气后，再回师北上，回老家去享受从江南掠夺来的战利品。谁知有一个人不让他这么轻松地回去，正在途中恭候着他，要同他过过招，这个人就是岳飞。

原来，岳飞自从在牛头山袭击了完颜宗弼，将完颜宗弼逼回黄天荡之后，回马杀奔建康。

建康城的守兵，都是一些降金的汉人，金兵打过来的时候，当官的开城投降了，他们也成建制地改编成了金兵。如今，岳飞率兵攻城，唤起了他们的思乡之情，打起仗来就不怎么卖力，岳飞组织了几次冲锋，就顺利地攻克建康。

岳飞攻克建康后，得知完颜宗弼冲破了韩世忠的长江防线，正率大队人马大摇大摆地直奔建康，立即率本部直奔静安镇，准备在那里再次截击完颜宗弼。

建康失守，完颜宗弼还没有得到消息，他以为过了长江，就到了自家的地盘，一路上心情很放松，走到静安镇压的时候，突然看见前方旌旗招展，中军大旗上有一个岳字，马上大吃一惊，因为他在牛头山领教过岳飞的厉害，知道岳飞是一个狠人，急忙传令后退，谁知话音未落，只听见连珠炮响，岳飞一马当先，率领大队人马杀了过来。

完颜宗弼吓得勒转马头就逃，跑到宣化镇不敢歇脚，穿镇而过，跑到六合，见岳飞没有跟来，就停了下来，收集残兵，发现少了数千人，更让他痛心的是，从江南抢来的战利品丢失了不少，气恼地说：“上一次在牛头山，被这个岳飞杀得灰头灰脸，这一次怎么又碰到他呢？”

正在完颜宗弼气馁的时候，完颜昌派来送信的人到了，说建康已经被岳飞夺走，他正在率兵转攻楚州，请完颜宗弼前去支援。

完颜宗弼对能否攻下楚州表示怀疑，来人说，楚州城池虽然不怎么坚固，但守将赵立很不好对付，所以才请他前去增援。

"我分不开身呀！"完颜宗弼对来人说："我从江南得到了很多东西，带在身边很不方便，要送回国去，正准备派人到楚州去向赵立借路，怎么有功夫去攻打他呢？"于是，他写了一封信，派人送往楚州。

三天之后，送信的人没有回来，完颜昌的人到了，他告诉完颜宗弼，说他派到楚州去的人，已经被赵立杀了，人头还挂在城头示众，叫他不要对赵立有什么幻想了。

完颜宗弼听说派去的人被赵立杀了，气得暴跳如雷，发誓要报此仇。他对完颜昌派来的人说，破楚州并不难，只要切断楚州的粮道就行，城内无粮，不攻自溃。并说他将亲自率兵去截断赵立的粮道。

完颜宗弼不愧为百战名将，他的一个点子，就可以要赵立的命。

楚州本来就被完颜昌围得水泄不通，现在又被完颜宗弼截断了粮道，城内一片恐慌。打仗本来就是一个要命的事，竟然连粮食也没了，这个仗就没法打了。赵立只好派人突出重围，向朝廷告急。

南宋朝廷的事情，有时候确实让人不可思议，按理说，大敌当前，朝廷上下，应该统一枪口一致对外，可当时的情况却偏偏不是这样。前方的将士们在浴血奋战，朝中的那些人却在搞窝里斗，他们为了世人总也看不透的权和利，斗得你死我活。

以前，只顾逃命，很多矛盾没有暴露出来，到了越州，环境稍微安定了，争斗就公开化了。

御史中丞赵鼎同宰相吕颐浩是死对头，赵鼎屡次弹劾吕颐浩，说他没有什么能力，却要专权自恣；吕颐浩又反过来又说赵鼎无事生非，阻挠国政。

赵构似乎更信任吕颐浩，下诏改任赵鼎为翰林学士，赵鼎拒不受命，赵构又改命他为吏部尚书，赵鼎还是不到任。并且上书极论吕颐浩的过失，洋洋数千言。

吕颐浩本来就是个庸才，见赵鼎没完没了地纠缠，顿生去意，这叫做惹不起，躲得起，于是向赵构写了一份辞职报告。

报告很快就批下来了，吕颐浩罢相，改任镇南军节度使兼醴泉观使。

赵鼎成了窝里斗的胜利者，不但恢复了御史中丞的职务，不久，又升任签书枢密院事，成为当时朝廷军队的实际掌权人。

赵鼎接到赵立的告急文书后，准备派张俊前往楚州支援赵立。

张俊同吕颐浩有很好的私人关系，吕颐浩败在赵鼎手下，他也是一肚子的气，拒不接受赵鼎的命令，推辞说，我有病，这个仗我打不了，有本事你自己去。

赵鼎知道张俊是在替吕颐浩出气，也只能叹一声无奈，改派刘光世领兵，调集淮南的兵马，支援楚州。

刘光世虽然同金兵照过几次面，但基本上没有正面交手，每当金兵攻过来的时候，他都是背对着金兵，拔腿就跑，而且每次都比金兵跑得快。奇怪的是，赵构对他的逃跑行为似乎不计较，即使是他放弃江州，让完颜宗弼兵不血刃地突破长江防线，从马家渡从容渡过长江，太后被完颜宗弼赶得满天飞，赵构也被赶到大海里去了。赵构仍有然没追究刘光世的责任。看来，赵鼎又是所用非人了。

刘光世接到命令后，并没有立即动身的意思，而他的两个最得力的助手王德、郦琼竟公然拒不领命，后来赵构亲自下了命令，他们还是呆在江西磨磨蹭蹭的，始终没有出兵。

朝廷的救兵没有到，楚州的战斗还在继续，赵立虽然陷入内无粮草、外无救兵的绝境，但他并没有丧失斗志，昼夜坚守在城墙上，指挥军民抵御金兵一波又一波的攻击。

完颜昌估计城里的宋军快要断炊了，加大了攻城的力度。

赵立下令将城内城墙沿线的房屋统统撤掉，然后沿城墙挖一道深沟，将柴禾丢进沟里，放了一把火，再命守城的军民手拿长矛站在城墙上，只要金兵攀云梯登上城墙，就用长矛钩住金兵抛进火里。所以，虽然很多金兵都爬上了城墙，但都被守城的军民钩住抛到火沟里烧死了。

完颜昌见爬上城墙的人有去无回，又下令组织一支敢死队，挖地道进入城中，他以为这次定能攻破城池，谁知进入地道的兵士仍然是有去无回，正当他感到纳闷时候，城墙上抛下了无数颗人头。惹得完颜昌性起，发誓要攻下楚州城。他让士兵运来发石机，飞石轰城。

赵立让人随缺随补，金兵仍然是无隙可乘。两军就这样一攻一守，又相持了几天。

这一天，东城又传来轰隆隆的飞石声，赵立马即登城督战，不料飞来的一块石头，正好砸在他的头上，顿时血流满面，当左右围上去扶他的时候，赵立恨恨地说："我不行了，不能为国杀敌了！"说罢，闭上了眼睛。

赵立人死了，身体却没有倒。故后人说他是不倒的赵立。

赵立死后的几天里，金兵不敢登城，因为他们怀疑他是诈死。守城的军民，感念赵立的忠勇，仍然拼死守城，又过了十余天，城中粮食耗尽，兵士无力再战，楚州城沦陷。

赵立是徐州人，性格刚毅，没有读书，斗大的字不识一箩筐，忠义出自天性。对金人恨之入骨，只要是他俘虏的金兵，没有一个能活着回去，统统杀头。

赵构听说赵立死而不倒的事情后，也很感动，追赠他为奉国节度使，赐谥忠烈。

完颜宗弼转道去了陕西

完颜宗弼听说完颜昌攻克了楚州，北归的道路已经畅通，正准备起程北归，突然得到一个惊人的消息：南宋的川陕宣抚使张浚，从同州、鄜延出兵，要在中途截击北归的金军。完颜宗弼不愧为金国名将，他立即改变作战计划，移师陕西，来一个先发制人。恰在这时，金主完颜晟的命令也来了，让他领兵西去，协助娄室开辟陕西战场。

完颜宗弼从六合出发，带领大队人马，浩浩荡荡杀往陕西去了。

娄室见到完颜宗弼相见后，大吐苦水，说他辛辛苦苦攻下来的城池，又都被张浚夺走了，实在是心有不甘，所以奏请主子，请四太子到陕西来助一臂之力。

"张浚有这样厉害吗？"完颜宗弼不屑地说："我倒要见识一下这个人，看他是否有三头六臂。"

原来，张浚到陕西赴任，将指挥部设在兴元（陕西汉中），此时，正是娄室攻陷鄜延及永兴军，关陇大震的时候。他把川陕各路的一把手都换成了武将，任用刘子羽为参议，赵开为随军转运使，曲端为都统制，吴璘、吴玠为副将，同时，还大力修缮城池，整顿防务，陕西的形势逐渐好转起来。此后不久，金国大军就攻到了川陕地区。

金军的统帅是百战名将娄室，他率军进入陕西后，将陕州作为第一个攻击的目标，知州李彦严向兴元告急，请求支援。张浚便命令曲端领兵支援陕州。

曲端是土生土长的陕西大汉，虽是武将出生，却也能诗善文，是一个文武全才。有能力，有本事的人，大多性格都比较高傲，曲端也是这样，陕西一带，没有人能进入他的法眼。当初节制陕西六路兵马的王庶，就被他整得灰头灰脸，甚至动了杀掉王庶的念头，幸亏时任陕西抚谕使的谢亮说了一句话："擅杀大臣，这是飞扬跋扈的做法，你如果真要杀王庶，有什么后果，你自己承担。"这才使王庶逃过了杀身之祸，但却也被迫交出了节制使的官印，灰溜溜地离开了陕西。

张浚执掌川陕大印后，曲端正处在朝廷严重的怀疑之中，起因就是他要杀王庶的事，人们议论纷纷，都说他有反叛之意，幸亏张浚力保，这件事才不了了之。

按理说，曲端应该感激张浚才是，但他的眼眶子太高，不但不领情，反而还瞧不起他，说张浚不懂军事，执掌川陕大印是外行领导内行。

后人对张浚公正的评价是："忠有余而才不足，虽有志而昧用人，短于用兵。"

尽管曲端对张浚的评价并不离谱，但这个话不能由他来说，毕竟人家在关键的时候帮了他的忙，他不感谢人家，但至少也不要给人家为难才是。

曲端却不是这样，他心里想什么，行动上就表现了出来，当张浚命他支援陕州的时候，他竟公然抗命，最终导致知州李彦仙兵败自杀，陕州沦陷。

这件事让张浚很不爽。

娄室攻陷陕州后，继续进军攻打环庆，环庆守将是曲端的副将吴玠，也是一个能打硬仗的主子。

曲端和吴玠，本是一对黄金搭档，当时人们评价说："有文有武是曲大，有勇有谋是吴大。"可惜二大并不能并存，当吴玠迎战娄室的时候，曲端做环庆的后援，理当派兵增援，且吴玠也有这个请求。然而，曲端却远远地躲在邠州，坐山观虎斗，最终导致吴玠寡不敌众，败走环庆，退回兴元。

吴玠找曲端理论，两人竟大吵起来，最后发展到吴玠破口大骂，曲端也撕破了脸皮，把吴玠降职使用。

这为曲端以后的悲剧埋下了祸根。

张浚本想倚重曲端，通过这两件事，他也怀疑曲端对朝廷不忠，但他还是容忍了曲端。但此后来发生的事，终于让张浚忍无可忍了。

张浚听说完颜宗弼入侵江淮，想整兵增援，曲端却从中作梗，他认为：西北兵士，不习水战，江淮都属水区；完颜宗弼从黄天荡受困北归，认真编练水军，已经有好长一段时间了，这次水陆并进，入侵江淮，定是成竹在胸，不可轻敌。

张浚听了曲端的话，心里很不高兴。曲端见张浚不听劝告，心里也急了，抛出了一句狠话，赌咒发誓地对张浚说："这一仗，出兵必败，要是赢了，我把脑袋给你，你砍下我的脑袋以谢天下。"

张浚见曲端如此蔑视自己的权威，火也上来了，气冲冲地回了一句："行，如果败了，我也将脑袋给你。"

吵架本来就无好话，两个人这么一吵，这个就打上了赌，赌注是两个人的脑袋。

这一次争论，让张浚对曲端彻底失望了，既然不能为我所用，那你就干脆靠边站，免得站在这里碍手碍脚，于是一纸调令，削夺了曲端的兵权，贬为海州团练副使，送到万安军中看管起来。

张浚撵走了曲端，亲自到房州督兵，准备与金兵决一死战。并移文被陷的各州县，劝令他们反金，各州县响应也颇为积极，纷纷回归宋朝。到完颜宗弼北归的时候，张浚已经从关陕调五路大军，分道出同州、鄜延，东拒娄室，南击完颜宗弼。

张浚集合的五路兵马包括：熙河经略刘锡、秦凤经略孙偓、泾原经略刘锜、环庆经略赵哲、统制吴玠。五路兵马号称四十万人，还有战马七万匹，估计四十万人应该是吹的，是为了吓唬金国，实际上大概只有十几万人。

张浚命刘锡为统帅，先期出发，自率各军为后应。

部署既定，正要祭旗出师，统制王彦却提出了不同意见，他说："陕西兵将，不相联络，岂能临时合作；而今强迫使之出发，一旦遇敌，彼此不能呼应，一路挫失，则五路俱殆；兵额虽众，军心涣散，岂能效命疆场；不如令各路分屯要隘，俟敌人境，檄调赴援，即使战不胜，或是不应命，所失仅属一隅，尚易挽救咧。"

意思是说，五路人马过去从来没有配合作战，这样临时凑合在一起，一旦遇到强敌，彼此不能呼应，一路失败，全局都要崩溃。所以，他主张据城坚守，各路之间保持联络，金兵攻其一路，其余四路可以增援，这样就可以稳操胜券。

张浚把王彦的话当成了耳边风，参议刘子羽也建议不可出兵。张浚长叹地说："难道我不知道这么干危险吗？我也是不得已而为之，你看东南多危险呀？"说罢，传令三军出发。

富平之战

刘锡率领五路兵马走到富平，正是完颜宗弼同娄室合兵一处的时候。

完颜宗弼急于想替娄室出一口气，立即派人给刘锡送来挑战书，双方约定次日决战，地点就选在平原那片开阔地。

关于决战地点的选择，战前曾有过一番争吵。吴玠指着那片开阔地对刘锡说，金兵以骑兵为主，宋军以步兵为主，两军在平原列阵，对宋军是不利的。所以，他建议把部队转移到山地，占领制高点，列好栅栏，筑好营垒，准备好滚木、礌石。一旦金军进攻，宋军居高临下，用滚木、礌石招呼他们，宋军一定会大获全胜。

刘锡拒不采纳吴玠的建议，他说宋军人数多，金兵人数少，兵力上宋军占了优势，他还说，开阔地中间隔着一片沼泽地，是宋军的天然屏障，金兵如果放马冲过来，就会陷进去，到时宋军就用箭阵招呼他们，骑兵都得变成刺猬。最后他还讽刺了一句："堂堂的吴大将军，怎么变成了胆小鬼呀？"

刘锡的话，引来众将的一阵大笑。吴玠见没有人同意自己的意见，只好作罢。

刘锡看到了那片沼泽地，娄室同样也看到了那片沼泽地，有道是，你有你的关门计，我有我的跳墙法。到底是刘锡的关门计高明，还是娄室的跳墙法利害,马上就要见分晓。

决战的那一天,刘锡彻底傻眼了。娄室命令士兵每人背上一个装满土的草袋,冲到沼泽地前投进沼泽里,很快就铺出了一条路,沼泽地变成了坦途。金军的铁骑挥舞着大刀、长矛、狼牙棒冲了过来。

战前王彦所担心的事情果然发生了。

宋军的部队分布是:吴玠、刘锜率本部列阵左翼,孙偓、赵哲率本部列阵右翼,刘锡自率中军。

开战后,刘锜、吴玠两人身先士卒,士兵也人人奋勇,拼命杀敌,完颜宗弼率领的左路军虽然都是身经百战的士兵,但从来没有遇到过如此能打的宋军,渐渐有些招架不住,完颜宗弼捏了一把冷汗。

娄室率领右路军在右翼同孙偓、赵哲两军展开了厮杀,孙偓身先士卒,亲自指挥士兵向金兵发起猛烈进攻,然而,赵哲却拖在后面畏缩不前。娄室号称百战将军,作战经验丰富,他很快就看出了宋军的破绽,命令士兵猛攻赵哲部。赵哲见金兵冲着自己来了,勒马就跑,主帅跑了,士兵就成了无头苍蝇,随之溃散,带动孙偓的部队也跟着一同溃退。

刘锜、吴玠两军见右翼溃败,军心已乱,加上娄室赶跑了孙偓、赵哲,回枪杀向左翼支援完颜宗弼。

刘锜、吴玠两军在左路虽然略占优势,但也经不住金兵的两路夹击,随之败退。刘锡见四路已败,只好领军退走。

富平一战,以南宋五路联军惨败而告终。

张浚驻扎在邠州,听说富平之战宋军惨败,知道邠州守不住了,只好退守秦州。

富平兵败之后,畏敌逃跑的赵哲被张浚就地正法了,刘锡也被贬职安置到合州。张浚也自行上书请罪。

赵构接到张浚的请罪折子,不但没有过多地责备,而且还给他写了一封亲笔信,好言抚慰勉励。

张浚接到赵构的手诏,感动得痛哭流涕,虽然有心要重振军威,再与金军一决雌雄,可惜宋军新败,士气低落,张浚空有一番斗志,却也无力回天。

富平一战后,金兵气焰更加嚣张,趁机攻陷了泾原军,叛将慕洧领着金兵进入环庆路,攻破了德顺军。

张浚手下只有亲兵一千多人,无力再战,只得放弃秦州,退守兴州。

有人说，兴州也很危险，建议张浚干脆撤到四川境内，驻扎在夔州，那样就可以高枕无忧了。张浚将这个意见告诉了刘子羽，征求他的意见。刘子羽听罢大怒，问道："谁出的这个主意？"

"怎么了？"张浚不解地问。

"谁出的这个主意，该杀！"

张浚两眼紧盯着刘子羽，不知他为何发这么大的火。

刘子羽继续说："四川是天府之国，美丽富庶，金人早已垂涎三尺，那里有栈道天险，外敌很难入侵，且在陕西一带，还有我军驻扎，金兵更不能进入四川，如果放弃了陕西，金军将会长驱直入，将会控制长江上游这个重要的战略目标，整个江南则会危在旦夕。再者，我军避居夔峡，与关中失去了联系，困守蜀中，完全丧失了主动权。金兵现在虽然四处骚扰，但还没有威胁到兴州。我们留驻兴州，外不负关中百姓的期望，内可以安四川的民心。"

张浚虽然觉得刘子羽说得有理，但担心自己手下仅有的人马，想守兴州恐怕也守不住。

刘子羽出了个主意，派人出关招集打散了的宋军，重新布防，坚守险要，以待来敌。

张浚听了刘子羽的话，为之一振，立即召开会议，问手下的参将们谁愿出关招兵。

参将们你看看我，我看看你，个个面有难色，谁也不想去。刘子羽见无人敢，挺身而出，单骑出关去了。

富平之战以后，宋军各路将士溃逃，成了一盘散沙。刘子羽到达秦州后，振臂一呼，号召流散的将士迅速归队，并声称不追究战败的责任，归队后各官复原职。几天的时间，就招集到十多万人，军势重新大振。

刘子羽返回兴州，将招兵的情况向张浚作了汇报。

张浚立即派吴玠到凤翔，镇守大散关以东的和尚原；关师古率熙河兵，镇守岷州的大潭县；孙偓、贾世方集泾原、凤翔兵，镇守阶、成、凤三州。这样一来，堵住了金兵进军四川的路线。

恰在此时，娄室病死军中，完颜宗弼感到势单力孤，也不敢贸然进军，只好择地休养。

陕西的局势重新稳定下来。

十　儿皇帝、伪皇帝

以汉制汉

再说另一个金将名完颜昌，他占领山东、攻陷楚州之后，分兵攻打东京汴梁，东京汴梁守将上官悟见金兵汹涌而来，早已吓得失了三魂，丢了六魄，弃城而逃。可惜的是，他虽然逃出了金兵的虎口，却死在一股乱民的棍棒之下。

汴梁是北宋的都城，旧称东京，应天府称南京，河南府称西京，大名府称北京。东京沦陷后，东、南、西、北四京都全被金人占领了。

金主完颜晟很有自知之明，他知道中原地大物博，人口众多，尽管宋朝的皇帝很无能，但那里的百姓并不都是顺民，所以，从一开始起，他入侵宋朝，只是想掠夺那里的金银珠宝、绫罗绸缎，压根就没有要做中原王的意思。靖康之变以后，他在宋朝的废墟上建立了一个傀儡政权"大楚"国，将张邦昌扶上了皇位，叫他代管中原地区，谁知张邦昌不争气，只做了三十三天的大楚皇帝，就将皇位拱手让人了，这让完颜晟气得半死。赵构建立南宋政权后，完颜晟再次出兵南征，但他的战略仍然是"以和议佐攻势，以僭越诱叛党"。

完颜宗翰率兵出征的时候，他就吩咐宗翰说："此去得平宋室，须援立藩辅，如张邦昌故事。中原之地由中原人自治。"意思是说，灭了南宋以后，应当立一个像张邦昌那样的人来做我们的代理人，替大金国统治中原和江南，"以汉制汉"是我们的既定方针。

金兵攻陷东京汴梁后，完颜宗翰便将寻找代理人的事情提上了议事日程。

刘豫很快得到这个消息，这个人的本事不大，野心却不小，当他得知金国要在汉人中寻找一个代理人的时候，激动得一夜没有睡觉，他也想过一把皇帝瘾，让他的祖宗牌位进入宗庙。

为了当皇帝，刘豫苦苦地思索了几天几夜，得出的结论是：攻关。攻关必须要找说得上话的人，否则，浪费了表情，公关费也打了水漂。

他选择的了完颜昌作为攻关对象。

完颜昌是金主完颜晟的弟弟，完颜宗翰的亲叔叔，在中原、江南战场上，他是金兵的主帅，算得是一个重量级的人物。

刘豫派他的儿子给完颜昌送去了几车金银财宝，请求他推荐自己做皇帝，许诺事成之事，一定还有重谢。

金人南侵，目的就是为了劫财，看到白花花的银子，完颜昌果然心动了。要知道，这可比他打一场胜仗的收入还要多，因为打了胜仗，战利品要归公，刘豫送来的可是个人纯收入。

完颜昌收了刘豫的重贿之后，立即去找他的上司完颜宗翰，说刘豫这个人好，对金国忠心耿耿，我军南下的时候，他没有放一箭，就开城投降了，找代理人，就要找这样的人。

完颜宗翰手里也有其他候选人名单，当时并没有给完颜昌一个满意的答复。

刘豫眼巴巴地等了两个月，不见动静，心里有些急了，又去找完颜昌。

金人虽然凶悍，但却比较讲信用，既然收了人家的钱，就得帮人做事。他觉得，如果再次找完颜宗翰，可能会引起他的怀疑，于是，他便给大同尹高庆裔写了一封信，请他当说客，就近去找完颜宗翰，推荐刘豫当皇帝，答应事成之后，将会重谢。

高庆裔同完颜昌的关系本来就不错，何况还有丰厚的回报呢。于是，他就去找完颜宗翰，并对完颜宗翰说了这样一段话："我朝发兵南下，只是想取得两河，所以，攻下东京后，便立张邦昌做了咱们的代理人。现在河南州郡已被我国占领，可仍然还是沿用宋朝的那套官制，地方官仍然是知府、知州、知县，不是用大金国的万户、千户、百户，风俗也是依从宋朝的旧俗。这说明皇上压根就没有想要这个地方，只是想找一个像张邦昌那样的人帮我们管理这个地方。"

"是呀！临出发时，主上也说过这话。"完颜宗翰说："我不是正在找人吗？"

"那就选刘豫吧！这个人我看行。"高庆裔直截了当地推荐刘豫。

完颜宗翰不放心地说："已经有人在我面前保举刘豫。我想，张邦昌身为宰相，立为楚帝，尚且得不到汉人的拥护；刘豫官职不及张邦昌，恐怕更难服众，所以就犹豫不决。"

"刘豫的呼声很高啊！"高庆裔推心置腹说："假如有人将立刘豫的建议报告给了朝廷，刘豫必定要感谢那个推荐他的人，到时，你就要靠边站了。"

完颜宗翰觉得高庆裔说得有理，这举荐之功不能留给别人，得让刘豫对我感恩戴德，于是，他立即给朝廷上表，建议立刘豫为皇帝。

金主完颜晟见大家都在推荐刘豫，觉得此人可用，但不知中原那些读书人、老百姓的意见如何。于是决定在正式任命之前，搞一个民意调查，看刘豫的人气如何。

伪皇帝

主持民意调查的事自然就落在完颜宗翰的身上了，他派自己的心腹到东平府主持这次民意调查活动，并事先通知了刘豫。

完颜宗翰派出的人来到东平府的时候，刘豫的准备工作也都做好了。当主持民意调查的人装模作样地提出几个候选人，让参加开会的代表从中选出一个做皇帝时，一个叫张浃的人率先站出来说话，他嗓门大，叫得也凶。接下来便是众口一词：刘豫做皇帝。好像刘豫当皇帝，就是上合天意，下应民心。

其实，这并不是刘豫的口碑好，而是他的工作做到了位，这些参加开会的人，不是他的旧部，就是他的同乡，都是刘豫花钱请来的演员。在刘豫的操纵下，民意调查以皆大欢喜的结果告终。

完颜宗翰将民意调查的情况上报给朝廷。

完颜昌也做了同样一份报告送了上去。看来，这个金人还是很遵守游戏规则，收了刘豫的钱财，就尽力帮刘豫玉成其事。

金主完颜晟得到两份报告，对刘豫这个人似乎也放心了，于是，命大同尹高庆裔与知制诰韩昉，带上册封诏书和玉玺，前往东平府，册立刘豫为齐帝。

建炎四年（1130年）九月，金人在东平府为刘豫举行了隆重的登基大典。据史书记载："是日，暴风卷旗，屋瓦皆震，士民大恐。"也就是说，刘豫登基的那天，狂风骤起，旗帜吹得哗啦啦地响，屋上的瓦都震嗡嗡地叫，百姓都觉得害怕。

中国自从汉代实行"罢黜百家，独尊儒术"以来，天人感应的理念就已经深入人心，天显异象，表示上天对这件事情也震怒了。刘豫为帝，惹恼了上天。

刘豫是铁了心要做皇帝，哪管什么天显异象，登基大典还是照样举行。由于他不是正统的皇帝，也就没有正宗的龙袍，金人给他准备了一套皇帝服，但做得不伦不类。故史书中说刘豫登基时穿的衣冠是不金不宋，即既不像金国人的服饰，也不像宋朝人的服饰，那就只能用不伦不类了。

由于刘豫这个皇帝是金人封的，故历史上称刘豫为"伪帝"，在中国古代皇帝的正式编制里，没有他的名字。

刘豫登基后，对人事上进行了安排，用张孝纯为宰相。

张孝纯曾坚守太原，率领太原城军民轰轰烈烈地抵抗过金兵，一度获得百姓的爱戴，太原沦陷后，他做了金人的俘虏，经不住金人的软硬兼施，威逼利诱，最后屈膝投敌，做了金人的走狗。刘豫登基后，完颜宗翰安排他做了伪皇帝刘豫的宰相。

刘豫又命李孝扬为左丞，张柬为右丞，李俦为监察御史，郑亿为工部侍郎，王琼为汴京留守，儿子刘麟为大中大夫，提领诸路兵马，兼知济南府。

升东平府为东京，改北宋的东京为汴京，降南京为归德府，只有大名府仍称北京。命他的弟弟刘益为北京留守，王琼为汴京留守。尊母亲瞿氏为太后，册立小妾钱氏为皇后。刘豫还有一个糟糠夫人，由于她长得丑，刘豫将她赶回景州老家去了。

说起这位钱氏，其中还有一段秘史。

宋徽宗宣和年间，刘豫还在东京汴梁供职，靖康之乱的时候，京城沦陷，金兵拥入城中劫掠。渊圣皇帝赵桓吓得手足无措，百官又都避匿不见，宫里乱成了一锅粥。有些烈性的宫女，恐怕被金兵掳去遭到污辱，很多都投水自尽了，有些狡黠的宫女，趁机拿了宫中的珍宝古玩等值钱的东西逃出宫，混乱之中，也没有人追查。次日，朝廷与金人议和，金兵一律退出内城，城中秩序稍有恢复，宫中清查人数，才知道有几十名宫女乘乱逃出宫去了。钱氏就是这些逃出宫的宫女中的一位。

钱氏出宫的时候，满城都是金兵，她怕被金兵捉去，不敢在大街上行走，但是，在汴梁城内，她既无亲朋，也无好友，没有落脚的地方，只得在小巷子里求爹爹、告奶奶，请求居家、商铺让她躲避一时。人们看她穿的是宫中服饰，担心受到连累，不敢收留。好不容易闯进一家私宅，见室里只有一个老妇人坐在那里，上前跪求她大发慈悲。

老妇人见她哭得可怜，答应让她暂避一时，并还端出剩饭让饱食一顿。

当时的宰相张邦昌派人到金营谈判，要求完颜宗翰严禁金兵扰乱百姓，并派兵维持京城的秩序，第二天，金兵全部退出汴梁城，京城的秩序逐渐恢复。

一些出城避难的官员，恐怕受弃职潜逃的处分，都悄悄地溜回城中。刘豫就是这些逃出城的官员中的一个。收留钱氏的老妇人，正是刘豫的母亲瞿氏。

刘豫回家后，突然发现家里多了一位如花似玉的美人，吃惊不小，看了美人的服饰，知道是从宫里逃出来的。钱氏见这家的男主人回来了，跪在地上哀求放她一条生路。当刘豫得知钱氏的老家在济南时，也犯难了。他对钱氏说，在这兵荒马乱之际，到处都是金兵，你一个弱女子，如果想回老家济南去，等于就是送羊入狼群。

钱氏无助地看着刘豫。正在这时，忽然听到敲门声。

原来，宫里发现走失了宫女，派人在全城大搜查，因为钱氏长得漂亮，穿的又是宫里的服饰，非常显眼，逃进刘豫家的时候，有很多人都看见了，当朝廷来人搜查时，有人就告发刘家收留了一个宫女。于是，这些人就找上门来了。

刘豫打开门一看，傻眼了，因为敲门的人是宫里的太监和官差，刘豫和钱氏都很清楚，只要被捉回去，就只有死路一条。刘豫一时没了主意，钱氏吓得往后就跑，太监冲上去就要抓人。

"慢！"刘豫站出来说话了："我好歹也是朝廷的官员，怎么能到我家来抓人呢？"

"这是宫里逃出来的人，当然要抓回去。"官差并不相让。

刘豫急中生智地说："什么宫里逃出来的。这是我的小妾。"

太监说在宫里见过钱氏，绝不是什么小妾，而是宫里的逃犯。

刘豫立即堆下笑脸，说孔子貌似阳货，世人面貌相同的多得很，请内侍原谅，不要构成冤狱，如果真的把小妾强带进宫，面貌相同，有口难辩，一定会丢了性命。并说上天也有好生之德，请求各位大人开方便之门，不必认真搜查了。一个宫女，也不是要犯，网开一面，就等于是救人一命。救人一命，胜造七级浮屠，功德无量啊！

官差和太监见刘豫说得实在，钱氏也哭得可怜，起了恻隐之心，脸上也就没有了杀气。刘豫趁机给每人封了一个红包，这件事情也就皆大欢喜了。

太监和官差走了，钱氏留在刘豫的家里。

刘豫本就是一个好色之人，见到送上门来的娇美人，早就按捺不住心头的冲动，钱氏也是见过大世面的人，加之人又长得漂亮，成天甜言蜜语哄刘豫开心，几天之后，刘豫便收钱氏做了偏房，两人如鱼得水，恩爱非常，将结发妻子丢到了一边。慢慢地，刘豫觉得结发妻越来越不顺眼，干脆打发她回景州老家去了。

钱氏人长得漂亮，且还懂得宫中礼仪，刘豫做了皇帝后，也就成了皇后的不二人选。

皇帝本应该是奉天承运，受天命而立，但是，刘豫这个皇帝却是金人册封的，因此，他这个皇帝的身份，就有些不明不白。而且，在册封诏书上，金人明明白白地写作："赐尔封疆，皆从楚旧。"意思是说，你的土地是大金国赐给你的，你不要以为你真的是皇帝了，你只是金国的一个傀儡，就像张邦昌那样。

金人对刘豫的行为还作了种种限制，如"世修子礼，奉金正朔，永贡虔诚。"

世修子礼，就是刘豫要像儿子对待老子那样对待金国，喊金主完颜晟要叫爹，每当金国有人来的时候，刘豫要像儿子一样问候金国皇帝的起居。可以说，刘豫是抢着给金人做儿子。

奉金正朔，这是最重要的。

中国古代的皇帝看重的就是正朔，也就是正统，刘豫必须要承认金国是宗主，奉大金国为正朔，所以，刘豫刚做皇帝的时候，连年号都没有。第二年，才让他改年号阜昌元年。

当初张邦昌虽然也干出了僭逆之事，但那很大程度上是金人赶鸭子上架，有些被逼迫的味道，要不是金人以屠城相威胁，就是打死他，他也不敢有做皇帝的非分之想。而且他当皇帝之后，始终心存忌惮，当赵构在江南建立南宋政权后，他连忙退位，将玉玺交给赵构。

刘豫的皇位是他自己主动争取来的，而且还不惜花重金贿赂。

永贡虔诚，就是要给金国上贡。

可以说，刘豫是个不折不扣的儿皇帝。

刘豫当了伪皇帝后，对完颜昌也是投桃报李，每年都有丰厚的馈赠。

刘豫奉金主的命令称帝，建立了伪政权，赵构得知后，按理应该生气才对，谁知他不但不生气，反而还厚恤居住东南的伪官属，每家都送去一份丰厚的慰问品。表面看起来，令人费解，分析一下，就不难理解赵构的用心。

赵构不是宋徽宗的嫡子，也不是最宠爱的儿子，如果不是靖康之难父兄二帝被金人抓走、赵氏宗室被一网打尽的话，皇帝这把交椅轮不到他来坐。更可怕的是，他的皇位是张邦昌让给他的，作为大宋受命之宝的传国玉玺，也是从张邦昌的手里接过来的，当了皇帝后，他从来不提举兵北上、光复中原故土、迎回父兄二帝的事情。完颜宗弼挥师南下，他只知道跑，从扬州跑到越州，从越州跑到明州，一直跑向大海，整整在海上漂了四个月才敢上岸。因此，他这个皇帝当得很窝囊，不忠、不孝，还落下个逃跑皇帝的坏名声。

赵构也知道他的名声不怎么好，但却也没有办法摆脱这种尴尬的处境，刘豫的出现，使他看到了走出困境的曙光。按他的想法，你们不是都看不起我吗？刘豫还更不如我呢！我好歹还是赵氏宗室的人，而这个刘豫狗屁也不是，我尽管胆子小，见了金兵就跑，而这个刘豫直接就投进金人的怀抱，做了金人的儿子，比起来，刘豫比我更没有骨气。

从客观上讲，刘豫给赵构解了围，减轻了赵构的压力和注意力。

赵构讨好刘豫，还有更深层的用意，他很怕金人，一直想找个机会同金人议和，但是，金人不给他好颜色，不得罪刘豫，等于留下了一条后路。

秦桧腾空出世

金人立了伪帝刘豫之后，又让一个重要人物返回南宋，这个人就是臭名昭著、遗臭万年的秦桧。

秦桧在渊圣赵桓时代曾担任主管风纪监察的御史中丞，当时正是年青气盛世的时候，金人打到东京，扣留了徽宗、钦宗二帝，要册立张邦昌做傀儡皇帝，他带头上书反对，激怒了金人，被当作俘虏，随同二帝押往金国。但是，金人也很佩服秦桧，因为在宋朝，敢同金人作对的确实是太少了，金人认为秦桧是条汉子。所以，秦桧去北国期间，金人也没有过分地为难他。由于他的精明，加上老婆的帮助，他在完颜昌手下谋了一个文案的差事，虽然不如宋朝时的状元、御史中丞那样威风，但好歹也获得了自由身，比那做奴隶的同伴强得多。

说起秦桧引起金人的重视，还要感谢那关在小屋子里的徽宗赵佶。

赵佶身在北国，听说康王赵构在江南登基做了皇帝，心里萌生了回归故土的愿望，他还以为他是皇帝，还想找金人和谈，但他的囚禁地是一个僻远的山村，根本就见不到金国的重要人物。他听说曾经的状元、御史中丞秦桧混得还可以，暗地托人带个口讯，叫秦桧来见他。

秦桧来到钦宗囚禁的住地，君臣见面后泪流满面，秦桧要行朝觐之礼，赵佶一把拉住他，呜咽着说："都什么时候了，还讲这些俗套？"

秦桧只好作罢。

赵佶问道："近得消息，康王在应天府即位，有韩世忠、岳飞、张俊、刘世光四将相辅,渐有中兴之势,完颜宗弼南侵,屡吃败仗,可有其事?"

秦桧点点头,表示确有其事。

"你代我写一封信函,想办法转交给完颜宗翰,请他在金主前提倡和议,南北释怨修好,放我们父子回归故国。"赵佶眼巴巴地看着秦桧说:"你才华出众,一定不负我的重托。"

秦桧是一个不安分的人,虽然做了金人的俘虏,仍然还在做他的富贵梦,正愁没有机会接近北国的贵人,听了赵佶的想法,觉得机会来了,立即答应了赵佶的要求,但他说赵佶这里没笔没纸,想写也不能,加之这封信很重要,必须仔细推敲,说让他回去用心缮写,然后托他的主人完颜昌转交给金主。

赵佶便将要写的内容说了一遍,然后二人说了一些其他的事情,秦桧因不能久留,告辞而去。

秦桧回转燕京私寓,便动手写这封信,他是状元出身,擅长辞章,书法也很漂亮,加上这次替赵佶代笔,与他自身的荣辱攸关,所以写起来格外用心,骈四俪六,词意缠绵,文辞格外漂亮。写好之后,就恭恭敬敬送到元帅府。

完颜宗翰看了秦桧送来的书信,见字文俱佳,认为赵佶已经是五十多岁的老翁,加之已经瞎了一只眼睛,视力不好,很难写出这样的蝇头小楷,估计这封信有人代笔。于是叫来秦桧,问他信是何人所写。秦桧老实地回答,说是他写的。

"你写的?"完颜宗翰疑惑地问:"你在南朝做什么官?"

秦桧也是如实回答。

"啊!原来是状元手笔,果然出手不凡。"完颜宗翰问道:"愿在北朝做官吗?"

秦桧献媚地说:"若蒙大帅提拔,愿效犬马之劳。"

完颜宗翰点点头,说等他奏过皇上后,再作回答。

隔了一天,秦桧又去见完颜宗翰。完颜宗翰对他说,书已送呈御览,和议之事,要等四太子回来后再商量。并说皇上很欣赏他的文笔,叫秦桧随他去见皇上。

金主完颜晟接见了秦桧,向他问起了一些有关南朝的事情,秦桧不愧是状元出身,对完颜晟提出的问题对答如流,举一反三,完颜晟赞不绝口,便问他想不想在北朝做官。

"亡国之奴,能得圣恩,敢不竭犬马之劳?"秦桧奴才的嘴脸,展露无遗。

完颜晟满意地笑了，叫他仍回到完颜昌那里，有什么安排，完颜晟会告诉他。

完颜昌对秦桧本来就不错，加上皇上又有特别吩咐，便安排秦桧做了个军事参谋，并将他们夫妻二人安排到私宅居住。

秦桧是个奸佞，当然知道金人的用意，名义上是照顾，实际上是暗中监视，就是说，金人对他还不放心，

为了取得完颜昌的信任，秦桧开始留意完颜昌的起居，发现他是一个馋猫，并且还非常考究，恰好他的老婆王氏是一个烹饪能手，他便经常叫老婆烹调一些佳肴送给完颜昌品尝。

完颜昌吃了这些美味佳肴，果然非常高兴，便问这么多好吃的是谁做出来的。秦桧便说是他老婆做的，并说如果喜欢，就叫她来当个厨娘。

"那怎么行？"完颜昌推辞道："厨娘是贱役，怎好屈尊夫人？"

秦桧谄笑地说："殿下是我的衣食父母，内子便是你的媳妇，理当入厨做羹汤，以奉翁姑，何贱之有？"说罢，就唤王氏进见，并吩咐她下厨做几道好菜。

完颜昌见秦桧是真心巴结自己，也就甘而受之。从此，王氏便做了完颜昌的专职厨娘。

通俗小说中说王氏与完颜宗弼私通，其实这是不可能的，因为秦桧夫妻被俘到北国之后，一直待在完颜昌的身边，并没有跟随四太子完颜宗弼，没有接触的机会。小说家们之所以要这样写，大概是恨他们害死了岳飞，故意说王氏偷汉子，秦桧当王八，以解心头之恨。

至于王氏是否与完颜昌暗通款曲，正史未见记载，野史也就不甚详。反正，他们都住在一个院子里，到底干了些什么，还真的有点说不准，但有一点可以肯定，秦桧得到完颜昌的信任，确实有王氏一份功劳。

秦桧的献殷勤，终于得到了回报，完颜昌很信任他了，他也誓愿报效北国，把在南朝拒立异姓的天良抛弃得干干净净，至于那个眼巴巴地等着他回音的赵佶，秦桧更是将他抛到了九霄云外。

金兵南下的时候，完颜昌独挡一路，任命秦桧兼任随军转运使，并叫他带上老婆，名义上是照顾秦桧夫妻，真实的意图，完颜昌是不会说的。

完颜昌南侵，攻打楚州的时候，被守将赵立杀得大败，而完颜宗弼又被韩世忠堵在长江对岸，整个部队差一点都回不来了，好不容易渡过长江，又被岳

飞痛打了一顿,完颜昌非常忧虑,便同秦桧谈起了他的烦恼。他说,以前南下,势如破竹,每次都能满载而归,现在,仗越来越难打了,抢的东西越来越少,国内也出现了不和谐的声音,因为很多子弟到南方来打仗,把命都丢在那里了,所以,厌战情绪越来越大。

"大军南下,不就是想抢一些东西吗?"秦桧看了完颜昌一眼说:"如果让我回到南宋的话,我有办法让两国罢兵,还让宋朝乖乖地把你们要的东西送过来。"

"真的吗?"完颜昌沉思了一会儿后说:"这事再考虑一下。"

完颜昌之所以说考虑,是因为临出征的时候,金主完颜晟给了他一句话,说秦桧是个奸臣相,一定要好好地利用他,至于怎么用,由他根据情况作出决定。因此,他在考虑,秦桧这个人,是留在北国有利,还是放回南国有利。

完颜昌帮助刘豫做了皇帝后,便将秦桧的建议提上了议事日程。考虑再三,他决定赌一把,赌秦桧是个大奸大恶之人,赌他能帮助金国得到所想得到的东西。

完颜昌打定主意,放秦桧回了南宋,

秦桧回宋了,他是从海路乘船回到越州的。他对人说,他是杀了看守他的人,夺得船只才逃回来的。

秦桧的话,没有多少人相信,因为由北至南,相隔数千里路程,难道金人就一点也没有觉察吗?如果是逃回来的,那又为何让他的妻儿也跟了回来呢?所以,对他回归的原因,虽然是众说纷纭,但谁也拿不出证据来。

宰相范宗尹、同知枢密使李回是秦桧的旧友,他们一个劲地替他担保,强调秦桧有反对张邦昌为帝,上表请立赵氏的光荣历史,并且在赵构面前举荐,说秦桧是个大忠臣,可以重用。

赵构召见了秦桧,秦桧说了他代上皇写求和书的事情,接着又将二帝在北方的情况作了详细的汇报。弄得赵构一把鼻涕一把泪的,说二帝在北国受苦了,夸赞秦桧是个大忠臣。于是,拜秦桧为礼部尚书,不久又升任参知政事,这是一个相当于副宰相的官。

秦桧南归,果然得到了高官。

十一　张俊剿匪很风光

流寇猖獗

建炎四年冬，赵构下诏改元绍兴，次年改为绍兴元年（1131年）。

绍兴元年元旦这天一大早，赵构率领文武百官，面向北方遥拜囚禁的金国的太上皇、渊圣两位皇帝，他们被金人掳走已经有四五年了，以这种形式表达对他们的崇拜和怀念，这还是第一次。此后，每年元旦的早课，就是这件事。

赵构似乎要借此向天下传递一个信息，他并没有忘记还在北国受苦的老皇帝，表面文章是这样，实际却是另外一回事，其中原因，恐怕只有他自己最清楚。

北宋末年，金兵南下，中原大乱，北宋的军队在金兵狂风扫落叶般的打击下崩溃了，这些被打散的军队，有相当一部分人成为流寇，他们四处流窜，像饿鹰一样，走到哪里，抢到哪里。

南宋初年，他们大都集聚江淮、江汉一带，使那里成为匪患的重灾区。

赵构当时只顾逃命，没有精力消除内患，这些流寇、山大王更加猖獗。南宋政权无力控制动荡的局势，只能采取怀柔政策进行招抚，凡是名义上服从朝廷的，一概封为"镇抚使"，承认他们占领的地区归他们治理，这等于是承认了这些割据势力的合法性。

哪知这些山大王并不安分，今天是匪，明天是官，后天仍然又去做山大王，时降时叛，天下乱成了一锅粥。在这些流寇中，实力较大的有江淮的戚方、李成、刘忠、邵青，襄阳的桑仲，襄汉的张用、建州的范汝为等，其中以李成的势力最大。

李成原来是江东捉杀使，建炎二年背叛朝廷，成为流寇山大王。史书记载，李成当时流窜"江、淮、湖、湘，横行十数郡"，随着地盘的扩大，他的野心也开始膨胀，竟然暗中指使人散布谣言，打造受命于天的"符谶"，说他揭竿而起，是上承天命，下应民意，他是真命天子，一个乱世山大王，竟然也做起了皇帝梦。

建炎四年，完颜宗弼兵犯江南，虽然满载而归，但在回家的路上，被韩世忠困在黄天荡四十八天，几乎绝望，金人第一次知道了什么叫害怕。接下来，张浚在西北搞得风生水起，把金兵的主力吸引到西北战场上去了，南宋在东南战场上的压力顿时减轻。

赵构终于缓出手来收拾这些流寇了。他任命吕颐浩为江东安抚制置使，征讨李成。

吕颐浩虽然曾经当过宰相，其实是一个庸才，既不善政，也不懂兵，让他带兵打仗的后果可想而知，刚同李成的部队打了一个照面，便被李成的部将马进杀得大败而归，不但寸功未进，而且还让马进夺去了江州。

偷鸡不成，反蚀了一把米，吕颐浩让赵构的颜面扫尽。

赵构见吕颐浩战败，江州陷落贼手，立即任命张俊为江淮招讨使，征讨李成，并采纳张俊的推荐，任命岳飞为副使。

岳飞当时出任通州、泰州镇抚使兼泰州知州，已经自立山头，有了自己的军队。

据说，岳飞对知州这个职位不怎么满意，原因可能是知州是个文官，而他是一员武将，他曾在一份奏疏中说：

若蒙朝廷允飞今来所乞，乞将飞母、妻并二子为质，免充通、泰州镇抚使，止除一淮南东路重难任使。令飞招集兵马，掩杀金贼，收复本路州郡，伺便迤逦收得山东、河北、河东、京畿等路故地。庶使飞平生之志得以少快，且以尽臣子报君之节。

意思是，请求朝廷免去他知州的职位，让他带兵打仗，他是一员武将，上战场上杀敌才是他的志向，由于他兵马少，难以打大仗，请求朝廷批准他招兵买马，上阵杀敌。并信誓旦旦地说，只要皇上允许他招募兵马，他就可以率兵收复山东、河北、河东，连东京汴梁也一并收回。为了表示他对朝廷的忠心，他情愿将妻儿老小留在京城做人质。

武将带兵在外，家属留在京城，这是宋朝独有的一个潜规则。首创这种做法的是宋朝开国皇帝赵匡胤。赵匡胤是武将出身，他在陈桥发动兵变夺起了后周天下，做了皇帝以后，担心手下的将领效仿他的做法，夺走了他的江山。因此，他派出镇守边关的将军，家属都不随军，赵匡胤的说法是，将他们的家属留在京师，让朝廷好好照顾他们，将军们在战场上杀敌就没有后顾之忧。而真实的意图，却是将将军的家属留在京师做人质，如果谁想造反，你就得掂量一下，家属的性命要不要。

从赵匡胤以后，宋朝的皇帝将这种做法代代相传。一百多年来，虽然大家都心知肚明，但谁也没有公开说破这个潜规则。

这个潜规则，反应的是皇上对武将们不信任。

岳飞报国心切，一道奏疏，捅破了这一层纸。将赵构推到一个难堪的境地，他是否反感岳飞捅破了这层纸，不得而知，但他没有允许岳飞招募兵马，却是事实。

在历史上，张俊这个人很无耻，在杭州岳王庙跪着的四个人，其中有一个人就是他，但那是后来的事情，岳飞能独立成军，而且能够在南宋军界迅速走红，这与张俊的慧眼识才并大胆任用是分不开的。因为岳飞脱离杜充之后，朝廷便把他的部队划归张俊领导，张俊可以把岳飞的部队收编到自己的神武右军，成为自己的部下。但他没有这样做，而是推荐岳飞做了拥有自己地盘和部队的镇抚使，岳家军从此才成为一支独立的部队。岳家军也不负张俊的期望，在东征西讨中，打了不少漂亮仗。就在不久前，吕颐浩征讨李成吃了败仗的时候，他却击败另一股流寇戚方。

张俊一面集结部队，一面派人送信给岳飞，约他率兵前来助战，正在他调动部队的时候，突然传来筠州失守的消息。他预料，筠州沦陷后，贼军下一个攻击的目标一定是豫章，救兵如救火，他也不等岳飞的兵到，就率兵出发了。

初战告捷

张俊先贼兵一步赶到豫章，命令各部队择地扎营，坚壁清野，加强防守。并派人给洪州（南昌）送信，要他们加强防守，等候援军。

李成的军队有很强的战斗力，连夺江州、筠州之后，大将马进挥得胜之师杀向豫章。当他得知张俊已经率官兵进驻豫章后，命令部队在洪州山扎下营寨，然后率兵前来挑战。

从双方的实力看，李成的部队稳占上风，而且刚打了胜仗，气势正旺。面对气势汹汹的贼兵，张俊命令部队都隐蔽起来，谁也不准出战。

马进带兵骂了十多天，无人应战，嘲笑张俊是个胆小鬼，派人给张俊送来一套女人的衣服和一封挑战书，挑战书不但字迹潦草，而且字写得特别大。

张俊收下了那套妇人服，用蝇头小楷给马进回了一封信，信中措辞含糊，虽然不拒交战，但也没有回复什么时候决战，给人的感觉，就是一个怕字。

马进看了张俊的回书，除了嘲笑之外，更是瞧不起张俊，不由得放松了警惕。张俊要的就是这个效果。

几天之后，岳飞率领岳家军赶到豫章，扎下营后便进城来见张俊，当他了解了战场上的情况后，建议立即出兵，同贼兵展开决战。

"将军有了破敌之策？"张俊充满期待地问。

"贼兵虽多，但都是一些乌合之众，不足为虑，只要略施小计，就可杀他个片甲不留。"岳飞看了张俊一眼，成竹在胸地说："请先派一支奇兵埋伏在生米渡，截住贼兵的去路，末将愿率本部为先锋，出其不意地从贼兵的右翼突然杀出，贼兵自溃。"

张俊大喜，派杨沂中带数千名精兵，从上游的生米渡强渡呼应，命岳飞为先锋，率本部袭击贼营。

岳飞领命，身披重铠，带领本部人马，悄悄地绕过西山，靠近贼营后，突然发一声喊，杀向贼营。

马进根本就没有想到胆小如鼠的张俊会突然发动了攻击，当他得到报告的时候，已经听到了喊杀之声，慌忙拿起兵器冲出营帐，一位年青将领一马当先杀了过来。正要喊话，不想来将已挺枪刺了过来，慌忙举刀相迎，交战三五个回合，便觉来将力大无穷，枪法怪异，明明看见枪尖是杀向下盘，突然却兜心刺来，当举刀护住面门的时候，枪尖却又扎向大腿，神出鬼没，让人防不胜防。马进自知不是敌手，拖刀就跑。但他也不忘问一声："来将何人？留下名来，大爷日后好找你算账。"

"你岳飞爷爷是也！"岳飞杀得兴起，率领部下乘胜追击，直杀得贼兵人仰马翻，尸横遍野，不到一个时辰，贼兵全线溃败。

马进在前面没命地跑，岳家军在后面拼命地追，一追就将马进追进了筠州城。

马进逃进筠州后，紧闭城门，就像张俊在豫章对侍他一样对待岳家军。

岳飞见马进闭城不出，估计他已是被吓破了胆，不敢出城应战，便想出了一个诱敌之策。

筠州城外，一队骑兵在不远的山脚下慢腾腾地走来走去。

马进站在城楼上，见这一小队骑兵打着"岳"字旗帜，但没有看见岳飞本人，他认为，岳飞本人没有到，这一小队骑兵不过是打着岳飞的旗号吓唬人。他对兵法略知一二，知道这在兵法上叫虚虚实实。如果突然率兵出击，一定会杀他一个措手不及,报豫章之败的一箭之仇。于是,他命令打开城门,率兵突然杀了出来。对面的官兵见贼兵从城内杀出,吓得一哄而散。马进以为自己料敌不差,拍马奋力追赶,谁知刚转过城墙角落,猛然听到后面一声大喊:"狗强盗,哪里走,拿命来!"

马进回头一看,来人正是岳飞,马进已经领教过岳飞的利害,知道不是他的对手,想要退回筠州城,退路已被岳飞截断,只得弃城而去。

岳飞也不忙于追赶,站在高处冲着贼众大喊:"不愿从贼的,放下武器,可饶不死,拒不投降的,死路一条。"

生命对于每个人来说只有一次,丢了就没了,想找也找不回来,贼众见岳飞英勇,马进已经成了惊弓之鸟,逃得不见踪影,再跟着他跑,除了死,恐怕没有第二条路可走。便纷纷放下武器,坐在原地。

岳飞收降了这些人,清点人数,大约有八万之众,好言抚慰一番后,将这些人全部遣散回家。其实,很多人都愿意留下来当兵吃粮,岳飞却不敢接纳,因为朝廷没有批准他招兵马,擅自招兵是违法的。

岳飞处理完降军,率兵继续追击马进。

此时的张俊还不坏

马进带领残部向江州方向溃逃,张俊、杨沂中却又领兵杀到。后有追兵,前有拦截,马进腹背受敌,无力恋战,率领亲兵,拼命杀开一条血路,逃向南康。

张俊、杨沂中两军正要追赶,岳飞率兵赶到,自愿为前驱去追赶马进,张俊、杨沂中两军随后策应。

岳飞带兵连夜追赶,追到朱家山,赶上了马进的后队,小头目赵万成回马接战,被岳飞挑落马下,其余贼众四处逃窜。追到楼子主这个地方,李成率十余万众蜂拥而来。岳飞毫无惧色,舞动一杆长枪,一马当先杀向贼阵,一口气杀了数十余人,贼众从来没有见过如此勇猛之人,回头就跑,冲乱了自家阵形,自相践踏,一片混乱。

李成身在中军,见部队一片混乱,上前弹压,正碰上岳飞挺枪杀来,便抖擞精神,舞刀接战。谁料岳飞这支枪杆,势大力沉,舞得神出鬼没,防不胜防,仅三五个回合,便被逼得手忙脚乱,眼看就要败下阵去,突然旁边闪出一骑前来助阵,激战岳飞。

"马进小贼，你的死期到了。"岳飞冲着来将大吼一声，拨开李成的刀，回手一枪刺向马进，马进想到躲闪已是不及，被岳飞一枪挑落马下。

李成见马进坠落马下，勒转马头自顾逃命，马蹄正好踏在马进的身上，岳家军随着主帅一拥而上，顿时将挣扎在地的马进踩得稀烂，斩杀贼众数千余人。岳飞见天色已晚，才收兵等候后军。

张俊和杨沂中赶到，见岳飞已经得胜，非常高兴。他们让岳飞暂时休息，自率部队继续追赶李成去了。

张俊和杨沂中引兵追赶了十多里，被一条大河挡住了去路，李成在河对岸扎下了大营。两人一商量，由杨沂中连夜绕到上游，悄悄渡河去抄李成的后路，张俊则从正面渡河，对李成形成夹击之势。两人约定，两个时辰后，同时发起进攻。

两个时辰后，张俊命令击鼓渡河，李成听到鼓声，立即率众来到河边应战，正在交战之际，杨沂中率兵从后面杀到。

李成的部队，多是一些乌合之众，打了胜仗，各自争功，互不相让，打了败仗，各人顾各人，也不相救，一遇到危急的时候，便四处逃窜。这群乌合之众在张俊、杨沂中的前后夹击下，顿时作鸟兽散，十余万众，死伤了三四万，招降了三四万，余下的一两万逃散了。这一战，将李成数年的积累毁于一旦。李成率三五千残兵渡过长江，逃往江北去了。

张俊尾随其后渡过长江，痛打落水狗，李成的贼众见到张俊军的旗号，犹如老鼠见到猫一样，边跑边喊："张铁山到了！张铁山到了"

张俊生得面如锅炭，张铁山之名，因面黑而得。

李成的部队被击溃以后，自知没有了立足之地，他带领残部投奔刘豫，被刘豫收留，用为大将。

张俊、杨沂中、岳飞等人回军，占领了江州、筠州及兴同军，群盗闻风而逃。

李成刚刚被击溃，襄汉的张用又跳出来兴风作浪，他从襄汉起兵东下，准备攻打江西，岳飞很快得到了这个消息。

岳飞和张用是同乡，知道张用兴兵作乱，派人给他送了一封信，他在信中说，我们是同乡，如果你一定要战，就放马过来，我等你，如果觉得没有把握，那你就投降，我欢迎你。

张用看了岳飞的信，自知不是岳飞的对手，回了一封信，表示愿降。

岳飞只带了几名随从，亲自前往张用军中抚慰。

张用和他的部下见岳飞如此坦诚，更是心悦诚服。

剿灭了李成、张用，江淮一带也就平息了。

这场剿匪大战，张俊获得了"张铁山"的美名，脸上增光不少。这时候的张俊还很讲义气，对剿匪立有汗马功劳的岳飞大力举荐，他在上奏给朝廷的报告中说"飞功第一"，结果，岳飞被升任为神武右军都统制。

从此，岳飞也成为独当一面的大将，坐镇洪州，"岳"字大旗在城门上飘扬，叛军、流寇、土匪看见这面大旗都绕道而行。

张俊在剿匪中出尽了风头，其他大将也没有闲着，水寇邵青被刘世光的部将王德活捉，流寇赵成也被收复，韩世忠只用了五天时间，便逼得盐贩子出身的范汝为自焚而亡。

疯狂一时的山大王，有的被消灭，有的被收复，有的投奔了刘豫，东南一带的局势逐渐稳定下来。恰在此时，江东、陕西两地也陆续传来捷报，江浙的局势趋向稳定。

刘光世也不甘示弱，趁机收复了楚州，将完颜昌赶回北方去了。至此，江南已经没有了金兵，只有完颜宗弼盘踞在陕西一带。

十二　吴玠是个真爷们儿

曲端之死

江南的金人被赶跑了，陕西却还有金人在那里捣乱，领头的就是完颜宗弼。

富平之战重创宋军之后，金将娄室病死军中，完颜宗弼感到势单力孤，不敢贸然进军，便择地休养。经过短暂的休整后，再次兴兵，连连破巩州、河州、乐州、兰州、郭州、积石州、西宁州。熙河副总管刘惟辅被金人擒获，因痛骂敌人而惨遭杀害，完颜宗弼又攻占了福津，蹂躏同谷，直逼兴州。

南宋这边，张浚对陕西方面的军政人员也进行了调整，任命张深为四川制置使，刘子羽同到益州、昌州，王庶为利州、夔州制置使，统领陕西各路，兼知兴元府（陕西汉中）；任命吴玠为陕西都统制。

张浚兵败富平之后退守阆州，痛定思痛，悔不该当初没有听曲端的劝告，他似乎有一点知错就改的君子风度，想把曲端请到阆州来，准备重新起用他，让他主持川陕的军事。

张浚的举动，急坏了两个人，一个是王庶，一个是吴玠，这两个人同曲端积怨甚深，王庶被曲端整得差点掉了脑袋，吴玠由于曲端不出兵而吃过败仗，最后两人拍桌子砸椅，连老娘也骂上了。这两个人绝对不愿意看到曲端重新出山。

吴玠找到张浚，提醒地说："张大帅，你是不是贵人多忘事呀？"

"什么？"张浚不解地问："我把什么事忘了？"

"你把自己的脑袋忘了。"

"不要捉迷藏了，快说吧，到底是怎么回事？"

"听说大帅要重新起用曲端，真的吗？"

"不错。"张浚说："如果听了他的话，就没有富平之败，看来，这个人还是能打仗。"

"你们两人可是有赌在先的。"吴玠看了张浚一眼，补了一句："这个人可是个倔驴子。"

张浚终于想起来了，他和曲端还有一个赌约，赌的不是房子，不是地，不是金钱，也不是女人，而是脑袋。张浚在富平打了败仗，脑袋已经输给了曲端，尽管曲端不会真的要他的脑袋，可万一真的较起真来，也不好下台，因为那是签字画押了。张浚有些犹豫了。

吴玠在手上写了"曲端谋反"给张浚看，并警告说："曲端要是东山再起，你的下场一定很惨。"

正在这时，王庶来了，也说曲端有谋反之意。张浚还是有些不相信，说这样的事，没有证据是不能乱说的。王庶从袖内掏一张纸递给张浚，说是曲端写的诗，诗中对皇上不满。曲端的诗里有这么两句："不向关中兴事业，却来江上泛渔舟。"

长安是周、秦、汉、唐十一朝故都，汉、唐的兴起，基本上都是在关中地区，所以，关中被认为是华夏民族政权的王业所在，有帝王之气。皇帝如果是英明天子，就应该到关中来重振帝业，号令天下英雄豪杰，收复故土。结果，皇帝却跑到江上去泛舟钓鱼。

曲端这两句诗，不论是有意还是无意，说是讽刺当今天子，似乎也不过分。

在吴玠、王庶两人的怂恿下，张浚下令将曲端抓起来，关进了恭州监狱，他将这件案子交给提刑康健审理。

曲端入狱，就意味着死亡，因为负责审案的康健也是一个不想让他活的人。

康健曾经是曲端的部下，因违犯军令被曲端狠狠地抽了一顿鞭子，康健一直怀恨在心。张浚是否故意这样做，说不清楚，但曲端听说他的案子交给康健审理，仰天长啸道："曲端必死，铁象可惜啊！"

铁象是曲端的坐骑，据说是一匹宝马，可日行四百里。曲端叹自己死后，这匹宝马不知会落在谁的手里。

康健果然借审案之机，狠狠地报复了一下曲端，而且还没有给他留下报仇的机会，因为他要了曲端的命，死人是不能报仇的。

康健审问曲端，要他承认有谋反之意。承认了就得杀头，曲端当然不会做这种傻事，于是，康健大刑侍候，将曲端关进铁笼子里，然后在笼子四周堆上干柴，点上火，这种酷刑是难以想象的，曲端的皮肤都被烤焦，口渴得要命，便讨水喝，康健竟让人给曲端灌烧酒。

这可是要命的，大火在铁笼外烤，烈酒在肚里浇，里外夹攻，曲端的五脏六腑全都烧烂了，"七窍流血而死"。

据说曲端死后，他的坐骑铁象竟绝食而亡。

一代名将，没有死在战场上，却死在内斗中。

曲端在关陕地区驻军多年，深得民心，他的死，不仅陕西地区"士大夫莫不惜之。"而且"军民亦皆怅恨"，从此，张浚"以是大失西人之心"。

曲端是西北战场上一员虎将，史籍记载他是"警敏知书，善属文，长于兵略"，也就是说，曲端并不是一个大老粗，而且能文能武，这在当时是不多见的。曲端的死，使川陕地区很多军民的心都冷了，因为曲端率领川陕的军民同金人打了这么多年的仗，没有死在战场上，却死在自己人的手里，而且还死得不明不白。这样的朝廷，保他有何用，所以，有的人就去投降了金人，有的为金人带路攻打宋军。当时宋军的大溃退，叛军也屡屡出现，和曲端的冤狱有很大关系。

张浚有杀曲端的机会，就是曲端拒不出兵救援吴玠，导致吴玠兵败的时候，如果那时候将曲端就地正法，无话可说，因为曲端凭一己私念，几乎使吴玠全军覆没。那时候杀他，是按军法从事，谁也没有话说。但以一首诗为借口，使一员虎将死于文字狱，道理上就说不过去了。

曲端之死，是千古奇冤。害死曲端的人是张浚、吴玠、王庶，还有康健。

和尚原之战

富平之战以后，宋金在大势上进入了相持阶段，但在陕西这个局部战场上，金人还是占有很大的优势。当时，函谷关以西的陕西六路都被金人攻占，只剩下阶、成、岷、凤、洪五州和凤翔境内的和尚原，陇州山内的方山原。

和尚原是渭水流域跨越秦岭进入汉中的一扇大门，打开了这扇门，进入四川就可以长驱直入。金人似乎看到了胜利的曙光，他们认为，只要打通了进入四川的道路，夺下天府之国，就可以控扼长江上游。然而，让他们万万没有想到的是，川陕交界的和尚原，竟然成了一道不可逾越的坎。

镇守和尚原的宋将是吴玠，富平之战失败后，他便退保和尚原，命人造土堡，竖栅栏，攒军粮，准备死守。

陕西地处黄土高原，地形支离破碎，千沟万壑，到处都是一块块的台地，和尚原就是这样的一块台地。有人劝吴玠，说这个地方无险可守，是块死地，不如退保汉中，以保全蜀地。其实，这些人说的不是没有道理，因为和尚原地处宝鸡附近，离自己的根据地很远，崎岖的山路使得后勤补给非常困难，三天两头无粮断炊。人们常说，"竖起招军旗，就有吃粮人"，可见当兵就是为了混口饭吃，古往今来，很多人都是被逼得走投无路才走当兵这条路。

吴玠却说，我守在这里，正是为了保卫四川，如果退守汉中，那汉中守不住，就只能退往四川，如果一步一步地退下去，国土就被金人一口一口地蚕食了。

完颜宗弼并没有把吴玠的几千残兵放在眼里，且和尚原的地形又适合骑兵作战，吴玠就是铜头铁臂，也挡不住大金国的铁骑，派兵攻打和尚原，就是去接收地盘而已。所以，他只派了偏将没立从凤翔出兵，乌勒折合从大散关出兵，约定在和尚原会合，攻打吴玠。

吴玠知道金兵要来攻打和尚原，采取的应对之策是，将部队分成前、后两队，轮番作战，吴玠采用这种战法，是很有道理的，因为他只有几千士兵，如果一起去同金人拼命，不打死也得累死。因为仗一打起来，就不分时间，从早上打到晚上，不吃饭，这个仗就不能打。所以，他将部队分成两拨，一拨人打仗，一拨人休息，埋锅做饭。

从大散关出发的乌勒折合先到和尚原，到达北山之后，依山列阵，见吴玠率兵过来，立即放马杀了过来。吴玠大怒，一马突出，遇到一员金将，手起刀落，将金将砍落马下，上阵就给了金兵一个下马威。

两军从早上打到中午，金兵疲惫了，宋军也累得够呛。金兵指望吃了饭再战，可战场上没这规矩，吴玠也不会给金人这样的机会，他把第二拨人调上来，换下了第一拨人。

金兵虽说凶悍，可不吃饭，再怎么凶也凶不起来，怎禁得一支生力军杀将过来。乌勒折合料知抵挡不住，回马就跑。主将一逃，士兵无人再战，顿作鸟兽散，吴玠率军追杀数里，大获全胜。

没立率军赶到的时候，乌勒折合已经败下阵来。俗话说，兵败如山倒，战败的军队在溃逃的时候，气势是很吓人的，就像山倒下一样，没有力量能够阻止得住。乌勒折合的溃兵就是这样，没立本是来攻打宋军的，结果被乌勒折合的溃兵冲乱了阵脚，除了跟着一起跑外，已经没有第二条路可走了。

吴玠的部队乘势一阵猛冲，两路金兵大败而归。

两路金兵攻打和尚原，竟然大败而归，完颜宗弼非常震惊。于是，他亲自出马，调集十万大军，渡过渭水，进抵宝鸡，从宝鸡县起，连营十余里，修筑石城，隔涧同吴玠对峙，摆出一副不达目的誓不罢休的架势。

面对气势汹汹的金兵，宋军中的很多人害怕了，有的人起了逃跑的念头，有的人甚至还起了投敌之念，谋划抓住吴玠和他的弟弟吴璘，送给金人做见面礼。

吴氏兄弟也知道暗流涌动，分头找将士们做思想工作，吴玠拍着胸膛对大家说，现在是我们兄弟报国的时候，万一兵败，我们兄弟一定死在大家的前面，绝不能让金狗在我们的国土上为所欲为。

吴璘站出来响应哥哥的号召。这些兵士，都是在一起摸爬滚打了多年的兄弟，心里也有一股爱国的热情，被吴氏兄弟一鼓动，血性也被点燃起来，纷纷表示愿誓死报国。

宋军有一种重武器叫床子弩，依靠几张弓的合力，将一支箭射出，由于张力很大，需要几十人拉弓才可拉开，射程可达五百米，在当时，算得上是威力很大的远程武器。北宋真宗皇帝北伐的时候，床子弩就曾大显神威。

吴玠把将士们的斗志激起来后，准备好床子弩，他要用这个招待金兵。

猛攻开始了，金军的骑兵挥舞着马刀冲来了，吴玠的兵士并不出阵地，专用床子弩对付金兵，床子弩劲道足，射程远，射中了人，从前胸直透后背，射中马，马翻人仰。几个冲锋下来，金兵丢下了一大片尸体，败下阵去。

吴玠并没有死守和尚原，他派出奇兵截断了金兵的粮道，并乘乱袭击，并命吴璘带三千弓弩手埋伏在神岔沟。因为他估计，金兵的粮食快完了，切断了粮道之后，金兵必定要撒退，派出的三千弓弩手埋伏在神岔沟，就是要伏击金兵，因为金兵溃逃的时候，这里是必经之地。

果然，宋军切断了金兵的粮道以后，金兵顿时乱作一团。吴玠见战机已到，率兵倾巢出动，夜袭金营。

金兵打了一天的仗，已是筋疲力尽，有的军营还断了炊，又累又饿，满指望能喘口气，猝不及防，竟被宋军连挑了十几座军营，黑暗之中，不知到底有多少宋军杀来，哭爹喊娘，乱成了一锅粥。

完颜宗弼见到处都是宋军，只得上马逃命，刚跑到神岔沟，只得一声炮响，箭如飞蝗般射来，完颜宗弼抱头鼠窜，身上还中了两箭，耳中听得有人大喊"完颜宗弼休走！"史载当时的情况是"亟剃其须髯而遁"。也就是说，完颜宗弼担心自己被认出来，竟然拔出佩刀，割掉胡子逃命。

和尚原一战，吴玠以数千人的军队，打败了完颜宗弼号称的十万大军，吴玠算是个真爷们儿。

完颜宗弼在黄天荡被韩世忠杀得哭天喊地，在和尚原又被吴玠杀得割掉胡须逃命，而且还身中两箭。实在是无心再战，跑回燕京去了。

饶凤关之战

金人知道陕西不容易攻守，干脆交给了刘豫。这样，伪齐就统治了整个中原地区。

绍兴二年（1132年）四月，刘豫迁居汴京。

刘豫还真的把自己当成了皇帝，迁居汴京后，竟然把供奉北宋皇帝历代祖先的太庙改成了他的家庙，把他当农民的父亲、祖父、曾祖父的牌子全搁在了里面。史载这一天，又是天庭震怒，狂飙猝起，伪齐大旗的旗杆也刮断了。在这样一个日子里刮断了旗杆，可不是一个吉兆。

在陕西战场上，完颜宗弼撂挑子跑回了燕京，金军主将换成了撒离喝。

撒离喝也是一员猛将，但他最不愿面对的人就是吴玠，因为在彭原店一战中，他被吴玠杀得丢盔弃甲，吓得像孩子般号啕大哭，金兵在背后都称他为

"啼哭郎君"。大丈夫流血不流泪，可撒离喝那次实在是吓破了胆，留下了这个笑柄。

撒离喝发誓要洗刷"啼哭郎君"的恶名，可吴玠坐镇和尚原，他实在不敢面对这个人。于是，他谋划了一个新的作战方案：绕过和尚原，取道饶风关，从那里进入四川。

绍兴三年（1133年），金人在陕西战场上发起了新一轮攻势。撒离喝命降将李彦琪驻扎在秦州，窥视仙人关，借以牵制吴玠，再命令一队骑兵出熙河牵制另一员宋将关师古，他自己则率领大部队来了个大迂回，绕道东南，攻占了通往汉中的门户金州（陕西安康），杀向饶风关。

饶风关位于陕西石泉县和西乡县交界的西凤岭上，是由陕入川的要道之一，饶风关地势险峻，易守难攻，坐镇汉中的刘子羽已命令田晟据险死守，阻止金兵入川。刘子羽还是不放心，火速召吴玠前来增援。

吴玠接到刘子羽的告急文书后，星夜驰援，一昼夜狂奔三百余里，赶到饶风关之后，让人给撒离喝捎去几筐黄柑，同时附了一封信，他在信中说："大军远来，聊用止渴。"此举颇具讽刺意味，似乎根本就不把金兵放在眼里，完全是一副镇定自若，胜券在握的样子。

撒离喝收到黄柑，看了信，吓得半死，用手杖戳地，气恼地说："吴玠这个家伙，怎么来得这样快呢？难道是飞来的不成？"

撒离喝虽然畏惧吴玠，但箭在弦上，不得不发，他还是豁出去了，指挥大军向饶风关发起了猛烈攻击，为了保证持续的攻击力，他将士兵三人分为一组，一人在前冲锋，另外两人跟在后面，前面的人死了，后面的人踩着同伴的尸体往前冲。

面对金军猛烈的攻势，吴玠身先士卒，指挥士兵居高临下，充分发挥强弓硬弩的威力，

饶风关是台地山城，山上有很多石头，宋军将士就地取材，搬起石头就往山下推，金兵被石头砸得哇哇直叫，死伤不计其数。

残酷的战斗一连打了六天，金兵伤亡惨重，"死者山积"，但金兵都杀红了眼，野性大发，仍然狂攻不已。

古话说，"杀人一万，自损三千"，宋军的伤亡也很大。

正在酣战的时候，一股金兵突然从天而降。

原来，宋军出了叛徒，一名军官违犯了军纪遭到重责，逃下山去投奔了金

军,把宋军的虚实全都告诉了金军,并带着金兵从一条小道绕到饶凤关后面,抢占了制高点,从背后向宋军发起了攻击。

宋军本来是倚仗有利地形才能坚持下去,如今优势已失,在兵力占绝对劣势的情况下,显然就撑不下去,吴玠带着部队撤出饶凤关。

金军虽然占领了饶凤关,但也付出了惨重的代价。

吴玠虽然败走饶凤关,但也没有一败涂地,因为吴玠不是一个人在战斗,还有一个刘子羽在那里帮忙。

吴玠兵败饶凤关之后,建议刘子羽撤退,刘子羽要吴玠与他同守定军山,吴玠则认为定军山难守,主张退保西县。

刘子羽在万不得已的情况下,将原来的积贮能带的就带走,能埋的就埋起来,来不及埋的,放一把火烧掉。

刘子羽带领三百残兵退到三泉之后就不走了,此时,携带的粮食耗尽,他"但与士卒取草芽木甲,权作充饥"。并派人给吴玠送去一封诀别信,说他要与三泉共存亡。

刘子羽虽然是一个文士,但却足智多谋,也见过大世面,他曾经协助他的父亲刘韐守真定,后来受到张浚的器重,这次虽然到了吃野菜,喝凉水的地步,但斗志却不减。

吴玠这时候已经到了仙人关,接到刘子羽准备以身殉国的诀别信,有些犹豫不决。部将杨政大叫道:"节使不可负刘待制,否则有一天我们也会丢下将军,自去逃生了。"意思是说,你不可以舍刘子羽于不顾,如果这样的话,我们也不会跟着你,各人逃生去了。

吴玠这才抄小路赶到三泉去援助刘子羽,刘子羽要他留下来共守三泉。吴玠说:"仙人关是四川的门户,不能轻易放弃。"于是,他留下一千名士兵助刘子羽防守三泉,自己率兵去防守仙人关。

刘子羽送走吴玠,巡察三泉四周的地形,见附近有座潭毒山,四周是悬崖峭壁,上面是一片宽大的平台,而且还有水源,立即命令士兵在那里修筑工事。工事刚刚修好,金兵就到了,相距不过数里。

刘子羽则在刚刚修筑的壁垒关口放了张胡床,他坐在胡床之上,装着很清闲地看山景。将士们既感动,又担心,纷纷劝他回到工事中来,刘子羽却说:"今天就是死,也要死在这里。"

大队金兵来到山下,见刘子羽一个人安然地坐在上面,心中生疑,不由自主地停住了脚步。完颜杲亲自到前面来察看，也怀疑刘子羽使的是诱敌之计，况且见前面山势险峻，易守难攻，即使是用强弓硬箭，也射不上去，只得下令退兵。

刘子羽见金兵已退，这才退回营垒。

完颜杲命令金军后退十里扎下营寨，派了十个人到潭毒山招降刘子羽。刘子羽将十个人杀了九个，剩下的一个割掉耳朵，放回去让他向完颜杲报信，说要打仗尽管放马过来，一定奉陪到底，要招降，那是白日做梦。

完颜杲攻打饶凤关已经是吃尽了苦头，而潭毒山较之饶凤关，更是险象环生，他真的不敢再冒险了，更要命的是，他的粮食已经快完了。本来，金兵的给养补充很大程度上来自于掳掠，偏偏这一次，宋军撤退的时候，能烧的都烧了，能埋的都埋了，金军攻占的只是几座空城，什么也没有捞着。女真人再生猛，也要吃饭，一餐不吃可以，二餐不吃也还混得过去，三餐不吃，别说打仗，恐怕连路都走不动了。开始，他们还能杀马吃烧烤，但杀马只能救急，并不能长久。

刘子羽和吴玠似乎也知道金兵陷入了困境，不断地派出小股部队对金兵进行骚扰，搞得金兵不但饿肚子，而且连觉也睡不好。

无奈之下，完颜杲只得下令撤军，准备开溜了。

吴玠见金兵北撤，趁机率兵猛追，金兵惶惶如丧家之犬，只恨爹娘少生了两只脚。据说金军撤退，"堕山涧死者数以千计"，人马损失惨重，所有辎重，都留给了宋军。

饶凤关一战，金兵虽然说胜利了，并没有占到什么便宜，最后的结果，还是吴玠取得了胜利。

仙人关之战

吴玠率部奋力抵抗，再一次粉碎了金军入川的计划。

第二年，他们再次进兵川陕边界，这次带兵的是养好了箭伤一心想报仇的完颜宗弼，还有完颜杲和刘豫伪政权的四川招抚使刘夔。他们组织了十万大军，分三路进兵陕西，攻陷和尚原之后，直逼仙人关，准备到天府之国去安家落户。

吴玠早就料到金人对四川不死心，在金兵未到之前，就做好了准备，他命令弟弟吴璘在仙人关右侧修了一个要塞阵地，取名叫"杀金坪"，作为仙人关的第一道关卡，杀金坪，名字取得霸气十足。

完颜宗弼命人凿崖开道，循岭东下，发誓要攻破仙人关。

吴玠亲自率兵镇守第一隘，吴璘守第二隘，金兵用云梯，用铙钩，用火箭，能够用到的办法，全都用到了，但仍然难越雷池一步，反而在关下留下了数千名尸体。杀金坪，真的变成了宋军的屠宰厂，金兵的葬身之地。

仙人关之战，打得轰轰烈烈，血流成渠，以金军惨败而告终。

金国人这次进攻川陕，本来准备消灭吴玠之后，进入四川安家落户，所以，他们将老婆孩子都带来了。但是，让金人没有料到的是，和尚原、饶凤关、仙人关，三战竟然全都以失败而告终。他们终于认识到，仙人关是天堑，吴玠是真爷们儿，要想突破真爷们儿镇守的天堑，简直比登天还难。他们只好面对事实，老老实实地开始在陕西一带开荒种地，做好同南宋打持久战的准备。

从此，金人再也没有攻入四川一步，宋金两国就在陕西长期对峙下来。

朝廷也因为吴氏兄弟居功至伟，晋封吴玠为少保兼川陕宣抚副使，吴璘为定国军承宣使。

川陕宣抚副使，历来都是由文官担任，武将不能担任此职，足见朝廷对吴玠的肯定。这样一来，吴玠就成了当地的最高指挥官，总领当地的军务。

吴玠为保卫四川，立下了不朽功业，正是吴氏兄弟坚守在川陕，南宋的半壁江山才得以保存。

后人为纪念吴玠、吴璘两兄弟，在仙人关下修了一座吴氏庙，世代享受人间烟火。

金国人在川陕战场上占不到便宜，再次把战争的矛头转向中原。

中原大战，又成为另一位英雄人物的表演舞台，这个人就是民族英雄岳飞。

十三　神勇岳家军

内耗

张浚镇守关陕三年，由于有刘子羽和吴玠兄弟相助，虽然没有收复关陕地区，但也保全了四川，同时，还牵制了金人的兵力，减轻了南宋在东南、江淮一带的压力，虽然没有实现到汴京过元宵的承诺，功劳还是不小。

吕颐浩同张浚虽然没有什么宿怨，但关系也很一般，重新拜相之后，对张浚在川陕的战功并没有多少嘉许之词。而参知政事秦桧却又是一个主和派，对张浚在川陕方面的动作极为不满，认为得罪了金人，给宋金和谈设置了障碍。

当时，右仆射这个职位还是虚位以待，秦桧也想过一把宰相瘾，但他并没有急于自荐，而是玩了一个小花招，他到处放话，说自己有两条计策，可以耸动天下，使国家安如磐石。先别说他的计策到底怎么样，仅就这两句话，也就可以耸动天下了。

还真有人相信了他的鬼话，追问他有什么计策。秦桧故作无奈之状说："我又不是宰相，说了也无益。"

秦桧是在暗示。

有人将这件事转奏给赵构，赵构竟然也鬼迷心窍，真的拜秦桧为尚书右仆射。

秦桧受封宰相，免不了要入朝谢恩。赵构是抖擞精神，想听听他的妙策。谁知秦桧装聋作哑，闭口不提妙策之事。赵构忍不住问道："听说你有两条妙策，能使国家安如磐石，现在你已经拜相了，说出你的妙策吧！"

秦桧不慌不忙地说，这件事情好办，"南人归南，北人归北"，国家从此就可太平。

赵构傻眼了，所谓南人归南，就是所有的南方人，都回到南方去，别到北方去打仗，别去招惹金人；而那些从北边过来的人，包括靖康之变后随赵构南渡的人，都回到金人占领的北方去做顺民。

赵构满怀期待地等候秦桧的妙策，竟然等来如此答复，冷笑一声说："你说南人归南，北人归北，朕也是北人，应该归何处呢？"

秦桧一时语塞，亏他脑筋转得快，连忙岔开话题说："周宣王内修外攘，所以中兴；陛下有志图强，日夜思量迎还二帝，但却让二位宰相一同居内，如何对外？"

秦桧这是在转移话题，以掩盖其尴尬，然而，这个话题又隐藏一个巨大的阴谋。

左仆射吕颐浩比他的资格老，掌握兵权，地位在他之上，他说这番话，实际上是在排挤吕颐浩。

赵构居然中了他的招，当即给两位宰相重新分工，秦桧居朝治内，吕颐浩居外治军。

吕颐浩似乎无意于同秦桧斗，领命到镇江去开府立衙，负责江、淮、荆、浙的军事，临行前，他奏请朝廷迁移到临安。

赵构也觉得临安的经济条件、交通条件都比越州强，于是依了吕颐浩所奏，带上文武百官，移驾临安。

赵构还临安后，从此就在这个地方偏安下来了，南宋也基本在江南站稳了脚跟。

秦桧的目的是要独揽大权，挤走吕颐浩只是第一步，接下来就是结党营私，培植自己的势力。恰在此时，赵构任命胡安国为中书舍人兼侍读，专讲《春秋》。

中书舍人是专门替皇帝起草诏书的人，侍读就是皇帝的老师，呆在皇帝身边的时间更长，说话方便。秦桧有意延揽名士，对胡安国刻意结笼络。胡安国得了秦桧的好处，在赵构耳边替秦桧唱赞歌，说秦桧这个人是状元出身，无论是学识还是人品，都在张浚等人之上，是国家的栋梁之材。

赵构居然信了，大事小事都交给秦桧去办，秦桧在朝中几乎是一手遮天。

吕颐浩虽然去了镇江，对朝中的事情还是略知一二，他见秦桧在朝中专擅朝政，培植私党，立即向赵构上书，奏请还朝，并推荐朱胜非代替他在镇江的职务。

赵构同意了吕颐浩的奏请，下诏起用朱胜非、召还吕颐浩。

秦桧当然不会让吕颐浩的如意算盘得逞，他唆使胡安国弹劾朱胜非，说他依附汪伯彦、黄潜善，追随张邦昌，在苗傅刘正彦兵变中也是随波逐流，辱及君父，这样有严重污点的问题人员，怎么能够起用呢？

赵构没主见的毛病再次体现出来，立即改任朱胜非为侍读。

吕颐浩立即进行回击，他吩咐检正黄龟年等人联名上书，参劾秦桧一味求和，阻挠大宋中兴的宏图大业，结党营私，肆意专权，说什么有安天下的妙策，结果却是一个"北人归北，南人归南"的馊主意。这样的人不能当宰相，应该将他逐出朝廷。

两派斗争最后的结果，秦桧被撤销职务，永不复用。有二十多名御史连名奏保秦桧，也都遭到革职处罚，御史台几乎成了一个空衙门。

秦桧罢相之后，朱胜非出任右仆射兼知枢密院。

朱胜非同张浚积怨颇深，上任之后，不断地在赵构耳边说张浚的坏话，说张浚只会说大话，办不成大事，朝廷派他出任川陕宣抚处置使的时候曾夸下海口，说要接皇上到汴京去过元宵，到陕西都三年了，不但到汴京过元宵成了一个笑话，连陕西的大部分土地都沦陷金人之手。

赵构到底是一个没有主张的人，听信朱胜非的谗言，派王似出任川陕宣抚处置副使。名为上是协助张浚工作，实际上是监督他。

张浚见自己在陕西玩命地同金人打仗，不但没有得到嘉勉，反而还遭到怀疑，上表请求辞职，说川陕宣抚处置使这份差事，谁愿意干让谁干去。

赵构顺水推舟，一纸诏书将张浚召回临安，说安排他到枢密院任职。随即提拔王似为宣抚使，卢法原为副使，同吴玠一同镇守川陕。

张浚回到临安之后，遭御史中丞辛炳、侍御史常同的联名弹劾，并没有到枢密院任职，而是被打发到福州去了。随同他一同遭贬的还有刘子羽，他被安置到白州去了。

时隔不久，吕颐浩又遭人弹劾，也被罢为镇南节度使，命赵鼎为参知政事。

同时授刘光世为江东、淮西宣抚使，在池州驻兵；韩世忠为淮南东路宣抚使，在镇江驻兵；王燮为荆湖制置使，在鄂州驻兵；岳飞为江西南路制置使，在江州驻兵。

文臣们争权夺利，钩心斗角，宰相三天两头换。

武将们也没有闲着，以岳飞为首的宋军，同刘豫的伪军展开了正面的交锋。

襄阳之战

刘豫虽然是一个儿皇帝，处处都得仰金人的鼻息，但他还是懂得维持政权的道理，当上儿皇帝之后，命儿子刘麟为军事主帅，扯起了招兵买马的大旗，连拉带哄，好歹也有了十万"皇太子府军"，加上其他的杂牌军，在数量上也是很可观的。

这些杂牌军，都是一些刚刚放下锄头的农民，毫无作战经验，在战场上不经打。他绞尽脑汁想提高部队的数量和质量，终于，他从南宋大清剿行动看到了机会。在靠近南宋统治区的宿州成立"招受局"，专门接收从南宋跑过来的流寇。

招受局成立之后，果然是门庭若市，那些被南宋打得望风而逃的流寇纷纷跑过长江，投进刘豫的怀抱。刘豫自然是大加欢迎，因为这些人虽然是土匪、溃兵,但好歹都是在枪林弹雨中讨生活的人,职业的舞刀弄枪者,战斗力比那些刚放下锄头的农民军要强一大截。

赵构虽然不去惹刘豫,可刘豫不断地在边境搞策反,倒也是一件很烦心的事情。南宋的很多将领,对这个儿皇帝也很看不顺眼,有事没事也要找机会敲打几下,双方在边界的冲突也就不断发生。

最大的一次冲突发生在绍兴二年底(1132年),主角是一个叫李横的人。

李横是襄阳盗寇桑仲的部下,桑仲接受朝廷招抚后被封为襄阳镇抚使,他向朝廷上疏,建议会合各镇兵马收复中原。当时的尚书左仆射吕颐浩看了桑仲的奏疏,奏请赵构,批准了桑仲的奏议,命他负责指挥各路兵马,收复刘豫占领的州郡。并命令翟兴、解潜、王彦、陈规、孔彦舟、王亨等镇抚使,都要配合、支援桑仲作战。

桑仲受命后到郢州调兵,知州霍明怀疑桑仲造反,竟然诱杀了桑仲。

李横听到桑仲的死讯,起兵替桑仲报仇,打败霍明,攻占了郢州。然后率军攻打阳石,大败刘豫的军队,乘胜攻克汝州。稍后,李横受封襄阳镇抚使。

绍兴三年(1133年)正月,李横破颖顺军,攻占颖昌府。

刘豫见宋军打到了自己的眼皮底下,急忙向金人老子求救,并派李成率兵二万兵马前往支援。

李横在牟驼冈遭到金齐联军的夹攻,大败而归,颖昌府得而复失。

李成击败了李横,又接到攻打虢州的命令。

原来,刘豫的部将董质不想跟着儿皇帝做金人的走狗,率部回奔南宋,镇守虢州的南宋统制谢皋接纳了董质。

李成也是一个颇能打仗的人,接到命令后,以迅雷不及掩耳之势进攻虢州,打了谢皋个措手不及。谢皋被俘,李成劝他投降,谢皋指着自己的肚子说,我腹中只有赤心,绝不会像你们一样认贼作父。说罢,抢过一把刀,剖腹而亡。

李成收复颖昌府,攻占虢州,乘胜进军南宋境内,攻占了襄阳六郡,并欲与金兵会合,攻打西北。

熙河总管关师古自知不敌,举洮、岷二州投降了刘豫。刘豫更是联络洞庭湖贼寇杨么,命他与李成合军攻打宋军。

襄阳位于河南、湖北、四川、陕西四省交汇之处,东连两淮,西控川蜀,北向可进中原,南下顺汉水直入长江,进可攻,退可守,是保护长江中游的屏障，地理位置十分重要。

赵构虽然惧怕金人，但是，襄阳失守的严重性他还是知道的，为了自身的安全，襄阳六郡一定得夺回来，他知道这是一场硬仗，派谁去，他心里没有底。正在这时，岳飞的奏章送来了。

岳飞得知李成攻占了襄阳六郡，立即上书朝廷，主动请战，以除心头大患，他的计划是先灭李成，再平洞庭湖的杨幺，然后收复中原。

赵构看了岳飞的奏章，立即召见宰相朱胜非，参知政事赵鼎，要他们出主意。

朱胜非说，襄阳在长江上游，襄阳失守，对江浙的威胁很大，夺回襄阳六郡，迫在眉睫。

赵鼎也说襄阳战略地位重要，襄阳失守，南宋政权岌岌可危，收复襄阳六郡，恐怕没有比岳飞更适合的人选了。

赵构采纳了他们的建议，下诏命岳飞兼任荆南制置使，收复襄阳。

绍兴四年（1134年）夏，岳飞受命收复襄阳六郡，他率领三万人马挥师北上，前去跟金军和伪军作战，大军过江的时候，他效法东晋名将祖逖中流击楫的故事，以剑击船桨，豪气地说："此番北上，如果不能消灭贼寇，收复失地，誓不回来。"

岳家军渡过长江以后，首战目标是郢州（湖北钟祥）。

守卫郢州的是刘豫的部将京超，这个家伙力大无穷，打起仗来有一股不要命的狠劲，号称"万人敌"，是伪齐的第一勇士，他见岳家军围住了郢州城，没有丝毫怯意，亲自上城督战，想凭借坚固的城墙挡住岳家军的攻势。

岳家军训练有素，纪律严明，是一支能打硬仗的部队，他们围住郢州之后，立即对郢州城发起了猛烈攻击。部将王贵、牛皋等人身先士卒，奋勇登上城墙，上城后的第一件事，就是拔去伪齐的旗帜，换上宋军旗帜。

京超见宋军攻上了城墙，自家的旗帜也被宋军砍了，知道留下来只有死路一条，顾不上妻儿老小，带领亲兵开城逃走了。

岳飞派部将随后追赶，追到一个断崖边，无路可逃，这位号称"万人敌"的伪齐第一勇士，倒不失为一个亡命之徒的本色，纵身跳下悬崖自杀了。

岳飞收复郢州之后，立即剑指襄阳。

李成听说岳飞亲自率兵攻打襄阳，便率兵迎战，他虽然是岳飞手下败将，但心里并不怎么服气，总想找个机会讨回一点面子。他布置了一个怪阵来迎接岳飞：骑兵沿江边摆开战场，步兵列阵于平川之地。

按常理，骑兵利于平川作战，步兵利于复杂地形交锋，李成的阵式却是反其道而行之。

岳飞登高察看地形，看到李成摆出这样一个怪阵，不禁哈哈大笑，对手下众将说："骑兵在平原才有利作战，步兵在险要关卡才能发挥作用，这个李成反其道而行之，常说李成能打仗，原来是浪得虚名，就算他十万精兵，我也不用害怕。"他冲着身边的一员将领叫道："王贵听令！"

"末将在！"王贵朗声回答。

岳飞挥鞭一指说："你率领步兵，用长枪去对付李成的骑兵。"

"遵令！"

"牛皋听令！"

"末将在！"牛皋朗声回答。

"你率领骑兵，去攻打李成的步兵。"

"遵令！"

战斗开始了。

王贵率领步兵杀向敌兵骑兵阵内，他们利用复杂的地形，纵跳腾挪，专砍敌兵的马腿，马匹中枪即倒，马背上的贼众纷纷落马，丧命在宋军的长枪之下，还有很多被赶到江里淹死了。

牛皋率领骑兵杀进步兵队里，铁骑在空旷的平原上大显神威，锐不可当，敌兵不是被军刀砍死，就是被马蹄踩死，死伤不计其数。

李成知道大势已去，落荒而逃，十万贼众，非死即伤，侥幸活得性命的，四处逃窜。

岳飞收复襄阳之后，立即派牛皋攻打随州，王贵攻打唐州、邓州，张宪攻打信阳军，他自己和副将王万兵分两路，袭击新野的贼兵。

驻扎在新野的贼众，早就听说岳家军的威名，远远看见"岳"字旗号，吓得魂飞魄散，逃得不知去向。刘豫派来的士兵看到这种情景，也觉得势单力薄，纷纷逃命。

岳飞、王万从两翼杀到，直杀得尸横遍野，血流成河。岳飞收兵回到襄阳，牛皋、王贵、张宪的捷报也先后传来，随州、唐州、邓州、信阳军一并被收复。

两个多月的时间，岳家军如狂风扫落叶般横扫襄阳六郡。这是自靖康之变以来，南宋第一次大片地收复失地，也是最大、最成功的反击战，打得刘豫的伪军和金兵丢盔弃甲，闻风丧胆。

导演这场好戏是主角，就是名扬千古的英雄岳飞。

襄阳之战，不仅震撼了金人和儿皇帝刘豫，就是赵构也觉得不可思议。当他得到捷报后，惊喜地说："早就听说岳飞治军有方，打仗神勇，可怎么也没有想到他破敌竟如此迅速，真的是不可思议。"

襄阳大捷，加强了中路防御，改善了南宋的处境，赵构从心里高兴，论功行赏，提拔岳飞为清远军节度使、湖北路荆湘潭州制置使，不久又晋封为武昌开国侯。

三十二岁的岳飞，成为继刘光世、韩世忠、张俊之后又一位建节的大将，并同他们三人合称为中兴四将，四人当中，岳飞最年轻。

襄阳的战火刚熄，江南的硝烟又起，这次的主角，换成了韩世忠，对手换成了金兵。

十四 谁在大仪镇布下陷阱

巧放诱饵

岳飞收复襄阳六郡后，上表陈述收复失地的设想，他说：金人南侵，意在金帛财物，无意于土地，多年征战，已是骄兵，中原人心归宋，如果能有二十万精兵，就可以直捣中原，收复故土。并建议在襄阳、随州、鄂州屯田发展生产，等到粮草充足后，就可以北伐中原。

岳飞的愿望，注定了永远只是一个梦想，因为南宋皇帝能推行的国策中，压根就没有"恢复故疆"这一条，赵构的心里，也没有要回到东京汴梁的意思。就是岳飞这次出兵，赵构也对他作了特别的交代，作战目标只限定收复襄阳府、唐州、邓州、随州、鄂州和信阳军等六郡，明确规定不得打过长江去。

赵构对岳飞主张北伐的建议虽然不感兴趣，但对屯田发展生产这个建议还是很感兴趣，任命参知政事赵鼎为知枢密院事，兼川陕宣抚使。

赵鼎为了摆脱右仆射朱胜非的控制，上任前提出条件，要有领导包括吴玠在内的所有川陕将帅的权力，要有听便宜从事的决定权，同时还替张浚鸣冤。说张浚在陕西三年，虽然没有收复多少失地，但却牵制了金兵的主力，才使朝廷在江南搞了一次痛痛快快的剿匪行动。召回临安后，说好了到枢密院任职，结果却被安置到福州去了。

赵鼎的建议，遭到朱胜非的百般阻挠。稍后不久，朱胜非遭到侍御史魏矼的弹劾，自己请求辞职了。

赵构下诏免去朱胜非右仆射之职。此前左仆射吕颐浩免职，现在右仆射朱胜非又免职，左仆射、右仆射同时出缺。正在他考虑继任人选的时候，突然传来金兵南侵的消息。

原来，刘豫吃了败仗，实在不甘心，便去向金国主子求援，请他们出面替他讨回公道。金主完颜晟便派完颜宗弼、讹里朵、完颜昌率兵五万援助刘豫。

刘豫让儿子刘麟、侄子刘猊同金兵会合，分路南侵。骑兵从泗州出发，攻打滁州，步兵从楚州出发，攻打承州，大有吞并江南的气势。

赵构听说金、齐联军来攻，很是害怕，惶惶如丧家之犬，一艘扁舟漂流在茫茫的大海上日子实在不好过，左右仆射都被他免职了，其他人想说也不够档次，连个商量的人也没有，正在他手足无措的时候，赵鼎出现了。

赵鼎是来向赵构辞行的，因为在此之前，赵构已经命他为知枢密院事，兼督川、陕、荆、襄各路军事。

赵构见到赵鼎，如同见到救星一般，高兴地说："你就不要走了，留在临安吧！"

赵鼎睁大眼睛，惊异地看着赵构，他实在不明白，一国之君，处事竟然如此草率，刚决定不久的事情，就这么轻描淡写地被推翻了。

"怎么？"这回轮到赵构奇怪了："叫你留在临安，不愿意吗？"

天上掉下个大馅饼，赵鼎能不高兴吗？他立即换了一副笑脸，说留在临安侍奉皇上，是他最大的愿望，求之不得，怎么能不愿意呢？

"这就是了！"赵构似乎松了一口气，说："你看看，金兵都快打到江南了，朕身边连宰相也没有一个，你就留朕身边做宰相吧！"

赵鼎知道机会来了，立即跪下谢恩。

赵构下诏，任命赵鼎为尚书右仆射、同中书门下平章事兼知枢密院事，命吏部尚书兼权翰林学士沈与求为参知政事。

当时有人认为，金兵快打过来了，临安不安全，建议赵构换一个地方。

赵鼎是主战派，沈与求也不同意跟金人议和，他们建议先抵挡一阵再说，万一不胜，再言撤退也不迟，并立谏赵构发手诏，调韩世忠到扬州驻兵。

赵构心里虽然没底，但他是不想再跑了，采纳了赵鼎的建议，亲自给韩世忠下了一道手诏，他在诏书中说："今敌气正锐，又皆小舟轻捷，可以横江径渡浙西，趋行朝无数舍之远，朕甚忧之。建康诸渡，旧为敌冲，万一透漏，存亡所系。朕虽不德，无以君国之子；而祖宗德泽犹在人心，所宜深念累世涵养之恩，永垂千载忠谊之烈。"

意思是说，金兵士气正旺，又是轻舟简骑，很可能选择从建康渡过长江，直逼浙西，到时，朝廷就无路可退了。他自己虽然无德，但祖上的积德犹在，要韩世忠看在赵氏祖宗的面子上，一定要守住建康，不要让金人打过江来。字里行间，充满了无奈，甚至是哀求。

韩世忠接到赵构的手诏，深受感动，泣不成声地对众人说："皇上如此忧虑，做臣子的还能贪生怕死吗？"于是，他迅速从镇江移师扬州，派统制解元守卫承州，抵御金人的步兵，他自己率骑兵部队驻扎在大仪，抵挡金军的骑兵。并效仿破釜沉舟的故事，伐木立栅，自断归路，发誓与金兵、伪齐军决一死战。

赵构虽然命韩世忠移师扬州，但他的骨子里还是对金人抱有幻想，韩世忠调防扬州的诏书发出后，又命吏部员外郎魏良臣、阁门宣赞舍人王绘带上厚礼出使金军。

赵构交给二位使臣两个任务：一是请求他们放还二帝，二是向金人解释，说襄阳诸郡本是南宋故地，是李成过了界，跑到南宋的地盘上撒野，是他不给南宋的活路，不得已才派岳飞收复襄阳六郡。

魏良臣、王绘出使金军，途经韩世忠的防地。

韩世忠知道魏良臣是议和派，立即作了一番安排，故意将二位使臣留下来盛情款待，酒足饭饱之后，将他送出营外。

魏良臣见士兵们正在撤帐篷，不解地问："将军又要移师吗？"

"皇上调我军来扬州，刚扎下营盘，突然又来了命令，叫我移师平江。"韩世忠故意装着抱怨地说："你看看，帐篷刚搭好，又要撤了。"

魏良臣、王绘信以为真，因为赵构派他北上，就是去同金人议和，既然议和，就要有一点议和的姿态，韩世忠后撤至平江，也就理所当然的了。

韩世忠神不知鬼不觉给金人投去了诱饵。

大仪镇之战

韩世忠送走了魏良臣、王绘，立即返回大帐，命令全体将士打点行装，直奔扬州西北的大仪镇埋伏待敌。

左右有些不解，说金兵并没有动静，为何要到那里去设伏。

"诱饵放出去了。"韩世忠冲着魏良臣离去的方向看了一眼说："鱼儿也快上钩了。"

众将面面相觑，不知韩世忠葫芦里到底卖的什么药。

韩世忠一拍坐骑说："走吧！到时候自然就知道了。"

韩世忠察看沿途的地形，或在芦苇丛中，或在树林里，沿途随地设伏，每个地方少则几百人，多则几千人，总共从大仪以北，共设下二十多处埋伏。接着又建五座大营，传令各地伏兵，听到鼓响，一同出击，违令者斩。安排好之后，专等金兵到来。

金军先锋官聂儿孛堇正准备派侦骑出去探察宋兵的动向，听说南宋使臣魏良臣到了，立即向他打听宋军的情况："你们韩爷究竟有多少人马？"

金人似乎有一个习惯，谁狠谁就是爷，例如岳飞曾杀得金兵丢盔弃甲，是个狠人，所以，金兵只要遇上岳家军，就说岳爷来了。韩世忠曾在黄天荡以八千人困住完颜宗弼的十万金兵，也是个狠人，所以也被金人称为爷，他姓韩，自然就是韩爷了。

二位使臣都是文官，不知是被金人吓傻了呢，还是不会撒谎，把在韩世忠军营里看到的情况和盘托出，说韩元帅本来就没有多少兵马，而且还接到命令，正在收拾东西，准备撤到平江去。

聂儿孛堇听到后兴奋不已，都说韩世忠是个狠人，连本国的百战将军梁王完颜宗弼都被他打败了，如果乘他退兵之时，打他一个措手不及，一定能够大获全胜，到时自己的身价也就看涨了。

事情的发展都在韩世忠的意料之中，他料定二位使臣到金营后，一定会被盘问，文臣一般胆子都比较小，一问就会吐露实情，索性连他们也一起骗了，说自己要撤军，让他们给金人带去这个诱饵。

鱼儿要上钩了。

聂儿孛堇领兵来到期江口，在距大仪镇数里的地方，命别将挞不野率领骑兵直扑扬州。

韩世忠就守在东边第一座营寨，将金兵全部放入伏击圈后，一声令下，战鼓齐鸣，埋伏在芦苇丛中、树林后面的宋兵，从四面八方一齐杀了出来。

挞不野虽然骁悍，也觉心惊，正想杀开一条血路，突见一队精兵冲杀过来，这些人手持一把长柄大斧，上砍人头，下砍马腿，不可一世的金兵铁骑，阵脚大乱，被杀得个人仰马翻。挞不野也顾不了那么多，准备觅路逃生，谁知坐骑蹦了几蹦，便动弹不得。原来，马蹄陷进泥坑，想动也动不了。

挞不野的马被陷了，其他金兵也好不到哪里去。因为他们的脚下是一片沼泽地，步兵可以来去自如，骑兵却处处是陷阱。时间一久，所有的金兵都深陷泥潭，动弹不得，只能束手就擒了。

韩世忠活捉了挞不野，一面派副将成闵率数千人马去支援承州的解元，他自己则率主力进行反击。

解元到了承州，同样也是用设伏待敌这一招，金兵逼近承州北门，解元一声令下，放起号炮，伏兵一齐杀出。金兵没有想到刚到就遭到伏击，慌忙撤退。解元的战术是，来了我就打，走了也不追。

金兵似乎也很有趣，宋军反攻过来他们就跑，宋军撤回后，他们又跟在后面杀过来。就这样，你进我退，你退我进，一天之内，就这样搞了十三个来回，双方都搞得疲惫不堪。

解元和士兵们正蹲在城墙上喘粗气，忽听到东北角上战鼓连天，杀声震天，远远看见一彪人马向承州杀来。士兵们的脸上露出了怯意。解元登高一望，发现这支兵马的旗帜上是一个"韩"字，高兴得大叫道："韩元帅到了！"

宋军听说韩世忠的救兵到了，顿时沸腾起来。

解元挥刀大吼道："兄弟们，韩元帅的救兵到了，打开城门，杀出去！"

刚才还是疲态尽现的宋兵，突然像换了一批人，个个精神抖擞，人人争先恐后。金兵本来也是疲惫不堪，突然腹背受敌，支撑不住，一哄而散，顿时成了溃兵。

解元发现统军将领是成闵，不是韩世忠，奇怪地问："韩元帅在哪里？"

"元帅还在大仪追杀金兵呢！"成闵笑着说："元帅担心你这里扛不住，派我来支援你们。"

解元明白了，成闵是打着韩世忠的旗号吓唬金人。会意地一笑，同成闵合兵一处，追杀金兵，一直追杀了三十余里才回军。

成闵率军返回，向韩世忠报捷去了。

韩世忠乘胜追击，连败金兵，迫使金兵渡过淮河，逃回北方。

大仪镇之战，被认为是自南宋以来抗金最大的胜仗，前面提到的吴玠、岳飞，都是战功赫赫的名将，韩世忠黄天荡一战虽然名震天下，可惜功亏一篑，最后还是让完颜宗弼跑了。大仪镇一战，却是大获全胜，金军的先锋部队全军覆没。

赵构的胆子也大了

大仪镇大捷，让南宋朝廷那些人高兴了一阵子。沈与求就说："自建炎以来，南宋将士就没有正面同金兵打过仗，大仪镇大捷，韩世忠功勋卓著，算得是中兴第一功臣。"

赵构似乎也成了诸葛亮，高兴地说："韩世忠忠勇可嘉，朕就知道他一定能够成功。"并吩咐沈与求，要嘉奖韩世忠及部将解元、成闵等。

赵鼎趁机奏请赵构御驾亲征，借以鼓舞士气。

赵构的胆子似乎也大了起来，居然真的下诏御驾亲征。

退朝之后，僚属喻樗悄悄地问赵鼎："皇上这次御驾亲征，是有必胜的把握呢？还是孤注一掷？"

赵鼎感慨地说："这么多年来，我们除了逃跑，还是逃跑，士气低落，金人气焰嚣张。我才劝皇上御驾亲征，并没有必胜把握，谋事在人，成事在天，这不是我能预料得了的。"

"这样说来，大人劝皇上御驾亲征，是无必胜把握的了！"

"嗯！"赵鼎点点头："可以这样说。"

"如此说来，应该先筹谋一个退路。"喻樗建议说："张浚德高望重，如果让他宣抚江、淮、荆、浙、福建等地，招募各路将士来朝中，将来万一有什么不测，他的来路，就是朝廷的退路。"

赵鼎拍手称善，立即进宫，奏请赵构起用张浚。

赵构准奏，任命张浚为资政殿学士。

张浚奉旨入朝，赵构向他说了御驾亲征之事，张浚也是极力赞同。赵构即下手诏，命张浚为知枢密院事。

张浚拜命退朝之后，去见赵鼎，感谢他推荐之恩。赵鼎笑着说："这是喻子才的功劳，推贤任能之人是他，不是我。"

张浚仍然对赵鼎表示感谢，说点子是喻樗出的，但在皇上面前说话的还是他。赵鼎看了张浚一眼："你既然复职了，这次御驾亲征，你有何打算？"

张浚豪气地说："我想为前驱，行吗？"

赵鼎拍拍张浚的背，高兴地说："这样才能堵住别人的口啊！"

次日，张浚入内向赵构辞行，赶赴江上训练士兵去了。

赵构从临安出发，刘锡、杨沂中率领禁兵护驾，赵鼎一路跟随。途中，赵构命刘光世移军太平州声援韩世忠。

刘光世与韩世忠有私怨，不愿移兵，并派人对赵鼎说，赵相公既然受命入川，何必要没事找事呀？韩世忠也叫人给赵鼎传话，说赵宰相真是敢为啊！

赵鼎知道二人积怨颇深，奏请赵构派人前去劝勉，他说："养兵千日，用在一时，如果都像这样犹豫不前，将会人心涣散。长江虽然是天险，也是没有用的。"

赵构便派御史魏矼去劝说二人，刘光世这才移军太平州，赵构进驻平江。

金人刚册立刘豫为伪皇帝的时候，赵构对这个伪政权曾含情脉脉，大献殷勤，尊称伪齐为大齐，到达平江后，竟一反常态地下诏声讨刘豫，史书记载"暴刘豫罪逆以励六师"，并在诏书中悬赏捉拿刘豫，说他是奸贼篡权，中原军民有擒刘豫来献者，要官给官，要钱给钱。如此一来，将士们士气也被激发出来了。赵构见士气振奋，便想过江去同金兵展开决战。

赵鼎虽然是主战派，但并没有忘乎所以，他认为金兵远来，利在速战，宋军主动与他们展开决战，不是善策。而且他还认为，刘豫是派他的儿子率兵前来，赵构作为一国之君，没有必要亲临前线同他决战。他劝赵构只在后方指挥，就足以壮我军威了。

赵构并不想亲临前线，要过江也只是做样子罢了，听了赵鼎的劝谏，欣然采纳。

这时，庐州传来警报，赵构急令岳飞火速前往支援。

岳飞带兵赶赴庐州，命牛皋为先锋，徐庆为副先锋。牛皋到了庐州城下，一马当先，冲着金将大叫道："敌将听着！我是岳元帅部下先锋牛皋，能打的就上来，和我战上三百回合。"

金将见到岳家军的旗帜，立即下令撤退。金兵听说岳家军到了，惊慌地大叫道："岳爷来了，快跑。"

伪齐兵见金人退走，也不战自溃。

牛皋骑在马上，见金、齐军不战自溃，哈哈大笑。正好岳飞率后队人马到了，见牛皋按兵不动，大喝道："快追呀！不然的话，我军走了，他们还会再来的。"

牛皋率军追击三十余里，金、齐两军，还疑岳飞亲自追到，慌忙溃退，互相践踏者十之有三，被宋军杀死的也不计其数。

完颜宗弼做了缩头乌龟

金兵的先锋惨败之后，完颜宗弼非常恼怒，自己两次都败在韩世忠的手下，觉得很没有面子，纠合主力，在泗州和竹墩镇驻扎，派人给韩世忠下战书，欲与韩世忠决一死战。

韩世忠收到战书后，派部将王愈到金营约定战期，并把张浚驻守在镇江的消息告诉完颜宗弼。

完颜宗弼听说张浚到了镇江，吃惊不小，不相信地问："张浚不是贬到岭南去了吗？怎么又出现在镇江？你是在欺骗我吧！"

王愈并不争辩，把任命张浚的文书交给完颜宗弼自己看。

完颜宗弼看后脸色大变。在东南战场上，他吃够了韩世忠的苦头，在陕西战场上，他也尝到了张浚的辣味，在他的心目中，韩世忠是个狠人，张浚也是个狠人，如今，他要同时面对两个狠人，这个仗就不好打了。

沉思了半天，完颜宗弼怏怏地对王愈说："你们国家不是派使臣到我朝议和吗？现在，魏良臣刚自北归南，并且已经我朝约定，准备在建州以南封你朝为藩属，免得两国争战不休，你们这都不满意，一心想着和我国开战，到时候兵败国亡，恐怕连一寸土地也没有了。"

王愈冷笑一声说："我国并不是不想与贵国议和，只是你们逼人太甚，夺我两河、三镇，关押我朝二位皇帝，还要逞兵江淮，册立叛逆，这样还能议和吗？自古以来，国家存亡，半由天命，半由人事，有时人也能胜天，我们不妨再决胜负，看最后胜利到底属于谁。"

完颜宗弼被驳得无话可说，回答说："要战就战，谁怕谁呀？"

其实，完颜宗弼说话的底气，似乎已经不足了。

韩世忠听到王愈归来后的汇报，立即调兵遣将，准备第二天出发。

次日一大早，探子就来报告，说金兵连夜撤走了，伪齐兵也逃之夭夭。

韩世忠听说敌人逃走了，立即率兵追赶，沿途只收得辎重若干，却不见金兵和伪齐的部队。知道敌人已经去远，命令收兵回营。

原来，当时是绍兴四年暮冬，天降大雪，金军的饷道不通，军中杀马代粮，慢慢地，军中怨言四起，完颜宗弼、完颜昌见部众已经无斗志，又见面前的对手是韩世忠、张浚两个狠人，便心生退意，但如果就此退兵，回国后恐怕也不好交代。这个时候,国内专使传来一个好消息:金主完颜晟病危。

皇上都病危了,这个仗不能打了,得赶紧回去。名义上,是要赶回去奔丧;实际上,回去抢班夺权或者说抢一个好位子才是真的。因此,为了跑得快,他们连辎重都扔下不要了。

金兵一退,刘麟、刘猊也不敢逗留,丢下辎重,急急忙忙地逃走了。

打了胜仗,赵构高兴了,魏良臣带回来的和约,他连看都没有看一眼,更不用说回复。韩世忠驻扎镇江,刘光世驻扎太平,张俊驻扎建康,据江而守,协力防御。并召回张浚,自己回到临安。

回临安后,又命赵鼎、张浚为左右仆射,并同平章事兼知枢密院事,督各路军马。

此时已是绍兴五年(1135年)二月。

十五 洞庭湖岳飞剿贼

出征洞庭湖

绍兴五年(1135年)正月,金主完颜晟病逝,金人称他为太宗。完颜晟死后,金太祖完颜阿骨打的亲孙子完颜亶继位,就是金熙宗。

完颜亶这个人倾心汉化,熟读四书五经,还会作诗。女真的老人都说完颜亶看上去宛若一汉家少年天子。完颜亶认为女真人野蛮、没文化,只会快马弓刀,虽然能马上打天下,却不能马上治天下,所以,他看不起本民族只会打打杀杀的英雄。对于中原,似乎有些亲近的感觉,不像金太宗那样总想灭掉宋朝,同时,很多金国人也看到,南宋的皇帝虽然很无能,但他手下的几员战将,却不是省油的灯,特别是岳飞、韩世忠、张浚、吴玠,更成了金人的噩梦。有道是,瘦死的骆驼比马大,灭宋并不像想象的那么简单,更不是一朝一夕的事,所以,主张同宋朝和议的人也越来越多。

宋金的形势,由此出现了微妙的变化。

赵构认为金国新君刚立,是一个议和的好机会,不顾中书舍人胡寅等人的极力反对,派忠训郎何藓出使金国,寻求议和的可能性。胡寅见自己意见被赵构当成了耳边风,请求外调,被派到邵州去做了知州。

当时的南宋朝廷,不仅前门冒烟,而且后院也在起火,最大的一把火烧就在洞庭湖。纵火之人名叫杨幺,他领导一支队伍,以洞庭湖为根据地,专门与官府作对,也干一些杀富济贫的事情,在方圆百里之内,闹得风生水起。

杨幺本名杨太,是建炎四年(1130年)起事的钟向的部下。钟向当年造反的时候,登高一呼,曾集聚数万之众,自称楚王,改元天载。攻占了醴陵,后来被孔彦舟打败,被斩首示众。杨太是当时的漏网之鱼,据守在龙阳。楚人称少年为幺,因叫杨太为杨幺,杨太自恃凶猛剽悍,便以幺为号,杨太就被称为杨幺。

钟向死后,杨幺立钟向的小儿子钟子仪为太子,自己称大圣天王,一切兵权都掌握在他的手中,一切命令都出自他口,在洞庭湖,大家只知道有杨幺,不知道有钟子仪,钟子仪只是一个摆设而已。

南宋朝廷虽然多次派兵围剿,杨幺的队伍却越剿越壮大,迅速发展到二十多万人。杨幺拒绝过朝廷的招安,发誓要推翻这个没用的政府。伪齐刘豫的部将李成也曾派人与他联络,请他联合攻打南宋。杨幺将李成派来的人丢到洞庭湖里喂了王八,算是对李成的回答。在他的心目中,赵构虽然无用,但那是自家人的事,刘豫更不是东西,为了贪图富贵,竟然认异族为父,做了异族的儿皇帝。

赵构曾命令都统制王𤫊率兵征讨杨幺,可这个王统制却是个没用之人,自己不敢上阵打仗,却派忠锐军统制崔增去打头阵,派出崔增后,他在家里焦急地等消息,等来的却是崔增全军覆没的噩耗,而且,杨幺还趁机反扑,攻破鼎州杜木寨,守将许筌战死。

王𤫊束手无策,只好灰溜溜地撤兵了。

赵构在不得已的情况下,只好让张浚督军,封岳飞为武昌郡开国侯,兼清远军节度使,代王𤫊剿抚杨幺。

岳飞的部下听说要到洞庭去征剿杨幺,都是面有难色,因为他们是西北人,都是一些旱鸭子,打水战他们可是外行。

岳飞知道士兵们的心思,对他们说:"你们都不必担心,杨幺盘踞在洞庭湖,大家都说他很厉害。我却不怎样认为,出兵打仗,不必分什么水路、陆路,只要将帅得人,陆地上打胜仗,水面上照样能打胜仗。此次出兵洞庭湖,我自有妙计擒贼。"

岳飞的士兵,都是跟随他多年转战南北的老部下,他们知道自己的元帅智勇双全,只要他有信心,准能打胜仗,大家的疑云顿消,高高兴兴地跟随岳飞出征洞庭湖。

岳飞在出征之前，派人广贴布告，招降杨幺及其同党，声言未战先降，既往不咎，若执迷不悟，大兵到时，玉石俱焚。

杨幺手下有个名叫黄佐的谋士，向来很佩服岳飞，有心投降，但却又下不了决心，见到布告后，派人向岳飞表达了投降的意向。

岳飞知道黄佐是杨幺的谋士，能得到他相助，当然是求之不得。于是，他决定亲自前往招抚。牛皋、张宪等人极力劝阻，说贼党来投，恐怕有诈，亲自前往招抚，危险太大。

岳飞哈哈大笑地说："古人有言：不入虎穴，焉得虎子。欲消灭杨幺，全在黄佐一人身上，难道真要用我的陆军，攻打他们水寇么？"

看来，如何攻打洞庭湖水寇，岳飞早已是胸有成竹。

黄佐派出给岳飞报信的人后，一直焦急不安地等待消息，突然听到探子来报，说岳制使来了。黄佐问来了多少人，探子回答说就岳飞一个人。

"什么？"黄佐有些不相信地问："岳飞是单枪匹马来的吗？"

当他从探子那里得到肯定答复之后，立即将部下召集在一起，对他们说："岳飞打仗，号令如山，同他为敌，绝对没有好下场。所以我派人去向他表示投降之意。不想他竟然单人独马前来，看来，他是很有诚意，我们开寨迎接他吧！"部下都没有异议。

岳飞来到黄佐大营，下马慰劳，并拍着黄佐的背说："你能深明大义，我深表欢迎，以后如果能够建立战功，封侯也不是一件难事。"

黄佐拜谢之后，将岳飞迎进寨内，将手下众头目逐个引见。岳飞对众人好言抚慰。大家见鼎鼎大名的岳飞竟然如此平易近人，都很高兴。

岳飞推心置腹地对大家说："我们都是大宋的臣民，今天孤身前来，就是要表明我的诚意。"他看了黄佐一眼说："我想派你再下洞庭湖，你可愿意？"

"什么？"黄佐惊讶地说："我已归顺岳元帅，怎么能再回到那个鬼地方去呢？"

"我派你去是有目的，就是劝说过去的朋友，让他们归顺朝廷，或者放下武器回家种田去。"

"如果他们不愿意呢？"黄佐问道。

"先礼后兵，我们要做到仁至义尽，毕竟他们中间，绝大多数人都是穷苦兄弟，落草为寇也只是为了生活。"

"嗯!"黄佐对岳飞的意见深表赞同。

"对于那些顽固不化的人,就将他们消灭掉。绝不要心慈手软,你如果手软了,他就会要了你的命。"岳飞话锋一转说:"我回营之后,便向朝廷上奏,先请朝廷奖赏。"

黄佐不禁感激涕零,表示要誓死以报。

岳飞同黄佐握手为约,立即返回大营,向朝廷上本,保荐黄佐为武义大夫,并派人将这个消息告诉黄佐,然后按兵不动,静候黄佐的消息。

激将法

岳飞在前方招抚贼寇,参谋席益却在督军张浚面前告状,说岳飞私下同匪寇勾结,要他上表弹劾岳飞。他所说的与匪寇,当然指的是黄佐。

张浚反问道:"岳飞忠孝两全,你凭什么就一口咬定他勾结匪寇?行军打仗,他自有神机妙算,不是一般人能预料到的,怎么能随便上表弹劾他呢?"

席益讨了个没趣,自觉惭愧,灰溜溜地退了出去。

事实证明,张浚对岳飞的信任是有道理的,当他到达潭州的时候,岳飞已利用黄佐攻破了周伦的水寨子,并且杀死了周伦,活捉了杨幺的部统制陈贵。岳飞上表为黄佐请功,授他为武功大夫。

岳飞向张浚汇报了征剿洞庭水寇的战况,并要求严惩前统制任士安,说正是他不服从都统制王燮的命令,导致围剿杨幺的行动失败,为了严明军纪,必须对他要加以惩戒。张浚同意了岳飞的建议,并商量好了计策。

岳飞返回营中,传任士安入帐,历数了他的罪行,然后喝令兵士将他按倒在地,鞭挞三十,并限他三天之内荡平洞庭湖,捉拿杨幺,否则,定斩不饶。

任士安虽然觉得这顿鞭子受得有点冤,但却不敢表露不满,因为他早就听说岳飞治军严明,如果表露不满,担心会丢了性命。回营后,亲自率领部下进入洞庭湖,扬言二十万岳家军即将荡平洞庭湖。

杨幺听说岳飞派水军来攻,立即命水军迎战,正好同任士安的部队相遇,见只有数千兵士,便命大小战船一拥而上,将任士安的战船团团围住,发起了猛烈的攻击。

任士安出发之前,岳飞给他下了死命令,若不能荡平洞庭湖,捉拿杨幺,等待他的只是死路一条,因此,尽管杨幺的攻势非常猛烈,他却不敢后退半步。过去，这支见到敌人就跑的队伍，今天却战得很顽强。

杨幺在湖中正同任士安杀得难解难分，突然有无数官兵从左右湖汊中杀出，任士安乘势从包围圈里杀出来，同来援的岳家军会合，痛痛快快地对水寇展开了猎杀行动，击沉了十几艘贼船，余众见情况不妙，调转船头，纷纷钻进芦苇荡里逃命去了。

任士安到此时才知道，岳飞打他，用的是激将法。

岳飞收到捷报，正准备亲自率兵下湖捉拿杨幺，突然接到张浚的来信，命他收兵回朝，来年再来征剿。岳飞看了张浚的来信，立即飞马赶去拜见张浚，请求张浚再给他八天时间。

"八天？"张浚不相信地问："你真的能八天破敌？没这么容易吧！"

岳飞从袖内取出一幅地图铺在桌子上，指着地图对张浚说："这是黄佐献来的洞庭湖军事布置图，里面将杨幺的布防情况标得清清楚楚，按图进攻，不出十天，定能荡平贼巢。"

"这是水战，没有陆战那么便利。"张浚说道："你可要考虑清楚。"

"王燮用王师攻水寇，当然难以取胜，现在我是用水寇攻水寇，自是转难为易。水战是我的弱项，以己之短，攻敌之长，当然难胜。"岳飞胸有成竹地说："如今，我用黄佐的兵攻打杨幺，然后以王师随后跟进，一鼓可平，八天之内，一定要活捉杨幺。"

"好吧！我给你八天时间。"张浚说道："八天之后，不论胜与不胜，我可要起程回朝了。"

神机妙算

岳飞从张浚那里回来后，督兵赶赴鼎州，恰好黄佐求见，岳飞立即召见了他。黄佐说他已经说服杨幺手下大将杨钦前来投降。

岳飞大喜，立即接见了杨钦。许诺保荐他为武义大夫，让他回湖中招抚湖中人。

黄佐、杨钦二人领命而去。

两天后，杨钦又带余端、刘诜等人来降，他认为，这一次一定能立大功，谁知拜见岳飞的时候，却发现岳飞面带怒容，搞得他个丈二和尚摸不着头脑，不知自己错在哪里，只得跪下向岳飞禀报招降的情况。

岳飞一拍惊堂木，呵斥道："我叫你让所有的首领都来投降，为什么只带来这两三个人来？看来你乖刁得很。"岳飞命人将他拖下去杖责五十军棍。

杨钦带两个人来投降，指望能得到奖赏，谁知奖赏没有得到，还讨了一顿臭打，他的肠子都悔青了，心里暗暗发誓，要报这杖责之仇。

岳飞又传下将令，命他再下湖去招降水寇，并命百余名士兵跟着他，实际上是押着他。杨钦讨赏却挨了打，心里很不报气，暗骂岳飞是一个混账王八蛋，心里想：下湖之后，一定要叫岳飞为这五十军棍付出代价。

此时天色已晚，湖面上烟波浩渺，暝色苍茫，更兼当时是仲夏天气，湖水白天被烈日暴晒，晚上便有水汽蒸发，更得烟雾迷濛，再加上太阳落山之后，夜色逐渐降临，隔着十丈八丈远，前后就有些看不清楚了。

杨钦一走，岳飞立即命部将牛皋、王贵带上数千人，悄悄地跟了上去。

岳飞的意图很明显，杖责杨钦，是故意激怒他，再让人跟着他，是一个诱饵。因为他料定，杨钦挨打后，一定很后悔归顺朝廷，心里不服，得找一个出气的地方，这百十来人，正可供他出气，但他一个人奈何不了这些人，必须借助水寇的力量，下湖之后，一定会直奔水寨。

原来，洞庭湖号称八百里，湖汊纵横，芦苇丛生，水寇都是当地人，很多人都是在洞庭湖水上讨生活的渔民，他们对湖中的沟沟汊汊了如指掌。每次官兵前来征剿，水寇打官兵，一打一个准，官兵打水寇，却找不到水寇的藏身之处。

岳飞的目的，就是要找到水寇的藏身之地。

杨钦并不知情，带着那百十来号人，在湖中弯弯曲曲地转过数道湖汊，慢慢地靠近一座水寨，水寨内驻扎了数万名水寇。杨钦喊了一句切口，巡逻的水寇前来迎接。杨钦正想将那百余名士兵带进水寨，突然听到后面鼓角齐鸣，大吃一惊，回头一望，曚眬之中，看到有无数的船只游了过来，牛皋、王贵分别站在最前面两艘船的船头上，转眼间，船只泊岸，牛皋、王贵纵身跳上岸。

杨钦见自己的阴谋不能得逞，连忙改换笑脸迎上前去，招呼牛皋、王贵等人一同进水寨。

牛皋、王贵早已接受了岳飞的密令，不敢轻易进入贼人的水寨。而是问杨钦："水寨里的人，真的愿意归顺朝廷吗？如果是这样，就叫他们放下武器，出来投降，如果不降，我们就要杀进去了。"

杨钦无奈，只得冲着水寨大喊道："水寨的兄弟们听着，岳元帅有数万人到了，问你们是否愿意归降朝廷？愿意归顺朝廷，就请出来迎接官兵，拒不投降,官兵就要杀进来了。"

水寨里的贼众在毫无防备的情况下,突然看到官兵从天而降,早已吓得魂飞天外,他们早就听说岳家军所向无敌,金兵见了他都叫岳爷爷,自己这些乌合之众,根本就不是岳家军的对手。为了保住性命,他们纷纷放下武器,缴械投降。

岳家军兵不血刃,一举拿下洞庭湖水寨。牛皋派人向岳飞报捷。

岳飞接到消息,亲自乘船来到水寨。水寨就在洞庭湖君山脚下,地势险要。他登山四望,见杨幺水军的战船在湖面一字摆开,非常壮观。他下山来到湖边察看停泊在那里的战船,不看不知道,一看吓一跳,杨幺的战船,让岳飞大开眼界。

古代的战船主要是帆船,帆船靠风的推动才能行驶,如果没有风,帆船就寸步难行,所以就有了著名的诸葛亮借东风之说。

杨幺的战船却不同,它是一种机械船,船底装有滚轮,通过脚踏带动滚轮转动,滚轮转动,带动船只行驶,即使是无风,甚至是逆风,也能够行驶如飞。这样的战船,在当时是非常先进的。更为难得的是,这种机械船上还安装了抛石机,船两边安装了撞竿,也叫拍杆。别小看了这两件东西,这可是两件非常要命的武器。

古代水战,如果双方船离得远,就用弓箭招呼对方,或射人,或射船帆,如果靠近,就开始接舷战,刀枪相搏,水战同陆战也就没有什么区别了。有了抛石机和撞竿,水战的局面就完全不一样了。敌船离得远的,可以用抛石机向敌船抛石头,巨石击中木船,一击一个洞,船进了水,即使不沉,也会失去战斗力;双方船只靠近后,就用撞竿攻击对方的船只,或碰撞或击打,几个回合,对方的船只就被撞破沉没了。

岳飞看到这些战船,才明白官兵屡次征剿杨幺失败的原因。

岳飞命令士兵从君山上砍伐大量的树木,扎成巨大的木筏,堵塞在港汊上,又将一些烂木杂草从上游丢进湖中,让这些烂草漂浮在航线上,然后派兵驾着小船在水浅的地方游走,边走边骂战,引诱杨幺的水寇出来。

水寇们听到叫骂声,忍无可忍,纷纷驾船冲出来找官兵拼命。

骂战的士兵见水寇上钩了,假装惊慌地驾着船向漂浮杂草多的地方逃。

水寇们不知是计,鼓轮撑篙,催动战船奋力追杀,谁知走不了多远,像被人在水底拉住了一样,只在原地打转。其实,这都是水中的杂草、烂木作怪,杂划缠住了滚轮，烂木挡住了去路。

水寇的战船在水中打转，官兵的战船却杀了过来，岳飞站在一艘大船船头，亲自督战。

水寇们哪见过如此阵式，不免害怕起来，能够动弹的，驾着战船向港口逃窜，动不了的，只能等着挨打。

其实，港口并不是他们的避风港，而是他们的鬼门关，因为巨筏就横在港口之内，官兵站正在巨筏上等着他们。水寇的战船逃进港湾，躲避不及，纷纷撞上巨筏，筏上的官兵纷纷跳上水寇的战船，刀砍斧劈，港外的官兵战船又尾追而至，水寇或被擒杀，或掉落水中。

就在贼众万分危急的时候，杨幺引兵前来支援。港口的官兵后队变前队，转身迎战杨幺。港内的水寇一看有了生路，纷纷逃出港口。一到港外，看见湖面上两军展开了激烈的水战。

官军用牛皮盾牌抵挡矢石，用大木头横撞敌方的船只，杨幺的坐船已经被撞破了几个大洞，一会儿，只听官兵那边有人大叫："杨幺落水了！"

后来又听到官兵拍着手大叫："好！好！杨幺被捉住了！"

水寇们探头去看，果然看见的大圣天王被一个黑面将军从水中捞起来，跳上岳元帅船中去了。贼众见了，更是惊慌。

不时，又听到有官兵大呼："降者免死！"

水寇们知道大势已去，纷纷放下武器，缴械投降。

岳飞派牛皋等人收抚降众，自己带张宪攻进杨幺总寨。寨中的水寇听说岳飞到了，不敢再战，大开寨门，押着钟子仪，迎接岳飞。

岳飞进寨之后，除将杨幺斩首示众外，其他人一律免罪，并对他们晓以大义，让老弱者回家种田，选年轻力壮者参军。并派部将黄诚带上杨幺的首级去向张浚报捷。

屈指计算，前后正好八天时间。

张浚见到杨幺的首级，惊叹地说："岳侯的神机妙算，无人能及啊！"

当初，杨幺自恃有八百里洞庭湖作为他屏障，烟波浩渺，任我驰骋，官兵如果从陆路上来，他可以下湖，随便钻进一个湖汊，就可以叫官兵找不到，如果从水路来，他就可以上岸，让官兵在湖里陪野鸭子玩。因此，他曾扬言："犯我者除是飞来。"

杨幺这里的"飞"，指的是天上飞。冥冥之中，却来了一个岳飞。有人说杨幺的"犯我者除是飞来"是谶言,这或许有些牵强附会,然而,作为闲谈,倒也是一件趣事。

奔丧

岳飞平定洞庭湖的杨幺水寇之后,将缴获的战船给韩世忠、张俊、刘光世每人送了一艘。

韩世忠、张俊、刘光世、岳飞,被称为南宋中兴四将。四人中,岳飞的年纪最轻,他比张俊小十七岁,比韩世忠、刘光世小十四岁,当岳飞还是一个默默无闻的小兵的时候,韩世忠、张俊都已经是官居二品的节度使。所以,他们几个人打心眼里就瞧不起岳飞这个小兵,岳飞曾数次给他们写信,他们都不复信。

战船送出之后,刘光世的反应如何,不得而知,韩世忠和张俊的态度却是绝然不同。

韩世忠接到岳飞的礼物,哈哈大笑,心中对岳飞那么一点点嫉妒,在这一笑声中烟消云散,剩下的只是惺惺相惜和交情。

张俊的表现就完全不同。他是个心胸狭窄之人,虽然是岳飞的老上级,对岳飞还有举荐之恩,后来见岳飞屡立战功,风头都盖过了自己,心里不免就生出一股忌妒。

史书记载是"世忠始大悦,而俊益忌之。"因忌而生恨,岳飞遇害,张俊是罪魁之一。这是后话。

张浚得知岳飞荡平洞庭湖水寇之后,请岳飞屯兵荆州、襄阳,想办法收复中原,他自己则取道鄂州、岳州回淮东,到行在觐见赵构。

赵构听完张浚的报告,十分高兴,张浚借机呈上《中兴备览》四十一篇,赵构看后,对张浚更是褒奖一番。

张浚见赵构高兴,趁机举荐李纲,说他对朝廷忠心耿耿,可堪重用。赵构便命李纲为江西安抚制置使。

李纲自从罢相以后,绍兴二年,曾出任湖广宣抚使,兼知潭州。当时,荆州、湖州、江州、湘州一带的流民溃兵听说李纲就任宣抚使,慑于李纲的虎威,都是俯首帖耳,不敢为非作歹。李纲上任之后,仍然心系收复中原的大业,向朝廷进献中兴大计,洋洋万言。无奈赵构身边的几位大臣都是贪生怕死之徒,只想求和,不想打仗,在赵构耳边进谗言,说李纲尽说空话,在任所之善可陈，使得李纲再次罢职。

李纲再任安抚江西，仍然抱定收复中原的信念，入朝觐见赵构，建议朝廷派精兵猛将自淮南进兵，约岳飞东西夹攻，可击退骚扰淮泗的金、齐敌军。他的建议，得到了赵构的赞赏。

这时，又传来了韩世忠淮阳大捷的消息。

淮阳城原来是刘豫管辖的地盘，为了南侵，刘豫将兵马集聚在淮阳。

韩世忠得到这个消息后，来了个先发制人，率兵渡过淮河，直抵淮阳城下，恰逢完颜宗弼领兵来与刘豫会合，韩世忠率兵同金兵交上了火。金兵先锋牙合孛堇是韩世忠手下败将，他自恃骁勇，欲报大仪镇兵败之仇。韩世忠部将呼延通出阵同他单挑，激战数十合回，不分胜负。两人杀得性起，干脆丢掉兵器，徒手相搏。呼延通奋力扼住牙合孛堇的咽喉，活捉了牙合孛堇。韩世忠趁机率兵掩杀，金兵败走。

牙合孛堇败走之后，完颜宗弼、刘猊率主力前来，韩世忠见敌众我寡，连忙向张浚求救，但援军却迟迟未到。无奈之下，韩世忠只得冒险出战，勒马来到阵前，让士兵向敌人表明自己的身份，冲着金兵大呼道："穿锦衣、骑骢马，立阵前的就是韩相公，你们谁敢应战，就放马过来，同韩元帅见个高低。"

敌阵中两员战将拍马冲了过来。韩世忠不等敌将靠近，拍马挥刀迎上前去，左右一挥，只一个照面，两名敌将便死了一双，金兵见韩世忠如此神勇，不敢再战，立即退走了。

韩世忠乘胜收复了淮阳城。

赵构决定乘胜北伐，张浚建议先在镇江会师，然后再作打算。

张浚到达镇江后，派张俊屯兵盱眙，韩世忠驻扎楚州，刘光世屯兵合肥，杨沂中作为张俊的后援，岳飞屯兵襄阳，想办法收复中原。

岳飞自洞庭湖剿灭杨幺之后，回师襄阳，加紧训练部队，得到张浚奖勉后，更为精神百倍。不久，朝廷来文，授他为武胜定国军节度使，兼宣抚副使，驻扎襄阳，并将武昌的军队划归岳飞节制。

岳飞安排好襄阳的军务后，赶往武昌，准备招募兵马，做好北伐的准备。正在这个节骨眼上，突然从襄阳传来家报，他的母亲姚太夫人病逝了。

岳飞得知母亲去世的噩耗，顿时昏厥过去。左右费了半天时间，才将他救醒过来，醒后仰天大哭道："上不能报国全忠，下不能事亲尽孝，忠孝两亏，如何为臣？如何为子啊！"

左右竭力解劝，才使他逐渐平静下来。

岳飞幼年丧父，由他的母亲姚氏抚养成人，成人之后，对母亲非常孝顺，只要是母亲说的话，他从来不敢违抗。岳母常以忠义教导岳飞，并在岳飞的背上刺"精忠报国"四个大字，醋墨刺青，深入肤理，永久不变。所以，岳飞一生就记着"精忠报国"这四个字，孝字以外，就是忠字。

岳飞屡立战功，他的母亲被封为太夫人。岳飞感念朝廷恩遇，准备收复中原之后，辞官回家终养老母。谁知大业未成，母亲又逝，让他痛不欲生。回到襄阳之后，立即将母亲入殓，扶榇到庐州守孝，向朝廷上报丁忧。

丁忧，就是辞去官职，在家守孝，这在当时是一种定制。谁也不能违犯，否则就是大不孝。如果被冠上大不孝的罪名，就会遭到世人唾骂，在朝廷也就没有立足之地。

只有在一种情况下，可以不丁忧，就是皇帝下命令，不让你守孝，要你继续出来替朝廷办事，这就叫"夺情起复"。被夺情起复的官员，都是朝中重臣，皇上实在是离不开。

当时的岳飞，正是这样，他是数万兵马的主帅，是敌人闻之丧胆的英雄，赵构此时离不开他。丁忧报告送上去后，没有得到批准，朝廷让他继续担任军中职务，起复为湖北、京西宣抚使。岳飞再三推辞，没有被批准，只得泪别九泉之下的老母，仍归原职。不久，朝廷又命他宣抚河东，统领河北各路。

岳飞无奈，只好移孝为忠，重新升帐点兵，派牛皋收复镇汝军，杨再兴收复河南长水县，自己则带军攻克蔡州。接着，岳飞又命王贵、郝政、董先收复虢州及卢氏县，获粮十五万石，招降敌军几万人，再进军唐州，毁刘豫兵营，于是上表，请求进军，恢复中原。

这时已是绍兴六年（1136 年）四月。

十六　淮西兵变，谁是罪魁祸首

刘豫失宠

岳飞满腔热情地请求进军中原，赵构对此却不怎么热心，在岳飞的奏章上签了两个字：暂缓。

张浚知道赵构没有采纳岳飞的建议，非常郁闷，亲自从淮上赶往行在，请赵构驾临建康鼓励三军，力图恢复中原。

赵构仍然犹豫不决，正在这个时候，传来了刘豫准备南侵的消息。张浚趁机奏请赵构收复中原，赵鼎也劝赵构驾临平江。赵构和张浚、赵鼎商量后，任命秦桧为行营留守。

秦桧被贬的时候，本来有永不复用的宣告，偏偏赵构是一个说话不能算数的人，今天能说你是一个恶人，明天又可以说你是一个善人，嘴巴长在他脸上，想怎么说就怎么说。因此，罢免秦桧的第二年，又让他出任温州知州，接着又转任绍兴知府。

秦桧生性奸诈，罢相之后，不敢再露锋芒，韬光养晦，待机而动，夹着尾巴做人，他知道，张浚、赵鼎人都是主战派，有他们两个人当宰相，和议决不能成功，于是换了一副面孔，同张浚、赵鼎虚与周旋。

张浚这个人虽然很聪明，但却有点憨直，被秦桧蒙蔽了，误以为秦桧只会迎合己意，容易控制，便在赵构面前替秦桧说好话，保荐他为醴泉观使，兼官侍读，由地方官而入朝廷，给他提供了进一步升迁的机会。

赵鼎也一样，并不认为秦桧是一个坏人。

两人对赵构的决定，都没有异议。

秦桧的阴谋终于得逞，重新进入朝廷中枢机构。

绍兴六年（1136年）九月，赵构驾幸平江，张浚先行出发，到江上侦察伪齐的消息。有探子来报，说刘豫命儿子刘麟、侄子刘猊分兵南下，并且还有金人相助。张浚对这个消息似乎有些不相信，他认为，金人几次帮助刘豫南侵，每次都是满怀信心地来，灰头灰脸地走。金人并不傻，亏本的事情做了一次两次，多了他们是不会干的。张浚将他的想法，向赵构作了汇报。

金人的态度，真的被张浚猜中了。

金齐的关系，随着金太宗的死去，金国内部派系的斗争而逐渐冷淡，刘豫为了挽回金人的欢心，想打个胜仗来壮壮声势。因此，他砸锅卖铁，强拉了三十万壮丁，准备南下，并请求金国主子出兵相助。

金主完颜亶召集文武百官开会，专门讨论刘豫请求出兵的问题。

金太宗的长子宋国王完颜宗磐："先帝之所以立刘豫，本来是想让他作为金国屏障，保境开疆，让大金国能够得到休养生息。结果他进不能取，退不能守，每次出征，都要将我们拉进去。打赢了好处是他的，打输了金国跟着受损失，我们何苦要帮他干这种火中取栗的赔本买卖呢？再说，刘豫本来就是个傀傀，是我国养的一条狗，我们让他叫他就叫，让他咬谁就咬谁，现在是他自己想咬谁就咬谁，被人踢了回来后，再来找我们，让我们替他出气。为了一只狗跟邻邦吵架，犯得着吗？"

完颜宗磐的意见，得到了很多人的赞同。不出兵的意见占了绝对上风。

金主完颜亶刚继位不久，军事斗争的经验还不足，也就随了大流，派遣右副元帅完颜宗弼提兵到黎阳，名义上是做伪齐的后援，实际上是坐山观虎斗，摆摆样子而已。

这就是说，伪齐和金国此次挥师南下，冲锋陷阵的，实际上只有伪齐的人马。

刘豫命令他的军队分三路南下：刘麟由寿春出发，进攻合肥；刘猊由紫荆山出涡口，进攻定远；孔彦舟由光州出发，进攻六安。

面对来势凶猛的伪齐军，张俊害怕了，请求张浚派兵增援，刘光世害怕了，想撤退以避其锋。

在前线督战的张浚知道了这个消息，立即给他们二人写信，说养兵千日，用兵一时，命令他们"只宜进战，不宜退保"。并派杨沂中火速赶赴濠州增援张俊，并特意给杨沂中写了一封信，大意是说，朝廷平时待你不薄，现在正是你立功报效朝廷的时候。

张浚的命令刚发出不久，赵构的手诏也来了，手诏中说，张俊、刘光世恐怕难以阻挡伪齐军的攻势，让张俊和刘光世退守江边。命岳飞率兵东下，抵御伪齐的军队。

赵构的命令让张浚非常为难，立即写了一道奏疏，派参谋吕祉飞骑送给赵构。他在奏疏中明确地指出，一旦放弃淮南防线，江南将会不保。

张浚还在为赵构的一纸诏书烦心，庐州那边又传来了坏消息。

原来，畏敌避战的刘光世得知伪齐军南下，又展示了他的拿手绝地活，连招呼也不打一声，带着他的部队向江南方向逃跑，连自己的老窝庐州都不要了。

南宋是几路大军配合作战，刘光世一跑，宋军的防线被撕开了一个缺口，伪齐军就可以突破这个缺口长驱直入。

张浚得到刘光世逃跑的消息，急得直跳脚，大骂道："刘光世这个混蛋，怎么如此贪生怕死，连敌人的面都没有见，就这样跑了？"

正在这时，吕祉回来了，说赵构采纳了他的建议，重新下了一道命令，说前线的防务统一由张浚指挥，如果有不服从命令的，军法处置。

张浚非常高兴，立即命吕祉飞骑赶往刘光世的军前传达圣旨。

吕祉追到采石矶才赶上刘光世的部队，他冲到刘光世的马前，挡住去路，厉声喝道："皇上有旨，命刘将军立即返回自己的防地。"并命令说："如有一人渡过长江，就砍下你的脑袋。"

刘光世看赵构这次动真格了，脚肚子吓得直打颤，结结巴巴地对手下将士说："你们都看见了，不是本帅不顾你们的死活，非要你们到战场上同敌人真刀真枪地干，实在是皇命不可违，如果我继续带着你们跑，吃饭的家伙就没了。"

刘光世硬着头皮回身应战，他的部队加上家属有十多万人，而且大多都是步兵，居然一昼夜赶了八十多里路，回到了原驻地，而且还挡住了伪齐的军队，这也算是一个奇迹。

刘猊进军淮东，遭到韩世忠的顽强抵抗，转攻定远。

刘麟从淮西架三座浮桥，渡河之后，进军濠州和寿春的交界处。

张俊出兵抵御，两军相持不下。

刘猊从定远赶到宣化，准备进攻建康，走到越家坊这个地方，同杨沂中的部队相遇，打了一场遭遇战，在杨沂中的猛烈攻击下，刘猊的部队溃不成军，改向合肥撤退，打算同刘麟会师，然后再进军。

十月，刘猊的部队刚到藕塘，被一队宋军挡住了去路，看对面的大旗上是一个杨字，刘猊惊叫到："难道又是那个大胡子将军吗？"

原来，杨沂中击退刘猊后，估计刘猊要走合肥，他率部队抄近道赶到刘猊的前面，安营扎寨等候在那里。杨沂中两腮长满了胡子，因此，刘猊称他大胡子将军。

刘猊看见杨沂中挡住了去路，只得依山列阵，命骑兵挽弓射箭，企图挡住宋军。

杨沂中派吴锡率五千精兵先去突阵，自己带领大军为后应。吴锡领军冲上山坡，刘猊乱箭射下，前军给退了下来，吴锡大怒，左手持盾，右手挥刀，一马当先冲上去，士兵们见主帅上前，谁还敢落后，跟在杨沂中的后面拼命地向上冲。伪齐军的阵脚顿时大乱。

杨沂中见敌军阵脚已乱，大刀一挥，率大队人马冲杀过来，并命士兵们大喊："贼破了！贼破了！"

刘猊军大乱，纷纷叫道："大胡子将军来了，快跑！"

该刘猊倒霉，刚刚被大胡子将军杀得丢盔弃甲，又被宋军统制张宗颜抄了后路。

说起张宗颜抄刘猊的后路，其实是一个巧合。

张宗颜奉张浚的命令，从泗州赶来支援合肥，走到藕塘的时候，正碰上刘猊的部队溃败下来。这样的便宜，不捡白不捡，大刀一挥，率军挡住伪齐军的退路。伪齐军已经成了惊弓之鸟，哪里还敢再战，纷纷逃走。刘猊吓得魂飞魄散，亏得谋士李愕叫他卸甲弃盔，混在步兵队伍里，趁乱逃出重围。

刘猊同李愕狂奔数里，见没有了追兵，才敢坐下来喘口气。他见自己的十万兵马都被打散了，自己成了光杆司令，痛哭失声地说："南下本想攻城拔寨，不想遇着大胡子将军，害得我全军覆没，我的命怎么这样苦呀！"

李愕惊问大胡子将军是谁。

"听官军称他为杨殿前，应该是杨沂中吧！"刘猊心有余悸地说："这个人太厉害了，简直是锐不可当。"

李愕自觉没有颜面，只是好言劝慰。后来见有一些败兵朝这边跑来，便说此处不是久留之地。刘猊立即止住哭声，站起来向一名骑兵要了一匹马，跃上马绝尘而去，李愕也向另一名骑兵要了一匹马，跟着跑了。

没有马的士兵，做了宋军的俘虏。

杨沂中见刘猊已经跑远，下令鸣金收兵。

这一仗，宋兵杀死敌人几万人，投降了几万人，伪齐元气大伤。

刘麟听到自己的弟弟兵败逃命的消息，又得知岳家军正在赶来增援，知道自己再装好汉硬挺，只能是自找倒霉，弄不好连逃跑的机会都没有，便也逃之夭夭了。

刘家兄弟都跑了，孔彦舟孤军更不敢强撑，逃走也是他唯一的选择。

完颜宗弼屯兵黎阳，只是坐山观虎斗，并不出手。

刘豫惨败，金国人有想法了，他们认为，刘豫当了八年皇帝，除了给大金国添乱外，并没有带来多少实在的收益，渐渐地，他们就开始有些讨厌这个傀儡皇帝了。

刘豫失宠，好日子也快到头了。

宰相不和

张浚见刘豫的三路兵马都败了，便想乘胜进攻河南，并请赵构驾幸建康。

偏偏有一个人同他唱起了反调，力劝赵构回驾临安，这个人就是赵鼎。

按理说，宋军大获全胜，形势可喜，理应向北扩展才是，最少也不应该向南撤，赵鼎也是南宋名相，不会不懂这个道理。他为何要反其道而行之呢？这中间有小人在作怪，这个小人就是吕祉。

吕祉是张浚的参谋，常被派往行在向赵构汇报工作，但这个人是一个奸诈之徒，有一颗唯恐天下不乱之心，他当着赵鼎的面，说张浚太嚣张，立了功，不把任何人放在眼里。赵鼎听了很不高兴。返回来又在张浚面前说赵鼎在朝中处处刁难，有意牵制。一次两次，张浚并不在意，次数多了，也便信以为真了。张浚也是一个搁不住话的人，向赵构上疏表示了对赵鼎的不满。如此一来，两位宰相的隔阂越来越大。

赵构似乎也看出了问题，他曾对赵鼎说："如果有一天张浚和你不和，必定是吕祉从中捣鬼。吕祉这个人不正派，你可要提防点。"

"我和张浚亲如兄弟，从来没有什么矛盾，都是吕祉从中挑拨离间，才使张浚对我有怨言。"赵鼎有些丧气地说："不如让张浚一人为相，让他尽情展示才华，我情愿告退"

赵构说："等张浚回来之后再说吧！"

赵构其实很扯淡，既然知道吕祉是小人，为何还要听之任之呢？既然知道两位宰相之间有矛盾，而且矛盾是因吕祉挑拨离间而起，为何不进行调解呢？

赵鼎也糊涂，既然知道与张浚的隔阂是因吕祉挑拨离间造成的，为何不解释而要辞职呢？想办法解释清楚，不就冰释前嫌了吗？

伪齐南侵虽然被击退了，张浚把刘光世逃跑这笔账还是记住了，回到平江后，便向赵构汇报说："刘光世屡屡不肯出战，敌人来了就知道跑，此人不可为大将，请陛下收回他的兵权。"

赵鼎不等赵构表态，站出来反对张浚的意见，他说："刘光世世代为将，现在无缘无故地罢免他的职务，收回他的兵权，恐怕将士离心，引起动乱。"

刘光世是将门之后不假，但却带兵无方，本身贪财，又好酒色，打仗的时候要小聪明保存实力。手下军纪也差，欺压百姓，抢夺民财，老百姓说刘光世的部队是官匪。幸亏手下有王德、郦琼两个能打仗的将领，替他挣了不少面子。这些事情，赵鼎当然也看在眼里，他之所以提出异议，说穿了，是故意与张浚唱反调。

张浚见赵鼎又同自己唱反调，心里就不痛快了，气愤地说："朝廷正要图谋恢复，不能让贪生怕死之人逍遥自在，朝廷要严明军纪，振作士气，这样才能进攻河南，讨平逆贼刘豫。"

"河南并不是不可以攻取，但攻下河南，就能确保金人不会入侵了吗？"赵鼎没好声气地说："打败刘豫容易，但和金人对敌就难了。"

赵鼎的两番议论，实在是有欠考虑，其实，不是他欠考虑，而是在意气用事。

"刘豫不灭，就多了一个敌人，我们驻守东南，金人不一定不来。"张浚正色地说："近年来，陛下亲临长江防线，士气百倍，同金兵和伪齐军打仗，胜多败少，如此好的形势下，怎么能再言向江南撤退呢？"

赵构对刘光世逃跑的行为也很不满，但考虑到剥夺刘光世的兵权也不是一件容易的事，因此，他故意不露声色，让两位宰相尽情地争吵，但也不想看着他们打起来，适时地对张浚说："你说得对，这件事就交给你去安排。"

肯定了张浚，等于就是否定了赵鼎。赵鼎当然不干了，坚决要求辞职。

"好吧！"赵构想了想说："你到绍兴当知府，以后朕还会要用到你的。"

赵鼎改任观文殿大学士，到绍兴当知府去了。

出尔反尔

绍兴七年（1137年）正月，忠训郎何藓从金国归来，报告说道君皇帝赵佶及郑太后先后病逝的消息。

实际上，道君皇帝赵佶在绍兴五年四月就已经去世，数月之后，郑太后也跟着去世了，这一对苦命鸳鸯，在北宋当皇帝时是风光无限，到金国却成了阶下囚，住在边远的五国城里过着自耕自食的生活，受尽了屈辱和磨难，最终客死异乡。

赵构不禁痛哭流涕地说："隆祐太后对待朕，就像亲生儿子一样，不幸在绍兴元年去世，朕本来想能够迎回太上皇和太后，以尽孝道，谁知却在异国驾崩了，朕好痛心啊！"

赵构准备服三年大丧。

文武百官不赞成赵构守制，他们认为，国不可一日无主，建议赵构以日当月，这在前朝也是有先例的。唯独严州知州胡寅提出不同看法，他说："百事孝为先，皇上更要为表率。"因此，他建议赵构守丧三年以感化天下。

张浚反对守孝三年，他说："天子尽孝和老百姓不同，天子考虑地应该是宗庙社稷，而不是素服守孝这些不实在的东西。太后的棺椁还在金国，天下生灵涂炭，皇上应该化悲痛为力量，抵御外敌而安天下，这才是真尽孝道。"

赵构说要守制，其实也只是装腔作势而已，见文武百官都不同意，也就借坡下驴，放弃了守孝三年的想法。命令张浚起草诏书，追尊太上皇道君尊号徽宗，郑太后尊谥显肃。封生母韦贤妃为宣和皇太后。

赵构对左右说，想迎回宣和皇太后和徽宗、太后的灵柩。表示为达到这个目的，愿意委曲求全，向金人求和。

二月，赵构任命王伦为迎奉梓宫使，并对他说："听说现在金国是完颜昌等人专权，你可以转告他，让他将棺椁归还我国，并放回朕的母后，朕也会在和书上做出让步。河南一带的土地，与其交给刘豫还不如还给朕。"

王伦领命，去了金国。

张浚极力反对议和，请求让众将率领三军穿着孝服北上复仇，在得不到赵构支持的情况下，愤然递了一份辞职报告，准备撂挑子。

赵构在他的辞职报告上签了三个字：不同意。

张浚见辞职不批准，再次请求赵构从平江移驾建康，他痛心疾首地说："徽宗皇帝和皇后客死异乡，连灵柩都不能运回来，这是国耻啊！"

弄得赵构有时也是泪流满面。

三月，赵构终于采纳了张浚的建议，驾幸建康。

张浚再次上疏，说刘光世沉湎酒色，不恤国事，建议赵构收回他的兵权。

这一次，赵构没有冷落张浚，下诏收回刘光世的兵权，罢为万寿观使，他的部队暂时隶属都督府领导。

张浚命令参谋吕祉赶到庐州去领导刘光世的军队。

有人说，刘光世的部队军心已动，要派一位有威望的将领去才能镇得住这支部队，吕祉是个文人，镇不住台。

张浚对这个意见没有引起足够的重视，仍然让吕祉去了庐州。

这次错误的用人，引出一场塌天大祸。

赵构其实也很担心刘光世的部队，恰好岳飞来建康汇报工作。赵构莫明其妙地问了一句："你有良马吗？"

"我曾经有过两匹良驹，不幸都战死沙场。现在骑的马，日行不过百里，平常得很。"岳飞感叹地说："良马不易得啊！"

"良马不易得！"赵构赞叹道："说得好！说得好！"

赵构实际上是赞叹岳飞是一匹良马。当即晋封岳飞为太尉,并表达了想将刘光世的部队划归岳家军的想法。

岳飞听说让自己接收刘家军,心里自然高兴。因为岳家军已经有十万余众,是南宋五路大军中人数最多的一支,如果再加上刘光世的几万人,两军一合,简直如虎添翼,这支部队,可以占到南宋全部兵马的一半还强,收复中原,也就为期不远了。他强压住心头的喜悦,表示愿意接管刘光世的部队。

赵构当即向刘光世的两员将领王德、郦琼发出命令:"听飞号令,如朕亲行。"

岳飞见过赵构之后,信心更足了,连夜上书,畅谈收复中原的详细计划。

赵构看了岳飞的奏疏,在上面批了一句话:"卿能如此,朕复何忧?一切进止,朕不遥制。"接着,再次召见岳飞,对他说:"中兴大事,全都交给你了。"

一切迹象表明,形势正在向岳飞预想的方向发展。然而,此后发生的事情,完全出乎岳飞的意料之外。

赵构从来就是一个说话不能算数的人,这次对岳飞说的话,又变成了屁话。这次老病复发,不是出自于主观的故意,而是中了别人的阴谋。

赵构被人耍了,岳飞也成了被害者。

耍阴谋的人是张浚和秦桧。

张浚是主战派,秦桧一心主和,按理说,这两个人是坐不到一条凳子上的,可是在对待刘光世部队归宿的问题上,两人的意见却出奇的一致:坚决反对岳飞接管刘家军。

张浚反对岳飞接管刘家军,有他的私心,他想将这支队伍抓在自己手里,省得自己是光杆司令。

秦桧是主和派,主管枢密院的工作,他不愿意看到这支部队掌握在岳飞的手里,因为岳飞是铁杆主战派,他的势力越大,议和的阻力也就越大,这是秦桧不愿意看到的事情。

一个是宰相,一个是枢密院的实际负责人,两人同时向赵构进言,说绝不能让岳飞接管刘家军,理由是岳家军的军力占全国军力一半还多,势力太大了,万一哪天有什么变化,怎么办?后面的话是什么意思,不言自明了。

赵构是越琢磨越觉得有理,因为赵宋自开国以来,就害怕武将势力太大,从他的老祖宗太祖皇帝赵匡胤开始,历代武将中,谁的势力大就灭谁,这已经是不成文的潜规则。赵构虽然说没有什么本事，但这一点他还是记得的。于是，岳飞接管刘家军的事就拖下来了。

岳飞急了，君无戏言，不是答应把那支部队给我的吗？怎么就没了下文吗？写折子不行，他就索性去找赵构，当面说清楚，请求赶快将淮西军拨给他，并保证能尽快收复中原故地。

赵构有些不高兴了，不阴不阳地问："你说尽快，到底是多长时间呀？"

岳飞一门心思想要收复中原，没有听出赵构的话音不对，信誓旦旦地回答："只要把刘家军交给我，不出三年，我就能收复失地。"

"三年？"赵构反问道："三年不能收复失地，该怎么办？"

岳飞脱口而出道："三年之内收复不了中原失地，我提头来见。"

按理说，岳飞敢用他的人头担保，做皇帝的应该高兴才是，可赵构根本对收复失地没有兴趣，更不想听岳飞的豪言壮语。只是冷冷地说："都督府想派王德、郦琼前往招抚淮西军，这件事你找都督府说去吧！"

岳飞只好来找张浚。

张浚如果能同岳飞开诚布公地谈谈，这件事情可能会有一个较好的收场，可他偏不这样做，非得要弄一点权术，结果将事情弄得一团糟。

张浚故意装模作样地征求岳飞的意见，问他："王德在淮西军的威望较高，让他当都统制，协助兵部尚书吕祉，怎么样？"

岳飞回答说："王德确实是一员战将，但郦琼也不差，两人不相上下，如果让郦琼屈居其下，他心里一定不服气，两人势必产生矛盾。吕参谋虽然官职很高，但他只是一个文官，没有带兵的经验，难以服众。"

张浚又问道："张俊如何？"

"张宣抚是我的老上极，我不应该说他什么，但为了国家，我还是要说，张宣抚性情暴躁，缺少谋略，尤其是郦琼，他不服张俊。"

张浚见岳飞接连否定了自己提出的几个人选，有些不高兴了，停了一会，又问道："杨沂中应该比他们二人强吧？"

"杨沂中虽然神勇，也只是同王德在一个档次，也没有驾驭淮西军的能力。"

张浚真的不高兴了，冷冷地说："我就知道，这支部队除了你，谁也不行。"

张浚已经不是商量事情，而是出语伤人了。

岳飞也不高兴了，这不是在商量军国大事吗？怎么就出语伤人呢？于是回了一句："你不是一本正经地征求我的意见吗？我也是毫不隐瞒地说出自己的看法，难道是我岳飞贪图这支部队吗？"

皇帝说话不算数，宰相说话也是阴阳怪气的，岳飞认为这事情没法干了。如果稍微有点政治头脑，他就应该不再提此事了。可岳飞就缺少那么一点政治头脑，头脑发热，竟然干了一件傻事，给赵构送去了请假条，也不管批准不批准，便让张宪代管部队，自己跑到庐山老母的坟前守孝去了。

谁是罪魁祸首

张浚一看岳飞撂挑子不干了，知道两人的梁子算是结上了，气急败坏地跑到赵构面前去告刁状，说岳飞"积虑专在并兵"，意思是成天琢磨着吞并其他的部队，更可怕的是他还挑拨说岳飞这是在"要君"，意思是要挟赵构。

这可是一个置人于死地的罪名，张浚这一手似乎也太狠了。

岳飞撂挑子，赵构也傻眼了，因为这个时候，宋朝和金国还没有达成和议，金军随时有南下的可能，而南宋的大将里面，岳飞确实是最能打仗的，是朝廷倚重的柱石之臣，现在说不干就不干了，确实有点要挟的味道。但赵构也不想把岳飞怎么样，毕竟岳飞为母亲守制，尽管做法有些不妥，但理由还是很充分。不过，岳飞的这一举动，为他以后的不幸遭遇埋下了祸根。

张浚恨上了岳飞，竟然任命张宗元为代宣判官，监视岳家军。然后命王德为淮西军都统制，郦琼为副，吕祉为淮西军统制。

事实果然不出岳飞所料，郦琼不服王德，两人的矛盾逐渐升级，很快就到了剑拔弩张的地步。

王德作战勇猛，脾气火暴，外号"王夜叉"，曾杀过韩世忠的部将。

郦琼也不是一个好剃的头，他是流寇出身，原本就是一个亡命之徒，在刘光世的手下，他同王德平起平坐。王德升任淮西军都统制，他虽然不服，但也只是埋在心里而已，表面上对王德还是卖账的，而且还低声下气地对王德说："寻常处事有些不周，现在乞做一床锦被遮盖。"意思是说，往常对你有不到之处，请多多包涵。

郦琼服软了，王德居然没有什么表示，上任之后，颐指气使，让郦琼很不舒服。于是，两人的矛盾逐渐加深。吕祉从中调解，竟然一点作用也不起，无奈之下，他只好丢下淮西的军务回朝了。

王德和郦琼分别向都督府及御史台递交诉状，相互攻击对方。

无奈之下，张浚将王德召回建康，命吕祉赶赴庐州，再命杨沂中为淮西制置使，刘锜为副，驻扎在庐州。

吕祉到庐州后，郦琼又在他面前诉说王德的不是。吕祉为了稳定局势，假意安抚郦琼，背地里却向朝廷密奏，建议剥夺郦琼的兵权。

吕祉没有想到的是，郦琼对他早有防备，提前安排了一名书吏在他身边做间谍。

书吏负责公文往来，官虽然不大，信息却很灵通。吕祉命令书吏起草公文，书吏却将公文的副本送给了郦琼。

郦琼得知吕祉出卖自己，当众揭穿了吕祉的阴谋。吕祉转身欲走，郦琼冲上前去抓住吕祉的双手，喝令左右将他捆了。

吕祉是一个文人，根本没有能力反抗，只好任由郦琼发落。

中军统制张璟见事情闹大了，站出来解围说："有事可以商量，吕祉好歹也是朝廷命官，这样将他抓起来，不合法。"

郦琼已经是铁了心要反宋，厉声说道："朝廷如此糊涂，我还待在这里干啥？你们如果不想死，就跟着我投奔刘豫去！"

张璟大喊道："投降刘豫，就是叛贼。"

"叛臣贼子，人人得而诛之。我等应为国讨贼。"统制刘永衡、兵马钤辖乔仲福等人见郦琼要叛国投敌，拔剑在手，大呼道："兄弟们，为国讨贼吧！"

郦琼并不等他们说完，早已拔剑在手，命令军士围击张璟等人。张璟、刘永衡、乔仲福奋力反抗，无奈寡不敌众，三人相继毙命。

郦琼带淮西军四万余将士，浩浩荡荡地往北走，准备投奔伪齐。

吕祉被捆在马背上，也跟着向北走。他虽然是个文人，但是很有骨气，冲着郦琼，怒斥道："我是宋臣，怎么会去见刘豫这个逆贼？"

郦琼可不管这些，继续向北走，部队要过淮河的时候，吕祉自己一使劲，从马背上滚了下来，大声对周围的将士们说："我身为宋臣，死为宋鬼，绝不过淮水降敌，刘豫是逆贼，你们难道不知道吗？你们军中，难道都是胆小鬼，就没有英雄吗？你们甘心随他去做汉奸吗？"

吕祉的话很有鼓动性，数千名将士竟然停下脚步不走了。

郦琼本不想杀吕祉，见军心已动，心里害怕了，给身边的亲信使了个眼色，亲信立马上前，手起刀落，当场杀死了吕祉。

郦琼挟持着这些士兵，渡过淮水，投奔了刘豫。

数万宋兵，转眼间变成了敌人的队伍。

这次淮西兵变，给南宋造成的损失是不可估量的，除了军力的削弱，还有对人心的打击，特别是赵构，连续的兵变，让他对武将彻底失去了信任，生怕这些手握兵权的将军威胁到自己的安全，动摇自己的皇位。从此以后，他再也没有亲临过沿江一带的防线，龟缩在临安城，一心一意地苟且偷安。

张浚得知淮西兵变，吕祉被杀后，彻底地傻眼了，直到此时，他才后悔没有听岳飞的忠言，然而，错已铸成，世界上是没有后悔药可吃的。

张浚此时突然有了宰相的风度，向赵构递交了辞呈。

认真地追究这次兵变的罪魁祸首，应该是赵构食言在先，张浚是帮凶，吕祉是受害者。不过，到最后，这个黑锅就由张浚一人背了。

十七　议和背后的秘闻

岳飞下山

张浚因淮西兵变而引咎辞职，赵构想任命秦桧为宰相，并征求张浚的意见。

本来，张浚视秦桧为天下奇才，秦桧再次进入朝廷，也是他引荐的，按理说，秦桧接替宰相，他会举双手赞成，谁知他头一摇，懊悔地说："我原以为秦桧是个人才，共事以后才发现，这个人太奸诈，阳奉阴违，口是心非，做事太不光明磊落。"

赵构一愣，接着问道："既然如此，赵鼎如何？"

"赵鼎行，除了赵鼎，恐怕没有人比他更合适。"

赵构下诏，任命赵鼎为尚书右仆射，兼枢密使，免去张浚宰相之职，改任观文殿学士，提举江州太平兴国宫，撤除都督府。

秦桧本来眼巴巴地指望自己能做宰相，结果却让他大失所望，经打听，才知道是张浚从中阻挠。他是个小人，小人最大的特点是有仇必报，而且还会不择手段。张浚打破了他的宰相梦，就是与他结仇，有仇必报。于是，他唆使谏官轮流上书攻击张浚，说他是淮西兵变的罪魁祸首，仅撤销宰相职务太便宜了，这样祸国殃民的人，就是杀了也不过分。

赵构被他们迷惑，准备继续贬斥张浚，并说："等贬了张浚，朕再下罪己诏吧！"

赵鼎阻止说："张浚有老母在堂，而且他还立过大功，不能再贬了。"

"张浚有勤王之功不假，但功过不能相抵。"赵构说："朕只知道，有功当赏，有过当罚，桥归桥，路归路。"

赵鼎见赵构态度坚决，默然而退。

赵构发出了对张浚的处罚令：流放岭南。

流放岭南，是仅次于杀头的处罚，因为岭南地处南方最僻远的地方，流放岭南的犯官，基本上都是有去无回。

赵鼎觉得对张浚的处罚太重了，他截住诏书，约同僚们替张浚说情。

第二天上朝，赵构余怒未息，赵鼎上前叩头求情说："张浚罪在失策，可天下没有什么人考虑问题都能面面俱到。如果一旦有什么过失，就将他置于死地，其他人还敢做事吗？此事关系重大，并不是我同张浚有什么私情而为他说话。"

文武百官跪下一大片，都是一个口径，请求赵构减轻对张浚的处罚。

赵构见众口一词，勉强改变了主意，只降张浚为秘书少监，分管西京，居住在永州。李纲再次上表营求，却始终不见答复。

张浚罢相之后，赵构有些想念岳飞了，他本想下诏请岳飞下山，但又担心岳飞不给面子，到时不好下台，便找到赵鼎，叫想办法让岳飞下山复职。

赵鼎也知道岳飞是负气上了庐山，亲自写了一封信，派人送到庐山，请岳飞下山复职。岳飞执意要在山上给母亲守孝，拒不下山。

岳飞有些意气用事了，他应该想到，宰相亲自请他下山，肯定是得到皇上的允许，如果借坡下驴，一定是个皆大欢喜的结局。可岳飞实在是有点愚，居然不给赵鼎面子。

赵构很生气，但也不敢把岳飞怎么样，因为南宋同金国随时都有可能发生战争，他暂时还离不开岳飞，只好又派岳飞的幕僚李若虚和一个部将再上庐山请岳飞。

李若虚上庐山后，岳飞居然闭门不见，他在山上整整等了七天，就是见不到岳飞。如果空手而归，他在皇上那里不能交差。于是，他不顾岳飞亲兵的阻拦，硬往里闯。

其实，岳飞的亲兵也希望岳飞下山，只是不敢说，他们见李若虚硬往里闯，佯装拦阻不住，最终还是让他冲了进去。

李若虚进去后，不知同岳飞说了些什么，不久后，他们便有说有笑地出来了，第二天，收拾行装，一同下山。

岳飞种下祸根

岳飞下山之后的第一件事，就是上本请罪。

赵构召见岳飞，安慰地说："朕可没有生你气的意思，只是以后不要再这样任性了。"想必赵构是耐着性子说出这句话的，因为接下来的一句狠话，让岳飞听了不寒而栗："太祖皇帝留下遗训，要善待大臣，但也曾说过'犯吾法者，惟有剑耳'的话。"言下之意，他虽然善待大臣，但有人犯法，他的尚方宝剑也不是吃素的。

岳飞这才知道自己的祸闯大了，慌忙跪下磕头请罪。

赵构心里乐了，但脸上并没有表露出来，和颜悦色地抚慰一番。然后让岳飞移师江州，以作为淮浙援应。

岳飞秉性耿直，恃才傲物，有些意气用事，说话也不知轻重。不久，又做了一件让赵构很不高兴的事。

这一天，他去觐见赵构，临行前对幕僚薛弼说："这次觐见皇上，要说一件大事。"

"什么事，怎么没有叫我起草奏文。"薛弼不解地问。

"不用你起草，我自己来。"岳飞有些神秘地说。

薛弼问道："到底是什么事？如此神秘。"

"立储！"岳飞还是忍不住说了。

"立储？"薛弼听到这句话，差点吓得晕了过去，立即阻止说："千万不要说这件事，不要没事找事啊！"

岳飞自以为是，将薛弼的话当成耳边风，见了赵构后，还是说出了他的想法：奏请立建国公为皇太子。

赵构听后脸色骤变，但也只是一眨眼的工夫，立即恢复了平静。

岳飞却从赵构一瞬的眼光中捕捉到了一股杀气，他一下子从头凉到脚，肠子都悔青了。这时，耳边传来了赵构冷冷的声音："你虽然忠诚，但这件事不是你这个领兵在外的大将管的事，退下吧！"

岳飞退出之后，头脑一片空白。

在中国古代，立储可以说是皇家的内务事务，即使是重臣，也不敢轻言立储之事，就是皇帝问起这件事，聪明的大臣都会婉言推托，不敢多言，因为弄得不好，就会被安上一个结党营私的罪名。岳飞身为统军大将，擅言立储之事，更是犯了大忌。

岳飞除了犯忌之外，还戳到了赵构的隐痛。谁都知道，赵构自从在扬州受到惊吓后，就丧失了生育能力。大家虽然心里清楚，但谁也不敢说破。因为这件事搁谁身上，都有伤男人的尊严，何况赵构是一国之君呢？岳飞这是哪壶不开偏提哪壶。

赵构撵走了岳飞，立即召见了薛弼，厉声问道："岳飞奏请立储的折子，是你写的吗？"

"不是。"薛弼立即表白："我也是才知道这件事情。"

"这件事不是你们营中的幕僚唆使的？"赵构有些不相信地问。

"岳元帅手下的将领、幕僚，没有人知道这件事。"

薛弼这样说，并不是推卸责任，而是在保护岳飞。如果说岳飞手下的将领们都知道这件事，那就变成了一次有预谋的集体行动，事态就变得更加严重了。

赵构听了薛弼的话，松了一口气，既然不是文人挑唆，也不是将领合谋，那就是岳飞的个人意见。于是对薛弼说："岳飞刚才绷着脸离开，很不高兴，你回去劝劝他吧！"

薛弼松了一口气，战战兢兢地退了出来。

刘豫的末日

刘豫自从进攻南宋惨败之后，在金人眼中的地位急剧下降。他是金人的傀儡，但却总给主人添乱，这个代理人还有没有存在的必要，在金国内部产生了一番争论。

当初立刘豫为伪齐的皇帝，是由完颜昌活动高庆裔，高庆裔再在完颜宗翰面前做工作而大功告成。后来，完颜宗翰从云中回京当了宰相，在完颜宗翰面前保荐刘豫的高庆裔也跟着入朝，升任为尚书右丞。金主完颜亶继位之后，完颜宗翰仗着自己有拥立之功，又是皇叔，在朝中就有些专横跋扈了，这引起了包括金太宗的长子完颜宗磐和完颜宗弼在内的一些大臣的不满。

高庆裔知道朝中暗流涌动，暗地怂恿完颜宗翰除掉完颜宗磐，趁机篡夺皇位。完颜宗翰虽然也想过一把皇帝瘾，但却有所忌惮，不敢轻举妄动。

高庆裔就是当年收了刘豫一车财宝的人，此时又故态复萌，犯贪赃罪被逮捕下狱。完颜宗翰请求罢高庆裔为庶人，免他一死。金主完颜亶并没有给他这个面子，下令处死了高庆裔。

完颜宗翰到刑场去与高庆裔诀别，高庆裔哭着说："如果早听我的话，怎么会有今天？"

完颜宗翰只是暗暗落泪，无话可说。

高庆裔的案子，让完颜宗翰的一些亲信也受到了牵连，先后有几个人相继被抓捕入狱，最后连完颜宗翰也受到牵连，他突然对政治失去了信心，对生活失去了勇气，气得绝食纵饮，生命也就走到了尽头。

完颜宗翰是灭辽灭宋的开国名将，叱咤风云，所向无敌，他没有死在战场上，却死于内部斗争中。

完颜宗翰死了之后，刘豫失去了靠山，再加上南侵惨败，日子更不好过了。

岳飞抵达江州后，得知刘豫已经陷入内外交困的境地，想痛打落水狗，趁机除掉刘豫。恰在这个时候，宋军抓住了一名金国探子，岳飞故意把他认成是伪齐的使臣，训斥他说："你家主子曾经写信约我，说要诱杀金国四太子，怎么到现在还不动手？现在免你一死，替我把这封信交给你家主子，告诉他不要再拖延了！"

金国探子乐得将错就错，答应下来。

岳飞掏出事先准备好的一封蜡书交给金国探子，吩咐他一定要小心，不要泄露了机密。

金国探子得到蜡书后，返回金营立即交给了完颜宗弼。

完颜宗弼看信之后，又惊又急，并没有考虑真假，赶紧把这封信送给了金主完颜亶。完颜亶批示：刘豫必除。

谁投降宋朝都有可能，唯独刘豫不可能。因为刘豫在金国庇护下，是伪齐的皇帝，回到南宋就什么也不是，张邦昌的前车之鉴就在眼前，刘豫不可能傻到连这个也不记得，放着金窝他不住，却要往狗窝里钻，这是完全不可能的事。

完颜亶是汉通，完颜宗弼是百战名将，他们不可能不知道"蒋干盗书"这个著名的典故，为何他们对岳飞这封蜡书深信不疑呢？道理很简单，岳飞想除掉刘豫，金人也想废掉刘豫。岳飞施的是反间计，金人要的只是一个借口。蜡书只是一个道具而已，真假就不那么重要了。

金人正在设法废掉刘豫，刘豫的使臣恰好到了金国，来使的任务是请求金主立刘豫的儿子刘麟为太子，并请求金人出兵南侵。

完颜亶将计就计，诈称出兵南征，让完颜宗弼率军到汴京去收拾刘豫。

完颜宗弼带上人马，长驱直入，将要抵达汴梁城下时，先派人去请刘麟到军前议事。刘麟高高兴兴地出城，刚走进宗弼的营帐，就被金人五花大绑地捆了。

完颜宗弼抓了刘麟之后，立即带兵突入东华门，直奔讲武殿。

刘豫听内侍报告，说完颜宗弼到了殿外，来不及细想，放下弓箭，跌跌撞撞地跑出殿参见完颜宗弼。谁知等待他的却是五花大绑。

第二天，完颜宗弼将伪齐的文武百官召集在一起，宣布废掉刘豫。接着宣布了几道命令：改置行台尚书省，命张孝纯代理行台左宰相，胡沙虎为汴京留守，李俦为副留守；解散军队，各自回家种田；宫中太监自谋生路，宫女自主嫁人；然后派兵封了刘豫的府库。

据说，完颜宗弼在府库里抄出了黄金一百二十万两、白银一千六百万两、米九十万斛、绢二百七十万匹等。

短短八年时间，刘豫居然攒下这许多东西，可惜这些东西他都无法消受，最后全都归了金人。

刘豫被废为蜀王，押解他出京的是完颜昌。

刘豫觉得自己很冤枉，向完颜昌乞求说："我们父子对大金忠心耿耿，什么错也没有，为什么会落到这个下场啊？"

完颜昌冷冷地说："当年赵氏皇帝出京的时候，沿途百姓嚎哭连天，焚香送别。你今天被废，却没有一个人可怜你，想想看，你把这个国家治理成了什么样了？你说冤吗？"

刘豫一听，无话可说，只是痛哭流涕。

最后，刘豫被押送到金国的上京临潢府，享受宋徽宗、渊圣皇帝相同的待遇，自耕自食。刘豫在临潢府当了九年自耕农后才死去。

刘豫被废后，宋金双方就有了议和的可能。

台前幕后

岳飞听说金人中计，刘豫被废，便约韩世忠一起向朝廷上疏，请求朝廷乘机北伐。哪知朝廷里的事情,并没有他想象的那么简单。因为赵构身边有个说话很有分量的人,这个人就是秦桧。

赵构受秦桧的蒙蔽,一心只想议和,完全没有北伐的意识。岳飞、韩世忠在这个时候送呈北伐的奏折,只能是废纸一张。

此时,王伦从金国回来了,他向赵构报告了一个好消息,说金人同意归还徽宗、郑太后的棺椁及韦太后,并答应把河南的地盘归还给南宋。

赵构大喜过望地说:"如果金人能够答应了朕的那些请求,其他的事情就没有什么计较的了。"

五天之后,赵构又派王伦出使金国,并奉迎棺椁,一面同大臣们商量迁都临安的事情。

迁都临安,朝中曾有过争论,张守说,建康是六朝古都,气象雄伟,可以北控中原,长江天堑足以捍御强虏。赵构到建康后,屁股还没有坐热,又要南迁,随迁的有关各部门、文武百官及其家属、部队,要耗费大量的人力、物力和财力,迁都实在是一个劳民伤财之举。因此,他极力反对迁都。

秦桧对张守的建议嗤之以鼻,赵构受秦桧的蒙蔽,对他是言听计从,还都临安便是铁板钉钉子的事了。

秦桧媚君弄权,有一个人很后悔,这个人就是赵鼎。

赵鼎本来瞧不起秦桧,出任宰相后,秦桧又贴上了他,故作神秘地对赵鼎说:"其实,皇上早就想重召你为相,是张浚从中阻挠。"

秦桧是在造谣,挑拨是非,赵鼎却认为他在向自己靠拢,再加上秦桧成天围在他的屁股后面转,只要他想到的事,秦桧一定会替他办好,连拍带捧地把赵鼎弄得心花怒放,竟然把秦桧当成了心腹,认为秦桧可堪大任,便向赵构推荐他出任右仆射兼枢密院使。

吏部侍郎晏敦复说:"奸人做了宰相,看来收复中原是没有希望了。"

晏敦复只是说说而已,张守却要用行动反对了,他见朝局混乱,是非不分,干脆向朝廷写了一份报告,请求放外任,按他的想法,眼不见为净,远离这个是非之地。

秦桧当然是求之不得,立即让张守到婺州去做了知州。

秦桧不愧是政坛高手,玩弄手腕的本领已达极致,先将张浚玩弄于股掌之中,借张浚的举荐,顺利地进入朝廷。当张浚发现自己上当之后,他的政治生命已经走到了尽头,尽管辞职的时候向赵构留下了一句"秦桧这个家伙不够光明磊落"的话，让赵构暂时断了拜秦桧为相的念头。可是，他却忘了提醒赵鼎，让赵鼎落入了秦桧的圈套，最终步了他的后尘。

秦桧深谙人性的弱点，把张浚、赵鼎两位名臣，玩弄于股掌之间，接下来他要玩弄的对象便是赵构了。

秦桧当了宰相之后，立即露出了本来面目，公开打出与金人和议的口号。

赵鼎也是一个主战派，他恼怒秦桧的反复无常，双方就此经常发生矛盾。

王伦从金国回来了，并且还带来了金国使臣。

赵构命吏部侍郎魏矼接待金国使臣，魏矼先去见秦桧，说金人狡猾，不可轻信。秦桧却说："只要以诚相待，即使是敌人，也是可以相信的。"

魏矼冷笑道："我只怕金人不会以诚相待，到时你怎么办？"

秦桧听后恼羞成怒，竟然撤了魏矼的职，改命吴表臣去接待，直接把金使带到临安。

金国使者见了赵构，说金国愿意同大宋和好，并归还河南、陕西一带的土地，同时徽宗皇帝、皇后的棺椁和太后回归故里，条件是宋朝向金人称臣。

其实，金国开出的议和条件，在国内也遭到非议。

原来，完颜宗翰垮台后，完颜昌掌握朝政，他向朝廷提出"以地予宋，宋必德我"的主张，就是金国将地盘还给宋朝，宋朝必定会对金国感恩戴德。表面上看，完颜昌是在笼络赵构，让他做金国的傀儡，实际上，完颜昌提出这个主张，也有他的私心。他看到以前立刘豫的完颜宗翰从中得了很多好处，早就眼红了。因为最早主张立刘豫的是完颜昌，但那时候是完颜宗翰当权，结果这个好人让完颜宗翰给做了，刘豫抱了完颜宗翰的粗腿，一脚把他给踢开了，虽然刘豫也给了他不少好处，但那只是从完颜宗翰牙缝里漏出来的。现在，他主张把中原地盘还给宋朝，让宋朝对他感恩戴德，让赵构做刘豫第二。这样，有什么事，赵构就会找他商量，那么，他在朝廷中的地位就更加稳固了。

事情的发展，并没有完颜昌想象的那么顺利。

完颜昌"以地予宋，宋必德我"的主张一经提出，金国一片哗然，大家都说完颜昌是卖国贼，咱们灭了北宋，囚禁了他们的两代皇帝，占了他们的国土，两国打打杀杀这么多年了，死人无法统计，仇恨已是不共戴天，这点小恩小惠，能让他们臣服吗？再说，流血抢占来的土地，怎么能够轻易地就还给他们呢？反对之声尽管不绝于耳，完颜昌还是力排众议，将议和之事确定了。

按理说，金人主动将地盘归还给宋朝，同时还无条件归还徽宗、宁德皇后的棺椁，对宋朝来说应该是一件好事。岳飞不是一直想光复中原吗？如今不动一刀一枪，不费一兵一卒就收回了河南、陕西，应该高兴才是，结果却不是这样，除了赵构大悦、秦桧窃笑之外，竟然没有一个人叫好。

金人归还的地盘都是被刘豫占领的，伪齐在那个地盘上折腾了八年，不但战祸连年，而且还狂征暴敛，搞得那里民不聊生，荒凉一片。史书记载："东西四千里，兵祸之余，白骨未殓，几无人迹。"说得虽然有点夸张，但至少可以说明刘豫把这些地方折腾得够呛。有人说，将这样的地盘收回来，是一个负担。也有人说，要收，我们自己凭本事去收，绝对不能要他们白给，金人不是傻子，这样做一定是包藏祸心。

金人的条件是让宋朝称臣，赵构没有异议。当年他在海上漂泊时候，就曾主动向金人提出削去帝号，奉大金为正朔。他对群臣说："先帝、太后的棺椁还没有回来，母后年事已高，还在北国受罪，做儿子的实在于心不忍，所以就委曲求全，希望早日同金人达成和议。"

赵构把"孝心"当成了议和的挡箭牌和遮羞布。但反对议和之声仍然一浪高过一浪。赵构不禁有些恼火了。

赵鼎认为，群臣反对议和，言语虽然有些过激，但也是出于忠心。他建议赵构将自己的苦衷写成明诏，明发天下，反对之声便可平息。

赵构不得已采纳赵鼎的建议，发了明诏，反对之声才逐渐平息。

赵鼎内心还是不愿议和，参知政事刘大中也和他的意见相同。

秦桧力主议和，当然容不得政见不同者，便想把他们两人排挤掉。他先举荐萧振为侍御史，然后让萧振上表弹劾刘大中。

刘大中被免职之后，赵鼎闻到了某种味道，他对同僚们说："萧振醉翁之意不在酒啊！"

萧振听了赵鼎的话，也放出话来："赵大人真是个聪明人，那就不要我弹劾了，你自己主动辞职，那就是一个智者了。"

没过多久，殿中侍御史张戒上表弹劾给事中勾涛。勾涛上疏自辩，说张戒弹劾他是赵鼎主使，并诋毁赵鼎，说他内结台谏，外连诸将，有不臣之心。

赵鼎终于看清了秦桧的真面目，他也不想再斗下去了，上表称病辞职。赵构从其所请，命赵鼎为忠武军节度使，出任绍兴知府。

秦桧率同属给赵鼎饯行，赵鼎并不领情，一揖而去。

赵鼎一走，秦桧就极力主和，每次上朝，群臣都散了，他就单独留下来游说赵构，请赵构将议和的事向群臣说清楚。

赵构也是铁了心要议和，便将议和之事交给秦桧全权处理，秦桧假意推辞，最后装着无奈地接受了。

秦桧大权独揽之后，任用党羽勾龙如渊为御史中丞，掌握了言路，凡有异议者，便上表弹骇，一奏一个准，将反对议和的人逐个撵出朝廷。

秦桧在紧锣密鼓地为议和做准备，金国使臣张通古、萧哲也奉旨南下了。

这两个人得意洋洋，傲慢无礼，他们觉得自己不是来同宋朝和平交往的，而是奉了大金皇帝的圣旨，来江南传达命令的，到达临安后，要求宋朝皇帝赵构跪接诏书。

金人提出的条件，宋朝的群臣愤愤不平，纷纷上疏请愿，力劝赵构不能下跪。

赵构不以为然地说："士大夫但为身谋，向使在明州时，朕虽百拜，亦不复问矣。"意思是说，这些士大夫说得好听，其实都是在为自己打算，想给自己留个好名声，要是像当年在明州那样危急，我就是向金人下跪一百次，你们也不会说半个不字。

赵构还说，其实我也不愿装孙子呀！但不装孙子能行吗？不装孙子金人就不同意议和，两国又要兵戎相见，我委曲求全，忍辱负重地向金人下跪，也是为了国家利益嘛！最后他说，要我不跪行呀！谁有办法能既不下跪，也不惹恼金人？

话说到这份上，秦桧也乐了，反问道："是呀！你们谁有办法？"

正在大家一筹莫展的时候，给事中楼炤出了个主意，他说，金人不是要把太上皇和宁德皇后的棺椁送回来吗？原来太上皇、宁德皇后在北国，不知他们的死活，现在既然知道已经驾崩了，那皇上就有热孝在身。官员死了父母都要回家守孝三年，皇上更应该给先皇服孝。如此一来，皇上有重孝在身，就可以不见金使，不见金使，就可以不下跪。

这是一个皆大欢喜的点子。

赵构便以为老爸赵佶守丧为名，让秦桧暂摄国政，以总领百官的宰相身份，代替他向金使下跪。

秦桧很乐意这个差事，反正是跪惯了，给谁跪不都是跪吗？何况这一跪是一次具有历史意义的一跪呢！

秦桧这一跪，金人没有异议，国人却不答应了。

当秦桧让曾开起草国书，国书中自称是金国的藩属。曾开拒不执行命令，并以请求解职表示抗议。

枢密副使王庶给赵构上疏说："陛下何苦不念父母之仇，不思宗庙之耻，不痛宫闱之辱，不恤百姓之冤，逆天违人，以事夷狄乎！"

王庶的这番话，措词激烈，痛快淋漓，说赵构向金人称臣，就是不忠不孝，不仁不义；忘记了父母客死他乡的深仇大恨；忘记了亡国灭种的丧家之痛；忘记了姐妹为人婢妾的奇耻大辱；忘记了铁蹄踏处尸骨如山的百姓冤屈，是"逆天违人"之举。

朝中几十位大臣如张焘、晏敦复、魏矼、李弥逊、尹焞、梁汝嘉、楼炤等都联名上书，反对讲和，反对向金人称臣。

枢密院编修胡铨上书，更是将秦桧骂得个狗血淋头，并请求斩王伦、秦桧、孙近以谢国人。胡铨的奏疏在当时是一篇名文，连金人都出千金买这份文稿。

秦桧看了胡铨的奏疏，气得七窍空生烟，一怒之下，亲自上表弹劾胡铨，说他狂妄凶悖，鼓动百姓闹事，应处以重刑。

赵构听信秦桧的谗言，下诏将胡铨除名，发配昭州。

朝中大臣纷纷上书解救胡铨，秦桧迫于压力，改命胡铨监广州盐仓。

宜兴进士吴师古并没有被秦桧的淫威吓倒，继续上书反对议和，秦桧将他流放到袁州。

李纲在福州，张浚在永州也先后上疏，请求朝廷拒绝议和。

岳飞在鄂州也向朝廷上书，反对议和，他说："金人不讲信用，不能依靠议和来解决问题，宰相监国不力，恐怕要被后人耻笑。"这话挑明了，是指责秦桧。

秦桧看了岳飞的奏疏，对岳飞恨得咬牙切齿，从此恨上了岳飞。

祖坟被人挖了

绍兴九年（1139年）正月，宋金正式达成和议，这是宋金第一次"绍兴和议"，和议达成之后，赵构下诏大赦天下。

按照议和协定，河南、陕西等地要归还宋朝。赵构命七路使臣带着人马去收复失地，在收复的这些土地中，西京河南府一带归岳飞管辖，岳飞似乎不满足于这些，上疏力谏继续北伐，他在奏疏中说："愿策全胜，收地两河，唾手燕云，终欲复仇报国，誓心天地，尚令稽首称藩。"意思是虽然把西京收回来了，但绝对不能满足，我还要把黄河以北原属宋朝的土地收回来，复仇报国，让金人向我们磕头称臣。

秦桧看了岳飞的奏疏，更是恨得咬牙。

赵构也很犯难，岳飞如果真的打过黄河去，就违背了同金人的协议，如此一来，宋金又要打仗了，这是赵构最不愿意看到的事情，他不想打仗，他要的是苟且偷安。为了防止岳飞打乱了他的计划，他下诏升岳飞开府仪同三司。

开府仪同三司是个从一品的官衔，在当时的文官官阶中排第一。

赵构的意思是：岳飞要收复中原，不就是想邀功请赏吗？现在提前把报酬给你，你就不要再添乱了。

岳飞不但不理解赵构的一片苦心，反而觉得自己很冤，向朝廷上疏，说他并不是为了升官发财，收复中原，夺回燕云，直捣黄龙，才是他的志向。于是上表说：无功不受禄。

赵构见岳飞不受封，干脆把话说死了，这个官是朕给你的，要也得要，不要也得要。

皇上封官，臣子不要，推来推去，恐怕算是一件怪事了。

范如珪因金人已经将河南归还给南宋，上疏请朝廷应该派人前去参拜皇陵，以慰祖灵。

赵构于是命大宗正事赵士褭和兵部侍郎张焘到河南去修缮祖宗的陵墓。

修缮祖陵本是一件好事，秦桧却有些不高兴，他不是反对祭扫陵墓，而是责怪范如珪这个人。他怪范如珪不该越过他这个宰相，直接向赵构奏事，夺了他的功劳。就因为这件事，范如珪被免了职。

岳飞因赵士褭修缮皇陵要路过鄂州，上表请求亲自率领轻骑作为随从，跟随赵士褭修缮皇陵。秦桧担心他有什么小动作，请旨驳回了岳飞的请求。

河南那些皇陵，历经多年战火后，据说还被刘豫洗劫一空，变成了碑石残破、野草丛生的废墟。

绍兴九年六月，赵士褭和张焘修缮陵墓之后，回到临安复命。当赵构问起皇陵的情况时，张焘悲愤地说："万世不可忘此仇！"

赵构并不傻，尽管张焘没有介绍皇陵的情况，但从他的态度上，也料到了皇陵是一个什么状况。史书记载他当时的反应是"默然"，也就是无话可说。

除了苟且偷安，赵构似乎什么也不在乎了，"默然"可能是他最好的选择。

秦桧却恨张焘说出这种话，马上把他贬为成都知府。

后来，保平、靖难军节度使、开府仪同三司、四川巡抚使吴玠去世，前宰相李纲在福建去世。

吴玠去世以后，蜀人因他保卫国土有功，立祠纪念他。

李纲忠义凛然，闻名遐迩，但他在金国的威望似乎比在本国的威望要高，宋朝的使臣每次出使金国，金人都要问，李纲的身体还好吗？赵构虽然也说李纲有大臣风度，但罢相之后，并没有再用李纲，见贤而不举，却专用小人，这是赵构的悲剧，也是李纲的悲剧，更是南宋的悲剧。

十八　刘锜吹响了抗金号角

金国内乱

天上不能掉馅饼，世上没有免费的午餐。完颜昌提出"以地予宋，宋必德我"的主张，虽然有那么一点点私心，但他也并没有傻到白送的地步，何况这项决策最后还要得到金主的批准。金人将土地归还给南宋后，一直在索要回报，而且价码还在不断变化，为此，宋金两国闹得很不愉快。

赵构担心煮熟的鸭子飞了，苟且偷安的日子不能维持，特地派和事佬王伦再次出使金国，就和议的一些事情进行磋商。

代理刑部侍郎陈橐再次上疏反对和议，不但遭到一顿训斥，最后连官也丢了。

秦桧得到重用之后，大权独揽，意气风发，一心盼望王伦出使金国，能将一切事情搞定，到时候，他这个议和功臣就坐待封官拜爵了。谁知此后发生的事情，让秦桧叫苦不断，也让所有的人大跌眼镜。

完颜昌送地和谈的主张遭到许多女真人的坚决反对，之所以最终能获得通过，是因为有完颜宗磐鼎力相助，完颜宗磐是宰相，他的话算得上是一言九鼎，有了他的支持，其他人干咬牙，没办法。不幸的是，这一对黄金搭档，先后走上了末路。

完颜宗磐有个对头，就是太傅完颜宗干，两人势同水火，完颜宗磐甚至在朝堂上当着完颜亶的面，拔刀要干掉完颜宗干。

完颜宗磐之所以如此嚣张，是因为他是金太宗的长子，按他的想法，金太宗死后，皇帝这把交椅应该由他来坐，轮不到完颜亶在那里指手画脚，时间越长，这种想法越强烈，于是就有了弑君篡位的想法。据说他曾同完颜昌密商过这件事。

完颜亶沉浸于汉族文化，对汉族的帝王之术颇为推崇，他也照葫芦画瓢，在各个部门和一些权臣身边布满了眼线，完颜宗磐与完颜昌篡弑的阴谋还没有发动，完颜亶便得到了消息，他以赐宴为名，拘捕了完颜宗磐，安了个"谋反"的罪名，杀了他。

完颜昌因有拥戴之功，加之他是都元帅，手握兵权，逃过了一劫。但死罪可免，活罪却难逃。完颜亶下诏，免去完颜昌都元帅的职务，调离汴京，前往燕京出任行台左宰相，当时的行台右宰相是宋朝降臣杜充。

朝廷做出的处罚决定让完颜昌非常生气，他认为自己是开国功臣，佐命元勋，与杜充这个降奴做同事，是对他极大的侮辱。如果仅仅是发发牢骚，这件事也就罢了，可是，完颜昌却犯了一个大错，为了表示不满，他竟然逃离金国，投奔南宋。

本来，完颜宗磐事件之后，完颜亶对宋金议和的决策重新进行了审视，怀疑割地议和是完颜昌、完颜宗磐两人的阴谋，完颜昌向南宋暗送秋波。

完颜昌这一逃，等于是不打自招，金国上下就确信完颜昌叛国了。没有跑多远，追兵就赶到了。

追兵带来了完颜亶的手令：杀无赦。

完颜昌死了，完颜宗弼上位，掌握了金国的兵权。

完颜宗弼是金太祖皇帝的四太子，金国第一名将，原本是一个激进的主战派，因为在黄天荡被韩世忠困锁了几十天，差点连命都留在了江南，后来又被吴玠在川陕杀得大败，割掉胡子后才逃脱。从此，他的心里便蒙上了一层阴影，私自认为，宋朝的皇帝虽然都是孬种，带兵的将军却不好惹，特别是韩世忠、岳飞、吴玠，都是几个狠人。因此，他才倾向于议和，对割地议和投了赞成票。

完颜宗弼议和，同完颜昌议和的目的不一样，完颜昌很大种度上出于私心，那个"宋必德我"的"我"是他自己，他希望议和以后，赵构能够像刘豫孝敬完颜宗翰那样孝敬他。完颜宗弼的德"我"完全指的是大金国，两国议和，仗就不用打了，大金国作为宗主国，岁岁接受南宋的进贡。

完颜昌外逃事件之后，完颜宗弼有理由认为，宋金议和，从头到尾就是一个阴谋。于是，他就有了废除和议的想法，但这是两国的外交大事，一纸盟约不能说废就废，总得要有个借口。正在这个时候，南宋的使臣王伦到了河间府。

战火重燃

王伦到达金国，正好遇到金国发生内变，完颜宗磐和完颜昌精心策划谋权篡位，不幸泄密，完颜宗磐被杀，完颜昌企图投奔宋朝，被追兵所杀。他到河间府之后，金人便把他软禁起来了。在金人的眼里，王伦不是使臣，而是间谍，间谍的待遇就是接受审讯。

王伦坚决否认同完颜宗磐和完颜昌有什么勾结，他说，金国使臣张通古、萧哲出使宋朝，许诺归还先帝棺椁和河南、陕西土地，这件事天下皆知。他来金国，就是来协商这件事情。

负责审讯王伦的是一个名叫绍文的人，他质问道："尔江南国主，但知有元帅，岂知有上国朝廷焉？"

元帅是金国最高的军事长官，完颜昌被诛之前是元帅，完颜宗弼是副元帅。这里，绍文责备赵构眼里只有元帅，没有金国皇帝，这就给赵构安了一个藐视国主的罪名。作为间谍的王伦，顺理成章地被金人拘押在河间府。

完颜宗弼拘押王伦后，提出要修改盟约，主要内容是：一是奉金正朔，南宋取消绍兴年号，改用大金的天眷年号。如果奉金正朔，宋朝就变成了金国的一部分。古代，表示臣服的标志就是奉正朔。二是岁贡，即每年宋朝向金国进贡三千两黄金。

奉金正朔，就是要从心理上摧毁汉人的尊严。建炎年间，赵构在逃亡途中，曾主动向金人说过愿奉金正朔。但现在不是建炎年，而是绍兴年，宋金形势发生了很大变化，金人并没有绝对优势能打败南宋，所以这一条，宋朝绝不会答应。

中国是一个贫金国，古代的货币主要是铜钱、铁钱，黄金不是货币。靖康之变，金人将宋朝的国库洗劫一空，连民间的黄金、白银也都像刮地皮一样搜刮得一干二净，三千两黄金对于南宋来说，是一个天文的数字，即使赵构、秦桧想给，他们也拿不出来。

完颜宗弼要的就是这个结果，南宋不能满足他的条件，他就有了毁约的借口。

副使蓝公佐返回南宋，带回了金人提出的苛刻条件，同时还带回了赵构的皇后邢氏病死五国城的消息。

赵构采纳秦桧的建议，提拔秦桧的党羽莫将为工部侍郎，担任迎护棺椁及奉迎两宫使。莫将动身去了金国。

金国提出的修改议和的条件，宋朝不能答复，也没法答复。于是，金国就有了向宋朝开战的借口。完颜昌死了后，金人之所以要急于开战，是因为他们担心南宋会逐渐强大起来。完颜宗干就说："赵构蒙再造之恩，不思报德，妄自鸱张，所求无厌，今若不取，后恐难图。"

完颜宗弼则更是道出了他的担心："宋若败盟，任贤用众，大举北来，乘势撼中原人心，复故土如反掌，不为难矣！"

完颜宗弼的话可算是一针见血，南宋怯懦的原因在于不能选贤任能，专用奸佞小人，如果能任贤用众，大举北伐，收复故土易如反掌。

所以，完颜宗弼说，不能给宋朝喘息的机会，必须狠狠地打，打得他们跪地求饶，这样才能一仗定千古功业。"能敢战者方可言和"，只有把宋朝彻底打趴下了，两国才能相安无事。

可惜，宋朝的几代皇帝不懂得这个道理。金兵来了，他们只知道乞和，不敢言战，未战先示弱，除了挨打，还是挨打。

金主完颜亶于是下诏，对宋朝开战。

完颜宗弼在祁州元帅府举行大规模阅兵式，宣布出兵攻宋。

宋金之战再次爆发。

金人此次南侵，仍然采用分路出击，一路由完颜宗弼率领，自黎阳出兵，直扑河南；一路由完颜杲率领，自河中出兵，直扑陕西。

南宋自从与金人达成和议之后，基本上是刀枪入库，马放南山，刚刚归还的河南、陕西不设防，国门向敌人是敞开的。更可怕的是，各地守城的宋将，大多都是伪齐刘豫的人，刘豫当了八年傀儡皇帝，这些人似乎对金人的感情比宋人深，金军一来，宋将基本上就是大开城门，根本就不抵抗，有的甚至还敲锣打鼓地迎接金兵进城。

女真人虽然很野蛮，但同汉文化打了多年交道，也学会了攻心战术，对于那些不抵抗的州县，特别是敲锣打鼓欢迎他们进城的，竟然也做到秋毫无犯。所以，金兵南侵之后，越州过县，一路长驱直入，没有遇到强有力的抵抗。

完颜宗弼自黎阳出兵，直扑河南，一路势如破竹，东京留守孟庾，南京留守路允迪，大开城门，不战而降。代理西京留守李曹利干脆弃城而逃，将西京拱手相让，河南再次沦陷。

完颜杲自河中直奔陕西，进入同州，永兴军不战而降，陕西州县相继沦陷，金兵占据凤翔，打得也是顺风顺水。

赵构得知金兵来犯，气得大骂："兀术不道，戕杀其叔，举兵无名，首为乱阶。"意思是完颜宗弼不讲道义，害死了自己的叔叔完颜昌，攻打宋朝，出师无名。骂只能解气，不能解决问题，赵构便设下重赏："将帅军民，有能擒杀兀术者，见任节度使以上，授以枢柄；未至节度使以上，授以节度使。高官者，除使相，见统兵者仍宣抚使。余者仍赐银绢五万两匹，田一千顷，第一区。"

意思是，谁擒拿或杀死了完颜宗弼，现在居官节度使的，授枢密使之职。这是宋朝最高的军事长官，自宋朝开国时起，这个官只能由文官担任，连副使都不能是武官，仁宗皇帝时期，为了表彰名将狄青之功，曾破例授予枢密副使之职，反对之声铺天盖地，狄青在副使的椅子上没坐多久，就被拉下来了。为了完颜宗弼，赵构不惜再次破例。如果是文职高官的，授予相职，统兵大将，授予宣抚使职位，还有白银、土地、住宅等等。

重赏之下必有勇夫，这是一句屡试不爽的格言，金兵攻宋经过一段蜜月期后，情况就急转直下了。不过，这不是重赏之下必有勇夫这句话起了作用，而是南宋的将领中，原本就有一些铮铮铁汉，他们的血液里流淌着一种永远不屈的精神，只是由于受到赵构的压抑，没有表现的机会。

赵构痛恨完颜宗弼，迁怒于金军，宋将获得了一次同金兵一较高下的机会。

吴 在陕西给完颜杲上了一课

完颜杲占据凤翔后，继续南下，遭到了宋军的顽强抵抗。

金人攻占了凤翔，四川宣抚使胡世将在河池召开了一次军事会议，商量应敌之策。参加会议的人有吴璘、孙偓、杨政、田晟等，会上，就战与退的问题，发生了激烈的争吵。

孙偓说河池不可守，杨政与田晟也要求退守险要，看到这些人贪生怕死的样子，吴璘愤然而起，他大骂他们软骨头，论罪当斩，并表示誓与河池共存亡，同金兵战斗到底。

吴璘是名将吴玠的弟弟，其斗志绝不输于哥哥吴璘。

胡世将根本就不是一个贪生怕死的人，听了吴璘之言，拍案而起，发誓要死守卫河池，并调兵遣将，分守渭南各地。不久，他接到命令，让他移兵蜀口，陕西各路军马的指挥权交给吴璘。

吴璘成为陕西的最高军事长官，立即派统制姚仲等人进兵石壁寨，途中同金兵打了一场遭遇战，姚仲率先冲入敌阵，将士们三军用命，金兵突然遭到猛烈攻击，立即溃不成军。

完颜杲再命鹘眼郎君率领三千精骑，抄小道攻打吴璘。

吴璘早就料到有这一招，命令统制李师颜埋伏在死人谷，杀得鹘眼郎君几乎全军覆没。

完颜杲率兵前来报仇，在百通坊同姚仲展开决战，照样是铩羽而归，只好退到扶风，筑城驻守。

吴璘率兵攻打扶风，三战三捷，斩杀完颜杲三员大将，小头目不下百人。逼得完颜杲退回凤翔，不敢南进。

破釜沉舟

完颜杲在陕西进攻受阻，完颜宗弼在顺昌也碰到了狠人，这个人就是东京副留守刘锜。

刘锜是南宋新任命的东京副留守，他率领自己的部下从杭州出发，日夜兼程，拼命地赶路，本想赶在金兵的前面进驻汴梁，进入顺昌境内，得知完颜宗弼几乎在没有任何阻挡的情况下就占领了汴梁，并且还在继续南下。他立即率兵赶往顺昌城。

顺昌北控颍水，南有淮河，东连濠州、寿州，西接蔡州、陈州，控扼通往汴梁的通道，是屏蔽淮河的重镇，也就是说，顺昌的得失，对当时整个战局有很大影响。

刘锜到达顺昌后，向知府陈规了解城中粮食储备情况，当得知粮草充足后，心中便踏实多了，准备坚守顺昌，抗击金兵。然而，当他检查城中守备时，却又冷了一大节。

原来，南宋实行不抵抗政策，顺昌城的城防设施非常糟糕，城墙垮塌，无险可守。将领们心生怯意，打起了退堂鼓。他们说，朝廷派咱们守汴梁，汴梁竟然被金兵占领了，这个任务就无法完成，他们劝刘锜退保江南。

刘锜听到这些，怒火中烧，正待发作，有一个人率先站出来说话了。这个人叫许清，绰号夜叉，他大声喝道："太尉奉命镇守汴梁，将士们扶老携幼而来，一旦退避，这些随军的家属怎么办？丢下他们不管吗？如果带着他们后撤，金兵马上就要到了，我们走得掉吗？"因此，他建议："与其听人宰割，不如奋力一搏。"

刘锜听罢大喜，大声说，我也是这样想的，我们这支队伍，本来应该去镇守东京，现在东京丢了，金兵又大举南下，我们就要守住顺昌，挡住金兵。他大声宣布："谁再敢言退，定斩不饶。"

刘锜这个人很不一般，他为了表示有进无退的决心，下令凿沉了所有船只。

刘锜率领的部队也不一般，是王彦建立的"八字军"余部，这支部队有勇猛善战的光荣传统。由于八字军出身于义军，在南宋的境遇不是怎么好，常受到正规军的歧视，这次刘锜决心在顺昌大干一场，全军上下也都憋足了劲，人人都投入到备战中，连随军家属们都帮着磨刀擦枪，决心要打一个漂亮仗，让那不可一世的金狗尝尝宋军铁拳的厉害。

刘锜下令把伪齐战车的辕埋在城上加固城墙，在城墙外修筑羊马垣，将城外的居民迁进城内，并放火烧掉城外的房屋。忙活了六天，才使城防初具规模。

一路势如破竹的金人，并没有把顺昌城放在眼里，一队骑兵在城外转悠，说说笑笑，名义上是侦察，实际就像游山玩水，因为根据他们的经验，要不了多久，守城的宋军就会开城迎接他们，没想到这次等来的却是八字军的伏兵。两名侦察兵被活捉了。

刘锜亲自审问这两个俘虏，第一个被审问的俘虏嘴巴很硬，一句话也不说，刘锜一声令下，砍下了他的头。剩下的俘虏名叫阿黑，见同伴被杀，顿时吓得尿了裤子，不等刘锜提问，就将金军的秘密全部说了出来。

刘锜掌握了金军的情况，当天夜里，派了一千余人的精锐部队，急行军三十里，偷袭了驻扎在白沙窝的金兵营寨。

驻扎在白沙窝的金兵主将叫韩常，他做梦也没有想到宋军会在这个时候夜袭军营，仓猝应战，难以抵挡宋军的猛烈攻击，加之天黑，不知来了多少宋军，丢下数百具尸体，仓皇而逃。

宋军虽然打了胜仗，接下来的形势却越来越严峻，因为金兵在源源不断地开过来。

后来，金军的三路都统葛王乌禄率领三万金兵来攻城。刘锜却命令大开城门，乌禄等人却不敢进城。

猛然间，城楼上一声鼓响，箭如飞蝗般向金军射来。别看两军离得较远，宋军用的是神臂弓和硬弩，射程远，冲伤力大，相比之下，金兵的弓箭就要逊色多了，虽然也回以颜色，可箭根本就射不上城墙。金兵纷纷中箭落马，只得后撤。

刘锜见金军阵脚已乱，命宋军趁机杀出城，金军立即就溃不成军，自相践踏，死者不计其数，八字军痛痛快快的大杀一场，大胜而归。

刘锜并不固守孤城，当时正好连日阴雨，夜黑如墨，他派出一个五百人的敢死队，由阎充带领，夜袭金营。宋军突入金营后，见到前额剃成秃瓢、脑后拖着大辫子的女真人，每当电光一闪之际，搂头就是一刀，闪电过后，就躲在暗处不动，杀得金兵疑神疑鬼，见人一顿乱砍，结果是自相残杀，等到天亮一看，原来是自家人杀自家人，而且已经杀得尸横遍野。

连续的夜袭，吓得金兵彻夜难眠，弄得筋疲力尽，乌禄只得一退再退，并派人向坐镇汴梁城的完颜宗弼送去了告急文书。

妙计迭出

完颜宗弼听说前军战败，亲自率十万大军前来支援。

骁勇的八字军将领中也有害怕的，建议刘锜乘着连打胜仗的余威，迅速撤军，赶在金军大队人马到来之前撤回江南去。

这不能怪八字军胆小，因为两军的人数相差太大，宋军满打满算只有一万七八千人，除去不能打仗的家属，能够上阵打仗的只有五六千人，而金兵却是十万人。

如果简单地以人数论胜负，那很多战争都可以不打了。事实往往不是这样，当奇迹出现的时候，蛇也能吞象，古代这样的战例确实不少。

刘锜是一个很能打仗的将军，他对战局进行分析后表示：敌军近在眼前，宋军撤退，金兵必须尾追而至，想安然撤退几乎是不可能。顺昌失守，两淮就失去屏障，金兵就会长驱直入，进军江南。他认为，只有合全军之力，背城一战,才能死里求生。

完颜宗弼抵达顺昌,将韩常痛骂了一顿。韩常委屈地说:"南朝用兵,非以往可比,对方主将刘锜,不按套路出牌,让人防不胜防,元帅同他交手的时候,就知道厉害了。"

完颜宗弼不以为然,如果顺昌城内是韩世忠、岳飞、吴玠这几个刺头,他倒要掂量掂量,刘锜是谁?从来没有听说过,仅属于无名之辈罢了。

为了以少胜多,刘锜奇计迭出,他挑选了两名胆大心细的小校,对他们说,你们装扮成侦察兵,一路北上,见到金兵后拨马就跑,然后假装从马上摔下来,让金兵捉去。敌帅如果问我是一个什么样的人,你们就说:"边帅子,喜声色,朝廷以两国和好,使守东京,图逸乐耳。"

刘锜为什么要自污让别人说他是个贪图安逸的好色之徒呢?道理很简单,他是在麻痹敌人,让敌人认为他只会贪图安逸,不会带兵打仗,然后出其不意地给敌人致命一击。

两名小校依计而行,果然在半路上被金兵活捉了。完颜宗弼亲自审问了这两名小校,他们也真的按刘锜的吩咐,说刘锜除了声色犬马之外,什么也不会。

完颜宗弼还真的信了这番鬼话,下令留下鹅车、炮具一类笨重的攻城武器,轻车简从直扑顺昌城。

接着,刘锜又施了一招激将法。派部将耿训给完颜宗弼下战书。

完颜宗弼不相信刘锜这个花花公子敢向他下战书,轻蔑地对来使说:"刘锜敢向我下战书吗?"

耿训阴笑地说:"刘太尉不但敢约战,而且他还知道四太子胆子小,不敢过淮河,特地在淮河上给你搭了五座浮桥,让你过河之后再决战。"

完颜宗弼气得嗷嗷直叫,让耿训回去告诉刘锜,说他绝不让刘锜失望。

刘锜使的第三招更绝:投毒。

刘锜趁夜派人到颍水,在上游水草茂盛的水源地下毒,并告诫自己的士兵不要饮河里的水。第二天黎明,就在颍水上建五座浮桥,让敌人渡河。

那时正是盛夏,天气酷热难耐,金军过河,人马免不了要喝水,人中毒就病,马中毒就死。

完颜宗弼还不知道中了刘锜的暗算,只管渡河临城,列阵以待。他看到顺昌低矮简陋的城墙,不可一世地对众将说:"彼可以靴尖趯倒耳!"意思是说,他只用靴子尖就可以将城墙踢倒,看来,完颜宗弼认为顺昌城墙是用豆渣做的了。

并当场宣布,明天早晨到顺昌城喝酒,城中的钱财、女人,谁抢到了归谁,所有的成年男人,统统杀掉。女真人听完主帅的话,眼冒绿光,狂笑不已。他们如果知道前面就是陷阱,笑容一定不会那么灿烂了。

次日,金军前来挑战。刘锜以逸待劳,按兵不动。等到天过午时,天气稍微凉快一些,刘锜才派出数百人出西门同金兵交战。

完颜宗弼站在山坡上,见出城的宋军人数少,并不在意,命令前军接战。

西门的宋兵出城不久,南门内突然冲出数千兵马,这支人马冲出城后,不喊不叫,拿着大刀板斧,一个劲地乱砍,完全是一种拼命的打法。统制赵撙、韩直率兵奋勇当先,身中数箭,仍然死战不退。

完颜宗弼见宋军锐不可当,只得派出战无不胜、所向披靡的三千铁浮屠精锐部队。

"浮屠"就是塔,"铁浮屠"也就是铁塔。为何要将这支部队称为铁浮屠呢?因为这支部队的士兵都是头戴铁盔,身穿铁甲,连脖子都有铁片护颈,马匹也被铁甲包裹,从上到下,浑然一体,就像一座铁塔,所以称之为"铁浮屠"。铁甲兵是三匹马为一队,用绳连在一起,简直就是无坚不摧。

更要命的是,"铁浮屠"只进不退,攻势凶猛。

只进不退的原因是,铁浮屠后面跟着拒马,前进一步,拒马也跟着前进。

拒马是用木头削成的尖木桩,削尖的那头对准敌方,如果对方的骑兵冲过来,正好刺破马的肚子,所以叫拒马。

完颜宗弼使用拒马督战铁浮屠,铁浮屠就成了有进无退的敢死队。铁浮屠屡战屡胜,从来没有失败过,因此,金人称铁浮屠为常胜军。

刘锜显然是有备而来,见铁浮屠出来了,派出了敢死队。

敢死队三人为一组,一人在前,两人随后,成三角队形前进。前面一人左手持盾,右手拿长刀,后面两人一人手持钩镰枪,一人手持开山大斧。

铁浮屠从人到马,全身都是铁甲,几乎刀枪不入,但有一个部位包不住,这就是马蹄,马蹄不能包铁皮,包了就不能行走。

宋军的敢死队似乎不惧铁浮屠,迎着铁浮屠只进不退,前面一人左手持盾牌遮住身体,右手持长刀专砍马蹄。很显然,刘锜找到了铁浮屠的弱点。

铁浮屠是三匹马连在一起,砍倒一匹,其余两匹跟着一起趴下。马上的骑兵身穿重甲，行动不便，马倒了，人也像铁砣子一样滚落在地，想爬也爬不起来。后面手持钩镰枪的立即出手，专挑铁甲军的头盔，头盔挑落之后，另外一人举起开山大斧就砍脑袋。

敢死队连环作业，一环套一环，一气呵成。

完颜宗弼见宋军破了他的铁浮屠，气得暴跳如雷，立即亮出了第二个秘密武器：拐子马。拐子马就是轻骑兵，打仗的时候，铁浮屠居中向前推进，拐子马两翼包抄进行射杀。

宋军破了铁浮屠，士气大振，盾牌手在前面挡住敌人的进攻，保护长枪手专门招呼拐子马的马腿。拐子马失去了铁浮屠的保护，威力大减。

狂呼乱喊的军队固然能壮声势，沉默不语的战士似乎更让人胆寒，这些憋足了劲的八字军，将怒气统统地发泄在铁浮屠、拐子马的马蹄上，让金兵丧胆。

金兵挡不住杀疯了的八字军，退潮般地溃不成军，地上留下了五千多具尸体，还有倒地不起的铁浮屠和拐子马以及无数的器械。

完颜宗弼吹牛皮，说用靴子尖就可以将顺昌城踢倒，结果，顺昌城没倒，自己的人马倒下一大片。收拾残兵，还想继续再战，无奈天气突变，大雨倾盆，平地水深一尺有余，只得下令撤军，退回汴梁。

顺昌之战，阻挡了金军南下的企图，挫败了金人的锐气，是南宋少有的大捷之一，为南宋大举反攻创造了条件。

刘锜在顺昌奏响了抗金的号角！

十九　十二道催命金牌

岳家军出手不凡

刘锜在顺昌同金军展开激战，其实并没有必胜的把握，所以，他向朝廷上表告急，请求派兵支持。

赵构得知金兵大举南下，吓得惊慌失措，赶紧让人准备了几艘大船，船上装满了粮食、蔬菜及各种生活用品，随时准备出海逃命。当他接到刘锜的告急文书后，立即想到了那个不听话却很能打仗的岳飞，提笔给岳飞写了一封亲笔信，一扫过去对岳飞不冷不热的样子，对岳飞说："设施之方，一以委卿，朕不遥度。"意思是说，抗击金兵的事全权交给你了，你想怎么打就怎么打，朕无条件支持你，绝不干涉你的用兵。并且还加岳飞少保衔，授河南府路兼陕西、河东招讨使。

岳飞得知金兵大举南下，气得眼睛冒火，岳家军的将士们也都是摩拳擦掌，欲与金兵决一死战，尽管士气高昂，岳飞却不敢迈出防地一步，因为赵构警告过他："犯吾法者，惟有剑耳"。赵构手中的这柄剑，随时都能要岳飞的命。所以，尽管他心急如焚，却也只能隔岸观火虎斗，帮不上忙。

岳飞的政治嗅觉虽然不怎么灵敏，军事才能却是绝对一流，他预料，一旦刘锜抵挡不住了，入侵的金兵还得他来收拾。为此，他命令部队进入一级战备状态，只要朝廷一声令下，立即奔赴前线杀敌。果然，作战命令来了，而且还是赵构的亲笔信，更让他高兴的是，这一次，赵构允许他想怎么打就怎么打，绝不干涉。

岳飞接到命令后，一刻也没有停留，立即召开誓师大会：命令大将王贵、牛皋、杨再兴、李宝率本部人马，前去收复洛阳及汝州、郑州、颖昌、陈州、曹州、光州等，自率大部队进兵蔡州。

攻克蔡州之后，岳飞立即命令前军统制张宪、游奕军统制姚政飞兵颖昌；命令原来是北方义军首领的梁兴等人率军北渡黄河，深入敌后，联络两河义军，开辟敌后根据地。

岳家军果然是一支能战斗的军队，各支部队出发后，不久便捷报频传：张宪收得颖昌、淮宁府，郝晟收复郑州，张应、韩清收复西京洛阳，杨遇收复南城军，乔握坚收复赵州，其余众将也是顺利得胜。

岳家军的节节胜利，极大地鼓舞士气和中原百姓，震慑了敌人。

河南兵马统制李兴毅然反戈一击，响应岳飞，出兵收复伊阳八县及汝州，作为回归南宋的见面礼；河南尹李成是岳飞的手下败将，得知岳家军杀来了，吓得弃城而逃。

岳飞举荐李兴出任河南知府。

就在岳家军即将大举北伐的时候，赵构突然又变卦了，派李若虚火急火燎地赶到德安府（湖北安陆）岳飞的军营中，传达了"兵不可轻动，宜班师"的命令，意思是要岳飞停止进攻，班师回朝。

赵构做出如此混账的决定，并不是他有什么奇招妙术，而是受了秦桧的唆使。

原来，岳家军的捷报传到临安，朝野一片欢腾，但有一个人却在暗暗发愁，这个人就是宰相秦桧。恰在此时，韩世忠又收复海州，张俊部将王德又收复宿州、亳州。

宋军节节胜利，金人大震，派人给秦桧送信，责备他违背约定。

金人毁约、出兵南侵，如今又责怪南宋违约，完全是贼喊捉贼，倒打一耙。

秦桧对金人的这种强盗行为，不但不予以反驳，反而还像一个做错了事的孩子一样，愧对金人，仿佛真的是自己违约了。他想劝谏赵构重新回到谈判桌上来，但又怕遭到赵构的责骂，因为赵构派岳飞出兵时，态度非常坚决，而且还给了岳飞那么大的权力，仿佛要与金人血拼到底的样子。他实在是搞不懂赵构的心里到底是怎样想的。

秦桧是个奸诈之人，这种人的特点就是头脑灵活，反应快，眼睛一眨就是一个主意。他叫来给事中冯楫，吩咐他去奏请赵构，说金兵大举来犯，朝廷必须举兵反击，建议起用张浚，授予兵权。

秦桧用的是投石问路的招数。

冯楫按照秦桧的授意，向赵构提出起用张浚的建议。赵构似乎很反感张浚，很坚决地回答："就是亡国，也不用张浚。"

秦桧透过赵构对张浚的态度，摸清了赵构的脉搏，他的骨子里还是想议和，不想打仗，如果他铁了心要同金人干到底，就不会对一心主战的张浚如此反感。

摸清了赵构的脉搏，秦桧开始对症下药了。他先是唆使中丞王次翁等诬陷赵鼎，接着他又在赵构耳边适时地说了几句鬼话，赵鼎便被贬为清远军节度副使，安置潮州。

秦桧撵走主战派赵鼎，是在为后来的计划扫清障碍。接下来，他又举荐王次翁为参知政事，培植自己的势力。

王次翁投桃报李，反过来又在赵构面前为秦桧大唱赞歌，使赵构更加信任秦桧。

绍兴十年（1140年）七月，秦桧再次向赵构重提和议之事，这就出现了李若虚到德安府传达圣旨的事情。

决战郾城

岳家军都风驰电掣般杀向中原战场，千军万马的大兵团作战，而且是已经发动了，不是说停就能够停下来的，加之这又是一个千载难逢的战机，岳飞绝对不想就这样轻易放过，经过考虑，岳飞决定抗旨了。

李若虚曾是岳飞的幕僚，他很理解岳飞此时的心情，这时候，他作出了一个惊人的决定，对岳飞说："矫诏之因，若虚当任之"。也就是说，他把岳飞抗旨不遵的责任揽到自己身上了。

岳飞命大军留驻颍昌，派众将分路出战，自己率轻骑赶赴郾城。

战争狂人完颜宗弼也被岳家军的兵威所震慑，连忙召集众将开会商量应对之策，大家一致认为，宋军没有什么可怕的，唯独这个岳飞最难缠。可行的办法，就是引诱岳飞孤军深入，然后集中优势兵力一口吃掉他。

完颜宗弼也是一个作战天才，他从战局的变化中终于发现了岳飞的软肋：岳家军分路扫荡汴梁城的外转据点，指挥部所在的郾城兵力不多，完颜宗弼不会放过这稍纵即逝的战机，立即集结重兵直扑郾城，想一口吃掉岳家军的指挥中枢，消灭岳飞。

按常理，岳飞应该先突围以求自保，然后再寻机同金兵决战。

岳飞不是常人，他的战法也不是常人所能预料，当他看到金兵合围向他扑来，哈哈大笑地说："来得越多越好，我要趁机杀败他们，让郾城成为金兵的葬身之地，免得他再窥伺中原。"

岳飞为何有如此胆气呢？原来，郾城的兵力虽然不多，但却是岳家军中战斗力最强的亲兵背嵬军。

据说，背嵬军是韩世忠首创，后来被岳飞借鉴。"燕北人呼酒瓶为嵬，大将之酒瓶，必令亲信人负之。韩兵用以名军。"

背嵬军是亲兵卫队，选拔的都是在比武中的佼佼者，个个都是身手敏捷，勇悍异常。背嵬军的待遇也是全军之冠，就连平日同统制以下的军官见面，施的都是平等的礼节。

有这样一支见神杀神，见鬼屠鬼的百战铁军在手，面对来势凶猛的金兵，岳飞自然是胸有成竹了。

恰在这个时候，钦差大臣到郾城传达赵构的命令，叫岳飞不得轻易进军。

岳飞笑着对钦差说："金人已是黔驴技穷，找我玩命来了，我自有破敌之策，请回禀皇上，叫他不要担心，等着听捷报就是了。"

岳飞面对数倍于己的强敌，不但没有采取守势，而且还主动出击。

古代战争中有一种战法叫骂战，这种战法主要应用在不出战的敌人身上。

不出战，不是示弱怯战，就是另有所谋，从气势上，骂战一方显然占了上风。

岳飞此时采用了骂战的战法，每天派出小部队前往金营骂战。岳家军不仅是能打硬仗的军队，也是骂战的高手，他们来到金兵营前，脱掉衣服，装成泼妇骂街，骂金兵是猪狗不如的畜生，披着人皮的豺狼。

完颜宗弼见被逼入了死角的岳家军竟然敢来骂战，一怒之下，会集龙虎大王、盖天大王及将军韩常等兵，直逼郾城，惊天动地的中原大决战拉开了序幕。

完颜宗弼是金国的百战名将，他所率领的部队是金军中的精华，主力中的主力；岳飞是南宋的常胜将军，岳家军是南宋的军中之冠，是王牌中的王牌。王牌对主力，两军在郾城以南十多里处的平川之地摆开了战场。

岳飞派出的第一员战将是他的义子岳云，出战前，他给儿子下了死命令："打不赢，提头来见我。"

岳云二话没说，带领数千背嵬军出战。

岳云当时年仅二十二岁，但却是已有十年军龄的老兵，史载他"年十二，从张宪战，多得其力"。小小的年纪就随父杀敌，残酷的战争将他锤炼成一个武艺高强、少有人敌的铁汉，他臂力过人，手使一对铁锤，重达八十斤，舞动起来水都泼不进去，因为每战必胜，岳家军将士给他取了个外号叫"赢将军"。

勇冠三军的少年英雄岳云，率领如狼似虎的背嵬军，冲出城门，突入金军阵中，横冲直撞，如入无人之境，来回数十趟，像割麦子一样，将金兵砍倒一大片，生猛的女真人经不起如此沉重的打击，出现了骚乱。

完颜宗弼也杀红了眼，见自己的部队快要崩溃了，一声令下，使出了压箱底的绝活：拐子马。

对于宋军来说，拐子马已经不那么神秘，顺昌之战，刘锜就破了金人的拐子马。连刘锜都能不当回事，岳飞更不在话下了。

完颜宗弼也不是不长记性，他当然知道拐子马的弱点被宋军识破，顺昌之战以后，他对拐子马进行了改进：数量上，从原来的数千骑增加到一万五千骑；装备上，骑兵增加了铁皮罩面，只露出一双眼睛，真正做到刀剑不入。这时候的拐子马，比顺昌之敌的拐子马，威力更大，战斗力更强。

拐子马冲出之后，将岳云的马队围在当中，岳云率领他的背嵬军，抖擞精神，同拐子马队展开搏杀，无奈拐子马威力巨大，左冲右突，就是冲不出包围圈，岳云也身中数枪。

正在万分危急之际，突然，城中冲出一队藤牌军。

藤牌军是岳飞对付拐子马的专业部队，这些藤牌军左手用藤牌，右手拿麻扎刀，蹲下身，以藤牌掩蔽身体，麻扎刀专砍马腿。

刘锜对付拐子马，用的是三人为一组的战法，一人持盾牌，一人砍马腿，一人剁脑袋，岳飞的藤牌军则是一人搞定，很显然，藤牌军更灵活。

有了这样一支专业部队，金军拐子马的下场也就可想而知了。经过藤牌军的一番作业，拐子马倒下一大片。因为拐子马有一个致命的弱点，它是三匹马连在一起的，砍倒一匹，其余两匹也得跟着趴下。

岳飞见拐子马已破，指挥大军奋勇出击。

统制官杨再兴做出了一个惊人的决定，要单骑闯阵，活捉完颜宗弼。他单枪匹马，在万军丛中所向披靡，往来冲突，一人砍翻数百名金兵，虽然自己也受了几处伤，仍然是奋勇杀敌。由于宗弼身边的亲兵太多，近不得身，只得杀出重围，回到自己阵中。金兵见宋军中有如此猛将，吓得胆战心惊。

岳云率背嵬军乘势从拐子马的包围圈杀出。

金兵大败，向北逃窜。

完颜宗弼逃了一程，见宋军没有再追，才敢下令安营扎寨。清点兵马，拐子马几乎损失殆尽。咧着大嘴哭了起来，边哭边说："我的拐子马哟！自从东北起事以来，所向无敌，一路上全靠他们冲锋陷阵，这下全完了。"

别看女真人凶悍，其实很好哭，完颜宗弼这不是第一次哭了，韩世忠将他困锁黄天荡的时候，他就曾哭过好几次。

韩常耐心地宽慰他的主帅，说胜败乃兵家常事，劝他不要太过悲伤，还要想想下面的仗怎么打，要防止岳飞耍花招。

完颜宗弼虽然悲伤，心里却不服输，他认为，这次失败只不过是一场意外，因为在平原作战，女真人的铁骑从来都是所向披靡，宋军不但不敢正面交锋，连碰面的胆量都没有，除了望风而逃，还是望风而逃。他一面收拾残兵，一面从汴梁再调主力军，发誓要与岳飞决一雌雄。

第二天的战况，又让完颜宗弼碰到了意外。

完颜宗弼的骑兵拐子马没了，身边剩下的只有步兵了，他亲自率领这些不骑马的女真人杀来了。

岳飞一看乐了，素以骑兵横行天下的女真人，竟然以步兵方阵来战，看来，金人真的是输光了本钱。他立即命令王刚率领五十名骑兵冲入金兵的方阵，向金军发起猛烈的攻击。

习惯于自己骑兵纵横驰骋的金兵，似乎一下子适应不了这种打法，当宋军骑兵冲进金兵阵中的时候，他们似乎不会打仗了，或者说没有了迎战的勇气。完颜宗弼愤怒了，连杀了几名金兵，逼着金兵出击。

岳飞不顾众将的阻拦，拍马杀进了金兵阵中，左挑右刺，金兵碰上即死，擦着即伤。岳家军的四千铁骑见主帅都朝敌人的刀口上冲，谁也不甘落后，拼命杀向金兵。

金兵虽然凶悍，不想碰到了比他们更凶悍的人，几个回合下来，知道岳家军实在是不好惹，转头逃命去了。

郾城之战持续了三天，金军大败而逃。

金兵虽然在郾城吃了败仗，但其余各路兵马并没有什么损失，因为宋军除了岳家军这一路抗旨不遵外，其余各路宋军都奉命撤退了。因此，完颜宗弼仍然有能力调集兵力同岳家军一决雌雄。

经过喘息之后，完颜宗弼又调集了十二万大军进驻临颖，准备同岳飞再战。

临颖位于岳飞的指挥部郾城和王贵的指挥部颖昌之间，金兵进驻临颖的目的很明确，就是要切断岳飞与王贵两部之间的联系，然后分而击之。

岳飞当然看出了完颜宗弼的用兵意图，他也想一鼓作气，痛打落水狗，彻底将金兵打败。他以爱将张宪为主将，组织强大的突击队去打通交通线。在这次战斗中，大将杨再兴率领三百骑兵为前哨，途中同完颜宗弼的主力部队相遇，面对数不清的金兵，杨再兴毫无惧色，率领三百骑兵旋风般杀入敌阵，左冲右突，如入无人之境。

完颜宗弼见宋军来势凶猛，佯装不敌，将杨再兴引到临颖南面的小商桥，指挥重兵将这支小部队重重包围，然后让弓箭手万箭齐发。

杨再兴原是伪齐曹成的部下，英勇异常。绍兴二年，岳飞讨伐曹成，曹成命令杨再兴集三万之众与岳飞抗衡，交战中，岳飞的部将韩顺夫和胞弟岳翻均死在杨再兴的刀下。兵败之后，杨再兴匹马跃入深涧，陷入绝境，正当追兵张弓要箭杀他的时候，杨再兴大叫，愿投降岳公，放下武器走出涧，由张宪领着他去见岳飞。岳飞见他是个将才，不计个人恩怨，亲自替杨再兴松绑，劝他"以忠义报国"，杨再兴大为感动，从此追随岳飞，转战南北，成为抗金名将。

小商桥之战异常惨烈，杨再兴同他率领的三百骑全部以身殉国。

金兵虽然获胜，但付出的代价也让他们胆战心惊，除去两千余名女真人埋骨他乡外，还死了一个万夫长，百余名千夫长。

完颜宗弼和所有的金人都懵了：这还是南宋的军队吗？和这样的军队打仗，还有胜算吗？

张宪驰救不及，找到杨再兴的尸体，火化后竟烧出两升箭头。在场的岳家军无不痛哭失声，发誓要为杨再兴报仇。

张宪率领怒火中烧的岳家军，拼命地扑向金兵，金兵挡不住岳家军的冲击，以溃逃而结束战斗，张宪领兵一直追了十五里才收兵。

连战连败的完颜宗弼，不敢再和岳家军交战，带着三万骑兵、十万步军转攻颖昌，想在王贵身上捞一点便宜。

岳飞不愧为南宋名将，他虽然为杨再兴的战死悲痛不已，也密切地注视着金兵的动向，临颖之战结束后，立即派岳云去支援颖昌的王贵。他认为，完颜宗弼在临颖吃了败仗，一定要转攻颖昌，颖昌只有王贵一人把守。

岳云日夜兼程赶到颖昌，大批的金兵果然到了。完颜宗弼似乎是在拼命，在颖昌城西"横亘十余里"，声势之大前所未有，连身经百战的王贵也感到吃惊。

战斗开始了，岳云和王贵以左右两翼出击，岳云率领他的八百背嵬军冲入敌阵，横冲直撞，战斗进行得异常惨烈，岳云身中数枪，浑身是血，八百背嵬军也都是"人为血人，马为血马"。

不是金兵不能打仗，而是岳家军更勇猛、更顽强，混战中，完颜宗弼的女婿夏金吾被岳云一锤击中脑袋，红的白的溅了一地，白的是脑浆，红的是鲜血。还有副统军粘罕索及数十员战将死于宋军的刀下，五千多名女真大汉成了无头之鬼，二千余人做了宋军的俘虏。丢下的马匹、辎重不计其数。

金兵又败退十五里。

郾城、临颖、颖昌三战，都是平原野战，金兵的铁骑纵横驰骋，最擅长这种战法，而岳家军却在这几战中把金兵打得丢盔弃甲，一败再败。说明南宋不仅在步兵上占有优势，在骑兵质量上也不输于金兵。南宋完全具备了与金国全面抗衡的能力。

岳家军纵横中州大地，所向无敌，打得金兵胆战心惊，让金人发出了"撼山易，撼岳家军难"的哀叹。

朱仙镇大战

绍兴十年，注定是完颜宗弼倒霉的一年，正面战场上同岳家军交手，屡战屡败，算得上是前门失火，偏偏在这个时候，后院又在冒烟。

原来，奉岳飞之命深入到敌后的梁兴相当活跃，他联络了敌占区的多支义军，后来发展到不管梁兴是否派人前去联络，他们都打起了岳家军的旗号，说自己是岳家军的部队。一时间，黄河两岸，太行山下，放眼望去，到处都是岳家军。这些义军在金人的占领区展开游击战，在垣曲、沁水连续打败金兵，乘胜收得了怀州、卫州，成功地开辟了敌后根据地，切断了金军的进军路线。

颖昌之战以后，岳家军乘胜向汴梁挺进，先途部队到达离汴梁仅四十余里的朱仙镇，和金兵对垒列阵。将士见沦陷十四年之久的首都遥遥在望，人人热血沸腾。想到锦绣河山被金人的铁蹄踏碎，皇帝南迁，有都不能归的国耻，他们恨不得立即冲进汴梁城，将那里的金兵和金兵的走狗斩尽杀绝，以雪国耻。

大战开始了，岳飞只派出五百背嵬杀向金兵。

背嵬军奉命出战，如一阵狂风一样刮向金兵，五百铁骑，一下子就搅乱了金军的阵脚。岳飞站在阵前，见金军阵脚已乱，挺枪跃马，杀入敌阵。

岳家军本来都是一些不怕死的硬汉子，如今见主帅一马当先，谁也不甘落后，众人发一声喊，如出山猛攻虎般扑向敌阵。刻骨铭心的国耻，激发了他们的斗志，他们把满腔的愤怒集中到枪尖上，尽情地发泄到这些侵略者的身上。

猛虎发威，犬羊难存；神龙搅海，虾蟹遭殃。岳家军犹如秋风扫落叶般，时而刮向东，时而扑向西，不可一世的金兵，突然像不会打仗似的，成了待宰的羔羊，十死六七。完颜宗弼见势不妙，带领亲兵，逃进了汴梁城。

完颜宗弼败回城中后，准备整军再战，然而，他手下的将领都已被宋军杀得吓破了胆，垂头丧气，不敢言战。他只得传檄河北，调集诸路兵士。但事情的发展，比他想象的要糟得多。

原来，各支义军活跃于敌后，还只是一种表象，让金人更害怕的是，两河地区的老百姓被岳家军的节节胜利所鼓舞，都自发行动起来，支持义军。史载："父老百姓争挽车牵牛，载糗粮以馈义军，顶盆焚香迎候者，充满道路。自燕以南，金号令不行。"也就是说，老百姓自发地用牛车给义军运送粮食，顶着盆、焚着香，用这种最高的礼遇来迎接岳家军。自燕京往南，金国的号令不管用了。

不但老百姓箪壶以迎王师，就是金兵内部，也是人心动摇。完颜宗弼有一个大将叫乌陵噶思谋，是个纯正的女真人，是跟随金太祖、太宗在东北起事的三朝元老，他的部队军心动摇，要哗变，乌陵噶思谋控制不了，就跟手下的士兵说："我也不想打仗了，岳家军来了我们就投降，打不赢就投降，那是天意。但岳家军没有来，千万不能跑，跑了就是叛国，那就没命了。"

就连一直跟随完颜宗弼出生入死的大将韩常，也派人给岳飞送密信，准备投降。

完颜宗弼见四面楚歌，知道在别人的地盘呆不下去了，决定卷铺盖走人。正当他率领亲兵准备出城返回燕京的时候，被一个书生拦在马前，大声说："太子不要走，岳少保（少保是岳飞的官名）很快就会退兵。"

完颜宗弼坐在马上说："岳少保只用五百骑，就破了我十万兵，汴京的人士，日夜都盼望他到来，我不走，难道在这里等死吗？"

书生笑着说："太子说错了。从古以来，就没有权臣在内，而大将能立功于外。岳少保也不能例外，他连自己的性命都保不住了，还能够成功吗？"

史书上没有记载这个书生姓什名谁，何方人氏，但这个书生绝对是个高人，他似乎把南宋朝廷那帮人看透了。

完颜宗弼果然听了这个书生的劝告，留下来了。

岳飞此时春风得意，告诉众将整装待发，将金兵赶过黄河去，他豪气地对众将说："直捣黄龙府，与诸君痛饮。"意思是说，打到金国的老巢去，咱们再痛饮庆功酒。

然而，事情的发展急转自下，出乎所有人的意料之外，但那个书生除外。

催命令牌

岳飞率领岳家军一口气打到北宋的首都东京汴梁，上表向朝廷报捷，并请求朝廷派兵增援，直捣黄龙。谁知援兵没有等到，却等来了钦差大臣。

钦差大臣带来了赵构的命令：撤军。

临安城里，赵构看着岳飞的捷报，龙颜大悦，十多年了，自己让金兵追得上天无路，入地无门，从河南跑到杭州，又从杭州跑到福建，好几次都跑到海上了，受尽了屈辱。现在终于可以扬眉吐气了。他幻想着收复失地，做一个名副其实的中兴之主。

秦桧见赵构情绪高涨，不动声色地说："陛下真的认为岳飞能消灭金兵吗？"

赵构听了一愣，不知秦桧说的是什么意思。

"靖康之变才十多年呀！那时候的宋军，连马都骑不稳，怎么突然就如此厉害呀？"秦桧看了赵构一眼，轻声说道："陛下只是看了岳飞的奏报而已。"

秦桧这句话非常厉害，言下之意，说不定岳飞是在谎报军情。但他没有明说，而是留给赵构自己去想。

赵构无论如何也不会相信岳飞谎报军情，如果真的是那样，金军恐怕早就杀到临安了，说不定这时候自己又跑到海上去了。既然金兵没来，证明岳飞说的就是真话。

秦桧一计不成，又生一计，提醒地说："陛下还记得淮西兵变吗？还记得杜充这个人吗？"

赵构当然不会忘记淮西兵变，更记得杜充这个人。因为这次兵变，四万宋军一夜之间变成了伪军，杜充是自己极信任的人，可金兵一来，他第一个开城投降。

秦桧的话虽不多，但却让赵构犹豫了，这也就够了。

赵构思想虽然有所动摇，但还是坚信岳飞是个忠臣，绝对不会背叛朝廷，叛国投敌。

"太祖皇帝龙兴之前侍奉后周，也是个忠臣吧？"秦桧又抛出了一枚重磅炸弹。

赵构这次算是彻底地服了秦桧，什么也没有说，将岳飞的奏折烧了。

"陛下英明！"秦桧赶紧跪下说："这个仗就别打了，咱们见好就收，同金人议和，往后，就可以上太平日子了。"

赵构的诏书下达了，说中兴之机，正是议和之机，命岳飞撤军。

岳飞接到命令，实在是不解，惊问道："这是什么意思？"

钦差大臣回答："秦宰相同金人议和，已经有了头绪，所以请岳少保撤军还朝。"

岳飞实在是弄不懂朝廷的决定，气愤地说："恢复中原已经成功了七八成，怎么能中途撤军呢？"

钦差大臣也回答不了岳飞的问题，默然无语。

岳飞立即给赵构上书，说："金人锐气沮丧，尽弃辎重，疾走渡河，豪杰向风，士卒用命，正当猛进图功，时不再来，机难轻失。"

意思是说，金人的锐气丧失殆尽，连行李都扔了，一路狂奔渡过黄河往回跑，两河豪杰都投奔大宋，将士们士气高涨，机不可失，时不再来。我们要趁机收复故土，怎么能够撤军呢？

秦桧见岳飞不肯撤兵，想出了一个釜底抽薪的阴招，下令张俊、杨沂中等各路部队迅速撤军，只留下岳飞一支孤军，然后对赵构说，各路部队都撤军了，剩下岳飞一支孤军，不宜久留。

赵构也不多想，竟糊里糊涂地答应了。

秦桧得到了赵构的同意，连发十二道金牌，催促岳飞撤军。

金牌不是真的金质令牌，只是一个一尺见方的朱漆木牌，上面写有八个字："御前文字，不得入铺。"铺，指的是驿站，意思是说，金牌不能进入驿站，每到一个地方，换马不换人，每天快马奔驰五百里，将命令送达目的地。

这是宋朝传达圣旨的最高规格。

赵构发给岳飞的十二道道金牌，内容相同，字数一样："岳飞孤军深入，不可久留，速撤军，返京述职。"

十二道金牌，如同十二道催命符，岳飞如果再抗旨不遵，除了斩立决，恐怕就没有第二条路可走了，眼看着将士们用鲜血和生命换来的有利局势就要被毁去，他痛不欲生，悲愤地说："十载功劳，一旦废弃，奈何？奈何？"

岳飞虽然心有不甘，还是得下令撤军。

百姓们听说岳飞要撤军，不干了，他们成群结队地跪在岳飞的马前泣诉，说他们戴香盆、运粮食迎接官兵，这些金人都知道，你们一走，他们势必要反攻倒算，到时怎么办？百姓的下场不是更惨吗？

面对跪满道的百姓，岳飞无话可说，他把十二道金牌捧在手里，哭着对百姓们讲："你们看，这是朝廷催我撤军的十二道金牌，我食君禄，尽君事，既然奉了君命，不敢违抗圣命在此逗留。"

百姓们听了岳飞之言，哭声震野。

面对中原百姓，岳飞这个铮铮铁汉，竟然像小孩子一样痛哭失声。并当即作出决定，暂缓五天撤军，愿意随军南撤的，就赶快收拾东西，随大军一起走。

为了麻痹敌人，岳飞一面派人四处放风，说要攻打汴梁，一面掩护百姓向南迁移。

岳飞的这一举动，总算是替南宋偏安小朝廷挽回了一点民心。

完颜宗弼也是百战名将，当他得知岳飞撤军的时候，乘势率兵追杀。

岳家军为了掩护南迁的老百姓，无心恋战，这样一来，在撤退之中，损失惨重。岳家军原来收得的州县，又被金军重新夺了回去。

十年之功毁于一旦，重振江山社稷的机会被迫轻易地放弃，岳飞怒发冲冠，仰天长啸，却又无何奈何，激愤之下，写下一首流传千古的《满江红》：

怒发冲冠，凭栏处、潇潇雨歇。抬望眼、仰天长啸，壮怀激烈。三十功名尘与土，八千里路云和月。莫等闲、白了少年头，空悲切！

靖康耻，犹未雪。臣子恨，何时灭？驾长车踏破、贺兰山缺。壮志饥餐胡虏肉，笑谈渴饮匈奴血。待从头、收拾旧山河，朝天阙。

二十　千古奇冤风波亭

柘皋之战

岳飞班师之后，一气之下向朝廷写了辞职报告，请求回庐山给母亲守孝。

赵构当然不会答应，因为和议还没有搞定，万一金兵杀过来怎么办？

岳飞见辞职报告卡壳了，从庐州赶到临安求见赵构。赵构问了一些战况，并好言抚慰岳飞。岳飞叩头拜谢，对自己的战功只字不提，退朝后，静候王命去了。

秦桧完成了命岳飞撤军的阴谋后，命令韩世忠等人收兵还镇，又将秘阁修撰张九成、喻樗、陈刚中、凌景夏、樊光远、毛叔度、元盥等几个反对议和的人先后撵出临安。他所做的这一切，都是在为议和做准备。

从绍兴十一年（1141年）正月开始，完颜宗弼就一直在折腾，他调集十万大军南下，欲再次饮马长江。

完颜宗弼南侵，并不是想一口吞灭南宋，因为他心里很清楚，凭宋金双方的实力，谁也别想吃掉谁。他之所以再次出兵，就是要为此前的惨败找回一点面子，也为此后和谈增加一点本钱。不过，他这次南下，变得更务实了，吃柿子捡软的捏，选择南宋防守相对薄弱的淮西为突破口。

大将撒离喝奉完颜宗弼的命令攻打泾州，遭到宋军的顽强抵抗，久攻不下，转攻庆阳、河东。南宋经略使王忠植率兵增援庆阳，叛将赵惟清临阵发难，活捉了王忠植，将他押送给金军，王忠植坚贞不屈，拒不投降，被金军砍了脑袋。庆阳孤军无援，陷入敌手。

完颜宗弼得知撒离喝在庆阳得手，亲自率军攻克寿春，准备渡过淮河进入庐州。

赵构得知金兵再次南下，诏命张俊、杨沂中驰救淮西，岳飞进驻江州，并命令韩世忠、刘锜率军接应。

淮西宣抚使张俊出兵之前，赵构在临安召见了他。刚一见面，赵构并没有问战事，而是问张俊是否读过《郭子仪传》，张俊似乎对《郭子仪传》没有兴趣，照直回答不知道，更没有读过《郭子仪传》这本书。

读没读其实并不重要，赵构要的只是一种效果，可惜张俊有点榆木，没有领会到赵构的意思就脱口而出了。赵构见张俊没有理会到自己的意图，只好亮出底牌，对张俊说："郭子仪身处乱世，虽然手握重兵，却一心一意听朝廷的话，只要是朝廷的命令，从不推诿。所以，他的子孙后代都能享受高官厚禄。你现在也带了不少兵，但要知道，这些兵是朝廷的，不是你的私家军，你要好好地向郭子仪学习，将来，你的子孙也会有享不尽的荣华富贵。"

张俊并不傻，听到这里，惊出了一身冷汗。

赵构话锋一转，接着说："如果有人仗着自己手握重兵，轻视朝廷，将圣旨当成耳边风，不但他的子孙没有福享，恐怕连他自身的性命也难保全了。"

赵构之所以找张俊说这番话，是有他的深意的。因为当时南宋的部队，似乎带有半私人的性质，连名字都是"岳家军"、"韩家军"、"刘家军"什么的，这让赵构感到很别扭，想想就有些不舒服。在现任的几位大帅中，吴璘在川陕，离朝廷太远，鞭长莫及，眼前的三大帅中，岳飞的兵力最强，也最不听话，而且还有公开的抗旨行为；韩世忠是主战派，见了金兵便热血沸腾、跃跃欲试，还曾企图伏击金国使者，幸亏发现得早，没有酿成大祸，但也让赵构惊出了一身冷汗；张俊虽然也反对议和，但并没有异常举动，加之这位张大帅功劳不及前两位，所以，赵构就选择张俊为突破口。

果然，张俊终于领会了赵构的意图，再也不敢反对议和了，在此后的很多事情上，积极地同赵构、秦桧配合，充当了帮凶的角色。

赵构虽然没有雄才大略，但心眼并不差，通过威逼利诱，成功地分化了三大帅，为后面将要实施的计划做出了铺垫。因为目前的局势，还不允许他立即收回兵权，当务之急是要把已经杀到家门口的敌人赶走，以解燃眉之急。

南宋最先出动的军队是驻扎在太平州的刘锜,随后赶到的是张俊的部将王德,淮北宣抚副使杨沂中。

面对云集的宋军,已经攻占庐州、和州正在那里大势抢掠的金兵,立即收缩兵力,集中在柘皋镇,准备在这里同宋军大干一场。

柘皋东临石梁河,地势一马平川,这样的地形,最适合女真人的铁骑作战,所以金兵选择这个地方为战场,专待宋军。

刘锜赶到柘皋,同金兵相遇,两军中间仅隔一条两丈宽的小河。刘锜命士兵伐木搭桥,须臾而成,然后命部队强行过河,同金兵对峙。杨沂中、王德等随后赶到。

次日,敌将邢王与镇国大将军韩常等,以铁骑十余万分为两队夹道而出。杨沂中、王德的部队自上游浅水处涉水过河。

王德是个打硬仗的家伙,他指着金兵的右阵对刘锜说:"右阵声势大,是块硬骨头,交给我了。"说罢,一马当先,率领自己的部队向金兵的右翼发起了猛烈进攻。敌阵中一员大将拍马出阵迎战王德。王德似乎不想纠缠,将大刀挂在马鞍上,左手取弓,右手拔箭,轻展猿臂,抽冷射出一箭。金将根本就没有防王德这一招,弓箭响过,想躲也来不及,箭中心窝,坠马而亡。王德大叫一声,拍马挥刀杀入金军阵中,宋军也鼓噪而进。

韩常见宋军来势凶猛,立即命拐子军从左右两翼杀出。

杨沂中也是一员猛将,见王德抢了头功,心有不服,见金兵的拐子马来势凶猛,手一挥,一万长斧军迎向拐子军。

看来,宋军的将领都把金军的战法研究透了,刘锜在顺昌以三队人马联合作战,首破拐子军;岳飞又训练了藤牌军,杀得拐子军丢盔弃甲。今天,杨沂中又使出了长斧军。

宋金交战以来,最为壮观的场面出现了,一万名宋军,排列成长城一样的战斗队形,高举着闪闪发亮的战斧,此起彼落砍向拐子军的马脚。

韩常做梦也没有想到,所向无敌的拐子军竟然这样不经打,刚一出阵,便纷纷倒在宋军的战斧之下,前面的拐子马倒下了,后面的拐子马还在一个劲地往前冲,拐子马就像叠罗汉一样,越叠越高,立即溃不成军。

刘锜、王德、杨沂中三路出击,杀得金兵尸积如山,流血成渠。

柘皋镇一战,以金兵大败而告终。此后,金兵退守紫金山,宋军趁机收复了庐州。

刘锜也是一员能打硬仗的将领,柘皋镇一战,他对王德佩服得五体投地,真诚地对王德说:"久闻你打仗不要命,威猛如神,今日一见,果然名不虚传。"并认王德做了大哥。

淮西战事紧急,赵构又想起了被强令撤兵的岳飞,连下了十七道命令,催岳飞增援淮西。岳飞接到命令后,认为金兵的主力在淮西战场上作战,中原一带必定空虚。因此,他建议建议采用围魏救赵的战术,举兵北伐,长途奔袭汴梁和洛阳,趁机收复中原。

岳飞的计谋,堪称一石二鸟的妙策,但是,赵构最不爱听的话就是"北伐",这个计谋注定胎死腹中。岳飞也预计到赵构不会采纳他的建议,同时建议岳家军由蕲州、黄州之间渡江北上,夹攻进犯淮西的金军。尽管岳飞的战法高明,赵构却看不上眼,而且还很烦,因为岳飞太不听话,太自以为是了。

岳家军这次驰援淮西的速度似乎不怎么快,赵构之所以连发十七道命令,一来表示赵构心里很急,另一方面岳家军的速度是不是真的慢了一点,岳飞是这支部队的最高统帅,行动迟缓的责任,当然要由他来承担了。所以,后来这成了岳飞的一条罪状。

岳家军赶到庐州的时候,柘皋镇之战已经大捷,张俊想独吞战功,告诉岳飞说:"淮西缺粮食,你就别来了。"将岳飞阻止在舒州一带。而且,还把刘锜也打发走了。

完颜宗弼对付杨沂中已经是焦头烂额,听说岳家军又来了,吓得弃城而逃。

张俊阻止了岳飞,打发走了刘锜,打算同杨沂中同享柘皋战功,不料金兵北撤,只是完颜宗弼放的一个烟幕弹。

陷阱

柘皋镇之战,完颜宗弼并没有亲临前线,等得到战报时,败局已定,他一心只想打个胜仗挽回一点面子,不想又在柘皋搞得灰头灰脸。为了扭转这种被动的局面,完颜宗弼精心地布了一个局,于是就发生了岳飞还没有到达淮西,金兵弃城而逃的事情发生,所弃之城,就是濠州城。

最先中套的是张俊,他为了贪功,将岳飞阻止在舒州一带,打发走了刘锜,立即命令杨沂中赶往濠州。他的如意算盘是,杨沂中领兵进城,功劳簿上就会再添淮西军"收复濠州"这几个灿烂夺目的字。

杨沂中率领宋军一路疯跑赶到濠州，看到的情况是：濠州城门洞开，遍地都是刀枪棍棒，一片狼藉，他仿佛看到了金兵仓皇出逃的狼狈相，心里乐了。登上城楼，将大旗插在城楼上，仰天长啸："濠州，我回来了！"

正在宋军尽情地享受胜利的时候，突听三声炮响，城外的树林里，城内的民舍中，突然冲出无数金兵，刚刚还在欢呼胜利的宋军傻眼了。

张俊本来想捡个便宜，不想却吃了大亏，宋军只有招架之功，毫无还手之力，被金兵杀得丢盔弃甲，退出濠州城，向南溃逃，三万宋军，几乎全军覆没。

张俊驻军黄连镇，得知杨沂中掉进了金人的陷阱，吓得胆战心惊，却不敢驰援。

岳飞身在舒州，听说濠州兵败，怒火中烧，立即率兵驰援。

完颜宗弼成功地打了一个伏击战，总算找回了一点面子，心里的气也顺了，听说岳家军已经杀到离濠州不远的定远县，立即率军渡过淮河，溜之大吉。

完颜宗弼这一次是真跑，如果再不跑，岳家军来了以后，恐怕就走不脱身了。他知道，岳飞是个狠人，没有张俊那么好糊弄，对付岳家军最好的办法，就是退避三舍，离远点。

张俊见岳家军还没有到，金兵就渡过淮河逃走了，心里不是滋味，回朝后却颠倒黑白地告黑状，说刘锜出工不出力，指责岳飞行动缓慢，驰救不力。他的言论在当时虽然没有产生效应，但却成了以后陷害岳飞的证据。

濠州一战，金军大捷，完颜宗弼终于挽回面子，总算可以给朝廷一个交代了，达到了目的，这个仗也就不想再打了。于是，他派人给赵构送信，倒打一耙，责问宋朝为何要收复中原，挑起事端，然后就说，宋金还是以和为贵。

赵构见完颜宗弼主动言和，高兴得心花怒放，仗打到这份上，金灭不了宋，宋也奈何不了金，还是见好就收吧。于是，宋金议和，双方停战。

宋金不打仗了，赵构浑身轻松，突然，他的脑子里蹦出一个可怕的念头：天下太平，无仗可打，武将们没有了使用价值。当年的太祖皇帝的办法是，一杯酒就将一批开国的大将们处理了。

阴谋

绍兴十一年（1141年）四月，朝廷以拓皋大捷论功行赏的名义，召韩世忠、张俊、岳飞三员大将入朝，准备学太祖皇帝的妙招，再来一次"杯酒释兵权"。

韩世忠、张俊离临安比较近，岳飞却迟迟未到，赵构忐忑不安，秦桧的心也提到嗓子眼来了，他们担心走漏了风声，岳飞拒不来临安，那事情有就麻烦了。因为一旦岳飞闹事，放眼天下，没有人是他的对手。于是，秦桧请旨，不断地派人催促岳飞。

岳飞进京后，赵构立即召见了韩世忠、张俊、岳飞三员大帅，宣布提升韩世忠、张俊为枢密使，岳飞为枢密副使。立即到枢密院上班，不必再回驻地了；加杨沂中开府仪同三司，赐名存中；王德为清远军节度使。

赵构非常漂亮地玩了一手明升暗调的花招，将三大帅调离了各自的势力范围，表面看他们入主国家最高军事机构，实际上是把他们调离军队架空起来。

在众将中，岳飞的年龄最轻，他比张俊小十七岁，比韩世忠小十四岁，三十岁就统领一军，独当一面，且屡立战功，虽然令金兵闻风丧胆，但却也遭到一些人的嫉妒。张俊原是岳飞的上级，对岳飞也有知遇之恩，刚开始的时候，总是夸赞岳飞英勇神武，并且还同岳飞并肩作战，后来见岳飞的名声越来越大，心生嫉妒，有意无意地常说一些对岳飞不利的话。比如淮西一战，岳飞率军千里驰援，本来就要时间，说淮西缺粮食，叫岳飞别来，后来在濠州，他自己掉进了完颜宗弼的陷落，却反诬岳飞逗留途中，托词粮饷不足，有意观望。将濠州兵败的责任推到岳飞身上。岳飞虽然也听说了这件事，但也没有计较。

赵构虽然剥夺了三员大将的兵权，但仍然不放心，觉得这几个人的存在，是一种威胁，总让他有些寝食不安的感觉，如此一来，收回兵权，成了赵构一个更大阴谋的开始。接下来的一系列行动，是大兴冤狱，自毁长城，彻底地葬送了南宋复兴的希望。

赵构铁了心要议和，秦桧极力怂恿，虽然朝中的文臣反对之声不绝于耳，但他们并没有把这些耍笔杆子的放在心上，撒不起三尺高的尿，嘴皮子功夫而已，没事。但拿枪杆子的就不同，特别是那几个宣抚使，要人有人，要枪有枪，要地盘有地盘，要粮食有粮食，万一他们行动起来，那就没法控制了。

赵构很清楚，秦桧更明白，他们一味地向金人屈膝，抛媚眼很不得人心，韩世忠、岳飞就是嗓门最大的两个人，万一他们登高一呼，天下可就要改朝换代了。他也明白，韩世忠、岳飞，是两个不好剃的头，而且，饭还得一口一口地吃，不听话的人，得一个一个地收拾。

张俊是个聪明人，柘皋之战前，赵构问他是否读过《郭子仪传》时的一番奏对，他一直牢记于心，不敢忘怀，升任枢密使后，他已经看出了门道，皇上明调暗夺，不就是不放心我手上的这点兵权吗？于是，他进宫见赵构，主动地说，我已经到枢密院来上班了，也不必再管军队的事了，我的军队就移交给御前营，由陛下亲自调配吧！

赵构很爽快地就答应了张俊的请求。张俊也顺利地过了这一关，下一个该轮到韩世忠了。

韩世忠成名最早，战功也很显赫，是当时的军界大佬，声望比岳飞还要高，先把他扳倒所起的震慑力无疑会更大。

赵构和秦桧商量，施了一招连环计，在剥夺三大帅兵权后不久，就由秦桧出面，让韩世忠留在临安，派张俊和岳飞到淮东的韩世忠所部去视察，暗地里交给张俊一个特别的任务。因为张俊在柘皋之战以前，就已经屈服于赵构的皇威，彻头彻尾地臣服了。

张俊和岳飞到楚州阅兵，并抚慰韩世忠的旧部。他看中了韩世忠的背嵬军，便找岳飞商量，想把韩家军最精锐的背嵬军瓜分了，两人一家一半。岳飞觉得这样做不道义，坚决不同意。

张俊原以为以老上级的身份同岳飞商量瓜分韩世忠的背嵬军，已经是很给岳飞的面子了，而且是一人一半，岳飞应该感谢才是，谁知岳飞不但不领情，反而还让自己下不了台，使得张俊很不愉快。

张俊分军不成，但却因此而牵出另外一件事，让张俊找到了陷害韩世忠的借口。

张俊要瓜分背嵬军的消息不胫而走，闹得人心惶惶。韩家军中有两个官员，一个叫景著，一个叫胡昉言，他们找到张俊说："二位枢密如果分散这支军队，恐怕会生出事端。"

景著、胡昉言本意是为了稳定军心，但身负特殊使命的张俊却感到这是一个小辫子，马上向秦桧报告了这件事情。

秦桧就因为韩世忠反对议和，一直想找他的茬，但又找不到机会，得到张俊的密报，立即下令拘捕景著、胡昉言，刑讯逼供，要他们陷害韩世忠。

张俊同秦桧的阴谋被岳飞发觉了，立即派人飞骑赶往临安，将楚州发生的事情告诉韩世忠。

韩世忠得到岳飞的密报，连夜进宫去见赵构，面圣之后，二话不说，哗啦啦地就将上衣脱了个精光,赤着膀子说:"陛下你看,为了大宋江山,我赴汤蹈火,转战南北,伤痕累累,立下了汗马功劳,我对朝廷可是忠心耿耿啊!听说有人在找茬,说我有不臣之心,天地良心,这怎么可能呢?"说罢,跪在地上痛哭流涕。

赵构看着伤痕累累的韩世忠,想到苗刘兵变的时候,韩世忠率兵勤王,自己曾亲笔写了"忠勇"二字赐给他,不由得动了恻隐之心。杀人不过头点地,既然韩世忠服软了,目的也就达到了。

赵构示意秦桧,放韩世忠一马。

韩世忠躲过了被杀的厄运,但也尝到了仕途的险恶。

韩世忠的夫人梁氏一声长叹说:"咱们还是明哲保身吧!只要不死,夹着尾做人也是人,还是性命最重要。"

从此以后,为了避嫌,韩世忠夫妻闭门谢客,绝不和老部下来往,任何老部下登门求见,一概闭门不纳,而且绝口不谈政事。就这样,一个驰骋疆场的将军,闲居在家数十年,淡泊自如,好像什么事也没有发生似的。

秦桧见算计韩世忠的阴谋败露,暗暗吃惊,不知是谁透露了消息。正准备彻查内奸的时候,张俊派人给他送来了一封信,说所有这一切,都是岳飞捣鬼。秦桧恨岳飞坏了他的好事,更加恨上了岳飞。

岳飞挽救了韩世忠,他自己却惹火烧身,一张罪恶之网,正在悄悄地向他张开,而他自己却浑然不觉。

宋朝历史上最大的冤狱,正在快速地酝酿发酵,这个天大的阴谋,是从绍兴十一年七月开始的。

正当秦桧要想办法算计岳飞的时候,完颜宗弼派人给秦桧送来了一封信,说你天天追着我的屁股想议和,为何要让岳飞掌兵呢?他憋足了劲北上来打我,发誓要收复河北,这算怎么回事?想议和不难,你就想办法干掉岳飞吧!杀了这个人,就可以议和。

秦桧收到完颜宗弼的信,立即向赵构汇报了这一情况。

赵构想议和都快要想疯了,自然不会为了一个岳飞而影响偏安大计,除掉岳飞这个障碍,便提上了议事日程。

一场由皇帝和宰相联合,谋杀忠于朝廷的领兵大帅的阴谋,正式拉开了序幕。

千古奇冤风波亭

历朝历代，假借对方朝廷除掉对方大将的事情屡见不鲜，战国时的李牧，就是死在自己人的手里。宋太祖赵匡胤在筹备南方最后一顿大餐（见拙著《这才是宋史·太祖太宗传》）的时候，对江南第一猛将林仁肇有所忌惮，用了一招反间计，让那个昏庸的李煜上了钩，赐一杯鸩酒，毒死了林仁肇。而完颜宗弼要除掉岳飞，却是直截了当地下了一道命令。

中了对手的反间计而错杀自己的统帅，只能怪当权者弱智，而接受敌人的命令杀害保家卫国的大将，只能配"奴才"二字。

岳飞忠心报国，一身正气，没有什么小辫子让别人抓，这样一个敌人闻之丧胆，一个保家卫国的功臣，不是说除掉就能除掉的。

秦桧当然懂得这个道理，他是宰相，有通天的本事，没有辫子，他可以制造一个辫子，没有借口，他也能想办法假造一个借口，经过周密的筹划，一个天大的阴谋出笼了。

这一天，秦桧在宰相府召见了中丞何铸、侍御史罗汝楫、谏议大夫万俟卨，秦桧向他们交代了一些什么，不得而知，但此后发生的事情，都与这几个人有关。

万俟卨同岳飞积有旧怨，当年，岳飞宣抚京湖，在鄂州祝捷的时候，万俟卨正在那里做提刑官。据说，他每次去见岳飞，岳飞没有给他好脸色，或许是岳飞当时的心情不好，或许是个遇到了什么难事，或许是岳飞根本就是一个不注意小节的人。然而，万俟卨却将这件事牢记在心，他认为岳飞看不起他。就这么一点点小事，他便将岳飞怀恨在心。万俟卨是个典型的小人，小人最大的特点就是睚眦必报。

万俟卨从秦桧那里领到密令后，第一个站出来向岳飞发难，上表弹劾岳飞，说他在濠州之战中，故意逗留舒州，不支援淮西，导致濠州兵败。还说岳飞最近和张俊到江淮阴去视察，欲放弃山阳，居心叵测。

只要稍微有点头脑的人，就可以看出万俟卨这道奏疏是挟嫌诬陷，应遭到反坐。

赵构不知是真糊涂还是装糊涂，他看了这道奏疏，居然真的有些疑惑起来，并且还找有关人员核实这件事情。

岳飞听到有人在算计自己的消息，而且已经引起了赵构的怀疑，虽然是怒火中烧，却也是无可奈何，一怒之下，向朝廷递交了辞职报告。按他的想法是，惹不起，还躲得起。

赵构似乎也没有挽留之意，很快就批准了岳飞的辞职请求，让他充任万寿观使，提举万寿观。此时的岳飞，已经感觉到形势有些不妙了。

秦桧初战告捷，索性一不做，二不休，找到张俊密谋，欲置岳飞于死地，这两个臭味相投的人，一拍即合，一个惊天的阴谋开始了。

张俊先在岳飞的部队里面放话，说谁能揭发岳飞的罪过，重赏。用这一招对付岳家军似乎不灵，并没有人搭理这件事情。

张俊一计不成，再生一计，他把目光锁在岳飞的副手王贵身上。为什么要选择王贵呢？因为王贵曾因违犯军纪而遭到岳飞的重罚，差一点丢了性命。谁挨了打都不会高兴，以此推断，王贵一定对岳飞恨之入骨，找他来揭发岳飞的罪行，那是再合适不过了。

谁知王贵并不认为张俊说得有理，居然认为自己该揍，因为他违了军令，岳飞打得有理，不打不足以振军威。

张俊似乎是有备而来，见自己苦口婆心地劝导，王贵就是不开窍，于是就使的撒手锏，说要将王贵的一件隐私抖出来，至于这件隐私到底是怎么回事，史书没有记载，但恐怕不是一件小事，因为王贵听了张俊的话后，脸色大变。

看来，人还是不能做亏心事，做了亏心事，就会留下把柄，说不定有一天，别人会抓住这个把柄要挟你。

王贵就是这样，就因为一件亏心事，被张俊抓住了把柄，为了掩盖那件亏心事，他便屈服于张俊的淫威之下，成了张俊的帮凶。

如果王贵参与陷害岳飞还有被逼的成分，那么岳飞手下另一位人物王俊，则是积极主动地加入到陷害岳飞的行列。

王俊绰号雕儿，为人狡黠，既奸又贪，由于受到张宪的抑制，心怀不满，受到秦桧的唆使，做了秦桧的炮灰。

王俊是个小人，无中生有陷害人的把戏最拿手，何况还有张俊这位高参帮忙，做起事来更是得心应手。在张俊的指点下，他立即编了一个张宪与岳云密谋发动兵变想迎回岳飞重掌兵权的故事。再由张俊亲自动笔写了一封诬告信，让王俊充当马前卒，将诬告信送到枢密院去投诉。

诬告信经过一个短暂的旅行，重新回到张俊的手里。

张俊收到诬告信后，立即派王贵去拘捕了张宪。

张俊早就预备好了牢房,抓到张宪,立即升堂审讯。

枢密院有一个名叫王应求的人,看不惯张俊一手遮天的行为,告诉张俊说,枢密院并没有审讯人犯的权力,你这样做恐吓信怕不妥吧!

张俊哪把王应求放在眼里,说的话更是狗屁都不如,他喝退了王应求,升堂问案了。一番酷刑过后,体无完肤的张宪拒不承认有图谋兵变这件事。

张俊本来想把张宪屈打成招,在陷害岳飞这件事上抢个头功,不料碰到了张宪这个硬骨头,弄得他毫无办法,无奈之下,张俊捏造了一份假口供交给秦桧,将张宪重新关进大牢。

秦桧入朝面见赵构,说张宪已经招供,请求召岳飞、岳云父子前来对质。

赵构觉得这件事操之过急,担心会乱了人心,迟迟没有答应秦桧的请求。

秦桧默然退出后,竟然假传圣旨,将岳飞父子逮捕下狱,命令中丞何铸,大理卿周三畏审讯这件案子。

岳飞面对飞来的横祸,并不是没有警觉,但他坚信,公道自在人心,面对何铸、周三畏二人,他一脸坦然地说:"皇天后土,可表此心。"说罢,一把撕破自己的衣裳,露出后背。两人放眼望去,岳飞的背上刺的"精忠报国"四大字,深入肤理,赫然在目。

"精忠报国"是岳飞一生的信仰,也是他命运的最好诠释。精忠的对象是朝廷,是皇帝;报国的对象是国家,是民族。当时的朝廷和皇帝已经决定屈膝投降,偏安一隅,而国家却仍然在遭受外族的侵占和凌辱。

岳飞的信仰被劈成了两半,走向相反的两个极端,精忠即不能报国,报国就不能精忠,"精忠报国"对于岳飞,是一个死结,如果不想人格分裂,死可能就是岳飞最终的解脱。

周三畏看到岳飞背上的四个字,不觉肃然起敬,就是秦桧的同党何铸,看了后也良心发现,心想,这样的人谋反,打死我也不相信。

审讯岳飞是宰相亲自交办的,尽管他们不相信岳飞会谋反,但审讯的过场还得走,左审来,右审去,就是找不出岳飞谋反的证据。

本来就是凭空捏造的,就是挖地三尺,证据还是也找不出来。于是,他们重新将岳飞送回大牢,并向秦桧报告,说岳飞这案子审不下去了,没有真凭实据,岳飞是无辜的,看来是冤枉了他。

秦桧斥责何铸,说他在官场上白混了这么多年,连这样的事也干不了。

何铸不服气,争辩说:"强敌未灭,无故戮一大将,失士卒心,非社稷之长计。"意思是说强敌还在，无故杀一员大将，将士们是不服的，如果外敌入侵，谁去安邦定国？

秦桧冷冷地说，审讯岳飞这件案子是"上意也。"意思是说，这案子不是我要你审，是皇上要你审。言下之意，你不审，你这个官就别当了。

何铸也急了，气愤地说："这个案子我审不了，宰相你换人吧！至于这个官要不要我当，你就看着办吧！"

周三畏见秦桧有意陷害岳飞，不愿做他的帮凶，一怒之下，挂冠而去。

随之，岳飞谋反案的主审官换人了。新任主审官是个熟人，他就是谏议大夫万俟卨。

万俟卨是个小人，也是岳飞的死对头，岳飞被罢官免职，就是拜他所赐，由他担任主审官，岳飞的迫害案陡然升级了。

万俟卨担任主审官，几次对岳飞严刑拷打，一代名将，被一个小人在公堂上打得遍体鳞伤，死去活来。虽然用尽了酷刑，案子还是审不出结果，因为岳飞始终不承认有谋反之心。无奈之下，万俟卨自己捏造了一份供状，诬陷岳飞曾让于鹏、孙革给张宪、王贵写信，命他们谎报襄阳一带遭到金兵攻击的军情哄骗朝廷。

捏造就是捏造，没有证据也不行。于是，万俟卨便说证据都让张宪给烧了。

其实，有没有证据似乎并不重要，赵构和秦桧本来就是要陷害岳飞，陷害只需要罪名而不要证据。

秦桧、张俊迫害岳飞的行为，激起了朝中一班忠臣的愤慨，纷纷站出来为岳飞鸣冤，如大理卿薛仁辅、寺丞李若朴、何彦猷等百余人联名担保，说岳飞是冤枉的。

无论这些人怎么闹，秦桧是铁了心要岳飞的命，因此，这些人闹也是白闹。

韩世忠赋闲在家，本来就不问世事，听说岳飞蒙此不白之冤，竟然怒闯宰相府，质问秦桧："岳飞到底犯了什么罪。"

秦桧回答说："飞子云与宪书虽不明，其事体莫须有。"

后来，"莫须有"就成了一个典故。"莫须有"究竟是什么意思，恐怕难以考证，有人说是"也许有"、"可能有"，有人说是"一定有"，但不论怎么解释，秦桧用"莫须有"这个词表示的都是推断，即使他是用肯定的语气说出来，也不过是红嘴白牙的一句空话，因为他根本就拿不出证据。

韩世忠愤然问道："'莫须有'三个字，能够让天下人信服吗？宰相还是审慎一些为好。"

秦桧无言以对。

看得出，韩世忠的话也是白说。他之所以有恃无恐，是因为有一个人在后面替他撑腰，这个人就是赵构。皇帝撑腰，宰相出面，还有什么事不能办到呢？

韩世忠回到家里，仍然是面带怒容，梁夫人问他发生了什么事，他便将岳飞蒙冤的事情告诉了她。梁夫人叹了一口气说："奸臣当道，有什么办法？我为相公作想，还是见机行事，明哲保身吧！"

韩世忠说他也正有此意，于是向朝廷递交了辞职报告，请求退休。赵构先是不批准，经不住韩世忠的一再请求，最后还是罢为醴泉观使，封福国公。

从此以后，韩世忠闭门谢客，绝口不言兵事。在西湖边上，人们经常看见韩世忠骑一头毛驴，带着几个随从，踏雪寻梅，悠然自得。

韩世忠曾填过一首《南乡子》，词中说：

  人有几何般，富贵荣华总是闲。自古英雄都是梦，为官。宝玉妻儿宿业缠。

  年事已衰残，须鬓苍苍骨髓干。不道山林多好处，贪欢。只恐凝迷误了贤。

这首词，不论是格律还是韵味，都很耐人寻味，从这首词中，不难体会出韩世忠当时的心情。

岳飞自绍兴十一年十月被关押，到年底还没有结案。

十二月二十九日，秦桧同妻子王氏在家里围炉饮酒，忽然门卒送来一封信，秦桧折拆开一看，原来是万俟卨派人送来的。

万俟卨在信中说，建州布衣刘允升，同数千士民联名上书为岳飞鸣冤，他不敢决断，又怕激起民变，请示秦桧该怎么办。

秦桧看后眉头紧锁。

王氏惊问发生了什么事。秦桧便将原书递给王氏看。

王氏看后，冷冷地说："这有什么要紧？索性灭了他，免得多事。"

秦桧沉默不语。

"纵虎容易伏虎难啊！"王氏又补了一句。

秦桧听了此言，立即下了决心，取过纸笔，写了数语，折好，派一名干练的家仆秘密地将这封信交给狱吏。

这天晚上，传出了岳飞的死讯。

关于岳飞的死因，有几种不同的说法。一种说法是，秦桧派人谎称沐浴，趁机害死了岳飞。古人的衣服非常大，几个力士趁岳飞脱衣服的时候一拥而上，猛击岳飞的两肋，岳飞被衣服束住了手脚，无力反抗，被活活地打死了。还有一种说法，是赵构赐岳飞一杯毒酒，岳飞饮了毒酒之后，含恨而终。第三种说法是，狱吏奉了秦桧的密令，在风波亭勒死了岳飞。因此，历史上就有"千古奇冤风波亭"之说。

岳飞死时，年仅三十九岁。

随后，岳云、张宪也被斩首。

有一个名叫隗顺的狱卒，敬佩岳飞是个英雄，痛惜他遭奸人所害，无罪而惨死，连夜将他的尸体背出来，安葬在栖霞岭下。这就是杭州栖霞岭的岳王坟。当时那位狱吏只是草草安葬，至于岳王坟，那是后来人们为纪念抗金英雄岳飞而修建的。

岳飞被害死的罪名有三条：一是万俟卨说的，岳飞故意逗留舒州，不支援淮西，导致濠州兵败。岳飞同张俊到江淮阴去视察，欲放弃山阳这两条；二是王俊说的，张宪与岳云密谋发动兵变，想迎回岳飞重掌兵权的故事。后来又添上一条，有人指证岳飞在官拜节度使的时候，曾洋洋得意地说，本朝只有他和太祖皇帝在三十岁时当上了节度使，这被推断为岳飞有野心。

这些罪行，让人一看就知道是罗列强加的，但赵构和秦桧却将这些公布出来，实在是冒天下之大不韪。

岳飞之死，国人感到痛惜，但金人却高兴得不得了。出使金国的南宋使臣洪皓，听到岳飞被害死的消息，痛哭流涕，他在给南宋朝廷的一封密信中说："金人所畏服者惟飞，至以父呼之。诸酋闻其死，酌酒相贺。"意思是说，金军最害怕的是岳飞，以至称岳飞为岳大爷，听说岳飞死了，纷纷摆酒庆贺。

岳飞没有死在战场上，却死在自己人手里，这不能不说是中国历史上最悲壮的一幕。

岳飞生活极其俭朴，只有一个元配夫人，家里的佣人也只有一名。吴玠也是战功赫赫的大将，他很敬重岳飞，当年想同岳飞联络感情，派人给岳飞送来几名美女，岳飞不高兴地说："国难当头，我们身为大将，怎么能够贪图享受呢？"于是，他让来人将美女带回去。通过此事，吴玠更是对岳飞佩服得五体投地。

赵构曾经要赐给岳飞一处豪宅，岳飞却辞而不受，说："胡虏未灭，何以为家？"

岳飞的知名度高了，有人问他什么时候天下才能太平，他回答说："文官不爱钱，武官不惜死，天下自然太平。"部下如果做出损害百姓利益的事情，一定严惩不贷，而士兵一旦生病，他经常亲自给士兵调药，爱兵如子。

将士们在前方打仗，他经常派自己的妻子慰问这些将士的家属。打了胜仗，得到朝廷的赏赐，他都全部分发给将士们，绝不截留。遇到有战死的将士，一定尽力做好安抚工作。因此，岳飞深得军心，岳家军这支部队，所向无敌。

金人曾感叹地说："撼山易，撼岳家军难。"

张俊曾经问岳飞的用兵之术，岳飞说："仁、信、智、勇、严，缺一不可。"

因此，岳飞自带兵以来，战无不胜，攻无不克，向朝廷报捷，他都归功于将士，他的儿子岳云因功受赏，都被他推辞了。所以，岳云一生仅为左武大夫之职，死时年仅二十三岁。

岳飞死后，他的四个儿子雷、霖、震、霆都被流放岭南。女儿听说父亲含冤而死，抱银瓶投井自尽，后人称她为银瓶小姐，那口井被称为"孝娥井"。

岳飞死后，秦桧派人去抄了他的家，除了皇上赏赐的几条玉带、兵器和若干布绢、粟麦之外，什么也没有。

孝宗皇帝即位后，下诏为岳飞平反，并以礼重新安葬了岳飞。据说移葬的时候，岳飞的尸体仍然完好，还可以重新替他穿上衣服。这大概就是忠魂未散吧！

淳熙六年（1179年），追谥武穆，后又追封为鄂王。这是后话。

岳飞虽死，万世流芳。

二十一 绍兴和议

和议还是投降

岳飞被迫害至死，很多人也跟着遭殃，原因不为别的，就是因为这些人对岳飞之死感到气愤和不满，纷纷站出来替岳飞鸣不平，明知道迫害岳飞的人是谁，还敢站出来仗义执言，这些人的勇气确实可嘉。但是，有赵构暗中操纵，秦桧硬出头，胳臂扭不过大腿，他们的结局都很惨：于鹏等六人遭到连坐，薛仁辅、李若朴、何彦猷等人遭到训斥和警告，刘允升被拘捕下狱，最后被折磨而死等等，结果是鸣冤者下场都很惨。

秦桧害死了岳飞，赶紧写信将消息告诉了完颜宗弼，是表功？讨好？亦或是其他的？恐怕只有当事人知晓。

实际上，在迫害岳飞的过程中，宋金议和谈判已经在紧锣密鼓地进行，而且在更早的时候，就有了一个议和方案，那个和约议，在金国叫"天眷和议"，那时金国的年号是天眷，在南宋叫绍兴和议，那是绍兴第一次和议。由于金国主持和议的完颜昌死了，完颜宗弼撕毁了天眷和约，宋金重新开战。接下来便有了顺昌之战、郾城之战、朱仙镇之战、柘皋之战、濠州之战等等。

完颜宗弼虽然心比天高，但时势却不为他的意志所转移，南侵之后，当年穷追到海上的风光再也没有了。顺昌之战，被刘锜打得灰头灰脸；郾城之战，被岳家军杀得丢盔弃甲；颍昌之战，仍然是溃不成军；朱仙镇之战，几乎被岳家军掀翻了老巢，幸亏赵构向岳飞连发了十二道追命令牌，这才救了他的命，不然，他早已逃回东北老家去了；柘皋之战，王德的一番猛冲，让他心惊胆战，杨沂中板斧队的一阵猛砍，彻底把他砍醒了：宋军经过多年战斗的洗礼，已经是脱胎换骨、今非昔比了，虽然他们的皇帝是个软骨头，宰相也是一个经金人洗了脑的懦夫，但那些带兵的将军，有几个狠人，再打下去，倒霉的一定是金军。

完颜宗弼虽然好战，但却不是一个一味逞强的莽夫，也懂得见好就收的道理，濠州之战讨回了一点面子后，立即变换手法，装出一副笑脸，表示要跟南宋议和。

完颜宗弼议和的做法很高明，他一方面做出愿意议和的姿态，把金国俘虏的南宋官员放几个回去，让他们给南宋传递一个和议的信息，一方面却又调兵遣将，再次进军南宋，给南宋施加压力。

赵构对宋金的形势其实也有一个比较正确的认识，他觉得，宋金两国的力量已是旗鼓相当，和局已定，即使没有岳飞，只守不攻，也不会有什么问题，所以，他才敢放心大胆敢置岳飞于死地。尽管他已明确地认识到当前的局势，但天生的软骨病，却使他硬不起来，议和只看金人的脸色行事，不敢提出自己的主张。

完颜宗弼和赵构在玩攻心战，在这个游戏中，金人显然占了上风，金军在江北闹得热火朝天，连陷楚州、泗州、濠州等地，张俊将军队收缩在江南隔着长江看风景，说派兵过江支援"恐妨和议"。

赵构得知金国最强硬的主战派完颜宗弼放出了议和的风声，高兴得有些晕眩，赶忙派使者去找金人洽谈。

完颜宗弼却摆起了架子，借口说南宋使臣的官职太低，将他赶回了江南。

此时，完颜宗弼的兵马已经打到了长江岸边的六合，陈兵江北，保持着对南宋的威逼态势，继续向南宋施加军事压力。

完颜宗弼这一手实在很高明，军事行动和政治手段配合得天衣无缝，比诛杀大将、自动解除武装、全心全意乞和的南宋小朝廷，不知要高明多少倍。

金人和议，是主动和议；南宋和议，是被动求和。

既然双方都有这个意愿，和议也就水到渠成了。按照金史的记载，这次和议叫"皇统和议"，因为金国这时的年号是皇统，按照南宋的说法，仍然叫绍兴和议。

绍兴十二年（1142年）二月，南宋与金国正式达成第二次和议，和议的条款完全是按照金人的要求设定，南宋向金国称臣，成为金国的附庸，两国东以淮水、西以商州为国界，以北为金属地，以南为宋属地；南宋每年向金国纳银二十五万两，绢二十五万匹；金国册封赵构为南宋的皇帝；金国将宋徽宗赵佶夫妻俩、赵构刑皇后的棺椁归还给南宋，让韦太后即赵构的生母归宋。

我们知道，秦岭、淮河是中国南北方的分界线，条约以淮水为界，就等于金在北方，宋在南方，这就成了中国历史上的第二次南北朝。岳飞、韩世忠这些大将们连做梦都在想着的"北伐"大业，从此化为泡影。除割地、纳贡之外，还要称臣，这在中国历史上可以说是头一次。

称臣、割地、纳贡，南宋付出了高昂的政治、领土和经济的代价，为赵构换来了苟且偷安的局面,赵构以损害国家利益为代价,安稳了自己的帝位,实现了他十多年来坚持不懈的追求。

"绍兴和议"绝对是一个屈辱的条约,说得好听一点,是宋金和议,实质上就是投降和受降。

赵构却不这样认为,他不但没有丝毫的屈辱感,反而还万分高兴,这从他的行动就可以看出端倪。

和议初步达成后,赵构立即起草了一份誓书,也就是国书,任命何铸为签书枢密院事,并担任报谢使,带着誓书到金国去谢恩。然后,迫不及待地举行庆祝活动。

赵构的庆祝活动搞得很隆重,宰相秦桧亲自出马,筑祭坛祭拜天地神灵、太庙,向天下宣布:和议以成,从此天下太平。

其实,金国还没有在和约上签字画押,赵构的庆祝活动似乎早了点,因为此后的事情,出现了一些意外。要了解事情的全过程,先还是来看看赵构在誓表中说了些什么:

臣构言:今来画疆,合以淮水中流为界,西有唐、邓州,割属上国。自邓州西四十里并南四十里为界属邓州,其四十里外并西南尽属光化军,为敝邑沿边州城。

既蒙恩造,许备藩方,世世子孙,谨守臣节。每年皇帝生辰并正旦,遣使称贺不绝。岁贡银绢二十五万两匹,自壬戌年为始(即绍兴十二年),每春季差人搬送至泗州交纳。有渝此盟,明神是殛,坠命亡氏,踣其国家。臣今既进誓表,伏望上国蚤降誓诏,庶使敝邑,永有凭焉。

赵构的这段话,是史书中的原文,真实性不容置疑。他开头自称"臣构言"。在宋朝,没有人敢直呼赵构这个名字,在金人面前,他却自降身份,而且还信誓旦旦地说,宋朝的世世子孙,都要谨守臣节。大金对我有再造之恩,以后,每年大金国皇帝过生日,我都要派人前来朝贺。每年的岁贡,都要送到泗州去交纳。最后,他还赌咒发誓,说举头三尺有神明,如果不遵守这个条约,就杀了他,让他的国家灭亡。并可耻地在金人面前称宋朝是下邦,金国是上国。在誓书中,赵构连称敝国或敝邦的勇气都没有,更不敢称本朝,自称敝邑,邑只是一个小地方,一个小镇或一个小县而已。

赵构的懦弱,让金人看到了进一步敲诈的希望。他们认为,南宋这个皇帝懦弱无能、好说话，如果再敲诈一下，说不定还有意外收获，他们心里是这么想的，实际上也是这么干的，他们又向南宋狮子大开口了。

再次敲诈

赵构为了自己苟且偷安，不顾国体，不顾颜面，奴颜婢膝，摇尾乞怜，甚至向金人赌咒发誓，愿意世世代代向金国称臣，换来的是金人的鄙夷和进一步的敲诈。

南宋使臣何铸和萧毅等到达汴京后，向金人递交了国书，完颜宗弼看后，喜笑颜开。不错，赵构的国书，都是按他的要求写的，他立即让人陪同南宋使臣前往会宁，直接向他们的国主完颜亶递交国书。

何铸和萧毅见到完颜亶，递交国书后说，只要迎回韦太后（即赵构的生母），南宋就没有什么别的要求了。

完颜亶看过誓表后，冷冷地说："先朝业已如此，岂可辄改？"意思是这是前朝定下来的事情，怎么能说改就改呢？

何铸听了完颜亶的话，立即趴在地上不停地磕头，苦苦地哀求说，皇上是个大孝子，如果不能迎回国母，无法向天下人交代。他说这是皇上临行前交办的事情，如果完不成任务，回去就性命不保，说着说着，竟大哭起来。

何铸的痛哭流涕，苦苦哀求，一半是做作，一半是出于真情，因为临行之前，赵构给他们下了死命令，如果不能迎回韦太后，这个和约就是一张废纸，如果出现那样的结果，他们这些使臣就罪责难逃了。

完颜亶故意卖了一个关子，说你们回驿馆休息吧，这件事让我考虑一下再说。

这天晚上，馆伴耶律绍文、杨用修来到何铸的住所，告诉他说，完颜亶同意归还宋徽宗、郑太后和刑皇后的棺椁，韦太后一事，还在商量，待宋金双方交割完土地之后，事情可能就在眉目了。

完颜宗弼收到金朝的公文，立即通知南宋朝廷，说宋金可以办土地交割手续，但在交割土地的时候，他又提出了新的土地索求，说东边以淮水为界没有异议，西边的国界得重新商定，仅商州还不行，还要增加和尚原、方山原。和尚原是进入四川的门户，是当年吴玠拼命死守的地方。完颜宗弼点名要和尚原，意图很明确，当年在战场上得不到的东西，如今在谈判桌上可以得到，这叫做不战而屈人之兵。实质上，这是敲诈。

南宋负责谈判的人不敢做主，立即请示朝廷，没想到赵构与秦桧相当爽快，说只要能安定天下人耳目，不必计较这一城一地的得失，就按金人的要求，给他们。如此一来，川陕一带以大散关为界，北边的大片国土都割让给了金国。连金人都没有想到南宋会这么爽快地答应了他们的要求，于是，完颜宗弼赶快勘界签约，免得南宋反悔。

边界划定以后，双方各自撤军，宋金持续了十五六年的战争终于结束了。

绍兴和议之后，南宋的国土仅有东南半壁江山，包括：两浙、两淮、江东、江西、湖南、湖北、西蜀、福建、广东、广西等十五路，京西南路只有襄阳一府，陕西路只有阶、成、和、凤四州。

金国得到大片土地，兴建了五京：以会宁府为上京，辽阳府为东京，大定府为中京，大同府为西京，大兴府为南京。又改南京为中都，称汴京为南京。

绍兴和议，金人得了巨大的实惠，就连在战场上付出了巨大代价都不可得的和尚原也收归囊中。

赵构也不是什么也没有得到，至少他要回了宋徽宗、郑太后和邢皇后的棺椁，还有他的老娘韦太后，至于那个倒霉的渊圣皇帝赵桓，赵构似乎把他给忘了，在和谈当中，根本就不翻这一页书，赵桓只能继续寄人篱下，在金人手底下讨生活。赵构信誓旦旦地说自己"屈己"求和是为了迎回"二圣"，关键时候还是露了马脚，他求的只是苟且偷安而已。

韦太后南归

说到赵构的老娘韦太后南归，还有一点小麻烦，这也是完颜亶在何铸的面前没有爽快答应的原因。

原来，韦太后随宋徽宗被金人掳往北国之后，并没有跟在宋徽宗的身边，而是嫁给了金国的盖天大王完颜宗贤，并且还给完颜宗贤生了一大堆儿女，完颜宗贤同韦太后做了多年夫妻，也有了一些感情，他舍不得放韦太后南归，经过何铸的苦求，完颜亶的批准，完颜宗弼的力劝，完颜宗贤才勉强答应了，但当时是盛夏季节，金人说等到秋凉以后再走。

韦太后是个聪明的女人，当她得知自己可以回归故土的消息后，兴奋得几夜没有合眼。可是，一等再等，具体行程却没有确定下来，她担心金人反复无常，节外生枝，暗地里将自己所有的饰物都抵押给金人，换得黄金三千两，然后同南宋奉迎使王次翁商量，将这些黄金分送给护送棺椁的役夫，说不必等到秋凉，立即准备起程。

渊圣皇帝赵桓得知韦太后南归的消息，赶来送行，先哭拜了徽宗的棺椁，然后可怜巴巴地对韦太后说："南归后，请告诉九哥（赵构是宋徽宗的第九个儿子，所以称他九哥）和宰相，请求让我也回国，我回去以后，做一个太乙宫使就满足了，决不会有其他的奢望。"

韦太后看他泪流满面，也是一阵酸楚，满口答应了，并安慰他，叫耐心在待在这里，归国后，一定替他想办法。

渊圣皇帝取出一只金环，作为信物交给韦太后，然后满眼含泪，一步三回头地随监督他的人回囚所去了。

宋徽宗的贵妃乔氏，过去同韦太后结为姊妹，被掳到北国后，也没有跟在宋徽宗身边，像韦太后一样，被一个金国皇族中人要去做了小老婆。她听说韦太后归国，赶来送行。她特地把随同韦太后南下的金国扈行使高居安叫到一边，送给他五十两黄金，请求他一路照顾好韦太后，不要让她在路上受苦。

有钱能使鬼推磨，高居安得了金子，当然满口答应了。

乔氏举杯为韦太后饯别，乔氏叹韦太后生了个好儿子，如今做了皇帝，南归后，她就是皇太后了。说当年被掳到北国的有两三千人，如今南归的唯韦太后一人而已，她自己今生归国无期，要老死异国他乡了，说罢，泪流满面。

离别的场景很酸楚。

北方是个寒冷的地方，那里的人最怕热，金人对宋朝开战，选择的时间也是冬天。所以说，金人让韦太后秋凉后南归，其实是没有什么恶意。只是韦太后归国心切，才要提前起程。为了能说服护送宋徽宗、郑太后和邢皇后棺椁的役夫提前起程，韦太后在他们身上花了三千两黄金。这班役夫收了韦太皇的赏金，不顾炎天暑热，日夜兼程，一路向南疾走。高居安得了韦太后、乔氏的双份重礼，一路上也算尽心，一切都按韦太后的意思办，并不为难，所以一路上晓行夜宿，还算顺利。

这一天，韦太后的队伍到了楚州，他的弟弟安乐郡王韦渊奉诏在这里候迎多时。一别十多年的姐弟俩，悲喜交集。由于这里还是金人的地盘，他们也不想久留，连夜起程继续赶路。

韦太后的队伍回到南宋属地后，沿途地方官早已接到秦桧的命令，一路上迎来送往，好不热闹，让韦太后真正体会到天上跟人间到底有什么不同。

抵达临安后，赵构率文武百官出城迎接。

奉迎使王次翁和金国的扈行使高居安先拜见赵构。赵构同高居安说了几句客套话后,即率文武百官到宋徽宗及郑太后的棺椁前跪拜。拜过棺椁之后,文武百官退到一边。

赵构快步上前谒见韦太后,母子重逢,痛哭流涕。

韦太后呜咽着说:"只道今生母子不得相见,今天骨肉重逢,恍如隔世一般,又如同是在梦中。可怜邢皇后早已不在人世,遗骨虽归,音容已杳,叫人好痛心啊!"

赵构听到这里,也是泪如泉涌,来到邢皇后的棺椁前,抚棺大哭。

秦桧上前,再三劝慰。

赵构这才止住悲声,转头对秦桧说:"朕在位已经有十六年了,一直没有立后,就是想等待邢后归来,如今物是人非,我能不伤心吗?"

赵构将徽宗皇帝和郑太后的棺椁停放在龙德别宫,并将邢皇后的灵柩停放在这两副棺椁的西北面。然后奉迎韦太后入住慈宁宫。

吴妃带着两个养子赵瑗与赵璩和其他宫眷,到宫门跪接皇太后。

韦太后以为是赵构的亲生儿子,不禁笑逐颜开,冲着吴妃问道:"这两个官人长得很俊秀,都是你亲生的?"

吴妃以实情见告,说是收养的两个孩子。

韦太后虽然没再说什么,但从她的神情看得出,她非常失望。

此后不久,金国派使臣来到南宋,册封赵构为宋朝皇帝,赵构居然不知廉耻地朝着北面拜受,而且还在御殿召见群臣,让群臣来祝贺他。

赵构为了苟且偷安,脸面、国耻,什么都不要了。

二十二　秦桧弄权

奸相秦桧

在张罗和议的过程中,赵构是掌舵的,秦桧是划船的,掌舵的虽然重要,但划船的却是主角,船走得快与慢,看的是划船的能耐。绍兴和议达成,最大的功臣当属秦桧。

绍兴十二年(1142年)九月,赵构加封秦桧为太师、秦国公、魏国公,不知是有意还是无意,这个封号竟同北宋末年的大坏蛋蔡京、童贯的封号一样，秦桧虽然干了不少缺德事，但他却不愿与蔡京、童贯为伍，为了避嫌，他对赵构的这次任命提出了异议，说他是个大忠臣，不能和蔡京那样的大坏蛋任相同的职务。

赵构依了秦桧，改封他为太师、魏国公。

其他的官员，也都论功行赏，各取所得。刘锜此前已经罢免了兵权，出知荆南府，王庶也被安置到道州去了。

秦桧自从赵鼎罢相后，一直是独任相职，这次晋封为太师之后，更是大权独揽，权倾朝野，几乎成了南宋的当家人，朝廷大大小小的事情，基本上都由他说了算。

赵构尽管在金人面前奴颜婢膝、摇尾乞怜，但他并不傻，从某种程度上说，他甚至还很精明，以他的智慧，不会觉察不到自己被架空。

有一次，他假装漫不经心地问秦桧："最近一段时间，国家难道什么事也没有发生吗？"

秦桧当然知道赵构话中之意，也假装糊涂地说："国家发生的事情，不都记录在奏章里，放在御案上了吗？"

赵构心里虽然在骂秦桧是只老狐狸，但对秦桧一点办法也没有，有些事情只好睁一只眼闭一只眼。

赵构也不是一个良善之辈，为了心里的那点隐私，他连国家的栋梁岳飞都能杀，为何如此怂恿秦桧呢？道理很简单，秦桧的背后有金人替他撑腰。

秦桧在金国住了几年，同金人有千丝万缕的联系，他南归的原因，永远是一个谜。更要命的是，在绍兴和议的盟书里，金人坚持加上"毋得擅易大臣"这一条，字面的意义虽然很模糊，但传达的意思却很明确——秦桧的地位不能动摇。

秦桧是宋金议和的功臣，这条"功驴"不能卸。

按理说，任命谁为大臣，这是南宋自家的内政，金人无权干涉，但赵构在金人的面前腰杆子就是挺不起来，不但乐意接受金人粗暴的条件，而且还信誓旦旦地对金人表示"世世子孙，谨守臣节"，这样一来，秦桧就真的成了赵构不敢得罪的大爷。

秦桧当然知道自己的分量，做起事来更是为所欲为，顺我者昌，逆我者亡。

何铸出使金国，有功无过，本来应该得到奖赏，由于他在审理岳飞的案子时，不但没有配合秦桧的工作，而且还替岳飞鸣不平，秦桧很不满意。得罪了秦桧，就等于得罪了饭碗，何铸被逐出临安，贬到徽州去了。

张俊本来已依附于秦桧，在迫害岳飞的过程中和秦桧同流合污，干了不少坏事，按理说，秦桧同这位结盟兄弟的关系应该很好，然而，事情并不是这样简单，张俊照样还是被免去枢密使之职，罢为醴泉观使。

在一般人眼里，这件事似乎有点不正常，秦桧怎么能一竹竿子打倒同一船人呢？其实则不然，秦桧做事，自有他的道理。

秦桧认为，张俊这个人太狡猾，太有能耐，使坏事的本领几乎要赶上他了，这样的人让人害怕，留在身边始终是个威胁。他指使御史江邈弹劾张俊。

秦桧也没有把张俊一撸到底，还给他保留了一个清河郡王的虚衔，算是对他迫害岳飞的一点报酬。

张俊是一个阴险狡诈的人，他当然知道秦桧这是卸磨杀驴，但也只能吃哑巴亏。

还是那句老话，胳膊扭不过大腿，谁官大谁就是爷。

时隔不久，赵构下令安葬徽宗皇帝、郑太后于永固陵，追谥邢皇后为懿节皇后，就陵旁随葬。

韦太后见中宫无主，劝赵构再立新后，她说："原来中宫虚位以待，是为了等待邢皇后，如今邢皇后已入土为安，理当册立新后。"

赵构说吴贵妃才艺双绝，性情婉淑，当年逃难的时候一直跟着他，吃了不少苦，有那么一种患难与共的感觉，当年隆祐太后病重的时候，她衣不解带地侍候在侧，还曾割股煎药，孝心可嘉。他说册立皇后，吴贵妃是最合适的人选。

韦太后南归之后，吴贵妃每天都要到慈宁宫向她问安，韦太后对她的印象不错，她还向宫眷们探问众妃嫔历来的起居行事，大家也都说吴贵妃为人好，虽然说不是中宫之主，但却将后宫打理得井井有条，待人接物没有话说。所以，当赵构说起吴贵妃时，她立即表示赞同。母子两一合计，这件事情就定下来了。

绍兴十三年（1143年）闰四月，赵构正式册立吴贵妃为皇后。

高参秦桧

吴皇后当初与张贵妃一同侍奉赵构，每遇晋封的时候，两人都是同时受封，彼此不分高下。

赵构在后宫的女人虽然很多，但一直没有人能替他生出个一男半女，尽管大家都知道问题出在他身上，但谁也不敢捅破这层纸。

绍兴二年，张贵妃因为元懿太子夭折，经请示赵构，收赵伯琮为养子。

赵伯琮是太祖皇帝的七世孙，秦王赵德芳的后裔，父亲名赵子偁，曾封为左朝奉大夫。赵伯琮进宫的时候年仅六岁。第二年被授为和州防御使，赐名叫赵瑗。

赵构是太宗赵光义这一脉，为何他不收自己这一宗支的子弟，而要收太祖那一宗支的子弟呢？说出来也就不难理解了。

靖康之难，金人将宋朝皇室的子弟一网打尽，全部掳往金国，赵构当时不在京城，是唯一的漏网之鱼。

建炎年间逃难的时候，赵构受到惊吓，丧失了生育能力。赵构绝后，就等于是太宗这一支后继无人了。无奈之下，只好转向太祖那一支中寻找接班人。

吴贵妃见张贵妃收了个养子，也照葫芦画瓢，在宗室中收赵伯玖为养子。

赵伯玖也是太祖皇帝的七世孙，进宫时年仅七岁，赐名赵璩。

赵构一直抱有生育子嗣的侥幸心理，所以，虽然收了两个养子，还是迟迟没有确立太子。绍兴十二年，张妃病逝，赵瑗与赵璩都归吴氏抚养。

赵瑗性情恭俭，喜欢读书，赵构非常喜欢他，多次加封。吴氏被立为皇后时，赵瑗已被封为普安郡王。

吴皇后私下里常在赵构面前夸赞赵瑗，说"普安"二字，是天日之表，是个好兆头，并祝贺赵构得到一个好儿子。

韦太后解决了皇后之事，也曾过问过皇储之事，但她同赵构经过一番交谈以后，就没有再提此事了，至于他们母子之间说了些什么，外人无法知道。

枢密院事李回、参知政事张宇同时上言，希望赵构在两个养子中选一人立为太子，这样一来，赵构即使无意于立太子，但大臣的奏议必须有个交代，于是，立太子的事还是被提上了议事日程。

赵构认为吴皇后是赵瑗与赵璩的养母，对两个孩子知根知底，便将李回、张宇建议立储的事告诉了她，请她在两个孩子中间推选一个。皇后认为，赵瑗思维敏捷，勤奋好学，恭俭孝悌兼而有之，贤于赵璩。

次日早朝，赵构向群臣提出立太子的想法，群臣虽然都投了赞成票，但却遭到秦桧的反对。

秦桧的理由是，皇上正当壮年，等有了自己的亲生儿子，再立储也不迟，立储之事，最好还是缓一缓。

秦桧的话虽然不多，却搔到了赵构的痒处。

赵构虽然明知自己丧失了生育能力，但仍然存有一种侥幸心理，因为他在广求名医，用天下最好的药，说不定真有那么一天，御医妙手回春，治好了他的不育症，那后宫的女人哗啦啦地就可以替他生下一串的儿女来。

赵构由于存在这种侥幸心理，就觉得秦桧说的话格外顺耳，打消了册立皇太子的念头。

赵构又提出第二个问题，说太后南归的时候，渊圣皇帝交给她一个金环作为信物，给他和宰相带话，希望朝廷同金人协商，接他回来。并说，渊圣皇帝回来之后，只要求做一个太乙宫使就愿已足矣！没有其他的奢求。

太乙宫实际上是一个道观，太乙宫使，就是道观的主持，即道观的负责人。渊圣皇帝的意思很明确，他回来后，对赵构的皇位不构成威胁，出家当个道士就心满意足了。

秦桧冷笑地对赵构说："陛下是不是想得太天真了？"

"为什么？"赵构似乎有些不解。

"渊圣皇帝如果不北去，你能做皇帝吗？他回来后，你这把皇帝的交椅还坐得稳吗？将皇位让给他，你愿意吗？如果不让出皇位，天下人又怎样议论这件事情呢？"

赵构也被秦桧问住了，连忙问道："那该怎么办？"

"不理会。"秦桧冷冷地说。

秦桧所说的，正是赵构担心的事，而秦桧所回答的，也正是赵构所预料的，这一对君臣，彼此之间似乎都知道对方在想什么，想要得到什么。

从此以后，赵构再也不提迎接渊圣皇帝南归之事了，而秦桧的相位也更加巩固，做起事来也更加得心应手。

可怜的渊圣皇帝，傻乎乎地呆在燕京，望眼欲穿地等待着南宋派人去接他回来，他的黄粱美梦，被这对君臣的双簧戏彻底砸碎了。

秦桧否定第一个提案，让赵构忘记了祖宗，否定第二个提案，让赵构抛弃了兄长。

秦桧弄权

宋金达成了和议，双方开始互相释放战俘，被金国扣留多年的宋朝使臣洪皓、张邵、朱弁等人都被放回来。由于这些人扣留在金国多年,对祖国忠贞不渝。赵构准备嘉奖他们,但这几个人却对朝政表示出强烈的不满。

洪皓说,张浚是个英雄,连金人都很忌惮他,朝廷却把他当成臭狗屎,逐出了临安城,这是为什么?

张邵说,金人有意归还渊圣皇帝、皇后和王妃,应该派人去金国迎接他们回来。怎么迟迟不见朝廷有什么动静。

朱弁说,宋金和议的局面难以持久,朝廷不能苟且偷安,要卧薪尝胆,图报国仇。

这几个人的话都没有错,也都是肺腑之音,但却犯了大忌。因为有人不爱听这样的话。如果是一般的人不爱听倒也无所谓,偏偏不爱听的人是秦桧和赵构。

得罪了秦桧,等于砸了饭碗,本来他们是作为有功之臣,要受到嘉奖的,中书舍人的嘉奖令都写好了,就是因为他们说了几句不该说的话,形势就急转直下,不但到手的嘉奖没了,而且还遭到惩罚:洪皓被贬到饶州做了知州;张邵被贬到台州做了崇道观使;朱弁仅被任命为宣教郎,进入直秘阁。

朱弁为了这件事,被活活地气死了。

秦桧不但控制着身边人的一举一动,而且对那些已被赶出临安城持不同政见者,也都严密地监视,总要想办法折腾他们几下,让他们过得不安宁。被折腾得最厉害的,要算有恩于他的赵鼎。

秦桧要折腾的第一个人是赵鼎。

赵鼎对秦桧有知遇之恩,是他举存秦桧当宰相的,秦桧得志后,一脚踹开了赵鼎,硬生生地将他从相位上拽下来,逐出临安,贬到绍兴去做了知府。上演了一个南宋版的农夫和蛇的故事。

赵鼎到绍兴后,仍然得不到安宁,因为御史台的言官们总是惦念他,今天说他这方面不行,明天说他那方面不是,接着又被贬到泉州,秦桧还是不放心,唆使御史台的言官进一步给赵鼎下药,最后被贬到广东潮州去了。

那个时候的潮州,只是大海边的一个小渔村,要多荒凉,有多荒凉。

赵鼎到潮州后,干脆就闭门谢客,不谈政事。即使是这样,秦桧还是不放过他。

赵鼎这样的大臣外放,要定期向朝廷上本,也就是写思想汇报,秦桧很关心赵鼎的思想改造,只要是赵鼎的奏章,他都要看看,希望能从里面找出一点问题，提醒一下赵鼎。

有一天，秦桧终于在赵鼎的汇报材料中找出了一个破绽。

赵鼎在疏折中建议赵构趁早立储，他说储君是国之根本，为了大宋的千秋大业，这件事不能拖，要早作考虑。

这个建议虽然很好，但却不合赵构的口味。

秦桧如获至宝，指使中丞詹大方上表弹劾赵鼎，说他呆在海边吃饱了没事干，妄议立储之事，居心叵测。于是，赵构下诏，赵鼎被再贬到吉阳军去了。

吉阳军是一个比潮州更远、更偏僻的地方，能比潮州更远、更偏僻的地方，那就只有崖州了，也就是海南岛。

赵鼎接到这样的诏命，照样还要拜表谢恩，他在拜表中说：

> 白首何归，怅余生之无几；丹心未泯，誓九死以不移。

意思是说，我的头发都白了，这把年纪，还要把我贬到这个蛮烟瘴雨之地，这一生肯定是回不来了，但是我丹心为国，九死不移。

秦桧看了赵鼎的拜表，冷笑地说："这个老头子，还如此倔强，恐未必能逃得出我的手掌心。"

秦桧说到做到，他命令吉阳军的地方官，严密地监视着赵鼎的一举一动，每月要向朝廷汇报一次赵鼎在那里的表现。

海南的地方官被逼得没法，干脆就安排人住在赵鼎的家里，赵鼎每天吃的什么菜，说了什么话，详细地记录下来，然后报送给朝廷。

赵鼎彻底绝望了，他知道秦桧是要置他于死地，他不死，就得不到安宁，甚至还会连累到家人。于是，他给家人写了一封遗书，他在遗书中说："秦桧必欲杀我，我死汝等尚可无虞，否则祸及全家了。"遗书发出去后，又给自己的墓志写了一副对联：

> 身骑箕尾归天上；气作山河壮本朝。

最后向朝廷写了一份遗表，乞请让他的尸体运回老家安葬。叶落归根，这是中华民族的一个传统，也是赵鼎最后一个愿望。做好了这些事，赵鼎绝食而亡。

南宋第一贤相，就这样活活地被秦桧逼死了。

赵鼎死后，朝野震惊，有几个人站出来说了几句公道话，但都遭到秦桧的打击，或贬谪，或罢官，最后，没有人再敢提这件事了。

秦桧要折腾的第二个人是张浚。

张浚同样有恩于秦桧，而且还更早于赵鼎，由于他的举荐，遭贬的秦桧才得以重新进入朝廷中枢机构，但是好景不长，张浚与秦桧又上演了一个农夫与蛇的故事。

秦桧得志后，不但忘记了张浚的恩情，而且还暗算了他。张浚罢相的时候，曾对赵构说，秦桧这个人不地道，不可重用。

可惜赵鼎没有听到这句话，步了张浚的后尘，上演了第二个农夫与蛇的故事。

两个故事的主角都是秦桧。

张浚最初是被贬谪到永州，时间不长，赵构念他有勤王之功，赦免他还朝，出任提举临安府洞霄宫，虽然是一个闲职，但总比流放在外要强得多。绍兴十一年，改任万寿观使，仍然是一个闲职，十二年，绍兴和议达成，韦太后回归，赵构一高兴，恩赏了很多人，张浚被加封为和国公。

张浚看不惯秦桧的所作所为，对朝政也不满，多次想上表发表一些看法，但又担心如此一来，得罪秦桧，没有好下场。自己的荣辱倒无所谓，但母亲年纪大了，受不了刺激，由于有了这个顾虑，他一直忍气吞声，不发一言。

张浚的母亲计老夫人是一个深明大义的老人，他看穿了儿子的心事，特地将张浚的父亲张咸的一篇文章拿出来诵读，那篇文章中有两句话："臣宁以言死斧钺，不忍不言以负陛下。"实际上，她是在暗示儿子，只要是为了朝廷，为了皇上，有什么话，你就直管说，有什么事，只管去做，不要顾及我。

正在这个时候，彗星在东方天空出现。

在那个年代，天上出现彗星，被认为是一种不祥之兆。所以，每当天上有彗星出现的时候，做皇帝的都要有所表示，什么下诏广开言路呀！检讨朝政得失呀！等等。

秦桧非常担心有人乘这个机会议论朝政。

有一个叫康倬的人上书，说彗星出现这件事很平常，不必大惊小怪。

按理说，康倬说得是不错，彗星出现，是一种正常的天象，确实不必要大惊小怪，但当时的人并不懂得这个道理，这种观点，在当时是一种违反常理的事情。

秦桧非常欣赏康倬的言论，提拔这个人做了京官。并还奏请赵构上体天意，改革时政，大赦天下。

赵构对秦桧已是言听计从，居然真的按秦桧的意思办了。

赵构与秦桧的行为，惹恼了张浚。

张浚为了母亲，本来不言政事，由于赵构与秦桧这件事做得太背常理，且也得到母亲的暗示，于是奋然上表，说彗星出现是一种不祥之兆，朝廷应该有所警觉，要选贤任能，罢黜奸邪，亲君子，远小人等等。

秦桧看了张浚的奏疏后，气得暴跳如雷，虽然张浚的奏疏中并没有指名道姓，但他认为每一句话都在指他的脊梁骨。立即命御使中丞何若等人上表弹劾张浚。

秦桧拿了这些人的弹劾状去找赵构，说张浚这个人越来越不像话，给他一点阳光，他就灿烂起来了，让他留在临安，始终是一个麻烦。

赵构大笔一挥，将张浚贬到连州，稍后不久，再贬到永州。

从此，南宋的人事任免，都由秦桧说了算，顺着秦桧的杆子爬的人，加官晋爵，让秦桧看不顺眼的人，或罢官，或贬谪，都得倒霉。即是过去的同党，也不能幸免。

万俟卨是秦桧的盟友，岳飞死了以后，升任参知政事。就是这样一个同一战壕的战友，对秦桧的行为也有些看不惯，有一次，他居然拒绝在秦桧起用他的一个亲戚的文件上签字。

万俟卨惹恼了秦桧。不久，秦桧找了个借口，把万俟卨撵出了朝廷。

楼炤、李文会两人也是秦桧的亲信，是秦桧一手提拔起来的副枢密，因为一些小事没有顺从秦桧的意愿，也被秦桧找个借口撵到外地去了。

秦桧大力培植自己的势力，控制言路，结党营私，这些都不必细说，历代的权奸都是这样做的。为了随时窥探赵构的动静，以便更好地摆弄这个皇帝，秦桧还把赵构最宠信的御医王继先拉拢过去。

王继先在当时可是个大红大紫的人物，赵构就曾经说过："国之司命是秦桧，朕之司命是王继先。"

王继先凭精湛的医术博得赵构的信任。大家都知道，赵构当年在扬州遭到金兵的惊吓，落下了性功能障碍的隐疾，丧失了生育能力，王继先虽然没有让赵构恢复生育能力，但多少还是有一些起色，至少，赵构渐渐地比以往更喜欢女人了。赵构当然就对他格外器重。

王继先依仗赵构对他的信任，欺男霸女，做了不少缺德事，由于有赵构"朕之司命是王继先"这句话做挡箭牌，没人敢把他怎么样。

赵构对秦桧的独断专行，似乎已是司空见惯，不但不予以制止，反而还经常奖励一番。除了封秦桧的母亲为魏国夫人外，秦府里连几岁的小孩、甚至还在襁褓中的婴儿，也都被赐"三品服"。

秦桧的养子秦熺，在绍兴十二年中了进士，一般人中了进士，都是先从县官干起，也就是七品官，然后一步步地往上升，好多人都是在县官任上终老一生。而秦熺中了进士，一开始就做了京官，三年后的绍兴十五年，升任翰林学士，兼官侍读。

赵构似乎有给别人赠字的癖好，韩世忠、岳飞等人都接受过这样的待遇，秦桧也是赵构赐字的受益人。

有一次，秦桧家建了一个阁楼，赵构亲笔写了个匾送过去，匾上写有"一德格天"四个镏金大字。

赵构对秦桧的宠幸，较之宋徽宗对蔡京的宠幸，有过之而无不及。

由于赵构宠幸秦桧，朝中的文武百官，甚至外国使臣也都跟着起哄，竟然称秦桧为"圣相"，似乎皋、夔、稷、契都赶不上他了。

秦桧独揽朝政后，又玩起了他的前辈们的老一套，制造祥瑞假象，欺骗赵构，他指使一些狐群狗党，不断地向朝廷上奏疏，将一些正常的天象说成是大吉大兆。如天下雨，上表祝贺说是天降甘露；天降雪，说是瑞雪兆丰年；淮西上表，说他们那里灵芝长得比簸箕还要大；湖北上疏，说他们那里的水稻一穗五头，只要是人能想出来的东西，南宋的地盘上就能够出现。

总之，在南宋那一亩三分地里，天天有祥瑞，处处报平安，仿佛南宋真的是海晏河清，天下太平了。

赵构得到这些喜报，乐滋滋的，仿佛真的成了一代圣君，愉快地过起了快乐天子的生活。

南宋诗人林升在他的一首《题临安邸》诗中写道：

山外青山楼外楼，西湖歌舞几时休？
暖风熏得游人醉，直把杭州作汴州！

这是一首脍炙人口的绝句，极大地讽刺了偏安一隅的南宋小朝廷，他们把复国雪耻的大事丢到九霄云外，只图偏安江南一隅，歌舞升平，贪图享乐。并指出，当年的汴京也是这样，结果把北宋断送了。

在这段期间内，秦桧又重点照顾了一个人，这个人就是胡铨。

胡铨坚决反对与金议和，当初就是他提出来要把秦桧和王伦的脑袋砍下来，挑在竹竿上游街，然后把金国的使臣扣下来，激励将士讨伐金国。胡铨曾经说过："臣有赴东海而死尔宁能处小朝廷求活焉？"就是说，如果你们要是跟金国议和，我宁可跳到东海去死，也不愿在小朝廷苟活。

赵构被胡铨的话彻底激怒了，本想杀了胡铨，但宋朝的祖宗家法是不杀文人。宋朝历代的文人，倒霉的时候，都是被贬谪到僻远的地方去，很少有砍头的，这都得益于当初宋太祖赵匡胤给他的儿孙们立下了这么个规矩。所以，赵构把胡铨贬到了广东，让他到那里去做了仓库大门的守卫。

秦桧的妻舅有一次到广东去视察工作，翻看犯人的花名册，无意中看到了胡铨的名字，就说了一句："胡铨在这里吗？怎么还不过海呢？"就这么一句话，胡铨真的过了海，再贬到崖州也就是海南去了。

贬谪崖州，在当时是最严厉的处罚，当年的苏氏兄弟、王安石、章惇等人都享受过这种待遇。

绍兴十八年（1148年），赵构下诏，命秦桧的儿子秦熺为知枢密院事，当然，这都是秦桧一手操办的。

秦桧对这项任命多少还有些不放心，便问他的下级胡宁："儿子近除枢密，外议何如？"意思是说，我的儿子提拔为枢密，外面有什么反应吗？

胡宁想了想，巧妙地说："外面都说相公谦虚，一定不会像蔡京那样为所欲为。"

秦桧一想到蔡京父子弄权遭到国人唾骂的情景，多少还是有些后怕，虽然从此又恨上了胡宁，但对他所说的后果还真的有些害怕，回家后跟儿子商量，由儿子自己上表，辞去知枢密院事的职务，以掩人耳目。

于是，秦熺便被改任观文殿学士，这也是个仅次右仆射的职位。

秦桧一方面培植自己的势力，一方面不断制造冤案，残杀政敌。因为这些人是他追求更高目标的绊脚石，对他的所作所为总是说三道四，不铲除这些人，他就得不到安宁。

秦桧铲除异己，事前都有一个周密的计划，然后按部就班地进行。经过排查，他又找出了一个需要重点"照顾"的对象，这个人就是李光。

绍兴八年，南宋第一次与金议和的时候，朝中大臣纷纷上表反对议和，秦桧举荐吏部尚书李光为参知政事，具体负责办理议和之事。当初，李光认为秦桧议和是以退为进，为了图治，后来发现，秦桧撤防务，罢大将，才知道秦桧没安好心，便去同秦桧理论。

秦桧当然不会让李光在他面前指手画脚，一怒之下，将李光贬到绍兴去了。这叫做顺我者昌，逆我者亡。

绍兴和议将成的时候，绍兴的百姓上街游行，抗议朝廷签署卖国条约。秦桧诬陷李光，说他煽动百姓闹事，动摇国本。这样一来，李光百口莫辩，又被贬到琼州。

李光到了海南后，无事可做，开始写回忆录，他将自己为官几十年的宦海见闻，一一地记录下来，想把这些文字传给子孙。

中国古代称圣贤要三立，即立德、立言、立功。李光认为自己身陷囹圄，立功是没有机会了，那就立德、立言，这样也算对得起列祖列宗了。可是，让他万万没有想到的是，他不但没有完成他的立德、立言计划，反而还因此招来灾祸。

秦桧这个人阴险狡诈，心机极深，对于那些被他撵出临安的政敌，并不是一撵了之，都要安排人密切地注视着他们的一举一动，赵鼎就这样被他活活地逼死了。在李光的身上，他又故伎重演。

李光写回忆录的事，秦桧很快就知道了，这又给了他一个陷害李光的机会。他在赵构面前，说李光私修野史，诽谤朝廷。

私修野史，诽谤朝廷，这可是大罪，做皇帝的都想给后世留个好名声。

赵构尽管在金人面前奴颜婢膝、摇尾乞怜，以求苟且偷安，但他仍然认为自己是中兴之主，他怎么能够让人修野史来诽谤他呢？

结果，李光的下场很惨，得了个遇赦不赦的惩罚，也就是说，即使是天下大赦，他也不在赦免之列，这样的处罚是相当重的。而他的儿子李孟坚，也被流放到峡州去充军。

李光写回忆录、修野史的事件，还株连到许多大臣，胡寅、程瑀、潘良贵、宗颖、张焘、许忻、贺允中、吴元许八人，都被说成是李光的私党，全部被撵出了朝廷。

此时的赵构，被秦桧欺诈胁迫，玩弄于掌股之间，如同木偶一般，毫无主张。

秦桧震主

南宋政治最黑暗的时代，就是秦桧当权的时候，他重用的全是自己和亲信党羽，凡是跟他意见相左的人，全都被他排挤掉了。史书记载："士大夫之有名望者，悉屏之远方。"意思是说，有名望的士大夫，只要跟秦桧政见不合，全都被他撵出朝廷贬到远方去了。

有一次，秦桧的走狗罗汝楫跟秦桧聊天，无意之中说了一句："反对议和的人，除了张玠之外，其余的人都被处理掉了。"

罗汝楫的意思是想表功。

秦桧听后脸色大变，说："既然知道张玠还逍遥法外，为什么不把他撵走呢？"

就这么一句话，张玠便被莫明其妙地被撵出朝廷，贬谪到一个僻远的地方去了。

秦桧铲除异己的手段毒辣，提拔自己的亲信却不遗余力。他的家人乡党，只要五官俱全，不痴不傻，都能谋个一官半职。史书记载："秦太师当国，一时忠臣良将诛锄略尽，其顽钝地无耻者，率为桧用。"说的就是这回事。

有一个名叫施全的殿前司侍卫，实在是看不惯秦桧的胡作非为，愤然出手，刺杀秦桧，可惜一击不中，被秦桧的护卫抓住了。惊魂未定的秦桧问道："你一个小小的士兵，我与你无仇，为何要杀我？"

施全愤然说道："天下人都要抗金，你却要议和，你排除异己，陷害忠良，像你这样的败类，人人得而诛之。"

第二天，施全便以谋杀罪被处死了。

施全刺杀事件之后，秦桧知道自己激起了众怒，他加强了自己的保卫，每次出门，都有五十名带刀的卫士跟随左右，就是进宫面见赵构，他也要将这些卫士带上。

赵构见秦桧每次进宫，都有带刀侍卫跟着，搞得他也非常紧张，为了自身的安全，他也不得不做些防备，暗藏一把匕首在靴子里，以防不测。

秦桧经此一吓，成天疑神疑鬼，担心有人谋杀他，渐渐发展成为怔忡病症，吃不安，睡不宁，遍请名医，吃了很多药，才勉励有了些起色。

赵构见秦桧得了病，派御医去给他治病，还让御医带去宫里的药，并让执政大臣们到秦桧的家里议事。秦桧的病情稍有好转后，便让他的孙子秦埙扶他上朝，并免跪拜之礼。

说起秦桧的孙子秦埙，还有一段趣闻。

秦埙十岁的时候，就已经是三品官了，他平时不学无术，无心向学，按常理，这样的草包，无论如何也过不了科举考试这一关，但别人不行，秦埙行，因为他是秦桧的孙子。

绍兴二十四年（1154年），秦埙参加科举考试，考试之前，秦桧命人把主考官请到家里来。

太师有请，这是天大的荣幸，主考官屁颠屁颠地跑到秦桧家里，秦府的管家热情地接待了他，说太师突然有事进宫见皇上去了，请他先在书房等候。管家奉茶之后，退出了书房。

偌大一个书房，就主考官一个人，等了半天，不见秦桧回来，闲得无聊，不由得四处看看，但太师的书房，又不敢乱动。最后，他的眼光落在书桌上的一篇文章上，顺手拿着看了起来，一个时辰过去了，秦桧还没有回来，两个时辰过去了，还是不见秦桧的踪影，手上的那篇文章看了无数遍，几乎要背下来了。

正在无聊之际，秦府的管家进来对他说，太师还在宫里同皇上商量国家大事，恐怕一时半会回不来，派人送信回来说，让他改日再来。

太师日理万机，这样的解释也说得过去。

其实，秦桧根本就没有进宫，他就在隔壁屋里密切地注视作主考官在书房里的一举一动。不显山，不露水地给主考官传递了一个重要信息。

科举考试阅卷的时候，排在主考官面前的第一份试卷，就是他在秦桧的书房里看到的那篇文章，直到这时，主考官才知道秦桧那次召见的真正用意。

主考官不敢含糊，给秦埙的文章判了第一名。

赵构御笔圈点的时候，却把秦埙由第一名状元降为第三名探花。

赵构在这里似乎给秦桧发出了一个信号：你也不要太猖狂，朕在这里看着你呢？

秦桧可能是高兴得过了头，没有从中捕捉到本应该捕捉到的信息。还在孜孜不倦的从事他的大兴党狱、诛锄异己的工作。正在这个时候，传来了韩世忠病逝的消息。

韦太后在金国呆了多年，金人对韩世忠、岳飞的畏惧，她是很清楚的，南归的时候，岳飞已经遇害，仅存韩世忠一人，迎接銮驾的时候，韩世忠也在迎接的队伍当中，在那么多人当中，韦太后唯独召见了韩世忠，好言安慰一番，让秦桧羡慕不已。后来，韦太后还专门派人慰问韩世忠。赵构也垂念他是个功臣，晋封他为咸安郡王。

韩世忠虽然赋闲在家,不参与政事,由于皇上和皇太后对他都非常敬重,秦桧对他多少也心存忌惮。韩世忠逝世后,朝野再也没有一个人让秦桧感到畏惧的人了。

韩世忠病逝不久,王庶也病死在道州贬所,他的儿子王之奇、王之荀抚棺恸哭,发誓要为父亲报仇。

这件事传到秦桧的耳里,他立即下令,将王之奇充军到海州,王之荀充军到容州。

秦桧末日

秦桧自从遇刺惊吓生病之后,身体一直不大好,病情时轻时重。即使是这样,他仍然不忘陷害别人。

一天,有人密报,说发现了赵鼎的儿子赵汾的踪迹,秦桧立即指使人弹劾赵汾,说他图谋不轨,并请旨拘捕了赵汾,交给大理寺审讯。

赵汾入狱后,秦桧唆使狱吏胁迫他承认自己与张浚、李光、胡寅、胡铨等五十三人,共谋大逆。

谋逆罪是杀头之罪,秦桧要以谋逆罪将这些不同政见者一网打尽。

赵汾并不傻,绝不会做那种蠢事,尽管狱吏用尽了酷刑,他仍然不屈服。狱吏见赵汾宁死不屈,竟捏造了一篇供词交给秦桧。

秦桧看到那个伪造的供状,喜不自胜,取过笔想加几句话,突然,怪事出现了,秦桧手中的笔似有千斤重,握笔的手竟然动弹不得,仿佛有一个人抓住他的手,抬头一看,不由惨叫一声,身子往后一仰,连人带椅子,啪的一声,重重地摔倒在地。

老天总算开了一次眼,秦桧突然犯病,没有让他将张浚、李光、胡寅、胡铨等五十三人一网打尽,多少给南宋留下了点正义的种子。

秦桧晕倒在地,不省人事。他的妻子王氏及家人仆役等,怀疑他是中风,慌忙将他抬上床,一面灌点糖水,一面请医救治,总算把他救醒了。

王氏喝退左右,悄悄地问秦桧,到底发生了什么事,秦桧脸色大变,就是不敢说他看见了什么,只是一个劲地说:"快备后事吧!恐怕我的阳寿已尽,大限将至。"说罢又晕了过去。

王氏好不容易将他救醒,秦桧似乎是受到了惊吓,口里不时发出杀猪般的叫声,模模糊糊地只是叫饶命。王氏听了也不觉毛骨悚然,胆战心惊。连忙派人去请御医王继先。

通俗小说中说，秦桧看见了鬼，是鬼抓住了他的手，让他不能在那份伪造的供状上签字，甚至还有人说，是岳飞的冤魂压住他的手，赵鼎的冤魂抓住他的笔，让他动弹不得，施全在一旁正举着一把大刀向他砍来。

无论是谁，看到这样的情形，都得发出惊叫声，除非他是神。

世上并没有鬼，想必秦桧做的坏事太多了，担心那些被他害死的人前来找他报仇，成天疑神疑鬼，加之正有病中，身体虚脱，产生一种幻觉，看到了这些被他害死的冤魂。

王继先得知秦桧病重的消息，立即赶到秦府。刚走近秦桧的病榻。秦桧突然翻身坐起来，惊恐地睁大双眼，指着王继先大叫道："岳少保，你不要过来。"

王继先见秦桧把他当成了岳飞，知道他中了邪。

突然，秦桧又从床上滚下地，跪在地上，边磕头边说："施义士，饶命呀！饶命呀！"

大家连忙把他扶上床。

秦桧此时已经处于半昏迷状态，口中不住地喊着岳少保、赵鼎、王庶、施全等人的名字。王继先也吓得胆战心惊，不敢久留，勉强拟了一帖药方，提着药箱子，匆匆地走了。

秦桧服了王继先开的药，病情更加沉重，成天不是呼痛连天，就是满口喊冤，身上的皮肤，忽红忽青，随时变色，秦府的一家老小，惊慌失措，上下不得安宁。

赵构听说秦桧病了，亲自到秦府来探视。

秦桧矇眬中似乎听说皇上来看他，头脑一下子清醒过来，一把鼻涕一把泪地说："陛下，老臣恐怕不行了，再也不能侍奉你了。"

赵构看见秦桧真的病得不轻，表面上一脸沉痛，内心里却是乐开了花，转头对秦桧的儿子秦熺说："你的父亲已经是病入膏肓，无药可救了。"说罢，转身就出来了。

秦熺赶出来，跪在赵构的面前问道："陛下，臣父百年之后，谁来接替他的宰相之位？"弦外之声，他这是在毛遂自荐。

赵构瞟了他一眼，心里想，你老爹都解决不了这个问题，你来凑什么热闹？我供奉你老爹十多年，还会继续供着你吗？便冷冰冰地说了一句："此事非卿所应预闻。"意思是说，秦熺没有这个资格过问这件事情。

秦熺似乎还不死心，当天晚上，派自己的儿子秦埙和党羽右司员外郎林一飞、宗政丞郑楠去见殿中御史徐仿、右正言张扶，密谋直接奏请赵构，拜他为宰相。

可惜，秦家的气数已尽，秦熺空忙乎了一场。

当天晚上，宫里就传出圣旨：秦桧加封为建康郡王，致仕；秦熺升为少师，致仕；秦熺的儿子秦埙、秦堪并任提举九江、太平兴国宫。

秦氏父子俩，都得到了很高的头衔，然后，都勒令退休了。

秦桧本来已经到了油尽灯枯的地步，硬拖着不死，就是想完成子承父业的权力交接。赵构的这道诏书，成了他的催命符。他接到诏书，一口气没有接上来，两眼一翻，两脚一蹬，咽气了。

秦桧当了十九年的宰相，近乎皇帝般地发号施令，对南宋的伤害深及筋骨。他一贯主张投降，专横跋扈，陷害忠良，将反对投降的正义之士几乎赶尽杀绝，尤其是他害死岳飞这件事，留下了千古骂名。

在中国历代的奸臣中，他是遭骂声最多的人。秦桧、王氏、张俊、万俟卨四个害死岳飞的元凶，被人铸成四个反剪双手的铁人，跪在杭州西湖边岳飞的墓前，墓阙上楹联则为：

青山有幸埋忠骨；白铁无辜铸佞臣。

清朝乾隆年间，一位名叫秦涧泉的状元游西湖岳王庙，看到秦桧的铁像，感慨万端，羞愧难言，随口说出了一副对联：

人从宋后无名桧，我到坟前愧姓秦。

秦桧暴死，赵构心里乐开了花，他高兴地对杨存中（杨沂中改名）说："朕今日就不必在靴子里藏刀了！"可见，赵构平时对秦桧多害怕，靴子里总是藏着一把刀防身。别忘了，赵构是有武功的，三五个人同他相搏，不一定能占他的便宜。

秦桧死后，赵构似乎没有给他难堪，赠他为申王，赐谥忠献。

五十年后的宁宗开禧二年（1206年），宁宗皇帝赵扩才跟秦桧搞了个秋后算账，追夺了秦桧的王爵，改封了一个带有羞辱性的称呼：缪丑。

秦桧死后葬在江宁，据说在明朝成化年间，盗墓贼挖开了秦桧的坟墓，盗走了许多金银珍宝。不久，盗墓贼被官府抓住了，官府的人押着盗墓贼到秦桧墓去勘察现场，居然发现秦桧和他的妻子王氏的棺材里灌满了水银，两人尸体完好。在场的人看到这个害死岳飞的奸贼死后还享受如此待遇，气愤不过，将他们夫妻俩的尸体拖出来，碎尸万段，丢到粪坑里去了。

更为搞笑的是，按当时的律法规定，盗墓贼要受到法律的制裁，这个盗墓贼由于盗的是秦桧的墓，让人解恨，居然被官府免予处罚。

可见，世人对这对狗男女是多么的痛恨。

恩恩怨怨

赵构并不是一个完全昏庸之君，对秦桧的结党弄权，心里十分清楚，他为何要睁一只眼，闭一只眼呢？这是必须弄明白的事情。

赵构宠信秦桧，一个重要原因：遭胁迫。

绍兴和议，金人有条要约，就是不得更换大臣，大家哑巴吃汤圆，心里明白，这就是暗保秦桧。赵构害怕金人卷土重来，当然不敢得罪秦桧。

赵构宠信秦桧的另一个原因，是出于自身的需要。

赵构害怕金人使出让渊圣皇帝赵桓回来的绝招，为了自己的皇位不致动摇，他必须同金人周旋。同金人勾勾搭搭，是一种卖国行为，必定要遭到大臣们的反对，国人的唾骂，他不想自己亲自去面对群臣和天下的百姓，他需要有一个人做他的挡箭牌。而秦桧是最合适的人选。

秦桧一贯主张议和的投降路线，排挤主战派，苟且偷安，这很适合赵构的口味。有秦桧在前面做挡箭牌，赵构就不需要亲自出面，避免了投降的骂名。

正因为如此，赵构对秦桧又是赐田宅府第，又是恩封家人，以鼓励他讨好金人，让他在钳制舆论上更加卖力。

赵构宠信秦桧，还有一个原因，就是赵构对秦桧心存忌惮。

秦桧经过多年经营，内外勾结，结党营私，培植个人势力，党羽已经遍及朝野，逐渐形成了君弱臣强的态势。赵构心里即使不满，也不敢轻举妄动。

中国古代在宋朝之前，君权和相权之争，始终是君王占据上风，君权越来越尊，相权越来越卑。到了南宋，出现了很大的转变。赵构为了不挨骂，为了保全自己的名声，索性不管实事，自己放弃了一部分权力，让秦桧掌握大权。赵构给后世开了一个不好的头，南宋后来的君主都受制于权臣，奸臣奸相，一个比一个厉害。

千百年来，秦桧一直遭到国人的唾骂，其实，在他的背后，还有一个人要

遭到谴责,这个人就是皇帝赵构。明代的文徵明在他的一首《满江红》中写道:

> 拂拭残碑,敕飞字、依稀堪读。慨当初、依飞何重,后来何酷!岂是功高身合死,可怜事去言难赎。最无端、堪恨又堪悲,风波狱!
>
> 岂不念,圻疆蹙;岂不念,徽钦辱,但徽钦既返,此身何属?千古休谈南渡错,当时自怕中原复。笑区区、一桧亦何能,逢其欲。

文徵明的矛头直指赵构,揭露了他出于自己的用心,勾结秦桧杀害岳飞的面目。从赵构与秦桧的始终来看,两人是一种相互利用的关系,一个为了保住自己的皇位,一个为求自身和后代的荣华富贵。

在赵构与秦桧的关系中,赵构的作用是不可低估的,秦桧也只能是迎合赵构的意图把持朝政。在唾骂秦桧的同时,千万不可忽视躲在他背后的赵构。

二十三　谁撕毁了盟约

重新洗牌

秦桧死了以后,赵构对朝廷的人事重新进行洗牌。

人事洗牌是一件非常敏感的事情,因为牵涉到个人利益,大家都瞪着眼睛看着赵构,谁都害怕自己成了一张废牌。

秦桧单独担任宰相多年,死了以后,宰相之职就虚位以待了。

赵构对百官进行排查,张俊是一个担任宰相的人选,可惜他在一年前就病死了,死人当然不能担任宰相。经过排查挑选,他任命万俟卨为尚书右仆射,并同平章事;汤思退为知枢密院事;张纲为参知政事。

万俟卨其实是秦桧的盟友,由于在用人方面同秦桧发生了一点矛盾,被秦桧撑到沅州去了。赵构认为他不是秦桧的同党,所以就起用了他。

汤思退本是秦桧的党羽,秦桧病重的时候,曾召他到家里托付后事,同他一起去的还有参知政事董德元,秦桧给他们两人各赠给千两黄金。

董元德暗想,如果不收,等秦桧的病好了,他就会怀疑我有二心,于是就收下了。

汤思退则认为,秦桧是在试他的,竟然连太师的金子也敢收,今后他的病好了以后，随便找一个茬，那自己还有命吗？于是就婉拒了。

同一件事，不同的想法，产生两种不同的后果。

汤思退算是走了狗屎运，歪打正着，赵构竟以为他敢于拒绝秦桧的馈赠，便让他做了枢密院知事。

沈该任参知政事，他是一个随波逐流、毫无主见之人。

张纲曾任给事中之职，由于看不惯秦桧的所作所为，但又改变不了现实，眼不见为净，上表请求离职休息，已经在家闲居了二十年。赵构下诏任命他为吏部侍郎，兼任参知政事。

赵构挑选的这几个执政大臣，都是在秦桧当政时遭到排挤的人物。

张纲上任后，做的第一件事也是肃清秦桧的余党。

御史汤鹏举等人在张纲的支持下，上表弹劾秦桧病国欺君，党同伐异，奏请将秦桧余党撵出朝廷。他们的弹劾状，踏上了赵构的鼓点，于是乎户部侍郎曹泳被贬谪到新州；端明殿学士郑仲熊、侍御史徐嘉、右正言张扶、待制吕愿中等人，先后也被逐出了临安。

在清理出一批人后，赵构又重新起用了一批过去遭到秦桧排挤的人：张浚、胡寅、洪皓、张九成等原人，官复原职。

赵鼎的儿子赵汾，也从狱中放出来了。李光的儿子李孟坚、王庶的儿子王之奇兄弟也得到了赦免。

赵构还给死去的赵鼎平反，恢复了他的官爵。虽然死人要这个官爵没有什么用，但他的后人是可以从中受益的。

种种迹象表明，赵构是在尽量消除秦桧的影响。

张浚官复原职后，准备回老家安葬母亲，恰逢天上彗星再现，赵构下诏请百官直言朝政得失。张浚是个敢说敢干的人，他也不忙于启行，先向赵构表达了对朝政的看法，他一共说了三个问题，一是沈该、万俟卨、汤思退这几个人难服众望，不能胜任相职；二是金人贪得无厌，要防止他们再次兴兵；三是朝廷要选贤任能，这样才能安内攘外。

话不多，言简意赅，切中要害，张浚不愧为老宰相。

张浚的话一出口，很多人都替他捏一把汗，因为他的话剑指三位执政大臣，锋芒太露，有人会不高兴。

实践证明，大家的担心不是多余的，沈该、万俟卨、汤思退三人果然发怒了。在他们的授意下，御史台的弹劾状接二连三地飞到赵构的案头，弹劾的都是同一个人：张浚；内容也大同小异：煽惑人心，摇动国是。

后来的结果也不出人们的意料，张浚再次被贬往永州。这是他第三次贬往永州，看来，张浚真的与永州很有缘。

可能是坏事做多了，万俟卨上任不久，竟然暴病身亡。

万俟卨和张俊都是依附秦桧陷杀岳飞的凶手，所以，后世人便在杭州西湖边的岳王墓前，特铸四个铁人长跪在墓前，四人是男三一女，三男是秦桧、张俊、万俟卨，女的是秦桧的老婆王氏。

万俟卨暴毙之后，汤思退接替了他的职位，而张纲却被免职了，吏部尚书陈康伯接替了他的职位。

汤思退和秦桧、万俟卨一样，也是主和派。

赵构虽然对朝廷的人事进行了重新洗牌，但仍然推行的是没有秦桧的秦桧路线，即坚持求和的政策。

绍兴二十九年（1159年），沈该因贪污被革职，汤思退转任左仆射，康伯升任右仆射。

这一年，韦太后八十寿辰，刚祝完寿，便一病不起，不久病逝在慈宁宫。谥显仁皇太后，安葬在永佑陵旁。

挑选接班人

赵构除了对朝廷人事进行洗牌外，还干了一件大事，就是决定接班人。

绍兴三十年（1160年），赵构已经五十四岁了，直到这时，他才真的相信，送子娘娘不会光顾他家了。他终于面对现实，开始考虑立储之事了。够资格当接班人的有两个人，一个是赵瑗，一个是赵璩，到底选择谁，他还真的有点犹豫不决。想来想去，他决定先试试这两个人的德性。

这一天，赵构告诉赵瑗、赵璩，让他们将王羲之的《兰亭序》抄写一百遍。

时任两人老师的史浩告诉他们："君父之命，不可不敬。"意思是要他们赶快完成赵构布置的作业。

结果，赵瑗抄写了七百遍，赵璩一个字也没有写。

第一次测试，赵瑗胜出。

赵璩如果知道这次测试对他人生的影响，肠子恐怕要悔青了，如果再来一次，他一定要写一万遍。

几天之后，赵构从后宫挑选二十名漂亮的宫女，给赵瑗、赵璩各赐十名。至于怎样安排这些人，他只字不提。

史浩再次提醒赵瑗、赵璩说："这些宫女都是侍奉皇上的人，你们应该以庶母之礼对待她们。"

一个月后，赵构重新召回二十名宫女，并让她们汇报这一个月的情况。赐给赵瑗的宫女都说，赵瑗对她们彬彬有礼，没有任何冒犯行为。赐给赵璩的宫女却说，她们每天晚上都要陪赵璩睡觉。

两轮测试，赵瑗全面胜出。

用这样的方法来选择皇位继承人，恐怕也只有赵构这样性功能障碍者才想得出来。

二月，赵构正式册立赵瑗为皇太子，更名为赵玮。加封赵璩开府仪同三司，判大宗正寺，改称皇侄。将那十名宫女全部送给了他。

册封大典过后，朝野欢欣。

外有"绍兴和议"维持偏安的局面，内无秦桧威胁皇权，继承人的事情也顺利解决了，赵构本以为可以安安稳稳地过几年太平日子，谁知金国在这个时候换了主人，新主人是一个疯狂的好战者，他妄想完成先人未竣的事业，欲马踏临安，饮马长江，一口吞灭南宋小朝廷。

赵构又要烦恼了。

隐忧

"绍兴和议"达成之后，宋金两国开始了一段较长时间的和平共处。

赵构虽然没有什么雄才大略，但也不是一无是处，在苟且偷安的这段日子里，江南这一亩三分地，他还是经营得有声有色，经济得到了恢复和发展，渐渐有了繁荣的模样。

江南的农业、手工业、商业都得到了喘息机会，在不同程度的都有所上升。水利建设，也受到高度重视，水利工程的兴修，给农业生产发展创造了条件。

发展最快的当然是南宋的都城临安。

临安虽然偏居海隅，不利于北望中原，但在发展经济上却有得天独厚的条件，其依托于富庶的两浙地区，交通便利。向北，经江南运河可以进入长江，向东入海可达沿海的泉州、广州等城市，发达的水陆运输，为临安的进一步发展繁荣提供了条件。

在这段时间内，赵构还建太学，造仪仗、修宫殿，忙得不亦乐乎。

十余年的休养生息，南宋的元气得到了恢复，但在繁荣的背后，却深藏着隐忧。

隐忧，来自于政治和人心。

朝廷的主战派虽然都被秦桧收拾得差不多了，但国人对屈膝投降的朝廷非常不满，民间的抗战之声不绝于耳，曾有人在太学的墙壁上大书："夫差，尔忘越王杀头则父乎！"

指着和尚骂秃驴，矛头直指赵构。

秦桧知道他的政策不得人心，国人都在背后骂他，他派出密探四处游荡，那些对朝廷表示不满的人，只要被逮住了，不丢掉老命，也要脱三层皮。

秦桧不但钳制言论，而且还禁止著书，措施相当严厉，连司马光的后代都不敢承认《涑水记闻》是他们的先人之作。

私史被禁止了，官史也被大卸八块。因为主持这项工作的是秦熺。

史官们如实地记载了当时的历史，里面暴露了秦桧很多不光彩的东西。

秦家父子，既要当婊子，又想立牌坊，绝不会让这些不利于他们的东西流传于世，把官史中不利于他们的史料全都删除了，弄得那一段历史，至今也是残缺不全，真假难辨。

篡改得最为严重的当属岳飞的史料。

赵构和秦桧两人心里都明白，在岳飞这件事上，他们干得太缺德，所以，每当有人提起岳飞的名字，他们就心惊肉跳，甚至连"岳"字都害怕，为了不让人想起岳飞这个人，不说"岳"这个字，他们把岳州改为纯州，把岳家军改为华容军，害怕的心理暴露无遗。

做贼心虚。赵构和秦桧两人是贼，他们的心都很虚。

经济上虽然有了复苏，军事上却搞得一团糟。

绍兴和议达成后，南宋便刀枪入库，马放南山，百战铁军岳家军、韩家军都被肢解，能征善战的大将们，杀的杀，罢的罢，威震敌胆的韩世忠常骑头小毛驴，在西湖边游逛，绝不提政事，更不言军事。

南宋苟且偷安的日子其实很脆弱，脆弱得就像一个玻璃杯，只要轻轻地一敲，这个玻璃就会粉身碎骨。

赵构却认为这个玻璃杯是一只铁杯，只顾饮着杯子里的美酒，没有考虑到杯子会破。

赵构错了,有人举起了铁锤,即将砸破这个玻璃杯。

这个拿着锤子的人,就是金国的新主人。

金国皇帝疯了

绍兴和议的达成,完颜宗弼为金国立下了汗马功劳,如果不是他撕毁天眷和约,河南、陕西就归宋朝了。正因为如此,完颜宗弼的官位此后一路飙升,从梁王、都元帅、太保、领行台尚书省事,等于整个金国的军政大权,都掌握在他的手中。

完颜宗弼曾得意地对人说,对付南宋那个贪生怕死的小皇帝,他还有秘密武器没有使出来,到底是什么秘密武器,他一直没有说出来。为何有秘密武器却又不肯说出来呢?这可能是他的一个政治手腕,就像南宋的秦桧,在没有得到重用的时候,也曾放出风声,说有对付金人的好办法,但这是宰相的事,他不是宰相,不想说。赵构果然上钩了,稍后不久,任命他当了宰相。完颜宗弼是否与秦桧使的是相同招数不好说,但事实是,他活着的时候,始终没有说出这个秘密到底是什么,而他在金国的地位也一直很稳固。

完颜亶统治初期,政治还算清明。但这个貌似汉家少年的皇帝,心里却不怎么痛快,因为朝政被几个叔叔辈的老臣把持着,他这个皇帝几乎是个摆设,成了傀儡皇帝。

在外面的心情不好,回到家里心情也好不到哪里去。

皇后裴满氏是一个恶女人,她以为管理后宫那些女人难以施展自己的才华,居然对朝政也指手画脚起来,除了把她娘家的人安插到朝中做官外,还要干预朝政。

完颜亶内外不是人,却又毫无办法,只好借酒消愁,常常把自己灌得昏天黑地,不分东西南北。

酒这个东西,如果以其壮胆,胆小鬼或许敢去同老虎干一场,如果以其浇愁的话,愁或许就更愁了。

完颜亶嗜酒无度,性情大变,朝堂上同大臣们议事,稍不如意,便大开杀戒,弄得大臣们都不敢见他。当他得知宋使臣王伦不愿留在金国时,竟然下令将他杀了。

王伦似乎为了这宋金两国和谈而生,为了使宋金两国罢兵休战,他不辞劳苦，奔波于宋金两国之间。建炎年间，他主动请缨出使金国，先后两次使宋金和议的达成，王伦居间调停，功不可没。王伦调停宋金和议，是真的希望和议能够达成，这种行为同秦桧的卖国求荣、为了一己之利而不顾国家的存亡、百姓的死活相比，是有本质的不同。

特别是第二次和议达成之后，金人想留下他，给他安排一个肥缺。当时南宋的主战派，主张砍掉秦桧、王伦的头，挑在竹竿上示众以谢天下。金人也在劝他，说宋朝人都在骂你是汉奸，你还是别回去了。

王伦断然拒绝了金人挽留，正色说道："奉命而来，非降也！"

完颜亶见留不住王伦，竟下令杀了他。

王伦临刑之前，面向南方哭拜道："先臣文正公以直道辅两朝，天下所知。臣今将被留，欲污以伪职，臣敢受一死以辱命！"

在王伦的眼里，金人给他的官是伪职。不难看出，王伦对宋朝是忠心义胆，不像通俗小说中说的是一个胆小怕死、贪图荣华富贵的卖国贼。

完颜亶的变态，让金国上下离心，国势逐渐衰败。

完颜亶本是一个好色之徒，喝了酒，愁没有消减，胆子却壮了不少。过去，慑于皇后裴满氏的醋劲，他不敢随意拈花惹草，有酒给他壮胆，平常不敢干的事，敢干了。

岐王完颜亮的王妃丽婵长得很漂亮，完颜亶对这个弟媳妇垂涎三尺，由于惧怕皇后裴满氏，他也不敢有什么进一步的行动。

这一天是完颜亶的生日，丽婵王妃进宫来给皇帝哥哥祝寿。

完颜亶在别宫赐宴招待丽婵，并命银娜公主作陪。宴罢，已是黄昏时分，丽婵王妃正欲辞行，已有六七分醉态的完颜亶来了，丽婵王妃来不及回避，只好上前行礼。完颜亶一把抓住丽婵王妃的双手说："都是自家人，何必客气呀！"

丽婵吓得花容失色，心跳不止，掉头想叫银娜公主，谁知公主已不见影踪，而且宫人也都不见了。这一急，真是非同小可，打算逃避，双手又被完颜亶抓住了，想叫唤，深宫大院之内，就是喊破喉咙，也不会有人听的。

后来的结果可想而知，丽婵在皇帝哥哥完颜亶的威逼下，成了待宰的羔羊。

岐王完颜亮也是金太祖完颜阿骨打的孙子，此人性极剽急，而且疑心很重，完颜亶继承皇位之后，他心里其实是很不服气的，都是太祖的孙子，凭什么你能继承皇位，我却不能？因此，他对皇位常怀觊觎之心。

那天，丽婵从宫中回来后，见了歧王完颜亮，忍不住失声痛哭，完颜亮追问她发生了什么事，她只是哭，就是不回答。

完颜亮什么都明白了，尽管恨得牙齿都咬断了，但还是没有出手，因为他对完颜宗弼有所忌惮，自己有什么行动，这位叔父绝不会袖手旁观，一定会灭了他。

完颜亮暂时咽下了这口气，但却在心里埋下了仇恨的种子。

完颜亮将仇恨埋在心里，另一颗仇恨的种子却冒芽了，这颗种子，就是完颜昌的儿子胜花都郎君。

完颜昌被完颜亶诛杀后，他的儿子往西逃到了蒙古。

蒙古族，是中国北方一个以游牧为生的民族，他们居住在斡难河、克鲁伦河流域，初属辽国，金灭辽后，又属金国。胜花都郎君逃往蒙古的时候，蒙古的首领是一个叫哈不勒的人，手下有兵马数千。

哈不勒接纳了胜花都郎君，出兵攻打金国。

完颜宗弼得知蒙古人协助胜花都郎君造反，立即从汴京赶回来，亲自率兵前往征剿。蒙古族以游牧为生，是一个马背上的民族，蒙古骑兵勇猛彪悍，较之完颜宗弼的拐子马，有过之而无不及。完颜宗弼虽然用尽了招数，就是奈何不了蒙古人，无奈之下，只好同蒙古人讲和，册封哈不勒为蒙古国王，并把西平、河北二十七团寨，割让给哈不勒，双方才罢兵休战。

蒙古国，成为金国后来的心腹之患，这是后话。

绍兴十八年，完颜宗弼得了一场大病，他的生命也走到了尽头，临死之前，他留下了一份遗表，他在这份遗表中，终于说出了埋藏在心底的那个秘密武器：

  吾吩咐汝等，切宜谨守，勿忘吾戒。如宋兵势盛敌强，择有兵马破之；若制御所不能，向与国朝计议，择用为辅，遣天水郡公桓安坐汴京，其礼无有与兄争。如尚悖心，可辅天水郡王，并力破敌。

意思是说：如果宋朝背盟，双方先打正规战，兵来将挡，水来土掩，如果打不过宋朝，就把天水郡公（赵桓）派到汴京去。这是赵构最担心、最怕的一招。完颜宗弼的想法是，如果金国战败了，就让赵桓到汴梁去做傀儡皇帝，像张邦昌、刘豫那样。这样一来，南宋的皇帝赵构就完全没辙了。因为赵桓是他的亲哥哥,"其礼无有弟与兄争",做弟弟的怎么能同哥哥打仗呢?而且,赵桓是上一任皇帝,无论再来一个岳飞、还是韩世忠,都没有理由同他打仗,更不用说要收复中原、迎回二圣了。

赵构其实并不怕赵桓回来,因为即使回来了,复辟的可能性也是不会有的,最多是把他软禁起来就是了。但他就怕金人使出完颜宗弼说的绝招。所以,他才不顾廉耻、丧失人格和国格,奴颜婢膝地向金国乞和。

除了秦桧之外,恐怕没有人能体谅到赵构的苦衷。

完颜宗弼去了极乐世界,完颜亶暗自高兴了好几天,压在头上的大山移走了,他终于可以大展拳脚了。

完颜亶高兴得太早了,灾难正在等着他。因为他随之任命完颜亮为平章政事。

完颜亶选调的不是一个助手,而是引来了一个杀手。

杀手完颜亮

完颜亮得到提升后,除了对皇位的觊觎之心不减外,对皇后裴满氏也动起了脑筋,不知是裴满氏长得漂亮呢?还是他故意要报复完颜亶的奸妻之恨,竟与裴满氏有了一腿。

完颜亶根本就不知道完颜亮给他戴了绿帽子,还提拔完颜亮为右宰相。完颜亮过生日,他还赐给完颜亮玉叶鹘厩马和宋朝司马光的一幅画像。

天下没有不透风的墙,完颜亮与皇后裴满氏不清不白的事情,终究还是让完颜亶知道了,一怒之下,居然将赐给完颜亮的东西夺回了。

完颜亮哪里忍受得了如此羞辱,对完颜亶更加怀恨,仇恨越深,发泄得就越猛,完颜亮开始发泄他的仇恨了。

胙王完颜常胜是完颜亶的亲弟弟,在朝中颇有权势,完颜亮选择他作为发泄对象。有意无意地,他经常在完颜亶耳边吹风,说胙王为人狡黠,阴谋篡位。

完颜亶可能是酒精中毒,脑袋瓜子不那么好使,竟然听信了完颜亮的谗言,下令杀死了胙王。

大臣们对完颜亶的杀人行为似乎已经麻木,见怪不怪,没有什么反应。

完颜亶根本就不知道完颜亮在算计他,反而还感谢他替自己消除了一个心头大患。

完颜亮略施小计，便让完颜亶失去了一个强援，高兴得几天睡不着觉。

胙王犯的是谋反罪，妻子撒卯理应受到株连，完颜亶贪恋她的美色，不但赦免了她，而且还将她弄进宫里，做了陪他睡觉的女人。

皇后裴满氏醋意大发，同完颜亶大吵大闹。

搁在以往，借完颜亶十个胆子，他也不敢还嘴。

裴满氏这次错了，完颜亶不但还了嘴，而且还动了手，如果是抬手搧几巴掌倒也罢了，但他却是拔出腰间的佩剑，一剑砍下了裴满氏的脑袋。

裴满氏错得连后悔的机会都没有了。

完颜亶杀掉裴满氏可以说是忍无可忍。接下来，他一口气又杀了德妃乌古论氏、瓜勒加氏、张氏，弄得后宫血雨腥风，连他身边的近侍都人心惶惶，生怕哪天把自己的脑袋也混丢了。

完颜亶杀了皇后和几个妃子后，居然把弟媳撒卯扶正，做了后宫之主。

完颜亶的所作所为，弄得怨声四起，他让所有的人都很恐惧，都觉得没有安全感。既然大家都这么想，唯一的办法，就是将恐惧的根源拔掉。

有人开始行动了，这个人就是完颜亮。

绍兴十九年（1149年）十二月，金国发生了政变，领导者是完颜亮，参加政变的人有平章政事完颜秉德、左宰相唐古辨、大理卿乌达、尚书省令史李老僧、驸马唐古辨等，还有完颜亶的侍卫长和几名侍卫。

朝中大臣出面，侍卫长、侍卫做内应，进宫杀人没有遇到任何阻力，按计划顺利进入完颜亶的寝宫。

完颜亶正搂着新皇后撒卯在那里翻云覆雨，突然见这么多人闯进来，知道情况不妙，顾不上穿衣服，伸手到枕头底下取剑，让他吃惊的是，平常总放在枕头底下的剑不见了。

剑，并不是生脚走了，而是侍卫长让它从枕头底下挪到床底下去了。

完颜亶毫无反抗之力，同新皇后撒卯一同走上了黄泉路，到阴司地府里去与裴满氏吵架去了。

残暴与乱伦

完颜亮脱去血衣就跳上了龙椅，自己做了皇帝。

完颜亮是个极具野心的人，他曾在扇子上题诗："大权若在手，清风满天下。"他还曾明确地对人说："吾志有三：国家大事，皆自我出，一也；率师伐国，执其君长，问罪于前，二也；天下美色而妻之，三也。"篡位成功后，便开始行动了。

完颜亮知道自己的君位来得不正，尽管朝野对完颜亶怨声载道，这并不等于他弑君篡位合法，他知道有人对他当皇帝不服气，特别是完颜宗室的人，正睁着愤怒地眼睛看着他，成了他的心腹大患。

消除隐患的最好办法，就是让隐患之源消失。

完颜亮也是这样想的。

金太宗完颜晟的七十多个子孙，脑袋全都掉到地上了，完颜亮眼睛眨都不眨一下；完颜宗翰的子孙三十余人，也被送到刑场砍下了脑袋，完颜亮在那里喝酒庆祝；左副元帅完颜杲也是心头大患，一夜之间遭了灭门之灾；他的合作伙伴，篡位后升任左宰相的完颜秉德劝他不要杀人太多，竟也被斩腰了。

完颜亮成了杀人魔头。

完颜亮对国家大事作出的第一个重大决定是迁都，把京城从上京迁往燕京。他命令左宰相张浩、右宰相张通古，征调全国的能工巧匠，齐聚在燕京，改筑燕京的宫殿，宫殿的式样，完全按照汴京的式样建造。

迁都对金国的政治和经济产生了重大影响，而且意义深远。

完颜亮为何要迁都呢？一言以蔽之：巩固统治。他知道自己的皇位是篡夺的，面对的反对势力不是一般的强大。把政治中心移到燕京，就是要重起炉灶。上京是女真人的老窝，旧势力盘根错节，难以撼动。迁都后大家重新再来，他有皇权在手，占有很大的优势。

迁都遇到的阻力也是难以想象的，因为那些女真人不想离开自己的老窝。如果是少数人，可以绑他们走，很多都有这个想法，绑的办法当然就行不通了。

完颜亮倒真是个天才，行政手段不行，便转用经济手段，宣布：凡到中都（迁都后燕京改名中都）居住的人，免税十年。不知当时的具体规定如何操作，但这一条绝对有吸引力，特别是被金人掳往北国的汉人，更是积极响应，很多人都拖儿带女地搬迁到燕京（中都）。从此，汉人在这一地区占了多数。

完颜亮迁都燕京，实现了中国北方地区从唐末动乱之后的首次统一，北方的经济中心也从黄河流域转移到中都地区，形成以燕京（即现在的北京）一带为政治、经济中心的新格局，这对中国的历史产生了极其深远的影响。

完颜亮迁都对中国历史产生的影响，是他始料不及但却确实存在，只因他这个人恶名昭著，人们忽视了这一点。

完颜亮的第二个志向是：得天下美色而妻之。

完颜亮猎取的第一个美色对象是他的叔母阿懒。

阿懒是完颜亮的婶母，虽是徐娘半老，却风韵犹存，完颜亮早就对她垂涎三尺。过去，他没有这个能力得到她，现在他做了皇帝，可以为所欲为了。他随便找了个茬，将叔父阿鲁补杀了，将婶母阿懒召宫，做了他的妾，封为昭妃。

一个阿懒满足不了完颜亮的欲望，他将魔爪再次伸向了身边的人。

金太宗完颜晟、金熙宗完颜亶、完颜宗弼、完颜宗翰后代的男子都被杀得一干二净，这些人的妻室都成了寡妇。

这些被杀的男人，生前都是金国的权势人物，娶的老婆个个都是百里挑一，美貌绝伦，秀色可餐。完颜亮的色眼盯上了这些人的老婆。

经过一番运作，一切都是那么顺利，这些寡妇都进宫了，成了完颜亮的嫔妃。

寡妇进宫，完颜亮还命令她们将死去男人的姐妹也都带进宫，这些女人都是完颜亮未出三代的姐妹，进宫之后和寡妇们享受相同的待遇，做了完颜亮的嫔妃。

国人大骂完颜亮乱伦无耻，但他可不计较这些，仍然是我行我素。

后宫的女人多了，完颜亮就变着法子找乐，经常在后宫召开裸体舞会，同一群一丝不挂的女人们追打嬉闹，玩到最后，竟然让女人们围成一圈，看他与其中的一位玩龙凤配。

可怜这群含羞忍耻的女人，只因一念贪生，没奈何玉体横陈，任他糟蹋。

找茬毁约

完颜亮的最后一个志向是征灭各国，一统天下。

征灭各国的首选目标便是南宋。

既然目标已定，金国便开始了紧张的战前准备，战争的风云再次聚集，宋金新一轮碰撞即将开始。

完颜亮谋划消灭南宋，虽然极力保密，但风声还是传了出来。

南宋左宰相陈康伯得到密报，说金人欲撕毁"绍兴和议"，准备出兵南下，向南宋开战，他连夜进宫，向赵构禀报了这件事。

汤思退听后不以为然，说这是守边的官员贪功，故意以讹传讹。

赵构居然说："朕对金国已经非常恭敬啊！他们还有什么理由出兵呢？"

强盗有理可讲吗？如果强盗有理可讲，那世界上就没有打劫的事情发生了。

陈康伯、汤思退两人见赵构对这件事没有兴趣，只好一齐退了出来。

绍兴二十八年（1158年），完颜亮下令重修南京（金改汴梁为南京），准备再次将京城向南迁，他的意图很明确，就是以此作为进攻南宋的基地。

金人重修汴京的消息传到临安，赵构虽然大吃一惊，但他仍然不相信金人会南侵，自我安慰说："金主在汴梁修的是宫殿，那是人家的家事，用不着担心。"

国子司业黄中提醒说："金人大兴土木，不像是修宫殿那么简单。万一金人迁都到汴梁城，兵马几天就可以突破淮河防线，这件事不能掉以轻心。"

黄中的话惹恼了汤思退，除了将他教训一顿外，又将他免职撵出了临安。

赵构对和议的迷信程度，已经超过了幻想，达到意淫的地步，对一切战争的话题置之脑后，好像只要不谈战争，战争就不会来临一样。

然而，金人欲撕毁和约、出兵南下的消息不断传到南宋，侍御史陈俊卿上表弹劾汤思退，说他巧诈倾邪，有意蒙蔽皇上，误了国家大事。

赵构见汤思退惹了众怒，下诏免去他宰相之职。康伯转任左仆射，参政朱倬晋升为右仆射。尽管不愿意打仗，但警讯不但传来，他也不得不有所准备。于是，命利州西路都统吴拱知襄阳府，并在宋金边境增加了兵力。

南北又要开战了。

完颜亮觉得准备得差不多了，便派高景山、王全出使南宋，名义上是祝贺天中节（端午节），实际上是找茬。

两个使臣出发前，完颜亮对王全说："你见到宋主，就责问他为什么要在边境大量买马，收留金国的叛逃者，还毁掉南京的宫殿。是不是要造反？如果他们诚心和好，就让他们把长江以北的土地割让给我们，算是赎罪。"

赵构在紫宸殿接见金国使臣。高景山、王全向他转告了完颜亮的话。

"金国也算是个大国，你们在北方也是有身份的人，说话怎么如此无理？"赵构气愤地说："怎么能出尔反尔呢？"

"怎么了？"王全挑衅地说："赵桓已经死了，你们君臣就敢变心了吗？"

原来，赵桓早在绍兴二十六年就病死在五国城，金人却隐瞒了这个消息，没有向南宋报丧，其目的在于还要利用这个死人要挟南宋。这是完颜宗弼留下的一个秘密武器，虽然说没有使用，但对南宋一直起着威慑的作用。

赵构听罢，脸色大变，起身进到内殿去了，把金使晾在那里。

王全见赵构撂下他走了，大声说："我是金国使臣，是来商量国事的，事情没有处理完，怎么就走了呢？"

带刀护卫李横呵斥道："不得无礼！有什么事，到枢密院跟宰相谈。"

赵构下令哀悼，尊渊圣皇帝庙号钦宗。

钦宗在位仅有二年，被金人掳走之后，在金国居住了二十六年，享年五十七岁。

朝廷忙着办丧事，金使被冷落在驿馆里。金使等不到答复，只好来找宰相。陈康伯没好气地说："天子居丧，没有心情商议这件事情，宋金两国有约在先，希望你们不要撕毁盟约。"

金使还想理论，陈康伯一言不发。金使讨了个没趣，悻悻地走了。

这样一来，宋金两国就算彻底撕破脸了。

二十四　虞允文扬威采石矶

大战在即

赵构撵走了金使，摆出一副拼命的架势。但是，拼命要有拼命的本钱，绍兴和议之后，南宋刀枪入库，马放南山已经好多年了，曾经令金军闻风丧胆的岳飞被杀，能征善战的大将军韩世忠也闭门谢客，不问军政，面对满朝的文武，竟然无将可点，冷静地想起来，他又有些后怕了。

没过多久，宫里隐隐约约传出风声，说赵构准备到福建或四川去躲避。

陈康伯听到谣传后，大吃一惊，一打听，才知是内侍张去为出的歪点子。他连夜进宫觐见赵构，说金人败盟，天下共愤，兵来将接，水来土掩，这件事再不能犹豫了。

赵构见陈伯康如此激动，半天没有出声。

陈伯康见赵构半天不说话，料知谣传并非空穴来风，于是力请赵构派将扼守襄阳、汉中。赵构当时没有表态。

次日，殿中侍御史陈俊卿上疏，请求杀了张去为；杨存中上《备敌十策》。

赵构这才打消了再次出逃的念头，命成闵率兵三万，前去鄂州防守，与之前调往襄阳的吴珙互相接应。命吴璘宣抚四川，与制置使王刚中整顿边防。起用刘锜为江淮、浙西制置使，驻扎在扬州，统领各路兵马。

南宋在加强防御，金国也进入了战备的实质阶段。征调各路兵马，凡二十岁以上，五十岁以下的男丁，都必须上前线打仗。完颜亮还下令全国"括马"，一下子征调骡马五十六万。

完颜亮吸取金兵水战能力差的教训，下令大造战船，组建强大的水军。造船这门技术，金人原本是一窍不通的，是那个儿皇帝刘豫给金人补了这一课，让他们掌握了这门技术。金人得到了这门技术，并没有好好运用，直到完颜亮当国，才下决心打造一支强大的水军。

完颜亮的想法非常正确，可是他忽视了一个问题，打造一支水军，光有战船不行，还要有一支训练有素的部队，北方人上船，站都站不稳，要他们站在船上打仗，谈何容易。

完颜亮水军的先天不足，注定了这支庞大水军覆灭的命运。

完颜亮出兵南下，很多大臣都持反对态度，但他们知道完颜亮的脾气，谁也不敢出面阻拦，大家商议请太后出马，劝说完颜亮不要出兵。

皇太后徒单氏并不是完颜亮的生母，只因他是完颜亮的父亲完颜宗干的正室，完颜亮做了皇帝后，理顺成章地尊她为太后。

完颜亮的生母是他父亲的小老婆，每次见太后都要下跪，这让他心里很不舒服，尽管他的生母临死时劝说他，叫他不要计较这事，但他却一直耿耿于怀，迁都燕京时，将皇太后留在了会宁，直到他的生母临死时，他才遵从母嘱，将皇太后接到燕京。

徒单太后不知她有几斤几两，听了几位大臣的话，就在宫里责备完颜亮，说金人世世代代居住在上京，既然迁到了中都，还要迁往汴梁，真的是太不像话了。想当年，太祖、太宗是何等的英雄，麾下兵马无数，猛将如云，都不能灭宋，难道你比他们强吗？

很明显，太后不赞成迁都汴梁，也不赞成同南宋开战。

徒单太后身边有个侍婢叫高福娘，自从徒单太后到燕京后，她便负责太后的起居。这个女人面目妖娆，风情万种，是一个十足的淫妇，同淫棍完颜亮正好敲到一块，两人早就勾搭成奸，高福娘也就成了完颜亮安插在太后身边的眼线。

完颜亮知道太后的意思后，愤怒地说："这个老太婆，唠唠叨叨的，竟然还想阻拦我，我偏要迁都，偏要灭宋，看你能怎么样？"

完颜亮说到做到，当即下令迁都汴梁，徒单太后以下，全都随迁汴梁。到达汴梁后，太后入居宁德宫，并且吩咐高福娘，严密地监视太后的一举一动。

高福娘本来已经有了丈夫，她的丈夫叫特末哥，是一个非常狡猾的家伙，高福娘把完颜亮的话告诉他，他竟怂恿高福娘陷害皇太后，趁机立功。

这两个小人一拍即合，徒单太后的厄运也就到了。

第二天，高福娘找在完颜亮面前进谗言，说太后有废立意。

完颜亮听罢大怒，说："怪不得她与郑王完颜充私通，现在，完颜充的四个儿子都长大了，她想让他做皇帝吗？"

完颜亮立即召来近侍大怀忠，交给他一把剑，叫他去把宁德宫那个老太婆杀了。

大怀忠带剑到了宁德宫，正逢徒单太后同下人玩游戏，大声叱责道："快跪下接圣旨。"

皇太后一听莫明其妙，问道："怎么回事？谁让我下跪？"

太后的话没有说完，大怀忠身后的就闪出人，冲上前一脚把她踹倒在地，并在她的背上连击三拳，怒喝道："叫你跪就跪，啰嗦什么？"

可怜的女人，先挨了一脚，再受三拳，早已躺倒在地，昏了过去。

高福娘拿来一根绳子，套在太后脖子上，使劲一勒，可怜这位金国皇太后，双脚一伸，呜呼哀哉了！直到死，她还不明白，为什么这个皇帝儿子要置她于死地。

事后，高福娘被封为郧国夫人，特末哥也被封为泽州刺史。

完颜亮还下令捉拿郑王完颜充父子，想必是他们父子听到了什么风声，早已是人去楼空了。

太后被勒死了，大家都知道是怎么回事，再也没有人敢劝阻完颜亮了。

完颜亮一意孤行，贸然出兵伐宋了。

宋金再战

绍兴三十一年（1161年）八月，完颜亮兴兵南下，他调兵六十万，号称百万，编成三十二军，分兵四路大举进攻南宋。这四路兵马所走的路线，仍然是金兵以前攻宋的老路，西路攻川陕，中路攻荆襄，东路直取淮西，唯一有点新意的是多了一路水军。

完颜亮扬言，要在一个月之内、最多一百天，就可以消灭南宋，完成他统一天下的第一步。

完颜亮太狂妄了，太狂妄的人都要为他的狂妄付出代价。

先说金国的西路军，这支侵略军出师不利，刚同宋军交火，便遭到重创，这不怪金兵无能，只怪他们的对手太狠，因为他们的对手是吴璘。

吴家军镇守川陕，训练有素，是一支能打硬仗的队伍，当年金国的百战将军完颜宗弼就曾被他们杀得割掉胡子逃命。西路军比他们的前辈差得太远，更不是吴家军的对手，几个回合，便被打得灰头灰脸，退守凤翔。

西路军折戈而返。

中路金兵也没有讨到便宜，打到最后，连粮草都被宋军给烧光了，没吃没喝的金兵，只好向江淮方向靠拢，中路的攻势烟消云散。

最惨的当属被完颜亮寄予厚望的水军，这支"奇兵"其实一点也不奇，在海上同南宋的水军打了一场遭遇战，全军覆没。

说起两支水军的交战，算得上是一个奇迹。

当时，南宋李宝率领的舰队只有一百二十多艘船，载有三千士兵，在赶往白石岛途中，正巧碰上金将完颜郑家奴带着战舰六百多艘、士兵七万余众，停泊在陈家岛。

两军仅是一山之隔。力量对比，相差悬殊。

宋军如果硬着头皮上，无异于拿着鸡蛋撞石头。大概是天不灭宋，让李宝创造了奇迹。宋军知道隔山有金军，金军却不知道山那边有宋军。

恰在此时，海面上突然狂风大作，就是这突然的大风，要了金军的命。因为宋军正处在上风头，金军处在下风口。

李宝绝不会放过这千载难逢的好机会，命令士兵将船上的火箭、火炮全都搬出来，绕过山脚，突然向金军发起了猛烈攻击，火箭、火炮如飞蝗般，铺天盖地地飞落在金军的战舰上。

火借风势，风助火威，金军的舰队，顿时成了一片火海。

结果可想而知，完颜亮的水军全都葬身火海，没有烧死的，也掉到海里喂了王八。

完颜亮率领的东路军是主力部队，西路军、中路军、水军连连失败的消息，让他又气又急。

南宋在江淮的总指挥是刚被起用的老将刘锜，这位曾经在顺昌杀得金军做梦都害怕的老将军听说金兵又要南下，抱病渡江北上，在清河口严密布防。

完颜亮派兵到清河口，欲在这里过河，再饮马长江。

完颜亮很不走运，他遇到连完颜宗弼害怕的刘锜，派出的战船只要一进入清河口，便被刘锜派出的水鬼凿沉了。完颜亮害怕了，不敢从清河口过河，只好转攻淮西。

淮西守将王权，却是一个胆小鬼，他虽然是受刘锜派遣，却不听刘锜的命令，得知金兵来了，提前放弃庐州，退守昭关，

完颜亮渡过淮河进入庐州后，他又放弃昭关，退到和州。

刘锜虽然一再催促王权加强防御，王权却一退再退，最后竟退到采石矶。结果，淮西防线形同虚设，完颜亮率军很轻松地渡过淮河南下。

刘锜见王权节节败退，也只得退守扬州。

仅仅一个月时间，金兵就打到了长江北岸的和州。

完颜亮攻陷和州后，派高景山率兵攻打扬州，此时刘锜重病在身，难以出战，无奈之下只得退守瓜州。

扬州沦陷后，沿江上下都是难民，刘锜带病去皂角林安抚流民，正好碰上金将高景山率军杀来，刘锜只得抱病迎战。

姜还是老的辣，这话一点不假，年迈的刘锜虽然疾病缠身，仍然抖擞神威，将高景山斩落马下，金兵大败而逃。

经此一战，刘锜的病更重了，只得向朝廷打报告，请派人来接替他。

完颜亮饮马长江，临安城为之震动，各级官员首先想到的不是准备打仗，而是收拾东西准备逃跑。

临安城乱成了一锅粥。

赵构心慌了，再也没有勇气提拼命了，下了一道手诏，说"敌若未退，当散百官"。意思是说，如果金兵攻过来了，文武百官就散伙，各人走各人的，想干什么，就干什么去，他也准备再次乘船出海，海上没有金兵，那里最安全。

陈康伯看了这道手诏，气得丢进火里烧了，立即进宫觐见赵构，再次力谏，不可作出散百官的荒唐决定，并请求御驾亲征。

赵构在陈康伯的力劝下，总算是作出了让步，命杨存中为御营宿卫使，择

日亲征。接着,将张浚官复原职,罢免了逃跑将军王权,将他贬到琼州去了。让都统制李显忠去接替王权,又召刘锜回镇江养病,兼顾江南的防守。

刘锜留下侄子刘汜,让他带领一千五百人扼守瓜州,都统制李横率八千人作为援应,自己回镇江去了。

奇迹发生在采石矶

赵构听从陈伯康的劝告,决定不跑了,调走了逃跑将军王权,让李显忠前去接替王权的职位。这时候,南宋的前线,出现了一个罕见的怪事:王权走了,李显忠还没有到位,宋军前线的中军帐没有了主人。

如果是在和平时期,这可能不算是个问题,但在宋金两国正在交战之际,这个问题就太严重了。

完颜亮攻陷两淮之后,分兵攻打瓜州。

刘汜贪生怕死,不战而逃,左统治军魏俊、右统治军王方相继战死,李横支撑不住,也逃之夭夭,连官印也在逃跑中弄丢了。

完颜亮顺利地饮马长江,率领大军攻到采石矶,江对岸驻扎的是宋军王权的部队。

王权的旧部,群龙无首,没有统帅的军队,就是一群乌合之众。完颜亮面对的对手,就是一群乌合之众。

事情如果真的这样发展下去,金兵会顺利渡过长江,赵构可能又要玩一次海上漂流。然而,就在这个关键的时间,关键的地点,出现了一个关键的人物,临时坐上三军统帅的交椅,指挥了这一场关键的战斗,化解了南宋的这场危机。

这个关键的人物,就是虞允文。

虞允文自幼勤奋好学,"六岁诵九经,七岁能属文"。是绍兴二十四年(1154年)的进士,官任礼部郎官、中书舍人、直学士院。

虞允文是奉命前往芜湖迎接李显忠,顺便犒劳前线的将士。并没有担负什么军事使命,可是,当他来到采石矶的时候,战局的危急可以说是到了千钧一发的地步。离前线还有十多里路,战鼓之声就不绝于耳,大战一触即发的气氛,逼得让人有些喘不过气。

虞允文风风火火地赶到采石矶,却看到了更加奇怪的事情,这支群龙无首的乌合之众,居然居身事外,战争似乎与他们无关,三三两两地呆在树林里,坐在大道旁，聊天吹牛、追打嬉闹，完全没有一种打仗的气氛，有的甚至卷起了铺盖，随时准备走人。

统制时俊等人将虞允文迎进中军帐，屁股还没有落座，就有探子来报，说金兵在江对岸闹得正欢，看情形，马上就要过江了。宋军的各位将领面面相觑，显露怯色。

虞允文深知长江天险被突破的严重后果，断然决定，由自己来担任临时总指挥，出帐跨上马，带领众将来到江边察看敌情和检点部队。

真是不看不道，一看吓一跳，十万大军，被王权折腾得只剩下不足两万人，战马也只剩区区几百匹。

虞允文来不及多想，立即召开紧急现场军事会议，宣布朝廷已经任命李显忠接替王权，目前正在赶往采石矶的途中。宣布，在李将军没有到达之前，由他来指挥采石矶的战斗。

大家听说新的主帅快到了，而虞允文又自告奋勇地站出来，带着他们一起干，士气一下子高涨起来。

虞允文慷慨激昂地说："国家有难，匹夫有责，我虞允文虽然是一介书生，只要大家支持我，全体将士同仇敌忾，一定能够守住采石矶，绝不让金狗踏上长江南岸半步。"

虞允文的话不多，但很有鼓动性，他见士兵们渐渐围了过来了，索性站在马背上，冲着众将士大声喊道："我知道你们都想跑，我也不怪你们。但是，金军打过长江，你们又能逃到哪里？难道你们真的愿意看到，我们的国土，遭到敌人践踏，我们的姐妹，遭到金兵蹂躏吗？我们为什么不扼守采石矶，依长江天险，同金兵决一死战？养兵千日，用兵一时，你们都是七尺男儿，难道都是怕死鬼吗？"

"我们不是怕死鬼，我们要同金狗血战到底。"众将士齐声高呼。

虞允文趁热打铁，大声说："金帛诰命，均由允文携带至此，以待有功。"

意叫是说，他带来了金帛，还有委任状，只要打了胜仗，他就会论功行赏，要钱有钱，要官有官。

重赏之下，必有勇夫，虞允文恰到好处地玩了一把刺激。

宋朝的士兵其实都有血性，没有血性的只是那些当官的。虞允文的演说，成功地将士气调动起来了。

如果说这些人是想贪图打了胜仗得奖赏，那可能是一个笑话，因为谁心里都明白，即使打了胜仗，也不一定有命享受，面对数十倍于己的金兵，谁也没有活下去的把握。他们的激情，完全是中华民族血性的一种本能反应，只是虞允文在一个恰当的时间，又恰到好处地将蕴藏在他们体内的这股血性激发出来了。

虞允文的随从拉了拉他的衣角，悄悄地说："大人，不要搞错了，你是来犒军的，又没有受命督战，万一仗打败了，那可是吃不了，兜着走。"

"国家危急，我怎么能逃避？"虞允文喝退随从，立即下令众将士严阵以待。他将仅有的一万八千余人分成五队，两队列阵东西两岸，一队为中军，其余两队埋伏在小港内作为游击队。

虞允文虽是一介书生，下达命令却是干脆利落，调军、布防，展示出一种大将风度、高超的协调组织能力和指挥天才。

刚部署完毕，江对岸的金军就开始进攻了。

完颜亮登上一艘大船，手拿红旗，亲自指挥十万之众，下令百余艘战船渡江作战，先过江的有赏。

蒲卢浑提醒说："宋军的船大，行走如飞，我军的船小，行走却很慢，水战我们是外行，还是小心为好。"

完颜亮不屑地说："你们过去随宗弼打过长江，将赵构赶到海上去了，那时候有大船吗？"

侍卫梁汉臣也跟着凑热闹，说完颜亮说得有理，蒲卢浑是杞人忧天，最后补了一句："此时不打过长江去，更待何时？"

蒲卢浑再也不敢出声了，因为他知道，再出声，他的脑袋有可能就不是他的了。

随后的情况是，完颜亮大旗一挥，金兵一窝蜂地上船了。

虞允文见金军船到江心，亲自督战中流，指挥宋军迎上去，无奈敌我兵力相差悬殊，宋军渐有不支之势。看到形势危急，他急中生智，拍着时俊将军的背，交代了几句，时俊不住地点头，此后，惊人的场面出现了。

南宋的水军手持盾牌站在船头，挡住金兵的飞箭，而脚下的海鳅船直向敌船撞去，完全是一种不要命的打法。

其实却不是这样。

宋军的海鳅船以踏车为动力，船大速度快，而金兵的船小，速度慢，两船相撞，宋军占绝对优势。

金兵见宋军的大船撞了过来，顿时乱着一团，接二连三地被宋军的大船撞沉了几艘。

虞允文的战法尽管高明，无奈敌众我寡，加之金兵稳住阵脚后，刻意避让，效果就没有那么明显了。不过，宋军也暂时扭转了劣势，战斗一直拖到下午，双方谁也奈何不了谁。

虞允文很焦急，远远看见西岸有许多官兵陆续过来，立即将船靠岸，上前去打招呼，经询问才知道，是光州过来的溃兵。他眉头一皱，计上心来，对那些溃兵说："你们来正好立功，我把旗子和战鼓交给你们，你们绕到山后去，然后大张旗鼓地杀过来，敌人一定会怀疑是援军到了，吓死他们。"

溃兵接了旗鼓，高高兴兴地依计而行去了。

虞允文继续下船督战。

不一会，溃兵们果然举着大宋的旗帜，敲着战鼓，从山后杀了出来。

金主完颜亮果然怀疑南宋的援兵到了，立即放下红旗，举起了黄旗，黄旗的指令是：撤退。

虞允文见金兵后撤，传令众将士驱动战船，尾追在敌船后面，向敌船放箭。

金兵在慌乱之中，被射杀无数。

直到金兵爬上岸后，虞允文才下令鸣金收兵。

在国家危急存亡的关键时刻，虞允文以一介书生，指挥一群乌合之众，竟然击溃了金国皇帝完颜亮亲自统领的主力，不能说不是一个奇迹。

二十五　摞桃子

金国发生了政变

绍兴三十一年（1161 年），绝对是完颜亮的灾难年，当他野心勃勃地渡过淮河，饮马长江的时候，却被南宋一个从来没有带过兵的书生打得灰头灰脸，正在他望江兴叹的时候，后院又起火了。

原来，金国的曹国公乌禄乘完颜亮出征的时候，在东京发动了政变，宣布废了完颜亮，自己做了皇帝，改元大定。

曹国公乌禄发动政变，完颜亮怨不得别人，只能怨他自己。因为乌禄与他有杀妻之恨，是他先对不起乌禄。

完颜亮是个大色狼，做了皇帝后，狼性大发，要得天下美色而妻之。乌禄的老婆乌林答氏，生得花容月貌，是个绝对的美人坯子。完颜亮对这位弟媳妇垂涎已久，做了皇帝后，派人告诉乌禄，说他看上了乌林答氏，叫乌禄把老婆让给他。

乌禄也是一个顶天立地的汉子，他怎么愿意将老婆拱手让人呢？他的老婆乌林答氏却是个很聪明的女人，她知道完颜亮是个杀人魔头，丈夫如果不让出自己，只有死路一条。她含着眼泪对乌禄说："我要是不去，皇上就会杀掉王爷，我不能连累王爷，今生我们不能白头偕老，来生再续前缘吧！"

说完，夫妻二人痛哭一阵，洒泪而别。

乌林答氏是个烈性女子，她劝说乌禄，是不想让他引来杀身之祸。走到途中，她掏出准备好了的剪刀，割喉自杀了。

完颜亮听说后，仍然迁怒于乌禄，将他降为曹国公，出任东京留守。乌禄与完颜亮的梁子就是这样结上的。

完颜亮得到国内发生政变的消息，无奈地说："乌禄既然叛国，朕也只好北归了，等平定内乱之后，再来荡平江南了。"

李通却提出了不同的看法，他对完颜亮说："陛下御驾亲征，却无功而返，回去之后，恐怕难以服众吧！"

完颜亮想了想，提出了一个兵分两路的办法，他自己率领一部分北归，其余将士继续渡江南下。

"不行呀！陛下，留下来的士兵一定心无斗志。"李通说："不如让所有的兵马都先行过江，然后烧掉所有战船，用汉人的话说，这叫做破釜沉舟。这样，将士们一定会勇往直前，等灭了南宋后，再挥师北归。那时候，平定内乱，就易如反掌了。"

完颜亮竟然采纳了李通的建议，决定第二天继续进军。

在他们的眼里，似乎只要他们过江走了一趟，南宋就灭了。

第二天，完颜亮率领水军移兵杨林河口，想从这里打过江去，但却意外地发现，江中停泊了不少宋军的大海船。

停泊在江中的船队，是宋将盛新率领的水军。原来，虞允文击退了金兵之后，料定完颜亮在采石矶占不到便宜，必定要打杨林河口的主意，命令盛新带足火箭、火炮，率水军连夜赶到这里。

完颜亮移师杨林河口，原以为可以偷袭成功，顺利打过江去，不料宋军早在防备，让他惊诧，正在犹疑之际，突然听到一通鼓响，宋军船队中的火箭、火炮雨点般飞了过来，也许是天要灭完颜亮，这时又刮起了南风，火借风势，风助火威，金军的船只全都着火了，完颜亮乘坐的龙凤舟也不例外，好不容易退到北岸，龙头烧焦了，凤尾烧黑了，三百余艘战船烧得只剩下一半了。

完颜亮气得暴跳如雷，想毁去所有战船。还是蒲卢浑给他献计，让他招降王权。蒲卢浑使的是反间之计。

直到这个时候，完颜亮还不知道他的对手是谁。

虞允文看了金使送来的信后，笑着说："小孩都看得出来这是反间计，骗得了我吗？"他立即亲笔给完颜亮回了一封信，交给金使带回。他在信中告诉完颜亮："王权因为逃跑，已经被惩处了，你现在的对手是李显忠，想打，就放船过来，李将军愿与你决一雌雄。"

完颜亮看信后，这才知道他的对手不是王权，吃惊地问："我只知道南宋有个老将叫刘锜，怎么突然冒出了李显忠这个名字"。

有个副将迟疑了一下说："难道是李世辅吗？"

完颜亮听罢大怒，立即派人去叫来梁汉臣，怒喝道："你劝朕过江，难道不知道江对岸是李世辅吗？"话音未落，拔出剑，斩掉了梁汉臣的头颅。

完颜亮命将龙凤舟毁去，连造船的工匠也都杀了，然后率军去了扬州。

诛杀暴君

李显忠，原名世辅，绥德军青涧人，父亲李永奇，是绥德军巡检使。李显忠十七岁的时候，便随父从军，颇有胆略，因积有战功，升任副将之职。金人攻陷延安，授李显忠父子的官职，李永奇私下对李显忠说："我们是宋臣，怎么能为金人所用呢？"

李显忠牢记父亲的话，时刻都在想着回归宋朝。不久，完颜宗弼命李显忠为同州知州。金将撒离喝路过同州，李显忠用计捉拿了撒离喝，带着他跑出同州，投奔宋朝。由于金人追得急，跑到河边却又无船可渡。

撒离喝求李显忠放了他。李显忠也觉得带着他很难逃脱金兵的追杀。于是，他答应放了撒离喝，但必须答应一个条件。

"什么条件？"撒离喝紧张地问。

"我放你回去后，一不准杀同州人，二不准害我的家人。"

这样的条件，撤离喝当然满口答应。于是，两人折箭为誓，李显忠放掉撤离喝。

谁知撤离喝回去后，并没有遵守诺言，让人将李显忠一家三百余口杀得一个不剩。

李显忠逃到西夏，西夏王任命他为延安经略使，让他领军复仇。李显忠到延安的时候，延安被宋朝收复。他将西夏将领王枢抓住，并击败了前来攻打他的西夏军，夺取四万匹马，改用绍兴年号，这就是说，他要归宋了。然后又招兵买马，很快就招募到一万多人，又抓到杀害父亲的仇人，将他们碎尸报仇。

四川宣抚使吴璘打听到李显忠的情况，派人对他说，宋金正在议和，叫他不要挑起事端，免得误了朝廷的议和大计。

李显忠前往军中见吴璘，吴璘便派人送李显忠到临安。

赵构对李显忠抚慰一番，并授都统制之职。

李显忠归宋后，一心要报家仇国恨，向赵构进献收复中原的计策，遭到秦桧的排挤而罢官。秦桧死后，李显忠才官复原职。

金人非常畏惧李显忠，所以，虞允文在给完颜亮的回信中，明确地告诉他，他的对手是李显忠，目的就是要借李显忠名号扬威，让完颜亮不敢贸然进兵，为南宋的布防争取时间。

虞允文的计谋起了作用，完颜亮得知江对岸是李显忠后，果然移师去了杨林河口。

李显忠赶到采石矶的时候，虞允文已经击败了金兵。两人相见，把酒言欢。

虞允文认为，金军转往扬州，必定要与瓜州的水军会合，京口的守备力量太弱。他请李显忠分给他一部分兵力，让他带去支援京口。

李显忠满口答应，拨给虞允文一万六千人。虞允文带着这支部队，火速增援京口。

虞允文到达京口后，少不得要去拜访卧病在床的老将刘锜。

卧床不起的刘锜拉着虞允文的手说："国家养了这么多年的军队，却让你这个书生在采石矶大败金军，立下奇功，我们这些军人，都要羞惭死了。"

"老将军威震敌胆，连金主完颜亮也说，他只知道南宋有一个老将刘锜。"虞允文笑着说："如果你老人家的身体好，我也不会被赶鸭子上架了。"

"老了，不中用了。"刘锜咳嗽几声说："你们一定要守住长江防线，守住国土啊！"

虞允文见刘锜病得不轻，安慰几句后，便退了出来。

朝廷传来命令，召刘锜回临安，任万寿观提举，成闵为淮东招讨使，李显忠为淮西招讨使，吴拱为湖北、京西招讨使。

刘锜接诏后，告别了虞允文，回临安去了。

杨存中奉命守卫京口，同虞允文到江边阅兵，观看水军在江中试驾新船。

恰好完颜亮也到了江边，见江中有南宋的船只，命弓箭手放箭，由于宋军的船速快，射出的箭都落在船的后面。金兵大惊，都说宋军的船跑得比箭还快。

按常理，船速当然不会比箭速快，只怪他们的箭术太差，不知道箭射快速行驶的目标，必须有一个提前射的道理，瞄准行走的船放箭，箭到后，船当然就不在原来的地方，这就产生了一个船比箭跑得快的错觉。

完颜亮不相信能有这样快的船，哈哈大笑地说："那是纸船。"

在完颜亮的眼里，只有纸船才能跑得那样快。

有一个副将似乎看出了问题，说宋军是有备而来，建议先退回扬州，再商量对策。

完颜亮大怒，说大战当前，竟敢说出动摇军心的言论，喝令左右将这名副将拖下去重打五十军棍。并下达命令，三天之内，必须渡过长江，否则全军斩首。

完颜亮其实也太霸道了，全军斩首，那他不就成了光杆皇帝吗？

完颜亮说了狠话，将士们都害怕了，因为他们都明白，三天打过长江，这是个不能完成的任务。很多人便起了造反之心。

有一个名叫喝山的将领，想带领自己的部下逃走，由于行事不密，被完颜亮发觉了。

喝山的下场很惨，完颜亮下令将他碎尸万段，尸体丢到江里喂鱼了。

完颜亮杀了喝山后，似乎还不解气，向全军将士再发狠话：如果有人再逃，士兵逃了，杀队长；队长逃了，杀总管。

金军本来就人心浮动，完颜亮的狠话，更是让人人自危。此时，曹国公乌禄在东京发动政变、自立为帝的消息不胫而走，更是激起了众人的反抗之心。有人提议杀掉完颜亮这个暴君，一了百了。众人一致推举浙西都统制耶律元宜为统帅，耶律元宜犹豫半天后，终于还是答应了。

第二天一大早，耶律元宜带领众将来到完颜亮的营地。

完颜亮驻扎在龟山寺，听到外面有嘈杂之声，以为是宋兵来了，命令近侍大庆山去召集众将前来迎敌。大庆山正要出去，突然，一支箭射了进来。

完颜亮听到呼啸之声，顺手一抄，竟然将箭接住了，一看手中箭，大叫道："这不是宋人的箭，是我们自己人的箭。"

话音未落，就听见外面有人喊："杀掉这个无道暴君！"

大庆山推了一把完颜亮说："陛下，赶快逃命去吧！"

"还能逃到哪里去？"完颜亮已经预感到自己末日来临，转身要去抢兵器，帐外的箭矢如飞蝗般射了进来，有一箭正好射中他的脖颈。完颜亮大叫一声，倒在地上。

一员小将冲进来，在完颜亮的身上连砍几刀，见他的手脚还在动弹，找来一根绳子，勒死了完颜亮。

杀人者，终被人杀。完颜亮以残暴的手段杀了完颜亶而篡夺皇位，现在，他也被人要了命。这大概就是天道伦回，因果报应吧！

耶律元宜诛杀了完颜亮后，自命为左领军副大都督，还派人到汴京，杀死完颜亮的皇后和儿子。然后退军三十里。

耶律元宜派人到镇江同宋军议和，遭到杨存中的拒绝。

金使悻悻而去。不久，荆、襄、江、淮一带的金兵，全部撤退。

赵构撂挑子

金国东京留守乌禄向来仁孝，颇得人心。自从妻子乌林答氏殉节后，心里一直在怨恨完颜亮，当他听说完颜亮弑母屠族之后，更是忧心忡忡，担心有一天，完颜亮的刀子会砍向他的脖子。

兴元少尹李石是乌禄的亲舅舅，他劝乌禄先发制人。乌禄听从李石的劝告，拘拿了副留守高存福，恰好福寿等人来到东京，愿意拥戴乌禄做皇帝。

乌禄便杀了高存福，亲临宣政殿，做了金国的皇帝，改名为雍，改元大定，并下诏历数完颜亮数十条罪状，下命截断完颜亮的归路，追尊父亲讹里朵为皇帝。

完颜亮被杀之后，完颜雍从东京（辽阳）迁往燕京，将南征的将士全部召回，并废完颜亮为海陵王，下令诛杀特末哥及高福娘。他认为张浩有贤名，仍然任用他做尚书令。不久，又恢复完颜亶的帝位，尊完颜亶为熙宗，再废完颜亮为庶人。

完颜雍派高忠建出使南宋。

绍兴三十二年（1162年）正月，赵构已经到了建康。张浚赶到城外迎接赵构的时候，赵构身边的卫士们欢呼雀跃，因为张浚过去当过宰相，彼此都很熟。赵构也是将张浚抚慰一番。

赵构入城后已是残年，腊月时节，虞允文从京口来到建康。

赵构高兴地说："你真是文武全才哟！"论功行赏，虞允文升任川陕宣谕使。

虞允文认为，完颜亮被杀了，金国新皇继位，正是收复河山的大好时机。因此，他向赵构辞行的时候，建议赵构不要再同金人议和。

"知道了。"赵构不高兴地说："你先去吧，和吴璘守住西部边关就是了。"

虞允文走后，赵构还是想返回临安。

御史吴芾请赵构留在临安，以图收复失地。

赵构不听，找借口说应该把钦宗的神像安放在太庙，立即启程返回临安。

这时候，刘锜呕血身亡，朝廷追封他为开府仪同三司，赐给刘锜家属白银三百两，绢布三百匹，赐谥号武穆。

金使高忠建到临安之后，南宋朝廷准备派使臣去恭贺完颜雍登基。

工部侍郎张阐请赵构要谨慎选择使臣，既要照顾金国的礼仪，又要扬我国威。

赵构也这么认为，他对大臣们说："以前一再主张议和是为了让金国归还棺椁和太后，虽然有些屈辱，但也顾不得那么多了。如今金国新君即位，两国已经和好，就应该重新正名分，划边界，改定岁币。"

陈伯康奉命将这个意思转告给金使高忠建，高忠建当然不会答应，而且他也答应不了。后来听说两淮的州县被成闵、李显忠等人先后收复，就向赵构提出抗议。

陈伯康反驳说："当初撕毁和议的是金国，怎么又要贼喊捉贼呢？"

高忠建理屈词穷，无话可说，只好选择沉默。

赵构派洪迈出使金国，并亲自写了手扎，让洪迈带到金国。里面省去了"臣构"的字样，直接称"宋帝"。这里，赵构第一次同金人争地位了。并且，他还叮嘱洪迈说："三十年不能为祖宗扫墓，如果金人能归还河南，或许还可以遵守以前的和约，否则非改不可。"

语气之坚决，让人不敢相信，这是出自赵构之口。

洪迈带着书信到了燕京，金国要求一切朝见礼节全部用旧制。洪迈坚决不答应。结果，被金人软禁在驿馆里。三天三夜不给吃喝，洪迈仍然不屈报。金国又想把他关进大牢。

张浩说使臣无罪，不如把他放回去。洪迈这才九死一生地到江南。只是和议没有结果，南北之间免不了还要动武。

四川宣抚使吴璘出兵汉中，收复了兰州、会州、熙州、巩州等大片土地。虞允文到达陕西之后，和吴璘加强防守，西部边境恢复了安定，没有太大的战乱，而且还收复了一些失地。

东方边境也传来捷报，金将豆斤太师进攻海州，被魏胜杀得大败而归。

李显忠听说海州解围，金军大败，准备乘胜收复中原。赵构不但不答应，反而下令撤了他的三路招讨使的职务，命他主管侍卫军马司，李显忠不得已只好奉命还朝。途中，却接到赵构禅位的消息，就一路狂奔，回去恭贺新主。

原来，完颜雍想通过"和议"再次使南宋臣服的愿望落空以后，心里当然不痛快，但他以"和议"为幌子稳住了南宋，使南宋没有发动大规模的攻势，争取到了宝贵的时间。这一点，对金国意义重大。

金人强硬的态度让赵构出乎意料，现在遮羞布没有了，再给金人跪下请降，主战派肯定不答应，虽然他可以再杀几个人把反对的声音压下去，但那个过程也是遭罪。

赵构感到前所未有的疲惫，他想休息了。说休息是好听的，实际上是想撂挑子。

既然没有勇气和金人兵戎相见，屈膝求和又劳心费力，撂挑子是赵构最好的选择。先是宣布立养子赵玮为太子，改名为赵昚。

绍兴三十二年（1162年）六月，身体状况良好，年仅五十六岁的赵构正式下诏退位，由太子赵昚继位，他自己则称太上皇，移居德寿宫。

在禅位仪式上，赵构面对群臣说："朕做皇帝的时候，失德处很多，多亏大家帮忙遮掩。"从这一句话可以看出，赵构心里其实是个明白人，对自己的认识还算中肯。

禅位之后，赵构又做了二十五年太上皇，最后竟活到八十一岁高龄。

完颜亮发动一场战争，弄得南北两个皇帝一死一退休。这不是他当初他想要的结果，如果他料到是这样的结果，弄死他，他也不会干。

完颜亮雄心勃勃，志在统一天下，并且制定官制和律例，对金国的历史是有贡献的，但他对内镇压，对外侵略，弄得金国人骂，宋朝人也骂，其缺点被无限放大，几乎成了天下第一淫暴之君。

赵构虽然屈膝投降，心甘情愿地偏安一隅，"恬堕猥懦，坐失时机"、"偷安忍辱，匿怨忘亲"，却还混了个"中兴之主"的浮名。

南北朝两个皇帝的离去，标志着一个时代的结束，历史翻开了新的一页。

第二章 继位玄机

赵昚是宋太祖赵匡胤的直系七世孙,赵匡胤的小儿子赵德芳的遗脉。

在赵匡胤将皇位传给弟弟赵光义后的第七代,赵昚坐上了金銮殿里的那把龙椅,皇位重新回到宋太祖赵匡胤这一脉,实在有些出人意料。

赵昚的继位,涉及北宋初年最大的一桩谜案,带有很大的神秘色彩。

一 皇帝继位有玄机

神秘的谣传

赵昚是宋太祖赵匡胤的直系七世孙,赵匡胤的小儿子赵德芳的遗脉。

在赵匡胤将皇位传给弟弟赵光义后的第七代,赵昚坐上了金銮殿里的那把龙椅,皇位重新回到宋太祖赵匡胤这一脉,实在有些出人意料。

赵昚的继位,涉及北宋初年最大的一桩谜案,带有很大的神秘色彩。

赵匡胤猝死于雪夜,留下了"烛影斧声"的千古谜团,虽然太宗皇帝赵光义后来搞出一个"金匮之盟"来证明自己兄终弟及的合法性,但暗地里,一个弑兄篡位的谣传还是不胫而走。

北宋末年,这种传说不但没有消失,反而还有了升级版。

据说有人在金国见过金太宗完颜晟,说他长得和赵匡胤一模一样。是上天的安排,让他攻灭北宋,将宋太宗赵光义一脉子孙全部抓到遥远的东北去,这被解释成冤冤相报的因果报应。

这种传说在当时流传很广,大家都说得有鼻子有眼的,连元祐皇后孟氏,也被这种传说迷糊了,"尝感异梦,密为高宗言之"。这个异梦,是太祖赵匡胤告诉她,要想消解灾难,就把皇位还给他的子孙。

赵匡胤转世为金太宗当然是无稽之谈,但元祐皇后孟氏的梦,有存在的可能性。可以解释为当时这种谣传实在是很广,元祐皇后孟氏这个老女人,身在深宫，本来就是无所事事，听到这些谣传后，当然就会胡思乱想，日有所思，夜有所梦，这是解释得过去的。

当时的元祐皇后孟氏不会明白这个道理，便把这一切归结为冥冥之中的因果报应。

从绍兴元年开始，赵构就与宰执讨论从太祖皇帝的后裔中选定一人作为养子的问题。绍兴二年夏，赵构先后把七岁的赵伯琮（后改名赵瑗）和五岁的赵伯玖（后改名赵璩）收养在后宫。

当时，赵构才二十四五岁，虽然身染隐疾，应该不那么明显，或者说还没有到绝望的地步。之所以要急于收养子，最合理的解释是：赵构也相信那个谣传。

宁可信其有，不可信其无，这就是赵构当时的心理。

赵构把赵瑗、赵璩收养在宫里，但迟迟没有选择其中的一位当太子，一方面，选择储君关系重大，他还要对这两个小孩进行考察、鉴别；另一方面，他还想自己造一个儿子出来，如果自己造出了儿子，他就会毫不犹豫将那两个孩子请出宫，谣传也就不攻自破，皇位还得在他这一脉相延。

赵构费了九牛二虎之力，甚至还去求神拜佛，御医王继先也用尽了手段，然而，所有的努力都无济于事，二十多年过去了，赵构播出的种子，就是不发芽，连半个儿子也没有造出来。

时光流逝，赵构的心渐渐地冷了，他终于相信了老天要他绝后，也相信了要将皇位交还给太祖那一脉的谣传，决定收两个养子中的一人为皇子。

绍兴三十年，赵构决定对赵瑗、赵璩两人进行最后测试，以决定最终的皇位继承人。

赵构确定皇位继承人，不是测问定国安邦之策，也不是考察组织、领导能力，而是别出心裁地用了一招下三滥的方法：美人计。他分别给赵瑗、赵璩各送了十名漂亮的处女，如何打发这十名美人，他并没有给出明确的意见。

赵璩这个小伙子头脑有点简单，想都没想，轮流将十名女子拥入闺帐，云里雾里一番折腾之后，十名处女先后破瓜，变成了少妇。

赵瑗头脑似乎要冷静得多，他相信赵构突然赏给十名美人，一定是有什么文章，接受老师史浩的建议，对这十名美人以礼相待，连手指头也没有碰一下。

一个月之后，赵构果然收回了赏出去的二十名美人，经宫中稳婆验身，赏给赵瑗的十名美人都还是原装货，赏给赵璩的十名美人，全部由处女变成了少妇。

赵璩惨遭淘汰，退出皇位继承人的行列，改称皇侄。

赵瑗侥幸胜出，被赵构正式收为皇子，改名赵玮，进封建王。

绍兴三十二年（1162年）五月，赵构正式册封赵玮为皇太子，改名赵眘，十八天后，又下诏禅位。

赵眘接到诏书，根本就不相信这是真的，因为赵构当时只有五十六岁，正是年富力强的时候，这时候禅位，真的有点不可思议。于是，他一再推辞，说父皇身体好，能力强，正是大展宏图的时候，怎么能说退就退呢？尽管这不是他的心里话，但表面文章还得这样做。

赵构是诚心要撂挑子，一再劝勉赵眘，并且还亲自驾临紫宸殿，当面对群臣宣布，让侍臣拥太子出来。

赵眘来到御座旁，仍然不肯就座。

大臣们极力恳请，赵构也在旁边劝说，最后竟说了一句狠话："如果不继承这个皇位，就是不孝。"

赵眘一看，原来父皇是真的要把皇位传给自己，不是试探，这才小心翼翼坐上了龙椅。当群臣朝拜的时候，他吓得再次站起来，辅臣们又是一番恳请，他才重新坐下，说道："父皇有命，本应该听从，但我担心自己无德无能，不能担此重任啊！"

辅臣们免不了恭维一通。

经过一番真真假假的推辞谦让，赵眘终于坐上了金銮殿上那把至高无上的龙椅，当上了皇帝。

举行禅位大典的那天，大雨滂沱，大礼完成之后，赵构让出了皇位，就要迁往德寿宫去了。赵眘见父皇要走，赶紧追出去，脱下礼服，披在赵构的轿子上送行，瓢泼大雨中，赵眘扶着轿子一步一步地往前走，不张伞，不举盖，任大雨把自己淋成了落汤鸡。

赵构见状，非常感动，劝赵眘赶紧回去，赵眘这才回宫。

这样一来，赵构非常高兴，他对大臣们说："终于托付得人，我也没有什么担心的了。"赵构撂下挑子，安心地做太上皇去了。

第二天，朝廷颁诏大赦，又过了一天，赵眘前去拜祭天地、宗庙、衬稷。本来规定，每五天在德寿宫上一次早朝，太上皇赵构觉得麻烦，改成了每月四次。

赵眘，成为南宋第二代皇帝。

这个皇帝不一般

赵眘是南宋最有作为的皇帝，也是唯一没有放弃恢复故土、雪洗国耻之志向的皇帝。他不甘偏安，力图恢复中原，这种抗击金兵的雄心，还在他做皇子的时候，就已经有所表现。

绍兴三十一年，完颜亮率兵南侵，朝中大臣多主张逃跑，时年三十五岁的赵眘十分气愤，主动上书，请求领兵与金兵决战，但经他的老师史浩提醒，为了避赵构疑心，他再次上书，请求在赵构亲征的时候随驾保护，以表孝心与忠心。

赵眘即位后，表面上不便对赵构妥协求和的政策表示反对，但在处理政事上，却悄悄地有了变化。

绍兴三十二年七月，也就是赵眘即位后的第二个月，他颁布手诏，召主战派老将张浚入朝，共商恢复大计。

张浚在赵构时期为枢密院事，先后率军转战川、陕、两淮等地，多有战功，在南宋朝野间享有盛誉，金人也十分畏惧他。秦桧当政，张浚遭到排挤，被迫离开了朝廷。

在宋金交战最激烈的时候，赵构又想起了颇能打仗的张浚。当时，王权兵溃，长江防线风声鹤唳，张浚不计个人得失和安危，昼夜兼程，急赴国难。当他风尘仆仆地赶到建康前线时，大家以为他是从天而降。

张浚来到前线，得到了应得的荣誉，全军将士，包括赵构的卫队，见到张浚，一律恭恭敬敬的向他敬军礼。

当宋军击退金兵，完颜亮被杀、金军北撤之后，赵构从建康返回了临安。

这时候，赵构又做了一件缺德事，他没有让张浚继续统领军队，也没有带他回临安，而是将他扔在建康，当了一个地方官，并且还假惺惺地对张浚说："有你镇守建康，朕无北顾之忧了。"

赵眘久闻张浚的威名，也知道他是主战派，从他做皇子的时候，就对他心存仰慕之情，如今要恢复中原，主持大局的最佳人选，他觉得非张浚莫属。于是，将张浚召进朝中。

张浚到了临安后，赵眘向他表达了仰慕之情，并就治国之策虚心向他求教。新皇帝锐意进取，力图中兴，又对自己如此尊敬，让压抑已久、早已心灰意冷的张浚兴奋不已，大胆地向赵昚提出他的看法："做事要靠人心，只要人心齐，什么事情都好办。古人说，天有公理。只要秉公处事，政治清明，赏罚分明，到时候人心所向，敌人自然就会折服。"

赵昚对张浚的高论肃然起敬，加封他为少傅，封魏国公，出任江淮宣抚使。

数天之后，赵昚又下了一道诏令："追复岳飞官，以礼改葬；访求其后，特与录用。"

先启用铁杆主战派，后为抗金英雄岳飞平反，两件事的迹象表明，这个皇帝，有点不同寻常。

二　收拾旧山河

一步臭棋

赵昚的主动，更加激起了张浚的勇气，他向赵昚进言，说同金国和议不是办法，不能对金人的挑衅忍气吞声，他建议："陈兵两淮，派战船从海道直捣山东，命众将士出师相助，进取中原，同时声援西线的川陕军队。"

张浚的建议，得到了赵昚首肯，如果照此发展下去，赵昚也许会成为真正的中兴之主。只是历史没有如果，事情的发展并没有想象的那么顺利。就在君臣二人信心十足地图谋中兴的时候，有一个人却横着插了一杠子，打乱了他们的计划，这个人就是史浩。

史浩是赵昚做皇子时的老师，赵昚能在赵构那个奇特的测试中顺利过关，最终成为皇位继承人，也有史浩的一份功劳。

史浩主张是："官兵征讨，东不可过宝鸡，北不可过德顺，若离蜀太远，恐致敌人潜袭，保蜀反以亡蜀。"

意思是，南宋反击金兵，东不要打过宝鸡，北不能打过德顺，西不能离四川太远，这样才能避免遭到敌人的偷袭。

赵昚召用张浚，就是想出兵北伐，收复中原，当史浩站出来阻挠的时候，他却又倒向了史浩，改变了初衷。或许是史浩曾经是他的老师，更值得信任，或许是太上皇赵构在背后施加影响，让他在临机决断的时候，优柔寡断。

赵昚采纳了史浩的意见,准备放弃秦陇。思想意识的转变,马上就在行动上反映出来,他立即下诏,将奏请收复中原的虞允文贬到夔州去当了知府,给正在川陕一带浴血奋战的吴璘下了一道撤军的命令。

贬谪虞允文,仅仅涉及个人问题,对大局没有太大影响,而下令吴璘撤军的命令,直接导致吴璘损兵折将,断送了西线战场上的大好形势。

当时的川陕一带,自从金主完颜亮从西路入侵之后,一直战火不断,吴璘率领吴家军在那里大发神威,打得金兵节节败退,毫无还手之力,只得退守凤翔,完全采取了守势。吴璘没有去强攻守备森严的凤翔,而是迂回秦川,屡次打败金兵,收复了十三州。整个川陕战场,南宋处于极为有利的形势。

西线的宋军正打得风生水起的时候,朝廷下达了新的命令:宋军出战,东不要过宝鸡,北不能过德顺。

这个混账的决定,完全置西线战场南宋占有优势的现实于不顾,全面收缩防守,把大军调集到川陕交界的地方,守住入川门户。

防守,则表示宋军只能龟缩在川陕边境的崇山峻岭之中,不能向金兵发起进攻。

正在浴血奋战的吴家军,对朝廷的这道命令非常不理解,有人建议吴璘说:"将在外,君命有所不受,此举所关甚重,奈何退师?"意思是,这个命令可以不听,该怎么打,咱们还是继续怎么打。

"我能不知道这个吗?"吴璘心有余悸地说:"皇上刚刚登基,我手握重兵在外,如果不听从命令,不就是目无君上吗?岳飞的前车之鉴,难道你们都忘记了吗?"

吴璘比岳飞有政治头脑,他知道违抗君命带来的后果是什么,明明知道赵昚的圣旨是个错误的决定,但他不敢违抗君命,也不准备违抗君命。

谁也不能责怪吴璘,要责怪,就只能责怪那个少有主见的赵昚,还有那个一心主守的史浩。

此后的结果是,吴璘没有像岳飞那样被皇帝杀掉,南宋却被金军钻了空子。

原来,宋军同金军在战场上正形成一种相持状态,在这种情况下,谁能坚持到最后,谁就是胜利。赵昚的命令,让宋军不能坚持下去,只能仓促撤退。

金人见宋军在这个节骨眼上撤退,以为是诱敌之计,先还不敢轻举妄动,当打听到宋军是真的撤时,立即出兵追杀,对宋军发起了猛烈攻击,吴家军数十员战将在撤退中战死,部队死伤三万余人,只有七千多人安全撤回。

吴家军不明不白地大败而归,全军上下悲痛欲绝,当时的情景是"连营痛哭,声震原野"。

宋军撤退了,刚刚收复的大片西部土地,又被金人全部夺去。

虞允文从四川回临安进见赵眘,他用笏板在地上画出南宋在川陕的疆域图,指明"东不可过宝鸡,北不可过德顺"的防守决策的危害性。

直到这个时候,赵眘才意识到,他让吴璘撤军的决定是多么的愚蠢和荒唐,懊丧地长叹道:"都是史浩误了朕啊!"于是,他又给吴璘下了一道诏令,让他根据西线战局,自行决定进退。

吴璘接到诏书后,简直哭笑不得,他率领吴家军,以胜利的姿态打了一场败仗,损失惨重,连自身都难保,根本就没有能力再争雄陕西了。

北伐战争

史浩的一个馊主意,断送了西线战场上的大好形势。赵眘不但没有追究,反而还在改元后的隆兴元年(1163年)元月,提拔他为尚书右仆射,同平章事兼枢密使。

赵眘也想做一个有所作为的好皇帝,改元之后,下诏百官各抒己见,畅谈国是,陈述自己对时政的看法。

谁知诏书一下,引发了新一轮战和之争。

赵眘志在恢复中原,张浚也是铁杆主战派,左仆射陈伯康也是一个不愿屈服于金人的铮铮汉子,在他们的主导下,南宋朝野一片北伐之声。

太阳底下有阴影,黑夜之中有暗流,在一片主战声中,也有不和谐的声音。发出这种不和谐声音的首脑人物就是史浩。

史浩代表的是第三种势力,当时除了主战、主和两派外,还有一种见解就是守,史浩主张:"先为备守,是谓良规",意思就是,先守住自己的地盘再说。

守,就是不与金人正面交锋,其实就是变相的和。

正在两派争论不休的时候,张浚派人给朝廷送来了金国的一封来信。

金国来信的目的,一是向南宋索要海州、泗州、唐州、邓州、商州,二是宋金所有的礼仪往来,都要按金熙宗完颜亶时签订的旧约执行,否则就兵戎相见。

原来，金主完颜雍称帝之后，想通过"和议"再次使南宋臣服的愿望落空以后，心里虽然不怎么痛快，但他却以"和议"为幌子稳住了南宋，使南宋没有发动大规模的攻势，争取到了宝贵的时间。腾出手来，派右副元帅谋衍率兵前去讨伐在西北叛乱的契丹人。

契丹人的叛乱平定之后，完颜雍大奖有功之臣，晋升仆散忠义为都元帅，让他赶赴汴梁，统领各路大军。又晋升纥石烈志宁为副元帅，驻军淮阳，为南下作准备。

纥石烈志宁到达淮阳后，派人向张浚送了一封信，向南宋索要海州、泗州、唐州、邓州、商州以及岁币，他在信中说："可还所侵本朝内地，各守自来画定疆界，凡事一依皇统以来旧约，帅府亦当解严。如必欲抗衡，请会兵相见。"这封，实际上就是金国给南宋下了一道最后通牒，要么答应他们提出的条件，要么就兵刀相见。

纥石烈志宁的无理要求，遭到了张浚的拒绝。于是，他派蒲察徒穆、大周仁在虹县驻兵，萧琦在灵璧居扎，积粮修城，随时准备南侵。

张浚拒绝了金人的无理要求后，将来信转呈朝廷，极力主战。并建议赵昚亲赴建康，招揽中原百姓之心，陈兵两淮，进军山东，声援西线的川陕战场。

赵昚看过来信之后，召见了张浚。

张浚仍然主战，并奏请赵昚乘敌人还没有发动进攻的时候，来个先发制的，派兵先攻打虹县和灵璧。

张浚的主张，虽然得到赵昚的赞同，却遭受到了史浩的强烈反对。史浩建议在瓜州和采石矶修筑城防，这就意味着南宋的防线从两淮退缩到长江。没有了两淮的缓冲，仅凭一道长江防线，是很难守得住的。所以，中国在南北的历代战争中，就有"守江必守淮"的说法。但史浩却要守江不守淮。

张浚对史浩的主张嗤之以鼻，坚持要加强两淮防线，认为修城也要先修泗州。两人谁也说服不了谁。

史浩指责张浚说："帝王出师，行军打仗，一定要有必胜的把握，怎么能够冒险出击，怀有侥幸心理呢？"

张浚也不甘示弱，大声反驳说："中原失陷已久，假如现在不出兵收复，恐怕将来会有豪杰起而收之。"

"中原哪有什么豪杰？要是有的话，不早就站出来，把金国消灭了吗？"史浩觉得张浚说得可笑。

张浚寸步不让地说："中原豪杰都在民间，他们手无寸铁，怎么能够起兵？只有我军打到中原之后，他们才能趁势而起，作为我们的内应。"

史浩似乎急了，大声说道："陈胜、吴广他们用镰刀锄头，能把强秦给灭了，中原的豪杰还要等我们发兵才敢起事，这算什么豪杰？"

两人唇枪舌剑，闹得不可开交。

赵昚也许是受到上一次听信史浩之言，在西线走了一步臭棋的缘故，这一次，他的天平倾向了张浚。为了免受史浩的干扰，他干脆撇开史浩，直接同张浚单独对话。最后，居然绕过三省和枢密使，直接下达了作战命令。

前方的战报传回来了，临安的官员才知道战争已经爆发了。

史浩觉得自己受到了奇耻大辱，愤愤地说："发动战争这么大的事，我这个宰相居然不知道，宰相不就是聋子的耳朵，成了摆设吗？"一气之下，史浩向赵昚写了辞职报告。

赵昚此时已经被战火挑起了满腔斗志和豪情，见老师这个时候还不支持北伐，反而还有撂挑子、耍大牌，心里有些不痛快了，免去了史浩的宰相之职，将他撵出了朝廷。

一场北伐之争，在战争中不了了之，宋金开战了。

宿州大捷

隆兴元年（1163年）四月，宋军兵分两路杀向金兵，战争的硝烟再次燃起。

这场战争的导火索尽管是南宋点燃的，但实际上是被金人逼出来的，因为金国坚持要把局面恢复到绍兴和议时的状态，南宋如果不想再次屈膝投降，战争就是唯一的选择。

赵昚早就对金人的嚣张气焰看不顺眼，还在他当皇子的时候，就曾跃跃欲试，想同金人过招，只是那时候不是由他说了算。当了皇帝后，金人不招惹他，他也想北伐，何况金人打了败仗还要来充大爷，说什么不按他们的意见办，就要兵戎相见。他咽不下这口气，便宣布同金人交战。

宋军的前敌总指挥是张浚，领兵大将是李显忠和邵宏渊。作战计划是：李显忠率兵从濠州出发，去攻打灵璧，邵宏渊率兵从泗州出发，去攻打虹县。然后联合攻打宿州。

李显忠从濠州渡过淮河，直抵陡沟，金右翼都统萧琦率拐子马前来迎敌。

宋军显然有对付拐子马的办法，大显神威，一战便击败了拐子马，攻占了灵璧。

宋军在灵璧打得不错，但邵宏渊围攻虹县却遇到了麻烦，久攻不下。于是，李显忠便派在灵璧收降的金兵去搞现身说法，劝说那里的金兵投降。

结果，金守将蒲察徒穆、大周仁都出城投降，连萧琦也情愿投诚。

宋军兵不血刃地收复了虹县。按理说，邵宏渊应该感谢李显忠才是，结果却不是这样，他不但连一句感谢的话都没有说，而且还暗暗地恨上了李显忠。他觉得李显忠抢了他的风头，让他很没面子。再加上当时又发生了一件意外的事，让他更恨上了李显忠。

原来，正在邵宏渊生闷气的时候，他的部下有一员副将看中了一名千户的佩刀，竟然将那把佩刀抢了过来。被抢的千户不干了，自己好歹也是个投诚人员，怎么还有人抢夺自己的私人财产呢？气愤之下，便去找李显忠告状。

李显忠问明了情况后，下令将那个抢刀家伙推出去斩首示众了。

李显忠此举为严明军纪，本无可厚非，但气量狭窄的邵宏渊却不这样他想，他认为，不管怎么说，那员副将好歹也是我的部下，打狗还得看主面呢，怎么说杀就杀了呢？这不明摆着不把我放在眼里吗？为这事，邵宏渊更恨上了李显忠。

邵宏渊和李显忠之间，从此出现了矛盾。

南宋经过二十多年的刀枪入库、马放南山，统军人才凋零殆尽，这次北伐，全指望他们两个人，谁知仗还没有打，自己人就闹起了别扭，后面的仗怎么打，真是不敢想象。

李显忠乘胜直逼宿州，此时的金兵，也不再有靖康、建炎年间的战斗力，被宋军打得一败涂地，李显忠率军穷追二十余里，才下令鸣金收兵。

邵宏渊引军慢腾腾地来到宿州城下，正碰上李显忠收兵回来，笑着说："将军真不愧是'关西将军'啊！"

邵宏渊的话，听起来酸溜溜。李显忠并不理会，只是对他说："你远道而来，赶快命士兵们休息，明天我们合力攻城。"

邵宏渊并没有回答，他的这种态度，让李显忠觉得他靠不住。

第二天，李显忠率领部队来到宿州城下，独自向宿州城发起了攻击，邵宏渊却带着他的部队，站在远远的山坡上观战，李显忠攻破城池后，他才慢腾腾地带着自己部队，跟着进城收拾残局。

宿州大捷，是十几年来宋军取得的最大胜利，捷报传到临安，赵昚大喜，论功行赏，李显忠以战功晋升为淮南、京东、河北招讨使，邵宏渊为副使。

赵昚的行赏，却忽视了一个问题，这就是，奖了当官的，忘了当兵的。士兵们在战场上卖命，打了胜仗，连加餐都没有混一顿，心里不服，于是就有了议论。

当时，符离的兵站里还存放有不少的金银绸缎，邵宏渊主张将这些东西赏给士兵，李显忠不同意，只给士兵发了一点现钱。由于数量太少，很多人都扔到河沟里去了。

从此，军心涣散，人无斗志，为此后的兵败埋下了祸根。

符离兵败

金人在沉重的打击下清醒过来，他们重新部署，并向宋军发起反击。纥石烈志宁率领一万兵马从睢阳来攻宿州。

宿州大捷之后，李显忠渐渐地产生了轻敌的思想，既不思进取，也不谋防守，终日与部下饮酒作乐。有人报告，说有金兵万余向宿州逼近，他竟不以为然地说："区区万余人，何足挂齿？"说罢，继续划拳行令，饮酒作乐。

隆兴元年（1163年）五月二十二日，金兵蜂拥而来，李显忠登城观敌，发现金兵并不是探子所说的万余人，而是有十万之众。李显忠虽然心里惊慌，但并没有表露出来，立即通知邵宏渊出兵，夹击金兵。

"敌人气势如此凶猛，还是退守吧！"邵宏渊不敢出战，当场打起了退堂鼓。

"我李显忠打仗，只知道前进，不知道什么叫后退。"李显忠怒斥了邵宏渊，亲自率军冲出南门，与金兵展开激战。

战斗正在激烈进行，宋军阵中却出现了骚动。

原来，统制李福、统领李保怯敌退避，正要逃回城中，李显忠不敢怠慢，拍马赶到二人身边，手起刀落，将二人的人头斩落马下。大声疾呼道："将士们听着，谁要是畏缩不前，临阵脱逃，这两个人就是下场。"

经此一激，宋军像发了疯一样拼杀金兵，金兵抵挡不住，溃败而去。

宋军虽然打了胜仗，但军心不稳的问题却暴露无遗，更要命的是，邵宏渊并没有与李显忠协力作战的意识，整个战斗，他只是坐在城楼上观虎斗，当了看客。

就在击退金兵的第二天，纥石烈志宁再次率军前来攻城，李显忠驻军城外，用床子弩、神臂弓挡住了金兵一次又一次进攻，击退了金兵。

李显忠率军在城下同金兵拼命，邵宏渊却站在城楼上观风景，不仅如此，他还说起了风凉话。

当时正是盛夏时节，烈日当空，天气炎热，邵宏渊的部队虽然站在城墙上观战，仍然是汗流不止，将士们纷纷脱下铠甲。

邵宏渊在城墙上巡视，看到这种情况，不但不制止，反而说："这要命的鬼天气，坐在清凉的地方摇扇子也觉得热，更何况要在烈日曝晒下穿着厚重的铠甲作战？这个仗怎么打呢？"言外之意，是宋军没有获胜的机会。

行军打仗，靠的是一口气，邵宏渊是宋军的二号统帅人物，表现出如此悲观的情绪，使得宋军人无斗志，军心涣散。

当天夜晚，中军统治周宏、邵宏渊的儿子邵世雍等人逃走了。当逃兵是一件见不得人的事情，本该是偷偷摸摸地进行，而这些人当逃兵，居然还鸣锣击鼓，大吵大嚷一阵才离开。如此理直气壮、大张旗鼓地当逃兵，这在中国战争史上，恐怕也是闻所未闻的新鲜事。

前一拨人刚逃跑不久，左士渊、李彦孚带着后一拨人也跟着逃出了宿州城。

李显忠见后院起火，只好败退回城。

纥石烈志宁见宿州城一片混乱，看到了战机，乘宋军混乱之际，对宿州城发起了猛烈攻击。

李显忠在极短的时间内，调整了城防，和攻城的金兵打得有声有色，杀敌两千多人。

邵宏渊见李显忠在城上东奔西跑，指挥着宋军守城，有时还亲自抡起大斧子砍杀爬上城墙的金兵，不但不去帮忙，反而还偷着乐。

李显忠杀退金兵后，仰天长叹道："如果大家齐心协力，这个仗也不会打得这样苦啊！"

邵宏渊听了这句话，竟然带自己的兵马离开了，临走前，冲着李显忠丢下一句话："听说金人又有二十万精兵前来增援，再不走，恐怕来不及了。"

"苍天啊！你难道真的不让我们收复中原吗？"李显忠仰天长叹，因独木难支，只得下令撤退。

宋军退出宿州，金兵跟在后面穷追猛打，宋军无心恋战，撤退成了大逃亡。

二十三日，宋军刚刚退到符离，就被追击的金兵赶上，宋军无力反抗，丢盔弃甲，望风而逃，连同随军民夫在内的十三万人马伤亡殆尽。所有的粮食、辎重，都被金兵夺走。

李显忠、邵宏渊在乱军中逃脱，侥幸保得性命。

历时仅二十天的北伐，以宋军溃败而告终。

北伐以失败告终，原因很多，首先是南宋错过了北伐的最好时机，让金人有机会腾出手来平定北方契丹人之乱，然后有足够的力量来对付宋军。其次是宋军的主将张浚指挥不力，让李显忠、邵宏渊两人各自为战，前线缺乏统一指挥。再有就是自己人拆自己的台，邵宏渊为了争权夺利，连出阴招，想让李显忠栽跟头，结果大家都没台唱戏，统统碰得头破血流。

一场好戏，毁在自己人手中，演砸了。

北伐以惨败而告终，标志着赵昚收拾旧山河的愿望，永远只能是一个梦。

三　隆兴和议

议和背后的秘闻

北伐失败，给主和派留下了口实，他们再度活跃起来，纷纷上书弹劾张浚，要求同金人重开和谈。

赵昚对于收拾旧河山、恢复故国的大业，仍然不肯轻言放弃，当他接到张浚的请罪书后，不但没有责罚张浚，反而还亲自写信安慰他，他在信中说："抗金之事，朕还要倚仗你，千万不要畏惧人言而心怀犹豫，北伐的事情，当初是朕与你共同决定的，现在我们应该共同承担责任，抗金之事，绝不可轻言放弃。"

赵昚勇于承担责任，无形之中保护了张浚，也表明了他收拾旧河山的决心。

张浚得信后，喜出望外，立即对防务重新进行了部署，命魏胜守海州，陈敬守泗州，戚方守濠州，郭振守六合，并在淮阴训练水军，在寿春训练骑兵，进行大规模的备战。

北伐的失败，严重打击了赵昚的勃勃雄心，让他从高涨的热情中冷静下来，意识到中兴计划在短期内是不可能实现的，作为权宜之计，议和也不是毫不可取。因此，他不像刚即位那样远离主和派了，还召回秦桧余党汤思退入朝，升任尚书右仆射兼枢密使。

汤思退是铁杆主和派，升任尚书右仆射，对于铁杆主战派张浚来说，当然不是一个好消息。

果然，不久后，张浚便被降为特进枢密使，宣抚江淮东、西路，李显忠被贬为果州团练副使，安置在潭州。邵宏渊是符离兵败的罪魁祸首，虽然降了职，却仍然任建康都统制。

参知政事辛次膺，曾因反对和议而得罪了秦桧，遭免职的处罚后，在家闲居了二十年，赵昚继位后，召他入朝，提拔为参知政事。汤思退升任右仆射后，成了他的顶头上司，所谓道不同，不足与谋，他觉得这个参知政事没法干了，辞官而去。

汤思退一味主和，陈俊卿上表，说一味议和只有挨打，没有出路，建议起用张浚。

赵昚于是又任命让张浚为江淮军马都督，实际上是官复原职。

从赵昚的用人可以看出，他的思想仍在犹豫中彷徨，南宋的国策，也在他的犹豫彷徨之中一波三折，像一只没有舵的小船，摇摆不定。

隆兴元年八月，金国都元帅仆散忠义又派人给南宋送来一封信，向南宋提出割海州、泗州、唐州、邓州之地，纳币称臣，以及归还中原归附之民等要求。并扬言，如果南宋不答应他们提出的条件，即挥师南下。

赵昚虽然不反对暂时同金人妥协，但认为在议和条件上不能过分迁就，应力争在平等的条件下达成协议。于是，他不顾张浚等主战派的反对，派卢仲贤出使金国议和。

卢仲贤临行之前，赵昚告诫他，不割地，不称臣，其他的条件都可以谈。

汤思退唯恐和谈不成，将卢仲贤拉到一边，悄悄地对他说："只要能达成和议，海州、泗州、唐州、邓州可以割让给金人。"

皇帝和宰相发出了两种不同的声音，怎样处理，就看卢仲贤的了。

卢仲贤经过斟酌，决定还是按赵昚的吩咐办，谁知到了宿州之后，却又改变了主意。

原来，卢仲贤到了宿州后，便去拜见金国都元帅仆散忠义，仆散忠义又使出金人的惯用伎俩，弄一群女真大汉夹道欢迎他，这些大汉，人人一脸横肉，个个手挥大刀，瞪着双眼，杀气腾腾。卢仲贤哪里见过这种阵势，吓得脚打颤，就差没有尿裤子。当见纥石烈志宁时，已经吓得有些语无伦次了，对纥石烈志宁提出的所有条件，只是诺诺连声，没有一句反驳之词。

仆散忠义开出的价码是，要南宋交还收复的唐州、邓州、海州、泗州，把逃亡到南宋的北方人交还给金国，银子绢币照原数缴纳。唯一有点让步的是，双方由原来主子与奴才的关系，变为叔侄之国，即上升为叔叔和侄子的关系。

金人的态度表面上强硬，其实心里也有些发虚，契丹人的起义虽然被镇压下去了，但零星的反抗仍然是此起彼落，稍有应对不当，谁也保证不了不成燎原之势。完颜雍新君初立，该办的事情一大堆，和南宋再纠缠下去，百弊而无一利。

按照以往的惯例，金人的这个价码开出来，南宋除了签字外，恐怕不会有第二条路可走。

赵昚的做法，大大地出乎金人的意料，他是君臣的虚名想要，土地的实惠也不想丢，花点钱买和平，是他的最低底线，而且南宋的大臣们，也纷纷地反对这个和约。在一片反对割地的声浪中，赵昚先是下令，把卢仲贤打入大牢，接着将他连降三级，没过多久，革职查办，撵出朝廷，贬谪到郴州去了。

赵昚虽然一怒之下撵走了卢仲贤，但议和之心并没有死，在汤思退的怂恿下，又派王望之为通问使，龙大渊任副使，去和金人讨价还价。

汤思退唯恐求和不成，再次耍小动作，暗中嘱咐王之望，可以答应金人的要求，将四个州的土地割让给金人，只是要求将岁币减去一半。

王之望出发之后，右正言陈良翰不知从什么渠道，知道了汤思退给王之望嘀咕的事，立即上表说："王之望一去，恐怕有辱国家。"因此，他建议："立即派人追回王之望、龙大渊，先派一个使臣前去同金人讨论，修改好了和约之后，再派通问也不迟。"

张浚此时也上书，奏请赵昚去建康北伐。

在几位主战大臣的一再阻拦下，赵昚终于改变了主意，下令王之望、龙大渊停止前进，在边境待命。改派胡昉出使金国，同时又召集几位大臣开会。

会上，陈伯康、汤思退两位宰相发生了激烈争吵。

陈伯康主战，认为割地求和，将祖宗陵寝都割让给了金人，对不起列祖列宗，对不起子孙后代，也无法向天下交代。

汤思退却坚持认为和为上策，说主战派是没事找事，放着和平安定的日子不过，却要坚持什么北伐，仗一旦打起来，劳民伤败，到时打败了，更是自取其辱。

两人唇枪舌剑，谁也说服不了谁，陈伯康建议召张浚回朝商量。

京西宣谕使虞允文、起居郎胡铨、监察御史阎安中等人，也都反对议和。

赵眘虽然没有明确表态，但明眼人还是可以看出，他还是倾向于议和。

陈康伯看出了赵眘的意图，便以与汤思退意见不合为由，请求辞职。

陈康伯辞职后，汤思退出任左仆射，张浚升任右仆射，仍然都督江淮军马。

两位宰相，仍然是一个主和，一个主战。

从这个用人上可以看出，赵眘的思想，仍然游离于战和之间。

当惯了大爷的金人，正等着南宋派人送来签字画押的协议书，不想却等来了讨价还价的胡昉。仆散忠义大为光火，下令将胡昉抓了起来，陈兵淮上，以武力相威胁，扬言要打过长江去。

以武力相威胁、绑票式的勒索，是金人惯用的伎俩。他们最大的一笔绑票，就是将北宋的两个皇帝以及宗室几千人掳到北国去。自那以后，这种熟门熟路的绑票勒索屡试不爽，这一回，他们又恼羞成怒，拿出了绝活。

原以为，派大兵在边境上扯开嗓子喊几声，南宋就会乖乖地听话，送给他们想要的东西。可事实却让他们大吃一惊。

南宋的前线总指挥张浚的军事指挥才能虽然不敢恭维，但他却是铁杆主战派，他从来就不相信金人是善类，立志北伐，收复国土的决心从来就没有动摇过。在他指挥下，宋军招兵买马，扩充军队，组建万弩营，在重要的地方修筑工事，大有将抗金的战斗进行到底的架势。

宋朝的军队，进攻能力虽然不敢恭维，防守却还是有心得的，只要他们铁心防守，敌人就别想越过宋军的防线。

金人当然知道宋军善守，看到宋军的防线弄得像铁桶一般，也不敢把头硬往墙上撞。于是，他们收拢军队，叫嚣决战的声音逐渐消失了。

两军相持，比的是经济实力，南宋的军费开支虽然不轻，金人未必能支撑多久。那时，即使南宋不求和，金人也要自动地降低条件。这时候就要看谁能坚持到最后五分钟。

正在张浚废寝忘食忘食地忙于布防的时候，朝廷那边有人搞小动作了。

汤思退唯恐和议不成威胁到自己的地位，暗地纠集党羽指责张浚备战是

"大言误国，以邀美名"，罗列了张浚目无朝廷、拥兵自重等一大堆罪名，还抬出太上皇来压赵昚。

赵昚虽然对战和问题始终摇摆不定，但对汤思退拿太上皇来压自己，却是非常恼火，大骂汤思退连秦桧都不如。

汤思退挨了一顿臭骂后，虽然非常郁闷，却也无奈。

正在这个时候，金主完颜雍让仆散忠义把胡昉给放回来了，并让胡昉给南宋朝廷带信：妥商和议。

汤思退立即又活跃起来，暗中唆使王望之和户部侍郎钱端礼等人上表，说张浚的守备还没有牢固，国库就已经被掏空了，符离兵败是前车之鉴，仗不能再打了，和议才是上策。

赵昚又觉得他们说得有理，命王望之和钱端礼二人到两淮传达圣旨，召张浚回朝供职。

张浚这时候正在大修战舰，同时号召两河的豪杰，一心等待出兵北伐，并让降将萧琦统领降兵，还给辽人发去檄文，让他们声援。偏偏这个时候，钱端礼到了淮河，竟对张浚说出了："名为守备，守未必备，名为治兵，兵未必治"的话。

张浚为抵御金人的入侵，呕心沥血，哪里受得了这样的窝囊气，立即上表，请求退休。

赵昚此时已无心北伐，改授张浚为少师，兼保信军节度使，让他到福州去任职。

满腔抗战热情的张浚，被赵昚当头一桶凉水，浇得从头凉到了脚板心，彻底地绝望了，积郁成疾，竟病死在赴福州的途中。

张浚临死的时候，给他的两个儿子留下一份遗书，他在遗书中说："我身为相国，不能收复中原，雪洗国耻，死后不要葬在祖坟里，埋在衡山脚下就可以了。"

赵昚得知张浚去世的消息，看到他留给儿子的遗书，非常感动，追封他为太保，后又追赠太师，赐谥号忠献。

张浚是绵竹人，一生力主抗战、收复故土，称得上是风骨凛然，在民族气节上值得称道。赵昚即位后，对他颇为倚重，称他为魏公，而不称他的名字。可惜的是，他忠勇有余，才智不足，符离兵败，几乎让赵昚绝望。所以，此后的赵昚，忽战忽和，犹豫彷徨，而南宋的国策，也就忽左忽右，徘徊不定。这与张浚主持的北伐以惨败而终是分不开的。

通敌卖国

汤思退以挨了一顿臭骂为代价，砍倒了张浚这面抗战大旗。接着又上蹿下跳，张罗着议和的事情。

在汤思退的奏请下，赵昚派宗正少卿魏杞出使金国，商谈和议的事情。

在国书中，赵昚自称为"侄大宋皇帝"，称金主为"叔大金皇帝"，并答应给金国岁币二十万。临行前，他还特别对魏杞说："现在派你到金国去议和，有四个目的，一是正名，二是退师，三是减少岁币，四是向金国说明，已经归附我朝的人，一律不归还。"

魏杞辞别的时候，也说了一句话："我这次出使金国，一定不辱使命，万一金国贪得无厌，皇上你就开战吧！我回不回来都无所谓。"

看来，魏杞绝非卢仲贤之流。

汤思退似乎铁了心要议和，取消了张浚创立的所有备战措施：战船不造了，工事撤除了，万弩营也解散了，最后连唐、邓、海、泗的驻军也都撤回来了。

在金军虎视眈眈、国家遭受外敌的严重军事威胁的情况下，南宋单方面铸剑为犁了。

接下来，汤思退又大兴冤狱，把二十多名反对割地求和的官员或弄进大牢，或撵出临安城，大有顺我者昌，逆我为亡的架势。

如果仅仅是这样的话，汤思退只能算是迷信和议，排除异己、误国误民了。接下来，他的做法就大大地超越了做人的最低底线，为了迫使赵昚接受金人的议和条件，他居然派私党孙造偷偷地去勾结金人，建议他们出兵南下，用武力胁迫赵昚。

汤思退为了一己私利，竟然通敌卖国了。

金人有了南宋这些吃里爬外的帮凶，更加有恃无恐，在原来的基础上，他们又提出了再割让商、秦二州的要求，否则，便要举兵南下。

十月，金人果然对南宋发动了军事进攻。

赵昚又出了一个昏招，竟然命汤思退领江淮兵马，前去拒敌。

汤思退是铁了心要议和，而且金兵也是他引来的，他怎么可能会到前线去率兵拒敌呢？结果是，汤思退拒绝执行命令。

赵眘无奈，只得改命杨存中代任。

杨存中还在赴任途中，就听说金兵已经攻陷了楚州，当他日夜兼程赶到淮河，紧急调集各路兵马，互相支援，这才稍稍稳住阵容防。

金兵乘胜进军，接连攻陷了濠州、滁州，都统制王彦南逃，朝廷几乎要放弃淮河防线，只有杨存中一直坚持不肯放弃。

在朝野一片咒骂声中，赵眘将汤思退撵出朝廷，贬到永州去了。

汤思退企图以议和来保住自己的地位，最终还是被逐出了朝廷。在他当权的时候，他是大爷，没有人在他面前说一个不字；当他失势以后，他就成了一条落水狗，成了人们痛打的对象，以太学生张观为首的七十二人联名上书，声讨汤思退、王之望、尹穑媚敌卖国的无耻行径，请求杀了他们以谢天下。

赵眘虽然没有下令杀汤思退，汤思退在赴永州途中，听说这件事，却活活地吓死了。

汤思退的结局，同被他陷害而死的张浚如此相似，这也算是天理报应了。

隆兴和议

金军虽然取得了军事上的优势，但完颜雍并没有把战火再烧向江南的念头，下令停止继续进兵，宋金之间再度恢复接触。

魏杞奉命出使金国，刚到燕山的时候，金国大臣张恭看见国书上写作"大宋"的字样，威胁魏杞去掉一个"大"字。

魏杞断然拒绝了张恭的要求，他说："如今，南朝各地豪杰并起，大家同仇敌忾，北朝如果用兵，能保证必胜吗？我朝天子不过是为天下百姓考虑，希望彼此能息兵安民，免得生灵涂炭，才命我前来修好，如果北朝真想跟我们和好，那就不要再强人所难。"

张恭把魏杞的话告诉了金主完颜雍，完颜雍立即召见了魏杞。魏杞仍坚持他对张恭说过的话，毫不退让。

完颜雍说："朕也想安民，所以才下令息兵休战，此后就各守新约，朕也不再苛求了。"

魏杞起身拜谢。经过一番讨价还价，双方商定了和约的具体细则。

隆兴二年（1164）十二月达成和约，和约规定：金宋为叔侄之国，赵眘不再向金称臣，可以自称皇帝，改称完颜雍为叔叔；南宋每年给金国的"岁贡"改称"岁币"，数量也由原来的数字各减五万，即二十万两白银，二十万匹绢布；两国边界恢复到绍兴和议时的状况；彼此叛逃到对方的人员，互不遣返。

金主完颜雍召回了仆散忠义等及部队，只留下六万人镇守边关，并将宋朝的岁币分赏给各军。

此后数十年，宋金两国无大的战事。

此次和议史称"隆兴和议"，尽管隆兴和议还不是一个平等的条约，却是两宋争取到的权益中最大的和约，南宋争取到的好处，一是由奴才升格为侄子，虽然小了一辈，但好歹算是一个家，南宋也从藩属升格为独立的主权国家；二是保护了从金国逃过来的士庶臣民，使他们能够安居宋境，总算尽到了一个政权对子民的责任，这一条连当年的"澶渊之盟"也没有争取到。至于减少点银两，那倒是一个可以忽略不计的数目。

金国在内部一大堆问题等待处理，在无心也无力出兵久战的情况下，还能使南宋屈服，敲诈了一笔钱财，更重要的是，一举从南宋手里索到了邓、唐、海、泗、商、秦六州，在领土上占了天大的便宜。

四　撂挑子

册立太子

宋金和议达成之后，钱端礼被提升为参知政事。

赵昚下诏，大赦天下，改元乾道，次年即为乾道元年（1165年）。撤除江淮都督府，授杨存中为宁远、昭庆节度使。

时隔不久，陈伯康病逝，赐谥号文恭。

陈康伯是弋阳人，为人宽宏大度，处事清明果断，赵昚曾夸奖他比得上谢安，陈伯康死后，一时后继无人，赵昚只好任命虞允文为参知政事。

宋金达成和议之后，国家无战事，乾道元年（1165年）八月，赵昚立邓王赵愭为皇太子。

郭氏共生四子：长子即是赵愭，次子赵恺，三子赵惇，四子赵恪。赵昚继位的时候，郭氏已逝，追册郭氏为皇后，封赵愭为邓王，赵恺为庆王，赵惇为恭王，赵恪为邵王。

郭皇后不在了，中宫不可无主，赵昚续立夏贤妃为皇后。

夏氏是宜春人，出生的时候，祥光满室，父母知是贵人，视若掌上明珠。长大成人，姿容秀丽，智慧过人，她的父亲通过各种关系，将她送进宫中，刚进宫时，在吴太后宫中做侍女，郭妃去世后，吴太后便将夏氏赐给了赵昚。

赵昚见夏氏不仅人长得漂亮，而且还善于体贴人，对她格外地眷顾，中宫无主，夏氏便顺理成章地升任皇后。

邓王赵惇立为太子后，妻子钱氏册封为太子妃。

钱端礼是太子妃钱氏的父亲，此人的官瘾很大，他以为，凭自己的身份，谋个宰相的差事十拿九稳，并且还在暗中下了不少工夫。

侍御史唐尧封率先站出来反对，上疏说，钱端礼是外戚，不能执政。

此后不久，唐尧封被莫明其妙地降为太常少卿。

吏部侍郎陈俊卿更是面见赵昚，直截了当地说："本朝没有外戚当宰相的先例，请陛下遵守家法，不要标新立异。"

钱端礼的宰相梦，终因反对的人太多而破灭。

这一轮的人事洗牌是：叶颙出任左仆射，魏杞为右仆射，蒋芾为参知政事，陈俊卿担任枢密院事。

在这段时间内，宫廷内外，接连出现丧事。

乾道二年（1166年）十一月，宁远节度使杨存中去世。

杨存中原名杨沂中，曾参加大小二百余战，从未吃过大败仗，被人称之为忠义之士，赵昚赐他谥号武恭。

杨存中去世才两个月，四川宣抚使吴璘也跟着走了，临终前留下一份遗表，他在遗表中说，不要放弃四川，不要轻易出兵。

赵昚看了吴璘的遗表，泣不成声，追封他为太师，加封信王。

一个月之后，皇后夏氏又驾崩了，丧事还没有办完，太子赵惇又得了怪病，不治而亡。

赵昚赐夏皇后谥号安恭，赐太子谥号庄文。

赵昚接连遭受丧失重臣和亲人之痛，哀上加哀，痛上加痛，或许是由于这些原因，他在朝政处理上毫无章法，左右两个宰相，走马灯似的换人。

先是罢免了叶颙和魏杞，专任蒋芾。不久，蒋芾的母亲去世，丁忧守孝，改任陈俊卿、虞允文。

赵昚想到祖宗的陵寝还在金人的地盘上，心里不是滋味，他将这个想法告诉虞允文，虞允文建议派使臣到金国，商讨陵寝的事情。

陈俊卿认为，同金人达成和议之后，两国相安无事，不能轻易派遣使臣。

赵昚偏袒虞允文，竟然又罢免了陈俊卿。

祖宗陵寝在金人的地盘上，金国使臣来到南宋，自己要站起来接受国书，这一直被赵昚视为奇耻大辱。他接受虞允文的建议，派范成大出使金国，提出归还河南陵寝和更改接受国书礼仪的要求，但却无功而返。

赵昚似乎心有不甘，再次派赵雄出使金国。

金人再次拒绝了南宋的要求，而且还将赵雄羞辱了一顿，同时还催促南宋，尽快将钦宗的灵柩运走。

原来，钦宗在绍兴末年病死五国城后，灵柩一直停放在金国，多年来，两国一直忙于打仗，也来不及处理这件事。

赵昚也许是没有时间考虑迎请钦宗灵柩的事情，也许根本就不想考虑，并没有理睬这件事。金人等了一年多，没有得到南宋的答复，便以一品礼仪，将宋钦宗安葬了。

赵桓是个替罪皇帝，当皇帝不到两年时间，在金国却做了二十六年阶下囚，死后连尸骨也无人认领，埋骨他乡。

太子赵愭死了，赵昚又在为立储的事操心。按立嫡为长的规矩，次子庆王赵恺应该是当然的储君，赵昚却认为第三个儿子赵惇"英武类己"，即长得英明神武，也非常像他，竟然废长立幼，册立赵惇为太子。

选择赵惇为太子，是赵昚决策的重大失误，因为这个赵惇后来的表现，连半分"英武"都没有，"类己"则更是瞎扯。

赵昚对他的养父赵构毕恭毕敬，一月四次请安，从不间断，而赵惇对他的亲生父亲赵昚，却是十分厌恶。这是后话。

为了避免太子和赵恺可能产生的冲突，赵昚封赵恺为魏王，并让赵恺离开都城，到宁国府任职。

赵恺非常伤心，并且还为今后的前途担忧。当虞允文在玉津园设宴为他饯行时，他可怜巴巴地对虞允文说："虞相啊！今后还得请你想办法保护我，在父皇面前多替我说些好话。"

无奈的中兴

吴太后的妹夫张说，攀附虞允文而晋升为签书枢密事，诏命下达之后，朝中议论纷纷。故宰相张浚的儿子、左司员张栻公开指责虞允文说："宦官执政，从蔡京、王黼开始，外戚执政，则从虞允文开始。"

蔡京、王黼是北宋两个最大的奸臣，早已被历史钉在了耻辱柱上，大臣们竟然将这两个奸贼与虞允文相提并论，让虞允文羞惭万分，只得恳请赵昚收回了成命。

乾道八年（1172年），赵昚改左右仆射为左右宰相，左相仍然是虞允文，任用梁克家为右相，赵昚又将张栻贬为袁州知府，张说还是进入了枢密院。

这一超常规任命，遭到大臣们的质疑，侍御史李衡、右正言王希吕上书谏阻，直学士周必大不肯起草诏书，给事中莫济也表示不满。

赵昚铁了心要任用张说，竟然将四个人一齐罢免，但朝中人士却称李衡、王希吕、周必大、莫济为"四贤"。

虞允文因为谏院缺人，特意推荐李彦颖、林光朝、王质三个人。

赵昚没有理会虞允文的建议，而是合用了宠臣曾觌举荐的人。

九月，虞允文上表辞去相位。

赵昚再次让虞允文出任四川宣抚使。临行之前，要求他去四川后，立即出兵，与江淮军会师于河南。

虞允文忧心忡忡地说："我担心陛下到时不能配合啊！"

赵昚信誓旦旦地说："如果你出兵，朕犹豫，就是朕有负于你；如果你到四川后按兵不动，就是你有负于朕。"

赵昚的这番慷慨激昂，并没有打消虞允文的顾虑，他到四川后，虽然积极备战，但却一再推迟出兵时间。

乾道九年（1173年）二月，赵昚亲自给虞允文写信，催促他早日出兵，虞允文以"军需未备"为由，说要"待时而动"，实际上是拒绝了赵昚的要求。

赵昚恢复中原的计划又一次落空。

虞允文的担心不是没有道理，因为他辞去宰相之后，赵昚任命梁克家为宰相，梁克家是议和派，议和派当政，主战的虞允文想干事，那就难了。

乾道九年底，赵昚宣布改元，次年元旦，改元淳熙。

淳熙元年（1174年）二月，虞允文因操劳过度，病死在四川宣抚使的任上。

虞允文是隆州仁寿县人，颇有谋略，采石矶之战一举成名，做了宰相之后，也是尽忠职守，知无不言，称得上是一位救时良相。

赵昚追赠他为太傅，赐谥号忠肃。

虞允文的死，对赵昚是一个沉重的打击，从此以后，南宋再也找不到像虞允文那样坚决主战而又有才能的大臣。

梁克家外柔内刚，朝中只有他一个人为宰相，他和张说谈外交政策，很多事情都谈不到一起，于是主动请求外调，被任命为建宁知府。

张说欺上压下的行为，渐渐地被赵昚觉察，于是下诏，罢免了他的职务。

改元以后，左宰相的职位一直空缺，右宰相的人员也总是频频更换，曾怀、叶衡等人多是庸庸碌碌，没有什么建树。

叶衡曾举荐左司谏汤邦彦为金国申议使。

汤邦彦到达金国后，被金人冷落十多天后，才被金主完颜雍召见。进见的时候，金人又玩起了恐吓的老套套，挑一些彪形大汉在大殿两边站列。

汤邦彦从来没有见过这种气势，进去就被吓蒙了，完颜雍问他的话，他连正事都忘了，除了点头之外，一句话也说不出来。

赵昚气得要命，将汤邦彦流放到新州去了。

从此以后，再也不提陵寝之事。

大儒朱熹

这一年冬天，赵昚立贵妃谢氏为皇后。

谢皇后是丹阳人，幼年丧父，原来姓谢，因寄养在翟氏家里，改从翟姓。长大之后，姿容秀丽，有大贵之相。有一个叫谢少东的相术名家，看过她的相后，说她往后必贵为皇后。翟氏便设法将她送进宫里，先是在宫里侍奉吴太后，吴太后见她庄静多姿，便转赐给赵昚。

赵昚封她为婉容，渐得宠眷，晋封为贵妃，淳熙三年（1176年），太上皇赵构生辰，赵昚携嫔妃到德寿宫向赵构祝寿。

赵构见谢妃端肃恭谨，艳而不轻，对吴太后说："这位谢妃，像你的容貌，也像你的性格，可以为中宫之主。"

赵构的一句话，便决定了谢妃的命运。

第二天，赵昚即册立谢贵妃为皇后，复姓谢氏。

赵昚一向不好女色，后宫之中，除了谢皇后外，只有蔡、李两个妃子。因此，在历史上，很难找到有赵昚艳事的记载。

这时候，南宋出了一位大儒，他就是名传千古的道学先生朱熹。

北宋年间，草野人才最盛，有程颢、程颐、张载、邵雍、周敦颐等，都是以道学著称于世。朱熹出自李侗门下，李侗的老师是罗从彦，罗从彦的老师便是程门高足杨时。

朱熹，字元晦，婺源人，他的父亲朱松曾做过吏部员外郎。

朱熹小时候聪明过人，刚刚能说话时，朱松指着天对朱熹说："这就是天。"

"天的上面还有什么东西？"朱熹好奇地问。

朱松听到儿子的话，惊讶不已。

小时候，朱熹和小伙伴一起玩耍，大伙儿在沙堆里戏耍，惟朱熹独自一人坐在一旁，用手在沙堆里划来划去。小孩子们过去一看，见他划的是先天八卦图和后天八卦图，有人笑他，有人恭维他，他都毫不动容。

朱熹是绍兴十八年的进士，被封为泉州同安县主簿，上任之后，常常给百姓们讲圣人之道，没过多久，又改任潭州南岳庙的监官。

赵昚刚刚即位的时候，下诏广开言路，朱熹上书讨论圣学，并且竭力反对议和。

赵昚非常赏识他，准备加以重用。汤思退等人暗中阻挠，只让他做了个武学博士，朱熹当即辞官还乡。

朱熹自知小人当权，贤士没有出头之日，一心宣讲圣人之道，无意于仕途。陈俊卿、胡铨、梁克家等人都曾推荐他出来做官，赵昚也屡次请他到京城临安任职，都被他婉言谢绝了。后来，赵昚开始思念他的老师史浩，重新启用史浩为醴泉观使。

史浩想招揽一些名人，竭力举荐朱熹为南康知府。赵昚也坚持要他上任。朱熹推辞不掉，只好受命赴任。

当时，正逢南康大旱，朱熹励精图治，百姓才得以渡过灾荒。他闲暇的时候，就给士子们讲学，而且还去考察了唐朝李渤的白鹿书院，并对白鹿书院进行了修建改造。

淳熙六年（1179年）大旱，赵昚再次广开言路，朱熹在南康递上一份奏章，他在奏章中劝谏赵昚要正人心、立纲纪、洗国耻，言词颇为激烈。

赵昚看后，勃然大怒，气愤地说："真是岂有此理，朱熹是在讥讽朕是亡国之君。"

幸亏枢密使赵雄在一旁替朱熹辩解："说这些读书人，多半注重名声，如果直言被皇上怒斥，反而能扩大他们的名声。他请赵昚多多宽容，给他个官做，看他的举措是不是合适，到时候，优劣一看就出来了。"

赵昚这才转怒为喜。

于是任命朱熹为常平茶盐提举。没过多久，又调他到浙东任职。当时，浙东正闹饥荒，朱熹一个人跑到临安，向赵昚诉说灾情，并请赵昚要以德用人，还直陈当时政策的七项不足之处。赵昚虚心听取了他的意见，并夸奖他直言不讳。

朱熹高高兴兴地回到浙东，刚一下车，便给各郡县写信，号召他们募集粮商，并减免粮商的一部分赋税。于是，粮商云集于浙东，让那里的百姓顺利地渡过了饥荒。

朱熹还经常到各地微服私访，各郡县的官员很怕他这一招，不敢胡作非为，只用了半年时间，政绩为全国之冠，深得百姓的拥戴。赵昚于是让他到徽猷阁供职。

后来，有人在赵昚诋毁朱熹，赵昚便让他去主管台州崇道观。

从此，朱熹便与东莱先生吕祖谦、南轩先生张栻等人，讲学论道，著书立说以传后世。

心灰意懒

赵构退居德寿宫后，颐养天年，不再干预政事，赵昚对他始终怀有感恩之情，即位后的二十多年中，一直笃行孝道，侍奉赵构如同亲生父亲一般，除每月固定的日子去德寿宫问安外，还经常陪赵构游玩闲聊，遇到节日或赵构的生日，更是率嫔妃、百官前去祝贺，礼仪十分隆重。

赵昚还将德寿宫大规模地扩建，装饰得富丽堂皇，又在德寿宫附近开凿大池，名为"小西湖"，旁边建造亭台假山，一切布置都模仿西湖，以便赵构不出宫便可以游赏。因此，赵构退休后，真的称得上是乐享天年。

淳熙十四年（1187年），赵构已经八十一岁，须发皆白，这年八月，赵构偶染风寒，寿终正寝了。

赵构在位，两次改元，共三十六年。内禅后，在德寿宫居住了二十五年。赵构贺崩后，尊庙号高宗。

高宗初为汪伯彦、黄潜善所惑，后又被秦桧所制，李纲、赵鼎、张浚先后遭到他的斥责，岳飞父子也冤死狱中，有可用的将相他不用，有收复中原的机会，他没有抓住，最终却臣服于外族，残喘苟延，苟且偷安，慝怨忘亲，枉费了"中兴之主"这四个字。

赵眘听到噩耗后，号啕大哭，哀痛不已。他神志恍惚，无心听政，每天只吃一点素食。悲伤过度，加上不思饮食，身子消瘦衰弱了许多。后宫有个姓吴的妃子见他的身体每况愈下，虽然多次劝告，却无济于事，只好私下吩咐内侍将鸡汤渗入素食之中。

赵眘尝出了味道，查明真相后，勃然大怒，甚至要杀吴氏，在太后的再三劝阻下，才免了吴氏一死，将她撵出了皇宫，至于那名内侍，则被免职流放了。

赵眘对宰相说："以前晋孝武帝、魏孝文帝，都曾经穿了三年丧报，素衣听政。司马光在《资治通鉴》中就记载得非常清楚，朕也要这样做。"

他下诏穿三年素衣，朝中大臣都无法劝阻。

赵眘的次子魏王赵恺，早在淳熙七年就已经病死了。赵眘曾哭着说："前几年立储的时候，朕就担心这孩子命薄，没想到他竟然早逝了，让朕白发人送黑发人啊！"

赵恺死后，留下年幼的儿子赵柄无人照顾，赵眘就把他接到宫中抚养，对他十分宠爱，封他为嘉国公，并亲自挑选名儒做他的老师，算是对他的父亲表示一点歉意。

恩平王赵璩，在高宗赵构病逝一年后，也跟着去世了。

赵璩是赵眘当年竞争皇子之位时的胞弟。出于一种兄弟之情，赵眘其实对恩平王非常好，每次请他吃饭，都称呼他恩平王，不叫他的名字。他死后，被追封为信王，后又追封为太保太师。算是对这个失意之人的一点安慰。

赵眘为高宗服丧期间，穿着白衣布袍在内殿听政，每到初一或者十五，都要到德寿宫去看看，并让皇太子参与决策。

后来，王淮罢相，右宰相周必大举荐朱熹为江西提刑。

朱熹奉诏进京，在路上遇见了一个朋友，这位朋友对他说："你那些老调，皇上不爱听，进京之后，就不要将那些事挂在嘴边了。"

"什么？你要我不要说那些东西？"朱熹反驳道："我这一生所学，就是这些东西，为何不能说给皇上听？"

朱熹进京后，又开始"存天理，灭人欲"地一番大道理。那时候，曾觌已死，只有内侍甘昪还在任原职，朱熹认为不能继续任用他。

赵眘说甘昇曾经侍奉过太上皇，很有才识。朱熹反问道："小人没有才识，怎么能博得主人的欢心？"

赵眘没有回话，第二天，改命朱熹主管西京嵩山的崇福宫。过了一个月，又命朱熹到崇政殿讲书，朱熹仍然再三推辞。

这一次，赵眘没有勉强他。

赵眘胸怀恢复大志，想做个中兴之主，干了二十多年，一寸土地也没有收回来，渐渐地心灰意懒，对繁忙的政务产生了厌倦心理。老爸赵构退休后的幸福悠闲的生活，对他有了巨大的吸引力，他也想安安稳稳地过几天闲适的日子。恰在此时，一件事情促成了他退休的决心，这就是金主完颜雍的去世。

完颜雍在淳熙十六年（1189年）正月去世，继承皇位的是他的孙子完颜璟。当时金宋两国"世为叔侄之国"，和约规定：金国皇帝是南宋皇帝的叔叔，赵眘称完颜雍为叔叔，当然对继承皇位的完颜璟也得称叔叔。

爷爷和孙子都是叔叔，在辈分上显得混乱和荒诞，但对赵眘来说，一个六十三岁的老人，却要向二十一岁的完颜璟喊叔叔，无论如何，都是一种难以忍受的屈辱。

赵眘得知完颜雍去世的消息后，想做的第一件事，就是撂挑子。

淳熙十六年，赵眘调周必大为左宰相，升任留正为右宰相，将德寿宫改名为重华宫，让吴太后居慈福宫。

二月，赵眘办完了退休的一切手续，宣布退休，将皇位传给儿子赵惇，退居重华宫。

第三章 忤逆皇帝

　　赵惇能当上皇帝，实在是有些侥幸，因为在郭皇后所生的四个儿子中，他排行老三，那个被立为太子的大哥年纪轻轻地就死了，按立嫡立长的皇位继承法则，太子的差事应该是老二赵恺接着干，偏偏赵昚认为老三赵惇"英武类己"，便跳过了老二，选择老三赵惇做了太子。

　　赵昚破格提拔赵惇为太子，实在是犯了一个极大的错误。实践证明，在赵惇的身上，既找不到半点"英武"的影子，"类己"更是扯淡，他不但忤逆，而且还成了疯子。

一　刁蛮皇后

传奇女人

　　赵惇能当上皇帝，实在是有些侥幸，因为在郭皇后所生的四个儿子中，他排行老三，那个被立为太子的大哥年纪轻轻地就死了，按立嫡立长的皇位继承法则，太子的差事应该是老二赵恺接着干，偏偏赵昚认为老三赵惇"英武类己"，便跳过了老二，选择老三赵惇做了太子。

　　赵昚破格提拔赵惇为太子，实在是犯了一个极大的错误。实践证明，在赵惇的身上，既找不到半点"英武"的影子，"类己"更是扯淡，他不但忤逆，而且还成了疯子。

　　赵昚对赵构是毕恭毕敬，侍奉得无微不至，每月固定有四次请安，平时有时间的时候，还要陪退休的赵构聊聊天，外出旅游，也要将赵构带上一起玩。

　　赵构退休后的"夕阳红"生活过得有滋有味，享尽了天伦之乐，他选择赵昚作为他的继承人，实在是选对了。

　　赵昚却没有赵构那么幸运，他选择的接班人，虽然是他的亲生儿子，但他的退休生活，别说过得舒坦，那简直就是憋气。

第三章 忤逆皇帝

让赵昚憋气的原因,是儿子赵惇与他的矛盾重重,最后居然闹到赵惇避赵昚,就像老鼠躲猫一样,成天躲着不和他见面。

父子俩的关系日益激化,势如水火,其中的原因虽然非常复杂,但有一个大家公认的原因,就是在他们父子俩中间,有一个人在使坏,这个人就是赵惇的皇后李凤娘。

赵惇受禅即位之后,尊赵昚为寿皇圣帝,皇后谢氏为寿成皇后,皇太后吴氏为寿圣皇太后。并大赦天下,改元绍熙。

册立元妃李氏为皇后,罢免了周必大,任用留正为左宰相,王蔺为枢密使,葛邲参知政事,胡晋臣签书枢密院事。

在四位大臣的同心辅政下,天下还算太平,没有出现明显的弊政。然而,宫中却出了个刁蛮的皇后,这个女人不守本分,成天不停地折腾,弄得皇室不得安宁。

李氏是安阳人,庆远军节度使李道中之女。李氏能进入皇宫,很有一些传奇性。

据说,李氏出生在军营,出生那天,军营前一块大黑石头上落了只黑凤凰,所以,她的小名就叫凤娘。军营门前的那只黑凤凰,到底是乌鸦,还是凤凰,谁也说不清楚,但这件事却传开了,大家也都知道这件事。

当时,四川有个叫皇甫坦的道士善于相面,李道中便派人将皇甫坦请到家中,请他给女儿看相。皇甫坦将小女孩熟视半天后,故作惊讶地说:"将军,恭喜呀!"

"何喜之有?"李道中有些不解。

皇甫坦故意装着吃惊地说:"令媛长相大福大贵,将来一定能母仪天下。"

其实,这些顺情说好话,故作惊人之语的做法,正是这些江湖术士骗钱的伎俩,谁知这次说的话,竟然成了谶言。

这位皇甫道士,凭借其察言观色、巧舌如簧的本事,混迹于上流社会,名声居然越来越大,大到皇帝赵构也找他谈天论地。

一次闲聊中,皇甫道士不知哪根神经兴奋起来,居然对赵构说出了李道中的女儿李凤娘的事情。说李凤娘生得一副富贵相,将来能母仪天下,并将那个黑凤凰来仪的故事,添油加醋地说了一番。

两宋皇帝历来就有尊崇道教的"光荣传统",赵构的老爸宋徽宗赵佶就自封为"教主道君皇帝",赵构也深受影响,听信了皇甫坦的鬼话,竟让孙子恭王赵惇娶了李凤娘。

昔日的军营女，一夜之间便成了尊贵的王妃，完成了鲤鱼跳龙门的关键一跳。

李凤娘也很争气，很快就给赵惇生了个儿子，取名赵扩。有了儿子的李凤娘，开始神气起来，因为那个年代，女人没有地位，女人的地位完全由儿子决定，即便是皇后，长时间不生儿子，也有被废掉的可能。有了儿子，基本上有了护身符，这也是中国重男轻女的根源。

那几年，李凤娘可谓是春风得意，有了儿子不说，老公又被立为太子，自己便从王妃升格为太子妃了。

太子，那可是法定的皇位继承人，未来的皇帝，老公是未来的皇帝，自己就是未来的皇后国母，完成了跃过龙门第二跳的李凤娘，整天乐得合不上嘴。

李凤娘自小娇生惯养，虽然容貌出众，但却性情妒悍，初进宫时，慑于皇家的权威，一段时间内，不得不收敛起刁蛮的过性，隔不久，她把皇宫里的行情也摸熟了，再加上心情过于良好，便有些飘飘然了。

恶女人

得意忘形的李凤娘露出了本来面目，开始搬弄是非了，今天跑到爷爷赵构那里抱怨皇帝公公赵昚，说为太子选的侍臣都是一些笨蛋；明天又跑到皇帝公公赵昚那里，说太子不是；后天又跑到后宫去说长道短，整个就是一个长舌婆的形象。

已经退休成为太上皇的赵构肠子悔青了，怎么弄了一个这样的长舌婆做孙媳妇呢？他派人将那个皇甫道士叫进宫臭骂了一顿，说他不该酌合这门亲事。其实，这也怪不上皇甫道士，主意是他自己拿的，他一个道士，能左右得了皇家的婚事吗？

赵昚见李凤娘成天搬弄是非，觉得太不像话了，多次训斥她，让她向皇太后学习，李凤娘就是不听，仍然我行我素。

赵昚急了，竟然放出了狠话："再这么胡闹，就废了你。"

赵昚说这话，也只是吓唬吓唬李凤娘，让她有所收敛而已，但李凤娘却认为皇帝公公动了真格，虽然有所收敛，但却对皇帝公公怀恨在心。

赵惇是个严重的妻管严患者，对貌美刁蛮的李凤娘，爱得要死，却怕得要命，虽然太上皇赵构和皇帝赵昚都不喜欢李凤娘，他却把李凤娘奉若神明，简

第三章 忤逆皇帝

直到了唯命是从、百依百顺的程度，几乎沦落为李凤娘的傀儡，成了徒具躯壳的行尸走肉。

李凤娘立为皇后，更是志满意得，打算一泄数年来积受的夙恨。不但挑拨赵惇与他退休的老爸两人之间的关系。

赵惇懦弱不振，面对这个恶女人，就好像晋文帝碰上了贾南风，唐高宗遇上了武则天，唯唯诺诺，不敢反抗。这就让赵惇同退休了的父亲的矛盾开始显现出来。

东宫历来都是权力斗争的漩涡中心，太子言行稍有疏忽，不仅储君之位不保，而且还可能招来杀身之祸。

赵惇深知这个道理，因此，他被立为太子之后，勤奋好学，一举一动都严守礼法，想方设法地讨好父皇，赵昚喜欢恢复大计，他也装模作样地讲"中兴"，赵昚情绪好的时候，他也"喜形于色"，赵昚不高兴的时候，他也假装哭丧着脸。小心翼翼地在东宫做了十几年孝子，年过不惑，却仍不见父皇有将皇位传给自己的意向，终于有些按捺不住了。

一天，赵惇向赵昚试探地说："我的胡须已经开始白了，有人送来染胡须的药，我却没有用。"

意思表达得非常明确，他的胡子都等白了。

"有白胡子好呀！"赵昚认真地说："有白胡须，正好可以向天下显示你的成熟，要染须药有什么用？"

赵昚或许是真不懂，或许是故意装糊涂，他让赵惇碰了个软钉子。

从此以后，赵惇不敢在赵昚面前提这件事，转而求助太皇太后吴氏，并多次宴请太皇太后，让她品尝时鲜美味。

太皇太后是个明白人，在某种场合，她也曾暗示过赵昚，应该早点传位给太子，得到的回答是太子还须历练。

父亲威严强干，又迟迟不敢放权，给太子的心里投下某种不祥的阴影。

赵惇戴着假面具生活了十多年，实在很累。好不容易熬到自己当皇帝了，再也不愿过那种两面人的生活。即位之初，他还曾仿效赵昚侍奉高宗赵构的先例，每月四次朝见重华宫，偶尔也会陪赵昚吃顿饭，或在御花园里转转。

没过多久，赵惇开始厌倦了，开始有意无意地回避起来，加之皇后李凤娘的推波助澜，更让事情发生了变化。

李凤娘心里恨那个退休了的皇帝公公赵昚，她不喜欢赵惇去见他，她不想让退休了的老皇帝威胁到自己的皇后地位。

两口子想到一块去了，从此，重华宫就很少见到他们的身影。

绍熙初，赵惇独自率宫中嫔妃游览聚景园。

大臣们对此议论纷纷，认为高宗在世的时候，寿皇圣帝凡出游，必恭请高宗同行，而赵惇只顾自己游玩，将太上皇寿皇圣帝冷落在重华宫。

赵惇看到大臣们的奏章，极为恼火，恰在此时，赵昚派人送一套玉杯给赵惇，赵惇余怒未息，手还在发抖，不小心打碎了玉器。宦官们回到重华宫，将事情掐头去尾，只禀报说："皇上见到太上皇的赏赐，非常不高兴，一怒之下，将玉杯砸碎了。"

赵昚听了，心里自然很不高兴。

还有一次，赵昚游东园，按例赵惇应前往侍奉，可到了家宴的时候，却不见赵惇的人影。一向搬弄是非的重华宫宦官，故意在园中放出一群鸡，命人捉又捉不到，大呼道："今天捉鸡不着！"

当时，临安人称乞酒食于人为"捉鸡"，宦官们显然是暗讽赵昚寄人篱下的处境。

赵昚虽然佯装不闻，但内心的愤怒与痛苦可想而知。毕竟赵惇是他的亲生儿子，连起码的礼数都没有，作为父亲，岂能听之任之？

赵惇不想见退休的父亲，他可以选择回避，有一个人他却回避不了，这个人就是皇后李凤娘。

这个凶巴巴的女人，什么事都要管，什么事都要问，实在让人受不了。他心里明白，李凤娘之所以能在宫里呼风唤雨，是因为她控制了一群宦官，要扳倒这个恶女人，就得釜底抽薪，先干掉成天围在她屁股后面转的宦官。

赵惇虽然有了铲除皇后李凤娘身边的宦官的想法，由于对李凤娘心存畏惧，却又迟迟不敢动手。

宦官们个个都是人精，他们早就看出了赵惇的心思，为求自保，他们更加献媚皇后李凤娘，求她庇护。

李凤娘当然是满口答应了宦官们的请求，每当赵惇斥责他们的时候，她都强出头，大包大揽把事情全揽过来，迫得赵惇有口难言，不但不能铲除这些可恶的宦官，甚至连说话的机会也没了。

一个人长期在一种压抑的环境下生活，精神是很容易崩溃的，赵惇也一样，在刁蛮皇后李凤娘的压制下，他的精神真的出了问题，患上了忧郁症。

赵昚当年曾说赵惇"英武类己",此时的他,没有见到一点英武的影子。

后宫风波

赵昚听说赵惇得了心病,非常着急,召御医前去探望,并命御医做了药丸,准备等赵惇前来问安的时候,让他试服。

赵惇还没有来,赵昚准备药丸的事却在宫中传开了。

宦官们乘机生事,他们对皇后李凤娘说:"太上皇配制了大药丸,等到皇上去看他的时候,让皇上服用,万一皇上有什么不测,岂不是要危害到江山社稷吗?"

李凤娘其实是一个思维方式很简单的女人,她以为太上皇给皇上做药是一个阴谋,就是要毒死皇上,皇上死了,她的皇后之位也就没有了。正是在这种简单的思维方式下,她才做出一些超乎常理的事情。

赵惇病情稍有好转之后,李凤娘暗中嘱咐宦官办了一桌丰盛的酒席,直接搬到宫里,然后请赵惇上坐,自己在一旁相陪,同赵惇浅斟低酌,饮酒谈心,赵惇见皇后如此体贴,有些受宠若惊。其实,李凤娘是有她的目的,酒过三巡之后,她对赵惇说:"扩儿都已长大成了,陛下已经封他为嘉王,为何不现在就立为太子?这样,也可以助陛下一臂之力。"

"不行呀!"赵惇说:"立太子是国家大事,必须先禀明父皇才能决定。"

"为什么呀?"李凤娘不满地说:"现在你是皇帝呀!难道你不能说了算吗?"

"这可不行。"赵惇肯定地说:"老子在,做儿子的不能决断。"

"那就去请示父皇。"李凤娘说:"让他点个头不就得了吗?"

"要去你去吧!"赵惇说:"朕可不想钻那个黑烟囱。"

李凤娘见赵惇不肯作主,只好亲自出马了。

三天之后,赵昚听说赵惇的病有所好转,就想召他过来说说话。李凤娘得到消息后,就抢先去了重华宫。见到赵昚,勉强行了个礼。

赵昚问起赵惇的病情,李凤娘故意装着忧心忡忡地说:"昨天本来就好了,今天突然又有些不舒服,所以特意派臣妾前来问安。"

"怎么会是这样呢?"赵昚皱着眉头,显得非常担心。

李凤娘乘机说道:"皇上身体不好,照臣妾看来,不如现在就立嘉王为太子吧!"

这个女人，到底还是将她想说的话说了出来。

"当皇帝才一年时间，就要册立太子？是不是太早了？况且，立储是一件大事情，必须慎重。"赵惇摇摇头说："这件事以后再说吧！"

李凤娘见自己的目的没有达到，刁蛮的性格就露出来了，眼一瞪，大声说道："立太子以长幼为序，这是历朝定例，臣妾是中宫之主，嘉王扩是臣妾的亲生儿子，已经长大成人，为什么不能册立为太子？"

李凤娘的话，不但讽刺了赵惇，而且连寿成皇后谢氏也带上了。因为寿成皇后是由贵妃晋封为第三任皇后，赵惇是郭皇后的儿子，并非谢后亲生。李凤娘出此言，实在是有嘲笑之意。

赵惇大怒："放肆！"

李凤娘转身就走，连饭也不吃了。

赵惇看着离去的李凤娘，气得浑身打颤，老泪直流。

按说，赵惇嫡出的儿子只有被封为嘉王的赵扩，立为太子，是顺理成章的事情，为何遭到赵惇的阻挠呢？可能是因为赵扩天性懦弱，赵惇认为他不适宜继承皇位，相比之下，魏王赵恺的儿子嘉国公赵柄生性聪慧，深得赵惇的喜爱。当初，赵惇取代二哥赵恺，成为太子，如今赵惇却宠爱赵恺的儿子赵柄，不同意将嘉王赵扩立为储君，这让储君之争，变得更加扑朔迷离起来。

李凤娘在太上皇那里讨了一场没趣，回到寝宫后，却不见赵惇的人影，一打听，才知道到黄贵妃宫里去了。顿时醋意大兴，气冲冲地赶黄贵妃的住处。

黄贵妃原本是德寿宫的侍女，赵惇还是皇太子的时候，身边没有人侍奉，赵惇在德寿宫见到了黄氏，看她相貌端庄，长得很漂亮，特意将她赐给了赵惇。赵惇格外地宠爱黄氏，继承皇位后，封黄氏为贵妃。

皇后李凤娘非常嫉妒，平时就视黄氏为眼中钉，这次去重华宫，被太上皇教训了一顿，窝了一肚子火。听说赵惇去了黄贵妃的宫里，她更是醋意大发，怒气冲冲地赶往黄贵妃的寝宫，不待太监们通报，直往里冲。

赵惇好不容易趁皇后到重华宫的机会，跑到黄贵妃这里，两人膝挨膝，手拉手，脸对脸，正在嬉戏调情。

皇后赶来正好看到了这一幕，她站在门口，大声嚷道："皇上龙体欠安，应节除嗜欲，怎么转眼功夫，就跑到这里调情来了？"

赵惇看到皇后突然凶巴巴地站在门口，吓得像个做错了事的孩子一样站起来。

黄贵妃更是吓得魂不附体，不由得屈膝相迎。

皇后连看都不看黄贵妃一眼。

赵惇知道自己惹了祸，不能再留在这里，上前拉着皇后的手，一起回中宫去了。

李凤娘回到中宫后，号啕大哭，弄得赵惇丈二和尚摸不着头脑，伸手替李凤娘抹眼泪，一个劲地赔不是："朕到黄贵妃那里去散散心，何必气成这样呢？"

"我并不是为黄贵妃生气，陛下把我看成什么人了？"李凤娘一把推开赵惇的手。

"那为什么呀？"

李凤娘只是哭，就是不说话。

赵惇再三询问，她才命内侍将嘉王赵扩招来，让他跪在赵惇而前，她自己也扑通一声跪下了，一把鼻涕一把泪地说："寿皇要废掉臣妾和扩儿，难道陛下还不知道吗？"

赵惇听了，也吓得浑身发抖，连忙问是怎么一回事。

李凤娘便把赵昚的话添油加醋地说了一遍。

赵惇本来就对赵昚心存猜疑，在李凤娘的挑拨下，更加恐惧和不安。在他看来，太上皇不仅对嘉王的太子之位，甚至对自己的皇位，都是一个潜在威胁，一想到这些，他的头几乎要炸了，突然之间，他声嘶力竭地叫道："朕再也不去重华宫了，再也不去重华宫了。"

李凤娘面对赵惇的叫声，意识到叫声有些不正常。心里一阵恐慌，慌忙从地上爬起来，安慰地说："不去就不去，陛下不要这样。"

经过李凤娘的一阵安慰，赵惇才冷静下来了。

这个女人，把赵惇玩弄于股掌之间，忽来所发生的事，更是出乎所有人意料。

二　忤逆子

懦弱

一天，李凤娘娘向赵惇提出修家庙的要求。赵惇虽然觉得有些过分，还是

— 289 —

点头同意了。

　　枢密使王蔺提出不同看法，他认为，皇后要修家庙，那是她自家的事，他做臣子的无权干涉，但要动用国库里的钱修家庙，历朝历代都没有这个先例。

　　这一下惹恼了李凤娘，她立即让赵惇将王蔺免职，升葛邲为枢密使。

　　李凤娘将赵惇控制得很紧，绝不允许有任何人挑战她的地位。

　　一次，赵惇洗手时，看到在一旁侍候的宫女双手嫩如白莲，忍不住伸手摸了摸，口里赞叹道："好！好！好！"

　　李凤娘听到叫好声，怀恨在心。第二天，她让内侍给赵惇送来一个食盒。赵惇以为皇后给自己送来什么新鲜好吃的东西，满心欢喜地打开食盒一看，竟然是一双血淋淋的手巴掌，赵惇大惊之下"心疾"发作，整天神思恍惚，郁郁不乐，常常在梦中哭泣。

　　被皇帝摸了一下手，叫了几声好，宫女就惨遭砍手的厄运，李凤娘已经超越了刁蛮，变成残暴了。

　　但这还不是最残忍的。

　　绍熙二年（1191年）十一月，心狠手辣的李凤娘趁赵惇离宫之际，竟然将赵惇宠爱的黄贵妃活活地打死，让人拖出宫外草草地埋了。然后向赵惇报告，说黄贵妃暴病身亡。

　　赵惇明知黄贵妃死得不明不白，但懦弱的性格，早已被李凤娘驯得服服帖帖，连质问一声勇气都没有。

　　赵惇虽然不敢把李凤娘怎么样，可心爱的美人就这样人间蒸发了，虽是悲伤万分，却又敢怒不敢言，只能将痛苦埋在心里。第二天，他强打精神，主持祭祀天地宗庙的大礼，祭祀仪式进行过程中，天气突然大变，狂风大作，大雨倾盆，祭坛上的蜡烛也燃起了大火，祭祀被迫中断。

　　精神上接连两次遭受重大打击，赵惇的"心疾"加重，精神疾病彻底发作了，成天在宫里长吁短叹，无心朝政。

　　李凤娘见赵惇不能理政，趁机干政，朝中的大事小事，多半由她说了算。

　　这件事被赵昚知道了，特地过来看望赵惇，正巧皇后不在，他命左右不必通报，自己悄悄走进殿，轻轻揭开帷幔探视，看见赵惇正在熟睡，不想惊动他，就合上帘子坐在一旁。过了一会，赵惇醒来，叫人给他进茶，内侍这才禀报，说寿圣皇帝已经在这里坐了半天。赵惇翻身下床向父亲行跪拜之礼。

　　赵昚看他骨瘦如柴，更是心痛，伸手扶他起来，让他上床躺下，问他的病情，才说了几句话，李凤娘突然闯了进来。她见太上皇在这里，不得不低头行礼。赵昚责问道："皇上都病成这样了，你不在床前侍候，到哪里去了？"

"皇上抱病在床，不能处理国事，所有奏折，都等着我去收阅，然后再转告皇上。"李凤娘有些飘飘然了："我也忙得不能分身了。"

"哼！"赵昚说："皇后不得干预朝政，这是我朝国法。就是慈圣、宣仁两朝，母后垂帘听政，遇事也必须和宰相、大臣们商议，从来没有一人专断过。听说你自恃才能，内外奏疏，一切国家大事，都一个人自作主张，这是祖宗家法所不能容许的。"

李凤娘强辩道："臣妾不敢违背祖训，所有国事，都是由皇上做主。"

"我不痴不聋，难道不晓宫中之事吗？为何还要强辩呢"赵昚正色说道："皇上的病症因何而起？你以为我不知道吗？"

"天有不测之风云，人有旦夕之祸福。皇上因祭天骤遇大风急雨，当时几乎昏厥，回来后就病情加重。"李凤娘哭着说："怎么能将责任推在臣妾身上？"

"祭天遇风雨，便是天怒示儆，你可知道吗？"赵昚说到这里，听到躺在床上的赵惇轻轻地叹气声，立即煞住了话头，没有再说下去。转身安慰了赵惇几句，然后离去。

赵惇起床相送，李凤娘狠狠地瞪了他一眼，他又乖乖地躺回去了。

赵昚走了以后，李凤娘又哭又闹，赵惇躺在床上，闭上双眼，一言不发。

忤逆

赵惇这场大病，经御医精心诊治，服了数百剂药，直到绍熙三年（1192年）三月，才好转起来。

群臣上疏请他到重华宫去朝见太上皇。赵惇推说自己大病初愈，不宜过度劳累，拒绝群臣的奏请，说多了，他干脆对大家说："朕的身体不好，过宫朝见的事，缓些时再去也不晚。"

按惯例，赵昚的生日及每年节日，都应该前去朝见，在赵惇生病期间，赵昚常常降旨免去那些礼节。这次大臣们奏请，赵惇没有答应，这种行为，无疑有损于天子的"圣德"。

宋朝是个以孝立国的朝代，"孝"字就是天，谁也不能触犯。如果儿子对父亲不孝的事情发生在普通百姓家，闹得再大，也只在一个很小的范围内遭到人们的谴责，或成为人们茶前饭后的谈资而已，如果发生在帝王家，性质就全变了,被人们上升到"政治原则"的高度。

皇帝自己都不能尽孝,怎么能面对天下百姓呢?齐家、治国、平天下,一个不孝的皇帝,怎么能够管理天下呢?

赵惇没有答应过宫朝见太上皇,在朝廷引起强烈反响,文武百官联络起来,跪在宫门外请旨,强烈要求赵惇过宫朝见太上皇。面对跪了一地的文武百官,赵惇勉强答应了,谁知一连过了几天,一点动静也没有。

这件事情逐渐也在临安城的市井街头传开了,人们对当朝天子的不孝之举议论纷纷,都说皇上是一个忤逆的不孝之子,太学生们也加入到劝谏的行列,数百人上书要求赵惇过宫。

面对群臣的劝谏,赵惇也不想搞得太僵,准备过宫去看看太上皇,但李凤娘却不干,在她大吵一次之后,事情就不了了之。

直到四月初一这天,赵惇经不住大臣们的一再请求,勉强到重华宫去朝见了一次,之后就没有去过。

五月,赵惇旧病复发,对朝政不闻不问,对过宫朝见的事更是不能顾及。

太上皇赵昚过生日的时候,赵惇的病也好得差不多了,生日的前一天,宰相留正等人奏请赵惇第二天去朝见太上皇。

赵惇却没有答理。

第二天,留正只得率百官到重华宫,给太上皇庆贺生日。

归来之后,兵部尚书罗点、给事中尤袤、中书舍人黄裳、御史黄度、尚书左选郎官叶适等人再次上书,请赵惇到重华宫朝见,仍然没有得到回音。

秘书郎彭龟年更是上书极谏,仍然没有得到回答。

吏部尚书赵汝愚是赵氏宗室的人,因没有劝谏赵惇而遭到彭龟年责的责备,经此一激,进宫去对赵惇说:"寿皇孝事高宗,陛下耳闻目睹,现在寿皇只有陛下一个儿子,听说陛下有病,亲自前来探视,对陛下格外关心。现在,陛下误听小人离间之言,很长时间没有到重华宫朝见,孝道有亏,有损圣德,如此怎么能让天下人信服呢?"

赵惇觉得有理,便将赵汝愚转告给皇后李凤娘,约她一同前往重华宫。

出乎意料的是,李凤娘这次不但没有呵斥赵惇,反而还满口答应下来。其实,李凤娘有她自己的小九九。

原来,李凤娘的家庙即将竣工,为了能让自己能在祭拜家庙时风风光光,她想先给赵惇一个人情,免得到时大臣们有什么异议。

太上皇生日之后的第六天，赵惇和李凤娘终于来到重华宫。

这一次，气氛相当融洽，李凤娘不但主动向赵昚和皇后谢氏认错，而且还问寒问暖，像是一个体贴孝顺的儿媳妇。

天下的父母对自己的儿女，都没有过分的要求，只要儿女们说几句好话，即使以前有再大的矛盾和隔阂，也都没事了。

赵昚本来就是一个很厚道的老人，被李凤娘的虚情假意瞒住了，以为这个儿媳妇改过自新了，心里格外高兴，一家子推杯换盏，让他真正地享受了一次天伦之乐。

这可能是赵昚退休后过得最快乐的一个生日，尽管此时生日已经过去了六天，他还是终生不忘。

大臣们见皇上一家子关系好转了，也都一起高兴。

其实，这些人都高兴得太早了，狼改不了吃羊的本性，狗总还是要吃屎。李凤娘就是李凤娘，她的刁蛮本性也是改不了的。

狐狸的尾巴

两天之后，宫中传出内旨，皇后要拜祭家庙。大臣们想劝阻，但没有人能劝阻得住。礼部只好备好凤辇，恭候皇后出宫。

李凤娘凤冠霞帔，一身珠光宝气，打扮得如同天仙一般，由宫娥、内侍簇拥着出宫，徐徐登上凤舆。到了家庙门口，从容地从凤辇中出来。四下察看，觉得祠堂宽敞壮观，几乎与太庙一般规模，殿中供奉的神像，都是玉质金像，异常华丽，心里非常高兴。

瞻拜完毕之后，李凤娘接见了娘家人，除了八竿打不着的亲戚之外，当场给李氏家族中的二十六人每人给了一笔丰厚的奖赏，并答应给每人一个官做，这些人欢天喜地地走了。

当天夜晚，宫中传出内旨，二十六人全都加官晋爵，而且，他们身边的一百七十二人侍从，也都得到加封，甚至李氏的门客，也有五个人封了官。

一人得道，鸡犬升天。这是自宋朝开国以来，从来没有过的事情。

绍熙四年（1193年）元旦，赵惇总算前往重华宫探望了一次。一直到三月上旬，赵惇才和李凤娘陪同寿圣皇帝、寿成皇后一同游玩了一次玉津园。而这次游园，却又惹出了一场风波，让父子关系更加恶化。

李凤娘修家庙，赵昚早有耳闻，只是未曾见过。游玉津园的时候，正好经过李凤娘刚修好的家庙，赵惇留心察看，建筑得比太庙还要豪华气派，心里很不受用。冲着李凤娘冷冷地问："这就是李府家庙？"

"嗯！"李凤娘还沉浸于得意之中。

"哼！"赵惇气冲冲地说："我朝历来不奉祀外戚，如果前几代皇后，都像你这样建筑家庙，只怕京城就没有空地了。"

"这是私人家庙，没有花国家的钱，就是寻常百姓家，也可以建家庙，为何臣妾不能建？"李凤娘大声反驳。

"用得着建得如此豪华吗？"赵惇见皇后不服气，更是不高兴。

游园，也因此而不欢而散。

李凤娘回宫后，把气全撒在赵惇身上，恶狠狠地说："从今以后，不许过宫。"

赵惇可怜巴巴地说："这不行吧！"

"除非我死了！"李凤娘撂下一句狠话，进内去了。

此后一连几个月，赵惇竟然真的没有迈进重华宫半步。

九月重阳节，是赵惇的生日，群臣接连递上奏章，请赵惇到重华宫朝见太上皇，都被赵惇拒绝了。

给事中谢深甫上疏说："天底下，父子之间才称得上是至亲，太上皇钟爱陛下，就像陛下钟爱嘉王一样，太上皇年纪大了，等他千秋万岁后，陛下想尽点孝心也没有机会了。"

赵惇听了这话，才决定去重华宫朝见。

百官这时候已经在外面等候多时了，见赵惇走出来，都高兴地上前迎接。

正在这个时候，李凤娘突然从屏风后走出来，挽住赵惇的手，故作娇媚地说："天气这么冷，陛下还是先回去喝点酒暖暖身子吧！"

赵惇转身就想跟李凤娘回去，中书舍人陈傅良急了，竟然跑上前去，拉住赵惇的衣裳不放手，大声说："陛下，都是说好了的，怎么又要走呢？"

李凤娘用力一扯，把赵惇往后宫拉，陈傅良心有不甘，壮着胆子一直跟到屏风后面。

屏风不仅是一种摆设，还有隔断空间的作用，转过屏风，就是私人空间，连普通人家都不能随便闯入，何况是礼仪森严的皇家呢？陈傅良不顾宫廷礼仪地硬跟进去，看来他是真急了。

李凤娘大声呵斥道："这是什么地方，你竟敢随便进来，你们这帮秀才，都得砍掉驴头。"

皇后和大臣们动粗口，秀才被骂成驴头，这都是李凤娘独一无二的创举。

陈傅良只得放手，放声大哭地退了出来。

李凤娘听到外面的哭声，派内侍出来问道："你们这些人，无缘无故地，在这里哭什么呀？"

陈傅良答道："礼经中说，'子谏父不听，则号泣随之'，大臣们就像是儿子，君主就像是父亲，力谏不从，怎么能不让我们伤心难过呢？"

内侍将这些话转告给李凤娘，李凤娘更加愤怒，竟然传旨，说皇上不再去重华宫。

群臣没有办法，只好再次上疏，只是这些奏疏递上去，犹如石沉大海，毫无音讯。最后，竟然连二百一十八名太学生也联名上书，请求皇上过宫朝见太上皇。

赵惇依然故我，根本就不理睬外界的舆论。

孤独寂寞的太上皇赵昚，思念儿子却不得一见，长时间的着急、上火、加憋气，在绍熙五年的春天，终于病倒了。这一病就是几个月，赵惇不但不去探望，反而还怀疑老爸诈病，诳他过宫是要解决掉自己。因此，对大臣们过宫探病的奏章，一概不理。

作为一国之君，不讲孝道，不理朝政，皇帝这把交椅，能坐得稳吗？李凤娘在控制老公是把好手，在政治上权谋上，却是一个白痴，她没有丝毫的危机感，天天和赵惇游宴玩乐，尽情地享受人生。

尽管皇上和皇后对劝谏毫不理睬，但群臣们并没有放弃努力，中书舍书彭龟年在上朝的时候，跪在地上一个劲地磕头，直到磕得头破血流。

赵惇看着满脸是血的彭龟年，问道："朕知道你一片忠心，想说什么就说吧！"

"如今最重要的事，就是到重华宫去探望寿皇圣帝。"彭龟年边说边磕头。

"知道了！"赵惇冷冷地说了一声，就宣布退朝了。

一句"知道了"，就把磕头几乎磕成脑震荡的大臣给打发了，群臣中有相当一部人寒了心，有一百多人递了辞职报告，不干了。

赵惇的处理更绝，在辞职报告中签两个字：不批。

赵昚的病情日趋严重，弥留之际，躲在病床上，两眼盯着门外，以泪洗面，希望赵惇能奇迹般地出现。然而，天天盼望，天天失望。

赵昚思念儿子的消息从重华宫传出来，朝臣议论纷纷。

宰相留正想做最后一次努力，他带领大臣们集体向赵惇请愿，结果，惹得赵惇大发雷霆，拂袖而去。

两天之后，留正率宰臣再次求见赵惇。

赵惇急怒之下，便让主管朝廷礼仪的阁门知事韩侂胄传话说："宰相并出。"

这话的意思，不过是想让这些喋喋不休的大臣们滚得远远的。

没想到宰相们来了一手绝的，以"待罪"的名义集体罢工，跑到钱塘江北岸的浙江亭郊游去了。朝廷有了关门大吉的架势。

政府首脑们都跑了，赵惇有些急了，只得命韩侂胄到城外去将这些大爷请回来。

正当韩侂胄准备出城的时候，重华宫的内侍传旨，太上皇叫他去一趟。当他风风火火地赶到重华宫，太上皇赵昚劈头盖脸地问："皇上将宰相们都撵跑了？"

"误会，误会呀！"韩侂胄上气不接下气地说。

"什么误会？"赵昚惊异地问。

韩侂胄解释说："昨天，皇上卧病在床，心情很不好，听说宰相们又要奏事，心里烦，就叫臣传话：'宰相并出'，意思是叫他们出宫去，并不是让他们出京城。"

"啊！原来是这样。"赵昚点点头说："皇上知道这件事吗？"

"臣已向皇上禀报过了，皇上已有旨，命臣去将他们召回来，听到太上皇召见，臣就先到重华宫来了。"

"那你就快去传旨吧！朝中没有宰相，还像个国家吗？"

韩侂胄虽然读书不多，但却能说会道，赶到江北的浙江亭，对宰相们口吐莲花地一番劝说。宰相们罢了几天工，心中的怨气也算得到了发泄，于是见好就收，跟着韩侂胄一起回来了。南宋的中枢机构，恢复了正常运转。

这次宰相集体大罢工，是个不祥的预兆，显示出了人心向背，赵惇的脑子本来就有病，没有丝毫的危机感，更没有采取什么补救措施。

皇后李凤娘，更是一个没有政治头脑的女人，她看不到潜在的危机，认为只要控制了赵惇，她的皇后之位就稳于泰山，殊不知，她控制了皇帝一个人，却得罪了天下人。

赵惇被拽下龙椅，成为必然之势，李凤娘皇后的宝座，也快要被砸碎了。一个疯皇帝，一个没政治头脑的刁蛮皇后，末日也快要到了。

三　疯子的悲哀

导火索

宰相们虽然回来上班了，但他们请赵惇过宫探望太上皇的要求并没有放弃。第二天上朝的时候，他们先对这次罢工行为进行了口头检讨，并对赵惇不加罪表示感谢。赵惇有些不解地问："你们怎么总是要闯宫呢？"

留正奏道："寿皇膝下就只有陛下一个儿子，病中渴望见陛下，这是人之常情，我们都是为人子的人，谁又无父母，故此不避刀斧，屡次闯宫，就是恳请陛下过宫。"

赵惇听后，默然无语。

彭龟年、黄裳、沈有闻见赵惇仍然不表态，于是退而求其次，奏请让嘉王赵扩到重华宫去看望他的爷爷，赵惇总算是点头答应了。

赵昚临死之前，好歹见了孙子一面，在心理上总算得到了一点安慰。

绍熙五年（1194年）六月，赵昚病死在重华宫。

赵昚的死，成了导火索，引发了一场由文臣发动的宫廷政变。

赵昚驾崩之后，宫中内侍连夜到宰相家中报丧。

赵汝愚是宗亲，此时已升任枢密院知事，听到讣告后，担心赵惇会遭到皇后李凤娘的阻拦不来上朝，当天晚上，没有进宫报丧。

第二天早朝，赵汝愚出班，将丧事当堂奏闻，并请赵惇立即到重华宫主持丧事。

赵惇听说老爸死了，心中一阵轻松，只是没敢表露出来，虽然很不想去重华宫，但面对文武百官，他也难以推辞，勉强答应了，随后退朝回宫。

按常理，应该是赵惇率百官到重华宫，先去向太上皇的遗体致哀，然后商量如何风风光光地将丧事办了。可是，精神病患者的思维，却不是正常人所能想象得到的。赵惇进宫以后，竟然躲在宫里不出来，而且连招呼也不打。

原来，赵惇回宫之后，皇后李凤娘对他说："太上皇前几天还好好的，怎么突然就死了呢？一定是耍花招诈死，恐怕是想骗陛下到重华宫去，然后下黑手。"

疯子就是疯子，他居然相信了李凤娘的鬼话，躲在宫里不出来。

文武百官在宫外傻乎乎地等到太阳落山，也没见到皇帝出来，知道又被赵惇放了鸽子。

老子死了，做儿子的不露面，大丧无主。这样的事，即使是搁在寻常百姓家，也是不能容忍的，何况是帝王家。这不仅使朝廷的颜面无存，而且还会引起社会动荡。

留正和赵汝愚等人商量之后，决定去慈宁宫请高宗赵构的皇后、寿圣吴太后出来应付场面。

"有天子在，怎么能由我主丧呢？"吴太后有些为难。

"臣等当面奏报了皇上，皇上也答应主丧，但进宫之后，一直不出来，折子都递进去好多次了，总不见回复。"留正眼巴巴地看着老太后，焦急地说："再不采取措施，恐怕要引起社会骚乱。"

"有天子在，让我这个老人主丧，名不正，言不顺呀！"

"太后发一道懿旨，就说皇上有病，不能主丧。"留正劝说道："太后是寿皇之母，皇上既然有病不能出面，代为主持丧事，也是理所当然。"

"是呀！"赵汝愚帮腔说："再这样下去，皇家的颜面何存？"

赵汝愚是宗族之人，他可以说这种话。

吴太后觉得别无他法，只好答应留正等人的请求，下诏发丧太极殿。幸亏吴太后出面，赵昚的丧礼总算没有出现尴尬的冷场。

赵昚受禅之后，改元三次，在位二十七年，享年六十八岁，死后，尊庙号孝宗。

赵昚是南宋第二代皇帝，一生志在收复中原，洗雪国耻，虽然迫于无奈，同金人签订了"隆兴和议"，但恢复中原的志向一直没有放弃，有时优柔寡断，但也算得上是一位贤君，奉养高宗皇帝赵构，有始有终，丝毫不敢懈怠，将他的庙号称为"孝"，确实是名副其实。

宰相撂挑子

孝宗的丧事办完了，但却引发了一系列的问题。

老皇帝死了，尸体停在重华宫没人主丧，在位的皇帝疯疯癫癫地不干正事，一时间，谣言四起，人心惶惶。这种山雨欲来风满楼的气氛越来越浓，如同世界末日即将来临。朝中官僚见动乱将起，有的弃官逃走，有的把家人和财产转移出京城，一些富户也举家躲到乡下去了，朝野一片混乱。

赵惇的一意孤行，使父子之间的矛盾，演变成一场国家的祸患。而这个疯子皇帝竟浑然不察。

为了挽救混乱的政局，大臣们开始有了换皇帝的想法。他们认为，如果让这个疯子继续坐在金銮殿上指手画脚，不知还会闹出什么乱子来。

在治丧期间，赵惇在宫里颁诏，尊寿圣皇太后为太皇太后，寿成皇后为皇太后，仍旧推说自己有病，躲在宫里不出来服丧。

郎官叶适私下找宰相留商量，说皇上一再以有病为借口，不出宫服丧，如何能让天下人臣服？如今，嘉王赵扩已经长大成人，不如定他为储君，让他参议大事。

叶适的话，正中留正之意，几位大臣一商量，联名上疏，奏说："皇子嘉王，仁孝凤成，宜早正储位，以安人心。"意思是说，皇子嘉王仁义忠孝，应该尽快立为储君，以安天下民心。

赵惇看了奏疏后，勃然大怒。他的想法很简单，一旦立储，自己的皇位马上就会被取代，这样的事，当然不能干。

六天之后，留正率宰执们再次上疏。

次日，宫里传出消息，说皇上在奏疏上签了"甚好"两个字。

甚好，意思是很好，这是一个不置可否的批示，对于立太子这件事，并没有明确表态。宰相留正接到御批，无所适从。留正再次上疏，请赵惇作明确批示。

几天之后，赵惇忽然派人给留正送来一道御批："历事岁久，念欲退闲。"

这道御札明显地有了退休的意思，这种变色龙式的变法，把宰相留正吓坏了。他立即去找赵汝愚商量。

赵汝愚说，干脆请太皇太后出面，请疯子皇帝让位。留正认为不妥，只能请太子监国。双方各执一词，争持不下。

留正是个老官僚，朝廷上你倾我轧的事情见得多，皇上本来对立太子一事就很反感，怎么突然又说要退休呢？这中间莫非藏着一个引蛇出洞的阴谋？要把立太子的人剪除掉？他受精神病皇帝的影响，自己也犯了偏执病，越想越觉得就是这么回事。看来，宰相这个差事不能干了，再干下去，就有掉脑袋的危险。为了保全自己，就得跳出这个是非漩涡。想了一晚上，终于想出了一个脱身之计。

第二天上朝，留正在朝堂上突然晕倒了，卫士们将他抬回家中。

留正回家后，头不晕了，病也好了，立即写了一封信，让卫士带回去交给皇上。他在信中说，自己老了，想替朝廷做点事，但已经力不从心，请求告老还乡。他还奉劝赵惇，请他想一想以前做的错事，然后要慢慢地收回人心，确保国家安定。

赵惇收到留正的辞职报告，立即写信挽留，当内侍到宰相府送信的时候，留正已经悄悄出城了。

文臣也能搞政变

留正出走之后，人心更加动荡。赵惇第二天早朝的时候，也突然晕倒了，幸亏身边的一名内侍及时扶住他，才不至于摔伤。于是，皇上也回宫养病去了。

疯子皇帝不理政，宰相留正撂挑子，朝中就剩下赵汝愚能说话了。

赵汝愚是赵氏宗室中人，史书记载他"早有大志，擢进士第一"，意思是，他少年的时候便有大志，而且还考取进士第一名，算是一个人才。

按宋朝的祖宗家法，宗室不能出任执政大臣，因为怕这些人利用自己也是赵氏血脉的先天优势，谋朝篡位。

赵汝愚是当时的理学领袖，有很高的名望，赵惇不顾祖训以及台谏大臣的反对，破格提拔他为枢密院知事。

赵汝愚虽然自恃有才，面对如此混乱的局面，也是束手无策。有人问他如何应对当前的局势时，他沉默了好久，居然说道："现在还能有什么好办法？真要是到了危急时刻，大不了我拿把刀，到朝天门上大喊几声，然后自杀。"

左司郎中徐谊讽刺赵汝愚说："自古以来，大臣不外乎两种人，不是忠臣，就是奸臣，从来就没有半忠半奸的。大人心里虽然着急，表面上却是袖手旁观，这不是半忠半奸吗？如今，国家危在旦夕，为什么不劝皇上早定大计呢？"

赵汝愚叫苦地说："宰相撂挑子走了，朝中连个主事的人也没有，我虽然心里着急，但也是孤掌难鸣，无能为力啊！"

徐谊献计说："干脆换个皇帝，不如把太子扶上皇位。"

"太子？"赵汝愚反问道："谁是太子？"

第三章 忤逆皇帝

徐谊的话，提醒了赵汝愚，他立即召集工部尚书赵彦逾等人商量。

几个人一合计，一致同意换掉疯子皇帝。

换皇帝首先要解决两个问题，一是要说服宫中侍卫，不然的话，到时候这些侍卫出面干涉，那就要吃不了兜着走，二是要让程序合法。

赵彦逾自告奋勇，说他可以去游说主管京城警卫的殿前司长官郭杲，让他配合。

程序问题，却卡壳了。有人提议，请高宗皇帝的皇后吴氏出面，这样，皇帝换届就可以名正言顺。但有一个致命问题，吴太皇太后身居内宫，不是说见就能见到的。

徐谊说他的老乡蔡必胜也在阁门任职，他可以通过蔡必胜找韩侂胄。

韩侂胄虽然只是一个负责联络的知阁门事，但他与皇室有着密切的关系。他的曾祖父是北宋名将韩琦，老妈是吴太皇太后的亲妹妹，老婆还是吴太皇太后的侄女，自己的侄女又是嘉王赵扩的正室。由他出面去说服吴太皇太后，确实是不二人选。

赵彦逾的口才很好，对郭杲晓以大义，再加上一点威胁利诱，果然使郭杲就范，答应配合皇帝换届工作。

徐谊便通过蔡必胜找到韩侂胄，然后带他来见赵汝愚。

赵汝愚同他说起了皇上禅位，换皇帝的事情，托他转告太皇太后。韩侂胄答应了。

韩侂胄找到老太后的近侍张宗尹，让他转奏太后。谁知连说了两次，老太后都不答应。韩侂胄一直守在宫外听信，见内侍关礼出来了，便问他宫内的情况，关礼说："张守尹已经禀报过两次，太后没有答应，大人是太后的亲戚，不如进宫去当面向太后说，我先给你通报一下，如何？"

韩侂胄当然是求之不得。

关礼也是一个会演戏的角色，进去见太皇太后，哭丧着脸，眼泪汪汪的。吴太皇太后觉得奇怪，问他为何如此伤心。

"事情大家都知道了，也用不着隐瞒，如今，宰相撂挑子走了，朝中只剩下赵知院一个人，听说他也要辞职不干了。"

太后惊诧地问："赵知院是宗室中人，他也要辞官吗？"

"赵知院派知阁门事韩侂胄转达他的意思，韩侂胄让张宗尹代奏过两次，太后都没有答应。"关礼看了太后一眼说："所以，赵知院心灰意冷，不想干了。"

太后问："韩侂胄在哪里？"

"小臣让他在宫外听信呢！"

"如果真的到了顺理成章的地步，那就叫他们看着办吧！"太后终于松口了。

关礼得了旨意，立即出宫告诉韩侂胄，叫他告诉赵汝愚，明天一早，请太皇太后到寿皇圣帝的棺椁前垂帘，让嘉王执政。

韩侂胄出宫，连夜赶去向赵汝愚汇报。

赵汝愚见万事俱备，立即转告参政事陈骙以及同知院事余端礼。接着又命令殿前司长官郭杲连夜调动军队保卫南、北大内。关礼又命阁门舍人傅昌朝秘密赶了制黄袍。

当天晚上，嘉王派人传话给赵汝愚，说他明天不去祭拜孝宗皇帝了。赵汝愚叫来人给嘉王带话，说明天的祭拜非常重要，嘉王不可以不到。

第二天一大早，群臣都来到太极殿。嘉王穿着孝服来了。

赵汝愚率百官来到孝宗皇帝的棺椁前，隐隐看到太皇太后坐在帘子后面，赵汝愚率百官跪下奏道："皇帝身染重病，不能主丧，臣等请求立皇子嘉王为太子，以安民心，皇帝御批'甚好'二字，接着又有'念欲退闲'的旨意传出来，恭请太皇太后处理这件事。"

太皇太后在帘子后面说："既然有御笔亲书，宰相就按皇上的意思办吧！"

"这件事关系甚大，必定要传扬天下，载入史册，请太皇太后做主。"赵汝愚说罢，从袖内取出一份拟好的诏书递给内侍，转呈帘后的太皇太后，诏书中说："皇上重病在身，不能亲自服丧，曾有御笔，欲自退闲。皇子嘉王扩，可即皇帝位。尊皇帝为太上皇帝，皇后为太上皇后，移御泰安宫。"

太皇太后看过之后说道："就照这样执行吧！"

赵汝愚再次奏道："从今以后，朝中大事就由新皇帝处理，臣担心两宫父子之间会有矛盾，全仗太皇太后从中调解。而且，皇上身体有病，突然听说禅位之事，恐防发生意外，请命都知杨舜卿提举本宫，担负责任。"

太皇太后立即召杨舜卿至帘前，当面嘱咐一遍。接着命赵汝愚传旨，命皇子嘉王赵扩继承皇位。

嘉王赵扩本来是来祭拜的，却突然要他做皇帝，一点思想准备都没有，推辞地说："恐负不孝名，不敢遵太皇太后懿旨。"

赵汝愚劝道:"天子当以安社稷定国家为孝,况且还有皇上御笔,太皇太后主持,遵命即位,才是孝道。如果固辞不受,万一发生什么不测,将置太上皇于何地?"

赵扩似乎还是不领情,拒绝穿龙袍当皇帝,在大殿上围着柱子乱跑,边跑边叫喊:"儿臣做不得,做不得!"

做得做不得,这件事情由不得他,有两朝皇太后吴氏做主,有宰相赵汝愚率文武百官起哄,这个皇帝,他做也得做,不做也得做。

赵扩被逼着坐上了金銮殿上那把至高无上的龙椅,接受群臣的朝拜,做了南宋的第四位皇帝,他就是宁宗。

宋朝处心积虑地防备武将,谁知文臣也会搞政变,而且文臣的政变搞得有模有样,没放一枪,没动一刀,没流一滴血,更没死一个人,就这么平稳地将皇帝换了人。这在两宋的历史上,写下了奇特的一页。

皇位平稳过渡,有些事情经不住推敲。

本来,赵惇连立储都不愿意,怎么突然自动提出"退闲"呢?其中显然另有隐情,更何况赵惇当皇帝才五年,正值盛年,何来"岁久"之说?因此,"历事岁久,念欲退闲"的八字御札,经不住推敲。

如果赵惇有禅位之意,赵汝愚为何又要瞒着他请求两宫支持呢?这封御札是否真的出自赵惇之手,实在也是令人怀疑。如果真的是他人所为,史书中没有留下任何蛛丝马迹,这在历史上是一个谜。

赵扩继位后,改父皇赵惇的寝殿为泰安宫,并率群臣拜表泰安宫。

赵惇直到这个时候,才知道天下换了主人,他已经被人从龙椅上拽下来。当他看着新皇帝时,吃惊地问:"你是我的儿子吗?"

是吃惊?还是无奈?或者什么都不是,因为他不是一个正常人,他是一个疯子,疯子的思维,不是正常人所能预料的。

赵惇一朝的政治,以绍熙二年十一月发病为界,前期在朝政处理上,循规蹈矩,不失为一个合格的守成之主,史书称其"绍熙初政,宜若可取",评价还是较为公允;后期,由于精神上出现了问题,已经很难对国事作出理智的处理,特别是在过宫风波中的所作所为,完全脱离了一个正常人的思维方式,说他是一个忤逆皇帝,不但不过分,而且是恰如其分。

两宋历史上,患有精神障碍的皇室子弟并不少见,如太宗的弟弟赵廷美、太祖的长子赵德昭、太宗的长子赵元佐和六子赵元偓,他们的死,都与心理疾病有关。这或许是出于某种遗传，加上统治集团内部无休止地争斗，一些皇室成员的人格和心理不可避免地受到伤害。赵惇的病态，源于对父亲的猜疑和对刁蛮皇后李凤娘的惧怕，长期的压抑，导致精神的崩溃，以至酿成他的人生悲剧。

　　赵惇的悲剧，皇后李凤娘有不可推卸的责任。这个女人生性妒悍，又有着强烈的权力欲，她独霸后宫，不允许任何女人同她争宠，为了排除情敌，她竟然在后宫大开杀戒，这在两宋的皇后中很少见。她视孝宗皇帝为她皇后地位的最大威胁，想尽办法挑拨离间孝宗与赵惇父子间的矛盾，在很大程度上加剧了赵惇的病态心理。

　　当年，孝宗禅位的时候，知枢密院事黄洽就曾说过："太子可负重任，但李氏不足以母仪天下，望陛下三思。"黄洽见孝宗听不进自己的意见，接着说道："他日陛下想起臣的这番话，再想见臣恐怕是难有机会了解。"退朝之后，黄洽便请求辞职，回老家种田去了。

　　黄洽果然有先见之明。

　　纵观两宋的后妃，能够影响朝政的并不少见，但如李凤娘这样完全控制丈夫，大肆封赏外戚，蓄意制造皇帝父子对立的皇后，却是绝无仅有。她既无辅政之才，又无后妃之德，活脱脱的一个市井悍妇，这样的恶女人成为皇后，是南宋的悲哀，也是历史的悲哀。

第四章　政治傀儡

　　赵扩是南宋第四位皇帝，他的父亲光宗皇帝不幸患上精神疾病，南宋面临极其严重的政治危机，文臣们发动了一场文明的宫廷政变，换了皇帝。这个还没有做太子的皇子，被硬拽上金銮殿里那把至高无上的龙椅，跳级做了皇帝。

　　赵扩即位的一幕颇具戏剧性，当太皇太后命赵扩穿上龙袍时，他居然围着大殿的柱子逃了三圈，口中大喊："儿臣做不得，做不得！"最后，还是太皇太后命大臣强行给他披上龙袍。这个皇帝，似乎有点赶鸭子上架的味道。

一　窝里斗

赶鸭子上架

　　赵扩是南宋第四位皇帝，他的父亲光宗皇帝不幸患上精神疾病，南宋面临极其严重的政治危机，文臣们发动了一场文明的宫廷政变，换了皇帝。这个还没有做太子的皇子，被硬拽上金銮殿里那把至高无上的龙椅，跳级做了皇帝。

　　赵扩即位的一幕颇具戏剧性，当太皇太后命赵扩穿上龙袍时，他居然围着大殿的柱子逃了三圈，口中大喊："儿臣做不得，做不得！"最后，还是太皇太后命大臣强行给他披上龙袍。这个皇帝，似乎有点赶鸭子上架的味道。

　　史载赵扩"不慧"，意思是智商不高。从他即位的前后来看，赵扩确实是弱智、愚昧、无能、毫无主见、听凭摆布，一个十足的傀儡皇帝。

　　赵扩即位后的第二天，太皇太后下特旨，立崇国夫人韩氏为皇后。

　　韩皇后是北宋名将忠献王韩琦的六世孙，一开始同姐姐同时被选进宫，侍奉两宫太后，由于她聪明、善解人意，深得两宫太后的喜欢，被赐到嘉王府，先封为新安郡夫人，不久又封为崇国夫人。

　　韩皇后父亲韩同卿，是韩侂胄的堂侄，韩皇后主持后宫，韩侂胄就兼得两朝皇后亲戚的身份，且还有策立之功，正是由于这种关系，韩侂胄的尾巴就翘

— 305 —

起来了，大有一种舍我其谁的架势。这为此后朝中的窝里斗，埋下了隐患。

新皇上登基，原任宰相留正撂挑子走了，宰相那把椅子还空着，赵汝愚上疏，希望把留正请回来。经太皇太后同意，赵扩御笔亲批，重新将留正请回来，继续出任左宰相，改命郭师禹为攒宫总护使。

随后，新皇帝率群臣到泰安宫朝拜太上皇。赵惇听说赵扩已经登基，当时就傻了，瞪着眼吃惊地问："你是我的儿子吗？"

赵扩见父亲傻乎乎的，不知如何回答。

赵惇又冲着陪同进见的韩侂胄说："这样大的事情，怎么事先不通知我，也太不把我放在眼里了吧？"

"太上皇，这……这……"韩侂胄结巴了半天，也没有说出来。

精神病就是精神病，如果事先通知，那还叫政变吗？

赵惇接着自我解嘲地说："既然是我的儿子，那也就不用再说什么了。"

李凤娘倒是想得开，从床头摸出玉玺交给赵扩，自我安慰道："皇帝反正是咱儿子做，也不是外人，要玉玺就拿去吧！"

有人会问，玉玺是国宝，应该有专人保管，怎么会放在床头呢？其实，这件事情，不能以常理判断，如果以常理判断，李凤娘也就不能称之为刁蛮皇后、赵惇也不会连老父亲死了都不出面主丧了。

在李凤娘认为，她只要控制了皇帝老公，守住了玉玺，她的皇后之位就稳如泰山了。而赵惇是一个精神病患者，从来就不按常理出牌，以他的做人原则，别说是放在寝宫，就是别在裤腰带上，那也不足为奇。

赵扩和韩侂胄拜谢而出，这新老皇帝的交接手续就办完了。

赵扩正式行使皇帝的职权，改元庆元，宣布次年改元庆元（1195年）。

疯子皇帝被迫退位了，新皇帝也上台了，按理说，南宋的政治应该走上正轨，大家齐心协力，把国家治理好，让百姓过上安居乐业的日子。可事实却不是这样，这班刚搞完政变的文臣们，居然没有把心思用在国家大事上，而是搞起了窝里斗。

宋朝新一轮政治风暴又开始了。

小人得罪不得

这场政治风暴的主角是赵汝愚和韩侂胄。

赵汝愚是政变的主帅，有"定策"之功，赵扩上台不久，就提拔他为枢密使，掌管全国的军事大权，不久又升任右宰相，掌管了朝政大权。

赵汝愚升官是必然的，新皇帝上任，对人事进行重新洗牌，怎么也不能落下他。但对其他人的奖赏，就不一定显得那么公平了，最少，韩侂胄是这样认为的。

韩侂胄自认为功劳很大，不仅有说服吴太皇太后之功，而且还见证了新老皇帝传国玉玺的移交手续，有这两项大功，当个节度使不成问题。他事先曾找过赵汝愚，要求论功行赏，赵汝愚不冷不热地说："我是宗室，你是外戚，给自己家里办点事，哪能说是什么功劳呀？要赏，就赏其他人吧！"

赵汝愚是这样说的，也是这样做了。韩侂胄仅官升一级，兼任汝州防御使。

郭杲比韩侂胄功劳还小，提升为武康节度使；工部尚书赵彦逾，仅仅在拥立新皇帝时投了赞成票，被任命为端明殿学士，出任四川制置使，兼成都行府。

论韩侂胄因在政变中所起的作用而升任节度使，其实并不算过分。但赵汝愚根本就瞧不起他，因为他既是武人，又是外戚。

宋朝鄙视武人是国策，外戚在历史上的名称向来也不好，赵汝愚是正宗的宗室子弟，心里有一种天然的优越感，对靠裙带当官的外戚，有一种本能的鄙视。

韩侂胄虽然是外戚，但他的祖宗韩琦，也是北宋响当当的人物，他当官并不完全是靠裙带关系。韩侂胄没有得到他想得到的东西，心里不仅仅是不服，而且是愤怒。

对于韩侂胄流露出来的不满情绪，好多人都有所觉察。如徐谊就提醒赵汝愚，说韩侂胄的官瘾很大，仅官升一级，满足不了他的胃口，这个人心术不正，今后可能会成为朝廷一个不安定的隐患，不如给他一个节度使的头衔，然后调离朝廷，外放到州郡，这样可以消除一个隐患。

叶适在推辞了自己的封赏之后，也提醒赵汝愚，说韩侂胄没有当上节度使，已是怨气冲天，如果现在给他一个节度使，可能什么事都没有，不然的话，一旦怨恨越积越深，这可不是国家之福。

赵汝愚将这些劝告当成了耳边风。

叶适知道韩侂胄的个性，私下里对人说："灾难从此就要开始了，我还是躲远一点好。"于是一再要求放外任，最后被调到淮东去了。

在赵汝愚的眼里，韩侂胄不过是一条小泥鳅，掀不起大浪。

赵汝愚太小看了韩侂胄。

韩侂胄官虽然不大，能量却不小，他同赵汝愚较量，最少有两个优势：一是他以外戚的身份，可以联络后宫，窥伺皇上的一举一动，赵汝愚是宗室，身居高位，一旦有人在背后捅娄子，即使皇帝赵扩再愚昧无能，也会引起怀疑；二是韩侂胄还担任着阁门事的职务，负责传递皇帝对外的公文，比起赵汝愚，接触皇上的机会更多。

韩侂胄在赵扩面前表现得小心谨慎，加之赵扩的智商本来就不高，轻而易举地就获得了赵扩的好感和信任。赵扩不仅事事都要询问他的意见，而且御笔即皇帝的批示，全都交由他传达，这给了他窃取权力的机会。

公文传递如果按正常程序办理，那可能就没事，但事实却不是这样。赵扩是被人赶着鸭子上架、仓促间走上皇帝的领导岗位，来不及组织自己的班底，在政变中内窜外跳的韩侂胄有策立之功，自然而然地得到赵扩的信任，加之赵扩的智商本来就不高，对政治并不怎么感兴趣，见到那些堆积如山的公文就头痛，为了减轻负担，他想出了一个最省心的办法，找人代替自己批阅公文。

韩侂胄有随便出入宫廷的便利条件，是有几层关系的皇亲国戚，而且还能说会道，精明强干，更重要的是，他还是一个有心人，自然就成了不二人选。

韩侂胄成了皇帝的枪手，皇帝的御批，有时由他操刀。御批也叫"内批"，是皇帝办公室的批示，时间长了，这些内批，哪些是赵扩的意图，哪些掺杂了韩侂胄的意思、甚至完全是他的意思，没有人能分得清楚。

韩侂胄的这个优势所能体现的价值，无限大。

韩侂胄有这么优越的条件，绝对不会放弃自己的追求。他有事没事，就朝宰相政事堂跑，名义上是串门，实际上是寻找机会，每次去都是高谈阔论，口若悬河。

终于有一天，宰相留正按捺不住了，派人给韩侂胄传话说："政事堂是宰相们办公、商议国家大事的地方，不是菜市场，没事就不要朝这里跑。"这话里面的骨头和刺不少，言下之意，你韩侂胄要掂量一下自己的分量，你没有资格常到这个地方来串门。

韩侂胄受到赵汝愚的打压，心里本来就不平衡，见留正下了逐客令，心头的火更是往上撞，愤怒的情绪可想而知。

韩侂胄不高兴，后果很严重，他决心实施反击，给那些和自己过不去的人一点颜色看看。

赵汝愚不听劝告，留正自以为是，两人联手，终于给自己制造出了一个强大的敌人。

韩侂胄选择的第一个打击对象是宰相留正，剩下的就是等待机会和找借口。留正的好日子，快到头了。

机会，总是留给那些有心人，韩侂胄就是一个有心人，他不缺机会。

赵彦逾视察孝宗的陵地，认为原先选定的地方土层薄，下面有水，有石头，不宜作为皇家陵园。赵扩便命孙逢前去复查，证实了赵彦逾所说属实，奏请换地方。赵扩便命宰相召集文武官员讨论后再定。

宰相们开了一个扩大会议，专门讨论孝宗山陵选址问题，会上，留正提出重新选址，赵汝愚却认为原来选定的地方是一个风水宝地，不宜更换。争论了半天，两人的意见始终没有统一。所以，山陵选址的事，仍然是悬而未决。

宰相们议事，意见不统一，都是很正常的事情。留正、赵汝愚两人都没有往心里去，意见不统一，下次可以继续争论，终究是会形成一个统一的意见的。然而，他们的争论，却让韩侂胄钻了空了。

韩侂胄乘机在赵扩面前进谗言，说留正糊涂至极，根本就不是做宰相的材料，而且，这个人还有前科，在国家危难之际，他撂挑子当了逃兵。

结果是，留正罢为观文殿大学士，到建康府任职。

韩侂胄放出第一枪，就将左宰相留正击落马下。

韩侂胄的第二枪

韩侂胄的反击来势凶猛，他干的不是一锤子买卖，而是组合拳，放出的第一枪击落了留正，下一个目标就是赵汝愚。

左宰相撵走了，赵汝愚升任右宰相。

留正走人这件事，本身没有问题，南宋本来就有换宰相的习惯，孝宗皇帝的时候，宰相三天两头换，这是司空见惯之事。问题出在留正的罢免程序上。

留正的人事任免，绕过了三省六院，由"内批"直接搞定。赵汝愚得知这个消息时，惊诧地说："我同留正是公事公办，没有个人恩怨，韩侂胄为何要这样做呢？如果事事都这样，大臣们还敢说话吗？"

赵汝愚说这话的时候，签书枢密院事罗点也在场，他正要说话，忽然有人来报，说韩侂胄求见。

赵汝愚本来就窝了一肚子火，冲着报告的人说："没工夫，叫他不必进来。"

差役转身出去了。

罗点觉得有些不妥，提醒说："赵相，不能这样处理，这不是自找麻烦吗？"

赵汝愚似乎认识到刚才的决定太冲动，立即让人去把韩侂胄追回来。

韩侂胄轻而易举地处理掉留正，心气也顺了许多，本来想到政事堂找赵汝愚炫耀一番，如果赵汝愚识相，自己得到了想要的东西，他或许会放他一马，谁知赵汝愚让他吃了闭门羹，赵汝愚彻激怒了他。

韩侂胄被追回来后，没有了炫耀的兴趣，不冷不热地敷衍几句，就辞别而去。自此，两人的怨恨越结越深。

赵汝愚和韩侂胄的较量，正式开始了。

赵汝愚虽然也知道韩侂胄对自己怀恨在心，但他认为，只要自己行得正，坐得稳，韩侂胄也奈何不了自己。所以，他极力提拔一些正义之士到朝中任职。

陈源、杨舜卿、林亿年等十余名内侍，因挑拨孝宗皇帝父子矛盾，遭到侍御史章颖的弹劾，被撵出了宫廷。

在赵昚、赵惇两朝受到冷落的朱熹，经赵汝愚推荐，做了新皇帝赵扩的授课老师。

朱熹还在赴任途中，就给赵扩上了一道奏疏，建议皇上斥外戚，起用贤士。入朝之后，又劝谏赵扩要随时自省。

赵扩对朱熹说的那些，一点兴趣也没有，只是面无表情地听朱熹说了一通，没有发表任何意见。

朱熹的面子挂不住了，再次辞职不干，但没有得到批准，他还得继续呆在朝廷。

继朱熹之后，经赵汝愚推荐，赵扩钦定给事中黄裳、中书舍人陈傅良、彭龟年、祭酒李祥、博士杨简、府丞吕祖俭等人做他的授课老师。

按赵汝愚的意思，有这样一批大儒做皇上的授课老师，皇上一定会耳聪目明，不会被小人所惑，自己也就可以高枕无忧了。

赵汝愚高估了自己，低估了韩侂胄。

赵汝愚在那里防患于未然，韩侂胄也在千方百计地算计他，更为关键的是，韩侂胄离皇帝更近，有得天独厚的优势。

仿佛是天要灭赵汝愚，他的铁杆同盟罗点、黄裳先后病逝，让他那正义之士阵营的力量大大削弱。

韩侂胄嗅觉非常灵敏，他立即推荐京镗接替罗点签书枢密院事的职务。

京镗原来是刑部尚书，赵扩曾想让他镇守四川，赵汝愚认为，京镗的资历太浅，不能独当一面，如果让他去镇守四川，必将是后患无穷。由于他的劝阻，这个命令便胎死腹中。

京镗知道这件事后，怀恨在心，便和韩侂胄搅在一起，密谋陷害赵汝愚。

京镗当上签书枢密院事，执政大臣中就有了韩侂胄的人。

阁门知事刘弼是韩侂胄的同事，他自认为在拥立新皇帝的时候有功劳，但却没有得到封赏，对赵汝愚心存不满。这个人也颇有心计，他找到韩侂胄说："韩大人和赵宰相都有策立之功，如今，赵宰相大权独揽，你不但没有得到高升，恐怕还要被贬出京城。"

韩侂胄贬出京城的消息，是真是假很难说，但确实让他大吃一惊，一脸的惊慌问："这便如何是好？"

"只要有谏官帮手，一切事情就好办了。"刘弼见火挑起来了，立即出了个主意。

"赵汝愚一定会出面阻挠。"韩侂胄似乎没了主意。

刘弼奸笑一声，问道："留正那件事，你是怎么干的？"

"啊！"韩侂胄如梦初醒地一拍脑袋说："聪明一世，糊涂一时。"

几天之后，宫中陆续发出内批，升任给事中谢深甫为中丞，刘德秀为监察御史，刘德秀、刘三杰、李沐等都做了谏官。

朱熹是中国理学的集大成者，中国古代儒学的主要代表人物之一，有人评价以他为代表的宋代新儒学是"中国古代思想史上最后一座高峰"。在学术上他无疑是一把好手，但作为政客他并不能得高分。身为赵扩的御前讲师，每天道貌岸然地给赵扩讲"存天理，灭人欲"那一套。那套说法，当初就被孝宗皇帝赵昚嗤之以鼻，认为是"无用"的腐儒之谈，赵扩对此同样也没有兴趣。

赵扩虽然智商不高，但对朱熹还算尊重，尽管对他那套理论不怎么感兴趣，但每天的课还是照常听。

朱熹似乎也不甘寂寞，硬要往权力倾轧的漩涡里钻。他见韩侂胄小人得志，竟然在赵扩面前帮助赵汝愚说话，指责韩侂胄是奸邪之辈，冒用皇帝的权力胡作非为，将来必定会成为危及皇帝的大祸患。

赵扩也只是听听而已，仍然是不置可否。

朱熹又跑去做赵汝愚的工作，说韩侂胄积怨很深，这样的小人惹不得，还是要对他厚加封赏，封他个节度使，撵出京城，不要让他在朝中干政。

赵汝愚似乎也在意气用事，气呼呼地说："他自己曾经说过不要封赏，为何要封他节度使？"

朱熹的小动着，引起了韩侂胄的强烈不满。韩侂胄算是一个耍手腕的高手，他并没有向朱熹兴师问罪，而是采取了一个近乎于黑色幽默的反击。

一天，赵扩召来戏子演戏，韩侂胄乘机安排一名演员打扮成道学派的模样：峨冠博带、宽衣大袖的样子，装出一副道貌岸然的样子搞怪逗乐。大家一看就明白，这是在讽刺朱熹朱老夫子。

台上演员的滑稽表演，引来了一阵哄堂大笑。韩侂胄趁机对赵扩说："朱熹太迂腐，不能再任用了。"

朱熹觉得自己的人格受到了极大侮辱，立即向赵扩辞官以表示抗议。

这一下，正中韩侂胄的下怀。

第二天，宫里传出赵扩的御笑亲书："悯卿耆艾，恐难立讲，当除卿宫观，用示体恤耆儒之至意。"意思是朱熹年老体衰，特意体恤，允许他告老还乡。

朱熹仅做了四十多天的御前讲师，就打道回府了。

赵扩和韩侂胄把朱熹轰出宫廷，这下子捅了马蜂窝，上至宰相赵汝愚，下至信奉道学的陈傅良、刘光祖、邓驿、吴猎、孙逢吉、游仲鸿等人，纷纷上表，请求恢复朱熹的官职。

韩侂胄依仗赵扩，采取高压政策，将这些人罢免的罢免，放逐的放逐，结果，将赵汝愚的阵营，打得七零八落。

韩侂胄在这一番角力中大获全胜，而且还升任为兼枢密院都承旨，气焰日益嚣张。

彭龟年因为弹劾韩侂胄被坐罪罢官，陈骙为彭龟年鸣冤，也遭到坐罪免官的处罚。

赵扩便任用余端礼为枢密院知事，京镗为参知政事，郑侨为枢密院事。

京镗两次迁升，都是由韩侂胄举荐，他对韩侂胄心存感激，经常到韩府串门，两个奸人到一起，除了害人之外，就没有什么事了。韩侂胄想拔掉赵汝愚这颗眼中钉,却苦于找不到借口。

赵汝愚是楚王元佐的七世孙,他以宗室的身份任宰相,违背了宗室子弟不得掌权的"祖宗家法"。京镗向韩侂胄献计,从这方面做文章,一定能击倒赵汝愚。

庆元元年(1195年)二月,韩侂胄指使李沐弹劾赵汝愚,说赵汝愚以同姓为相,有违祖宗规矩;又说他在太上皇生病的时候,想效法周公,培植党羽,居功自傲,应该罢免。

赵汝愚知道这事后,自己出了都城,到浙江亭待罪去了。

赵扩下旨,罢免了赵汝愚右宰相的职务,贬为观文殿大学士,出任福州知府。

韩侂胄欲置赵汝愚于死地,指使谢深甫等人落井下石,继续上表弹劾赵汝愚。赵扩不辨真假,贬赵汝愚为宁远军节度使,安置在永州。

赵汝愚知道自己走上了不归路,临行前对几个儿子说:"韩侂胄一心想置我于死地,只有我死了,你们才能得到安宁。"

果然,赵汝愚在赴永州途中,走到衡州的时候,遭到韩侂胄的党羽钱鍪的百般羞辱,暴死衡州。

赵汝愚的忠直和才干,在朝野间是有目共睹,他在相位时间虽然不长,但立志改革,使赵扩初期的政治为之一新,在士大夫中享有很高的声誉。可惜他忠有余而智不足,得罪了一个不该得罪的人。按理说,韩侂胄有策立之功,封一个节度使也不过分。而且,徐谊、叶适、朱熹等人先后都提醒过他,说韩侂胄得罪不得,劝说给他一个节度使,让他去做个地方官,以消除隐患。然而,他却不听劝告,一意孤行,结果给自己树下强敌,最终败在这个强敌之手。

赵汝愚罢相之后,朝野上下支持他的呼声很大,祭酒李祥、博士杨简、府丞吕祖俭等人纷纷上表营救,吕祖俭更是上书直斥韩侂胄,结果这些人都被"内批"逐出了京城,同时遭逐的还有徐谊和太学生杨宏中、周端朝、张衜、林仲麟、蒋传、徐范等人。

这些内批,到底是出自赵扩的御笔,还是韩侂胄一手制造,还真的说不清楚。给赵扩讲学的楼钥借曾借讲吕公著奏议之机,婉转地劝赵扩说:"像吕公著这样的社稷之臣,就是他十世子孙犯了罪,都应该予以宽恕。前几天因言得罪的吕祖俭,就是他的孙子,现在流放岭外,万一死了,圣朝就背上杀言者的恶名。"

赵扩听后，一脸茫然地问："祖俭所言何事？"

如此看来，赵扩压根就没有见过吕祖俭的奏章，更不用说贬谪吕祖俭的内批了。

赵扩尽管从楼钥借的口中得知了韩侂胄假传圣旨的事，但却没有纠正吕祖俭的错案，更没有追究韩侂胄假造圣旨的责任。默认了韩侂胄的行为。

赵汝愚虽然死了，但他的影响力并没有消失，临安城门，甚至皇宫大内的墙上，几乎每天都有匿名的悼念诗文张贴出来，大多出自太学生之手。为了彻底清除赵汝愚的影响，达到完全控制朝政的目的，韩侂胄及其党羽又假借学术之名，对异己者展开了新一轮清洗。

二　唯小人与女子难养也

庆元党禁

赵汝愚死后，赵扩对朝廷中枢机构的人事重新进行洗牌，命余端礼为左宰相，京镗为右宰相，谢深甫为参知政事，郑侨掌管枢密院事，何澹为同知院事。

余端礼本来同赵汝愚同心辅政，赵汝愚贬官遭逐，自己却又不能救解，心里不免有些失望，闷闷不乐，加之此时有人在诽谤他，使他对官场失去了兴趣，借口自己身体不好，请求辞官。赵扩一开始不同意余端礼辞官，只是好言安慰，无奈他去意已决，就把他罢为观文殿大学士，提举洞霄宫。于是，朝中就由京镗专政。

京镗是韩侂胄的死党，一切唯韩侂胄的马首是瞻，经与韩侂胄密谋，欲将朝中的正派人士一网打尽。他们把矛头对准了已经罢官的朱熹。

朱熹是一个已经告老还乡的人，韩侂胄为何要找他的茬呢？其实，韩侂胄是醉翁之意不在酒，而在朱熹身后的那些人。

朱熹是当时道学派的领军人物，门人弟子遍天下，这些人大多从事教育行业，有着广大的舆论资源，是一股不小的势力。更重要的是，这些人都是赵汝愚的支持者，赵汝愚被迫害致死后，临安城张贴的那些匿名悼念诗文，都是这些人干的。这些人的存在，对韩侂胄及其党羽，是一个巨大的威胁。

因此，韩侂胄及其同党，名义上是清算朱熹，实际上是在清除异己。

第四章　政治傀儡

庆元二年（1196年）八月，京镗和何澹、刘德秀、胡纮商议，提出了一个"伪学"之说，无论是道学派，还是其他学派，只要是反对韩侂胄，攻击自己的，统统说成是伪学。

先是刘德秀上书，要求正式将道学定名为"伪学"，其余韩党官员胡纮、何澹、刘三杰等人纷纷响应。

平庸的赵扩，本来就没有主见，只认为台谏代表"公论"，如今台谏们众口一词地指斥理学为伪学，他也认为理学是伪学，将刘德秀的奏疏交给辅臣们讨论。

京镗接着将正派人士的姓名编成花名册，称之为伪籍。一并呈给赵扩，准备将这些人一网打尽。

仿佛是天也看不顺眼，这件事让太皇太后吴氏知道了，老太后虽然人老了，但头脑却还清醒，他劝赵扩千万不能大兴党禁，这样做除了形成窝里斗外，没有一点好处。

太皇太后的话，赵扩还是要听的，他下诏："以后台谏官上疏，不要总是追究过去的事，处事也要秉公而断。"

韩侂胄等人非常不满，他们仍然运用行政权力，对道学派人物展开围剿。先是组织一批笔杆子对道学进行口诛笔伐，将其定性为"伪学"，然后对朝中道学派人士进行排挤打击。

国子司业汪逵、殿中侍御史黄黼、吏部侍郎倪思，都因推崇道学而遭到斥责；博士孙元卿、袁燮、国子正陈武等人，也因推崇道学而遭罢官。端明殿学士叶翥因斥责道学是伪学，提拔进了枢密院，御史姚愈弹劾倪思倚依附于伪学，官升为侍御史。

然后，再重拳出击，剥夺"伪学"之人参加科举考试和当官的资格。

当时想参加科举考试，首先得声明"不是伪学"，否则，连考场的门都进不去。

朱熹告老还乡后，赵扩曾下诏命他为秘阁修撰，朱熹称病不赴任，只在家中闭门著书立说，给学生们讲课。

监察御史胡纮没有发达的时候，曾到建安去拜访过朱熹，朱熹用糙米饭招待他。胡纮很不高兴，对人说："此非人情。只鸡斗酒，山中未为乏也。"意思是朱熹太不近人情，用喂鸡的东西来招待他。

其实，朱熹平常招待学生门人，都是吃的这种饭。

胡纮是个小人，竟然为一饭而怀恨，总想找机会报复、诬陷朱熹。等到赵扩表示要严禁伪学的时候，便觉到机会到了，连夜写了一份奏章，准备递上去。谁知吏部这时调整了他的职务，改任太常少卿。

监察御史是言官，看谁不顺眼，就可以上表弹劾谁，说错了也没有关系。调任太常少卿后，就不方便直接弹劾了。因此，写好的奏疏，发不出去。正好这个时候来了一个沈继祖，他因为追论程颐的学说是伪学，被升为御史。胡纮便把疏交给沈继祖，说只要将这道奏疏递上去，就可以升官发财。

沈继祖也认定这是一个升官发财的好机会，把奏疏带回家中，除了照抄原稿之外，还添油加醋地加了一些内容，说朱熹不学无术，只会剽窃张载、程颐的学说迷惑后生晚辈，说朱熹的好友蔡元定和朱熹狼狈为奸，应该立即罢官。

沈继祖的奏疏上早上递上去，下午就有了回应。

赵扩下诏，削去朱熹秘阁修撰的官职，将蔡元定贬谪到道州。

后来，有几个势利小人，欲借此走上一条升官发财之道，上疏请皇上杀了朱熹。

还算谢深甫良心未灭，看了这些奏疏后，气得丢到地上说："朱熹、蔡元定，不过是阐述理论而已，有什么得罪朝廷的地方，为什么要置他们于死地？"

于是，他没有将这些奏疏递上去，局势才稍稍稳定。

蔡元定，字季通，建阳人。南宋著名理学家，朱熹理学的主要创建者之一，被誉为"朱门领袖"、"闽学干城"。一生不涉仕途，不干利禄，潜心著书立说。著有《大学说》、《皇极经世指要》等十七部著作，并协助朱熹撰成《近思录》、《易学启蒙》、《太极图说解》、《资治通鉴纲目》、《周易参同契考异》等重要著作。

早年，父亲蔡发教授他程氏（程颢、程颐）《语录》、邵雍《经世》和张载《正蒙》等书。后来听说朱熹之名，前去拜朱熹为师。经过一番交谈之后，朱熹惊诧地说："季通呀！你是我的朋友，不能做我的学生。"意思是说，蔡元定已经有很高的理论造诣，他们应以朋友相处，而不是师生相交。

蔡元定仍然奉朱熹为师，实际上，两人是亦师亦友的关系。

尤袤、杨万里曾推荐蔡元定做官，他以有病而推辞，在西山盖几间房子，在那里发奋读书，学者称为"西山先生"。

韩党借打击伪学之机清除异己的运动爆发后，蔡元定就预料到他一定会受到牵连。因此，遭谪的时候，表情从容，没有丝毫惊慌之色。此后，病死在道州。

庆元三年（1197年）冬季，太皇太后吴氏驾崩，尊谥号为宪慈圣烈，葬于永思陵。

十二月，韩党炮制了一份"伪学逆党籍"，将所谓的"伪学"之人造成花名册，这份名单一共有五十九人，其中，曾任宰相的有赵汝愚、留正、王蔺等四人，侍制以上的有朱熹等十三人，其他官员三十一人，武臣三人，普通人士八人。

这些名列"伪学党籍"的人，已死的追夺官爵，没死的革职流放。

这次学术之争，完全超出了学术之争的范围，成了一场地地道道的政治斗争，"伪学"只是一个幌子，道学这一学术流派，成了政治斗争的牺牲品。

党禁大兴之后，《六经》、《论语》、《孟子》、《中庸》、《大学》等书，都被列为禁书。

这件事发生在南宋庆元年间，历史上称之为"庆元党禁"。

小人难养

"伪学"人士全都被扫地出门，朝中再无正派人士，几乎都是韩家的走狗。韩侂胄也在庆元党禁中一路飙升，先是被封为保宁军节度使，后来又加封少傅，封豫国公。

韩侂胄权倾一时，恰似当年的蔡京。朝中的大事小事，如果他不同意，什么事都别想做，只要他想做，没有做不成的事。大臣们奉承韩侂胄，较之皇帝赵扩，有过之而无不及。

韩侂胄得势，造成政治的黑暗。政治黑暗的时代，也是制造小人的时代。

吏部尚书许及之，就是一个小人。他一心想向上爬，侍奉韩侂胄，比侍奉亲爹还孝顺，他想升官，等了两年，没有得到升迁的机会。心里虽然很苦闷，却又无可奈何。

韩侂胄做寿，在家里大摆宴席，百官趋之若鹜，许及之也备了一份厚礼，巴结韩侂胄。

韩侂胄生日那天，辰时刚过，许及之便带着厚礼来到韩府，谁知到韩府后，守门的人竟然闭门拒客。许及之轻轻地敲门，里面传来呵斥声，问谁在敲门。许及之只得自报家门，说自己是吏部尚书，前来给韩大人祝寿，请他们开门。

看门人大声呵斥道:"什么里部外部的,要祝寿,就早点来,现在是什么时候了?"

许及之苦苦地哀求看门人放他进去,并答应给他一份厚礼。

"正门现在不能开。"看门人冲着外面说:"后院有个小门,专供下人和狗出入,要进,就走那个小门吧!"

许及之连连称谢,跑向后院,找到那个低矮的小门,蜷缩着身子钻进了韩府。从怀里掏出一锭银子递给看门人。

当时市面上通用的是铜钱,还有交钞,银子流通较少,但却是硬通货,显得更加珍贵。

看门人收了馈赠,立即带许及之到正厅拜寿。

许及之来到寿坛前,恭恭敬敬地向韩侂胄行了三跪九叩之礼,然后屈膝拜寿。

过了两天,他再去拜见韩侂胄,向韩侂胄诉苦,说自己是多么的不幸,在吏部尚书的位子上一呆就是两三年没挪窝,家里吃饭的人多,日子过得很艰难。说到动情之处,竟然泪流满面,痛哭失声。

"别伤心了。"韩侂胄慢腾腾地说:"我也知道你很苦,正在替你想办法呢!"

许及之听了这话,屈膝下跪,感激涕零地说:"全靠大人栽培了。"

韩侂胄见状,笑出声来,说道:"何必行此大礼呢?快快起来,回家去等好消息吧!"

许及之又磕了几个响头,千恩万谢地告辞而去。

两天之后,圣旨下来了,许及之升任枢密院事。

世上没有不透风的墙,许及之拜寿钻狗洞,在韩侂胄面前屈膝下跪求官的事情,慢慢地传开了,有人给他取了两个外号,一个叫"由窦尚书",一个叫"屈膝执政"。

窦,就是洞,意思是许及之是钻狗洞的尚书。

许及之不以为耻,反而为荣,整天乐呵呵的。

许及之为求升官发财,不顾廉耻,是一个十足小人。然而,还有一个人,比许及之更卑鄙无耻,更小人,他就是临安知府赵师择。

赵师择是燕王赵德昭的第八世子孙,进士出身,官至大府少卿,后来替韩侂胄办事,更加刻意献媚,被提升为司农卿,任临安知府。

第四章 政治傀儡

韩侂胄庆寿的时候，百官争相馈送的奇珍异宝，数不胜数。赵师择别出心裁，当众呈上一个礼盒，献媚地说："在下特意献上一盒果子，供大人享用。"

大家以为真是什么稀罕的水果，揭开盒盖一看，却是一个黄金做的葡萄架，上面挂着一百多颗硕大的黑珍珠，个个精圆秀润，烨烨生光。

面对这样的稀世珍宝，大家发出一阵惊叫。

韩侂胄看了一眼，淡淡地说："还好！"意思是，看得过去，但也没在必要大怪小怪。

刚才发出叫声的人，本来想拍马屁，结果拍到马蹄上，脸上就挂不住了。赵师择更是无地自容，红着脸退了下去。

韩侂胄有四房夫人，分别是张氏、谭氏、王氏、陈氏，四人都被封为郡夫人。三夫人绰号"满头花"，更是妖艳异常，深得宠幸。除了这四个老婆个，还有十名婢女。这十个女人，名义上是婢女，实际上也是侍妾，每天晚上，韩侂胄就在这十四个女人堆里滚，左拥右抱，过着骄奢淫逸、花天酒地的生活。

有那趋炎附势的狗官，向韩侂胄献了四顶凤冠，凤冠都是金银打造，用北海的珍珠装饰，富贵至极。

韩侂胄将四顶凤冠分送给四位夫人张氏、谭氏、王氏、陈氏，每人一顶。另外十个女人知道这件事后，既羡慕，又嫉妒，一起找韩侂胄扯皮。

这个说："怎么了，她们是人，我们就不是人吗？为何要低人一等？"

那个说；"都是你的女人，凤冠她们戴得，我们也戴得。"

韩侂胄犯难了，都是自己的女人，可凤冠只有四顶。这件事，就成了韩侂胄的一桩心事。

赵师择不知从什么途径知道了韩侂胄的心事，他是一个最能体量韩侂胄的人，花了一万贯钱，买了十顶同样的凤冠。为了给韩侂胄一个惊喜，特地趁韩侂胄上朝的时候，将十顶凤冠送到韩府，分送给十名婢女。

韩侂胄退朝回家，十名婢女嚷嚷着围了过来，感谢他的厚礼。韩侂胄问明了情况，自然非常高兴。

过了几天，临安城举行灯会，十个女人戴着相同的凤冠，一齐走上街头，招摇过市，引来路人的围观和称奇，虚荣心得到了极大的满足。

十个女人高兴了，回来后，在韩侂胄面前嘀咕开了，说什么赵大人给她们送这么贵重的礼物，给韩府挣足了面子，如果不给一点回报，显得太没有风度了。

朝廷的官位，就是韩侂胄家菜园子里的菜，要几时摘，就几时摘，要给谁，就给谁，没有人干涉，也没有人干涉得了。

第二天，赵师择被提升为工部侍郎。

赵师择得到升迁，对韩侂胄更是感恩戴德。

这一天，韩侂胄在南园陪同几位客人饮茶，赵师择也在其中。园内建造的亭台楼阁、假山假水，精雅绝伦，其中有一座山庄，竹篱茅舍，体现出一种田园景色，别具一格。

韩侂胄笑着对客人说："这里就像真的田园茅舍，只是少了鸡鸣犬吠而已。"

客人们附和地说，有没有鸡鸣狗吠无关轻重，只是这景色确实是迷人。

正在大家谈兴正隆的时候，突然，从篱笆后面传来"汪、汪、汪"的狗叫声，大家正觉奇怪，忽见赵师择装着狗的模样，摇头摆尾地从篱笆后面走出来，逗得众人哄堂大笑。

其实，除了韩侂胄的笑是发自内心的高兴外，很多人的笑，都是一种鄙视，但却不敢表露出来。

唯小人与女子难养也！小人得罪不得。

韩　胄弄权

伪学禁令越来越严，前起居舍人彭龟年和主管玉虚观刘光祖都被追夺官职，京镗升任左宰相，谢深甫晋升右宰相，何澹掌管枢密院。

京镗、何澹、刘德秀，还在继续做着诲人不倦的工作，一些正派人士，都被撵出了临安城。

庆元三年六月，朱熹因病逝世，享年七十一岁。

朱熹自幼勤奋好学，立志要做圣人。李侗曾赞扬他："颖悟绝人，力行可畏，其所诧难，体人切至，自是从游累年，精思实体，而学之所造亦深矣"。并说朱熹"进学甚力，乐善畏义，吾党罕有"。

朱熹仕途坎坷，做官清正有为，一生从事理学研究，又竭力主张以理学治国，但却不被当道者所理解。

朱熹是南宋著名的理学家、思想家、哲学家和教育家，世称朱子，是继孔子、孟子之后最杰出的弘扬儒学的大师。

朱熹死的时候，没有得到封赠，直到韩侂胄伏诛之后，才追赠为宝谟阁直学士，赐谥文，到理宗朝代，晋赠为太师，封徽国公。这是死后的哀荣，在此一笔带过。

太上皇后李氏，从自宫廷政变之后，也就随遇而安，比以前安分多了。她是当初因道士皇甫坦一番故弄玄虚的话才母仪天下的，从此对术士之言深信不疑，当她成了宫廷斗争的失败者后，命运就给她开了一个天大的玩笑。一个凌驾于皇帝之上的女人，顷刻之间变得什么也不是了。因失落而寂寞，因寂寞而无奈，她便在宫内找一间房子辟为静室，独自一人住在里面，一身道妆打份，吃斋念经，以求神灵的保佑。然而，平时作恶多端的皇后，反而受到更大的精神折磨。

庆元六年（1200年），李氏在静室中染病，没有人照顾，七月，这位昔日刁蛮的皇后，孤寂地死去。

李氏死后，宫人到中宫为她取礼服，管理钥匙的人怨李氏平日做人太凶狠，拒不打开中宫殿门，宫人们只得用席子裹着李氏的尸体，准备抬回中宫治丧。半路上忽然有人大喊："疯皇帝来了！"

宫人一向就怕遇见疯子皇帝赵惇，听到喊声，丢下尸体就跑。过了好久，才知道是有人搞恶作剧，再回去寻找尸体，尸体散发出阵阵刺鼻的恶臭。因为当时是七月天气，气温特别高，尸体经烈日曝晒，很快就腐烂了。治丧时，宫人们只得将鲍鱼放在一边，再点燃莲香驱赶臭气。一代骄后，落得如此下场，也算是多行不义的报应。

两个月后，疯子皇帝赵惇也驾崩了，定庙号光宗。

光宗皇帝和皇后李氏，合葬于永崇陵。

十一月，皇后韩氏病逝，谥为恭淑。

韩皇后的父亲韩同卿曾任泰州知府，皇后正位之后，升任庆远军节度使，加封太尉。韩同卿做人很低调，处事也很小心，朝中的大臣，只知道韩侂胄是皇后的亲戚，却不知道韩同卿是皇后的父亲。韩同卿早皇后一年去世。

皇后去世以后，韩侂胄照样专横跋扈，推荐陈自强为签书枢密院事。

陈自强是韩侂胄小时候的老师，听说韩侂胄发迹了，赶到临安来投奔这位学生。

韩侂胄指使亲信上书推荐陈自强，仅用了四年时间，便将陈自强塞进了朝廷的中枢机构。

吕祖泰是吕祖俭的弟弟，他认为韩侂胄这是结党营私，到登闻堂击鼓上书，请求诛杀奸贼韩侂胄。无奈此时满朝都是韩党，击鼓上书，不但没有得到支持，反而被有的人认为是不识时务。结果，他被打上"挟私上书，语言狂妄"的罪名，杖打一百，发配到钦州去了。

韩侂胄不但没有受到影响，反而还加封为太傅。

韩侂胄虽然一路迁升，但都是一些没有正经事干的虚职，这是因为他吸取了赵汝愚的教训，囿于外戚的身份，无法站到前台，只好躲在幕后操纵朝政。

当时朝廷的重要职位，都是他的亲信党羽，宰相们都唯他马首是瞻，恭称他为"师王"，朝廷的大事小事，由他说了算。

庆元七年（1201年），改元嘉泰。

嘉泰元年三月，临安发生大火，大火烧了四天四夜才被控制住，大火烧毁民房五万三千多家，别说宋室南渡以来，都城从来没有出现这样的浩劫，就是自古以来，也是未曾出现过。

赵扩一面下诏罪己自省，一面从内库拨出钱粮，救济受灾的百姓，但仍然听任韩侂胄专权。

韩侂胄提议，赵扩又晋升陈自强为参知政事，程松为枢密院知事。

程松当初只是一个钱塘知县，不到两年便升为谏议大夫，不用想也知道，这中间是韩侂胄在捣鬼。

原来，程松升任谏议大夫后，好长一段时间没有再升迁，于是，他花大价钱买了一个美人，并将这位美人取名松寿，送给韩侂胄。

韩侂胄惊奇地问："怎么和你同名呀？"

"想让大人记住属下的贱名啊！"程松献媚地说。

这就是小人的升官之道。

嘉泰二年（1202年），苏师旦升任枢密院都承旨。

苏师旦是韩侂胄的老部下，韩侂胄欣赏他聪明，反应灵活，便将苏师旦的名字写进嘉王府中，让人以为他是皇上的旧臣。苏师旦的权势也越来越大。当时，京镗早已死了，何澹、刘德秀、胡纮三人也因失去了韩侂胄的信任，先后被免职。

韩侂胄似乎觉察到党禁很不得人心，颇有悔意，加之张孝伯、陈景思等也劝他要给自己留条后路。于是，他请旨追复了赵汝愚、留正、周必大、朱熹等人的官职。

按理说，韩侂胄做出了和解的姿态，道学派人物也应该以"和为贵"才是。其实则不然，那些被打压了多年的人，积怨已深，根本就不领这个情，对韩侂胄仍然抱着敌视的态度，这股暗流，最终导致韩侂胄走上了不归路，这是后话。

女人亦难养

韩皇后驾崩，中宫无主，册立皇后的事便提上了议事日程。

赵扩身边有两个得宠的女人，一个是杨贵妃，一个是曹美人，两人都有册立的希望。杨贵妃生性机警，涉猎书史，博古通今，有才女之称，但性情骄傲，曹美人虽然没有杨贵妃读的书多，但温柔敦厚，秀色可餐。表面上，两个人一团和气，背地里却在暗暗较劲，争做中宫之主。

后宫历来就是战场，虽然不见硝烟，但却不亚于那真刀真枪地战场。后宫这个战场，用的是手腕，靠的是心计。谁会算计人，谁能耍花招，谁就是胜利，否则，就只能靠边站。

曹美人虽然温柔敦厚，但在这种关键时刻，也会动脑子，她把希望寄托在韩侂胄身上，把精力放在他的四位夫人身上。由于是韩皇后的亲戚，这四个女人经常进宫串门。每次进宫，她都会热情招待，相处得如同亲姐妹一般。

四个女人虽然个个美如天仙，但却不知礼仪，以为是韩皇后的长辈，老公又垄断朝政，将宫外那套作威作福的作风带进宫里来，进宫之后，摆架子，大大咧咧，同杨贵妃、曹美人平起平坐，丝毫没有尊卑之分。

曹美人性情温和，加之又有求于她们，所以，尽管这几个女人违礼，她不但没有计较，反而还对她们非常客气。

杨贵妃则不同，她是知书达理之人，而且还自命清高，对这四个女人，怎么看，怎么不顺眼。历朝历代，外戚进宫，都要行君臣之礼，就是皇后回家探亲，父母见到女儿，也要先行君臣之礼，然后再叙亲情。何况，这四个女人并不是韩侂胄的正室，且韩皇后已经死了，凭什么还如此猖狂？这是皇宫，不是一般官员的家，更不是她们自己的家。她认为这几个女人狗仗人势，不识礼仪。正因为如此，杨贵妃对那对四个女人，总是不冷不热，见面也只是点点头，打过招呼而已，然后自己去玩自己的。

四个女人虽然不懂礼仪，但却会察言观色，当然看出杨贵妃讨厌她们。回家后，将宫里的事情告诉韩侂胄。

韩侂胄便在赵扩面前说曹美人秀外慧中，是皇后的最佳人选，并说韩皇后逝世之前，曾对他的夫人王氏说，杨贵妃心机太深，不能做中宫之主。

赵扩虽然平庸，但在这件事情上似乎不糊涂，心里想，杨妃博古通今，颇识大体，平时和韩后并无嫌隙，韩后待她也不错，从没有听她说过杨妃的坏话，哪来的遗言？即使有这个意思，为何又要转这多弯呢？直接向朕说不就完事了吗？正是由于的这个怀疑，他回答韩侂胄，说这件事他知道了，缓一缓再说。

在韩侂胄看来，皇上没有拒绝，就等于是同意。

韩侂胄看低了杨贵妃这个女人，此后发生的事，大大地出乎他的意料。

杨贵妃聪明绝顶，早就看穿了曹美人的动机，她知道，韩家的四个女人一定要替曹美人出力夺宫，韩侂胄权倾朝野，三省六院的头头脑脑们，都是韩家的走狗，没有什么事办不到。假如自己求皇上临朝降旨，立自己为后，必然会遭到韩侂胄及其走狗们的阻拦。如果不采取特别措施，就只能看着曹美人去做皇后了。

这一天，杨贵妃满脸堆笑地来见曹美人，和颜悦色地对她说："我俩共事皇上，情同姊妹，皇后的位子，不是你，就是我，谁做都一样。不过，我听说有几个大臣想做国丈，准备将自己的女儿送进宫中为继后，到时候，我们两人都落空了，那就是鹬蚌相斗，渔人得利。"

曹美人不知是计，忙问杨贵妃有什么好办法。

"我们各自在宫里设席，宴请皇上，在席上询问皇上的意思，请求皇上将立后之事定下来，免得夜长梦多。"杨贵妃说出了她的打算。

"这个办法好！"曹美人欣然同意，问道："同时两处设席，恐怕不便吧？"

杨贵妃说让曹美人在前，自己在后，曹美人虽然心里受用，但还是要客套几句。

"我俩谁跟谁，谁先谁后，不都是一样吗？"杨妃说罢，作别而去。

曹美人不知是计，自然非常高兴。

到了约定的那一天，曹美人命内侍吩咐御厨，整备一桌丰盛的酒席，亲自去请赵扩。入席之后，曹美人在一旁相陪，谁知才喝了一杯酒，还没有说到正事，就有宫女来报，说贵妃娘娘到了。

曹美人没有料到杨贵妃这时候来了，只好起身邀请她入宴。杨贵妃没有理会曹美人，来到赵扩身边，撒娇地说："陛下应该一视同仁，既然已经在这里赏光，也该驾临臣妾处，不能让臣妾独抱向隅啊！"

赵扩听了这话，起身想走，曹美人急了，哀求地说："陛下才饮几杯，再坐坐吧！"

杨妃笑着说："姐姐不必着急，陛下到我那里坐一会，马上就回来，不会让你久等。"

"是呀！朕一视同仁，这边饮几杯，那边也饮几杯。"赵扩说罢，起身同杨贵妃乘辇而去。

曹美人见赵扩随杨贵妃去了，知道自己中计，但却又无可奈何，气得大哭起来。

杨贵妃将赵扩请到自己宫里，亲自捧杯劝酒，使出浑身的柔媚手段。

赵扩的酒量本来就不大，而且先在曹美人宫中饮过几杯，再被杨贵妃连劝几杯，已经略显醉态。杨妃乘势问道："像臣妾的才貌，可能继位中宫吗？"

赵扩随口答道："你有才有貌，继位中宫，不是问题。"

"天子无戏言，请陛下把刚才说的话写在纸上。"杨贵妃一边说，一边叫宫女准备笔墨纸砚。

这些宫女事先已得到吩咐，文房四宝都是准备好了的，杨贵妃的话音刚落，她们就已端上来了。

赵扩喝得醉醺醺，取过纸笔，写了"贵妃杨氏可立为皇后"九字。

杨妃又取一张预备的白纸，请求照样再写一遍，赵扩再次提笔，一挥而就。

杨贵妃春风满面，屈膝谢恩，然后命宫娥替赵扩去冠脱袍，伺候他入帐安睡。她自己则急匆匆地写了一纸便条，连同赵扩的御笔，一并交给贴身近侍，吩咐他连夜送交杨次山，然后回寝宫侍奉皇上。

一度春风之后，杨贵妃说她已经将御笔发出去了。

赵扩本来就有意立她为后，所以并不发怒，只是担心韩侂胄力保曹美人，还说是韩后的遗嘱，怕他出面谏阻。

"立后是陛下的家事，他不是太上皇，怎能干涉？只需加他爵位，管教不作一声。"杨贵妃用心极深，看来她早有打算。

杨贵妃是一个很有心计的女人，为了安全起见，她当时请赵扩写了两封御批，一封经过正规渠道，从内廷发往宰相衙门，另一封则经内侍通过私人渠道，直接送给了她的结拜哥哥杨次山。

杨次山，并非杨贵妃的至亲骨肉，同姓不同宗，其实是八竿子打不到一块

— 325 —

的两个人。

杨贵妃出身低贱，甚至连她生母的姓氏，正史都不见记载。乾道年间，她随养母张氏一起到德寿宫的乐部做歌姬。因为她天生丽质，容貌出众，加之又冰雪聪明，凡听到的乐谱，马上就能唱出来，珠喉婉转，格外动听，且还生得一副楚楚可怜的身段，娇媚动人的相貌，是一个秀色可餐的大美人，相形之下，六宫嫔妃逊色不少。后来，养母因年老回了乡下，将杨氏留在宫中侍奉吴太后。

杨氏善解人意，太后也很喜欢她。

赵扩在做嘉王时，经常到太皇太后后宫家宴，杨氏此时已经出落得楚楚动人，自然引起了他的注意。

赵扩即位之后，一直对太皇太后身边的杨氏念念不忘，杨氏也觉到赵扩对她有意，在内廷家宴上，两人常常眉来眼去。太皇太后也觉察到了，有些不高兴，准备严惩杨氏。有内侍劝道："娘娘连天下都给了孙子，一个侍女怎么又舍不得呢？何况，这样的事也没有必要闹得大家都不愉快呀！"

甚至还有人对太皇太后说："娘娘还没有见到玄孙，看杨氏的面相，宜生子嗣。"

看来，赵扩和杨氏，背地里早就做了不少工作，太后身边的人，几乎都被他们收买了，关键时刻，都能替他们出力。

太皇太后见众人相劝，也想通了，干脆做个顺水人情，将杨氏赐给赵扩。

赵扩收了杨氏后，封她为婕妤，接着封为贵妃。

尽管赵扩对杨氏宠爱有加，但杨氏还是觉得自己出身低微，没有"亲兄弟"的支持，很难在政治斗争中立足，于是找到杨次山，冒认为哥哥，作为她在外朝的耳目和帮手。

杨氏果然是个聪明的女人，这个冒认的哥哥杨次山，在关键的时候，派上了用场。

第二天早朝，杨次山把昨晚接到的御笔拿出来，当众宣旨：贵妃杨氏可立为皇后。

百官对此并无异议，因为从内廷也发出了同样的御笔。等到韩侂胄上殿，赵扩临朝的时候，御笔已经由辅臣们接去了。

一切都木已成舟，韩侂胄想改变也来不及。只得任凭辅臣们准备册后典礼。

册后的典礼完成后，大臣们多半加官晋爵，韩侂胄竟然晋升为太师，只有谢深甫似乎厌倦了官场的尔虞我诈，力求辞官，赵扩准奏。

一切都在杨皇后的掌控之中。

唯小人与女子难养也！女人耍起手段来，并不比男人差。

三　引火自焚的北伐

为战而战

韩侂胄以太师、平原郡王的双重身份，位极人臣，他的一班狐群狗党，都尊称他师王。

陈自强、许及之也分别晋升为右宰相、枢密院知事。

陈自强是一个贪婪而又卑鄙的小人，当上右宰相后，立即露出了贪婪的嘴脸，使出浑身解数敛财，只要是下面递上来的书信奏折，必须先给他送礼，叫做拆封钱，否则，书信、奏折就会搁置一边，概不受理。

他还发动老婆、子女、亲戚一齐上阵，卖官鬻爵，想加官晋爵的人，只要给钱，都能得到想要的官，从一般小吏、到知县、知府甚至朝廷各部门的要职，都是明码标价，如果一个职位有几个竞争者，那就价高者得。

临安城发大火，陈自强的家也未能幸免，贮藏在家的金银财宝，在大火中化为灰烬。韩侂胄发动百官给陈自强捐款，自己也带头捐了一万贯钱。

师王带头捐款，其他人不敢落后，于是纷纷解囊，几个月下来，陈自强得到的捐赠就达六十万贯，竟然比大火烧掉的家产还要多。

陈自强喜出望外，感激涕零地说："今生只有一死，才能报答师王的大恩大德。"他同僚属们说话，不称韩侂胄的官称，更不叫名字，而称恩主恩公。

陈自强是韩侂胄的老师，中国自古就有一日为师，终身为父之说，陈自强竟然称韩侂胄为恩主恩公，辈分降了两级，以徒为父，恐怕也只有陈自强这样卑鄙无耻的小人才做得出来。

朝廷各部门的重要职位上，都是韩侂胄的亲信党羽，宰相陈自强都称他"师王"、恩主恩父，朝廷大小事情都由韩侂胄说了算，本来就不愿意操心的赵扩，干脆当起了甩手掌柜。

韩侂胄稳固权势后，在南宋已无敌手，久静思动，居然把眼光投向北方，图谋兴兵北伐，收复中原，以雪国耻。

关于韩侂胄北伐的动因，有人说是吴太皇太后、韩皇后去世之后，韩侂胄失去了后宫的支持，急于想建立不世之功来巩固自己的地位。其实则不然。吴太皇太后的去世，对韩侂胄并没有什么影响，韩皇后去世，他照样还是升官。他之所以要兴兵北伐，挑起战祸，完全是一个贪字作怪。

韩侂胄是武将，有着强烈的建功立业、光大门楣的欲望，尽管已位极人臣，但武将的功勋在战场上，他没有战功，想补上这一课。

还有一个原因，就是收买人心。他擅权多年，过足了官瘾，但也觉察到，多年的党禁，并不怎么得人心，失人心者失天下，这样浅显的道理，他还是懂得。

嘉泰二年，他请旨追复了赵汝愚、留正、周必大、朱熹等人的官职，摆出了与道学派和解的架势，为的就是笼络人心。

韩侂胄想兴兵北伐，为的是一己之私欲，为战而战。他曾在嘉泰元年派吴璘的孙子吴曦到四川掌管军队，为北伐做准备。

在韩侂胄的全力推动下，北伐进入了实质部署阶段，战争的味道越来越浓，敏感的人们都意识到，朝廷又要打仗了。

朝野的议论声越来越响，很多人都反对战争。沉浸在建立不世之功幻想的韩侂胄，根本就听不进反对的意见。他认为，金国这座大厦已经都腐朽了，衰败了，到了不堪一击、一推就倒的地步。

韩侂胄似乎看得不错，金国这时候确实是衰落了。

早在淳熙十六年（1189年）正月，金世宗完颜雍就已经病逝。

金世宗是金国历史上一个有名的贤明君主，被国民称为"小尧舜"。在他统治期间，兴太学，求直言，宋辽两国的宗室，只要是死在金国的，他都安排人移葬到河南广宁旧陵墓地，很有人情味。

完颜雍的儿子完颜允恭立为太子之后不久就死了，留下了儿子完颜璟。完颜雍立孙子完颜璟为皇太孙。完颜雍死后，就由这个孙子继承了皇位。

完颜璟是个败家子，即位之后，不修朝政，沉溺于酒色，内宠妃子李师儿，外宠佞臣胥持国，导致金国内政大乱，宗室内部频起争斗。

国内乱象已生，外敌也日渐强大，北方新崛起的蒙古部落，是金国最大的威胁。金国的拐子马在对宋朝作战的时候所向披靡，但在蒙古铁骑的面前，却弱不禁风，宋朝的金钱养肥了女真人，但也让这些女真人在优越的环境下退化了，再也没有当年那种凶悍劲了。无奈之下，他们只好在北部边防线上挖深壕，筑边墙，想以此阻挡蒙古人南侵。这如同当年的北宋防范契丹人、女真人一样。

坚固的防御工事，也得要有强悍的人才能守得住，曾今生猛、不可一世的女真人，已经习惯了打败仗，当时燕京一带流传着一首歌谣："鞑靼来，鞑靼去，赶得官家没处去。"形象地说出了金国的窘境。

宗室内讧，战祸连年，境内还有盗匪作乱，加之自然灾害连年发生，百姓苦不堪言，国家几乎没有安宁日子。

战火重燃

韩侂胄得知金国内外交困，以为有机可乘，苏师旦也极力怂恿出兵北伐，立盖世功名以巩固自己的地位。于是，韩侂胄开始筹备北伐，他先从国库拿出一万两黄金，作为战场上的奖励基金，接着买战马，造战船，增置襄阳骑兵和溆浦水军，再命吴曦在西蜀加强练兵，以备征战。

安丰守臣厉仲方给韩侂胄写信，说淮北的流民都有回归之意；浙东安抚使辛弃疾到临安拜见韩侂胄，说金国发生内乱，必定灭亡，建议北伐，收复中原。

韩侂胄兴兵北伐的意志更加坚定。

韩侂胄似乎懂得一些用兵之道，为了激励士气，他奏请赵扩同意，给九泉之下的抗金英雄岳飞平反，追封岳飞为鄂王，又给阴司地府的大奸臣秦桧追加处罚，请旨削掉了秦桧的官爵，改谥号为"缪丑"。

岳飞千古奇冤风波亭，是国人的遗憾；秦桧屈膝求和，陷害忠良，是国人的公敌。

韩侂胄做的这两件事，为自己赢得了不少印象分。其中指责秦桧"一旦纵敌，遂遗数世之忧；百年为墟，谁任诸人之责"的诗句广为流传，人们郁积心头多年的不平之气一吐为快。

追封岳飞、削夺秦桧，是一件最长士气、很振奋人心的事情。可惜，这样的好事情，正派人士没有做，竟然让一个大奸大恶之人做了。可见，韩侂胄虽是一个奸佞，脑袋瓜子绝对比一般人好使。

可惜的是，韩侂胄知彼不知己，没有自知之明。当时的南宋，国力并不比金国强，朝臣和将领都是一些酒囊饭桶，以拍马屁为职业，以捞取权势和钱财为目的，谁也没有把心思放在正事上。

南宋也不是没有人才，只是真正的人才都不在朝中，都靠边站了，虽然这是前两朝的积弊，但韩侂胄的党禁，更是使这种积弊雪上加霜：一些正派人士被撵出朝廷，留下来的如苏师旦、陈自强、许及之、赵师择这些人，都是一些阿谀奉承的卑鄙无耻之徒。

韩侂胄低估了金人，高估了自己和他的党徒，他亲手为自己挖下了墓穴。

准备工作完毕之后，韩侂胄同许及之商量，想让他去镇守金陵。

许及之是个平庸之徒，叫他钻狗洞、磕头作揖，他很擅长，但却不是上战场同敌人真刀真枪干的人，听说要他上前线，吓得都尿了裤子，坚决不干。

韩侂胄见这个钻狗洞的尚书竟然如此无用，一气之下，摘了他的乌纱帽，让他回家休息去了。

嘉泰五年，赵扩下诏改元，次年为开禧元年。

韩侂胄唆使陈自强、邓友龙等人向赵扩上书，委他以重任。赵扩果然照准，授韩侂胄平章军国事。

平章军国事，是个凌驾于宰相之上，军政一把抓的职务。

韩侂胄升任平章军国事后，朝中军国大事更是一个人说了算，任免将帅，连皇上都不用打招呼，假作御笔，一条龙服务。

金主完颜璟听说南宋在边境频频调动兵力，有北伐之意，召集大臣们商议，大臣们不相信，说南宋刚吃败仗不久，自救都来不及，不敢兴兵毁约。

只有完颜达独持异议，他说："南朝取前代开宝、天禧纪元，设置忠义、保捷两路军，明摆着是有用兵之意。"

完颜璟同意完颜达的看法，命平章事仆散揆带兵奔赴汴京，加强军事防务。

仆散揆到达汴京后，给南宋写信，责怪南朝毁约。

南宋当然不会承认，谎称是加强边关防务，防范盗匪，没有别的意思。

南宋的谎言，瞒过了仆散揆，仆散揆不但按兵不动，而且还上奏完颜璟，说南边无战事，南宋调兵，只是正常调防，不必大惊小怪。

完颜璟过生日，南宋派陈景俊到金国向这个叔皇帝祝寿。完颜璟对陈景俊说："前朝世宗皇帝答应和宋朝世世代代以叔侄相称，希望侄宋皇帝不要忘记了。"

完颜璟明显是底气不足，宋金两国打打杀杀百余年，金国皇帝以这种口气同南宋说话,恐怕还是第一次。

陈景俊回朝后,将完颜璟说的话转告给宰相陈自强。陈自强吩咐陈景俊,不要让皇上知道这件事。

时隔不久,赵扩过生日,金国使臣赵之杰到临安来恭贺这个侄皇帝。陈自强故意在众人面前羞辱赵之杰。赵之杰一怒之下,要求面见赵扩。

韩侂胄劝赵扩不要见金使,说金使蛮横无理,是来找茬的。朱质甚至还奏请赵扩杀了赵之杰。

陈自强的目的很明确,就是要使宋金的矛盾激化,挑起战火。

幸亏赵扩还没有糊涂透顶,没有听信朱质的话。只是给金使传话,让他改期再见。赵之杰负气而去。

韩侂胄命邱崈为江淮宣抚使,岳崈一再推辞,不去上任,并还写信奉劝韩侂胄,说金人未必有意毁盟,为了中原考虑,我们平时应该努力练兵,如果对方挑衅,可以后发制人,两国交战,胜负难料,擅自挑起战祸,误国误民。

韩侂胄看了邱崈的信,很不开心。

开禧二年(1206年),赵扩在韩侂胄的怂恿下,命皇甫斌进兵唐州、郭倪进兵泗州。

韩侂胄又命程松为四川宣抚使,命兴州都统制吴曦为副使。

韩侂胄精心策划北伐战争,正式开始了。自孝宗皇帝"隆兴和议"之后,相对平静了四十多年的宋金两国边界,再次燃起了战火。

四月,宋军先后攻占了泗州、新息、褒信、颖上、虹县。接连的捷报,使韩侂胄心花怒放,梦寐以求的不世之功,似乎已经是唾手可得,他立即跑进宫,请赵扩下诏正式北伐。

宋军的开门红,也让赵扩兴奋起来。

五月初七,南宋正式对金宣战。

韩侂胄派薛叔拟任京湖宣抚使,邓友龙任两淮宣抚使,调兵遣将,准备北伐。

战场上,永远是千变万化,不到最后一刻,谁也别说自己是胜利者。有了一个良好的开局,并不一定就有一个胜利的结尾。接下来的事情,就让韩侂胄叫苦不迭。

郭倪派郭倬、李汝翼率兵攻打宿州,被金人杀得丢盔弃甲;李爽率兵攻打寿州,被金兵杀得大败而归;皇甫斌攻打唐州,也传来了失利的消息;王大节率兵攻打蔡州，一战即溃。宋军几乎是兵败如山倒。

南宋的这些将领，都是一些无能之辈，若仅仅是无能倒也罢了，有的人无能还无兼耻。比如郭倬，攻打宿州失败后向蕲州方向逃窜，途中陷入金兵的包围，他居然把马军司统制田俊迈抓起来送给金人，当着买路钱，说战祸是这个人挑起来的，要杀就杀他。最后，田俊迈被金人杀了，他却活着回到南宋。

韩侂胄得知各路兵马都吃了败仗，又惊、又怕、又怒、又上火。他立即采取补救措施，请出邱崈，让他去接替邓友龙。

邱崈字宗卿，江阴人，一向忠义，他本来不主张北伐，所以之前一再推辞，如今听说两淮一带形势危急，只得前去任职。

邱崈也非将帅之材，只是矮子里面选高个儿，蜀中无大将，廖化做先锋罢了。

韩侂胄又将吃了败仗的王大节、皇甫斌、李汝翼、李爽一同削职查办，将那个无能又无耻的郭倬斩首示众。

此时的韩侂胄已经有了悔意，后悔不该听信苏师旦的谗言贸然出兵。凑巧李璧前来拜访，韩侂胄留他吃饭，席间谈到苏师旦，李璧说："苏师旦这个人野心很大，一心想独揽大权，故意让太师陷入左右为难的窘境，不罢免他，不足以谢天下。"

韩侂胄因此而罢免了苏师旦，抄了他的家，将他流放到韶州去了。

神勇毕再遇

韩侂胄还没有部署完毕，金军就开始大举反击了。

金军这次反击，分九路南下。

仆散揆自率兵三万攻打颍州、寿州；完颜匡率兵二万袭击唐州、邓州；纥石烈子仁率兵三万攻涡口；纥石烈胡沙虎率兵二万攻清河口；还有完颜充率兵攻打陈仓；富察贞率兵攻打成纪；完颜纲率兵攻打临潭；石抹仲温率兵攻打盐川；完颜磷率兵攻打来远。

韩侂胄听说金兵分九路大军同时南下，急得寝食不安，只得命两淮宣抚使邱崈为签书枢密院事，兼任江淮军马都督。

金将胡沙虎从清河口渡过淮河，兵困楚州。有人劝邱崈放弃淮河防线，退守长江。邱崈声称要与淮河共存亡，下令加强防御。

金国大军南下，一路势如破竹，没有遇到有力的抵抗，先后攻陷光化、信

第四章 政治傀儡

阳、襄阳、随州、颖口、安丰、霍邱、滁州、扬州，德安府、和州也被围困。

但是，金兵在攻打六合时，却遇到了一个狠人，这个人就是就是南宋副将毕再遇。

毕再遇对战局有一个比较清醒的认识，当金兵逼近长江时，他预料金兵必取六合，于是抢在金兵的前面，进驻六合城。

金军大将纥石烈子仁，以为六合无兵防守，前往六合，只是接收一座空城，谁知刚走近六合城南门，就遭到宋军的伏击，好不容易突出重围，攻到六合城下，又遭重创。

原来，毕再遇见金兵攻到城下，命宋军万箭齐发，随之率兵冲出城门，仓促应战的金兵，连遭打击，立即溃不成军，只得撤退。

金兵虽然挨了当头一棒，但后续部队还是源源不断地涌来，数万金兵，将六合城围得水泄不能。

毕再遇以不变应万变，只要金兵逼近城边，就万箭齐发。宋军的劲弩射程远，穿透力强，是当时最具威力的武器，金兵在箭雨之中很难靠近城墙。

宋军的弩箭尽管利害，但在战斗最激烈的时候，箭却用完了。宋军如果失去了这种威力强大的远程打击武器，同金兵短兵接触，没有任何优势。士兵不免惊慌起来。

毕再遇胸有成竹地对大家说："不碍事，不碍事，我自有借箭的办法。"

毕再遇的办法说起来也很简单，就是叫几个士兵举着一个顶盖，在城墙上走来走去。这个顶盖，不是一般的顶盖，而是只有统兵大将才能使用的东西。

城下的金兵看到城墙上有个顶盖游来游去，以为是宋军的主帅亲临督战，张弓搭箭，瞄准顶盖就射，箭如飞蝗般飞上城墙。

毕再遇成功地上演了一场宋代版"草船借箭"的戏，让金兵白白地送上数万支箭。这还不算，他竟然还叫人在城墙上奏起了音乐，开起了战场音乐会。

毕再遇打的是心理战，音乐会的质量虽然不高，震慑力却不小。不但鼓舞了士气，同时也是告诉金兵，别看你们将六合城围得严严实实，我们还真不当回事。

金军围困六合久攻不下，士气本来就不高，遇到毕再遇再来这么一手，士气更加低落。

毕再遇又抓住机会，大打游击战，派出多支小部队，不分白天黑夜，出城骚扰，弄得金兵吃不好，睡不安，无奈之下，只好撤兵。

想走也不那么容易，因为毕再遇不让他们好走，率军随后一阵穷追猛打，殿后的金兵，被宋军击溃。失去后卫的金军，除了狂奔逃命，已经没有第二条路可走。

神勇的毕再遇，总算给南宋挽回了一点面子。

金国这次出兵南下，其实是被动应战，他们无意于攻城略地，六合兵败之后，仆散揆有意罢兵议和。于是，他找到韩琦的第五代孙子韩元靓，让他渡过淮河，向南宋传递信息。

韩元靓渡过淮河，向南宋两淮宣抚使邱崈表达了仆散揆的意思。

这事邱崈作不了主，送走了韩元靓，立即上疏奏报朝廷。

韩侂胄见宋军节节败退，有些后悔发动了这场北伐战争，已经不想再打下去了。

双方都是议和的愿望，接下来就是议和的条件了。

经过几轮接触，金人提出的条件是：南宋割地，交出挑起这次战争的罪魁祸首。

南宋派出使臣对金人讲，南宋北伐，是苏师旦、邓友龙、皇甫斌这几个人挑起来的，如今，这几个人都被南宋朝廷罢官了。

仆散揆则派人对南宋讲，苏师旦、邓友龙、皇甫斌这几个人根本就作不了主，真正的战犯、罪魁祸首是韩侂胄。

韩侂胄为难了，仗他是不想打了，议和也是他的主意，但如果为了议和，连自己的命都搭上，这样的一锤子买卖，他是不会干的。于是，他派人去对仆散揆说，交出战犯的问题，放后一步再说，为了表示诚意，南宋愿意先归还淮北的流民及本年度给金国的岁币。

仆散揆其实也不想打，同意暂时休兵。于是，金兵从和州退到下蔡扎营，准备议和。

韩侂胄担心议和不成，把希望寄托在吴曦身上，指望他在川陕战场上对金人施加压力，迫使金人坐到谈判桌上来。

谁知西线大捷的战报没有等到，却等来了吴曦叛国投敌的消息。

将门也有犬子

金军南下攻打宋朝，历来都是东路、中路、西路三线三箭齐发，宋金作战,也是分东路两淮战场,中路京湖战场,西路川陕战场。

南宋也因此形成三大作战兵团,东线两淮兵团,中线京湖兵团,西线川陕兵团。

金军这次南下,重兵放在东路和中路,西路却没有什么大的动作。这似乎不合常理。要么是金人有什么妙招,要么是南宋在川陕出了问题,金人才敢对西线有恃无恐。

南宋在川陕战场上,确实出了问题。问题就出在吴曦身上。

宋军的川陕兵团,曾经有过辉煌的历史,这个历史与吴氏家族密不可分,吴氏家族的第一代人物吴玠、吴璘兄弟俩,是这个辉煌历史的缔造者。第二代人物吴挺,也曾打过不少漂亮仗。

但是,吴氏家族虽然威震川陕数十年,战功累累,但在那个"以文制武"的朝代,吴氏家族的第三代人物吴曦,被朝廷调离了川陕前线,剥夺了兵权,成了尊贵的政治花瓶。

吴曦本来在临安任殿前副指挥,但却是一个不甘寂寞的人,他和韩侂胄一样,有着恢复祖先荣誉的强烈愿望,请求回四川去干一番事业。宰相陈自强将他的想法转告韩侂胄。韩侂胄满足了吴曦的要求,让他出任兴州都统制。

吴曦终于重返川陕,得到了一展身手的机会。

吴曦重返川陕后,川陕的军民对他表示了最热烈地欢迎。然而,这个自小锦衣玉食的家伙,却辜负了川陕军民对他的期望,竟然做出了让人寒心的事情。

吴曦到兴州后,用一种见不得人的手段撵走了副统制王大节,独揽兵权,至于他想干什么,恐怕只有他自己知道。

韩侂胄很看重这位仁兄,不久又任命他为四川宣抚副使。

宣抚使程松到四川后,召开军政会议,作为副使的吴曦,居然不赴会,而且还将程松一千八百人的卫队调走了。

安丙多次提醒程松,说吴曦可能有异志,要提防着点。程松不以为然。

韩侂胄认为吴曦是将门虎子,对他期望很大,不久,又让吴曦兼陕西、河东招抚使。

吴曦大权独揽,并不急于训练兵马,加强战备,而是大兴土木,先做了一件光宗耀祖的事,给他的爷爷吴璘修建一座庙宇,接着又搞面子工程,在江边"际山为园,广袤数里",一番折腾,将他祖上留下的那点余荫,几乎都弄光了。

吴曦虽然是名将之后，这并不等于他也会打仗，他组织了多次战役，都以失败而告终，特别是开禧二年七月秦州那一仗，原以为能一战成功，结果却一败涂地，被金兵打得落荒而逃。

一连串的失败，让吴曦的自信心丧失殆尽，他想不通爷爷和老爸的仗是怎么打的，祖辈和尚原那一仗，让他听起来就是天方夜谭。接下来，吴曦竟然做出了出卖祖宗的事情，派心腹姚巨源暗中潜往金国，说他愿意献出阶州、陈州、和州、凤州，条件是金国封他为蜀王。

金主完颜璟从内心里不愿意同南宋发生冲突，内忧外患，早就让他心烦不已，因此才百般向南宋示弱，叫南宋不要忘了宋金盟约。韩侂胄的步步紧逼，让他认识到，南宋这次是玩真格的，想不打也不行，只好硬着头皮准备打仗。

在完颜璟的各项策划中，有一条就是釜底抽薪之计，对象就是策反南宋川陕前线的主将吴曦。

完颜璟亲自给吴曦写了一封招降书，还铸了一枚金印，派人送给吴曦。

完颜璟写这封招降书的时间是开禧二年（1206年）六月，本来，完颜璟对招降吴曦并没有多大把握，他抱着"张嘴三分利，不给也够本"的想法，招降不成也可以起一个反间的作用，能换取南宋对吴曦的疑心，就可以动摇南宋的军心，也是收获。

谁知这种有鱼没鱼撒一网的战术，竟然真的捞到了一条大鱼。

完颜璟虽然使的是偷鸡摸狗的招数，但有些话却还是很有说服力，比如说吴曦的爷爷吴璘和他的哥哥吴玠，虽然为宋朝立下了汗马功劳，但却遭到猜疑，这些事情都是事实，并不是完颜璟捏造出来的，特别是说岳飞"威名战功，暴于南北，一旦见忌，遂被惨夷之祸，可不畏哉？"这段话，更是发人深省。这些都是宋朝的庸君奸臣做的混账事，现在被金人当成了策反的教材，事隔六十多年，金人狠狠地掴了赵构和秦桧一记大耳光。

完颜璟说得不错，以屡建战功的岳飞尚且难逃一死，何况自己屡吃败仗。吴曦越想越心寒，越心寒越觉得完颜璟说得有理，而列土封王又是一个极大的诱惑。

与此相对应的是，宋军在两淮和京湖两大战场打得不可开交，川陕战场却一点动静也没有。失去策应的两淮和京湖两大战场，压力增大，节节败退。

东线、西线的溃败，促使吴曦最终下定了反叛的决心。

开禧二年十二月，吴曦不顾部属的反对，向金国献上阶州、陈州、和州、凤州的地图和吴氏族谱，接受了金国的诏书和金印，走上了叛国投敌的道路。

四川宣抚使程松，得知吴曦反叛的消息，一点平叛的意思都没有，连夜逃出了四川。

吴曦已经投进了金人的怀抱，临安城的韩侂胄还蒙在鼓里。

邱崈听说吴曦叛国投敌了，上疏朝廷，奏请同金人和议，并发兵申讨叛逆。他还说，既然金人说韩侂胄是战犯，罪魁祸首，今后，在同金人的书信往来中，干脆就不要提韩侂胄这个名字。

韩侂胄见了邱崈的奏折，气得暴跳如雷，下令撤了邱崈的职，让张岩去接替他的职务。并准备也封吴曦为蜀王，想重新将他拉回来。

吴曦反叛进行得虽然很顺利，但他的统治基础并不稳固，除了少数心腹之外，并没有多少人支持他，很多人拒不接受他任命的官，有装病的，有逃跑的，有的甚至以自杀表示抗议。

尽管川陕的军民不合作，吴曦还是自我感觉良好，并于开禧三年正月，正式称蜀王。开始了他割据一方的梦想。

吴曦接受金人蜀王的封号，等于是接到了催命符。

南宋在川陕的高官都逃走了，留下来的人，也是暗流涌动，私下里都在打着各自的小算盘，恨不得剥了吴曦这个投敌叛国的卖国贼皮才解恨。

有一个叫杨巨源的仓库管理员，就在密谋讨伐吴曦。别看他们是小人物，有时候，小人物也可以干大事情。

杨巨源同兴州中军正将李好义等人密谋，准备除掉吴曦。

这一天，杨巨源伪造了一份诏书，盖上仓库的大印当玉玺，李好义率徒众七十四人，趁着夜色，摸进了吴曦的伪宫，就冒充朝廷信使，扬着手中伪造的诏书，大呼道："奉朝廷密旨，前来除贼，有敢助纣为虐者，株连九族。"

吴曦的卫兵有千余人，他们本来就不想侍奉这个卖国贼，听说有人奉旨除贼，也不问真假，纷纷扔下刀枪，溜之大吉。

吴曦听到外面响声不对，知道情况不妙，翻身下床，光着脚丫就要逃命，但还是迟了，因为李好义及众义士已经提刀挡住了门口。

吴曦想反抗也来不及，早有人冲上前，一刀砍下了他的头颅。

吴曦称蜀王，前后只有四十一天时间。

四 一锤子买卖

英雄有憾

吴曦反叛只是一场闹剧,很快就被几个小人物给搞定了。论功行赏,这几个小人物应该得到奖赏,好好地风光一下。接下来发生的事,却展示了人性的丑陋。

关于吴曦,曾有一个传说,传闻中的人,同吴曦的命运紧密地联系在一起。这里,先交代一下这个带有神秘色彩的传说。

据说,吴曦在十岁的时候,他的父亲吴挺问他有什么志向。吴曦想都没想就说:"我想做皇帝!"

如果是普通百姓的娃说出这样的话,那是小孩子过家家,闹着玩的。可吴家不是普通人家,吴璘、吴玠是大宋王朝雄霸川陕的名将,吴挺也是手握兵权的四川节度使,在那个"以文制武"的年代,朝廷时刻提防着手握兵权的武将有不臣之心,只要有谣言,不论真假,轻则摘掉乌纱帽,重则连脑袋一同拿走,连威震敌胆的岳飞也不例外。所以,稍微有点脑子的武将,都是收敛锋芒,夹着尾巴做人。

吴挺也是夹着尾巴做人的人,听到儿子说出这种大逆不道的话,气得一巴掌搧了过去,吴曦立足不稳,跌进旁边的火盆里,家人他扶起来的时候,已经是满脸焦灼,家人戏称吴曦为吴疤子。

吴曦重回四川后,有一次打猎至晚方归,抬头看见天上的月亮中有个人,也是骑着马,手提长鞭,与自己模样相似。便问左右看见了没有。

左右都是吴曦的心腹,谁都想讨好他,于是顺着他的竿子爬,都说看见了,同他的模样没有任何区别。

吴曦高兴得手舞足蹈,说自己将来必定大贵,月亮中的那个人影,就是他的前生,他对着月亮,又是磕头,又是作揖。回家后,大摆宴席,好好地庆贺了一番。从此,渐生不臣之心。

有一天,从事郎钱巩之夜里做了一个梦,梦见吴曦在一个神庙里祈祷,用银杯为珓,掷在地上占卜,神忽然站了起来,说道:"公何疑?公何疑?政事已吩咐安子文了。"意思是你还有什么疑问呢?所有的事情都吩咐安子文了。

第四章 政治傀儡

有什么不解的，去问他吧！

神见吴曦没有听懂，补了一句："安子文有才，足能办此。"

钱巩之将梦境告诉了吴曦。

这件事载于正史。

传闻的前半段，是说吴曦从小就有叛逆之心，后半段则是一个梦。梦的真假如何，恐怕只有钱巩之自己清楚。

此后发生的事情，都与安子文有关，先是安子文做了吴曦的长史，后来，安子文又将吴曦送上断头台。

这个安子文，就是那个叫四川宣抚使程松提防吴曦的安丙，子文是他的字。

杨巨源、李好义在策划平叛的时候，担心自己的官职太小，杀了吴曦之后恐怕很难稳定四川大局。有个叫程梦锡的人知道了杨巨源在策划平叛的事情，便将这件事情转告给四川转运使、也就是吴曦的长史安丙，并且说出了杨巨源的顾虑。安丙立即叫程梦锡引杨巨源来见他。杨巨源见面就问："先生真的愿意做逆贼的长史吗？"

说话单刀直入，一点也不拐弯抹角。

"我怎么会甘做逆贼的臣子呢？"安丙流着眼泪说："只是四川的兵将，多是一些酒囊饭袋，没人有能与谋，要想除掉这个逆贼，必须要有豪杰才能成事。"

杨巨源豪气地说："非先生不能主其事，非巨源不足了此事。"

安丙转悲为喜，答应替杨巨源善后。

杨巨源、李好义想借安丙的声望安抚局势，这本来是万全之策，但后来的事实证明，这却是一个最臭的选择。

安丙这个人官职虽高，但人品却很低劣，诛除吴曦，从策划到将吴曦送到阴司地府，他几乎是个局外人。杨巨源只是从善后安定大局考虑，通知了他一声，整个事件，他只是敲了一下边鼓而已。可是，在给朝廷写平叛材料时，他竟厚着脸皮把自己列为第一功臣，首创义举、率领义士舍命搏杀的杨巨源、李好义几乎成了多余的人，被排在参与人员的名单最后面，没有做任何说明。

平叛的主角成了跑龙套的，身居高官、只是敲了一下边鼓的安丙，却成了平叛的第一功臣。

远在临安城的赵扩，当然不知道四川平叛的真实情况，论功行赏，也只是以安丙那份平叛的汇报材料为依据。结果，安丙晋升为四川宣抚使，成了封疆大吏，享受着执政大臣的待遇，而真正的英雄杨巨源、李好义，在诏书中却只字未提。

杨巨源、李好义诛杀吴曦，并不是为了升官发财，完全是出于一种义愤，安丙贪天之功据为己有，虽然心里有些想法，但也没有撂挑子，李好义还率兵收复了被吴曦当着礼品送给金人的关外阶州、成州、和州、凤州四州和大散关，李巨源也赶赴前线参加作战。

杨巨源、李好义二人功高赏薄，被人偷梁换柱窃走了功劳，有人在安丙面前嘀咕，说赏罚不公，安丙才保荐杨巨源为宣抚使司参议官，而李好义仍然没有给一个说法。

安丙排挤平叛功臣，可以说是贪功，可是他重用王喜，却是有些让人不可理解了。

王喜是吴曦的心腹，吴曦死后，王喜不但没有受到惩处，反而还加官晋爵，升任节度使。王喜对谋杀旧主人的杨巨源、李好义等人恨之入骨，发誓要为旧主人做点事，他指使死党刘昌国投奔到李好义的军中，交结李好义。

李好义是个豪爽之人，这样的人一般城府都不深。城府不深的人有一个弱点，就是做事不懂得留一手，他认为，世上的人都和他一样，既然是朋友，就是铁哥们，铁哥们就要肝胆相照。这类人对朋友赤胆忠心，不害人，但却很容易被人害。

刘昌国投到李好义军中，很快同李好义交上了朋友，两人称兄道弟，经常在一起喝酒。李好义认为自己又交了一个朋友，谁知遇上的是杀手。刘昌国取得了李好义的信任，一次夜宴中，他在李好义的酒杯里放进了毒药，李好义喝下这杯酒后，七窍流血而死。当人们察觉是刘昌国做了手脚的时候，他已经跑回王喜那里请功去了。

据说这个刘昌国也没有得到好死，一次出游，大白天看到李好义手持利剑刺过来，吓得扑倒在地。这大概是因为做了亏心事，担心冤鬼找上门来，想多了，产生的幻觉。刘昌国被人救回家中，背上长出一个恶疽，疼痛难忍，几天之后，便一命呜呼了。这大概是天理报应吧！

李好义的死，同安丙没有直接关系，但杨巨源的死，却是他一手策划的。

杨巨源得知王喜毒死了李好义，便去找安丙理论，安丙不但没有追究王喜的意思，反而将李好义撵到京湖去了。李好义心中郁闷，便给安丙写了一封信，信中有："飞矢以下连城，深慕鲁仲连之高谊；解印而去彭泽，庶几陶靖节之清风。"

安丙得书后，知道李好义心怀怨恨，便对他有所戒备。

王喜知道杨巨源不会放过他，但他也绝不会放过杨巨源，暗中指使人诬陷杨巨源有谋反之意。一个平叛英雄，竟然成了一个图谋叛逆，这是很难让人相信的。但安丙却信了这个鬼话，而且还将这件事交给王喜去处理。

杨巨源在凤州打仗，这天刚收兵回营，战袍还没有卸下，王喜派去的人就到了，不管三七二十一，就将杨巨源抓起来，投进了阆州大牢。

事后不久，便传出杨巨源在狱中畏罪自杀的消息。

杨巨源到底是怎样死的，恐怕只有王喜最清楚。

一场轰轰烈烈的平叛战役，没能在世上产生两位英雄，却给地府添了两名新鬼。这种远离公平、公正的结局，为南宋此后的迅速衰落，留下了最好的注脚。

一锤子买卖

金国同意议和，条件是南宋必须交出战犯。

韩侂胄绝对是不会把自己交出去。因此，谈判陷入僵局。

和议还没有结果，金军主帅仆散揆突然病死军营。接替仆散揆的是完颜宗浩。

韩侂胄特意找来方信孺，任命他为国信所参议官，前往金国进行谈判。

方信孺到达汴京，正是宋军在川陕收复大散关的时候。

完颜宗浩提出的五个条件，：一是割让两淮；二是增加岁币；三是遣还归附之人；四是索要一大笔战争赔款；五是要战争主犯韩侂胄的人头。

他知道方信孺答复不了，便写了一封国书让方信孺带回。

方信孺回到临安后，向赵扩转达了金人的意思。赵扩以为，议和是由金人提出来的，最终达成和议应该不成问题，命林拱辰为通谢使，随方信孺，带着国书再赴汴京，并给金人通谢钱百万贯钱，名义上是犒赏将士，实际上是战争赔偿款。

完颜宗浩可不答应，说不是几个犒赏钱就能解决问题，他提出的是五个条件，少一条就免谈。

方信孺说，每年的岁币不能再加，一次性地给点犒赏钱还是可以的。并说这次来，主要是就交出战犯的事情提出商量。

你敲你的锣，我吹我的号，双方谈不到一块去，和议不欢而散。

完颜宗浩送走方信孺后，给南宋南两淮宣抚使张岩写了一封信，他在信中说：宋朝的皇帝如果向金国称臣，两国就以长江、淮河的中间水位线为界。如果世代成为金的藩属国，那就以长江为界，条件是必须献上韩侂胄的首级，增加岁币白银和绢布各五万，外加一千万两犒师银，这样才能议和。

方信孺回临安后，先去见韩侂胄。当说到金人的五个条件中的第五条时，就有些吞吞吐吐了，因为第五条是要韩侂胄的脑袋，他当然不好说。

"第五条是什么？"韩侂胄追问道。

方信孺踌躇了一会，最终还是说了出来："就是要你的项上人头。"

韩侂胄听罢，脸色大变，起身拂袖而去。

这个条件对于韩侂胄来说，那是太残酷了，他绝对不会为了议和而赔上自己的脑袋。因此，他奏请赵扩，将方信孺连降三级，撵到临江军去了，并撤掉两淮宣抚使张岩，派赵淳接替两淮宣抚使。

议和不成，那就准备打仗吧！

韩侂胄准备再战的消息传开后，朝野一片恐慌，既然韩侂胄的脑袋可以换天下太平，那么，杀了他就有了合理的借口。朝中暗流涌动，倒韩之声渐渐高涨起来。

倒韩的暗流有两个源头。一个来自皇宫，主谋者是杨皇后。一个源头出自宫外，敢于同韩侂胄叫板的人是礼部尚书史弥远。

杨皇后公然倒韩，出于一己之私愤。当初，中宫虚位以待，时为贵妃的杨氏和曹美人，都是皇后的有力竞争者，韩侂胄劝谏赵扩立曹美人为皇后，打压杨贵妃。杨氏对韩侂胄也一直是耿耿于怀，只是韩侂胄势力太大，一时奈何不了他，才将仇恨埋藏在心里。如今，朝中反对韩侂胄的人越来越多，她认为时机已到，决定出手痛打落水狗。

史弥远也非泛泛之辈，他是孝宗皇帝的老师史浩的儿子，淳熙十四年的进士，直到爬上礼部侍郎的职位，在和议方面，算得上是家传渊源，大有青出于蓝而胜于蓝之势。

史弥远是一个不甘居于人下的家伙，权力欲极大，对韩侂胄一手遮天的行为早就心怀不满，没事就琢磨着如何才能取代他。这次韩侂胄轻开边衅，他极力反对，曾向赵扩上书，说不应该轻易出战，后来又密奏赵扩，请杀了韩侂胄以安天下，并且还说，韩侂胄不死，天下就不得安宁。

赵扩没有采纳史弥远的建议，但这件事情却被杨皇后知道了。

杨皇后正想除掉韩侂胄这个眼中钉，苦于自己势单力薄，不敢轻举妄动，得知史弥远也在暗中做推手，图谋倒韩，便想在宫中助他一臂之力。她指使皇子荣王赵曮参劾韩侂胄。

赵扩虽有过不少儿子，但没有一个能活下来。因此，他将太祖长子燕王赵德昭的九世孙赵与愿收养在宫中，赐名曮，封卫国公。开禧元年，立赵曮为皇子，晋封荣王。

荣王赵曮奉了皇后之命，便在赵扩面前说事，说韩侂胄平日恣横，目无君上，现在又轻启兵端，危害到江山社稷，建议将此人正国法，以谢天下。

赵扩说赵曮是个小孩子，叫他不要乱说话。

杨皇后见儿子告黑状不奏效，只得赤膊上阵，直接对赵扩说："朝野上下，谁不知韩侂胄是个奸臣？只是畏惧他的势力，没有人敢说罢了，陛下怎么还不醒悟呢？"

"事关重大，等查清楚了再说吧！"赵扩见皇后站出来说话，口气缓和多了。

"陛下深居宫中，怎么查？"杨皇后看了赵扩一眼，接着说："这件事必须安排信得过的人去办才行。"

赵扩点点头，表示同意。

杨皇后担心夜长梦多，立即召来那个为利益而攀亲的同姓哥哥杨次山，把事情托付给他，叫他尽快想办法搞定这件事。临走时还吩咐了一句："只要能搞定，用什么手段都行。"

杨次山知道史弥远久有倒韩之心，直接到他家里去找他，告诉他皇后的意思。

史弥远见有后宫支持，立即就活跃起来，在他的串联下，参知政事钱象祖、礼部尚书卫泾、著作郎王启安、前右司郎张镃等人都成了他的盟友。

参知政事李壁，本来是韩侂胄的党羽，在史弥远的劝说下，竟然倒戈相向，调转枪口向韩侂胄瞄准。

史弥远等人的异常活动，引起了韩党中人的怀疑，韩侂胄也闻出了某种味道。

一天，韩侂胄上朝时碰到李壁，突然问道："听说有人想改变一下局面，你知道这件事吗?"

"谁说的?"李璧吞吞吐吐地说:"恐怕没有这种事情吧!"

"没有就好!"韩侂胄撂下一句话走了。

退朝之后,李璧急忙去找史弥远,说韩侂胄已经起了疑心。

史弥远也是大惊失色,立即召集大家商议。张镃负气地说:"事已至此,不是鱼死,就是网破,干脆杀了他,以绝后患。"

史弥远担心地说:"密旨只是说撤销他平章军国事职务,并没有说要他的命呀?"

其实,这个密旨也是个假冒伪劣产品,造假的作坊主就是皇后。

"既然韩侂胄起了疑心,你不杀他,就等他来杀你吧!"张镃补了一句。

史弥远犹豫地说:"擅杀大臣,这可是大罪,皇上追究起来怎么办?"

"还有皇后呢!"张镃怂恿地说:"皇后绝不会袖手旁观。"

大家都觉得这是个一了百了的办法,也都表示赞同。

史弥远见大家都赞成采取行动,立即下达命令,让侍卫统领夏震带三百名禁军,准备在韩侂胄上朝的时候,半路劫杀韩侂胄。

恰好这一天是韩侂胄的三夫人"满头花"的生日,一班韩家的走狗,都到韩府去送礼道贺。张镃和韩侂胄是通家,也准备了一份厚礼前往祝贺,他可不是去巴结韩侂胄,而是去搞火线侦察,看这些人聚在一起,有什么动作。

在韩府的酒席上,张镃还真的发现了一个很严重的事情,可惜被那个刚愎自用的韩侂胄疏忽了,才没有酿成大祸。

原来,正当筵席正热闹的时候,韩侂胄的家丁给他送来一封信。

张镃与韩侂胄同席,见家丁神态凝重,知道这封信非同一般,注意察看韩侂胄的脸色。

韩侂胄已经有七八分醉意,当场拆开信函,看后随手递给身边的张镃,摇摇头说:"这个白痴,又来胡说八道。"

张镃接过一看,原来是韩侂胄的死党周筠的密函,密函上说,有人要对韩侂胄下手,叫朝侂胄明天早上不要上朝。

张镃惊出了一身冷汗,周筠在密函中说的,正是他们即将采取的行动。他将密函还给韩侂胄,两眼看着他,一言不发。

谁知韩侂胄接过密函后,随手就烧了。

张镃暗自庆幸,这是韩侂胄恶贯满盈,天数已尽,不然的话,绝不会对这

第四章 政治傀儡

样重要的信息置若罔闻。

第二天一大早，韩侂胄正准备出门上朝，周筠气喘吁吁跑到他的家门口，挡在车前说："情况不妙，师王不能去上朝。"

"滚开！"韩侂胄突然来了火，怒斥道："我看谁敢来害我？"说罢，坐车走了。

周筠见韩侂胄不听劝告，竟然放声大哭起来。

韩侂胄的车走到六部桥，有禁兵列队挡住了去路，车夫大声喝道："是谁瞎了狗眼，挡住太师上朝的路？"

夏震走到车前说道："皇上有旨，罢免太师平章军国事。"

"什么？"韩侂胄掀开车帘，大声问道："真有此事吗？我怎么不知道？莫非是你们假传圣旨。"

夏震并不答话，命禁兵一拥而上，先将车夫推到一边，然后将韩侂胄的车劫持到玉津园。刚进园，有人上前一把将韩侂胄从车上拖下来，夏震命韩侂胄跪下听旨。

韩侂胄见情况不妙，吓得面如纸灰，懊悔不听周筠的劝阻，只好跪倒在地。

夏震宣读诏令："韩侂胄手握重兵，轻起事端，擅开边衅，使南北百姓生灵涂炭，罢免平章军国事一职，陈自强附会权贵，罢免右宰相一职。钦此。"

韩侂胄听完，以为仅罢平章军国事，师王的职位还在，心里正在盘算，改日再找夏震这个奴才算账。

夏震宣完旨后，转到韩侂胄的身后，突然从怀里掏出一把铁锤，对准韩侂胄的天灵盖砸了下去。

"嘭"的一声，韩侂胄的头颅顿时开花，红的、白的溅了一地，红的是血，白的是脑浆。

一锤子买卖，就要了韩侂胄的命。

史弥远等人在朝门等了很久，一直没有得到消息，以为行动失败了，大家人心惶惶，正想各自逃命。正在这时，夏震骑马赶来了，向大家报告，大功告成，奸贼已经伏诛。

大家一阵欢呼，只有陈自强呆呆地站一旁，局促不安。钱象祖走过去，从怀中取出诏书递给他，说道："韩侂胄和你，都已经被免职了。"

"我有什么罪？"陈自强惊问道。

— 345 —

"你手中不是有诏书吗？自己看呀！"

陈自强知道大势已去，叹了一声气，灰溜溜地走了。

议和

韩侂胄被杀，赵扩却还蒙在鼓里，当史弥远、钱象祖等人到延和殿向他报告，说韩侂胄已经伏诛的消息时，他竟然木讷地问："什么？韩太师死了？真的吗？"

大家见皇上表情淡漠，没有追究谁杀了韩侂胄，心里的一块石头总算是落了地，见他没有继续追问的意思，各自知趣地退下。

第二天，御史台的谏官们纷纷上书，列举韩侂胄的罪行，说他是死有余辜。

赵扩似乎不相信韩侂胄真的死了，所有奏折，一份也没有批示。直到三天之后，他才相信韩侂胄真的死了。至于是怎么死的，谁是杀手，谁是幕后推手，这一连串本该弄明白的事情，他一概不问。只是被动地接受了韩侂胄已死的事实。

当时，临安曾流传这样一首民谣：

> 释迦佛，中间坐；罗汉神，立两旁。
> 文殊普贤自斗，象祖打杀狮王。

借用佛教人物作比喻，两旁的罗汉分别以文殊、普贤二菩萨为首，代表斗争的两派：文殊的坐骑为狮王，这里的"狮王"指谐音"师王"，指的就是韩侂胄，普贤的坐骑为白象，用来影射吕弥远集团的骨干分子钱象祖，象祖打杀狮王，而坐在中间的皇帝赵扩，却似一座泥塑木雕的"释迦佛"像，浑然不知。这一民谣活脱脱地刻画出赵扩的愚钝无能和麻木不仁的形象。

当赵扩确认韩侂胄真的死了以后，也就开始做善后工作了，下诏历数韩侂胄的罪行，颁告天下，没收韩侂胄的家产，在抄家的物品中，乘舆御服最多，各种珍宝，都被韩侂胄的宠妾张、王两人给毁坏了，因此，这两个夫人也一并坐罪。

韩侂胄没有亲生儿子，只有一个养子，被流放到沙门岛去了。

过了一天，陈自强也被贬到永州。身在韶州的苏师旦被处死了，就连在诛杀韩侂胄行动有功的李壁，也遭到降职处分。

荣王赵曮被立为皇太子，更名赵询。

钱象祖升任右宰相，兼任枢密使；卫泾、雷孝友升任参知政事；史弥远为枢密院知事；林大中为签书院事；杨次山晋封开府仪同三司，赐玉带。夏震亦得升任福州观察使。且改元嘉定，决计主和。时已遣右司郎中王枏赴金军营中议和。夏震升任福州观察使。

随后，改元嘉定，决定同金国议和。

南宋派王枏到汴京，请求按以前的旧绝版，以叔父之礼对待金国，每年增岁币为三十万，再加犒军钱三百万贯。

金将完颜匡不依不饶，仍然索要韩侂胄、苏师旦的人头，后来，金主又命完颜匡写信给南宋，索要韩侂胄的人头，并且改犒军钱为白银三百万两。

王枏告诉完颜匡，说韩侂胄、苏师旦已经死了。完颜匡蛮横地说，死了，也要将人头交给他们。

王枏不敢表示反对，只得退回。

王枏回到临安后，汇报了金人的要求。

赵扩立即召集百官开会商议。吏部尚书楼钥认为，和议是国策，必须达成，既然金国要两个死人头，那就给他们吧，算不得什么。

其实，金国并不是要两个死人那么简单，而是了借此羞辱南宋。

南宋的君臣。没有人考虑到这个问题，一旦将两个人头交给金国，国家的尊严也随之丧失殆尽。也许他们是真不懂，也可能是为了要议和而假装糊涂，竟然没有一个人提出反对意见。

赵扩采纳了楼钥的建议，派人去打开韩侂胄、苏师旦的棺材，割下快要腐烂的两颗人头，做两个木匣子装好。

嘉定元年（1208年）三月，王枏带着韩侂胄和苏师旦的头颅，再次出使金国。

南宋送出这两颗人头，也敲断了自己的脊梁。

本来就急于结束战争的金人，看到南宋如此听话，立即借坡下驴，先将两颗人头悬竿示众，然后和南宋签订新的和约。

和约规定：金宋为伯侄之国，金国的皇帝从叔叔升格为伯父；南宋每年给金国白银三十万两，帛三十万匹，价码比以前各增加了五万；一次性给金国战争赔偿费三十万两白银。

南宋忍辱负重，白白搭上两颗人头，屈辱的条约还得照常接受。但史弥远这些人可就不同了，和约签订后，这些人俨然就成了功臣，加官晋爵，忙得不亦乐乎，这才是他们的最终目的。

史弥远不甘心，自己担风险、组织、策划，干掉了当朝老大韩侂胄，到头来最大的胜利果实被别人摘走了。于是，他先联合钱象祖，逼迫卫泾写了辞职报告，如愿以偿地以知枢密院事的身份兼参知政事。

时过不久，史弥远又升任右宰相，雷孝友掌管枢密院事，楼钥也为同知枢密院事，娄机为参知政事。此时，排在史弥远前面的只有左宰相钱象祖。

史弥远又和御史中丞章良结成统一战线，并动用太子的力量，将钱象祖从左宰相的位子上拽了下来。

被史弥远撵出朝廷的还有共同策划谋杀韩侂胄的王居安、张镃等人。

张镃是张俊的孙子，秉承了狠辣的家学渊源，当初在讨论如何处理韩侂胄的时候，就是他首先提出来要干掉韩侂胄。这样心狠手辣的家伙，史弥远当然不放心将他留在身边。

从此，南宋进入了史弥远大权独揽的时代。

五　草原上崛起的蒙古人

铁木真

中国北方有一个以游牧为生的民族，叫蒙古族，他们居住在斡难河、克鲁伦河流域，初属辽国，金灭辽之后，又隶属金国。

宋高宗绍兴年间，蒙古族首领哈不勒率兵攻打金国。当时的金国大元帅完颜宗弼亲自率兵前往征剿，虽然用尽了招数，凶悍的女真人，就是奈何不了勇猛的蒙古人，无奈之下，只好握手言和，金国册封哈不勒为蒙兀国王。并把西平、河北二十七团寨，割让给哈不勒。百余年后，哈不勒的后代，成了金国的掘墓人。

每一个民族的兴起，都离不开杰出的组织领导者，蒙古族的崛起，和一个让世界都为之颤抖的人联系在一起。

这个人，就住在东北斡离河畔，杭爱山脚下，他就是蒙古族的酋长成吉思汗。

成吉思汗，就是后来元蒙帝国的开国皇帝铁木真。

第四章　政治傀儡

说到铁木真这个名字，还有一个小故事。

铁木真的父亲名叫也速该，是哈不勒汗的曾孙，他率领部落的勇士们攻打塔塔尔部，活捉了塔塔尔部的头目，塔塔尔部头目的名字叫铁木真，于是，也速该就用"铁木真"这个名字做了自己儿子的名字。

也速该杀死了太阳汗，在塔塔尔人的心中播下了仇恨的种子，这些塔塔尔人要为他们死去的太阳汗报仇。

终于，塔塔尔部人寻找到一个机会，在也速该的食物中投毒，让也速该到地府去同他们的太阳汗做伴去了。

据说，塔塔尔部谋杀也速该，暗中受到金人的指使。

也速该死后，铁木真和他的母亲诃额仑，成了孤儿寡母，母子俩相依为命，生活过得异常艰苦。

诃额仑是一个伟大的女性，她不但才智过人，而且还善于教育儿子，小小的铁木真，在她的精心抚养和教育下，逐渐成长为一个足智多谋的伟男子，一只草原上的苍鹰。

铁木真继承父亲的遗志，带领部落的勇士们东征西剿，攻破泰赤乌部，平定蔑里吉部，剿灭克烈部及塔塔尔部。

乃蛮部同铁木真的部落相邻，是草原上最大最强的部落，部落的酋长叫太阳汗，他见铁木真纵横大草原，大有一统草原之势，感觉到自己的部落受到了威胁，便率领部众前来攻打铁木真，想一口吃掉铁木真。谁知没有吃掉敌人，自己反而被敌人吃掉了。在两个部落的激战中，铁木真活捉了太阳汗，挥刀砍下了太阳汗的头颅。

铁木真消灭了乃蛮部落，砍下了太阳汗的脑袋，使他的名声在蒙古大草原上大震，草原上的部落，远的也好，近的也罢，都害怕遭到乃蛮部落的相同下场，纷纷前来归附铁木真，情愿奉铁木真为大汗。

南宋开禧二年（1206年），铁木真被蒙古各部奉为大汗，尊称成吉思汗。

历史上称这一年为蒙古成吉思汗元年或元太祖元年（1206年）。

开禧二年，中国历史上同时发生了两件大事情，一件是南宋的韩侂胄在南方举兵北伐，另一件就是铁木真在斡离河畔被各部尊称为"成吉思汗"，正式建立起蒙古帝国。

从当时的影响力来说，韩侂胄的北伐，算得上是惊天动地。不久后，人们发现，韩侂胄的北伐与蒙古帝王的建立相比，那真是小巫见大巫了。

— 349 —

同迅速强壮起来的蒙古帝国相比，中华大地上的南宋、西夏和金国，却在一个比一个快地萎缩。

嘉定元年（1208年），金主完颜璟病逝，他没有儿子，宗室里只有金世宗的第七个儿子完颜永济。完颜永济一向以谦顺而讨完颜璟喜欢，完颜璟封他为卫王。

完颜璟死后，元妃李氏和平章政事完颜匡等人拥完颜永济继承做了皇位。

完颜永济即位以后，尊完颜璟为章宗。

完颜永济心里明白，自己之所以能继位做皇帝，是因为章宗没有儿子的缘故，如果章宗有儿子，皇帝这把交椅轮不到他来坐。他听说金章宗留下了一份遗诏，遗诏中说，章宗的嫔妃中，有两个已经身怀有孕，如果生下儿子的话，就立为储君。经调查，怀孕的是贾妃和范妃。

贾妃和范妃怀的可是龙种，完颜永济感觉到来自这两个女人肚子的威胁。

完颜永济被这个潜在的威胁搞得吃不安，睡不宁，为了能让自己的日子过得舒坦，他准备切断威胁的源头。由于威胁在两个女人的肚子里，自己不便于亲自上阵，不过，那没关系，他是皇帝，他可以叫别人干。

他准备叫仆散端充当杀手，先任命他为平章政事，然后给他一个任务，让那两个女人肚子里的遗腹龙种彻底消失。

接下来，宫里便怪事连连。

仆散端上奏，说贾氏怀孕已经长达十一个月了，至今还没有生下来，正常时间是十月怀胎，而这个女人怀胎十一个月还没有生，说明怀孕是假的。

随后，太医又上奏，说经对范氏进行胎儿检查，发现腹中的婴儿是个怪胎，并说范氏得知自己怀的是怪胎，愿意削发为尼。

于是，完颜永济下诏，说贾氏怀孕是个假消息，范氏怀的是畸形儿，是个怪胎。

章宗的元妃李氏、承御贾氏对这件事持怀疑态度，并且在言语中有所表露。不久，元妃李氏、承御贾氏暴死宫中。

据说，死者七窍流血，全身发紫，明显的中毒而亡。完颜永济对外宣布，两人偶染怪病，暴毙宫中。

不久，仆散端升官了，当了右宰相。

天下人都明白怪事的真相，也知道幕后推手是谁，虽然心里不服，谁也不敢吭声，因为他们都知道"祸从口出"这句话是真理。

第四章 政治傀儡

铁木真做了大汗之后，逐渐有了向草原之外扩张的野心，他选择的第一个攻击目标是西夏。

西夏自李乾顺死了以后，一代不如一代。儿子李仁孝是一个懦弱无能之人，宰相任得敬把持了朝政，李仁孝成了傀儡，幸亏金世宗扶助他，派兵以武力镇压了任得敬，才使西夏没有亡国。

李仁孝病死后，儿子李纯佑继位，不久，皇位又被堂弟李安全篡夺了。

长期内乱，使西夏的国势越来越弱，铁木真就是看准了这一点，才出兵攻打西夏。

蒙古铁骑挺进西南，长驱直入，势如破竹，连下数城，活捉夏将高令公、明威令公，以及太傅西璧氏，一直攻到西夏的国都。

李安全惊慌失措，派人飞骑赶往金国讨救兵。不知是出于何种原因，救兵迟迟未到，蒙古人却又攻城不止，无奈之下，只好城下乞盟。

铁木真初次出兵，并不想一口吞掉西夏，只是想试探一下水的深浅，打出一点声威，让南方的金国、南宋知道，草原上还有他这一号人物，千万不要忽视了他的存在。他见西夏人城下乞盟，见好就收，同意和西夏议和。

李安全为了表示对铁木真的感激，将自己的爱女察合献给铁木真。

铁木真平生有两大爱好，一是美酒，二是女人。他见察合长得妩媚动人，秀色可餐，非常高兴，立即同西夏签订了和约，带着女人和他的蒙古铁骑，返回大草原去了。

李安全送走了蒙古人，转过头来找金人算账，他认为金人不讲信用，过去得了西夏那么多好处，西夏有难，他们却坐视不理，害得自己打了败仗，还赔了个女儿。

李安全率兵去攻打离西夏最近的金国边城葭州。

金国在葭州的守将名叫庆山奴，这可是个狠角色，他不但击退了来犯的西夏人，而且还撵在西夏人的屁股后面追杀了几十里。

李安全本想在金人身上出一口恶气，不想气没有出成，反而还成了金人的出气筒，更是气上加气。打又打不赢，气又没地方出，只好去找新结识的盟友，蒙古人。

铁木真正在大草原上秣马厉兵，造箭制盾，准备攻打金国，恰好西夏的使臣来了，请他出兵金国，替他们出气。

西夏的使臣还没有走，金国的使臣也到了蒙古大草原。

金国使臣到大草原，是来告诉铁木真，说他们的皇帝换了人，让铁木真面向南方，拜贺金国新皇帝登基。

完颜永济能在国内大开杀戒，但他的刀子却吓唬不了铁木真。

铁木真得知金国的新皇帝是从前的卫王完颜永济这个大草包时，朝金国所在的南方狠狠地吐了一口唾沫，轻蔑地说："我以为中原的皇帝，只有天人才能做呢！谁知这个草包也能做皇帝？这样的庸才做皇帝，让我拜他？门儿都没有。"说罢，叫人把金使赶走了。

铁木真的一口唾沫，宣布了蒙古和金国正式决裂，如此奇特的断交宣言，也算是千古奇闻了。

铁木真为何瞧不起金国的新任皇帝完颜永济呢？因为他对这个人很了解。完颜永济做卫王的时候，铁木真曾到静州向金国献岁币，接待他的人就是完颜永济。完颜永济给他的感觉是优柔寡断，毫无主见，叫他做牧羊人没问题，叫他做皇帝，那就太离谱了。

铁木真赶走了金国使臣，趁着秋高马肥的时候，带着长子术赤，次子察合台，三子窝阔台，统兵数万，浩浩荡荡地杀奔金国。

蒙古人南下

铁木真率兵南下，命爱将哲别当开路先锋，蒙古大兵一路浩浩荡荡，直抵乌沙堡。

金国大将独吉思忠率领金军主力，准备在西北边界修筑六百里防线，以阻止蒙古人南下。金人的防线还没有筑成，哲别率领的蒙古兵就杀到了。

蒙古兵杀了女真人一个措手不及，女真人溃不成军，乌沙堡立即换了主人，接着，蒙古兵又住进了獾乌月营。

铁木真下令蒙古铁骑乘胜前进，不久，蒙古兵又攻克白登城，直逼西京。金国西京留守纥石烈胡沙虎见蒙古兵来势汹汹，弃城而逃。

铁木真顺利攻占了西京及桓州、抚州等地。接着命三个儿子各率一支军，分别攻打云内、东胜、武朔、丰靖等州，一路所向披靡，女真人闻风而逃。

金主永济见蒙古兵来势凶猛，命招讨使完颜九斤、监军完颜万奴等人，率领四十万大军扼守野狐岭，命完颜胡沙为后应。

野狐岭位于蒙古高原与中原的交界处，是中原防御北方之敌的重要关隘，这里山高岭峻，地势险要，历来是兵家必争之地。

第四章 政治傀儡

传说野狐岭有一股神奇的力量，当大雁从上空飞过的时候，只要刮风，飞雁无论飞得多高，都要从天上掉下来。

野狐岭自古就是内地通往坝上蒙古高原的一条重要军事驿道。因蒙古人南下，在这里同女真人打了一场恶战，使得野狐岭这个名字闻名遐迩。

之所以说野孤岭之战很有名，是因为这次战斗，敌对双方军力对比悬殊，金军四十万，号称五十万，蒙古兵不足十万。

铁木真抵达野狐岭后，豪迈地对他的将士们说："今天，不是我躺在野狐岭让后人替我报仇，就是我跃过野狐岭，让后人永远记住我的名字。"

完颜九斤率四十万大军镇守野狐岭南，自以为野狐岭固若金汤，因此，部将明安先建议他加强防御，后建议他偷袭蒙古人，都遭到他的拒绝。铁木真率领大军到达野孤岭的北山嘴的獾儿嘴后，他才稍有行动，可惜，他的行动不是派兵迎战，而是派明安到蒙古军营中质问铁木真，为什么要兵发野孤岭。

明安本来是以使臣的身份到蒙古军营的，结果，他不但没有质问铁木真，反而还投降了蒙古人，理由是完颜九斤对他的话充耳不闻，根本不重视。此处不留爷，自有留爷处，他便找了一个重视他的地方。

投降了蒙古人的明安，将金军的军事布防全都告诉了铁木真，铁木真对金军的一切情况了如指掌。

当天晚上，铁木真率军偷袭金营，睡梦中的金兵，成了待宰的羔羊，任由蒙古兵践踏，完颜九斤、完颜万奴乘乱逃脱，无数金兵在睡梦中再也没有醒过来。

被金兵号称为铜墙铁壁的野狐岭，就这样被蒙古兵突破了。

野狐岭的失守，加速了金国的灭亡。

铁木真跃过了野狐岭，付出的代价很小，几乎可以忽略不计，他果然让后人永远记住了他的名字。

完颜胡沙率后军前来接应，被溃败下来的金兵冲乱了阵脚，只得逃奔回河堡。

蒙古兵尾追而至，又将完颜胡沙的后援部队包了饺子。完颜胡沙突出重围，逃往德州，身边只剩下几个亲兵。

铁木真乘胜又攻克了晋安县，然后分兵攻打居庸关。

居庸关地形险要，易守难攻，其守将名叫完颜福寿。

完颜福寿听说蒙古兵杀到，只是听说而已，蒙古人到底长得什么样子，没有照面，当然说不明白。反正在他的心目中，蒙古人是魔鬼。同魔鬼打交道，不死也得脱几层皮。完颜福寿聪明得很，他不想自己脱层皮，更不想死。三十六计，走为上计，这是最省心的办法。完颜福寿弃关而逃，拱手让出了燕京最后一道门户。

蒙古兵没有遇到任何阻力，列队过了居庸关，直逼燕京城下。

金主完颜永济急得手足无措，准备迁都汴京，多亏卫兵们誓死抵御，经过一天一夜的激战，才杀退蒙古兵。

铁木真听说进攻燕京受阻，便留兵把守居庸关，自己带着三个儿子返回蒙古大草原，准备以后再图南下。

金国内乱

蒙古军撤退之后，燕京的警报自动解除。

按理说，金国的君臣应该过几天安静的日子，谁知安静的日子没有过上，反而还发生了内乱，让本来就已经非常懦弱的金国，更是雪上加霜。

完颜永济任命上京留守徒单镒为右宰相，纥石烈胡沙虎为右副元帅。

纥石烈胡沙虎是个逃兵，他从西京临阵脱逃之后，途经蔚州，打开蔚州的官库，发了一笔横财，路过紫荆关，又把涞水县令给杀了，回到燕京后，金主完颜永济不但没有追究这个逃兵的责任，反而还提拔他做了右副元帅。

战场上当逃兵，回京后还升官发财，纥石烈胡沙虎便认为自己是金国一个不可或缺的人的了，连皇上也得看他的脸色。于是，他更加肆无忌惮，目中无人。居然向金主完颜永济讨要二万兵，让他去驻守德州。

完颜永济只同意拨给他五千兵，不是守德州，而是去守妫州。

纥石烈胡沙虎居然表示出强烈不满，金主恨他太过跋扈，撤了他的职。

嘉定四年（1211年），原辽国旧将、金益都防御使杨安儿回到山东，招集人马，公然与金国作对，金国境内的辽人耶律留哥也归附于蒙古人，自立为辽王。

完颜胡沙讨伐耶律留哥，大败而归。

金主完颜永济不听宰相徒单镒的劝谏，再次起用纥石烈胡沙虎为右副元帅，让他率兵驻扎在燕京城北，以作为京城的屏障。

纥石烈胡沙虎重新出山后，不理军事，成天带着一帮子人出去打猎，谁也不放在眼里。

当时，蒙古人还有兵马驻扎在居庸关，金主完颜永济给纥石烈胡沙虎写了一封信，他在信中叫纥石烈胡沙虎不要玩了，去把居庸关的蒙古兵干掉。言下之意，是纥石烈胡沙虎太贪玩，有点不务正业。

纥石烈胡沙虎不但不自我反省，反而还怀恨在心，竟然和私党完颜丑奴、蒲察六斤、乌古论夺刺三人密谋造反，废掉完颜永济。

出师就得有名，纥石烈胡沙虎玩了一招贼喊捉贼的游戏，他对将士们说，大兴府知府徒单南平谋反，皇上来了密诏，命他率军平叛。

士兵们谁也没见过圣旨，当官的怎么说，他们就怎么干。

纥石烈胡沙虎率领那些不明真相的士兵们来到广阳门，然后派心腹徒单金寿去叫南平，南平不知发生了什么事，骑着马，跟着徒单金寿来见纥石烈胡沙虎。刚一见面，马背上的纥石烈胡沙虎大喝道："你敢谋反吗？"

"什么？"南平惊愕地问："我要谋反？"

纥石烈胡沙虎话音刚落，便拔出腰刀，一刀将南平劈落马下。

南平到死也不明白，纥石烈胡沙虎为什么要杀他。

嘉定六年（1213年）八月，纥石烈胡沙虎杀了南平之后，率兵进宫，自称监国都元帅，命令士兵胁迫金主完颜永济出宫，撵到卫王府去居住，并安排二百名士兵严加看守，不准离开卫王府半步，否则杀无赦。

宰相徒单镒因为骑马摔伤了脚，正在家里养病，纥石烈胡沙虎亲自来到徒单镒的家里，想借助他的威望来册立新君。

徒单镒虽然知道发生了军事政变，但在这个时候，最有发言权的是刀把子，自己是个文官，没有成为宰割的对象，已经是要拜佛烧香了，他见纥石烈胡沙虎还能上门请教，有点受宠若惊，建议说："翼王完颜珣是章宗的兄长，众望所归，元帅如果诚心迎接的话，那可是万世功勋呀！"

纥石烈胡沙虎当时没有表态，回去之后，先命宦官李思中到卫王府里，用药酒毒杀了金主完颜永济。然后派人到彰德迎接翼王完颜珣，让他来燕京做皇帝，立翼王的儿子完颜守忠为太子。废金主完颜永济为东海郡侯。

到底还是刀把子管用，纥石烈胡沙虎凭着手中掌握了兵权，让金国的皇帝换了人。

纥石烈胡沙虎因为完颜纲手里还有十万兵马，想引诱他回来，除掉他。于是下令，守边的将士全部撤到附近的郡县。

纥石烈胡沙虎没有引诱到完颜纲，却引来了蒙古人。

铁木真听说金国的防线后撤，再次率兵南下，击败了金元帅右监军术虎高琪，攻占了怀来，然后乘胜进军中都。

纥石烈胡沙虎此时脚上长了一个大毒瘤，行动不便，但他仍然乘车督战，击退了蒙古兵，只是脚上那个毒瘤越长越大，让他几乎不能行动了。他叫来术虎高琪，对他说："蒙古人已经被我打败了，你再带兵追上去，痛宰蒙古人一顿。"

"什么？"术虎高琪领教过蒙古兵的厉害，有些后怕地说："还要打呀？"

"不但要打，而且还要痛打。"纥石烈胡沙虎警告地说："给你个立功赎罪的机会，只许胜，不许败。如果打输了，叫你身边的人把你的人头给我送回来。"

术虎高琪率兵追击蒙古兵，这一天，突然刮起了北风，狂风怒号，飞沙走石，金兵正是向北追赶，处在下风头，将士们连眼睛都睁不开，更不用说追击蒙古兵。

蒙古兵则不同，他们转过身，背对着风沙，看到的是一群瞎猫似的金兵。千载难逢的机会，蒙古兵绝不会放过，发一声喊，转身杀了过来，于是乎，追敌者，反而被人追，被追者，成了屠夫。

金兵这一仗，败得很惨。

纥石烈胡沙虎向术虎高琪说过狠话，仗打输了，就送上他的人头，真到了这一步，术虎高琪就不干了，因为他只有一颗头，送出去后，自己就没了。生命对于每一个人来说，只有一次，没有人愿意轻易地放弃。为了不至于使自己的人头被人拿走，术虎高琪当然要采取保护措施。他故意苦着脸对大家说："仗打输了，有人要我的人头，你们说怎么办呀？"

"那可不能给，给了你就没了。"他手下的将士们当然要帮他说话。

"既然别人不想要我活，我就先要他活不成。"术虎高琪看了大家一眼说："你们说是不是呀？"

将士们都投了赞成票，于是，术虎高琪带兵包围了纥石烈胡沙虎的家。

纥石烈胡沙虎听说门外突然来了很多兵，知道情况不妙，因为他把完颜永济赶下台，也是这样干的。他知道大门是出不去了，准备从后院翻墙逃命，只是脚上长了一个大毒瘤，行动起来本来就不方便，加之心里着急，匆忙又在门槛上绊了一跤，还没有爬起来，术虎高琪便带人破门而入，冲上前去，咬着牙说："去死吧！"手起刀落，将纥石烈胡沙虎砍成两段。

杀人者，终被人杀，纥石烈胡沙虎也应了这句话。

术虎高琪杀了纥石烈胡沙虎，带着他的脑袋去向金主完颜珣请罪，他说，纥石烈胡沙虎要杀他，为了自己不被人杀，那就只好杀掉想杀人的人。人是我杀了，皇上你要怎么处罚，就看着办吧！

完颜珣不但没有怪罪术虎高琪，反而还让他当了左副元帅，参与行动的将士，也都论功行赏。并下诏，追夺了纥石烈胡沙虎的官爵。

原来，完颜珣心里也挺忌惮纥石烈胡沙虎，术虎高琪杀了他，也算是给自己除去了一个心头之患。

蒙古兵卷土重来

金国人自己在搞窝里斗，铁木真却在趁火打劫，蒙古铁骑兵分数路，攻城掠地，连陷金国九十多个郡县，两河、山东数千里边境线上，尸横遍野，满目疮痍，数十里、甚至数百里之地，鸡犬不闻，人烟不见，蒙古兵一直攻到了中都城下。

铁木真派人给金主完颜珣送了一封信，他在信中说："蒙古铁骑，已经踏平了山东、河北，你现在只守着一座燕京孤城，踏平燕京，对于蒙古兵来说，那是易如反掌。只是天要灭你金国，我却不忍相逼。如果识趣的话，就赶快来犒劳犒劳我们吧！让将士们消消气，我便收兵回大草原去了。"

完颜珣看了铁木真的信，犹豫不决。左副元帅术虎高琪主战，右宰相完颜承晖主和。完颜珣采纳了完颜承晖的意见，并派他出城议和。

"你们的主子有女儿？叫他献给我吧！"铁木真别的不要，开口就要女人。

完颜承晖无奈，只得回城将铁木真的要求告诉了完颜珣。

完颜珣是有个女儿，但是太小，还没有到谈婚论嫁的年龄，万般无奈，完颜珣想了一个移花接木的办法，把故主完颜永济的女儿，说成是自己的女儿，然后，将这位假公主献给铁木真。同时，还献上黄金五百两、帛五百匹，童男童女各五百名，外加战马三千匹。

铁木真刚从大草原深处出来，眼界还不宽，野心还没有后来那么大，他当时的雄心，大概就是想当一个强盗头子而已。

看到钱财、女人和骏马，似乎就心满意足了，便同意和议，带着抢来的大包小包，金帛、牲畜、人口，收兵北撤，退出居庸关，他们走一路，杀一路，沿途又掠夺了不少东西，两河、山东的百姓，杀了十余万口。

完颜珣送走了蒙古人，担心蒙古人会再来，越想越害怕，准备将都城迁到了汴京。

左宰相徒单镒劝认为，迁都是一件大事情，要耗费大量的人力、物力和财力，还是不迁好，再说已经同蒙古人讲和了，也没有必要迁都。

完颜珣不听劝告，决定迁都。

徒单镒见完颜珣不听劝告，竟忧郁而亡。

完颜珣便命完颜承晖为都元帅，穆延尽忠为左宰相，奉太子完颜守忠留守中都，自己率三宫六院和文开百官，迁都汴京。

草原上的铁木真听说金国迁都，不高兴了。他认为，金主将公主送给他，还献了那么多的钱、财、物，那我们就是朋友加亲戚了。现在却要迁都，那原来的和议就只有一种解释：缓兵之计。

铁木真有一种被骗的感觉，于是，先在蒙古大草原上搞了一次盛大的阅兵仪式，然后发兵南下，攻打金国。他让降将明安带兵去攻打燕京。

完颜珣听说蒙古兵又在围攻燕京，立即派人叫太子完颜守忠赶快撤出燕京，到汴京来。

完颜守忠一走，燕京顿时陷入一片恐慌之中，江西各郡县见皇上和太子都跑了，干脆都大开城门迎接蒙古人。

这样一来，燕京几乎就成了一座孤城，情况万分危急。留守燕京的都元帅完颜承晖派人给汴京送信，请求支援。

完颜珣命左监军永锡，率领中山真定军、左都监乌古论庆寿率领大名军，火速驰援燕京。又命御史中丞李英押送粮草，行省李术鲁为后应。

李术鲁是一个酒囊饭袋，每天除了喝酒，还是喝酒，女真人豪爽，酒量大，喝点酒倒是无可厚非，只是这个李术鲁，喝起酒来就忘了正事，当他喝得醉醺醺的时候，蒙古人前来劫粮，他却浑然不觉，冒冒失失地赶到霸州，落进了蒙古人的伏击圈。结果，李术鲁被杀，粮草被蒙古兵劫走了。

三军未动，粮草先行，前线的战士打仗，是个流血流汗的事情，没有饭吃，这个仗就别打了。永锡、乌古论庆寿听说粮草被蒙古兵劫走了，除了撤退，没有第二条路可走。

乌古论庆寿、完颜永锡一逃，燕京成了一座内无粮草、外无救兵的孤城。完颜承晖只好和慕延尽忠商议死守。

完颜承晖自知这次是必死无疑，索性到家庙去烧香告别，并写了一份遗表，交给尚书省令史师安石，让他转送到汴京。

他在遗表中揭露术虎高琪图谋不轨，并说自己不能保住燕京，死有余辜。并恳请完颜珣去邪任贤，操练兵马，以保江山等等。接着，散尽家产，全家人痛哭一场，然后，集体服毒自杀了。

慕延尽忠听说完颜承晖已死，带着一家老小逃命去了。

三军无主帅，燕京无防御，蒙古兵轻而易举地攻占了燕京。接下来，宫室被焚，府库钱粮被洗劫一空。连金国祖宗的牌位，也都被蒙古人丢进粪坑里去了。

汴京的完颜珣收到完颜承晖的遗表后，追封他为尚书令，兼广平郡王。对慕延尽忠弃城而逃的罪名，也不予追究。并且还升他为平章政事。术虎高琪的职位，也没有改变。

蒙古兵进攻潼关，急切中不能攻下，便绕道汝州，直奔汴京。

完颜珣急忙召花帽军前去阻拦，击败蒙古兵先头部队，蒙古兵才知难而退。

前院的蒙古人刚退走，后院的火却又烧起来了。完颜珣立即派仆散安贞带领花帽军去后院扑火，这把火来自山东，惹火的人名叫杨安儿。

六　风水轮流转

谁是老大

宋金双双走向衰落，北方大草原上蒙古人崛起，铁木真打遍草原无敌手，被各部落奉为大可汗，这些世世代代生长在草人上的人也想出来走走，看看外面的世界什么样。于是，铁木真开始试探性地走出大草原，把手伸向中原腹地，在中原这个地方，宋金两股势力本来就纠缠不清，如今又来了一群蒙古人，天下局势，更是乱成了一锅粥。

除了宋、金、蒙古人这三支正规军外，在山东还有一帮人，那帮人火气特别大，天不怕，地不怕，逮住谁就揍谁，见到蒙古人，大打出手，见到金兵，毫不留情，遇上了宋兵，同样还是刀兵相见。

这伙人被金人称之为盗贼，后来被南宋收编成了忠义军，而真实身份，就是无数股占山为王的草寇，势力最大一股的山大王是一个叫杨安儿的人。

山东是金人的地盘，金主完颜珣绝不允许有人在后院撒野，刚刚送走了蒙古兵，立即派出最精锐的部队"花帽军"前往山东，想将后院这堆火扑灭。

杨安儿从小就是个无赖，以贩卖马鞍为生，人们都叫他"杨鞍儿"，他便自称安儿。

杨安儿有个妹妹叫杨妙真，又称四娘子，年方二八，别看她是女流之辈，却臂力过人，武艺超群，骑烈马，舞双刀，从没有遇到过对手。兄妹二人招募徒众，占山为王，自建一个寨子为根据地，寨子叫杨家堡。

杨安儿曾受金朝廷的招安，当过防御使。当蒙古大军杀过来的时候，他见天下大乱，便把队伍拉出来，准备北上去抗击蒙古人，走到中途，却又返了回来，把枪口对准了金人，攻州略县，杀掠官吏，举起了造反大旗。兄妹俩扯起反金大旗，得到很多人的响应，声势逐渐壮大起来。

除杨安儿外，山东还有一个响当当的草莽人物，他就是潍州的李全。

李全种过田，当过牛贩子，还做过屠夫，杀猪、杀牛、宰羊，只要能赚钱，什么牲畜都杀。天下大乱，屠夫这个行当也没有多少钱可赚，于是，他干脆放下屠刀，带着一帮兄弟，揭竿而起，做上了山大王，干起了杀人的买卖。

李全能骑善射，臂力过人，善使一把铁枪，人称李铁枪。

当时，起义、造反的烽火在金国遍地开花，虽然各支队伍互不统属，但却有一个不成文的规矩，就是这些占山为王的队伍，都身穿红袄，因此被统称为"红袄军"。据说当时的红袄军曾发展到十万之众。各支队伍之间，有联合，也有争斗，有时还同蒙古、南宋绞合在一起，但同金人却是势不两立。

李全和杨安儿，属于两个不同的山头，两人是鸡头高，鹅头也高，互不买账，势同水火。应该说，两人是旗鼓相当的人物。如果不是旗鼓相当，那就没有瞧不起对方的本钱，没有对峙的形势了。至于谁是真正的老大，只有真刀真枪地干一仗，才能见分晓。

江湖上的老大，不是说出来的，是打出来的。李全为了争老大的位子，找上门来了。

这一天，杨安儿正在杨家堡内同兄弟们喝酒吃肉，有人慌里慌张地来报，说李全来了。

"李全？"杨安儿问："他来干什么？"

"决斗！"

第四章 政治傀儡

"兄弟们，抄家伙。"杨安儿大声叫一声，随手摘下挂在墙上的大刀，带头冲出了杨家堡。

"杨安儿。"站在堡前的李全大声喊道："带这么多人来，要打群架呀？"

杨安儿边走边问："你想怎么样？"

"俺们都是好汉，有种就单挑。"

杨安儿问道："输赢怎么讲？"

"我赢了，我就是老大。"李全看了杨安儿一眼："你输了，就靠边站。"

"怎么？你赢定了呀？"

李全傲慢地说："俺来了，就没打算空手回去。"

"来吧！俺和你大战三百合。"杨安儿说罢，抢刀冲了过来。

两边的徒众各退后一百步，站在一边观望。

两人大战到四五十回合，杨安儿有些招架不住，刀法渐渐乱了起来。忽然，身后有人娇声喊道："哥哥下去歇一会，我来了。"

叫的人是杨安儿的妹妹杨妙真。

李全溜眼一看，哟，上来的女子，一身劲装，衬托出女子那特有的迷人身段，手拿双刀，杏眼圆睁，虽然是满脸怒容，却掩饰不住娇艳的容颜。他知道这是杨安儿的妹妹，架住杨安儿的刀，故意冲着杨安儿大叫道："俺们有言在前，单挑，为何请出帮手呀？"

"你要真是条好汉，赢得了我妹子手中的双刀，才算真本事。"杨安儿自己打不赢，倒用起了激将法，不管李全同意不同意，他拨开李全的枪，跳到一边去了。

刚才是两个山大王在决斗，现在变成了一男一女缠斗，两边的徒众摇旗呐喊，热闹非常。

李全弄单枪，杨妙真舞双刀，两人你来我往，大战七八十回合，不分胜负。李全暗暗喝彩，打心眼里佩服，思想一打岔，枪略松了松，差点着了对手的道儿，立即抖擞精神与她酣战，又战了五六十回合，仍然是胜负不分。

杨安儿担心妹子有闪失，大声喊道："李全！你服不服？"

"不服，不服。"李全边打边回答。

"今天天色已晚。"杨安儿大叫道："明日再战如何？"

"那就让你等多活一晚上吧！"

说罢，双方各自收兵。

第二天，李全同杨妙真又大战了一天，仍然是棋逢敌手，将遇良材，不分胜败。仗没有分出胜负，两人的心理却发生了微妙的变化，在搏斗中，彼此竟然产生了爱慕之情，渐渐地，搏杀成了表演。

第三天还没有再战，李全冲着杨妙真问道："姑娘，你我战了两天，还没有问尊姓大名呢？"

"俺叫杨妙真。"杨妙真羞答答地说："大家都叫俺四娘。"

"好名字哟！"李全笑着说："那俺就抓你去做娘子好了。"

"休得无礼！"杨妙真满面羞红，娇喝一声："看刀。"说罢，舞起双刀，两人又大战了起来。

杨安儿担心妹妹有闪失，离得并不远，刚才李全的玩笑话，可是听在耳里，他冲着正在交战的李全喊道："李全，你要是有本事打赢了俺妹妹，俺就将她嫁给你。"

李全溜了一眼杨妙真，大声说："君子一言，驷马难追。"

杨妙真不禁满脸羞红，娇喝道："别耍嘴皮子，拿出本事来。"

意思是说，想要俺做老婆，就得拿出真本事。

李全也不答话，大战五六十回合后，佯装不敌，虚晃一枪，拨马便走。杨妙真不知是计，拍马就追。李全拍马跑进一片竹林，杨妙真拍马跟了过去，忽听到一声喊："下来吧！"

接着一声娇叫，杨妙真跌落马下。

原来，竹林里早有伏兵，他们让过李全，拉起绊马索，杨妙真的马跑得快，猝不及防，碰上绊马索，马倒了，人坠地了。

李全转身下马，扶起杨妙真。

"李大哥，放下我妹子。"杨安儿跟上来了。

"阵前说的话算数吗？"李全冲着杨安儿问道。

"算数，算数。"杨安儿认真地说："俺杨安儿是说话不算数的人吗？"

接下来，两队人马合成一队，一同进了杨家堡，然后是大摆宴席。

李全和杨妙真，这一对战场上的对手，拜堂成亲，进了洞房。

一场老大之争，以两家合为一家而收场。

这一段故事，正史和野史的记载，过程有些不同，但两人结为夫妻这一点，却是一致的。

杨安儿和李全联姻之后，势力越来越大，竟然自立为王，设置官吏，改元天顺。

金主完颜询派仆散安贞带着朝廷最精锐的部队花帽军,到山东与完颜霆会师,讨伐杨安儿。花帽军来到山东的时候,李全还在青州,杨家堡总寨只有杨安儿和杨妙真。

别看金兵被蒙古人打得找不到北,但杀起老百姓来,却是生猛无比,杨安儿的手下,毕竟是一群没有经过任何正规训练的乌合之众,摇旗呐喊他们会,打家劫舍他们也很在行,但真正要与朝廷的正规军交战,那就差远了。

经过几次交战,花帽军显然占了上风,红袄军被打得七零八落。杨安儿被撵得走投无路,只好乘船从海上出逃。船老大贪图金廷的重赏,将杨安儿推到海里淹死了,取下他的首级,到朝廷领赏去了。

杨四娘仗着一身好武艺,逃得性命。

杨安儿的余党便奉杨妙真为主,称她为姑姑。杨四娘派人给李全送信,让他火速前来支援。李全日夜兼程赶来同杨四娘会师,也被完颜霆打败,退往东海去了。

南宋的楚州知府应纯之,认为山东盗匪是一股不可忽视的力量,出面招抚他们。这些占山为王的草寇,都是一些被女真人逼得走投无路的老百姓,他们和南宋有着天然的归属关系,女真人围剿他们,南宋招抚他们,他们就投进了南宋的怀抱。

南宋给这帮山东人取名"忠义军"。

李全成为忠义军的首领,他率领忠义军,先后攻破莒州、密州和青州,又围攻海州,同金军交战,互有胜负,但忠义军胜多负少,占有一定优势。

一连串的胜利,使李全名声大振,完颜询亲自下诏招降,李全在招降书后面写道:"宁作江淮鬼,不为金国臣。"

当真是忠义凛然,威不可犯,像个顶天立地的男子汉。

嘉定十一年(1218年)正月,南宋朝廷授予李全武翼大夫,兼京东路总管。

烽火重燃

金国困守汴京,西有西夏人向他们出手,东有群盗在造反,北边更是有强大的蒙古人向他们出重拳,只有南方的南宋小朝廷还算客气,没有趁机向他们下黑手。

南宋的当权者史弥远，是一个坚定的"反战人士"，自从韩侂胄北伐失败后，他根本就没有北上收复故土的勇气，甚至连加强自身防御能力的念头都没有，只有苟且偷安，过一天算一天。

金人被北方的蒙古人逼得无路可走，觉得北面的蒙古大爷实在惹不起，而西边的西夏人又找了蒙古人做靠山，也成了一块难啃的骨头，东边就是一个马蜂窝，简直就是野火烧不尽，春风吹又生。左思量，右琢磨，只好转头来找南宋出气。

金国选择南侵，尽管有吃柿子拣软的捏的因素，但在某种程度上，也是迫不得已。因为南宋也在叫板，具体表现是，停止了岁币。

自从女真人取代辽人登上霸主之位后，宋朝的侄皇帝年年来贡，岁岁来朝，和约条款规定的岁币，年年都是送上门来。女真人吃顺了嘴的岁币突然间没了，恼火可想而知，晚辈也敢造反，那大爷的脸面往哪里搁？再这么发展下去，日子还能过吗？

这一年六月，南宋照例派人到金国祝贺伯皇帝的生日。按惯例，南宋使臣虽然是作为晚辈去向伯皇帝祝寿，辈分上低人一等，但招待还是可以的，吃肉，喝酒，一样也不拉下。可这一年不同，蒙古人已经打到家门口了，中都一片恐慌，完颜珣没有心情招待南宋使臣，派人将南宋使臣拦在涿州，请吃了一顿饭，就打发回家了。南宋过瑞庆节，金国应派人来祝贺，可瑞庆节过了好多天，金人的影子也没有看见一个。

反常的情况让南宋朝廷意识到，金国遇到了大麻烦。南宋虽然没有趁火打劫的胆量，但要点小心眼总该是可以的，有人就打起了岁币的主意，咱们自己手头也很紧，吃了上顿没下顿的，给金人的岁币，能赖就赖掉算了。于是，南宋以兵荒马乱，道路不通为借口，就把岁币的事搁下了，谁知这一搁就是两年。

嘉定七年（1214年），金国迁都到汴梁，日子过得更艰难了。

这也难怪，河东、河北失去了控制权，山东也乱成一锅粥，地盘越来越小，地里的庄稼长出来是要时间的，庄稼没有长出来，赋税当然就收不起来，老百姓身上的血也有个极限，抽多了是要死人的，人死了，下次想抽就没有了。

金主完颜珣想起了岁币，每年三十万的银帛，对于他来说，可是一笔丰厚的财富。八月份，他派人到南宋去讨债。但要债也不是一件容易的事，你首先要别人承认这笔账，光承认了还不行，还要别人愿意给，否则，承认了也白搭。

南宋虽然没有明目张胆地说不给，但也总是推三阻四，好酒好肉地招待使者，走的时候还是两手空空，什么也没有得到，连个准确的时间也没有。

三番五次地催账，总是无功而返，完颜珣实在有些恼火了，但宋金之间表面上还保持着应有的礼节，没有公开扯破脸。但离扯破脸的时间也不远了。

关于岁币问题，赵扩和他的几位大臣，曾有过一番激烈的争论。

当时有两种不同意见：一部分人认为，应该趁金国被蒙古人打得晕头转向的时候，不再给金国岁币；一部分人认为，岁币应该给，而且还要想办法助金人一臂之力，让女真人去同蒙古人斗，一旦蒙古人灭了金国，下一个要吃掉的，恐怕就是南宋了。

起居舍人真德秀分析说："女真人被蒙古人打得连首都都搬迁了，还能指望他们什么？现在金国只指望凭黄河据守，北方险峻的三关都挡不住蒙古大军，区区一条黄河，能抵个屁用？"

因此，他认为，金人也快玩完了，这个岁币，不给也罢。

别看真德秀是一个书生，他分析得相当到位。

史弥远有点想和稀泥，派使臣到汴梁对金主说，南宋遇到了灾荒，日子也不好过，要求半岁币从银帛三十万减到二十万，金主完颜珣当时就发了脾气，一口回绝了宋使的要求，说金国也是没有隔夜粮了，三十万银帛一个子儿也不能少。

史弥远想和稀泥也不成了，干脆就通知金国，说运河水太浅，船无法通行，岁币就不送了。

南宋正式拒绝给金国进贡，等于是和金国断绝了外交关系，不认那个伯皇帝了。没有了伯皇帝，南宋这个儿子也就做到尽头了。

亲戚不做了，朋友肯定也做不成，那就只能做敌人了。敌人有时是可以共存的，但当矛盾不可调和的时候，那就只好动家伙了。

嘉定十年（1217年），金主完颜珣听信王世安、术虎高琪的话，决定和南宋开战。夺取南宋的地盘来弥补北方的损失，当然，岁币也要清算。

完颜珣其实也是输急了，失去了君子风度，来了个不宣而战。命乌古论庆寿、完颜赛不率兵渡过淮河，以迅雷不及掩耳之势，夺取了光州的中渡镇，杀死了南宋管理贸易的官吏盛允升。然后兵分两路，乌古论庆寿率领一部攻打樊城，围住枣阳的光化军；完颜赛不则率兵进入大散关，攻打西和、阶成。

南宋朝廷得知金兵入侵的消息，立即调兵遣将，抵御外来之敌：命京湖制置使赵方、江淮制置使李珏、四川制置使董居谊，分头抗击入侵之敌。

南宋这时候的情况其实也很糟，早在嘉定四年蒙古人刚进攻金国的时候，朝廷就下令四川、京湖、江淮制置司，要提高警惕，大家都认为战火在别家院子里烧，跟南宋不沾边。因此，照样各玩各的，根本就没有做打仗的准备。在一片苟且偷安声中，只有京湖制置司兼襄阳知府赵方还保持着清醒的头脑。

赵方是衡山人，淳熙年间的进士，在青阳县任职时，政绩卓著，得到老百姓的拥戴。他常说："催科不扰，是催科中抚字，罪罚无差，是刑罚中教化。"这句话，成为当时的名言。由于政绩卓越，升任京湖制置司。

赵方认为，蒙古人攻打金国，一旦抵挡不住，金人必定南迁，到那时，城门失火，殃及池鱼，南宋免不了也要受到株连。于是，他在自己的辖区内，加固城防，训练军队，在别人抱着肩膀看笑话的情况下，坚持了好几年。

世界对每一个人都是公平的，就拿练兵来说，那叫做平时多流汗，战时少流血。赵方的冷静，赵方的防患于未然，不仅让他训练出了一支能打仗的军队，而且还培养出了如扈再兴、孟宗政、王辛、刘世兴一批能带兵打仗的将领。

赵方的努力不会白费，接下来的抗金之战，让他尝到了甜头。

赵方听说金人不宣而战，偷袭了中渡镇，樊城、枣阳等地纷纷告急，立即带领两个儿子赵范、赵葵赶到襄阳，并通知统制扈再兴、陈祥、钤辖孟宗政等，火速驰援枣阳，然后分兵把守要塞，形成掎角之势，互相照应。调兵遣将，打援布防，都是有条不紊。

扈再兴率兵到达团山，远远看见金兵压境，立即命陈祥、孟宗政分别埋伏在大道两边的山沟里，自己率兵前去诱敌，打了几次冲锋之后，佯装不敌，败下阵来。金兵不知是计，尾随其后追杀过来，进入山坳之后，埋伏在山沟里的宋军突然从左右杀出，扈再兴又率兵翻身杀回，金兵三面受敌，转身夺路而逃，跑得快的，可以回家去见爹娘，跑得慢的，命就留在山沟里了。史书记载金兵当时的情况是"血肉枕藉山谷间"。

孟宗政乘胜前进，连夜驰援枣阳，史载他行军的速度是"贪夜赴枣阳，驰突如神"，可见行动之快。

围攻枣阳的金兵见宋兵突然如飞将军从天而降，吓得四散而逃，枣阳之围自解。

赵方收到孟宗政的捷报后，异常高兴，让孟宗政驻守枣阳，统领枣阳军。

随后不久，赵方的部将王辛、刘世兴也在光州、随州一带打败金兵。赵方于是向朝廷上表，请求出兵北伐。

赵扩见前方捷报频传，也兴奋起来，当即向全国发布命令，准备北伐。诏令下达后，各路将领欢欣鼓舞，士气高昂，捷报频传。

李全在山东攻占了莒州、密州、青州，与京湖战场遥相呼应。

金将完颜赛不再次率兵十万攻打枣阳。枣阳守将孟宗政率领全城军民修筑工事，严防固守，并约扈再兴为外应，与金兵相持三个月，大小七十余战，连战连捷。枣阳成了金兵难以逾越的一道坎。

不久，许国从随州率军至白水支援枣阳，孟宗政又率兵从城中杀出，金兵腹背受敌，只得丢下辎重，逃之夭夭。

从西路进攻四川的金兵，偷袭打败天水军，攻占了大散关，但在宋兵的反击下，夺得的土地仍然是得而复失，也是铩羽而归。

风水轮流转

金兵南侵连吃败仗，蒙古人又在北边蚕食河北的土地，腹背受敌，不堪负重，完颜询后悔了，后悔不该发动这场战争。他不想再打下去了，派开封府治中吕子羽到南宋议和。

宋金交战，历来都是宋人向女真人求和，女真人是大爷，宋人是儿子，每一次议和，都是恶狼与羔羊的较量，征服者对失败者的勒索。

风水轮流转，今年到我家，金人也有主动求和的一天，宋人也可以装一次大爷了。

吕子羽兴冲冲地上路了，根据以往的经验，到南宋出差，是一趟肥差，除了南宋好酒好菜盛情款待之外，还能大包小包地拎回不少好东西，想到这些，他心里就美滋滋的。当他高高兴兴地来到淮河边、乘船半渡的时候，意外的情况发生了。宋兵挡住去路，不让他过河。他以为自己还是大爷，傲慢地声称自己是金国派来的议和大臣。宋军一阵狂笑说："你们女真人也有低头向宋人求和的一天呀？"

吕子羽见宋兵的神态，知道有些不妙，立即改用低八度的声音说："宋金历来就是友好之邦，咱们谁跟谁呀？无论什么事，都是可以坐下来商量吗！"

"滚吧！爷们没兴趣。"宋军怒气冲冲地下了逐客令。

吕子羽看到凶神恶煞般的宋兵，不敢再纠缠下去，灰溜溜地调转船头，向他的主子交差去了。

完颜珣低三下四地想同南宋议和，却吃了闭门羹。金人虽然被蒙古人打得灰头灰脸，但在宋人面前一直是大爷，伯皇帝受到侄皇帝的冷落，火气就上来了，竟然调兵遣将，要和南宋玩命。

盛愤之下的完颜珣再铸大错，冒着腹背受敌的危险，悍然出兵南宋。他任命仆散安贞为副元帅，辅佐太子完颜守绪领兵南征。

仆散安贞是金国当时有名的几员名将之一，他的爷爷仆散忠义、父亲仆散揆都在宋人的身上捞足了资本，现在轮到仆散安贞了。然而，时来远转，金人的气数将尽，仆散安贞也跟着走了霉运。

在仆散安贞的指挥下，金军从川陕、京湖、江淮全线出击，向南宋发起猛烈攻势。

西路军攻打和州、成州以及凤州，进攻黄牛堡。

宋将吴政在防守中阵亡，金兵直入武休关，攻破兴元府，攻陷大安军，直下洋州。沿途的南宋守将，望风而逃，就连四川制置使董居谊也弃城而逃。幸亏都统张威命令部将石宣等赶到大安军拦截金兵，歼敌三千人，擒住金将巴土鲁安，才让金兵知难而退。

在京湖线完颜讹可再次率兵围攻枣阳，并继续采取惯用的锁城法，围绕城池挖壕筑垒。枣阳守将孟宗政再发神威，一面严防死守，一面向襄阳告急。

宋军主帅赵方接到枣阳的告急文书后，并没有直接派兵支援枣阳，而是派他的两个儿子赵范、赵葵带上他的信，去会合许国、扈再兴，分别攻打金国的唐州、邓州，并给两个儿子下了死命令，如果不能打胜仗，就别回来见老爸。接着，又命令孟宗政死守枣阳，缠住金兵。

赵方用的是围攻魏救赵之计。

许国率兵进攻唐州，扈再兴率兵进攻邓州。金兵固守城池，等待援军，两军分别驻扎城下，形成相持之势。

淮西方面，金将纥石烈牙吾答和驸马阿海，率兵围攻安丰军以及滁州、濠州、光州，然后分兵三路，一路攻打黄州的麻城，一路攻打和州的石碛，一路攻打滁州的全椒、来安，以及扬州的天长、真州的六合。淮南一带的局势顿时紧张起来。

此时，招抚李全的淮东提刑应纯之已经去职，继任者贾涉还代理楚州知府，并统领京东忠义军。他听说江淮危急，马上通知陈孝忠赶赴滁州，夏全、时青驰援濠州，并命忠义军首领李全截断金兵的退路。

宋金两军在化湖陂展开激战，最终以金军大败而结束战斗。金兵在败归的路上，在曹家庄又遭到李全率领的忠义军阻击，伤亡惨重。

李全回到军中献俘，向贾涉邀赏。

贾涉在开战之前，曾悬赏：杀金国太子，官封节度使；杀掉亲王，官封承宣使之职；杀掉驸马，官封观察使。

李全说他杀死了金国驸马阿海，请贾涉兑现诺言，按约给赏。

贾涉也是一个糊涂蛋，仅听李全的一面之词，在没有核实的情况下，竟然上奏朝廷，封李全为广州观察使。

其实，金国的驸马爷阿海并没有死，还活得好好的。

李全，一个占山为王的强盗，用诈骗的手段，混得了高官。

再说围攻枣阳的完颜讹可，似乎铁了心要吃掉枣阳，不管宋军围魏救赵也好，焚烧军粮也罢，他仍然指挥金兵，向枣阳城发起一波又一波的攻击。

孟宗政也是高手，见招拆招，抵御金兵的进攻，双方你攻我守，相持不下，血战持续了八十多天，枣阳城仍然固若金汤，但却成了一座血城。

打仗全凭一口气，一鼓作气，再而衰，三而竭。金兵的士气，在久攻不下的情况下，已经是疲态尽现。

赵方见时机已到，命令许国退回随州，扈再兴和他的两个儿子回师支援枣阳。

孟宗政见援军已到，大开城门从城内杀出，内外夹攻，彻底击溃围城的金兵，并乘胜直捣金军大营，杀死金兵三万余人，其余金兵溃散。

完颜讹可单骑逃生，孟宗政等人率兵乘胜追击到马磴寨，烧毁城寨，夺得粮食、器械无数。

惊天动地的枣阳之战，历经近三个月，以金军完败收场。从此以后，金人再也不敢打襄阳、枣阳的主意了。

中原百姓陆续来到枣阳归附于南宋。孟宗政分给他们田地，还在他们中间挑选勇敢强壮的年轻人，组成忠顺军，在唐州、邓州之间巡逻，保家卫国。

金人有个习惯，谁狠谁就是爷，当年的岳飞、韩世忠都被他们叫过爷，这一次，他们又叫孟宗政为孟爷爷。

枣阳之战的意义,不仅仅地于守住了一个战略要地,更重要的是撕下了金人最后一块遮羞布。行家一伸手,就知有没有,女真人的强大,已经一去不复返了。金国衰落了,女真人不可怕了,女真人快要完蛋了。

摸清了金国底细的宋人,举起的拳头再也不想放下了。

赵方见金兵败走了,预计他们还会再来,于是,他来了个先发制人,命扈再兴、许国、孟宗政等人率兵六万,分三路攻打金国,他的策略是:不深入金国腹地,不攻城拔寨,只干一些抢劫放火的勾当,见金人的粮草就抢,运不走的就烧,见城栅就烧,见工事就毁,总之一句话,让金人不得安宁。

小人得志便猖狂

李全本是强盗出身,因化湖陂一战打得漂亮,而且还冒称杀死了金国太子,骗得一个观察使之职,此后,除了曲意奉承已受命主管淮东制置司,节制京东、河北军马的贾涉外,其他的人一概地不放在眼里。

一次,李全到金山寺做法事。镇江知府乔行简迎接李全,在船上摆下酒宴,还请来一些歌姬助兴,李全登船后,坐在贵宾席上,开怀畅饮,左顾右盼,见歌姬个个长得如花似玉,秀色可餐,歌喉婉转,令人销魂,高兴得手舞足蹈,恨不得将这些美人全搂在怀里,只是在大庭广众之下,才不敢放肆。

李全到了金山寺后,除参加了开场主祭典礼之外,其余时间,全都用在游玩上,触目都是妖娆,放眼尽是佳丽,不由感叹地说:"六朝金粉,果然名不虚传,得志之后,一定要享尽人间美色,才不虚度此生。"

到底还是强盗出身,满脑子都是偷鸡摸狗、男盗女娼之事。

李全从金山寺回去之后,对部下说:"江南繁丽无比,你们想不想到那里去玩呢?"

到花花世界去玩,谁能不乐意呢?于是,李全便开始打造船只,并将这些船停泊在胶州湾西面,扼守海上的交道要塞。接着,又让他的哥哥李福用这些船去做生意。

当时,南北已经开始通商,北方人很喜欢南方的商货,南方的货物运到北方去,可以得到十倍的价钱。李全诱商人到山阳做生意,船载车运,同商人分利。船只归他的哥哥李福管理,车归张林督办。中间的好处,都被李福一人独吞,张林心里非常不服。

后来,张林受命为京东总管,他拿盐场的榷盐税作为军饷。李福想从中分一杯羹，遭到张林的拒绝，张林吓唬他说："你忘了我弟弟对你的恩德吗？只要我弟弟一句话，立刻能要你的脑袋搬家。"

张林知道李家兄弟不是善良之辈，心里害怕，便同好友李马儿说起这件事，李马儿劝他说："李家兄弟说得出，做得到，打不赢，咱就走，干脆投奔蒙古人。"

张林听从李马儿的劝告，将京东拱手献给了蒙古人。蒙古元帅木华黎任命张林为山东东路都元帅府事。

李福见张林投降了蒙古人，担心遭到袭击，逃回楚州去了。后来，济南知府仲赟前去讨伐张林，张林败走。李全乘机占据了青州。

南宋朝廷竟授李全为保宁节度使，兼京东、河北镇抚副使。

贾涉已经逐渐看出了李全的本性，见强盗出身的李全一跃而成了节度使，感叹地说："朝廷只知道官爵能赢得人心，哪里知道人越宠越骄，将来恐怕都难以控制了。"

原来，右宰相史弥远早就想授李全节钺，被贾涉上书劝阻了，这一次，突然任命李全为节度使，贾涉才发出了感叹。

贾涉料定李全今后必定要闹出大事，自己控制不了这个人，于是上书朝廷，请求调回京师，远离这个是非之地。但却遭到史弥远的拒绝，贾涉竟忧愤成疾，上书向朝廷告退，虽然得到朝廷的批准，但却病死在南归途中。

不久，京湖制置使也赵方病逝了。

赵方镇守襄汉十年之久，他以战为守，合官、民、兵三者为一体，知人善任，有儒将之风，所以，金人侵扰南宋的边境，淮蜀一带一度陷入困境，而京西境内却安全无恙。赵方病重期间，曾一再勉励扈再兴等人要报效国家。

据说，赵方病逝的那天晚上，天空有一颗很亮的星星陨落，刚好同赵方断气的时间一致，人们传说，赵方就是天上那颗坠落的星星。赵方去世后，南宋朝廷追封他为银青光禄大夫，后又追封他为太师。

七 来自民间的继承人

最后的挣扎

完颜珣悍然出兵南下，大败而归后，实在心有不甘。他要向宋人讨回面子，决定再次南侵。

金军这次南侵的统兵元帅是完颜讹可，副帅是时全。

他们从颍寿渡过淮河登陆，在高桥市击败宋军，接着进攻固始县，击败了庐州将领焦思忠的援兵。后来，听说南宋同蒙古人扯上了关系，担心南宋和蒙古人南北夹击，完颜讹下令撤军。

金军北撤到淮水的时候，副帅时全不甘心就这样两手空空地回去，他看见地里的麦子都成熟了，就谎称朝廷有密旨，说部队暂时不要过河，在淮南呆三天，每个士兵到地里去收割三石麦子，补充军粮。

据说强盗这一行有个规矩，只要是出来了，就得带点东西走路，绝不空手而归。时全的行径，就是典型的强盗行为。

完颜讹可有些不放心，他对时全说："现在淮水比较浅，部队可以快速过河，如果河水上涨，要渡河就没那么容易了。到时候，宋军再来偷袭后路，再想顺利过河，那就难了。"因此，他的意思是不要贪这个便宜，反而因小失大。

时全似乎是强盗的本性不改，非要带点东西回去不可。坚持要留下来，割完麦子再走。

仿佛是老天也要同女真人作对，金军扎下营寨的当天晚上，竟然下起雨来，雨不是一般的小雨，而是滂沱大雨。大雨导致淮河水暴涨，金兵的麻烦来了。

完颜讹可觉得形势不妙，决定造浮桥过河。时全见完颜讹可带兵过河，也不敢独留，下令拔营起程。

正在这个时候，完颜讹可担心的事情果然发生了，宋军撵着金兵的屁股追杀过来。金兵见宋军杀来，争相过河逃命，桥少人多，挤不上桥的金兵，纷纷跳下河逃命。时全抢上一条小船，逃命去了。那些来不及过河的金兵，便将性命留在了淮南，永远回不去了。

完颜讹可将这次兵败的责任全推在时全身上，金主完颜询下令杀了时全。从此以后，再也不敢有南侵的念头了。

金人在南方同宋人较劲，蒙古人在北方下了黑手。元帅木华黎奉成吉思汗的命令，率兵攻打金国，攻取了黄河以东的州郡，又占领了河北重镇太原城。

金国元帅乌古论德升以及行省参政李革等人见大势已去，全部自杀了，金国元帅左监军张柔投降了蒙古。

张柔投降蒙古人后，又带领蒙古兵一路南下，先后攻占了雄易、保安等州，乘胜又攻克了河北数郡。

金主见蒙古兵一路南下，势如破竹，知道败局难以挽回，只得向蒙古人求和，但却遭到木华黎的拒绝。蒙古人掠山东，攻山西，一直打到陕西的凤翔府。

金主完颜珣连惊带吓，于是嘉定十六年（1223年）腊月，一命呜呼了。

完颜珣在位十一年，在这一时期内，金国北挡不住蒙古人的进攻，南也占不到南宋的一点便宜，只能坐以待毙。

完颜珣去世后，太子完颜守绪继位，尊完颜珣为宣宗。

完颜守绪继位之后，金国的国势更是江河日下，这是后话。

嘉定十七年（1224年），南宋皇帝赵扩也一命归天了。为了皇位继承人问题，又惹出了许多故事。

来自民间的赵贵诚

送子娘娘对赵扩其实不薄，先后曾给他送来了八个儿子，然而，阎王偏偏要跟赵扩作对，又将这八个皇子一个一个收走了，弄得赵扩到头来还是没有亲生儿子。

皇位要延续，皇帝不能没有儿子。赵扩便将太祖长子赵德昭的九世孙赵与愿收养进宫，赐名赵曮，后又封为太子，改名赵询。

赵询曾是宰相史弥远的学生，他当了太子后，对史弥远的地位，当然是有百利而无一害。史弥远也在做他的黄粱美梦，一旦赵询即位，他仍然可以大权独揽。

老天似乎在戏弄史弥远。嘉定十三年（1220年），赵询二十九岁的时候，突然得了一种怪病，御医们还没有找出病因，就一命呜呼了。

赵扩在后宫的女人不少，但没有一个女人肚子争气，没有人能替他再生出一个继承烟火的儿子，选择储君，又摆上了议事日程。

赵扩见宗室子弟中，燕王赵德昭的九世孙赵均最为优秀，便将他收进宫中，赐名贵和。嘉定十四年（1221年），赵贵和正式被立为皇子，更名赵竑。

从赵扩的态度来看，赵竑虽然只被立为皇子，但显然有将他立为太子的打算。

赵竑实际上已经过继给赵扩的弟弟沂王赵柄，将他收为皇子后，沂王一支又后继无人，于是，必须给沂王另选一人香火继承人。

宋朝宗室，一直是男丁不旺，在近支中一时很难找到合适的人选。赵扩便嘱咐身边的大臣们，叫他们留意在宗室中物色合适人选，京城没有，可以扩大范围寻找。

史弥远是一个有野心的人，独居宰相之位多年，朝廷的大小事，几乎都是他说了算。据他所知，这个被立为皇子的赵竑，不但对自己不怎么感冒，而且还颇有微词，如果他继承了皇位，自己就没有好果子吃。为了自己的前途，他必须自己扶持一个皇位候选人，并在太子之位的争夺中获胜，史弥起脑筋了。

史弥远向赵扩建议，趁给沂王选择继承人的时候，多选几个宗室子弟养在宫中，作为皇太子的候选人，将来哪个更优秀，就立哪个为太子。

史弥远的话说得冠冕堂皇，赵扩不得不信，他对史弥远说："朕深居宫中，看到的人也有限，这件事就交给你去办吧！"

赵扩不知不觉地掉进了史弥远布下的局。

史弥远有个朋友叫余天锡，为人厚道，文才也不错，史弥远聘他为西宾，做他的家庭教师，教授儿子们的学业。

当时的文人参加科举考试，都要回到原籍应考，余天锡是绍兴人，要回老家参加当年的秋试，便向史弥远告假。

史弥远设家宴给余天锡饯行，酒席间，他对余天锡说："皇上要为沂王挑选继承人，还没有合适的人选，你这次回乡，留意物色一下宗室子弟，如果是太祖的十世孙更好，发现这样的苗子，就将他带回京师。"

史弥远交给余天锡的任务，是一件困难至极的事情，到民间去寻找太祖皇帝的十世孙，这不是大海捞针吗？可那个余天锡，居然还真的给办成了。

余天锡离开临安后，乘船日夜兼程往家乡绍兴赶。有一天，船行到浙江，走过西门的时候，天上突然下起了大雨，只好停船上岸，到一个姓全的保长家里避雨。

全保长问明来历，知道余天锡是当朝史宰相家的老师，立即杀鸡宰羊，盛情款待，酒席间，有两个少年一同入席相陪，殷勤地给余天锡斟酒。余天锡见他们仪表不俗，出言文雅，礼貌谦和，便问两个少年是全保长的什么人，怎么称呼。

"这是我的两个外孙，赵与莒、赵与芮。"全保长叹了口气说："都是天潢贵胄。"

"什么？"余天锡吃惊地问："他们是皇家宗室的人？"

第四章 政治傀儡

"是啊!"全保长说:"靖康之乱,徽宗、钦宗二帝被金人掳往北方,宗室中人也全都被金人劫到北去了,他俩的父亲逃难到此,穷途落魄,我见他眉清目秀,知书识字,必不会长久落魄,就招他为婿,把小女许配给他。康王即位之后,天下仍然没有安宁的日子,甚至连皇帝都驾船出海避难,所以,小婿也不愿再回京城。可怜的小婿,就在咱这小地方住下了。"

"他人呢?"余天锡问了一句。

"已亡故多年了。"全保长感叹地说:"算起来,他的孩子还是太祖皇帝的十世孙呢!"

真是踏破铁鞋无觅处,得来全不费工夫。

余天锡听说眼前这两个少年是太祖皇帝的十世孙,惊讶地问:"他们是太祖皇帝的十世孙?你女婿叫什么名字?"

全保长回答说:"小婿名叫赵希瓐,生前曾当过九品县尉,虽然是皇室后人,但到了他这一代已同平民百姓并没有区别。"

"啊!"余天锡惊讶地看着全保长,等待他继续说直去。

"赵与莒出生的时候,曾出现地一件怪事。"

"什么事情?"

"他出生时,屋外红光冲天,邻居们以为我家失火了,纷纷赶来救火,当大家赶来的时候,火光又不见了。"全保长换了一口气说:"第三天,天刚拂晓,忽然听到门外有许多车马声,喝道声,我开门察看,什么也没有看见。邻居们也都觉得奇怪,请一个游方道人替赵与莒算命。"

"算命先生怎么讲?"

全保长绘声绘色地说:"游方道士说,赵与莒将来必位极人臣,大贵;赵与芮命也好。说他们两人是蛟龙,绝非池中物,将来一定有飞黄腾达的时候。"

其实,这都是小说家们惯用手法,皇帝是天子,不同常人,所以,他们出生的时候,要发生非同寻常的事情,借此说明他们的出世,是上天派下来的。汉高祖刘邦、唐太宗李世民、宋太祖赵匡胤出生,都出现过这种异常情况。

"有眼不识泰山,失敬!失敬!"余天锡说:"如果你说的都是真的,那令外孙真的就要大贵了。"

全保长惊喜地问:"真的吗?"

"皇上正在物色太祖皇帝的十世孙,立为沂王的养子。等我秋试完毕之后,便来邀请你的外孙赵与莒一同进京。"

全保长当然是求之不得了。

余天锡应试完毕之后，果然如期来到全保长家。

全保长大摆宴席，将亲朋好友都请来，给两个外孙饯行，然后将两个外孙打扮得体体面面的，送他们出门。

全保长家境并不富裕，为了这一顿饭和两个外孙一身的行头，他卖了田地，几乎是倾家荡产了。

余天锡到了临安后，直接将两个孩子带去见史弥远。

史弥远颇通相术，见这两个少年的相貌，暗暗称奇，再考问他们的学识，颇有造诣。便叫人取来文房四宝，让两人写几个字看看。赵与莒竟然龙飞凤舞地写出"朕闻上古"四个字。

史弥远看了这四个字，不禁感慨万分地说："这是天意啊！"为了防止阴谋外泄，他还是让余天锡将两个孩子送回全保长家，等待机会。

全保长不知过中缘由，只是暗暗叫苦。

没过多久，史弥远又让余天锡去了一趟浙江，把赵与莒带回临安，并把事情的经过转告给赵扩。

赵扩给赵与莒改名为赵贵诚，封他为秉义郎。

史弥远派余天锡将赵与芮仍然送回浙江，向全保长说，赵与莒已经立为沂王之后，赵与芮的将来，也不愁得不到一官半职，只是时机未到而已。

全保长向余天锡千恩万谢，想要备酒款待。余天锡不敢久留，没有在全家多呆，立即返程回临安，向史弥远复命去了。

赵贵诚当时已经十七岁，他为人庄重端正，修身好学，虽然是太祖十世孙，但与普通百姓没有什么区别，意外地被余天锡带到京城，成为沂王赵柄的养子。虽然是一步登天，但他并没有得意忘形，每次上朝的时候，其他人都在一边说笑，赵贵诚却是整衣肃冠，不敢轻举妄动。每次见到史弥远，都是毕恭毕敬地自称小侄。史弥远更加喜爱，常在同僚面前夸他必成大器。赵扩也很爱赵贵诚，经常召他到偏殿问话。赵贵诚总是毕恭毕敬，唯唯诺诺。

赵竑将这些看在眼里，心里很不痛快，连带着将史弥远也恨上了。

偷梁换柱

史弥远当了十多年的宰相，他与杨皇后内外勾结，专权擅政，朝廷内外大臣，大多数都是由他举荐，几乎没有人敢在他面前说一个不字。但有一个人对他却看不顺眼,这个人就是皇子赵竑。

史弥远早就觉察到赵竑对他心怀不满,正因为如此,他才叫余天锡找来赵贵诚,名义上是做沂王的继承人,实际上是要以赵贵诚取代赵竑。但是,赵竑被立为皇子,赵贵诚只是一个刚刚从民间寻找来的宗室子弟,虽然已经立为沂王赵柄之子,但亲王儿子的身份与皇帝儿子的身份,还是相差十万八千里。要想以赵贵诚取代赵竑,也不是一件容易的事情。

史弥远是当朝宰相,内有杨皇后做内应,外有一班狐群狗党,只要他一声吼,临安城也要抖三抖,没有他办不成的事。

赵竑喜欢弹琴,史弥远便投其所好,送了一个善于弹琴的美女给他,实际上,这个弹琴的美女,就是史弥远安在赵竑身边的密探。

赵竑缺乏政治头脑,心里不喜欢史弥远的为人,竟然还接受他送来的美人,这种引狼入室的愚蠢举动,为他今后的失败,埋下伏笔。

赵竑明知史弥远不怀好意,却又被这个会弹琴的美人迷住了心窍,再加上这位美人聪明狡黠,使出浑身解数,事事让赵竑称心如意,二人时常在一起,耳鬓厮磨,日子一长,赵竑竟把她当成了红颜知己,无论什么事情,对她都不隐瞒。

赵竑曾把杨皇后和史弥远所做的不法事情记录下来,还在后面加批语说:"史弥远应该被发配到八千里之外!"

他指着地图上的琼崖二州对美人说:"我将来做了皇帝,一定要把史弥远流放到这两个地方去。"

甚至,他还称呼史弥远为"新恩",意思是今后要把史弥远流放到新州或者恩州。

赵竑的言行举止,无异于授人以柄,这也是他在政治上不成熟的表现。赵竑的老师真德秀曾经劝说他,要韬光养晦,孝敬杨皇后,善待史弥远,不可锋芒太露。否则就会很危险。赵竑很难接受真德秀的劝告。

赵竑身边的那个美人,是史弥远安插在他身边的卧底,他所说的话,很快就传到了史弥远的耳里。

史弥远得知赵竑对自己的态度,吓得胆战心惊,起了废掉赵竑之心。于是,他经常在赵扩面前进谗言,挑拨他和赵竑的关系,想通过皇帝的手,完成储君的更替。可惜的是,史弥远喋喋不休地说了很多,赵扩却不明白他要表达一个什么意思,成天"懵然不语"。

皇帝不开窍，史弥远又不敢明白地告诉他，说他不喜欢这个皇子，赶快换掉他。

嘉定十五年（1222年），史弥远在静慈寺为他的父亲史浩做法事，借大和尚这块清静的宝地，策划一个大阴谋。

宰相给老爸做法事，百官当然要来拍马屁，每人都备了一份厚礼送过去，然后装模作样地在那里听和尚念经。

史弥远把九品小官国子学录郑清之叫到慧日阁，对这位有名儒之称的人亮出了底牌："现在的皇子难成大器，听说沂王府的赵贵诚非常聪明、贤良，但年轻人学识还是有限，需要给他选择一位老师。考虑再三，你是最合适的人选。"

史弥远已经明白无误告诉郑清之，教导赵贵诚，最终的目的就是取代赵竑。史弥远不忘重赏之下必有勇夫这个道理，对郑清之许下重愿："事成之后，我史弥远现在的位子，就是你将来的位子。"

郑清之见宰相如此器重他，简直有些受宠若惊。

"不过。"史弥远看了郑清之一眼，威胁地说："今天的话，出我之口，入你之耳，不能有第三个人知道。否则，你我将遭受灭族之祸，死无葬身之地。"

郑清之挂着道学的幌子，在史弥远的诱惑下，把道学家们常挂在嘴边的"纲常伦理"和"天理"丢到了九霄云外，心里只剩下赤裸裸的人欲。

赵贵诚虽然只有十七岁，但很有心机，对帝王之术似乎有一种天生的本能，在郑清之的精心栽培下，学问和见识突飞猛进。

郑清之对他的鉴定是"不凡"。

史弥远对他的评价是"可造之才"。

真德秀听到了风声，知道史弥远有另立皇子之意，他知道史弥远在朝中翻手为云，覆手为雨，权可通天，皇子赵竑绝对不是他的对手，担心自己因此而引来杀身之祸，便辞去了赵竑老师的职位。

赵竑失去了一个重要谋臣，在与史弥远的斗争中，更是孤立无援。

嘉定十七年（1224年）八月，赵扩病得不省人事，史弥远感觉到机会来了，马上派郑清之前往沂王府试探赵贵诚，问他想不想做皇帝。

一般人要是听到这样的消息，一定会高兴得跳起来，赵贵诚听后，却一言不发。

郑清之见赵贵诚不说话，一下子急了，问道："宰相特意让我将这么机密的事告诉你，你却一言不发，让我怎么回复宰相呀？"

赵贵诚不紧不慢地说:"我母亲还在绍兴啊!这样的事情,我怎么敢自己作主呀?"

赵贵诚对于郑清之提出的问题,既没有表示拒绝,但也没有说同意,而是以一种隐晦曲折的方式,表达了愿意同史弥远合作的意向。

随后的事情就简单了。

郑清之将赵贵诚的话转告史弥远,两人都感叹赵贵诚回答得妙,不是一个凡人。

有了赵贵诚的意向,史弥远开始实行他的废立计划。在赵扩弥留之际,他将两府大臣和起草诏书的翰林学士都拦在宫外,让自己的心腹郑清之和直学院士程泌入宫,几个人伪造了一份诏书,立赵贵诚为皇子,赐名昀,授赵昀为武泰军节度使,封为成国公。

赵昀封为皇子,取得了同赵竑平起平坐的政治地位,都是皇子,将来都有资格继承皇位。

赵扩在他身体好的时候,没有正式册立赵竑为太子,留下一个针尖大的洞,让史弥远从中灌进了一股穿堂的风。

闰八月三日,赵扩死了。

赵扩死了,由谁继承皇位,杨皇后这一票至关重要,如果她不点头,新皇帝就得不到承认。杨皇后这一关,史弥远做了两手准备,联络过去狙击韩侂胄的殿帅夏震,准备用武力解决,不过,这是第二方案。第一方案是让杨皇后点头,让赵昀顺利坐上金銮殿那把交椅。

史弥远找来杨次山的两个儿子杨谷、杨石,让他们进宫去,请杨皇后支持赵昀。

杨皇后并不知道另外一个皇子赵昀的存在,因为立赵昀为皇子的圣旨,是吕弥远伪造的,杨皇后压根儿就不知情。因此,赵扩死了以后,她准备按赵扩的意愿,立赵竑为帝。

杨谷、杨石两兄弟进宫后,将史弥远立赵昀为皇子的事告诉她,并力劝她改变主意,立赵昀为帝。

情况来得太突然,杨皇后思想上一点准备也没有,她惊讶的对杨家兄弟说:"皇子赵竑是先帝所立,怎么能说废就废呢?"

杨谷、杨石兄弟两见杨皇后不答应,只好出宫向史弥远报告。

史弥远当然不会就此罢休,但不到万不得已,他也不想用武力解决问题。

于是，命令杨家兄弟再次进宫，说服杨皇后，让她改变态度。

杨皇后继续坚持她的观点，史弥远当然也不会放弃他的图谋，双方一直僵持不下。

那天晚上，临安城最忙的人，可能要算杨谷、杨石两兄弟了。史书记载，他们穿梭于杨皇后和史弥远之间，来回竟有七次之多。不难想象，史弥远一定在给杨家兄弟施加压力，兄弟俩进宫向杨皇后施加压力。

最后一次，杨家兄弟竟跪在杨皇后的面前号啕大哭，死也不肯起来，他们明白地告诉杨皇后："外面的军队都布置好了，再不答应立赵昀为帝，咱们杨家恐怕就要在朝中消失了。"

杨家兄弟在给杨皇后传递这样一个信息，他们三番五次地朝宫里跑，这是史弥远还讲客气，再不合作的话，他可就翻脸不认人了。

杨皇后不说话了，因为她无话可说，她太清楚史弥远的为人了，开杀戒对他来说不是什么新鲜事，当初他还是礼部侍郎的时候，就敢砍下韩侂胄的人头，逼急了，他真的什么事都敢干。

杨皇后是一个脑袋瓜子灵活的女人，盘算了半天，终于改变了主意，同意和史弥远再度合作。

最后的难关攻克了，史弥远立即派人宣召皇子进宫，并对派出的人说："听明白了，宣召的是沂王府的那位皇子赵昀，不是万岁巷的皇子赵竑，你们要是弄错了，我就灭了你们的全家。"

赵扩死了，满朝文武人心惶惶，他们在考虑，新君即位，一定要重新进行人事洗牌，自己的官位是否能保得住。只有一个人气定神闲，心态平静。这个人就是万岁巷中皇子府里的赵竑。

赵竑认为，皇上死了，金銮殿上那把交椅空出来了，他安心地呆在皇子府，就等宫里来人宣召他进宫，坐上金銮殿上那把至高无上的交椅。

然而，赵竑左等右等，就是没有人进他的府门，慢慢地就有些坐不住了，跑到门口踮起脚尖朝巷子口张望，让他失望的是，街道口并没有出现他想看到的人。后来，他索性敞开大门，看到有宫里的人从门前经过，却没有人进来，不由得不安起来。

不久，他见宫中的人簇拥着一个人匆匆而去，有些迷惑不解了，殊不知，这正是赵昀被接进宫中。而宣召他进宫即位的人，永远也不会出现了。

赵昀进宫后，恭恭敬敬地拜见杨皇后。

杨皇后拍着他的背说："从现在开始，你就是我的孩子了。"

杨皇后既然承认赵昀是自己的儿子，就等于是告诉大家，赵昀是合法的皇位继承人。

赵昀接着被史弥远领着，来到赵扩的灵柩前，以继承人的身份举哀。这些过程完成后，时间已经过了黄昏。这才有人去宣赵竑进宫。

赵竑带着侍从，急匆匆地往宫里赶，刚走到宫门中，就被卫士挡住了，说侍从不准进宫，只能赵竑一个人进去。

史弥远出来了，带赵竑进去哭灵，哭完之后，让殿帅夏震陪着他，实际上是把赵竑监管起来。

赵竑起了疑心，但却又毫无办法。不一会，听见殿内宣召百官，百官按顺序入殿，赵竑被传宣官安排在原来的位置，他愕然地问："现在是什么时候了，还要我站在这里？"

赵竑说得不错，他是马上要做皇帝的人了，怎么还能站在百官之列呢？这个糊涂虫，他还蒙在鼓里，做着他的皇帝梦呢！

夏震假装糊涂地说："没有宣旨之前，你只能站在这里，宣旨之后，才能登位。"

赵竑听了夏震的鬼话，信以为真，过了一会，殿中烛光齐明，借着烛光，他发现龙椅上已经有一个人坐在那里。

一切都成了现实，当了多年的皇子，最后关头，金銮殿上的那把交椅，还是让别人占去了。赵竑脑子里一片空白。

宣赞官宣读即位诏书，随后百官拜贺，赵竑痴痴地站立当场，不知是没有听清宣赞官的话还是故意不拜，他站在那里，什么动作也没有。

夏震这时候有动作了，他使劲地推了赵竑一把。这个时候的赵竑，已经是身不由己，除了跪下叩头，已经别无选择。

登基礼仪终于完成了，赵昀登上了皇帝的宝座，成为宋朝第十四位皇帝，他就是理宗。

赵昀即位之后，假托遗诏，授赵竑开府仪同三司，封济阳郡王，判宁国府。不久，又宣布晋封他为济王，赐第湖州，将他撵出了京城。

三个月之后，赵扩葬于永茂陵，庙号宁宗。

宁宗皇帝赵扩在位三十年，改元四次，享年五十七岁。先以韩侂胄为宰相，后又以史弥远为宰相，两奸专国，宋室日益衰落。

第五章　草根皇帝

赵昀出生在绍兴府山阴县虹桥里，十七岁之前，他还是一个没有父亲，寄居在舅舅家的穷小子。虽然是太祖皇帝赵匡胤的十世孙、燕王赵德昭的九世孙，但燕王这一支很早就没落了，丢了王爵，作为赵德昭的后代，赵昀的曾祖和祖父都是平民百姓，父亲赵希瓐也不过是一个九品县尉。因此，赵昀身上虽然流淌着皇室的血液，其实就是一介草民。从他被人从民间挖出来，到坐上金銮殿里那把龙椅，前后只有三年时间。历史开了一个天大的玩笑。

一　淮东之乱

湖州之变

赵昀出生在绍兴府山阴县虹桥里，十七岁之前，他还是一个没有父亲，寄居在舅舅家的穷小子。虽然是太祖皇帝赵匡胤的十世孙、燕王赵德昭的九世孙，但燕王这一支很早就没落了，丢了王爵，作为赵德昭的后代，赵昀的曾祖和祖父都是平民百姓，父亲赵希瓐也不过是一个九品县尉。因此，赵昀身上虽然流淌着皇室的血液，其实就是一介草民。从他被人从民间挖出来，到坐上金銮殿里那把龙椅，前后只有三年时间。历史开了一个天大的玩笑。

赵昀做皇帝后，第一件事就是将皇子赵竑撵出临安，清除了一个潜在的威胁。

尊杨皇后为皇太后，垂帘听政。

追封生父赵希瓐为荣王，生母全氏为国夫人，弟弟赵与芮也得到了封赏。

并决定次年改元宝庆。

赵昀登基之后，想招揽几名贤士辅佐朝纲，于是下诏，任命曾经担任过皇子赵竑的老师的潭州知府真德秀进入学士院、嘉定知府魏了翁为起居郎。两位都是当时的理学名家。

第五章 草根皇帝

赵昀的这一决定，得到了士民们的赞许，大家都说新皇帝有志求贤。

赵昀从一介草民而荣登九五之尊，完全是史弥远的杰作。史弥远这种翻手为云、覆手为雨的擅权行径，引起了朝野内外的普遍不满。朝中人士担心丢了饭碗，都是敢怒而不敢言，在野人士却没有这些顾虑，他们就敢将心中的不满发泄出来。率先发难的人，就是湖州的潘氏兄弟。

宝庆元年（1225年）正月，湖州百姓潘壬、潘丙和他的堂兄潘甫，听说史弥远一手遮天，将一介草民赵昀扶上皇位，将皇子赵竑撵到湖州来了，心中不服，几个人一合计，想把颠倒的黑白再扭转过来，他们秘密联络一些人，准备在湖州拥立济王赵竑为帝。

潘氏兄弟密谋拥立赵竑为帝这件事，赵竑本人并不知道，潘氏兄弟也没有去征求他的意见，多少有点梁山英雄那种"路见不平一声吼"的味道。其实，这些人都是在太湖中捕鱼讨生活的渔民，并没有什么高强的武功和深远的谋略，大家聚在一起，喝上几杯酒，头脑一发热，就这么定下来了。

潘氏兄弟酒醒过后，仔细一想，拥立济王赵竑为帝不像组织一次宗族斗殴那么简单，宗族斗殴无非就是村民之间舞刀弄棒，干一架就完了，而拥立济王赵竑为帝，对手是当朝宰相史弥远和他手中的军队，凭自己手中的几柄渔叉是解决不了问题的。于是，他们派人同山东的"忠义军"李全联系，想让他派一支部队来帮忙。

李全根本就瞧不起潘氏兄弟，但也不想却他们的面子，表面上还是同湖州来的人约定起事日期，表示到时派兵前去助阵。实际上，他根本就没有出兵的意思，抱着一种坐观成败的态度，搞砸了让潘氏兄弟顶着，成功了他再派兵前去接收。李全做的是一笔稳赚不赔的买卖。

约定的日子到了，潘氏兄弟在没见到李全的一兵一卒，然而，箭在弦，不得不发，拥立赵竑为帝的事情已经有很多人知道了，再拖下去就有可能泄密。他们决定铤而走险，集聚了一些太湖渔民和湖州的巡卒，老老少少凑到一起，充其量也只有千余人，打着"忠义军"的旗号，偷偷越过城墙进入湖州，闯入济王府，声称拥立赵竑为帝。

赵竑可是个落魄之人，见这么多人闯进自己府中，不知发生了什么事，吓得躲进了水洞里。

潘氏兄弟带人涌进济王府，见所拥立的人不见了，下令挖地三尺，也要将济王找到。这帮人都是土生土长的湖州人，连水里的鱼都能够捞出来，何况一个大活人呢？时间不长，赵竑便被大家七手八脚的从水洞里拽出来。

惊魂未定未定的赵竑，被大家带到湖州治所，里面摆了一把椅子，大家称这把椅子为龙椅，把他按到上面坐下，还拿一件黄袍披在他身上，说是龙袍。

赵竑又是哭、又是闹，誓死不从。潘壬见赵竑不识抬举，抽出刀架在他的脖子上，不客气说："摆在你面前的只有两条路，一是做皇帝，二是做鬼。"

做皇帝虽然不保险，但总比做鬼强，为了活命，同时，也存在一种侥幸心理，他还是同意做皇帝，但他同潘氏兄弟约定，不得伤害太后，不得伤害赵昀。得到允许后，他才穿上龙袍，并下令把湖州府库里的金帛拿出来犒劳三军。

其实，湖州城根本就没有什么三军，三军是潘氏兄弟撒的弥天大谎，他们进城后到处张扬，声称"忠义军"出动了"精兵二十万，水陆并进"，弄得湖州城沸沸扬扬，不仅把赵竑和湖州的老百姓给唬住了，连湖州知府谢周卿也信以为真，带着僚属投奔了新皇帝。

这就是历史上的"湖州之变"，也称"济王之变"。

宋太祖赵匡胤陈桥兵变两百多年后，他的后代再次上演了一次"黄袍加身"，只是陈桥兵变是一个重大的历史事件，而湖州之变却是一场闹剧。

随着遮掩真相的夜色逝去，一切都真相大白。人们发现，所谓的二十万大军，只是一个骗人的鬼话，闹事的只是一帮太湖渔民和一部分巡卒，充其量也不足千人。

赵竑很快明白过来，就凭这几个拿刀弄棒的渔民，根本就不能成大事，他在心里暗暗叫苦，被这些人害了。尽管他这个济王的日子过得并不怎么顺心，但好歹日子还能过，吃穿不用发愁，按现在这个形势发展下去，恐怕连吃饭的家伙都要弄丢了。他越想越害怕，便想出了一个自救的办法。

赵竑偷偷地同湖州知府谢周卿商量，招来州兵，准备用武力收拾潘氏兄弟这伙人，同时还派人给朝廷报警。

赵竑对形势的判断还算清醒，但他想借屠杀拥护者而求自保的想法却不现实。自古以来，只要沾上谋夺帝位的事，除了咬牙一路走到黑以外，别无退路，进是死，退同样也是死。

赵昀和史弥远得知湖州有人闹事，又急又怕，害怕事情闹大了危及自己的权势，急急忙忙派大兵前往镇压。谁知朝廷的兵马还没有到达湖州，赵竑就率领州兵将事情搞定了。潘氏兄弟和他那一帮乌合之众，被赵竑率领的州兵打得死的死，逃的逃。

湖州之变，宋朝上演的第二次黄袍加身成了闹剧。

闹剧结束了，赵竑以为自己没事了，但史弥远绝对不会放过他，他的存在，始终是一种潜在的威胁，既然潘氏兄弟都这么干了，说明他还是有一定的号召能力，说不定以后还会有人这样干。

史弥远要查办赵竑，有很多办法，但他选择了一个最简单的办法，就是对外宣称，济王赵竑在湖州病了，而且病得不轻，然后派亲信余天锡带着御医到湖州去，给济王治病。

结果，生龙活虎的赵竑，被余天锡带来的御医给治死了。关于他的死因，有人说是自缢身死，有人说是中毒而亡，不管过程如何，结果都一样，非正常死亡。

朝廷对外的公布是，济王赵竑病重，不治而亡。

湖州之变，赵竑是被人胁迫的，并非事先预谋，后来还亲自讨平了叛乱，但仍然含冤而死。他的悲惨遭遇，引起举国上下的广泛同情。名臣真德秀、魏了翁、洪咨夔等人纷纷上书，替济王赵竑鸣冤，指责赵昀处理此事不当。赵昀不但不理，反而还对替赵竑鸣冤的人给予打击。尽管如此，终南宋之世，替赵竑鸣冤的声音始终没有停止。

楚州又出乱子

湖州之变平息不久，淮东又传来警报，制置使许国被李全驱逐，死在途中，楚州大乱。

原来，许国曾为淮西都统，辞官后闲居在家，贾涉死后，他曾向朝廷上书说："李全必反，非豪杰不能弭患。"意思是说，李全一定会造反，没有一个铁杆人物来，就不能消除这个隐患。

史弥远采用了一个最简单的处事办法，让许国去接替贾涉。

许国奉命前往楚州，李全的老婆杨妙真到郊外迎接这位新上任的置制使。

南宋历来有一种观点，称自己的嫡系部队为"南军"，把"忠义军"等北方投降的杂牌部队称为"北军"。在官僚们的眼里，北军就是二等公民，有的人就直呼北军为贼。

许国也是持这种观点的人，他常以英雄自居，认为北军就是一群山贼，打心眼里瞧不起他们。当他听说杨妙真前来迎接时，竟然拒绝见她，让杨妙真羞惭难当，扫兴而归。

世界上的事情就是这样，你将一个人视为敌人，他就会成为你的敌人，你认为一个人是你的朋友，他就会成为你的朋友。许国这是在为自己制造敌人。

许国制造敌人的行动远远还没有停止。李全在青州给他写信，祝贺他升任置制使。许国不但不表示感谢，反而拿着李全的信对大家说："李全就是一条狗，只要我略为对他好一点，他就高兴得直摇尾巴。"

许国给李全回了一封信，邀他到楚州来见。李全担心许国使诈，爽约不至，许国备下厚礼，再次相邀。

李全的手下刘庆福派人前往楚州试探，知道许国无加害之意，便建议李全前往楚州见许国。李全也觉得不去有些理亏，于是前往楚州。

李全到楚州后，许国的宾客对他说："节度使参拜的时候，制使大人定会说免礼，到时，你就不必行参拜之礼了。"

李全信以为真，谁知到了参拜的时候，许国竟然高坐在上，一动也不动地接受了李全的参拜。李全心里很不爽，出来后对别人说："我归附朝廷，也不是没有拜过人。许国以前当淮西统制的时候，拜见贾涉，贾涉都没有让他参拜。他有什么功劳，官职在我之上，就如此称大？我赤胆忠心报效朝廷，他竟然如此对我？"

李全的话传到了许国的耳里，许国心里很后悔，摆酒给他赔礼，尽管如此，李全心里还是不满意。后来，李全想去青州，担心许国不同意，暗想：他不过是想让我下拜，如果能够得志，拜一拜有什么关系呢？于是，再见到许国的时候，干脆就折节下拜，有什么事，也主动向许国报告，装出一副恭顺的样子。

许国被李全的假象蒙蔽了，高兴地对家人说："别看李全狠，我已经把他降服了。"当李全提出要到青州去的时候，他毫不犹豫地就答应了。

李全到了青州，立即恢复了本来面目，派刘庆福到楚州去作乱。

刘庆福到了楚州后，同杨妙真密谋，想除掉许国。

计议官苟梦玉得知刘庆福的阴谋，提醒许国早作防备。许国不以为然地说："他们在谋反，就让他来吧！我大船见了千千万，还怕虾米来捣乱？"

苟梦玉见许国如此轻敌，担心到时祸及自身，竟然向盱眙发檄文，并转告刘庆福，说许国要杀他们，让他们防着点。

刘庆福见阴谋暴露，索性来了个先下手为强，带领一帮人闯进制置使衙门。

许国见刘庆福带着人气势汹汹地冲进来，情知不妙，转身想取兵器，还没有转过身来，一支飞箭就射中了他的额头，顿时血流满面。许国到底是一员武将，拔掉箭头，顾不得包扎，转身就跑。

刘庆福立即指挥他的乱党冲入内室，将许国一家老小全都杀了，然后放了一把火，烧了制置使衙门，抢走了库银。

许国在数十名亲兵的保护下，逃出楚州城，当他想到自己是逃出来了，一家老小恐怕没命了，自己戎马一生，到头来，上不能报效国家，下无法保护妻儿老小，悲上心头，觉得无颜活在世上，竟然抽出腰刀，抹脖子自尽了。

反复无常的李全

楚州兵变，让南宋小朝廷大为吃惊。

赵昀刚上台，掌握朝政大权的史弥远又是个"和平主义者"，不想将事情闹大，他拒不采纳百官提出的讨伐李全的建议，命大理卿徐晞稷出任楚州制置使。理由是，徐晞稷曾经驻守海州，同李全的关系不错，他想借这种关系去安抚李全。

徐晞稷到达楚州后，李全果然来了，并假意责怪刘庆福，还杀了几名小卒，说是乱党。并上表请罪。接着又当庭参拜徐晞稷。

徐晞稷当然不好意思接受他的参拜，赶忙离座将他扶住。

楚州兵乱，就这么轻描淡写地过去了。

经此一事，李全似乎掂出了朝廷的分量，从此以后更加骄横。

徐晞稷按照史弥远的授意，对李全曲意奉承，百般迁就，要钱给钱，要粮给粮，要兵器给兵器，简直把他当大爷供起来了，甚至还卑贱地称李全为恩府，称李全的老婆杨妙真为恩堂。

李全在徐晞稷的怂恿下，更加嚣张，给恩州发去檄文说："许国谋反，已经伏诛，你们所有的将士，都得听我的命令。"

一次诛杀朝廷大臣的兵变，竟然被他说成是平叛，李全玩了一把贼喊捉贼的把戏。

恩州守将彭义斌虽然也是强盗出身，但却还有一点良心，不像李全那样狡诈，一怒之下，撕毁了李全的檄文，大骂李全背叛国家，擅杀制使，是个逆贼，准备出兵讨伐李全。

李全听说后大怒，率兵攻打恩州。彭义斌出城迎战，一举击败了李全，还夺得战马二十多匹。刘庆福率兵增援李全，同样也被彭义斌杀得大败而归。

李全见打不过彭义斌，只好给徐晞稷写信，请他出面调解，同彭义斌讲和。

彭义斌知道徐晞稷是个小人，根本就不听他的，他写信给沿江制置使赵善湘，约他出兵讨伐李全。

徐晞稷见自己阻止不了彭义斌，只得向史弥远报告。

史弥远收到徐晞稷的公文，立即给彭义斌等人下了一道命令：不得轻举妄动，不可擅动干戈，大家"各享安靖之福"，好好过太平日子。

扬州知府赵范气愤至极，愤然上书，请朝廷不要养贼为患。史弥远可不吃这一套，你爱怎么说就怎么说，他就是按兵不动。

李全正是受到史弥远的保护和怂恿，才得以逍遥法外。

彭义斌认为山东一带还没有平定，准备先平定山东，再来收拾李全，便移兵攻打东平。

东平守将严实已经投降了蒙古人，由于缺少粮食，假意和彭义斌联合，暗地却约蒙古兵攻打彭义斌。彭义斌不知严实已经投降了蒙古人，带兵去同蒙古兵交战。

两军交锋，不分胜负，正在相持不下的时候，严实突然从彭义斌的后面杀了过来。

彭义斌率领的宋军正同蒙古兵较上劲，突然腹背受敌，阵脚顿时大乱，彭义斌血战而亡，宋军全线溃败。

蒙古兵乘胜攻占了京东的州县，直逼青州。

青州是李全的大本营，他当然不愿轻易放弃，同蒙古兵打了几仗，始终不能取胜。便派他的哥哥李福突出重围，到楚州去搬取救兵。

史弥远听说李全兵困青州，想借蒙古人之手灭掉李全，于是下令调回徐晞稷，改派盱眙知军刘琸为淮东制置使。

刘琸赴任的时候，只调镇江三万兵马跟随自己。太尉夏全想跟刘琸一起走，刘琸认为这个人贼性不改，不听指挥，就让他留守镇江。

偏偏镇江的副将彭忔移兵盱眙，他也知道夏全这个人是强盗出身，是一个有奶就是娘的小人，说不定哪一天兽性发着了，就会张口咬人。这样的人留在身边，始终是一个隐患，让人吃不安，睡不宁。他也想支走夏全，于是故意对他说:"楚州城的贼党不满三千人,能打仗的人都在山东,刘制使这次到楚州,一定会马到成功,太尉跟着去,一定能立大功。"

夏全信以为真,待刘琸走后,率领五千名部下跟在刘琸的后面。

刘琸到了楚州,才发现夏全跟来了,没有办法,只好把他留下来。

李福到了楚州后,请求派兵支援青州。

刘琸是史弥远派来专门对付李全的,当然不会发兵去救他。

李福见刘琸不肯出兵,便与弟媳李妙真商量,怂恿他们的部下到去找刘琸闹。

刘琸见这些人闹得没完没了,便命夏全带领他的五千人马驻扎在楚州城外,以防兵变,并限李福等人三天之内出城。

杨妙真当然不会任由刘琸摆布,秘密派人给夏全送去一封信,并附上一份厚礼。她在信中说,夏将军不也是从山东归附朝廷的吗?咱们可是同类啊!刘琸以这样的手段对付我们,兔死狐悲,李氏亡了,下一个该轮到你了。将军如果认为我说得有理的话,就来见奴家,奴家这里有烛光、美酒、还有俏佳人。

夏全心动了,如鬼神附体般来到杨氏的住处,秘密会见杨妙真。

杨氏特意打扮一番,在密室里接待了夏全,果然是烛光、烈酒、佳肴、美人,别有一番情趣。

酒不醉人人自醉,色不迷人人自迷,杨氏玩了一招美人计,轻易地俘虏了夏全。两人商定,第二天举兵造反,诛杀刘琸。

次日,夏全带兵围攻州署,扬言要干掉刘琸。

刘琸在镇江军的保护下,逃出了楚州城。鸡飞蛋打的刘琸,不但没有完成史弥远交给他的任务,反而还让叛军赶出了楚州城,上表自己参了自己一本,不久,便郁闷而死。

夏全赶走了刘琸,回头来找杨妙真,想来个双栖双飞,不想杨氏摇身一变,从昨晚的俏佳人变成了女将军,跨马横刀,要同夏全拼命。夏全知道自己不是她的对手,只好下令部下在楚州大抢一票,投奔金人去了。

接任淮东制置使的是姚翀,此人毫无谋略,是一个平庸之辈,同徐晞稷是一路的货色。临行的时候,特地把母亲和妻子留在都城,自己买了两名小妾,陪他一起到楚州赴任。到了楚州后,派人进城打听,得知李氏并没有加害他的意思,这才敢进城。

楚州衙门在上次兵变中被烧毁了,新衙门还没有建起来,姚翀进城后,连个落脚的地方也没有，只好寄居在寺庙里。幸亏有两名小妾相伴。日子过得倒也不怎么寂寞。

李全在青州抵挡不住蒙古人的攻势，投降了蒙古人。

刘庆福此时镇守山阳，得知李全投降了蒙古人后，知道自己的日子不好过，想杀掉李全，向朝廷赎罪。

李全听说刘庆福要对自己下手，也想干掉刘庆福。两人你想算计我，我也想算计你，谁也不敢见谁。

一天，杨氏约请姚翀议事，姚翀不敢推辞，提心吊胆地来到李营，见刘庆福也到了那里。

杨氏对他们说，哥哥病了，不能主持军务，特地请姚制帅和刘总管共同商议军情。

刘庆福不相信地说："李大哥什么时候生病的？我怎么没有听说呢？"

杨氏正要回答，里面已有人传出话来，说是李全请刘总管到里面说话。

刘庆福以为李全有病在身，不会出现什么意外，便跟着传话的人进了内室。看见李全和衣躺在床上，不免心生疑惑，但既然进来了，也不好马上退出，只好走到床前问道："李大哥生病了吗？"

"烦得很。"李福不耐烦地说。

刘庆福左右一看，见床旁有一剑鞘，心里一动，情知不妙，转身就想退出。

李全一个鲤鱼打挺，从床上跳下来，追上刘庆福，一刀结果了他的性命，然后割下他的人头，来到外堂交给姚翀。

姚翀不但不惊，反而高兴地说："刘庆福这个罪魁祸首，一世奸雄，居然被李将军除掉了？"

姚翀回到寺庙，立即向朝廷上表，说罪魁祸首刘庆福已经伏诛。

不久，姚翀得到嘉奖，李全也被升官，杨氏竟被封为楚国夫人。

楚州自从夏全之乱后，府库的储备都被乱军洗劫一空，兵荒马乱时期，运输不畅，来不及补充。李全今天要粮饷，明天要兵器，姚翀巧妇难为无米之炊，根本就不能满足李福的要求。

李全催了几次，一点回音也没有，气愤地说："朝廷既然不想养着忠义军，何必要设立呢？如今设立了却又不给军饷，这不是压我们忠义军吗？"

强盗出身的李全，又起祸心，同杨氏密谋，要干掉姚翀。他们设下酒席，派人请姚翀来赴宴。当姚翀兴冲冲地赶去赴宴的时候,并不见杨氏和李全,迎接他的只是一群提刀的士兵。

幸亏姚翀的部下有一个叫郑衍德的挺身而出,保护姚翀杀出重围,向明州逃窜,不久,姚翀病死在逃亡的路上。

淮东成了禁地,谁去谁就得死。

李全之死

淮东四任制置使许国、徐晞稷、刘琸、姚翀,先后命丧楚州,让淮东成了"遣帅毙命"的深渊,朝廷大臣们谈虎色变,再也没有人愿意到淮东去任职。大家都在议论淮河、长江的防线问题,有人建议干脆放弃淮河防线,退守长江,让楚州成为羁縻州。

一心只想苟且偷安的史弥远,竟然也听信了这种鬼话,下令楚州不再设制置司,防线后撤,命统制杨绍云兼制置使,改楚州为淮安军,不再设置制置司。

宋室南渡以后,几代人浴血奋战保卫的淮河防线,就这么轻易地放弃了。

羁縻州首创于唐朝,主要是针对那些不服管的"生蛮"地区设置,州县不入图籍、不纳赋税,官员世袭,有很大的自治权。宋朝也保留了这个制度。南宋视楚州为羁縻州,由此看来,他们真的不再重视淮河防线了。

史弥远安居在临安,只图自己过得安逸,没有考虑放弃淮河防线带来的后果。

楚州改为淮安军后,通判张明代管淮安军。

盱眙守将彭忔觉得这是一个建功立业的好机会,便派张惠、范成潜入淮安,暗地里找到李全的旧将国安用、阎通,对他们说,朝廷之所以不给忠义军拨粮饷,是因为刘庆福、李福等人作乱,现在,刘庆福死了,李全还在,不除掉李福,朝廷仍然不会给忠义军拨发粮饷,因此,他们建议干掉李福。

国安用、阎通觉得有理,便联络王义深、邢德等人,几个人一合计,带领众人直扑李福的家。

李福正要出家门,突然见到这么多人闯进来,还没有反应过来,邢德赶上前去,一刀便砍下了他的脑袋。接着,邢德又闯进内室,杀死了李全的二儿子李通,四处寻找杨氏的时候,在床底下发现了一个女人,不由分说,将这个女人从床底下拖出来,一刀结果了性命。

床底下的这个女人，是李全的小妾刘氏。真正的杨氏，已经乔装打扮，逃往海州去了。

邢德建功心切，以为床底下这个女人就是杨氏，割下她的头，连同李福的人头，一起到杨绍云处邀功。他也不动脑子想一想，杨氏是个什么人？她可是个杀人女魔头呀！当年李全和她大战了三天，也奈何不了她，最后用计才活捉了她，她会吓得躺到床底下去吗？假如真的碰到了杨氏，到底是鹿死谁手，倒还说不定呢。

朝廷没有人见过杨氏，认定彭忔有功，当即提升为淮东经营。而诛杀李福、"杨氏"的有功之人邢德、张惠、范成，在论功行赏时，竟然没有得到一点好处。

这些人可不讲什么忠于朝廷的大道理，他们很现实，诛杀李福，为了就是得到封赏，可到头来，人杀了，功劳却记在了别人头上，实在是心有不甘，加之粮饷缺乏，军心不稳，便不想替南宋小朝廷卖命了。几个人一合计，决定活捉彭忔，作为见面礼，投奔金国。

这天晚上，他们宴请彭忔，几个人轮番上阵，把他劝醉了，然后绑起来，一同投奔金国去了。

李全投降蒙古人后，蒙古人让他治理山东。听说哥哥李福和小妾被南宋杀了，当然不肯善罢甘休。他找到蒙古元帅富珠哩，请求允许他出兵，为哥哥和小妾报仇。

富珠哩担心李全乘机投奔南宋，没有答应李全的请求。李全为了表示忠心，挥刀剁下自己一根手指，发誓说："我李全要是投奔南宋，就如这根手指头。"

亡命之徒，想达到自己的目的，什么事都敢干，这才是真正的亡命之徒。

蒙古元帅见李全剁指表示忠心，同意了他的请求，允许他带兵南下。

宝庆三年（1230年）九月，李全终于和南宋撕破脸，他穿着蒙古人的服饰，带人来到楚州，自称是山东淮南领行省事，给两淮发去檄文，要他们都听自己的指挥。

杨绍云见了李全的檄文，带着家小逃到扬州去了。

国安用知道李全迟早会找自己算账，为求自保，他诱杀了邢德，将首级献给李全，对他说："你的哥哥和小妾是邢德杀的，现在我把他的人头给你带来了，算是将功赎罪。"

李全见他杀了邢德，也就没有再追究他以前的事，带着他一起进驻淮安。然后出兵攻占了海州、涟水等处。

李全的老婆杨氏从海州赶往淮安同李全相会。

李全在淮东闹得天翻地覆，史弥远一心只想招抚，完全没有出兵平乱的意思，他派人前去劝说李全，叫他不要攻打淮南，允诺如果休兵，朝廷仍然可以让他当节度使。

李全自觉攻打淮南没有必胜的把握，于是答应不出兵淮南，但也开出条件，南宋朝廷必须供应他军饷。

史弥远只要李全不开战，是要钱给出钱，要粮给粮，要兵器给兵器。

李全一方面归顺南宋，利用南宋朝廷提供的军饷，打造战舰，训练水兵，做攻打南宋的准备；另一方面对蒙古仍然称臣，将淮南的商税盐利收入，进贡给蒙古人，同时对金国也虚与周旋，答应把盱眙割让给金国。金国连自家的事都管不了，根本就没有能力管李全的事，乐得做一个顺水人情，封李全为淮南王。

李全周旋于三个政权之间，左右逢源，但他仍然不满足，要求在山阳建立元师府，南宋朝廷没有答满足他的要求。强盗出身的李全，为了表达自己的不满期，竟然又使出了强盗的手段，偷偷地派部将穆椿到临安，纵火烧毁了南宋的兵器库。

南宋朝廷明知这是李全派人来干的，但史弥远却不敢追究。

朝廷对李全的忍让，其他人并不一定卖账。

李全得寸进尺，又率兵攻占了盐城。

盐城沦陷的消息传到临安，史弥远立即派人前往盐城，劝李全退兵，说都是自家人，用不着舞刀弄枪。

李全却说他是路过盐城，见盐城的县令都逃走了，他便带兵进城维护治安。并说他已经回了淮安。

弥远尚竟然以为李全是谨守臣节，升他为彰化、保康节度使，兼京东镇抚使。

李全似仍然不满意，说朝廷对待他，就像哄小儿一样，哭了就给果子吃。

李全加紧打造战船，并上报朝廷，说为了防御蒙古人入侵，需增加五千军队，奏请朝廷增加五千人的军饷。

史弥远笼络李全似乎不计后果，在国库捉襟见肘、吃了上餐愁下顿的时候,他竟然压下其他部队的军饷不给,却优先满足李全索要五千人的军饷的要求。当运粮的船队一路东去的时候,沿途的宋军感叹地说:"朝廷担心喂不饱这条恶狼,喂饱了好来咬我们。"

就连淮河边的百姓也都愤怒地说,朝廷这是"养北贼,戕淮民"。

赵范、赵葵两兄弟,是名将赵方的儿子,这时已经分别是镇江、滁州的军马统领,赵善湘为江淮制置使。三个人多次向朝廷上表,主张对李全用兵。

打狼没有胆量,喂狼又遭到文武百官的反对,史弥远啥主意也没有,无奈之下,他选择了一个最省心的办法,称病不出,打仗这种烂事情,谁愿意管,谁管去。

史弥远撂挑子,各位辅政大臣束手无策,郑清之和枢密袁韶、尚书范楷等人集体面见赵昀,奏请出兵讨逆。在得到赵昀的批准后,郑清之便将朝廷出兵讨逆的事转告史弥远。史弥远也无话可说,请旨削去李全的官爵。

南宋正式出兵讨伐李全。

李全得知南宋出兵后,立即出兵攻打扬州。

扬州都统赵璡夫欲弃城逃走,经副都统丁胜力阻,他才留下来。

朝廷虽然已经出兵了,史弥远仍然没有放弃对李全的幻想,他给李全写了一封信,劝李全收兵回淮安,并答应给李全增加一万五千人的粮饷。派人送到扬州,交给赵璡夫,让他送给李全。

赵璡夫派部将刘易到李全营中送信,李全略为看了一眼,便把信扔在一边说:"史宰相劝我归降,丁都统却要和我打仗,朝廷这不是自相矛盾吗?"

赵璡夫听说李全不肯休战,派人到镇江向赵范求援。

赵范一面约请弟弟赵葵率滁州的兵马前来支援,同面率雄胜、宁淮、武定、强勇四军,共一万五千兵马,火速驰援扬州。

李全采纳部将郑衍德的建议,先去攻取了通州和泰州,再转攻扬州,途中听赵范、赵葵已经进驻扬州,气得将郑衍德痛骂了一顿。

绍定四年(1231年)正月,李全留下一部分兵力驻守泰州,亲率主力来攻扬州。

赵范、赵葵哥俩,无论是智谋还是战斗力,都远在李全之上,兄弟俩商量,哥哥赵范镇守扬州,弟弟赵葵率一支精兵去劫李全的粮草。

李全攻打扬州连连受挫,突然传来运粮的船队遭到宁军的袭击,数十艘粮船被宋军劫走的消息,虽然心里一阵恐慌,但仍然没有退兵的意思。

李全在扬州城外建了很多营垒，准备同宋军打持久战。

赵范一支老弱病残的部队前去挑战，李全不知是计，率兵出击，正在激战的时候，赵葵率兵随后增援。

李全终于明白了，自己根本不是二赵的对手，只得边打边撤，准备退回营垒，谁知一支宋军杀出，切断了他的归路，只得回身再战。

赵氏兄弟前后夹攻，将李全的部队杀得七零八落，李全落荒而逃。

李全逃到新塘的时候，此时天色已晚。

新塘这个地方，到处都是泥潭，有的深达数尺，有的深不见底。仿佛是天要灭李全，此前一连多日都是大晴天，泥潭经太阳暴晒，表面都晒干了，看上去，同一般的平地没有什么差别，不是当地人根本就不知道干硬的平地下面是泥潭。

李全和他的几十名亲兵，拼命跑到新塘，慌不择路，先后陷进了泥潭，动弹不得。

宋军追上来，捡了个大便宜，用长枪刺死了这些深陷泥潭、毫无还手之力的人。

李全在临死的时候大叫，说他是头目，不要杀他。

他不说自己是头目会死，说出自己是头目会死得更快，因为宋军的赏罚条例中，杀死了贼人头目，比杀死一个小兵的奖赏要丰厚得多。

李全的尸体被捞出泥潭，功劳记在谁的名下，却成了问题，因为他不是一人所杀，是被乱枪刺死，谁也不能独享这份大功，大家一合计，干脆来一个见者有份，将他的尸体大卸八块，一人拿一块回去领赏。

李全作恶多端，死得很悲惨。

李全死了，他的老婆接管了他的残部，往日的女强人威风不再，被赵范、赵葵兄弟俩打得灰头灰脸，最后只得离开部众，带着儿子逃回山东老家去了。

李全在浙东折腾了十余年，把南宋的淮河防线破坏得百孔千疮，最后落得个碎尸万段的悲惨下场。这不仅是李全的悲哀，也是南宋的悲哀。是胆怯的南宋小朝廷制造出了这样一个敌人。

二　山穷水尽的女真人

西夏亡国

赵昀即位初期，南宋政治舞台上出现了皇权、后权、相权三足鼎立的局面。

杨太后对赵昀的承认，换来了赵昀即位后她垂帘听政的地位。

宋朝自真宗刘皇后以后，虽然有垂帘的先例，但都是皇帝年幼不能处事，才由太皇太后或皇太后代行天子之职。赵昀即位的时候，已经是二十岁的成年人，并非幼主。在这种情况下，杨太后垂帘听政，就违背了"后妃不得干政"的祖宗家法，引起了朝野的种种议论。

赵昀志在中兴，对杨太后的垂帘，心里虽然有想法，但碍于面子，却也没有说出来。一个偶然的事件，让杨太后的垂帘出现了戏剧性的变化。

宝庆元年，赵昀设宴恭请杨太后，席间，一枚烟花飞到杨太后的坐椅底下，杨太后"意颇疑怒"，拂袖而去。

赵昀率百安前往慈宁宫谢罪，而且还处罚了安排宴会的内侍，母子俩才和好如初。

杨太后是个聪明的女人，她将这件事与垂帘联系起来，认为这是有人给她警示，联想到赵昀和史弥远在废立过程中的种种手段，就有了警觉。后来，杨石也向她陈说厉害，劝她撤帘。

宝庆元年四月初七，杨太后正式宣布撤帘，距她开始垂帘听政，仅七个月时间。

随着杨太后的退出，三足鼎立变成了君权和相权的对峙。

赵昀虽然在太后撤帘的过程中表现出了不错的手腕，但面对老奸巨猾的史弥远，可是小巫见大巫。

赵昀清楚得很，自己在朝中毫无根基，没有任何政治声望，如果不是史弥远，他还是绍兴府山阴县的一个穷小子，离开了史弥远，他狗屁也不是。基于这种考虑，赵昀就将政事完全交给史弥远处理，自己韬光养晦，心甘情愿地过起了碌碌无为、逍遥快活的日子。

史弥远是一个奸邪之徒。

奸佞当道，忠臣就无容身之地。真德秀、魏了翁两人，本来是赵昀特意提拔重用的贤儒，就因为他们为济王赵竑鸣冤而得罪了史弥远，遭到史弥远的暗算。

史弥远有三个心腹，一个叫梁大成，一个叫李知孝，一个叫莫成，三人都在谏院任职，控制朝廷的言路，被人称之为三凶。史弥远指使他们上表弹劾真德秀、魏了翁，史弥远再在赵昀面前一嘀咕，真德秀、魏了翁便被罢了官，连员外郎洪咨夔也遭到连坐。

史弥远把持朝政，独断专行，党羽遍天下，尽管他权势熏天，仍然有不少的正义之士不畏强权，上书指斥他专权朝政。

赵昀意识到，自己同史弥远是拴在一条绳子上的蚂蚱，一荣俱荣，一损俱损，否定了史弥远，等于是否定了自己继承皇位的合法性。因此，他对史弥远一直是优容袒护，褒宠有加，朝廷的大事小事，基本上任由史弥远说了算。

蒙古人日渐强大，铁木真东征西讨，他与大将木华黎向南北两个方向出兵，木华黎侵略南方，铁木真攻打北方。

铁木真在北方要攻打的目标是西辽。正当他想攻西辽却又找不到借口的时候，屈曲律逃到西辽去了。

屈曲律是乃蛮部落酋长太阳汗的儿子，铁木真杀死太阳可汗，屈曲律成了漏网之鱼，逃到西辽寻求避难去了。

西辽由辽人耶律大石建立，当年，金人灭掉辽国，耶律大石出走回疆，联合回纥各部落建国西辽，他有志恢复辽国，但壮志未酬，死在回疆。西辽现在的主子叫直鲁克，是耶律大石的孙子。

屈曲律投奔西辽后，被直鲁克招为女婿。屈曲律得志之后，篡夺了直鲁克的王位，然后率兵向蒙古人寻仇。

铁木真派哲别前去征讨，哲别率蒙古铁骑长驱直入，势不可当，屈曲律战败向西逃窜，逃到巴克达山，被哲别追上，一刀结果了性命。

西辽的国土，尽归蒙古。

铁木真在出兵西辽的时候，曾约请西夏出兵联合作战，遭到西夏人的拒绝。这让铁木真很没面子，扬言要兵发西夏，如果西夏主送他的儿子到蒙古充当人质，或可免除这场战祸。

西夏主仍然不给铁木真面子，拒绝将儿子送到蒙古去当人质。

西夏的态度，彻底激怒了铁木真，再加上木华黎在南方病亡，南方缺一统帅，因此，铁木真准备南征西夏，顺便攻打南宋。

西夏自李安全之后，又换了两个主子，李安全传位给侄子李遵顼，李遵顼又传位给儿子李德旺。

李德旺昏庸无能，朝政被悍臣阿沙敢钵把持，蒙古派人约请西夏出兵西辽，让西夏主将儿子送往蒙古做人质，遭到拒绝，都是阿沙敢钵干的事。

铁木真出兵途中，突然染病，派使者到西夏责问夏主。

阿沙敢钵对待蒙古使者恶语相向，这让铁木真更加愤怒，于是，麾兵大进，直指贺兰山。阿沙敢钵率众迎击，被蒙古兵杀得溃不成军，阿沙敢钵弃众逃走。铁木真率兵长驱直入，下西凉，入灵州，破临洮，据洮河、西宁二州，进攻德顺。

夏主李德旺惊吓而死，他的侄子李睍继承皇位。

李睍这时候还是一个孩子，连生活都要大人照顾，根本就不知道什么军国大事。当顺德被蒙古兵攻破，直逼夏都的时候，夏主李睍走投无路，只得出城投降。

蒙古兵进城之后，烧杀奸淫，抢掠财物，一项也不落下，所有夏主宫眷，或杀或辱，不一而论，就是匿居在窟洞里的平民，都不能幸免。

西夏从李元昊称帝开始，一共传了十代，历时二百零一年而亡。

铁木真的遗志

铁木真灭掉西夏之后，积劳成疾，终于病倒了，留在六盘山，本以为休养一段时间，病情就会好转，谁知躺下之后，病情不但未见好转，反而越来越重。铁木真自知大限将至，对左右说："西夏已经灭亡，金国就势单力薄，我本来想乘机灭掉金国，可惜上天不给我时间。我在世上的日子恐怕不多了。如果下一个君主能够继承我的遗志，继续南下中原，最好是向南宋借道，宋金两国是世仇，一定愿意借道给我们。我们可以从唐、邓两州直捣大梁，不怕金国不灭。比起从潼关攻打，要容易得多。"说完这段话，铁木真便永远地闭上了眼睛，享年六十六岁，蒙古人称他为太祖。

铁木真不愧为一代雄主，在他弥留之际，还为他的后代留下了消灭金国的进攻谋略。

铁木真死后，遵从他的遗旨，暂时由他的小儿子拖雷监国。

第二年，蒙古召开各部落大会，让各位王公大臣推选一位大汗。这次大会，就是著名的库里尔泰会。

会上，各位王公大臣一致推举铁木真的第三个儿子窝阔台为大汗。

窝阔台继承汗位之后，秉承父亲的遗志，准备攻打金国。

这时候，北中国只剩下蒙古和金国两雄并立，双方的最后碰撞一触即发。

蒙古人磨刀霍霍、准备给金人最后一击，金主完颜守绪却认为天下太平了，在汴京逍遥快活，他之所以有这种想法，是因为误听信了出使蒙古的使者的话。这位使臣对他说，铁木真"临殁有止杀之言"，也就是说，铁木真嘱咐他的后代，不要再打打杀杀。完颜守绪一厢情愿地认为，蒙古铁骑再也不会光顾他的家门了，而南宋是金人的手下的败将，对金国构不成威胁。于是，他下令缩减城防部队，缓修边防工事，整个的刀枪入库，马放南山了。

绍定三年（1230年）冬月，窝阔台继承父亲铁木真的遗志，带着弟弟拖雷，向金国发起了攻击。蒙古铁骑旋风般刮往金国，金人的美梦很快就破灭了。

蒙古军从陕西入境，面对不设防的金国边境，势如破竹，连下山寨六十余所，直逼凤翔，并分兵攻潼关。

次年，蒙古兵又攻克了凤翔，但在潼关却遇到了麻烦，从睡梦中醒过来的金兵，拿起刀枪，拼命地同蒙古人干上了。

潼关南有秦岭屏障，北有黄河天堑，东有年头原居高临下，中有禁沟、原望沟、满洛川等横断东西的天然防线，地势险要，易守难攻，自古就有"关门扼九州，飞鸟不能逾"之称。

窝阔台久攻潼关不下，想起了父亲的遗言，派速不罕前往南宋借道，速不罕到了沔州，同南宋统制张宣一言不合，竟然将性命留在了沔州。

道没有借成，人却被南宋给杀了，窝阔台当然不肯善罢甘休，他命拖雷带领三万骑兵进攻宝鸡，接连攻克了大散关、凤州和洋州，再从武休东南出兵，围攻兴元。

蒙古兵南侵，让数十万百姓流离失所。拖雷命蒙古兵拆掉民房，取木料扎成木筏，渡过嘉陵江，攻入四川境内。

四川制置使桂如渊不战而逃，蒙古兵在四川横冲直撞，连拔城寨四百四十余所，大肆抢掠一番后，带着战利品，迅速撤离四川。

蒙古同南宋有外交关系，窝阔台攻打四川，意在向南宋示威，出一口使臣被杀的恶气，骨子里他还不想同时对宋和金开战，于是便见好就收。

宋蒙联手

蒙古兵对南宋略施惩戒之后，立即撤出四川，仍然将枪口对准了女真人。他们攻破饶凤关，渡过汉江东进，直逼汴京。

金主完颜守绪急忙命将领分别驻扎在襄阳和邓州，不久，蒙古兵渡过汉江，从背后向金兵出刀子。

金将完颜合达见蒙古兵来势凶猛，不敢交战，准备从小路逃跑。多亏部将蒲察定住奋力拼杀，才让蒙古兵知难而退。

完颜合达等了四天，不见蒙古兵再来，便引军回邓州，不料走到半路，山沟里杀了凶悍的蒙古铁骑，金兵顿时乱作一团，幸亏蒙古人的目标是粮草和兵器，得手后迅速撤退，才避免了金兵的更大伤亡。

完颜合达回到邓州后，不但隐瞒了粮草、兵器被抢劫的事实，而且还向朝廷报捷，说他杀败了蒙古兵。

朝中大臣纷纷向金主祝贺，完颜守绪不辨真假，在汴京大摆庆功宴。

数月之后，蒙古主窝阔台亲自督兵南下，从白坡镇渡过黄河，进攻郑州，并派速不台领兵剑指汴京。

完颜守绪还沉醉于上次的喜悦之中，突然听说蒙古兵杀过来了，吓得手足无措，急忙召完颜合达、伊喇布哈回兵支援汴京。

蒙古人预料到金人有这么一招，大将拖雷亲率三千蒙古铁骑，尾随在金军的后面，当金兵前进的时候，他们就在后面追杀，当金兵回头反击时，他们就快速退去。

拖雷的意图很明确，就是要拖住这十五万金兵，让他们不能及时驰援汴京。

这种牛皮糖式的战法，让金兵打又不能打，走又走不脱，吃不安，睡不宁，苦不堪言。

这一天，金兵到了黄榆店，天忽然下起了大雨，而且还夹杂有雪花，难以继续前进，只得安营扎寨，等候天晴后再走。

金兵想休息，蒙古人却不让你安宁，速不台又率兵杀了过来。金军腹背受敌。天气稍稍晴朗，信使又来了，催促他们火速驰援汴京。

完颜合达只得继续前进，走到钧州以南的三峰山，蒙古兵从前、后同时发起了攻击，金兵一路上缺粮少吃，有的部队已经是三天粒米未进，又冻又饿，士气低落，一战即溃。

三峰山一战，金军精锐尽失，主帅完颜合达、伊喇布哈及大将杨沃衍、樊泽、张惠等全都战死沙场。

蒙古兵再次移兵攻打潼关，守将李平出城迎降，蒙古兵又转攻洛阳。

洛阳留守撒合辇背上长了一个大毒疮，不能出战，投入护城河自尽了。百姓推举警巡使强伸为首领，坚守洛阳达三个月时间，让蒙古兵见无隙可乘，只得退兵。

窝阔台有意撤军，派使臣到汴京，勒令金国投降。

完颜守绪也知道无力再战，便封荆王完颜讹可为曹王，命尚书左丞李蹊将他送往蒙古军中做人质，然后请和。

蒙古将领速不台先是不同意议和，率兵攻城不止，双方激战十六个昼夜，城内城外的尸体堆积如山，仍然没有攻下洛阳城。速不台见久攻不下，这才同意同金人议和。

金主派户部侍郎杨居仁出城犒劳蒙古兵，除献上酒肉之外，还奉送无数的金银珠宝。

速不台退兵，驻扎在洛阳一带。

随后，蒙古使臣唐庆到金国通好，被金国飞虎军头目申福杀死，两国和议决裂。

窝阔台准备大举进攻金国，特意派使臣王檝来到京湖见南宋的京湖制置使史嵩之，商议蒙古和南宋联合攻打金国。

史嵩之立即请示朝廷。

朝廷接到史嵩之的报告后，立即开会讨论，大臣们多数认为，同蒙古人联手，共同对付金国，可以报靖康之仇。

唯有淮东安抚使赵范提出了不同意见，他认为，徽宗皇帝宣和年间的"海上定盟"就是前车之鉴，当时是同女真人结盟攻打辽国，结果引狼入室，辽国灭了，宋朝也跟着遭殃。

赵昀胸怀中兴大志，认为这是天赐良机，没有采纳赵范的建议，让史嵩之答应蒙古人的要求。

史嵩之再派人去同蒙古人协商。窝阔台许诺，灭金以后，把河南归还给南宋，但只是口头协议，并没有达成书面约定。

宋蒙联合的过程，同当年北宋与女真人签订"海上之盟"，如出一辙。

完颜守绪因为和议决裂，担心蒙古兵再次攻打汴京，就大量招募士兵，并让百姓捐献粮食。百姓都不想当兵，更不愿打仗，他们自己都难求一饱，也没有余粮上交。

左宰相李蹊及和参政合周，尽管用尽了手段，硬逼百姓交粮，最终收到的粮食也不满三万斛。

完颜守绪知道，凭这么点粮食，坚持不了多久，决定弃城而逃。为了不造成恐慌，他谎称领兵出战，让右宰相赛不、平章白撒，左宰相李蹊随行。留参政奴申、枢密副使习捏阿不等人守汴京。

完颜守绪和太后、皇后、妃子等人告别的时候，心知此一别就是永别，哭得格外伤心。后宫的那些女人，虽然不知道完颜守绪是在出逃，但战场上的事情千变万化，也有一种生离死别的感觉，因此也都哭得很伤心。

完颜守绪出城后，感觉到四海茫茫，不知哪里是他落脚的地方。一番商量之后，决定从蒲城渡过黄河，前往河朔。正好在这个时候，归德统帅石盏女鲁欢送粮到了蒲城，留下二百艘船只，请完颜守绪乘船北渡。

完颜守绪乘船先过了黄河，大部队乘船半渡时，突然狂风骤起，波浪涛天，掀翻了数十条船，淹死士兵千余人，岸上的士兵无法再过河。

恰在此时，蒙古兵突袭过来，金将贺喜力战死当场，士兵死伤无数。完颜守绪吓得胆战心惊，带领已经过河的部队逃往沤麻冈。

完颜守绪在沤麻冈待的时间也不长，接着东一头，西一头地乱撞，最后到了归德，决定在归德住下了，并派人前往汴京奉迎太后、皇后及后宫的嫔妃。

此时的汴京，又发生了剧变。

原来，绍定六年（1233年）正月，完颜守绪出逃之后，西面元帅崔立在汴京杀死了汴京留守奴申、习捏阿不，将故主完颜永济的儿子梁王完颜从恪请出来监国。自封为太师都元帅、尚书令、郑王，然后开城投降了蒙古人。

蒙古将领速不台进军青城，崔立穿上朝服前去拜见，称速不台为"父亲"。速不台白白地捡了一个儿子，非常开心，设宴款待崔立。

崔立大醉而归，随后假传圣旨，说金主外出，下令让随驾官员的家属也一起跟去，将这些人的妻女召到自己府上。

这些随驾官员的家属不知底细，一窝蜂地都来了，结果是有来无回，全都被崔立扣下，成了他发泄兽欲的对象。

崔立为了讨好蒙古人，将天子的冠冕衣服，金太后王氏、皇后徒单氏、梁王完颜从恪、荆王完颜守纯及后宫妃嫔，全部送到蒙古军前，献给速不台。

速不台下令杀了荆王和梁王，将金太后等人送往和林。

这些人一路上饱受艰辛，当年宋徽宗、钦宗二帝及宗室子弟、后宫嫔妃被掳往北国时被金人虐待的情景，重现在金国后宫这些女人的身上，而且是有过之而无不及。

世道轮回，天理昭彰，祖宗行恶，子孙还报。

速不台率领蒙古兵进入汴京后，纵兵四处抢掠，崔立一心只想讨好蒙古人，最后连自己的家人也没有保住，老婆和女儿也都被蒙古兵抢走了。

崔立听说妻女被蒙古兵抢走了，立即派人寻找，乱军之中寻找几个人，如同大海捞针，无从找起，痛哭一场，只好作罢。

崔立糟蹋别人的妻女，自己的妻女反过来被乱兵糟蹋，一报还一报，只是报应来得太快，给人一种现世报的感觉。

完颜守绪听说汴京失守，两宫被掳，失声痛哭。

元帅蒲察官奴劝建议移驾海州，遭到石盏女鲁欢的反对，蒲察官奴一怒之下，杀了石盏女鲁欢及左宰相李蹊等三百余人，将完颜守绪软禁在照碧堂。

完颜守绪私下里与内侍宋珪商量，让他传密诏，命女奚列完出、乌古孙爱实共同讨逆，正巧北来招讨使乌吉论镐这时候运粮来四百斛粮食，劝他南迁蔡州。

完颜守绪便转告蒲察官奴，准备南迁蔡州。

蒲察官奴拒不服从命令，并扬言谁要是再言南迁，一律斩首。

完颜守绪决定除掉蒲察官奴，密令女奚列完出、乌古孙爱实设下埋伏，然后传蒲察官奴前来议事。

蒲察官奴不疑有他，欣然赴会，刚进门，女奚列完出、乌古孙爱实突然从左右扑上来，想反抗也来不及，结果可想而知了。

完颜守绪诛杀了蒲察官奴之后，亲自安抚众将士，说蒲察官奴意图谋反，杀他是正国法，同其他人无关。然后留下王璧防守归德，他带领群臣往蔡州去了。

风雨蔡州城

此时，蒙古兵已攻陷洛阳。

宋将孟珙应蒙古人之约，从枣阳出兵，连克金国的唐州、顺阳、石穴，杀敌无数，降者也有七八万之多。

孟珙收兵回到襄阳，才脱下铠甲，又接到史嵩之的檄文，再次让他出兵。

原来，蒙古元帅塔察儿派王㮣到南宋会见史嵩之，商议蒙宋联合攻打蔡州，并达成协议。正好孟珙回到襄阳，史嵩之便命孟珙和统制江海，率领二万兵马，带上三十万石军粮，前去同蒙古兵会合，一同攻打蔡州。

蔡州四周平坦，无险可守，不是驻守之地，但再往南走，就是南宋的地盘，无路可退的完颜守绪呆在蔡州，其实也是无奈之举。

由于蒙古人正在调兵遣将，没有向蔡州发起进攻，所以，金人呆在蔡州，倒也过了几天平安的日子。

然而，蔡州城存粮并不多，就算蒙古兵不来围攻，人吃马喂也是一个大问题。完颜守绪竟然打起了南宋的主意，派完颜阿虎带到南宋去借粮，并让他给南宋传话，说他并没有做对不起南宋的事，反而是南宋有负于他。并说自己自即位以来，就常告诫边将不要侵犯南宋边界，如今，南宋却乘人之危，来夺金国的土地。要知道，蒙古荡平了草原，接着又灭了西夏，现在轮到金国了。金国如果灭亡，接下来就该轮到南宋了，这叫做唇亡齿寒。如果南宋和金国联合，借给金国粮食，救助金国，也就是救助自己。

南宋对女真人本来就恨之入骨，正在磨刀霍霍，准备在他们的背后捅刀子，怎么会借粮给金人呢？完颜阿虎带不但没有借到粮，反而还挨了一顿臭骂。

宋蒙达成协议之后，蒙古军队在都元帅塔察儿的率领下，进攻蔡州。

完颜守绪得知南宋不肯借粮，就在城内举行祭天仪式，说金兵已经是困守孤城，内无粮草，外无救兵，他祈求上天保佑，能让金国逃此浩劫。

实际上，完颜守绪是在开一次战前动员大会，号召女真族的铁血儿郎们，在国家生死存亡的危急关头，站出来，同蒙古人拼了。

完颜守绪祈祷了天地，接着便宣布"赐酒"，这是女真人最喜欢的节目，大家好长时间都没有尝到酒味，闻到酒香，热血立即沸腾起来。谁知酒刚喝了一半，蒙古军就开始攻城了。

完颜守绪发令，一部分守城，一部分出城迎敌。

女真人带着满身的酒气，冲出了蔡州城。

蒙古人万万没有想到，困守孤城的手下败将，突然间好像疯了一样，这些女真人冲出城门，以从未有过的气势，似饿狼般扑了过来。

蒙古铁骑虽然骁勇善战，但碰到这种不要命的打法，一时也慌了手脚。

塔察儿发现情况不对，立即下令撤退，以避免更大的伤亡。撤退后的蒙古兵，在蔡州城四周修筑土墙堡垒，要将金兵困死在城中。

正在两军相持不下的时候，宋将孟珙、江海带着两万宋兵和三十万石军粮赶到了蔡州城下。

塔察儿见到这支生力军和大批的军粮，高兴得手舞足蹈起来，当即和孟珙、江海商量作战计划：蒙古军攻北面，宋军攻南面。并约定，南、北军互不相犯。

端平元年（1234年）正月初十，金国灭亡的时刻来临了。

这一天，负责攻打北城的蒙古军队还在同金兵缠斗激战，攻打南面的宋军却突破了金兵的防线，攻进了蔡州城，然后杀向西门，斩关落锁，放下吊桥，接应蒙古兵进城。

金兵困守了三个月的蔡州城，被宋蒙联军攻破了。

完颜守绪也许感到末日来临，在破城的前一天夜里，作出了一个重大决定。他哭着对大臣们说："我做了十年金紫王，十年太子，十年皇上，想想也没有做什么恶事，死而无憾。只是祖宗传下来的百年基业，毁有我的手上，不免痛心。不过，国君死于社稷，是正义之举，朕决不受辱于外族，给他们做奴才。"

他将御用的金银珠宝全部拿出来，分赏给将士们，并下令宰杀战马，犒劳三军。

接着，他又下诏将皇位传给儿子完颜承麟，哭着对儿子说："朕的身体肥胖，不能骑马突围，你矫捷多智，如果侥幸突出重围，保存宗室一线希望，我死也瞑目了！"

其实，完颜守绪这是在交代后事。

第二天早上，完颜承麟刚刚坐上龙椅，宋军就杀进城来了。

刚退位的完颜守绪听说宋军已经进城，知道大限已到，跑到幽兰轩，上吊自缢了。

完颜忽斜虎率兵同宋军展开巷战，自知寡不敌众，退到幽兰轩，想见完颜守绪最后一面，直到这时，金人才知道完颜守绪死了。

完颜忽斜虎将国君殉国的消息告诉众人，大叫道："我们的主子已经驾崩，我还活着有什么意思？你们都逃生去吧！"说完，跳水身亡。

众将士见完颜忽斜虎跳水身亡，都说："相公能死，我辈难道不能死吗？"

接下来，悲壮的场面出现了，从大臣兀术鲁、中娄室到普通士兵，一共五百余人，全都扔下兵器，"扑通！扑通"集体跳水自杀了。

好一群女真人，不愧为铮铮铁汉，比起当年宋徽宗、钦宗两位皇帝被金人掳往北方时的情景，不知要悲壮多少倍。

完颜承麟在破城的情形下，还不忘给父皇上谥号"哀宗"。随后带领为数不多的金兵，退守内城。身手矫健的他，并没有完成完颜守绪的遗愿，没有突出重围，没有为完颜家族留下一支血脉，死在乱军之中。

历史上称完颜承麟为金末帝。

可惜的末帝完颜承麟，从登基到身死，前后不到一天的时间，一天皇帝，这大概是在位时间最短的纪录。

孟珙、江海率兵冲进金宫，抓住金参政张天纲，询问完颜守绪的下落。张天纲回答："已经殉国了。"

孟珙便让他带路，去寻找完颜守绪的遗体，到了幽兰轩，房子都烧毁了，孟珙命手下扑灭了余火，找出完颜守绪已经被烧得乌黑的尸骨。

正在这时，蒙古统帅塔察儿也赶来了。

双方商定：把完颜守绪的尸骨分成两份，一份给蒙古，一份给南宋；将缴获的金银珠宝同样也分成两份，一份给蒙古，一份给南宋。

并且议定，以陈蔡西北的地境为界，蒙古统治北面，南宋统治南面。彼此告别，奏凯而回。

女真人建立的金国，以强盛的军力，崛起于白山黑水，在极短的时间内，席卷了大半个中国，其势如狂风暴雨。然而，在入主中原之后，没能逃脱腐败病毒的感染，其衰败的速度几乎与崛起的速度一样快。

花天酒地的生活摧毁了女真人的强悍，腐败销蚀了金国的活力，这才是导致金国灭亡的根本原因。

金国自太祖完颜阿骨打建国，传至哀宗完颜守绪，共历九帝，一百二十年而亡。

三 走了一只狼,来了一只虎

献俘太庙

孟珙率兵攻打蔡州的时候,临安城也发生了一件不大不小的事情,就是把持朝政、独断专行的史弥远死了。

当时,史弥远已经晋封为太师,兼任左宰相,郑清之为右宰相,薛极为枢密使,乔行简、陈贵谊为参知政事。

绍定六年(1233年)十月,史弥远身患重病,请求辞官,赵昀下诏,免去他左宰相职务,加封为会稽郡王,几天之后,史弥远便一命归西了。

史弥远为相二十六年,赵昀因他当年有拥立之功,一直对他恩宠不衰,他的两个儿子,一个女婿,五个孙子,也都身居显职。

史弥远一开始还想招纳贤才,策划诛除掉韩侂胄。

济王冤死之后,大家都知道这件事是史弥远杰作,尽管嘴上都不敢说,背后都在指他的脊梁骨。史弥远做了恶事,也是覆水难收,索性就一条路走到黑,排除异己,独断专行,很多事情甚至是先斩后奏。赵昀甘愿做傀儡皇帝,也不计较这些,事后也都默认了。

史弥远死了以后,被史弥远挟持了十年的赵昀,终于可以亲政了,绍定六年(1233年)十一月,他宣布次年改元端平,端是头的意思,大概是取一切从头开始之意吧!

端平元年(1234年),果真有一个好开头,前方传来消息,宋朝的世敌金国,被宋蒙联军消灭在蔡州。

金国的灭亡,尽管非南宋一国之功,但宋军在蔡州之战中的优秀表现可圈可点,是他们先于蒙军攻进蔡州城,虽然没有生擒金主完颜守绪,但却先于蒙军得到了完颜守绪的尸骨,并且还同蒙古人来了一次公平的分赃,报了徽宗、钦宗二帝被俘的仇,一雪国耻。

临安城沸腾了,但是,南宋君臣们的兴奋似乎有些过头。

孟珙从蔡州带着战利品回到襄阳,史嵩之立即派人将这些战利品送往临安,战利品中除金主完颜守绪的半份遗骨和金银珠宝外,还有金国的大臣张天纲、完颜好海等俘虏。

南宋的君臣，从来都是装孙子，这一次，他们以战胜国的姿态出现，装起了大爷，临安知府薛琼见到战俘张天纲，奚落地说："你还有脸到这里来啊？"

张天纲也不示弱，冷笑一声，反唇相讥道："国之兴亡，何代无之！我金之亡，比汝二帝何如？"意思是说，国家兴亡，历代都是如此，没有什么稀奇的，如果将金国的灭亡和你们大宋两位皇帝被捉的结局相比，结果会是怎么？

金国最后两位皇帝，一位自杀殉国，一位力战而死，誓死不肯偷生受辱，生死关头表现出来的血性，悲壮让人肃然起敬。北宋最后两位皇帝被金人俘虏后，受尽了屈辱，贪生怕死，忍辱偷生。以他们的表现作比较，实在是丢人。

薛琼想奚落别人，反而自取其辱。他除了目瞪口呆之外，实在是无话可说。恼怒之余，将张天纲痛骂一顿出气。

赵昀听说战俘中有个不怕死的张天纲，起了好奇之心，想见识一样张天纲何许人也，于是便召见了他，刚一见面，劈头就问："你真不怕死吗？"

张天纲回答说："大丈夫患死之不中节耳，何畏之有？"意思是说，大丈夫死于节义，那是死得其所，没有什么可怕的。

张天纲接着又说："你杀了我吧！"

"朕不会杀你，朕要将你献俘太庙。"赵昀看了一眼张天纲，心里也佩服他是一个忠义之士。

刑官要张天纲写供词，让他把金主写为虏主，张天纲大骂道："要杀就杀，写什么供状？"

刑官见他不肯屈服，只好让他自己随便写。张天纲提笔只写了四个字："故主殉国。"写罢，扔下笔，双手抱胸，怒视着刑官，什么也不说。

太庙献俘，赵昀命将金主完颜守绪的半份遗骨摆在列祖列宗的灵前，让战俘跪在堂前，以此告慰徽宗赵佶、钦宗赵桓的在天之灵。然后，将金主的遗骨存放在大理寺的狱库里。再重赏了孟珙、江海等有功之臣。

赵昀亲政之后，公开宣布"姑置卫王事"，即就是将史弥远的事情搁在一边，禁止臣僚攻击史弥远的过失。这算是他对史弥远的一种报答。

赵昀虽然曲意维护史弥远，但对史弥远的党羽却毫不留情，史弥远的得力助手"三凶"最先挨刀子。"三凶"是指台谏梁大成、莫泽、李知孝三人，他们秉承史弥远的意旨，不遗余力地攻击政敌，凡是违背史弥远意愿的朝廷内外官员，纷纷被他们弹劾落马。端平元年，赵昀下诏，削夺了三凶的官爵，将他们撵出了临安城。

薛极、胡榘、聂子述、赵汝述四人也接着挨了刀子。由于他们的名字中各含有一个木字，时人称他们为"四木"，他们都是史弥远的死党。

贬斥小人，任用贤能，洪咨夔、王遂两人被起用为为监察御史。

太常少卿徐侨，在给赵昀讲课的时候，特意讲了友爱大义，婉转地替济王赵竑鸣冤。

赵昀心里也清楚，济王当年死得冤。于是下诏，恢复赵竑的官爵，命有关部门按亲王级别，给济王重建陵墓，按时祭祀。

赵竑的妻子吴氏，自请出家为尼，赵昀特赐法号为慧净法空大师，由朝廷按月供应她的生活费用。

赵昀亲政之后，朝政稍觉清明。

宋蒙联手灭金时，窝阔台口头答应将河南归还给南宋，但并没正式签约。金国灭亡之后，窝阔台没有归还整个河南的意思，只是把陈、蔡东南之地分给了南宋。

蒙古人的做法，让南宋很不爽，蒙军北撤之后，中原一带兵力空虚，以赵范、赵葵兄弟俩为代表的一些人，想乘机抚定中原，提出一条收复三京的作战计划。

南北战火重新点燃。

端平入洛

赵范、赵葵认为，蒙军北撤，中原空虚，他们提出了据潼关，守黄河，收复三京（西京洛阳、东京开封、南京归德）的建议。

大部分朝臣对赵氏兄弟的建议持反对态度，就是赵范部下的参议官邱岳，也认为这时候不应该同蒙古人扯破脸。史嵩之、杜杲等人也都认为按目前的局势，宜守不宜战。但有一个关键人物却出面支持赵氏兄弟。这个人就是右宰相郑清之。

郑清之是史弥远的心腹，史弥远死了之后，他继任宰相，没有被清洗，这多少有点让人意外，但仔细想起来，却又在情理之中。

郑清之是史弥远的心腹不假，但却也是赵昀的老师，作为皇帝的老师，他们的师生情谊还在，更为重要的是，他对学生赵昀的极力保护，在史弥远权势最盛的时候，是他别具深意地劝诫赵昀"深居讲理学"，朝廷的事放手让史弥远去管，免得惹火烧身。

十年时间，赵昀虽然放弃了很多朝政话语权，但皇位却稳如泰山。假如他不肯放权，抑制史弥远的所作所为，也许早就被史弥远从皇位上拽下来了。因为史弥远是一个什么事都敢干的独夫民贼。

有了这几层关系，史弥远死后，郑清之不倒，也就理所当然了。

郑清之升任为右宰相兼枢密使。新官上任三把火，他也想干出一些拿得出手的政绩来。端平元年，最大的一把火被京湖安抚制置使史嵩之烧了，联合蒙军，消灭了金国，统兵主帅孟珙也是他的部下，临安献俘，风头被史嵩之占尽了。郑清之心里酸溜溜的。

郑清之支持赵氏兄弟的建议，一定程度上，有那种酸溜溜的味道在作怪。收复故土，这可是大功业，比击灭残金要辉煌得多，如果真的干成了，一下子就能把风头正劲的史嵩之压下去。

国家大事掺杂进个人私心，就变得复杂起来。不幸的是，有私心的不止郑清之一个人，史嵩之的心里也打小算盘，他担心郑清之和赵氏兄弟联手，一鼓作气收复了中原、陕西，如此一来，战功就在他之上。他当然不愿意看到这样的事情发生，于是便以荆襄连年发生水、旱、虫等自然灾害，无法保障军粮供应为由，反对出兵，而且态度还非常坚决。

群臣的意见基本都表达出来了，集中起来就是出兵或不出兵。

刚刚摆脱史弥远控制而得以"赫然独断"的赵昀，满怀一腔雄心壮志，也想干一票大买卖，以显示自己从一介草民当上皇帝，并不是侥幸，而是"德才兼备"。建立盖世功业的念头终于让赵昀作出最后决定。

端平元年五月，赵昀命赵葵为主帅，赵范节制江淮军以为策应，移师黄州，准备即日出兵，又命庐州知府全子才为先锋，与淮西军会合，赶往汴京。

六月十二日，全子才率领的先头部队进军河南，开始了收复中原的军事行动。这次行动的最远点为西京洛阳，故史称"端平入洛"。

汴京的主帅还是那个反叛金国、投降蒙古人的崔立。

崔立专横霸道，他的部下都尉李伯渊、李琦、李贱奴等人经常受他的欺辱，虽然心里不服，却也不敢吭声，因为崔立这个人六亲不认，杀人不眨眼，同他作对，很容易将脑袋玩丢了，受欺辱与掉脑袋相比，孰重孰轻，只要不是傻瓜，谁都分得清楚。

李伯渊听说全子才的兵马杀向汴京，觉得机会来了，同李琦、李贱奴密商，派心腹潜出汴京，到全子才军前送信，说他们愿意干掉崔立，投奔南宋。

几个人说干就干，信送出去后，李伯渊便以商量守城为名，约请崔立过来碰面。崔立根本就没有防到这几个人在算计他，骑马前来赴约，刚下马，李伯渊迎上前去，突然拔出匕首，插进了他的胸膛。崔立连叫几声的机会都没有，倒地身亡了。

李伯渊杀了崔立，大声问众将士："崔立杀人无数，荒淫暴虐，大逆不道，古今少有，你们说，该不该杀？"

"该杀！该杀！"将士们竟然是异口同声。

李伯渊割下崔立的头颅，在承天门祭奠了金哀宗，又将他的尸体扔在集市上，任凭百姓脔割。

崔立作恶多端，百姓们也都恨之入骨，顷刻间，他的尸体便被愤怒的人们凌迟细割了。

李伯渊等人大开城门，迎接宋军。

七月五日，全子才的先头部队开进了汴梁城。

经历过无数战火的汴梁城，此时已是一片废墟，宋军收复的只是一座空城。毕竟，他们还是实现了几代人的追求，终于重返故都。

从建炎四年（1130年）二月，到端平元年（1234年）七月，一百零四年时间，汴梁城都是陷落外敌之手。

宋军攻占了梁城，下一步就是进军洛阳，据守潼关，最终实现"据关守河"的计划。

全子才攻克汴梁城后，并没有继续进军，却在汴京住下来了，这一住就是十几天。

全子才不是不想进军，而是他遇到了难题，一个他无法解决的难题：粮饷未到。

用兵之道，是兵马未到，粮草先行。没有饭吃，还打什么仗？主帅赵葵也算是当时的名将，难道这样的军事常识都不懂？事实却不是这样。

南宋这次出兵虽然有些仓促，但分工还是比较明确的。担任作战任务、进入中原的是两淮精兵，负责后勤保障的则是京湖制置司。

史嵩之是京湖制置司的主帅，他是反对出兵的，在他的明示暗示下，他的部下以种种借口，拖延粮草的筹运。

本来出兵就比较勉强，再加上内部又有人搞小动作，北伐从一开始就埋下了失败的种子。

半个月之后，赵葵率领五万淮西军，从滁州攻下泗州，又从泗州赶到汴京。他见全子才还在汴京按兵不动，问道："这可不是享受的时候哟！你的兵马怎么在这里住下了？而且一住就是半个月，战机稍纵即逝，这一点也不懂吗？不去攻洛阳，守潼关，还等什么？"

"粮饷没有到，怎么进兵呀？"全子才也是一肚子的委屈。

赵葵火了，愤然说道："现在蒙古兵还没有到，正好乘虚急进，要是等粮饷运过来，蒙古兵恐怕早已南下了。"

二十一日，全子才在无奈之下，只得命徐敏子统领钤辖范用吉、樊辛、李先、胡显，率一万三千兵马先行西进。再命杨谊率庐州强弩军一万五千人，作为后应。两支兵马，拨发五天的口粮。

赵葵把宝押在粮草很快就会运来上，但徐敏子却没有信心，他命令士兵们勒紧裤带，五天的口粮要吃七天。可怜的宋军，肚子半饥半饱，还要拼命地赶路。

二十六日，徐敏子到达洛阳，城中并没有守兵，宋军兵不血刃就进了洛阳城。其实，偌大一座洛阳城，只剩下区区三百余户人家，已经是繁荣不再。

北宋时的四京之中，除北京大名府外，东京汴梁、西京洛阳、南京归德都已收复。

南宋此次出兵，似乎是功德圆满。其实则不然，因为一个更大的难题，正等着赵葵：部队断粮了。

断粮，使洛阳成了此次北伐的终点，也成了宋蒙全面开战的起点。

对于南宋来说，走了一只狼，又来了一只虎。

原来，宋军在汴京逗留半个月时间，让蒙古人有了充分准备，据守洛阳的蒙古军，选择了避敌之锐的办法，在宋军未到之前，主动撤出了洛阳城。

正当宋军挖野菜的时候，蒙古兵杀过来了。最先同蒙古兵交火的，是杨谊率领的第二梯队。

杨谊作为徐敏子的后应，走到洛阳以东三十里的地方，部队下停下来休息，忽见数里之外的大道上，隐隐约约有部队在行动，正在惊疑之际，蒙古兵突然从四面围了过来。

宋军在仓猝之间，完全没有防备，杨谊只得上马向南逃走，部队也被蒙古兵冲散，逼到洛水，淹死几千人。

蒙古兵乘胜进攻洛阳城。

洛阳城的宋军，在二十九日就断粮了，将士们只能挖野菜、剥树皮充饥。史载当时的情况是"杀马而食"，"采蒿和面做饼而食"，在如此困难的情况下，徐敏子率兵出战，仍然同蒙古兵杀得难解难分，打了个平手。

皇帝不差饿兵，再英勇的军队，饿着肚子也不能打仗，无奈之下，徐敏之只得下令撤出洛阳城。

徐敏子兵败洛阳，是因为缺粮，汴梁城中的赵葵、全子才也在苦苦地等粮，催促史嵩之送粮的人派出一拨又一拨，结果，等来的不是运粮队伍，而是最不愿见的蒙古大兵。

蒙古兵逼近汴梁城，决开黄河大堤，来了个水淹汴梁城，宋军淹死了几千人。

赵葵、全子才知道饿着肚子的宋军，在蒙古大兵面前不堪一击，只得撤兵南返。

声势浩大的"端平入洛"，历时两个月，最终以损兵折将、仓皇后撤收场。

端平入洛虽然失败了，宋军并不是没有机会，即使是失去了半个月时间，宋军以饥疲之师，还同蒙古兵打了个平手，如果粮饷能及时运到，守住洛阳也不是梦想。

需要注意的是，蒙军得胜之后，也因为缺粮而撤兵，"转饷艰难"并不是宋军的专利，蒙军也存在这个问题。

北伐失败以后，赵范觉得自己很没面子，上表参劾全子才，连亲弟弟赵葵也一并参劾，说因为他们擅自出兵，才导致失败。

赵昀下诏，将全子才、赵葵各降一级。

郑清之觉得自己也有责任，上表请求辞官，赵昀一再慰留。

史嵩之不肯转饷，罪责难逃，他很有自知之明，上疏辞官，赵昀很快就批准了。然后命赵范代任京湖制置使。

蒙古打了胜仗，仍然派使臣来南宋，责问南宋朝廷为何要毁约。

南宋无言以对，因为他们理亏。

这是南宋率先挑起祸端。从此以后，淮河以南几乎就没有太平的日子，南宋的半壁江山，逐渐被蒙古人蚕食了。

南宋不缺奸佞

当时南宋的将才,首推孟珙,孟珙是孟宗政的儿子,智勇双全,有其父的风范。自从留任襄阳后,孟珙招募一万五千名中原精壮之士,分别驻扎在汉北、樊城、新野、唐州、邓州之间,以防备蒙古兵入侵,名为镇北军。

赵昀命孟珙为襄阳都统制。

孟珙到临安,向枢密院汇报军情,乘便觐见赵昀。赵昀问道:"你是将门之子,忠心为国,攻破蔡州而灭掉金国,功绩昭著,朕对你寄予厚望啊!"

孟珙并不贪功,回答说:"这是祖宗显灵,陛下的圣德和三军将士的功劳,臣只是做了分内的事情而已。"

孟珙居功不言功,赵昀非常赞赏,当即授他为主管侍卫马军司公事之职,接着又让他出驻黄州。

孟珙向赵昀辞行的时候,赵昀问他复兴大计,孟珙回答道:"宽民力,蓄人才,静待机会。"

赵昀再问道:"议和可以吗?"

"臣是武将,武将就要为国而战,从不言和。"孟珙回答得非常干脆。

孟珙到黄州驻扎,修筑城防,了解农业国情,招辑边民,增置军寨,黄州逐渐成为一座军事重镇。

赵昀还听从民意,命真德秀为翰林学士,魏了翁到学士院供职。

真德秀进京后,将平时著述的《大学衍义》进呈赵昀御览,劝谏赵昀,声色犬马足以害人。

魏了翁进见的时候,也劝赵昀要以修身齐家,选贤建学为宗旨。

赵昀虚心地听,好言回答。

有人说,真德秀、魏了翁两人是纸上谈兵,空话连篇,其实,他们说这些话,是有所指的。

原来,绍定四年,赵昀守孝三年期满,准备册立中宫,当时有几个人选,挑到最后,出现了双姝竞争的局面,一个是故相谢深甫的侄孙女,一个是故制置使贾涉的女儿。

贾涉的女儿出落得粉妆玉琢,妩媚动人,赵昀想立她为皇。

按理说,赵昀本人的意思都表露出来了,立贾氏为后的事应该是铁板钉钉子的事了,其实则不然,杨太后的心目中另有其人,这个人就是谢氏。

杨太后从相学的角度来确定皇后人选。她说："立后宜取德，封妃则取色。贾女姿容艳丽，体态轻盈，殊欠凝重，不如谢女丰容盛鬋，凝重端庄，宜正位中宫。"

在那个时候，以相学为依据择皇后，是很有说服力的。光宗赵惇的皇后李凤娘，就是由于道士的几句鬼话而被选进宫的。

赵昀当然不好辩驳，于是，谢氏便被立为正宫，贾氏被封为贵妃。

说起这个谢皇后，还有一段逸闻。

谢氏是天台人，初时面色黧黑，满脸结痂，左眼还生有白翳，视物不清。不但算不上美人，恐怕还是一个丑女了。父亲谢渠伯早逝，留给她的遗产也不多，家道中落，谢氏要自己挑水煮饭。

后来，谢深甫入朝做了宰相，谢渠伯的妻子找到他，想把自己的女儿送进宫，说她的女儿面相端庄，是个贵人之相，命中有皇后之分。

谢深甫心想，当年册立杨皇后，他是出过力的有功之臣，如果找杨太后，这件事可能有谱，于是就答应了。

谢氏的叔父谢榉柏出面打破嘴，他对谢深甫说："你看她那个样子，只能做一个烧火的下人，就算背后有人帮忙，凭她那副模样，能得到皇上宠幸吗？最多也只能做一个老宫人。况且，进宫要花很多钱，这急急忙忙地，到哪里去弄钱呀？"

原来，谢榉柏本意并不是不让侄女进宫，而是拿不出进宫要花费的钱。

由于谢榉柏的阻拦，大家就不提这件事了。

这一年元宵节，天台县张灯结彩，有喜鹊在灯山上筑了一个巢。百姓们议论纷纷，说这是有人做皇后的预兆。

县里的豪门首推谢家，因此，人们议论的焦点便集中到谢氏身上。一时，谢家要出贵人的消息，在天台县传开了。

宫中选秀，杨太后特地派人到相府告诉谢深甫，让他送女进宫。

杨太后为何要特别关照谢深甫呢？因为杨太后当年立后的时候，内旨是她从皇上那里骗到手的，据说内旨传出宫时，被韩党的陈自强接去了，幸亏谢深甫设法取了回来，杨氏才得顺利正位中宫。由于有了这层关系，杨太后特意让他送女进宫。

送女进宫，是杨太后对谢深甫的恩赏，也是回报。

谢深甫膝下无女，只有一个侄女在天台老家，虽然这位侄女长相并不怎么

— 415 —

的，有太后恩典，他当然乐于将侄女送进宫。于是，派人到天台老家去迎接谢氏进京。

谢深甫派出的人来到天台的时候，谢氏正在治病，整个脸都被厚厚的一层布包裹着，派去的人便在天台等候。

原来，自从出了元宵节喜鹊筑巢那挡子事后，谢氏的母亲便多了一个心眼，她延请一位老郎中给谢氏诊治。老郎中诊断，谢氏黧黑的皮肤，是因为内分泌失调所至。老郎中采取内服外敷的办法，给谢氏诊治，现在已经到了最后关头。

两天后，谢氏脸上的绷带拆除了，拆开一看，大家都惊呆了，谢氏脸上的结痂尽脱，面色变白，肤若凝脂，左眼的白翳也没有了，整个人脱胎换骨，变成一个绝世美人。

谢氏的亲族和天台县的乡绅们，听说谢宰相派人回乡接谢氏进京，纷纷解囊，替谢氏筹备行装，由她的母亲陪同，将谢氏送往临安。

谢深甫送谢氏进宫之后，杨太后见谢女姿首颇美，问道："谢相公不是说令侄女面黑目翳吗？这是另外一个人吧？"

"就是此女。"谢深甫便把谢氏病疹脱痂及治目的事情细说一遍。

杨太后听说后，大为惊讶，便有了立谢氏为后之心。

赵昀虽然不便违拗杨太后的旨意，册立谢氏为皇后，但他的心思却放在贾妃的身上。加之贾贵妃工颦妍笑，百般媚惑，致使赵昀对她是百般眷隆，后宫粉黛三千，赵昀只宠贾妃一人。

宫里的人偷偷地说："不立真皇后，立了个假皇后。"

所幸的是，谢皇后性格温顺谦和，对待贾氏没有丝毫的妒忌之心。杨太后也觉得谢皇后贤德，常在赵昀面前夸她气量宽宏，绝无疾言厉色，而且节俭爱仁，确有古贤后的风度。

赵昀对谢皇后的为人也是无话可说，于是待之以礼，贾妃见谢皇后如此贤德，也只好以礼相敬，故得相安无事。

第二年，杨太后驾崩，谥为恭圣仁烈。从此之后，贾贵妃得到专宠。

贾贵妃有个同父异母的弟弟，叫贾似道。

贾似道是个无赖，他的发迹，是靠谎言加裙带关系编织起来的。

贾似道是贾妃的同父异母弟弟，他的生母胡氏，原来是一个普通百姓的老婆，贾似道的父亲贾涉是一方大员，一次渡河，偶见一个少妇在河边洗衣裳，别看是一个乡下女子，长得可是娇媚动人，秀色可餐，止不住停下脚步观看。

胡氏是个天生尤物，见有人在偷看她，不但不害羞，反而还大胆地眉目传情，故意挑逗贾涉。贾涉也是色胆如天，竟然尾随着胡氏，来到她的家里，问她的丈夫到哪里去了。

"下地去了，你想怎么样？"胡氏挑逗地盯着贾涉。

"跟我走，行吗？"

"做梦吧！"胡氏不但不怒，反而向贾涉飞了个媚眼，笑着说："我可是有老公的人。"

贾涉早就被胡氏勾得性起，竟然上前动手动脚。胡氏半推半就，当时就成其美事。春风一度之后，胡氏的老公也回来了。

贾涉向他亮明身份，提出要带走胡氏，可以给他一笔钱作为补偿。

胡氏的老公是个老实巴交的农民，借他一百个胆子，也不敢同贾涉斗，何况，贾涉还给了他一大笔钱，够娶十个老婆的费用，收了钱，让贾涉带走了胡氏。

胡氏的肚皮挺争气，到贾家后不久，便怀孕了。

贾涉的大老婆是个母夜叉，看不惯这个漂亮的狐狸精，硬是把挺着大肚子的胡氏赶出家门。胡氏在贾涉的朋友家里生下了贾似道，后来，又嫁给了一个石匠。贾似道成人之后，才将她接回来奉养。

贾似道从他一生下来起，既无父爱，也无母爱，家里很少有人注意他，少年时便如脱缰之马，浪迹街头，吃、喝、嫖、赌，样样在行。后来，凭借荫补，做了一个仓库保管员，整天游手好闲，不务正业。

假如就这样混下去，南宋只是多了一个庸碌无为的小官吏，然而，命运却格外垂青这个无赖，他的姐姐在宫中得宠，被封为贵妃，无赖变成了国舅爷，凭着这个金字招牌，贾似道青云直上，开始了他飞黄腾达的一生。

嘉熙三年（1238年），贾似道去临安参加科举考试。国舅爷考试，谁都得另眼相看，无赖顺利地高中进士。

镀过金的贾似道，顺利地在临安谋了个差事，但他仍然是本性不改，白天游荡在妓女家中，晚上游荡在西子湖畔，小日子过得快活似神仙。有一次，赵昀登楼远眺，看见西湖中灯火辉煌，对左右说："想必又是贾似道在游湖吧！"

第二天，派人出去打听，果然不出所料。

赵昀命临安府尹史岩之警告贾似道，叫他要收敛一点，玩玩是可以的，但也不要太放荡。史岩之却说:"贾似道还年轻,年轻人喜欢玩也是很正常的,他虽然表面上风流不羁,其实还是满有才华,陛下不必拘泥于小节。可以重用他。"

贾似道是否真的有才华不好说,但有一点可以肯定,史岩之是在讨好贾贵妃。

赵昀竟然信以为真,从此有了起用贾似道的意思。

史岩之该杀,正是他为了讨好贾贵妃,向赵昀推荐了贾似道,让这个无赖有了得志的机会,无赖得志后,胡作非为,断送了南宋半壁江山,这是后话。

除贾贵妃外,后宫还有一个明媚灿烂的阎氏,阎氏的美艳,不亚贾女,媚君的手段,同贾贵妃在伯仲之间,两个美人并宠后宫,与内侍董宋臣等人,内外勾结,干预朝政。

真德秀、魏了翁,一劝赵昀远色,一劝赵昀齐家,赵昀表面上听从,但仍然任意而为,因为大臣们的忠言,比不上女人的枕头风。

后来,赵昀升真德秀为参知政事,真德秀那时候已经患疾,屡次上表辞职,赵昀改授他为资政殿学士。数日后,真德秀便病逝了。朝廷追封他为光禄大夫,谥号文忠。

真德秀病逝后,赵昀召崔与之任参知政事。

崔与之曾任四川制置使,后被召为礼部尚书,他竟然请求回了广州老家,不肯受命。粤东摧锋军作乱,朝廷命赋闲在家的崔与之为安抚使,前去招安。崔与之当即进城,叛兵们全都俯首听命,放下武器,各自回家种田去了。

崔与之完成了招抚任务,仍然返回家中。

这次召他为参知政事,他仍然一再推辞,只是上表,奏请皇上要任用君子,贬黜小人。两年之后,崔与之病死于原籍。赵昀赐谥号清献,加封为南海郡公。

四 最后的名将

蒙古军三路攻宋

赵昀是一位想有所作为的皇帝,可惜他的运气实在是太糟糕了,遇上了比女真人更为凶猛善战的蒙古人。

端平二年底，雄心勃勃的蒙古大汗窝阔台以南宋毁约入洛为借口，出兵南下，攻打南宋。

蒙古人这次入侵，分三路出兵，西路军由他的儿子窝阔端率领，直取四川；中路军由忒木解、张柔率领，攻打汉中；东路军由温不花、察罕率领，直扑江淮。

三路大军一齐南侵，震动南宋朝廷。

当时，郑清之任左宰相，乔行简任右宰相，两人经过多次商议，举荐了一个文臣掌管兵权。这个人就是魏了翁。

推荐魏了翁出掌兵权，似乎有一种被排挤的嫌疑，因为魏了翁是一个文人，从没有带兵打仗的经历。

带兵的不懂兵法，能打仗的不能领兵，这是整个宋朝的一大特色。因此，这个建议在赵昀那里没有遇到任何阻力，很快就批下来了。

魏了翁升任端明殿学士，同签书枢密院事，京湖军马都督。后来，又由于江淮督府曾从忧虑而死，把江淮的战事也一并交给魏了翁负责。

朝中大臣都觉得这个人事任命不合适，纷纷上疏劝阻。

赵昀置之不理，催促魏了翁上任，并赋予他自由行事的权力。

魏了翁先后五次上疏请辞，赵昀都没有批准。他担心群臣责怪他逃避责任，就硬着头皮接下了这份差事。

魏了翁虽然是被赶着鸭子上架，但却颇有大将风度，出京之后，便赶赴江州、开封视察，任用吴潜为谋官，赵善瀚、马光祖为参议官，调兵遣将，制定防御措施，大有气吞山河的气概。

尽管蒙军打遍天下无敌手，但宋军也不完全是软柿子，在同蒙军交战过程中，互有胜负。

温不花率东路攻打唐州，尽管全子才等人弃城而逃，但赵范却及时赶到了，在上闸拦住蒙古兵，狠揍了一顿。蒙军遭些重创，只得撤军。

阔端领兵攻破泗州之后，接着围攻青野原，利州统制曹友闻连夜驰，冲破蒙古兵的包围。接着又去支援大安，击败蒙古先锋汪世显。

南宋朝廷接到两路军报，左宰相郑清之、右宰相乔行简高兴得几乎跳了起来，认为蒙古兵不过尔尔，没有想象的那么可怕，换谁去都能打胜仗。由于有了这种想法，他们担心魏了翁独得大功，便向赵昀建议，前线总指挥要换人。

在两位宰相的建议下，赵昀下诏将魏了翁从前线召回，专任签书枢密院事。

魏了翁不想与奸佞同朝共事，固辞不受，赵昀便改命他为资政殿学士，出任湖南安抚使，兼潭州知府。

魏了翁还是不想干，上疏请求辞官，赵昀还是没有答应，没过多久，魏了翁竟然连气带病，去世了。

赵昀听说魏了翁死了，这才觉得有些后悔，追封他为少师，赐谥号文靖。

宋军向来有南北军之分，南军是南宋的嫡系部队，北军是投降过来的杂牌军。在宋军的眼里，南军是正规军，北军就是后娘养的。南北两军，一直有摩擦。

赵范坐镇襄阳，视北军将领王旻、李伯渊、樊文彬、黄国弼等人为心腹，北军的权力也高于南军。南军对此心有不服，两军经常磕磕碰碰。由于他节制不力，最终酿成兵变。

王旻与李伯渊纵火烧了城外的仓库，带着他的兵马，投降了蒙古人。

南军也不示弱，以李虎为首的一些人趁火打劫，大抢特抢，满载而去。

襄阳自从岳飞收复之后，历经一百三十多年的建设，已经发展成为长江中游的经济、军事重镇，城墙坚固，壕沟纵横，库藏丰厚，城中的官民发展到四万七千多人，库中贮藏的粮食不下三十万石，兵器也装满了二十四座仓库。

南北两军这一场浩劫，把襄阳累年的积蓄抢得精光，更为严重的是，几代人用尽心血修筑的城防工事，也损毁得百孔千疮，百年铁城毁于一旦。

襄阳兵变，赵范罪责难逃，最终落了个降职处罚，但兵变所造成的损失，却无法挽回。

端平三年（1236 年）五月，朝廷以赵范的弟弟赵葵出任淮东制置使，兼扬州知府。

赵葵上任之后，开垦荒田，操练士兵，决心严防死守，但这些事情都不是短期可以完成了，蒙古人不会给你时间。襄阳兵变的后患这时候就显现出来了。

八月，蒙古将军忒木解率兵长驱直入，突破了南宋的中路防线，攻破枣阳军和德安府，接着又攻陷了随州、郢州以及荆门军。

温不花也乘势进兵淮西。

蕲州、舒州、光州的南宋将领，闻风而逃。三州的兵马、储存的粮草、兵械，都成了蒙古人的战利品。

温不花又直扑黄州，同时派一支骑兵从信阳出发，长途奔袭，去攻打合肥。

阔端率领的西路军，也攻陷了武休，占领了兴元府，直逼阳平关。

利州统制曹友闻和弟弟曹友万、曹友谅，率军驰援阳平关，正巧遇上风雨骤至，蒙古兵乘机杀到，曹友闻与曹友万战死沙场。

阔端再次挥师入川。

蒙古人还是比金人能打。当年，金国三太子完颜兀术费了九牛二虎之力，还是被吴玠兄弟俩挡在和尚原，含恨而去。如今的蒙古兵，没怎么费力就砸开了从陕西进入四川的大门，长驱直入，不到一个月的时间，就攻陷了成都、利州、潼川三路所属府州军。四川全境，只剩下夔州、潼川所属的泸州、合州和顺庆府还在宋军手中。

阔端闯进四川后，在成都住了几天，对部队稍作休整，补充一些给养后，继续往北去攻打文州。

文州知州刘锐和通判赵汝芴率全城军民严防死守，等待朝廷援兵。可是，坚守了一个多月，也等了一个多月，援兵没有等到，城中的粮食却吃完了。

刘锐自知孤城难保，但又不愿做蒙古人的俘虏，便将全家人召集在一起，让他们集体服毒自杀。

刘锐的家人一向恪守礼法，不敢不从，最小的儿子年仅六岁，服毒之前还向刘锐跪拜。等全家人全部服毒后，刘锐便放了一把火，自刎身亡。

文州城沦陷之后，赵汝芴被擒，因为痛骂敌人，也被蒙古兵杀了。数万军民，全都惨死在蒙古兵的屠刀之下。

警报频频传到临安，赵昀开始后悔了，悔不该挑起战端，招惹来比金人更狠的蒙古人。为了对天下有一个交代，他下了一个罪己诏。

郑清之、乔行简两位宰相见赵昀都下了罪己诏，知道这一关不好过，主动上疏请求辞职。

赵昀并没有挽留的意思，罢了他们的职务。起用史嵩之为淮西制置使，支援光州。命赵葵支援合肥，沿江统制陈韡镇守和州，为淮西遥作声援。

这时候，蒙古兵已经到达江陵，在围攻江陵的同时，还在长江北岸大造战船和木筏，准备渡江攻掠江南。

就在这个危险时刻，孟珙奉史嵩之之命，驰援江陵。

孟珙的兵马并不多，但这个人很能打仗，他凭着手中有限的兵力，大施疑兵计。

白天，他把部队拉出来，沿着江边转悠，进进出出，不断地更换旗帜，让蒙古人以为南宋的援军分批次汇集在此地。

晚上，他让士兵沿着长江边燃起篝火，火光冲天，绵延数十里，俨然一副大兵压境的态势。

凶悍的蒙古人，也被这种阵势唬住了，不敢轻举妄动，这就给宋军的调动争取了时间。孟珙完成军事部署后，组织突击队，对蒙军发起袭击，连破蒙古兵二十四座大寨，在战胜蒙军的同时，还救出了被蒙军掠去的两万多难民。

陆路得胜，水路也打得不错，孟珙派出的突击小分队，潜到江边，将蒙古人辛辛苦苦打造的战船、木筏，放一把火烧个精光。

连受重创的蒙古兵，只好北撤，荆湖战场上宋军溃败如潮的颓势得到了遏制。

江陵之战，孟珙用疑兵之计，重创蒙军，显示出孟珙超凡的指挥天才和南宋军队的作战能力。这表明，蒙古兵虽然凶悍，但并不是不可战胜，宋军也不全是软蛋，只要带兵的将军善于驾驭，还是可以击败强大的敌人。可惜，当时像孟珙这样的将军太少了。

后来，蒙古将领察罕攻打真州，知州邱岳也是战守有方，连连挫败蒙古兵。他在胥浦桥设下埋伏，引诱蒙古兵来追，更是打了一场漂亮的伏击战，当场击毙一员蒙军守将，杀敌数千。蒙古兵这才知难而退。

端平三年底，赵昀下诏，次年改元嘉熙。

赵昀因朝中缺乏人才，重新起用乔行简为左宰相，兼枢密使，郑清之知枢密院事，兼参知政事，邹应龙签书枢密院事，李宗勉同签书枢密院事。

孟杜二将

蒙古兵被孟珙从长江边赶走以后，心中并不服气，嘉熙元年（1237年），温不花再次率兵南下，攻打长江北岸的黄州。

孟珙奉命，从江陵火速驰援黄州。

蒙古人以铁骑威震东西，善于打攻坚战，各种攻城器具无不齐备。他们像草原的群狼一样，把黄州城团团围住，身后还有回回兵、河西兵为后援，这些人各有各的攻城高招，但在孟珙的面前，却一筹不展。

孟珙坐镇黄州城楼，坚守之余，不断地派出部队，游击战、夜袭战，变着花样玩，蒙古兵不胜其扰，有时甚至到了草木皆兵的地步，疑神疑鬼的蒙古兵，在昏天黑夜里，有时自己人也干起来了。

　　孟珙还利用水上优势，以水军正面出击，再次击溃了蒙古人辛辛苦苦组建起来的舰队，缴获战船二百多艘，使蒙古军打过长江去的梦想再次破灭。

　　蒙古军渡江不成，攻城又毫无进展，死撑了一个多月，知道在黄州没有任何油水可捞，灰溜溜地撤军，转攻安丰去了。

　　安丰知州杜杲也是一个狠人，他率领安丰的军民修缮城墙，拼命防守，尽管攻城的炮声震天，城墙也多次被蒙古兵的大炮轰开缺口，但守城的军民拼死防守，蒙军还没有攻到城下，刚轰开的缺口就被他们堵上了。

　　蒙古兵见炮攻不行，便填塞护城河，垫起二十七条坝路，想借此突到城下，强行登城。杜杲见状，招募勇士出城，拼命地攻夺刚筑起的坝路。

　　正在激战的时候，池州都统制吕文德率领援兵赶到了安丰，宋军前后夹击，杀退了蒙古兵。淮河右路这才稍微安定下来。

　　次年，史嵩之长任参知政事，统领京湖、江西一带的兵马。

　　蒙古将领察罕率兵攻打庐州，史嵩之急忙约请杜杲前来支援。

　　杜杲进驻庐州城，见数十万蒙古兵蜂拥而来，沉着应战，部署城中的军民做好防御、打硬仗的准备。

　　攻城的蒙古兵，仍然是攻打安丰的那支部队，但兵力却数倍于前，随军带来的攻城器具更加充足。

　　蒙古兵是有备而来，到庐州城下后，立即便搬土伐木，在护城河上抢筑堤坝。

　　杜杲也是胸有成竹，命士兵将准备好的蒿草扎成火把，醮上油，严阵以待，他还让士兵在火把上绑上石头，这样可以扔得更远更准。

　　蒙军的堤坝刚筑近城墙，城上的火把便雨点般飞下来，不但烧毁了堤坝，还烧死了不少蒙古兵。

　　蒙古兵只得丢下无数被烧焦的尸体，全体后撒。

　　根据杜杲的判断，蒙古兵筑堤坝不成，接下来一定会采用炮攻，他让人在吊楼上修筑七层雁翅，用来防御蒙古兵的炮击。

　　雁翅刚刚修好，蒙古兵的炮攻果然开始了。

　　让蒙古兵吃惊的是，炮弹打在城楼的雁翅上，稀里哗啦滚下来了，有的甚至反弹回来，伤了自己人。

更要命的是，宋军竟然趁机从城里杀了出来，惊魂未定的蒙古兵，挡不住宋军的冲击，顿时溃不成军，杜杲率军追杀三十余里才收兵。

蒙古兵在败退途中，又中了杜杲的儿子杜庶和统制吕文德、聂斌的埋伏，虽然说突出了重围，但却损失了数千人马，丢失辎重无数。

杜杲因庐州大捷而升任淮西制置使，孟珙也加封为京湖制置使。

杜杲在庐州将蒙古兵杀得丢盔弃甲，孟珙在京湖一带也没有闲着。

孟珙自从在黄州杀退蒙军之后，又组织了一连串的军事行动，先后收复了郢州、荆门、信阳和樊城，于嘉熙三年攻克襄阳城，随后又攻下光化军，收复了息州、蔡州。

孟珙作为名将，极具战略眼光，收复襄阳之后，立即给朝廷上疏，强调襄阳的战略地位，他说："取襄不难，而守为难。非将士不勇也，非车马器械不精也，实在乎事力之不给尔。襄樊为朝廷根本，今百战而得之，当加经理，如护元气，非甲兵十万，不足分守。与其抽兵于敌来之后，孰若保此全胜，上兵伐谋，此不争之争也。"意思是说，襄阳是朝廷的根本，花这么大的力气收复了，一定要以重兵防守。

赵昀看到孟珙的报告后，亲自批示，允许他相机行事。

相机行事，就是可以根据前方的实际情况，怎样排兵布阵，何时向敌人开火，怎么打，都可以自己决定。作为一员武将，皇上允许他相机行事，这是对他莫大的信任。

孟珙有了权力，便将蔡州、息州投降过来的将士编为忠卫军，襄阳、郢州投降过来的将士编为先锋军，选择险要的地方驻扎部队，襄阳、汉州的防御，开始巩固起来。

蒙古大将塔海进攻四川，制置使丁黼发誓要死守四川，他先将老婆孩子送走，自己登城迎敌。

蒙古兵凶悍，也很狡猾，塔海为了迷惑宋军，竟然打着宋军的旗帜。

丁黼果然以为是宋朝的败兵，派人前去招抚，等到蒙古兵来到城下的时候，才知道上当了，仓促应战，挡不住蒙古兵的攻势，最后全军覆没，丁黼战死沙场。

塔海接着又攻陷了汉州、卬州、简州、眉州、阆州、蓬州和重庆、顺庆各府，直达成都。

孟珙探知消息后，立即向朝廷请调十万石粮食，派三千人驻扎在峡州；一千人屯兵于归州；命令弟弟孟瑛率领五千精兵驻守松滋，作为夔州的声援；在归州的隘口万户谷加派人马；加派千人驻扎在施州。

后来，听说塔海渡江东下，又忙着分布战舰，增加营寨，并派兵从小道抵达均州，防守要冲。

蒙古兵渡过万州湖滩，震惊了施州、夔州。幸亏孟珙的哥哥、峡州知府孟璟任，在归州大垭寨击退了蒙古兵的先途部队。接着进兵巴东，又打了胜仗，这才保住了夔州的安全。

孟珙听说蒙古军在襄樊、信阳、随州一带，招集军民播种，还在邓州的顺阳境内囤积战船。便派出一支小分队，烧毁了蒙古兵储藏的种子，让他们播种的计划落空，又派人潜入蔡州，烧掉了蒙古兵的粮仓。

蒙古人这才知道遇到了一个难缠的对手，不敢打襄阳、汉州的主意。

赵昀因为四川还没有完全收复，特地将孟珙调为四川宣抚使，兼夔州知府，统领归州、峡州、鼎州、澧州的兵马。

孟珙受命之后，将闲散的百姓召集起来，充实到宁武军中去，用降人回鹘、爱里巴图鲁等为飞鹘军。

四川制置使陈隆之和副使彭大雅，在大敌当前的时候，搞起了窝里斗。两人互相攻击，影响极坏。

孟珙知道这件事后，写信去责备他们，他在信中说："国事已经到了这个地步，就算你们同心协力，也不一定能打败蒙古兵，还要搞窝里斗。难道你们没有听说过廉颇和蔺相如的故事吗？"

陈隆之、彭大雅看信后，非常惭愧，摒弃旧怨，握手言和。

经过孟珙的一番整顿，四川的吏治焕然一新，防备也加强了。

不久，朝廷又命孟珙兼任夔州路制置使、屯田使。

孟珙在夔州兴修水利，鼓励农耕，从秭归到汉口，建立二十屯，设立一百七十座村庄，又创建南阳书院、竹林书院，让襄阳、汉州、四川的流亡人士居住在那里。

当时，乔行简已经做了少傅，兼平章军国事；李宗勉为左宰相，兼枢密使；史嵩之为右宰相，统领江淮、四川、京湖的兵马。

三人当中，唯李宗勉还算严谨守法；乔行简则是一个老好人，遇事举棋不定，模棱两可，不说好，也不说坏；史嵩之则是执拗任性，独断专行。

没过多久，乔行简、李宗勉先后去世了，朝中大权由史嵩之独揽。

朝中的正派人士如杜范、游侣、刘应起、李韶、徐荣叟、赵汝腾等人，受到史嵩之的排挤，先后被撵出了朝廷。唯独孟珙没有受到牵连。

嘉熙五年的时候，赵昀下诏改元淳祐。

蒙古窝阔台汗也在这个时候病逝，庙号太宗。他的第六个皇后乃马真氏参政，将西征欧洲的各路兵马全部召回。但留下了入侵南宋的部队。

塔海的部将汪世显率兵再次进入四川，进攻成都。制置使陈隆之坚守了十多天，由于内部出现了叛徒，却功亏一篑。

陈隆之有个副将叫田世显，此人贪生怕死，在蒙古人的金钱诱惑下，暗地同敌人勾结，半夜打开城门，引蒙古兵进城，然后带头冲进制置使衙门，将陈隆之一家数百口杀得精光，然后押着陈隆之到汉州，命他向守将王夔喊话，投降蒙古人。

陈隆之冲着城墙上的王夔大喊："大丈夫应舍生取义，宁可战死，绝不降敌。"

结果，陈隆之当场被蒙古兵斩为两段。

王夔率领三千兵马杀出城，无奈敌众我寡，被蒙古兵杀败，回不了城，落荒而逃。

蒙古人似乎不想恋战，随之退出了四川。

在这期间，蒙古曾数次派人到南宋议和，都没有达成协议。谈判桌上没有结果，那就只有战场上分胜负了。

蒙古派也可那颜、耶律朱哥等人率兵进攻泸州。

孟珙急忙调兵遣将，一路大军驻守江陵及鄂州，一路大军驻守沙市，一路大军从江陵出发，前往襄阳和各军会合。随后，又派一支兵驻扎在涪州，并下令守城的官兵，不得放弃一寸国土。

蒙古将士听说宋军守备森严，心中畏惧，不敢继续前进。

余玠主川

宋蒙交战以来，南宋西部的四川防线屡次被蒙军突破，不仅川陕边境的蜀口不保，就连纵深的成都，也成了蒙古兵常来常去的地方。

地处长江上游的四川，战略地位十分重要，如果川东防线被蒙古人突破，出三峡而进入两湖，沿江东下则势不可挡，这就是金、蒙始终盯住四川猛攻不舍的主要原因。

南宋朝廷也明白这个道理，对四川的最高长官也是走马灯地换，但起色总不大，蒙军攻入四川之后，几任四川制置使都战死沙场。淳祐元年，南宋撤销了四川宣抚司，把夔州路划归孟珙的京湖制置司管理，虽然川陕防线得到了加强，但四川内地的情况并没有改观。就是这一年，蒙军再次突破蜀口，攻占了成都，川陕形势再度告急。

淳祐三年（1243年），赵昀又命余玠为四川制置使，兼重庆知府。

余玠是蕲州人，家世贫微，落拓不羁，据说他年青的时候，曾在著名的白鹿洞书院读过书，一次和朋友们去茶馆喝茶，同茶馆老板发生冲突，失手打死了老板。余玠并没有去投案自首，而是收拾东西，卷铺盖一走了之。后来，投奔了淮东制置使赵葵。

赵葵觉得他是个人才，留他做了个幕僚。再后来，他在战场上屡立战功，职务也一路飙升，直升到淮东制置副使的高官。

四川制置使陈隆之在成都之战中殉国之后，制置使职一直空缺没有补上，余玠出任四川制置使，是补陈隆之殉国后空出来的职位。

四川是富甲天下的天府之国，自从宝庆三年失去关外，端平三年，蜀地被攻破之后，四川的财富被敌人洗劫一空。历任宣抚使、制置使束手无策，将帅、监官各自为令，胡作非为，导致民不聊生。

余玠接手四川这个烂摊子后，大刀阔斧地进行清理整顿。最有创意的一招是设立"招贤馆"招聘的人才。

中国历史上不缺隐士，但真正的隐士却不多。余玠招聘人才，一下子就招进了两个隐士。这两个人就是播州的冉琎、冉璞兄弟俩。

冉氏哥俩自称隐士，其实不是真隐士，他们认为朝廷历次派到四川来任职的高官都不是做事的料，屡次拒绝他们的邀请。这次余玠招贤，他们是不请自来，因为他们认的余玠是个贤士，对他们的口味。

余玠待他们如上宾，给他们安排住处，生活上也特别照顾。这两个也很特别，除了吃肉喝酒之外，几个月间从来就不多说话，与那些大吃大喝，夸夸其谈的人形成了鲜明的对比。

有人怀疑这两个人是来混饭吃的，余玠也起了疑心，派人前去察看。

派去的人回来说，两个人成天坐在屋子里，用石灰在地上作画，一会儿画山川，一会儿画城池，不知在搞什么名堂。

余玠也觉得莫明其妙，但他还是想再等等，看这两个人到底搞什么名堂。

冉氏两兄弟表面上是吃吃喝喝，啥事也没干，实际上，他们也在观察余玠，最终他们认定，余玠是可以信赖的人。

十多天后，冉氏兄弟来见余玠，说是来献策的。余玠支走了其他人，关起门来问："有何妙策？"

冉琎说："从四川的情形来看，不如把各城迁移，合并起来。"

"迁城？"余玠心中一动，因为他也有这种想法，只是还没有想好要迁到哪里去，立即回答："迁到哪里去？"

"钓鱼山！"

"钓鱼山？"余玠反问道。

"对！"冉琎说："蜀口最好的地形，莫过于钓鱼山，把城迁到那里去，再派人把守，多囤积一些粮食，凭天险就可胜过十万雄师，巴蜀一带就固若金汤了。"

冉氏兄弟的这条计策，就是"上高山，筑坚城，广积粮"，找个有山有水的险要之处修筑坚固的城堡，凭险据守。

这条计策虽不算出奇，但配合四川多山的险要地形，却很管用。

余玠早就有这个想法，只是感觉有些难度，故此犹豫不决。冉氏兄弟的提议，正是英雄所见略同，更加坚定了他迁城的决心。

余玠谢过了冉氏兄弟，立即向朝廷上疏，他在奏疏中，说这个建议是冉氏兄弟提出来，并向朝廷举荐了冉氏兄弟。

不久，朝廷的批文下来了，命冉琎为承事郎，代理合州知州，冉璞为承务郎，代理合州通判。余玠将迁城的事情，全都交给他们去办。

圣旨一到，四川的官员炸开了锅，史载当时的情形是"一府哗然"，大家都说这简直就是胡闹。

余玠深知官场内幕，这些人一是怕担责任，二是不想干事。他生气地说："山城如果建成了，沾光受保护的是大家和百姓，如果出了问题，所有的责任由我一人承担，和你们没有半点关系。"

如此一来，这些官员除了闭口，就没有第二条路可走了。

在钓鱼山筑城，只是余玠构想中的一部分，他的目的，是要在四川建立一个防御体系。钓鱼山筑城成功后，他便全面推广钓鱼山的经验，一口气在青居、大获、云顶、天生等山上，又修建了十余座山城，史载这些山城"皆因山为垒，棋布星分"，相互呼应"如臂指使，气势联络"。

余玠在四川建立的这一套防御体系，让蒙古人吃尽了苦头。这是后话。

五　余玠的结局很悲怆

谁是凶手

余玠在四川筑城造寨，构筑成一个易守难攻的防御体系，使四川的安全在一定程度上有了保障。但是，江淮却没有这个优势，由于江淮基本不设防，蒙古兵把这里当成他们自家的菜园，想来就来，想走就走。

蒙古兵渡过淮河，先后攻破扬州、滁州，直逼通州。

为了加强长江防线，朝廷调孟珙出任江陵知府，加强江陵的防御。

这时候，史嵩之的父亲去世，他必须回原籍守孝三年。尽管他心里很不愿意，但这件事却由不得他，除非皇上发话，让他夺情起复。

几天之后，赵昀居然下了一道诏书，让史嵩之起复，出任右宰相，兼枢密使。

皇上命史嵩之起复的事情传开后，临安城立即就热闹起来了，主流声音却反对史嵩之起复。之所以出现这种局面，要从史嵩之这个人说起。

史嵩之自从掌握军政大权后，大力排斥异己，朝中的正直大臣，都因与他不合被逐出朝廷。因此，反对史嵩之起复，从最先的议论纷纷，发展到一场声势浩大的攻讦运动，

太学生黄恺伯等一百四十四人联名上书；武学生翁日善等六十七人联名上书；京学生刘时举、王元野、黄道等九十四人以及部分官员也相继上书，指责史嵩之不孝，并控告他专权固位、主和乱军、结党营私，说他同他的叔叔史弥远一样，是专权误国的大奸贼。

学生们甚至还在太学张贴榜文，以离开学校来抗争，宣称："宰相（指史嵩之）朝入，诸生夕出。"

徐元杰上疏劝谏，没有得到答得，干脆入朝面圣，劝谏赵昀收回成命，让史嵩之回家守制三年。赵昀没有采纳他的建议，徐元杰一怒之下，上疏请求辞职，但也没有获得批准。

左司谏刘汉弼也去面见赵昀，劝谏让史嵩之守制三年。赵昀虽然心有所动，但还是没有答复。

史嵩之万万没有想到，他费了九牛二虎之力得到的起复诏书，竟然带来如此大的反响，他知道这次触了众怒，只得上书，请求回籍守丧。

赵昀被百官和学生们吵得头都大了，收到史嵩之的奏疏，没有再犹豫，立即批准史嵩之回原籍守制。

史嵩之守制之后，改任范钟、杜范为左右宰相，并兼枢密使。

杜范上任之后，提出早定国本，保安人心，加强备战的治国策略，得到了赵昀的支持和嘉奖。

史嵩之倒了，孟珙的处境立即就变得艰难起来。

当时，孟珙刚好奉命移师江陵，驻军在长江上游。朝廷有人放出风声，说孟珙是史嵩之的死党，说他执掌兵权，权力太大，有功高震主之嫌，说不定有一天，朝廷就控制不了这个人。

这些话传到孟珙耳里，让他坐立不安，他立即给杜范写信，向新宰相表明心迹。

孟珙得到史嵩之的器重，并不完全靠私人关系，很大程度上，还是凭他的本事，只是当时有本事的不止他一人，其他人都被史嵩之撵出了朝廷，孟珙得已幸存下来，这就让人联想到他同史嵩之的关系。

孟珙是南宋抵御外敌少有的名将之一，在江陵之战、黄州保卫战、襄阳之战中，他充分地发挥了自己的军事天才，勇猛善战，奇招迭出，打得蒙古兵丢盔弃甲，闻风丧胆。为南宋小朝廷保持了最后一点颜面。

史嵩之排除异己，陷害忠良，做的坏事尽管罄竹难书，但重用孟珙，却是用对了人。

杜范看了孟珙的信，当然明白他的意思，立即给孟珙回信，说将相调和，士人归附，他愿与孟珙同心协力，保家卫国。叫孟珙不要听信虚言，做好自己分内的事。

孟珙看了杜范的信后，很佩服杜范的为人，同时也自觉惭愧。

杜范出任宰相后，提拔被史嵩之打压的徐元杰为工部侍郎，一切政事都要和徐元杰商量。徐元杰也是知无不言。满朝文武也对杜范充满了企盼，希望他能重振朝纲。谁知天不假年，杜范只做了八十天的宰相，就病逝了。

赵昀追封他为少傅，赐谥号清献。

杜范病逝之后，朝中接二连三地出现怪事。

杜范病逝后，徐元杰被提拔为右宰相，就任的前一天，他拜见了左宰相范钟,并在阁门食堂吃了午餐。下午回家后,突然感到肚子不舒服,到了黄昏,更是寒热交加,痛苦不堪,四更天,竟然手指爆裂,大叫数声而亡。

群臣纷纷上疏,对徐元杰的死因表示怀疑,要求朝廷派人追查。

刚提拔的宰相,没上任就暴毙而亡,赵昀也觉得不是一件小事,下诏将阁门食堂那些跑堂打杂的人统统地抓起来,交到临安府讯问。

临安府尹何平心里也明白,徐元杰是被人害死的,只是苦于找不到证据,抓来这些跑堂打杂的人,没有人会主动承认事情是他们干的,况且,这些下人,如果不是有一只巨大的幕后黑手操作,就是借一百个胆子,他们也不敢谋杀当朝宰相。他知道,这只幕后黑手,绝非泛泛之辈。如果自己真的去追查,说不定,黑幕还没有拉开,下一个死的就是他。想到这个后果,他就觉得可怕,于是,他采取拖的办法,既不认真追查,更不下结论,能拖就拖。

徐元杰的死因还没有查出结果,第二个命案又发生了。这次暴毙的是刘汉弼。

命案接连发生,死的都是朝中重臣,很多人都没有了安全感,蔡德润等一百七十三人联名上疏,为徐元杰、刘汉弼鸣冤,要求追查凶手。

赵昀毫没有办法,他也不想多事,采起息事宁人的办法,赏给徐元杰、刘汉弼两家官田五百亩,钱五千贯,作为抚恤。

朝中大臣们心有余悸,甚至还有人说"故相杜范,也是中毒。"如此一来,大家情愿饿着肚子上朝,也不敢在阁门食堂吃饭。

时隔不久,史嵩之的侄儿范璟卿暴毙而亡。

徐元杰、刘汉弼,是反对史嵩之起复最强烈的两个人。范璟卿也同史嵩之意见不合,常劝谏史嵩之,做事不可太绝,要为自己留一条后路。

坊间谣传,徐元杰、刘汉弼、范璟卿,是史嵩之指使人干的,范钟也有嫌疑。然而,怀疑归怀疑,谁也拿不出证据。到底谁是凶手,成为一个历史之谜。

从淳祐六年(1246年)开始,孟珙先后五次上疏,申请辞职,都没有得到批准。当时,蒙古河南行省范周吉暗中和孟珙拉上了关系,表示愿意举地降宋,并把蒙古人的委任状都交到孟珙手里,以表自己投奔南宋的决心。

收复中原,这是宋朝数代人的追求,这样的好事情,孟珙当然怦然心动,但是,如此大动作,需要得到朝廷的支持和友军的配合。他立即向朝廷上疏,说范周吉决心归宋,并建议乘机收复中原。

此时的赵昀，不但没有恢复中原的勇气，而且连想都不敢想，对孟珙的报告置之不理，甚至连话都没有回一句。

孟珙眼见大好的时机不能利用，郁闷至极，仰天长叹道："三十年收拾中原人心，今志不克伸矣。"

孟珙的长叹，同当年岳飞的悲愤，如出一辙。两位军事天才，都是受制于朝廷，空有一身的本事和满腔的豪情壮志，却得不到施展的机会。

孟珙悲愤交加，从此一病不起，于是请求辞官。

赵昀授他为宁武军节度使，以少师的身份退休。圣旨还没有到，孟珙便病死在江陵，时年五十二岁。

孟珙死于九月初九，传说初一那天，天上有颗星星坠落，声崩如雷。死的那天，狂风怒号，飞沙走石，参天大树连根拔起。

讣告送到临安，赵昀下诏，罢朝哀悼，赏孟珙的家属一千两白银、一千匹绢布，追封孟珙为吉国公，谥号忠襄。

蒙古内乱

孟珙是南宋抵御外敌的中流砥柱，他死之后，谁来接他的位子，赵昀一时没有合适的人选。看见身边的贾贵妃，问道："你弟弟是将门之后，小时候读过兵书战策吗？"

堂堂的一国之君，竟然如此寻找统兵之人，看来，南宋离灭亡真的是不远了。

贾妃知道赵昀问这话的意思，立即说："先父在任的时候，经常教他骑马射箭，聘请名师教他的拳棒功夫。"

"让他到江陵去接替孟珙，统领京湖兵马，应该没有问题吧？"

"当然没问题。"贾妃夸张地说："我的弟弟可是个文武全才。"

后面的结果是，无赖贾似道，到江陵去接替孟珙的职务，接管了孟珙的旧部兵马。

左宰相范钟屡次上疏，请求告老还乡，赵昀最终批准了他的请求。于是再次召用郑清之出任右宰相，兼任太傅。

郑清之罢相之后，寄情山水，寓居寺庙，日子过得很清闲，他不想出山，便上表请辞。赵昀不答应，说朝中无人可用。

郑清之见推辞不掉，只好勉强上任。

接着，赵昀又授赵葵为枢密使，统领江淮、京湖的兵马，兼任建康知府；陈韡担任枢密院事，任湖南安抚大使，兼潭州知府。

史嵩之这时候守制三年期满，已经从原籍回到临安，要求从新出来工作。

赵昀也有这个意思。由于百官强烈反对，赵昀才打消了这个念头，于是让史嵩之退休，并说不再起用他。

没过多久，贾似道又升任两淮制置使，兼扬州知府；李曾伯为京湖制置使，兼江陵知府。赵葵因遭到言官的弹骇，上疏请求辞职，改任观文殿大学士，兼潭州通判。

赵葵是名将之后，屡立战功，赵昀因谗言而剥夺了他的兵权，将两淮、江陵这样的军事要塞交给毫无作战经验的贾似道、李曾伯。

自从淳祐改元以来，京湖一带有孟珙防守，巴蜀一带有余玠把持，淮西有吕文德驻扎，他们都能合理地安排守备，无懈可击，所以，蒙古兵只能在边境驻扎，不敢轻易进军。

蒙古不对南宋用兵，还有一个原因，就是蒙古发生了内乱。

原来，六皇后乃马真后干政以后，蒙古四年没有皇帝。乃马真后大权在握，宠用侍臣奥都剌合蛮和一个名叫法特玛的回族女人，两人内外勾结，贬斥贤臣，把朝中的旧臣撵走了一大半。中书令耶律楚材忧郁而死。

铁木真的弟弟弟铁木格大王，实在是看不过去了，以肃清朝政为名，从藩镇起兵。

乃马真后不免着急，急忙召长子贵由进京，立为国主。铁木格这才收兵。

贵由汗虽然做了皇帝，但朝政仍然归母后乃马真处理。几个月之后，乃马真病逝。贵由汗才正式接管朝政。

贵由汗主政后，找个借口杀了奥都剌合蛮和法特玛等人，并肃清后宫，朝政渐渐有了起色。可惜，贵由汗体弱多病，亲政之后，便说都城风水不好，并以此为借口西巡，在横向雅尔住下了，后来，竟病死在横向雅尔。

蒙古的皇后，似乎受了宋朝的传染，也想过一把垂帘听政的瘾，贵由汗病逝后，皇后韩兀烈海迷失，尊贵由汗为定宗，自己抱着侄儿失烈门听政。

女人听政，王公大臣们不服，他们召开库里尔泰大会，推戴拖雷的儿子蒙哥为大汗。

蒙哥率兵进入京城和林，都城的百姓和官吏，争相出城迎接他。蒙哥正位之后，下令杀了韩兀海迷失、假皇帝失烈门的生母，将太宗皇后乞里吉帖思尼迁出后宫，将失烈门放逐到没脱赤，终身禁锢。

蒙哥汗有个弟弟叫忽必烈，心怀大志，帮助兄长安定国家，总治漠南，在金莲川设府，延聘藩府旧臣及四方饱学之士，访求治国之道。刘秉忠、姚枢、许衡、廉希宪等人，都是一代贤士，都被他录用，这些人都是元朝的开国功臣。

忽必烈想要南侵，派将领察罕等人窥视江淮、巴蜀等地，随后又在汴京分兵驻扎，准备伺机南下。

南宋朝廷还以为蒙古人内乱未平，对蒙古人没有丝毫的防范之意。左宰相郑清之年老力衰，政事交给妻儿代为处理，妻儿借此机会，纳贿念赃，卖官鬻爵，文武百官议论纷纷。郑清之只好上疏，请求辞官。

赵昀命他做醴泉观使，诏命下达六天之后，郑清之就病死了。

郑清之病逝之后，赵昀本来想起用史嵩之，连诏书都起草好了，不知何种原因，他又醒悟过来，改变了主意，命谢方叔为左宰相，吴潜为右宰相。不久，吴潜辞官。

余玠治川

余玠在四川经过轰轰烈烈的迁城造寨运动、建立起坚固的防御体系后，接下来便开始整顿军纪，把残害百姓、强抢民财、几近土匪的沔州都统制、代理宁州知府云拱、代理潼川知府张渭等人罢官流放，云拱更是被遣送到边远的琼州去了。

利州都统王夔生性残忍，四处烧杀抢掠，为害百姓，蜀中的百姓称他为夜叉。

王夔盘踞在自己的地盘上，根本就不愿意接受四川制置使的领导，处于一种半独立的状态。前几任四川制置使知道管不了他，根本就不管他，只要他不公开造反，想怎么干，就让他怎么干。这种纵容，使王夔更是肆无忌惮，对四川地方军政长官的命令，想执行就执行，不想执行就当置若罔闻。

余玠想见识一下这个人，巡察边境的时候，到了嘉定。

王夔率领部下前去迎接他，所举的旗帜，上面写着一个斗大的"王"字，非常鲜明。余玠是孤身深入，他的部下担心这样去有危险，劝他不要见这个人。余玠毫不动容，仍然召见王夔，见面的时候，面色从容，镇静自若，连桀骜不驯的王夔也被他折服。

第五章 草根皇帝

王夔出来之后对人说："想不到儒生中竟然有这样的人物！"

余玠召见王夔，其实心里也捏了一把汗，返回后对心腹杨成说："王夔这个人，骄横凶悍，终非善类，本想当时就杀了他，但担心他的部下生变，只得从长计议。"

"这个人终究是一个祸患。"杨成回答说："现在不干掉他，一旦势力增强，恐怕就更难控制，如果真到了那一步，整个四川都要受到影响。"

余玠觉得有理，决定干掉王夔，两人商定了除恶之策。

余玠召开军事会议，王夔奉召前往，他前脚离开驻地，杨成后脚便进了军营向将士们传达了余玠的命令，说这支部队暂时由他接管。

第二天便传出消息，王夔被余玠干掉了，首级悬挂在城墙上，旁边贴了一个告示，历数了王夔的罪状。

王夔是四川的大佬，余玠就这么不声不响地将他干掉了，在四川引起了震动，不仅王夔的部下惊恐万丈，就是其他不服管的人，也都不敢轻举妄动了。

王夔死了，杨成暂时统领利州诸军。

习惯自己说了算的利州兵马，并不买杨成的帐。统制姚世安想接替王夔的职务，暗中唆使利州的那些人推举他做都统制。

主将去职，部属接任，在四川可以说是惯例，但其中的弊端也很大，因为这样很容易形成地方割据势力。

余玠当然不允许积弊的存在，没有答应这些人的要求。他派三千铁骑到云顶山，并派都统金童去接替姚世安的职务。

姚世安似乎感觉到来者不善，竟然紧闭城门，不让余玠派来的兵马进城。

姚世安之所以敢如此嚣张，除了有川军的传统之外，更重要的是他背后有靠山，而且还是大靠山，这个靠山就是左宰相谢方叔。

谢方叔当了宰相以后，为了巩固自己的势力，经常结纳一些外臣，姚世安就是这些外臣中的一个。

正当余玠要对姚世安采取进一步行动的时候，他已经没有机会了，因为有人先他一步下手了。朝廷来了调令，让他回临安去当资政殿学士，四川这摊子事不用他管。

突然的人事变动，将余玠震晕了。他知道幕后推手是谁，但却没有能力反抗，如果继续反抗的话，可能就不是调离那么简单了，非得把命撂在四川不可。

余玠免职了，姚世安安全了，事情就这么简单。

余玠治蜀十余年，任命都统张实负责军事，安抚使王惟忠负责财政，监抚朱文炳治负责外交，将四川治理得井井有条。由于赵昀批准他听便宜从事，自己决定四川的事情，因此，平时说话做事，难免也有不慎的地方。

谢叔方对风头正劲的余玠也有想法，有意无意地常在赵昀耳边嘀咕，说什么余玠的权力太大，四川快成了余玠的家天下，再发展下去还不知道要发生什么事情呢？

宋朝自开国以来，对武将一直防范甚严，赵匡胤是靠兵变起家的，得天下后，也担心武将们照葫芦画瓢抢了他赵家的天下，于是他来了个杯酒释兵权，剥夺了随他打天下的武将们的兵权，让他们继续拿着高工资，回家享清福去了。

谢叔方的后话是什么，赵昀当然明白，于是，他毫不犹豫地下诏，将余玠从四川召回。

赵昀调回了余玠，另外调鄂州知府余晦为四川宣谕使。

余玠听说这件事后，郁郁寡欢，余晦还没有到达四川，他便服毒自尽了。

余玠的死，对四川的震动很大，史书记载，"蜀人莫不悲慕如失父母"。

余晦到了四川以后，派都统甘闰带领几万兵马，在紫金山筑城。

蒙古将领汪德臣率领一支精兵，人噤声，马衔枚，趁着夜色偷袭了甘闰的部队，甘闰得知蒙军偷袭营寨，没有组织部队抵抗，丢下部队带着几个亲兵逃走了。

部队没了主帅，成了一群没头的苍蝇，四处逃窜，溃不成军。刚筑起来的新城，和储存在那里的粮草、辎重，拱手送给了蒙古人。

赵昀刚刚提拔余晦做制置使，就接到甘闰兵败的报告。大臣们纷纷上奏，说余晦昏庸无能，如果不把他调走，四川恐怕就不保了。

赵昀见反对的人多了，便下诏将余晦召回，命李曾伯继他的后任。

那时，蒙古忽必烈命兀良合台统领各军，分三路进攻大理，虏走了大理国王段智兴，接着进军吐蕃，吐蕃国王唆火脱又急又怕，也投降了蒙古人缴械投降。

忽必烈下令班师，准备攻打西蜀。

六　王坚是个纯爷们

檐马丁当，国势将亡

赵昀下诏改元宝祐，此时，贾贵妃早已病逝，赵昀的后宫新宠是阎贵妃，为了讨阎贵妃高兴，他竟然动用国库里的钱，为她修功德寺，而且还修得富丽堂皇，规模超过了皇家功德寺，惹得朝野议论纷纷。

阎贵妃也是一个不安分的女人，她已不满足于后宫的呼风唤雨，还想染指朝政，勾结太监董宋臣，表里为奸，对朝廷的人事安排指手画脚。

董宋臣虽然是个太监，却很有做官的潜质，对赵昀的心思也揣摩得很透，只要赵昀想到的，他就能想办法搞定，而且还会出乎意料的好。

赵昀喜欢赏花，他便在御花里修建筑梅堂、芙蓉阁、香兰亭、荷花池。赵昀要去禁苑赏荷花，但又讨厌晒得人冒汗的太阳。董宋臣只用了一天时间，就在荷花池旁建了一座凉亭，让赵昀非常高兴。

赵昀要赏梅，董宋臣事先便在梅园修建一个亭子，赵昀认为这样太浪费了，责备他劳民伤财，他说，不过是把荷亭移到这里来罢了，没花多少钱，把赵昀也逗乐了。

董宋臣在修造这些工程中，擅夺民田，假公济私，谎报工程费用，国库里的钱，一大笔都进了他的腰包。

赵昀喜欢女人，尽管后宫有佳丽三千，仍然不满足，还是想尝鲜。

董宋臣虽然是个太监，自己不能人道，但对男人的爱好却捉摸得很透他知道赵昀有这个爱好，于是，用各种手段，将临安城的名妓唐安安弄进宫里，让赵昀潇洒地当了一回嫖客。

唐安安是继李师师之后，是两宋又一个陪皇帝睡觉的妓女，此后，她的艳名大震，身价陡增。

起居舍人牟子才上书劝诫赵昀，说将一个妓女留宿宫中，有损于皇上三十年的操守。

赵昀却让人转告牟子才，这不是他管的事，并警告他，不得将这件事泄露出去，以免损伤了自己的形象。

姚勉以唐玄宗、杨贵妃、高力士为例，劝诫赵昀行为要检点一些。赵昀竟恬不知耻地说:"朕虽然不德,未如明皇之甚也。"意思是说,他虽然不怎么守德,但和唐明皇相比,还是强多了。

赵昀这是在五十步笑一百步。

丁大全出身微贱,长相"蓝色鬼貌",为人"奸回险狡,狠毒贪残",当时的人称他为"丁蓝鬼"。就是这样一个人,娶了一个外戚家的婢女做老婆,凭着这层关系,他削尖脑袋,同董宋臣、卢允升勾搭上了,再通过他们俩,向阎妃馈献金银珠宝。阎贵妃便给赵昀吹枕头风,丁大全竟以一个小小县尉的身份,飚升为殿中侍御史的高官。

丁大全不但会钻营,而且还寡廉鲜耻,贪财好色,他为儿子挑选老婆,见儿媳妇长得漂亮,见色起心,竟然留下来自己受用,让儿子再去另选。

当时,四川发生地震,闽浙一带发大水,临安城也是阴雨绵绵。

洪天锡不想做一个旁观者,忍不住上疏直言,说有人扰乱朝纲,触怒了上天,导致天象反常,这是阴阳报应。

洪天锡实际上暗指董宋臣、卢允升两位太监。

奏疏连上了六七次,赵昀却置之不理。洪天锡一怒之下,辞官告老还乡了。

宗正寺丞赵宗嶓给宰相谢方叔写信,责怪他不能挽留正派人士。

谢方叔无奈地对别人说:"不是我不想劝皇上,实在是皇上意气用事,别人说什么也没有用。"

这些话传到董宋臣、卢允升的耳里,让他们恨得咬牙切齿。于是,他们贿赂谏官,让他们诋毁洪天锡和谢方叔,说他们朋党为奸,扰乱朝纲,应该加以贬斥。

赵昀不但好色,而且还听信谗言,根本就不究是非曲直,武断地罢免了谢方叔、洪天锡,让他们回家休息去了。

右宰相吴潜早就辞职了,谢方叔又被撵走了,左右两宰相都是虚位,赵昀便任命参政董槐为右宰相。

董槐是定远人,一直在地方任职,很有名气,做了参政之后,大力整顿朝纲,大刀阔斧地革除时弊,而且还表示要肃清宦官。

丁大全担心董槐革除时弊革到自己头上,派心腹到相府和董槐套近乎。

董槐对这一套不感兴趣,正色地对来人说:"自古忠臣无私交,我只知道竭尽全力侍奉皇上,不敢私结党羽,请替我感谢丁大全。"

丁大全热脸贴了冷屁股，大为光火，发誓要报此仇，他像猎犬一样紧盯着董槐，想找机会干掉他。

董槐本来就看不起丁大全的为人，奏请赵昀，不应该对这样的人委以重任。

"丁大全也没有说你什么呀！"赵昀问道："为何要和他过不去呢？"

"臣和丁大全没有个人恩怨，只是这个人太奸邪，臣如果不说，有负于陛下对臣的提拔之恩。"董槐看了一眼赵昀说："陛下竟然非常信任丁大全，但臣确实很难同这样的人共事，让臣告老归田吧！"

赵昀脸色陡变。

董槐知道再说也无用，只好悻悻退下。

丁大全终于出手了，而且抱着一击必倒的决心，他一面上书弹劾董槐私结朋党，图谋不轨，一面私用御使台牒，调来一百多名士兵，深更半夜，包围了宰相府。

董槐被人从热被窝里拽出来，说是皇上有令，要把他送到大理寺审讯。

董槐明知这些人私闯宰相府违法，但也知道这不是一般人所为，好汉不吃眼前亏，除了跟这些人走，他别无选择。

这些人挟持了董槐，并没有去大理寺，而是出了临安城，来到荒郊野外。

"你们是谁派来的，到底要干什么？"

"老东西，让你到野外来吹吹风，凉快凉快。"这些人说罢，一哄而散。

董槐站在荒郊野地上，恍如做了一场噩梦，稍微歇了一会儿后，高一脚、低一脚地回到城里，天才刚刚放亮。

天亮以后，宫里传出圣旨，董槐的宰相之职被罢免了，改任观文殿大学士，任洞霄宫提举。

宰相在深更半夜里被人拖出来，丢到荒郊野外，这是前所未闻的奇事，朝野一片哗然。太学生陈宜中、黄镛、林则祖、曾唯、刘黻、陈宗六人联名上书，揭露丁大全之奸。

时人称这六个人为"六君子"。

丁大全当然不会束手待毙，反过来唆使御史吴衍参劾六君子，说他们胡言乱语攻击朝政。最终，丁大全安然无恙，六君子却被开除学籍，撵出了太学。

丁大全还下令在三学（太学、宗学、武学）门口立碑，禁止学生妄议国事，借以消弭来自朝内外的不同声音，并借机扼杀反对其擅权的行为。

董槐事件之后，右宰相一职改由程元凤担任。丁大全也一路飙升，先是升任谏议大夫，没过多久，又升任签书枢密院事，马天骥同签书院事。

程元凤谨慎有余，胆气不足，马天骥和丁大全是一丘之貉。

阎妃、马天骥、丁大全、董宋臣四人内外勾结，扰乱朝纲。

后宫与宦官干政，引起正义之士的强烈不满，但畏于他们的淫威，敢怒而不敢言。有人在朝门外贴出匿名帖子，上面写着八个字："檐马丁当，国势将亡。"（檐谐音阎，马是屋檐下挂的铃铛，这里指阎贵妃和马天骥）意在警告赵昀，如果再信任奸佞，国家前途堪忧。

赵昀看到匿名帖子后大怒，派人去追查，数月之后，一无所获，最后也是不了了之。

丁大全却不以为意，因为有皇上和贵妃撑腰，这样的玩意儿，根本就伤不了他们一根毫毛。

宝祐五年（1257年），贾似道出任知枢密院事。次年，程元凤请求辞官，丁大全升任右宰相兼枢密使。

丁大全和贾似道这两个奸臣控制了南宋的军政大权。

蒙哥汗命丧钓鱼山

宝祐六年（1258年），蒙古平定了西南蛮夷，攻占了交趾国（越南）和西域十几个小国，威震中外。这个时候，又传来被南宋扣留的使臣月里麻思病死在长沙的消息。

蒙哥汗正想出兵南下，得到这个消息后，便有了出兵南下的借口。

蒙哥汗命弟弟阿里不哥留守和林，自己率兵由东胜渡过黄河，越过六盘山，四万兵马号称十万，分兵三路，攻打南宋。

他自己亲率一军由陇州直奔大散关，准备攻打四川；诸王莫哥率兵从洋州赶赴米仓，万户李璮（李全的儿子）从潼关赶赴泒州。再命忽必烈率军攻打鄂州，兀良合台从交趾带兵北归，支援忽必烈。

这个进军计划，除规模比以往大之外，没有多大变化，着眼点还是扼守长江上游，然后顺江而下，唯一不同的是，兀良合台率兵从云南出发，北上夹攻湖南。

蒙古兵三路并举，震惊了南宋朝廷。当时，四川制置使李曾伯已经调回临安，继任者是蒲择之。因蒙古兵入侵，赵昀派安抚使刘整据守宁江箭滩渡口，切断蒙古兵的东路。

蒙古将领纽璘领兵来到宁江箭滩，见宋军已经截住渡口，立即发起进攻，激战一天，刘整抵挡不住，只好撤退，让出宁江箭滩渡口。

纽璘率兵过江，长驱直入，抵达成都。

蒲择之让杨大渊等人防守剑门以及灵泉山，自己率兵赶到成都。

纽璘见南宋大军到了成都，率兵转袭灵泉山，击败杨大渊，接着围攻云顶山城，切断蒲择之的归路。

蒲择之粮道被切断，部队顿时溃散。

四川自从余玠死了以后，再无起色，仅一个多月，成都、彭州、汉州、怀州、绵州等地的守将，先后挂起白旗。投降几乎成了时尚。

蒙哥汗见道路已经打通，胜利触手可及，坐不住了，亲自率兵渡过嘉陵江，浩浩荡荡地杀奔四川。

蒙哥汗的骁勇之名，真的不是吹出来的，出手果然不凡，先后攻陷了剑门苦竹隘、长宁山城、彭城运山城、广安大良城等要隘。

其实，与其说攻陷，不如说是接收，因为南宋的守将，大部分都是贪生怕死、没有血性的软蛋，蒙古兵只是到那里去走了一趟，他们便挂起白旗，成建制的投降了蒙古人。

南宋的军队用兵败如山倒来形容，一点也不过分。

蒙哥汗确定下一个攻打目标是合州。按他的想法，此前打得顺风顺水，合州仍然是去接收，他派南宋降将晋国宝为使者，前往合州钓鱼山，劝守城宋将献城投降。

以宋军糟糕的表现，蒙哥汗完全有理由相信，只要他一招手，钓鱼山上的守将就会下山来陪他喝酒。

蒙哥汗轻视了钓鱼山城，也轻视了镇守钓鱼山城的那位将军。

钓鱼山城由冉氏兄弟精心设计建造，城址选在三百米高的山上，地势险要，设计有内外双城，石头垒起的城墙，蜿蜒于山腰峭壁之间。山下嘉陵江和渠江交汇，南、北、西三面都是江水，要想攻下来钓鱼山城，难度不小。

冉氏兄弟建造这座山城的时候，粮食储备问题，水源问题，他们都考虑到了，就是被敌人围上一年半载，也不愁没水喝，没饭吃。

钓鱼山城的守将名叫王坚，这可不是一般人，他先在孟珙手下为将，进入四川后又归在余玠的部下，在两位名将手下干了多年，学到了不少功夫。

钓鱼山城，地势险要，固若金汤，守将王坚，也是一个狠人，蒙哥汗要倒霉了。

蒙古军打遍亚欧无敌手，蒙哥汗不相信一座小小的山城，能挡住他前进的步伐。

攻城大战开始了，蒙军从西门打到东门，再从东门转向护国门，就像狗咬刺猬一样，无处下口。

蒙古铁骑虽然是打野战的高手，打攻城战却不怎么在行，一次又一次的强攻，都是铩羽而归。连番血战，让他们付出了惨重的代价，留在城下的尸体，一堆一堆的，血像水一样，沿着石缝向山下流淌。

蒙古兵杀起了性子，跳下马背，抬着云梯，爬着山坡，轮番打起了攻坚战。

王坚率领城中军民，居高临下，严密地监视着敌兵的动向，远了，置之不理，近了，就用箭和石头招呼他们。

蒙军虽然骁勇善战，碰上如此险峻的山城和严防死守的宋兵，照样毫无办法。

两军相持数月，伤亡都很大。

仿佛是老天要和蒙古人作对，酷热的天气再加上阴雨连绵，可怕的瘟疫在蒙古军营中悄然流行了，蒙古大汉躺倒一大片。

这种非战斗性减员，最可怕。

蒙古前锋将军汪德臣急了，招募壮士连夜登上了钓鱼山城的外城。

王坚派兵堵截，激战了一夜，两军伤亡惨重。最终，蒙军还是退出了外城。

汪德臣杀红了眼，居然单骑跑到城下，冲着城上大喊："王坚，投降吧！不然，破城之日，就是屠城之时！"

王坚并不理会，命士兵对准汪德臣开炮。

汪德臣正想退下，突然，一块炮石从天而降，击中他的肩头，只听他大叫一声，堕落马下。

蒙古兵拼死将汪德臣救回。

也许是天不灭宋，蒙军攻城的云梯这时也折断了。主将伤得不知死活，攻城的云梯折断了，蒙古兵的士气大损，垂头丧气地退下。

汪德臣被救回军营后，一直昏迷不醒，当天晚上，死在军营之中。

蒙军围城接近半年，久攻不下，如今又损失一员大将，可怕的瘟疫还在继续漫延，蒙军士气低落。

蒙古铁骑，横扫亚欧无敌手，面对固若金汤的钓鱼山城，进不能，退不甘。蒙哥汗忧心忡忡。

第二天，蒙军没有攻城。

王坚觉得奇怪，派人下山打听，才知道昨天炮石击中的是蒙军先锋官汪德臣，晚上已经死在军中。

王坚让人找来一套女人穿的衣裳，附上一封信，他在信上说："蒙哥汗不是很能打吗？怎么成了缩头乌龟，变成了女人了？怕死的话，就穿上这身衣裳，滚蛋吧！"

衣裳和信再捆上石头，用发石机射向蒙军。

骄横一世的蒙哥汗，本来就忧心如焚，再受此奇耻大辱，气恼攻心，一下子病倒了。

蒙哥汗的病来势凶猛，随军的医生使尽了浑身解数，病情不但不见好转，反而还越来越重，十多天后，竟然病死军营。

大汗死了，仗就没法再打了。

随军的王公大臣们，用两头驴驮着蒙哥汗的尸体，灰溜溜地撤军了。

王坚立即将四川的战况向朝廷作了汇报。他也因守川有功，升任宁远军节度使，这是后话。

七　贾似道的弥天大谎

将仗打到底

蒙哥汗发起的灭宋之战打响后，西线的蒙军被王坚阻截在钓鱼山，蒙哥汗命丧钓鱼山之后，蒙军带上他的尸体回了大漠。

东路蒙军在忽必烈的指挥下，仍然在两淮战场上同南宋纠缠。

忽必烈率领蒙军渡过淮河，进入大胜关，并命张柔领一支兵进攻虎头关。两路军齐头并进，势如破竹，宋军闻风而逃。

北上的兀良合台也南下横山，攻占了宾州、象州，进入静江府，再破辰沅，直抵潭州，在湖南同南宋较上了劲。

李全的儿子李璮，率一支蒙军击败了海州涟水军。

南宋的长江中游一带，出现了风雨飘摇之势。

此时，南宋已经改元开庆。

贾贵妃虽然红颜薄命，但她给贾似道开辟的仕途之路，却一直是畅通无阻，贾似道一路飙升，爬上了枢密使的高位，还兼任两淮宣抚使。后来，又做了京湖、四川宣抚大使，统领江西、两广的兵马。

赵昀将南宋的半壁江山，全都交给了贾似道，贾似道已经完全控制了南宋的军权。

贾似道只是一个色中魔鬼、酒里神仙，喝酒拥妓他是高手，带兵打仗却是外行。

忽必烈的情报工作做得很到位，他已看出了南宋的实力，估计一路打下去，一定能灭掉南宋。正当他踌躇满志的时候，突然接到西路军战败，蒙哥汗病死军中的消息，朝廷命他火速撤军，回家料理蒙哥汗的后事。

千里迢迢，跋山涉水，好不容易攻到南宋的腹地，眼看胜利在望，却要半途而废，忽必烈实在是不愿放弃，他气愤地对众将说："我奉命来到这里，决战就在眼前，怎么能够就这样无功而返呢？"

忽必烈不想撤兵，想一举干掉南宋。他登上香炉山察看地形，方圆数十里尽收眼底：长江以北是武湖，武湖以东是阳逻堡，长江南岸是鄂州。江面上，南宋水军的战船来去穿梭，船上的宋军敲锣击鼓，喊杀阵阵。

忽必烈感叹地众将说："北人骑马，南人驾船，果然不假，宋军在江面上行船，来去自如，就像我们骑马一样纯熟。"

"长江是南宋最后一道天险，宋军势必严防死守，不给他一点厉害看看，不足以扬威。末将请命，去会会宋军。"

忽必烈一看，请命的是大将董文炳。他答应了董文炳的请求，嘱咐他小心。

董文炳下山之后，命弟弟董文忠、董文用带领数百名敢死军，驾着大船击鼓渡江，他自己则率领骑兵沿岸杀敌。

宋军水陆两军有数万人，见蒙古兵杀来，如同羊见到了狼，未战先怯，不战而溃。董文炳兄弟率兵水陆并进，杀得宋军东逃西躲，溃不成军，霎时间，两岸的宋军都被他们赶跑了。

蒙古兵控制了长江两岸，等到忽必烈率兵接应时，董文炳已经打过了长江。

第二天，蒙古兵围攻鄂州，并分兵攻破临江，临江知府陈元桂战死。接着又攻占了端州。

右宰相丁大全一开始是隐瞒军情，赵昀对战事一无所知，认为天下太平，仍然在宫中过着花天酒地的生活。现在，鄂州和临江两个战场上打得风生水起，宋军在两个战场上节节败退，朝野议论纷纷，人心惶惶，丁大全知道再也没办法隐瞒下去了，只得上报军情。

正在风流快活的赵昀，突然接到蒙军入侵、宋军败退的惊报，吓得半死，几乎晕过去。在众人的弹骇之下，赵昀罢了丁大全的官，将撵出临安城，流放到贵州。

赵昀撵走了丁大全，命吴潜为左宰相、兼枢密使，特意留下右宰相一职，准备授给贾似道。然后命贾似道火速进军汉阳，支援鄂州。

鄂州之战

董宋臣听说大兵压境，竟然请赵昀迁都四明，暂避蒙军的锐气。

太监何子举认为，如果迁都四明，临安的百姓就再也没有指望了。他将董宋臣建议迁都的消息悄悄地告诉吴潜，建议他制止这个愚蠢的行动。

吴潜得报后，立即求见赵昀，极力劝阻迁都四明，朱貔孙也上书极谏，赵昀还是犹豫不决，幸亏谢皇后出面劝谏，他才打消了迁都的念头。

宁海军节度判官文天祥，听说董宋臣进谗言劝皇上迁都四明，上疏请求杀了这个不长胡子的太监，赵昀终究没有答应。

鄂州之战打得天昏地暗，副都统张胜困守围城，很急切地等待援兵，然而援军没有等到，等来的却是蒙军一波又一波的攻击，鄂州能不能守住，他实在是没有把握。无奈之下，他登上城楼，冲着城下的蒙军大喊道："这座城已经是你们的了，但金银玉帛都在将台，你们到那里去取吧！"

意思是说，鄂州城归你们了，但金银玉帛都存放在将台，这得你们自己去拿。

蒙古兵信以为真，放火烧了城外的民房，一窝蜂地赶往将台去了。

张胜用缓兵之计，支走了蒙古兵，赢得了宝贵的时间。当蒙古兵知道上当返回之后，他已经将残缺不全的城池修好了，更重要的是，襄阳统制高达、张世杰等将领率领援兵也赶到了鄂州；贾似道率兵赶到了汉阳；四川制置副使吕文德从重庆顺江而下，驰援鄂州。

蒙古将军苦彻拔都儿领兵返回鄂州，派人进城斥责张胜，说他使诈、违约，要他献出鄂州城。

张胜索性一不做，二不休，杀了来使，率兵夜袭蒙军大营。

苦彻拔都儿颇通兵法，料到张胜会来这一招，预先布下陷阱，当张胜攻进蒙军大营的时候，只是一座空营。

张胜得知中计，下令火速撤退，然而，一切都晚了，蒙军已从两翼包抄过来，将宋军团团围住。张胜左冲右突，不能脱身，自知难免一死，他不愿做俘虏，挥剑自刎而亡。

幸亏各路大军及时赶到，蒙古兵才没有攻进鄂州城。

吕文德、向士璧、曹世雄等将赶到鄂州，请贾似道督战。

贾似道的部队本来已经到了汉阳，由于没有其他部队的消息，不敢贸然轻进，听说众将都赶到了鄂州城外，这才放心大胆地率军前来。

各路大军会师鄂州，迎来了同蒙军决战的好机会，不料宋军内部出了问题。

高达自恃勇猛，瞧不起贾似道，他对部下说："贾似道只是一介书生，不懂兵法，他能统兵打仗吗？"

于是，他就摆起了大爷的架子，开营出战，要求贾似道先行慰问，然后才出兵，否则，就让士兵在营前大声喧哗，不出兵。

吕文德对贾似道却是格外地巴结，每当这个时候，他便站出来替贾似道解围，呵斥喧哗的士兵，让他们出战。

贾似道心里恨死了高达，却很感激吕文德。

曹世雄、向士璧两人，同样也瞧不起贾似道，虽然没有像高达那样公开叫板，但遇事却不向贾似道请示。贾似道敢怒而不敢言。

贾似道是个小人，小人最大的特点，那就是记仇，只要有人同他过不去，他就要给你记上黑账，上了他的黑账，迟早他会连本带利的收回。高达、曹世雄、向士璧，都上了他的黑账，他一定要加倍讨回。

正在大家商量同蒙军决战的时候，朝廷忽然传来圣旨，让贾似道移军黄州。

原来，蒙古将军兀良合台进攻潭州，江西告急，蒙古兵如果渡过长江，黄州就危险了。御史饶应予向宰相吴潜建议，让贾似道移防黄州。吴潜也觉得鄂州已经汇聚重兵，不会出现险情，于是，奏请赵昀，下诏让贾似道移防黄州。

贾似道也知道黄州是兵家必争之地，蒙古兵每次南侵，都要投重兵攻打黄州，到黄州去定是凶多吉少，但圣旨已到，心里虽然不愿意，但也只能硬着头皮前往。

统制孙虎臣率领七百精骑，护送贾似道到了苹草坪，忽然接到探子来报，说蒙古兵来了。

贾似道听说蒙古兵来了，吓得浑身发抖，两腿打颤，看着孙虎臣，语无伦次地说："这可怎么好？这可怎么好？"

孙虎臣倒还沉得住气，拍着胸脯说："宰相不必着急，让末将去抵挡一阵再说！"

在此期间，贾似道已升任右宰相，所以孙虎臣叫他宰相。

"我军只有七百人呀！恐怕抵挡不住吧！"贾似道仍是担心。

孙虎臣见贾似道吓得面如土色，估计他没有胆量上阵督战，于是说："宰相暂时先向后退一程，我率军前去拦截敌人！"

贾似道颤抖着说："你……你……你要小心哟！"

孙虎臣答应一声，带兵迎敌去了。

贾似道带着随从，向后跑了数里，找一处幽僻的树林躲起来。看着远去的孙虎臣，泪眼婆娑地说："死了，死了，竟然不明不白地死在这里了。"

贾似道躲在树林里，太阳都落山了，仍然没有孙虎臣的消息，他在树林里急得团团转，但又不敢出来，等到天快黑了，才敢钻出树林张望。

一会儿，几个骑兵过来了，贾似道见是宋兵，立即迎了上去，来人向贾似道说，孙虎臣已经得胜，活捉了一员敌将，已经先去了黄州，请宰相迅速赶往黄州会合。

贾似道这才转忧为喜，带领随从，连夜赶往黄州。

孙虎臣将贾似道迎进黄州，报告说，路上碰到的是一支出来抢掠的散兵游勇，首领是叛将储再兴，已经活捉了。

贾似道大喜过望，立即充起了大爷，先是将孙虎臣夸赞一番，然后命人将储再兴推出去斩了。

天大的谎言

两天之后，鄂州、潭州的警报纷至沓来。

忽必烈指挥的蒙军，对鄂州发起一波又一波的攻击，双方绞杀混战在一起，宋军略占上风，守住了最后防线，鄂州城逃过了陷落的命运。

忽必烈受阻鄂州城，兀良合台孤军转战，也被宋将向士璧挡在潭州，停止了前进步伐。蒙军的势头暂时被遏制，双方形成对峙局面。

宋蒙两军僵持不下，正是考验意志和忍耐力的时候，谁能够咬牙坚持到最后，谁就会获得最终的胜利。

鄂州之战，宋军伤亡一万三千多人，面对尸山血海，宋军主帅贾似道挺不住了，害怕了，不想再打下去了，他想结束这场战争。

贾似道惧怕打仗，没有勇气以暴制暴，没有以胜利者的身份来结束这场战争的欲望，他选择了另一种结束战争的方式：屈膝求和。

他知道这样做很不光彩，便偷偷地派心腹宋京前往蒙军大营，同忽必烈取得联系，表示愿意称臣纳币，条件是议和。

忽必烈一心想灭掉南宋，对议和根本没有兴趣，赶走了宋京。

求和遭到拒绝，贾似道很苦恼。恰在此时，合州守将王坚派部将阮思聪轻舟顺流而下赶到鄂州，向贾似道报告，说蒙古主蒙哥汗已经命丧钓鱼山。

王坚的本意是以此来振奋友军的士气。

贾似道却从另一个角度来考虑问题，他觉得，蒙古国丧，一定无心恋战，这可是求和的好机会。于是，他再次派人去同忽必烈取得联系，明确地开出称臣、划江为界、岁纳银绢二十万两匹的优惠条件，两国握手言和。

忽必烈本来还想再打下去，部下郝经提醒说："国家遭遇大丧，国中无主，王公贵族们都是虎视眈眈，说不定有人先下手，登上汗位，到时候，恐怕大王腹背受敌，大事去了。"

一语惊醒梦中人，忽必烈恍然大悟。他答应同南宋议和，让南宋献上江北的土地，每年献给蒙古银二十万两，绢二十万匹。

忽必烈没时间等协议的最终签订，留下谈判代表，心急如焚地跑回老家争夺汗位去了。临走前，他给兀良合台发去指令，让他退兵，留偏将张杰、阎旺赶到新生矶造浮桥，接应兀良合台过江。

主帅跑了，谈判代表也没有耐心谈下去，撂下一句"以后再议"之后，也溜了。双方既没有谈出结果，也没有签订协议，更没有争得面红耳赤地掀桌子，宋蒙和议，糊里糊涂地就留下了这么一个尾巴。

蒙古兵撤走后，贾似道立即翻脸不认人，下令截杀了兀良合台殿兵的一百多名蒙古兵,这还是由于宋军的行动迟缓,让蒙军的大部队溜走了。

蒙军撤走之后,贾似道竟然想入非非,向朝廷谎报:鄂州大捷,蒙古兵被宋军打得望风而逃,江汉的蒙古兵也已经逃得一干二净,社稷转危为安,天下太平了。至于临阵献土、奉币、议和这档子事,他压根就不提。

赵昀听说贾似道大获全胜,高兴得跳了起来,傻乎乎地不辨真假,下令让贾似道回京,加少师,封卫国公;吕文德功列第一,被任命为检校少傅;高达为宁江军承宣使;刘整任泸州知府,兼潼川安抚副使;夏贵为淮安知州,兼京东招抚使;孙虎臣任和州防御使;范文虎任黄州武定诸军都统制。向士璧、曹世雄等人也各有封赏。

一个弥天大谎,让贾似道成了挽救南宋的英雄,赵昀把他当成了护国战神。

贾似道有了这个资本,从此以后,重权在握,独擅朝政,权倾天下,成了宋代最后一个权臣。

八 疯狂的报复

立储风波

南宋进入赵昀时代后期,政治、经济、军事各方面迅速下滑,大宋王朝不可避免地进入了黄昏阶段。

一个朝代的结束,是多年以来积弊难除的必然结果,这一积弊难除而导致的崩溃,恰好又与贾似道擅权的时间重合在一起,所以,历史上将一切罪过都算在贾似道的身上。实事求是地讲,贾似道的擅权加速了南宋政权的灭亡,但如果把南宋灭亡这笔账全算到贾似道的头上,那也是不公正的,但说贾似道是南宋灭亡的催化剂,这还是不过分的。

贾似道撒了一个弥天大谎,骗起了赵昀的信任,得到高官显爵之后,想做的第一件事就是报仇,他把枪口对准了自己认为的敌人。

贾似道是一个市井无赖,他区别敌我的标准很简单,顺我者友,逆我者敌,就这么简单。所有同他意见不合、或对他有过节的人,都是他的敌人,是敌人就得打倒,也很简单。

贾似道要对付的第一个人,竟然是左宰相吴潜。

吴潜和他的恩怨,是在贾似道移军黄州间期结下的。

当时,各路大军云集鄂州的时候,贾似道也从汉阳赶到鄂州,不想朝廷突然下令,让他移师黄州,防止兀良合台的兵马突入湖北。

黄州是兵家必争之地,朝廷这样考虑,无疑是正确的。然而,离开大部队移师黄州的不是别人,偏偏是贾似道。贾似道在赶往黄州的途中,遇上了蒙古兵。

幸运的是,贾似道遇上的不是百战百胜的蒙古铁骑,而是一支出来抢掠的散兵游勇,这让贾似道捡了个便宜,打了一场胜仗,消灭了这支散兵,捉拿了南宋投降蒙古的储再兴。

贾似道虽然打了一个小胜仗,但魂也几乎吓掉了。回临安后一打听,要他移师黄州的主意是吴潜出的。左想来,右想去,觉得吴潜没安好心,是故意将他往刀口上推,便打心眼里恨上了吴潜。有仇就得报,有恨就得消,他开始找机会,准备向吴潜捅刀子。

恰好在这个时候,吴潜同赵昀之间出现了问题,起因是立储之事。

赵昀曾经有过两个儿子,但都过早地夭折了。尽管后宫的女人很多,赵昀也没日没夜地辛勤耕耘,然而,后宫那些女人,没有一个肚皮子争气,播下的种子,就是不发芽。

宝祐元年(1253年),赵昀已经是年过半百的人了,对于造子计划,他已经完全失去了信心,知道送子娘娘不会再光顾他家了,决定在宗室中收养一个儿子。

他让弟弟荣王赵与芮将他的儿子赵孟送进宫,收为皇子,赐名禥,封永嘉郡王,一年之后,又晋封为忠王。

鄂州之战以后,贾似道撒了个弥天大谎,让赵昀很高兴了一阵子,接连改元。先是出兵的时候,已经纪元开庆,回兵的时候,又改元景定。

赵昀趁百官恭贺大捷的时候,表示了想立忠王赵禥为太子的想法。

吴潜对立忠王为太子这件事持反对态度,私下里上表密奏说:"臣没有史弥远的才能,忠王也没有陛下的福气。"

吴潜反对立忠王赵禥为太子,不能说他没有道理。这要从赵禥的出身说起。

赵禥的母亲黄氏,并不是荣王赵与芮的正室,而是赵与芮的妻子李氏的陪嫁侍女,地位十分低下,但黄氏的相貌还不差,在赵与芮身边晃来晃去,赵与芮居然喜欢上了这个女人，一来二去，两人竟有了夫妻之实。

有心栽花花不开，无心插柳柳成荫，这话其实是很有道理的。赵与芮的正室李氏，是一只不下蛋的母鸡，黄氏几度春雨之后，竟然身怀六甲了。

赵与芮很高兴，黄氏却高兴不起来，她担心自己卑贱的地位会影响孩子的未来，不想要肚子里的孩子。找到游街郎中，开了几副堕胎药，想把肚子里的孩子拿掉，但没有成功。

赵禥极有可能是在母腹中受到药物的影响，出生后发育迟缓，手脚发软，很晚才学会走路，七岁时才会说话，智力低于正常的孩子。史书记载赵禥"资识内慧，七岁始言，方必合度，理宗奇之。"除了七岁说话是事实外，其余都是史家的溢美之词，一个七岁才会说话的小孩，还能有什么内慧呢？

吴潜不同意立赵禥为太子，很大程度上是基于赵禥的先天缺陷考虑的，而且，有这种想法的也不止他一人，他身为宰相，当然有责任向皇上提出这个问题。

赵昀却不这么想，无论怎么说，赵禥这孩子，好歹也是他和弟弟赵与芮兄弟俩的独苗，儿子总还是自己的好，傻小子也就当成了宝贝蛋。为了说服大臣们，他甚至还编造了一个故事，说他做了一个梦，梦中神人告诉他"此（指赵禥）十年太平天子也！"

身为皇帝，竟然想出这样的办法来说服臣下，可以想象，当时立储的阻力有多大。让他万万没有想到的是，他的这一句戏言，竟然成了谶语。后来，赵禥果然只做了十年皇帝，不过，不是天下太平百姓安居乐业，而是兵荒马乱，民不聊生而已。

吴潜的那句"臣没有史弥远的才能，忠王也没有陛下的福气"的话，其实还有一语双关的作用，不但反对立赵禥为太子，而且还触及赵昀与史弥远阴谋篡位的痛处，这让赵昀非常尴尬，却又无言以对。毕竟，吴潜说的都是事实。

吴潜也许没有这个意思，但赵昀不得不朝这上面想。

几种因素凑在一起，吴潜的话，让赵昀很不爽，两人之间的矛盾，也就产生了。

赵昀和吴潜在立储问题上产生了分歧，让贾似道看到了机会，他趁机在赵昀面前献媚，奏请册立忠王为太子。并暗中唆使御史参骇吴潜，说："册立忠王，是众望所归，唯独吴潜有异议，实在是居心叵测。"

赵昀本来就对吴潜就已心存不满，听了贾似道的谗言，看了御史们的奏折，毫不犹豫地罢免了吴潜。

吴潜免职后，贾似道一人专权，他随即奏请立储。

景定元年（1260年）六月，立忠王赵禥为皇太子。

蒙古的事情还没完

再说忽必烈率军北还，走到开平的时候，诸王莫哥合丹、塔察儿等人前来迎接，表示愿意拥戴他为大汗。他假意推辞一番后，答应了他们的请求。也不等库里尔泰会的召开，于南宋景定元年（1260年）五月中旬，宣布继承汗位，建年号中统。

中统，是蒙古帝国第一次拥有自己的年号。

忽必烈登上蒙古汗位之后，立即下令，对中央机构进行改制。

他命刘秉忠、许衡等人组成一个改革班子，参照宋朝的国家管理体制，对朝廷的机构、官制，重新进行设定。

设立中书省总理政务，设立枢密院掌握兵权，设置御史台管理官员的升迁。接着，内官设有寺、监、院、司、卫、府等，外官设有行省、行台、宣抚、廉访等，地方机构设路、府、州、县四级。

接着，他任命王文统为中书平章政事，统领百官；任用廉希宪为陕西、四川宣抚使，商挺为副使。

按蒙古的传统，汗位继承，要召开库里尔泰大会，由王公大臣在会上共同推选汗位继承人，当年铁木真去世时，来不及召开库里尔泰大会，于是，他在遗旨中让小儿子拖雷暂时监国。一年之后，蒙古召开库里尔泰会，各位王公大臣一致推举，窝阔台成为铁木真汗位的继承人。

忽必烈的蒙古大汗之位是自封的，没有经过库里尔泰大会，尽管有一部分人拥戴，但没有经过库里尔泰大会、没有经过王公大臣推举，就是不合法。

忽必烈想做蒙古大汗，其他人也当蒙古大汗，既然你能自封，别人也能这样干。有的人只是想想而已，并没有胆量真的这样干，有一个人，不但敢想，而且还敢干。他也像忽必烈一样，在一部分人的拥戴下，在蒙古的都城合林宣布，他是蒙古大汗。

这个大胆而且想做蒙古大汗的人，就是忽必烈的弟弟阿里不哥。

忽必烈任命的陕西、四川宣抚使希宪刚刚上任，就遇上了阿里不哥称帝这

第五章　草根皇帝

档子事，于是立即率兵日夜兼程赶往京兆。

这时，阿里不哥的部下刘太平、霍鲁怀，正带着一帮子人，到处造声势，宣称阿里不哥继承了汗位，做了蒙古国的皇帝。

希宪派人诱捕了这两个人，然后毫不留情地将他们杀了。

六盘山守将浑塔海，和林守将阿蓝答儿也起兵附和阿里不哥。

希宪得到这个消息后，派总帅汪良臣率领秦、巩两路军前去讨伐叛逆，再命别将八春领四千蜀兵为后援。忽必烈也派诸王合丹统兵前来会合。

三路兵马在甘州东同阿里不哥的军队展开大战。

浑塔海战死，阿蓝答儿也做了无头鬼，忽必烈的军队大获全胜，顺利地平定了关陇。但阿里不哥仍然还率领他的残部，同忽必烈对抗，这让忽必烈烦心不已，攘外必先安内，他只得按捺住同南宋一较高下的雄心，暂时放弃南侵的打算。

平定关陇之后，忽必烈命郝经为国信使，派他到南宋修好，通报自己继位的事情，并催促南宋履行之前的和约。

郝经本来是翰林侍读学士，并不是专职的使臣，出使南宋这档子事，本来就不是他的分内事，因为他和忽必烈走得很近，王文统忌妒他，故意设了个陷阱，让他往里跳。

王文统送走郝经之后，暗中吩咐李璮，让他派兵偷袭南宋。挑起南宋对蒙古的愤恨，欲借南宋之手杀掉郝经。

李璮不等郝经起程，便出兵袭击了南宋的淮安，被淮安守将李庭芝击退。

李庭芝因此而升任淮东制置使。

临安城里的贾似道，正忙着给自己树碑立传，指使门客廖莹编写了一本《福华编》，书中编造了他在鄂州之战中立下的丰功伟绩。那支在黄州出来抢劫的蒙古散兵被说成了蒙军正规部队，被活捉的南宋降将储再兴也被说成了蒙古大将军，率兵冲锋陷阵的则变成了贾似道。

天大的谎言，变成了白纸黑字，贾似道俨然成了抗敌英雄。

正在贾似道沾沾自喜的时候，忽然接到宿州派人送来的情报，说蒙古的使臣郝经已经到了宿州，询问入朝的日期。

贾似道接到宿州的报告，吃惊不小，他知道，蒙古使者来了以后，必定要提议和之事，那件事情是他背着朝廷干的，没有人知道，蒙古使者来临安，一切事情就会真相大白，他背着朝廷干的那些丑事，也将大白于天下。于是，他立即派人到宿州送信，不让蒙古使者到临安来。

蒙古使者郝经不知是有意还是无意，他的信函同时发给三省以及枢密院，并且还给淮东制置使李庭芝也送了一份，明确地告诉人们，他到临安的任务，一是向南宋通报忽必烈汗即位，二是落实蒙古南宋的和议之事。

贾似道收了郝经的来信，又接到了李庭芝的报告。索性一不做，二不休，准备将郝经扣押起来。

纸包不住火，狡猾一世的贾似道，竟要做那种用纸包火的事情。他命令真州忠勇军营，将郝经关起来，不让他到临安，并派人日夜守着他，一国使者变成了囚犯。

赵昀终于还是知道蒙古派使臣来了，对辅臣们说："蒙古既然派人来了，就应该同他们坐下来谈谈，有什么事，可以商量嘛！"意思是说，蒙使既在来了，还是见一见的好。

贾似道是不会让这件事发生的，立即制止说："和议是蒙古人提出来的，不应该轻易地答应，如果是为邻邦礼节而来，再让他来临安也不迟。"

赵昀见贾似道都这样说，也就将这件事搁过一边，不再问了。

忽必烈见派往南宋的使臣一去不返，而且连信也没有，便派人前往南宋询问郝经的下落，责问南宋为何要扣押使臣，扰乱蒙古的边境。

淮东制置使李庭芝立即向朝廷上疏，说蒙古使臣久留真州，应该如何发落？

南宋朝廷一味地拖延，并不作明确的答复。

疯狂的报复

贾似道拘押郝经之后，仍然把之前和议的事情瞒得严严实实。他还担心宫廷内外的人把这件事情泄露出去，不声不响地搞了一次清君侧的行动，找一个借口，把当权宦臣、内侍董宋臣调到安吉州去居住。撵走了董宋臣，卢允升一个人势单力薄，也就成不了大气候。同时，他还下令，严禁外戚子弟任监司，郡守的子弟和门客，一律不得干预朝政。

此时，阎贵妃已经去世，贾似道将侍候赵昀的人都换成了自己人，内外大权，全部收归在自己手里，大权独揽，为所欲为，开始了他的专权时代。

在鄂州之战中，除了吕文德外，其他人都瞧不起贾似道，高达、曹世雄、向士璧等人甚至还对他出言不逊，傲慢无礼。

贾似道掌权了，这些人的霉运跟着就来了。

贾似道唆使吕文德编造了曹世雄十条罪状，然后上表指控曹世雄，贾似道再在赵昀面前扇阴风。结果，曹世雄被送进了阴曹地府，高达也受到牵连，落了个撤职的处分，撵回老家种田去了。

潼川安抚副使刘整，见过去在战场上出生入死的兄弟，被贾似道一个一个地收拾掉，不免有兔死狐悲的感觉，成天忐忑不安，担心下一个要收拾的是自己。

这个时候，朝廷任命俞兴出任四川宣抚使。

刘整与俞兴本来就有嫌怨，知道俞兴来了以后，自己一定是吃不了兜着走，心中更是顾虑重重。

果然，俞兴上任之后，便假借贾似道的命令，要审查刘整的边防费用，而且，只给他很短的时间。刘整觉得期限太紧，只得厚着脸皮去求俞兴，请求宽限几天。

俞兴的目的是要整刘整，当然不会答应他的请求，他说这是朝廷决定的，他无权改变。

刘整便向朝廷上表，请求在时间在给予宽限，奏折送上去后，犹于石沉大海，一点回音也没有。

原来，奏折被贾似道扣押了，深居内宫的赵昀，根本就看不到刘整的奏折。

刘整绝望了，知道这样下去，迟早要被俞兴给整死，情急之下，他把泸州十五郡、三十万户的版图当作见面礼，投降了蒙古人。

贾似道和俞兴将刘整逼成了南宋的敌人。

刘整的参谋官许彪孙不肯投降蒙古人，一家老少，集体服毒自杀。

本来就已残缺不全的四川，刘整又投降蒙古，形势就更加不妙。

刘整投降蒙古后，被封为夔路行省兼安抚使。

俞兴得知刘整投降了蒙古，便带兵去讨伐他，大军围住泸州，昼夜攻打，眼看就要攻破泸州城，忽必烈派出的成都经略使刘元振，率兵前来支援泸州。

泸州城下，刘元振率领的蒙军同俞兴率领的宋兵展开了激烈的战斗。

刘整站在城楼上，见蒙古援兵到了，率兵从城内杀出，宋军腹背受敌，溃不成军，大败而逃。

赵昀罢免了俞兴，改命吕文德为四川宣抚使。

吕文德进入四川后，正逢刘整到合州朝拜忽必烈去了。他乘机夺回了泸州，改泸州军为江安军。

吕文德为了讨好贾似道，贾似道也乐于将他收为心腹，两人上下齐手，在军界搞了一场声势浩大的清算运动。

贾似道指示吕文德，对各军的边防费进行一次全面的审查，其实，查账只是一个借口，目的就是整人，他要将瞧不起他的那些人，一网打尽。

带兵打仗，军饷开支那么大，较起真来，没有人的账目会那么清楚，更何况，吕文德的目的就是挑毛病。

赵葵、史岩之这些人，都算不过贾似道，账面上先后都被挑出了"毛病"，于是，便给他们定了个"侵盗掩匿"的罪名，罢了他们的官。

向士璧在鄂州之战中蔑视贾似道，这一次算账，也就成了重点打击对象。本来，他已经被贬到漳州去了，吕文德还不放过他，重新给他安上一个"侵蚀官币，浮报军费"的罪名，如此一来向士璧罪上加罪，吕文德下令，将他拘拿归案。

向士璧有个下属叫方元善，这是一个典型的势利小人，他见向士璧倒霉了，立即露出了小人嘴脸，对失去自由的向士璧百般凌辱，不给他饭吃，不给他水喝，在语言上羞辱他，只要他能想到的恶毒语言，全都发泄到向士璧头上。

向士璧是一个带兵打仗的将军，哪里受过此等奇耻大辱，何况这个侮辱他的人是自己昔日的部下，一气之下在狱中撞壁而亡。

向士璧的死，贾似道定性为"畏罪自杀"。人死了，"赃款"还得退出来，退赃的事，就落在了他的妻儿老小身上。

其实，他们所说的赃款，实际上就是栽赃。

王坚镇守四川，在钓鱼山之战中，坚守数月之久，飞石砸死了蒙古的先锋官汪德臣，气杀了蒙古主蒙哥汗，是南宋的有功之臣。

按说，身为宰相的贾似道，应该格外地看重才是，况且王坚在四川，贾似道在临安城，相隔十万八千里，两人并没有直接联系。也就是说，两个人从利害关系上讲，扯不到一块去。

贾似道却不这样认为，他觉得王坚这个人太能干了，如果继续让他身居高位，不控制一下，有一天他的风头会盖过自己。

就因为这个原因，贾似道找了一个借口，将王坚从宁远军节度使的职位上，一下子降为和州知府。

王坚就这么不明不白地受了处罚，整天郁郁寡欢，借酒消愁，南宋最后一个能打仗的将军，在忧愤中死去。

贾似道干的这些事，身居深宫的赵昀一点也不知情。

景定三年（1262年），赵昀还赐给贾似道铜钱百万贯，让他建府第集芳园，建家庙。如此一来，贾似道更是一手撑天，在朝中作福作威。

赵昀最后的日子

正在贾似道春风得意的时候，又一件喜事找上门来了：蒙古大都督李璮（李全的儿子），举京东地来回归南宋。

原来，李璮攻陷了海州、涟水军之后，又接连攻占了南宋四座城池，震惊了淮扬地区。自从蒙古主蒙哥汗病逝、忽必烈继位以来，他就有了背叛蒙古，回归南宋的想法。先是派人前往开平，将长子李行简召回来，接着修筑济南、益都等城池的城墙，公开同蒙古反目，杀死了蒙古的守关将士，将京东的土地献给南宋。

贾似道当然高兴，奏请赵昀，封李璮为齐郡王，兼保信、宁武军节度使，督领京东、河北一路的兵马。并恢复了他父亲李全的官爵，改涟水为安东州。

李璮回归南宋后，倒是忠心事宋，暗地勾结蒙古宰相王文统，诱作外援。

王文统也派儿子王子荛前往南宋，同李璮通好。

谁知两人处事不密，这件事让忽必烈知道了。忽必烈一怒之下，杀了王文统。

王文统死了，李璮没有了外援，率兵攻占了淄州。

忽必烈派哈必赤率领蒙军攻打李璮，后来又增派宰相史天泽前往助阵。

史天泽到了济南后，对哈必赤说："李璮这个人，诡计多端，加之他的部队也很能打，不宜同他硬拼，最好的办法，就是深挖壕沟，高筑营垒，同他打持久战，时间长了，他自然就疲惫了，到时，就只能束手就擒了。"

哈必赤采纳了史天泽的建议，命令蒙古兵在济南城下筑起长围，只派出小部队不断地进行骚乱，大部队只围不战。

李璮屡出城挑战，蒙军紧闭营门不出战，冲到敌兵营前，敌营又像铜墙铁壁一样，丝毫不能得手。

李璮困守济南城，内无粮草，外无救兵，派人向南宋求援。

南宋朝廷拨给他五万两白银,并派提刑青阳梦炎带兵支援他。

青阳梦炎是一个胆小鬼,带领大军到了山东后,惧怕蒙古兵的强悍,不敢进军。

李璮在济南城没有等到援兵,反而还等来了蒙古大将史枢阿术带来的援兵。

史天泽见援军到了,便加派兵力,将济南城围得水泄不通,别说是人,就是一只鸟,也别想飞进济南城。

李璮日夜坚守,无奈援兵不到,粮草已尽,便让士兵到百姓家就食,时间一长,老百姓家里的粮食也吃空了。饥饿难当,城中一度出现人吃人的现象。他自知城池难保,破城之后,蒙古人也不会放过他,亲手杀死了妻妾,乘船跑到大明湖去了。

主将一走,城池即破。蒙古兵到处寻找李璮,一直追到大明湖。

李璮被追得走投无路,跳进湖中自杀,无奈水太浅,没有淹死,被蒙古兵捞起来,献给了史天泽。

史天泽下令,将他碎尸万段,将尸体丢到大明湖里喂鱼了。

诛杀了李璮,哈必赤率兵班师回朝了。

南宋朝廷听说李璮战败而死,赠封李璮为检校太师,赐谥号显忠。

忽必烈汗因南宋扣押了郝经,接纳了李璮,决意同南宋开战。他命令阿术为征南都元帅,调兵南下。

贾似道还在继续害人,他认为,老宰相吴潜虽然罢职了,便指使谏官轮番参劾吴潜,赵昀再次下诏,将吴潜贬谪循州。

贾似道命令一个叫刘宗申的人监守吴潜,吩咐他找机会干掉吴潜。

吴潜的警惕性很高,刘宗申一直找不到下手的机会,被贾似道逼急了,干脆赤膊上阵,让人做好菜肴,直接带到吴潜的住所,强行让吴潜吃下去。

吴潜不好推辞,只好奉陪,筵席结束之后,肚子一阵绞痛,大叫数声而亡。

传说吴潜临死之前,大声喊冤,说他无罪,是被奸人陷害而死,如果老天可怜他,他死的当天晚上,就风雷大作。

吴潜暴死之后的当天晚上,果然风雷交加。

吴潜,字毅夫,宁国人,本是一代良相,两次出任宰相,都是遭小人暗算而罢相。

吴潜不明不白地死了，朝野议论纷纷。贾似道担心事情闹大了不好收拾，便来了个卸磨杀驴，杀人灭口，将一切罪过都推在刘宗申的身上。

刘宗申为虎作伥，最终也落得个罢职的下场。

广西经略使朱祀孙上奏朝廷，说安置在贵州的丁大全很不安分，在那里私募家兵，打造战船，制造兵器，有私结蛮夷，阴谋作乱的迹象。

赵昀下诏，将丁大全改贬到新州，关进土牢里。

贾似道知道丁大全是个大奸之人，乐得落井下石，买一个为国除奸的美名，他给朱祀孙写了一封信，让他在押送丁大全的途中，设法干掉他。

朱祀孙得书之后，命部将毕迁护送丁大全去新州。

船过腾州，毕迁请丁大全出舱观景。丁大全不知是计，对毕迁还心存感激，喜滋滋地爬出船舱，站到船头上观风景。

毕迁悄悄地靠近丁大全，趁他不注意的时候，一把将他推到水里去，淹死了。

一代奸相，落得如此下场。大概是苍天有眼吧！

贾似道清除了军队中的异己之后，准备干点正事了。

当时，南宋的经济已经开始崩溃，物价飞涨，通货膨胀，苛捐杂税多如牛毛，百姓的日子不好过，军队的供给就出现了问题。

景定四年（1263年），贾似道准备在经济上采取一些行动，扭转国家财用不足的被动局面。

知临安府刘良贵、浙西转运使吴势卿奉承贾似道的意思，想了一条"买公田"的计策，史称"景定公田法"。

贾似道觉得这是一条缓解危机、增加财政收入的奇策，命殿中侍御史陈尧道、右正言曹孝庆、监察御史虞㦒、张希颜等人联名上疏，奏请赵昀批准这个计划。

公田法实际上就是土地改革，具体来讲，就是按官员的品级限定占田数量，如一品官员占田不能超过五十顷，降一级递减五顷，超过标准的田地由国家出钱赎买。

买回的田地，由政府经营，收益归国家所有。

按贾似道的想法，通过公田法，可以收回田地一千万亩，每年能收粮六七百万石。他认为，这样有五大好处：不再和籴购粮、充作军粮、停止制造纸币、缓平物价、安定富室。

贾似道的设想，其实是一个难以实现的梦想，且不说用行政手段干预经济运行很难行得通，就说他想从官僚们的身上割肉这件事，在当时就行不通。

赵昀虽然已经是老眼昏花，似乎也看到这了件事的难度，说这件事不好办。

贾似道以撂挑子相要挟，赵昀只好同意试行。

景定公田法，是贾似道挽救南宋所作的最后努力。但他的做法却太霸道了。

浙西当时的田价，好田一亩，可达数百甚至千贯，贾似道给出收购民田的价格，不分土地肥瘦，每亩定官价四十贯。

景定公田法，实际上是一种巧取豪夺，官僚们一番权钱交易之后，大量隐藏土地不报，田产神奇缩水。买公田的指标无法完成，手就伸向了普通百姓。

贾似道本来对着官僚举起的板子，结结实实地打在了百姓身上。

要说公田法在当时没有一点效果也说不过去，但这种靠掠夺来支撑国家财政收入，实际上是竭泽而渔，饮鸩止渴，是不能持久的。

景定五年（1264年）十月，赵昀患病，经御医抢救无效而驾崩。

赵昀在位四十年，改元六次，享寿六十二岁，葬于绍兴府会稽县永穆陵，尊庙号理宗。

在中国历代皇帝中，理宗以崇尚理学著称，理学在他统治期间，被抬到官方哲学的正统地位，后人认为赵昀的庙号为"理"，表达的就是这个意思。其实这是一种误解，据周密的《齐东野语》记载，最初曾拟"景"、"淳"、"成"、"允"、"礼"五字备用，最后定为"礼宗"。有人说"礼宗"与金朝遗民为金哀宗拟的谥号相同，而且古时有一位妇女名叫"礼宗"，于是便取谐音，定为"理宗"。据此而言，理宗庙号与他推崇理学，并没有什么联系。

赵昀在位四十年，连用三位奸相，任由他们作威作福，扰乱朝纲。史弥远、丁大全，已经是善蛊圣心，再加上一手遮天的贾似道，内排斥正义之士，外结怨于强邻，使本来就积弱不振的南宋更加衰弱。

南宋从理宗赵昀时代开始，已经是摇摇欲坠了。

第六章　弱智天子

　　赵禥是荣王赵与芮的儿子，他的母亲黄氏是赵与芮的正室李氏的一个陪嫁侍女，同赵与芮春风一度后，便怀上了赵禥。黄氏在怀孕期间，担心自己的身份低贱、生下的儿子将来没出息，曾服过堕胎药，但没有成功。赵禥可能是在母腹中受到药物的影响，以致他七岁之前不会说话，是一个有先天缺陷的弱智人士。

　　赵禥虽是一个弱智人士，但凭着他与理宗赵昀的血缘关系，登上了无数人梦寐以求的皇帝宝座。

一　弱智皇帝

这个皇帝很弱智

　　赵禥是荣王赵与芮的儿子，他的母亲黄氏是赵与芮的正室李氏的一个陪嫁侍女，同赵与芮春风一度后，便怀上了赵禥。黄氏在怀孕期间，担心自己的身份低贱、生下的儿子将来没出息，曾服过堕胎药，但没有成功。赵禥可能是在母腹中受到药物的影响，以致他七岁才开口说话，是一个有先天缺陷的弱智人士。

　　赵禥虽是一个弱智人士，但凭着他与理宗赵昀的血缘关系，登上了无数人梦寐以求的皇帝宝座。

　　由于他当了皇帝，尽管他是一个弱智人士，关于他的出生，还是出现了神话版的传说。

　　据说，赵禥出生的时候，他的奶奶全氏做了一个梦，梦见一个神仙对她说："帝命汝孙，然非汝家所有。"也就是说，上天虽然给你送来一个孙子，但却不能继承本家烟火。言外之意，自然要成为别人家的孩子。这显然是一个骗人的把戏，赵与莒和赵与芮是亲兄弟，赵与莒做了皇帝，即理宗，他收赵与芮的儿子做皇子，但他们两人都是全氏的儿子，完全不存在不能继承本家烟火的问题。

还有一个版本：赵与芮的夫人也说，她梦见日光照亮了黄氏居住的屋子。

黄氏本人则说，她怀孕的时候，有彩衣神仙抱着一条小龙放进她的怀里，龙是天子的象征，意思是她怀孕的时候，就知道怀了一个未来的皇帝。

黄氏既然有这样一个梦，那为何又要使用堕胎药呢？显然，这又是一个骗人的鬼话。

这些传说，大概都是在赵禥被选为太子后，由那些文人学者编造出来的，目的是为了向世人表明，赵禥继承皇位，是天命所归。

赵禥继位后，尊理宗皇后谢氏为皇太后，改次年为咸淳元年（1265年）。

赵禥是一个什么样的人，有多大能耐，大家心中有数。因此，虽然他已经是二十五岁的人了，仍然有人上表，奏请谢皇太后垂帘听政。

后宫不得干预朝政，这是宋朝的祖宗法度，赵禥已经是一个二十五岁的成年人，还让皇太后垂帘，显然是干预朝政，有违祖宗家法，对后人也不好交代。因此，这个建议，也只能是说说而已，没有人敢拍板定下来。

赵禥认为，自己能做皇帝，完全是贾似道的功劳，于是，对他大加宠幸，特授贾似道为太师，封魏国公。每当贾似道入朝拜见的时候，他都是离座站起来答礼，称他为师臣，而不叫他的名字。朝中大臣更是溜须拍马，称贾似道为周公。

赵禥即位之初，贾似道主动要求担任理宗陵寝的总护山使。

宋朝有个不成文的规定：先皇任命的宰相，担任先皇的总护山陵使后，一般都不再回朝廷，直接就此退休，以示对先皇的忠心。

贾似道主动要求担任理宗陵寝的总护山使，实际上是投石问路，想试探一下新皇帝对他的态度如何。

赵禥一开始不同意贾似道担任山陵使，意思是要他继续留任，但不久又下诏，让贾似道担任山陵使，暗示希望他退休。

贾似道的一些死党，当然不愿意看到这样的事情发生，留梦炎、朱貔孙等人上疏，奏请赵禥收回成命，改派其他人出任山陵使。

赵禥实际上是想摆脱贾似道的控制，没有同意贾似道那些同党的请求。

理宗下葬后，贾似道立即上表请求辞职，并且没有回临安，直接回台州老家去了。

第六章 弱智天子

贾似道是一个有野心的人，他绝对不会就此退出政治舞台，在回台州之前，他就暗中指使亲信吕文德谎报军情，说蒙古军队大举围攻边境要塞下沱。

贾似道回老家后，蒙古军入侵的消息就传遍了临安城，朝野一片恐慌。

赵禥继位不久，应付不了这种局面，派人去请贾似道回朝。

贾似道编造假情报，要的就是这种效果，为了抬高自己的身价，他居然摆起了架子，不肯应召。后来，还是谢太后亲自出面，而且是一催再催。

贾似道摆足了架子，这才勉强回朝。

贾似道回到临安后，赵禥拜他为太师，让他主持大局。

贾似道回到京城，"下沱之围"自然就解了。通过这种手段，贾似道夺回了相位，而且将赵禥牢牢地控制在自己的手中。

弱智的皇帝，被一个佞臣玩弄于股掌之间。

此后，贾似道又多次采用这种以退为进、欲擒故纵的手段要挟赵禥，以求得更大的权力。

咸淳二年（1266年），贾似道再次上表要求辞职，赵禥百般挽留，无济于事，情急之下，竟然不顾君臣礼仪，哭着给贾似道下拜，恳请他留下来主政。

贾似道的嚣张，已经到了疯狂的地步，居然堂而皇之地受了赵禥一拜。

君不拜臣，这是中国自有君主制度以来的铁律。历史上的奸臣虽然无数，但还没有人敢接受皇帝之拜。而贾似道却做出来了。

参知政事江万里实在是看不下去了，上前扶起赵禥说："自古没有这样的君臣之礼，皇帝不可拜，似道不可再言去。"

贾似道似乎也觉得自己有些过分，急忙走下殿，对江万里说："如果不是江大人这句话，似道几乎成了千古罪人。"

其实，从要挟皇上那一天起，他已经成了千古罪人。

江万里以为贾似道说的是真心话，心里也觉得高兴。其实，此时的贾似道，已经恨上了江万里。

江万里事后发现，贾似道有意无意总是找他的茬，不是说他这件事没有做好，就是说他那件事不作为，小鞋给他穿了一双又一双，他这才明白，贾似道正在捉弄他。

贾似道是一人之下、万人之上的宰相，江万里知道自己斗不过他。兵法上说，打得赢就打，打不赢就跑。江万里知道自己干不过贾似道，走就是他唯一的出路了。于是，他上表请求辞职。

赵禥见他去意已决,让他出任湖南安抚使,兼知潭州,到地方工作去了。

咸淳三年(1267年)正月,赵禥册封妃子全氏为皇后。

全皇后名叫全玖,是理宗皇帝赵昀母亲的侄孙女,也就是赵禥的表妹。

全玖这个女人,不但生得眉清目秀,仪态端庄,而且还非常聪明、贤惠。据说小时候,她随父亲全昭孙为岳州知州,任满回朝途中,走到潭州的时候,正逢蒙古大将兀良合台率兵围攻潭州。一家人也困在潭州城。

后来,兀良合台退兵之后,潭州之围自解。潭州的人便说,这是有神仙保佑,才使得潭州转危为安。

全昭孙带领全家回到临安后,便将这件事情说给理宗听。不久,全昭孙又放了外任,不想却病死在任所。

理宗顾念母族这份亲情,便把全氏召进宫里,对她说:"你的父亲为国操劳,直到病逝任上,朕很怀念他。"

全氏并没有哭诉父亲的去世,反而对理宗说:"臣妾的父亲诚然值得怀念,可淮湖地区的百姓更值得挂念啊!"

理宗听后非常惊奇,觉得这个女子不但长得漂亮,而且还很贤德。第二天,他对辅臣们说:"全氏女言辞甚善,宜妃冢嫡,以承祭祀。"意思是说,全氏说话能识大体,可以看出她很善良、贤惠,可以册封为太子妃,传承皇家的香火。

辅臣们没有异议。

景定二年(1261年)十二月,理宗册封全氏为太子妃。

赵禥册封全氏为皇后,还选杨氏为美人,不久又封杨氏为淑妃。

葛岭豪宅

贾似道似乎还没有闹够,再次上疏请求辞官。

赵禥把贾似道看成了主心骨,当然不会让贾似道辞官,一定要他留下来,并派人日夜看着他,以防他真的撂挑子走人。

贾似道也正是看到了这一点,才敢屡次以辞官相挟,其实他是在同赵禥讨价还价,以期得到更多的东西。

赵禥果然中了贾似道的圈套,加授他平章军国事。

宋朝的官制,平章是宰相,管政务,枢密院管军事。政事和军事分开,各司其职,而平章军国事则是个朝政和军事一把抓的职务。

第六章 弱智天子

贾似道的目的终于达到了。

赵禥为了笼络贾似道,还特地在西湖边的葛岭,给他建造一座豪宅。

葛岭在西湖的北面,相传因晋朝的葛洪在此炼丹而得名。

贾似道便招集工匠,准备材料,在葛岭大建楼阁亭榭,其中,最富丽堂皇的大厅,取名半间堂。里面供着他的肖像,召集锱衣在堂内做预修功德,为来生祈福。

贾似道得到了他所想要的一切后,便开始疯狂享受,成了烟花柳巷的常客,不论是歌楼妓女,还是庵院尼姑,但凡有几分姿色的,他都要尝尝鲜。即使是宫女,也不放过。

据说,宫中有一个侍女叶氏,颇有几分姿色,被贾似道看上了,他想尽办法,将叶氏逼出宫,然后收为小妾。

赵禥虽然也知道这些事情,却无可奈何。

贾似道还将过去的一些赌友召集在一起,集赌淫乐,男男女女混杂在一起,谑词浪语,无所顾忌。葛岭豪宅,成了贾似道的赌窝、淫窝、享乐窝。

赵禥允许贾似道十天上一次朝,而贾似道有时一个月也不到朝中打照面,但每五天游一次西湖,在游船上大宴宾的活动,却是雷打不动。因此,当时有人戏称"朝中无宰相,湖上有平章"。

贾似道酷爱斗蟋蟀,经常与妻妾们趴地在上玩斗蟋蟀的游戏。一次,一个平日的玩伴来到葛岭豪宅,正好碰上他同一群女人玩斗蟋蟀,开玩笑地说:"这就是军国大事吗?"

贾似道不以为然,照样还是和这个人谈笑风生。

贾似道因此得了个"蟋蟀宰相"的骂名。

贾似道花天酒地,寻欢作乐,把朝政搁置在一边。刚开始的时候,他还每隔几天乘船过湖去上朝,然后到都堂休息,把内外要紧的公文,大概浏览一下。后来,干脆就住在葛岭豪宅里不出门,所有要处理的公文,让堂官送到他的府上,即使送来了,他也不急着看,全都交给门客廖莹中和堂吏翁应龙处理。只有谏官弹劾别人的奏章和各个部门举荐官员的折子,他才亲自处理。

举荐官员是用人,弹骇奏折是整人,贾似道将用人和整人的大权牢牢地控制在自己手里。

由于贾似道的独断专行,朝中的正直官员都被他撵下走了,剩下的都是贾似道的亲信及一班贪官污吏。

贾似道还在府上建了一座多宝阁，里面收藏了无数的珍宝玩物，他每天都要到里面去看看，对珍宝玩物爱不释手，他还传下禁令，规定旁人不得进入他的府第，如果有事出入，必须先由门卫通报，没有经过批准，不准入内。

一天，有一个小妾的兄长来看望妹妹，门卫因为他是亲戚，没通报就让他进去了。谁知刚走到门口，就让贾似道碰个正着，他也不问青红皂白，喝令左右把来人扔到火里去了。等到那人报出妹子的名字，大呼救命的时候，贾似道才让人将他从火堆里拉出来，此时，那人已经被烧得焦头烂额，面目全非了。

宰相贾似道忙着寻欢作乐，皇帝赵禥在干什么呢？其实，他也没有闲着，白天围着酒杯转，晚上扎进女人堆，也是一个大忙人。

赵禥虽然弱智，但却特别好色，当太子的时候，好色的名声便已传遍临安城。当了皇帝后，变本加厉，沉浸于酒色。

后宫有个惯例，做皇帝的可以任意挑选嫔妃以及任何一个女人陪他睡觉，睡过之后，管事的太监就要将陪寝女人的姓名、时间等情况，详细记录下来。同时，侍寝的女人，第二天要去谢恩。

赵禥做皇帝的时候，每天谢恩的女人竟然多达三十多个。

有人会问，赵禥难道是金刚不败之身吗？怎么能如此折腾？这个问题，可能要去问御医了，问他们用什么药物、什么办法给皇帝做保健。

宰相不干正事，皇帝淫秽无度，蒙古人却磨刀霍霍了。

二 贾似道专权误国

刘整点中了南宋的死穴

忽必烈早就想出兵攻打南宋，无奈国内出了乱子，他的弟弟阿里不哥想自己做蒙古汗，在军事上同他形成对峙，虽然甘州东一战，击败了阿里不哥的部队，但阿里不哥仍然还在同他捉迷藏，时刻都有可能从他背后捅刀子，因此，他不敢贸然南侵。

中统五年（1264年），阿里不哥被忽必烈追打得走投无路，带着诸王玉龙答失、谋臣不鲁花等到上都，向忽必烈悔过投诚。

忽必烈赦免了阿里不哥，但却处死了不鲁花等数人，罪名是诱导阿里不哥为恶。

随后，忽必烈命刘秉忠为太保，主管中书省。

经刘秉忠提议，忽必烈下令，迁都燕京，并改中统五年为至元元年。

南宋咸淳三年（1267年）冬，忽必烈命征南都元帅阿术、刘整率兵南下，攻打南宋，目标直指长江中游的重镇襄阳城。

蒙古将攻击目标选在襄阳，和刘整的建议有很大关系。

刘整被贾似道整得背叛祖国，投降了蒙古人。他心里恨死了南宋，以自己对四川、京湖战场极为熟悉的优势，分析双方的攻防得失，向忽必烈提出先攻襄阳的战略。

刘整这一招，无疑是点到了南宋的死穴上。

南宋的防线，由相互呼应支援的四川、京湖、两淮三大战区组成，其中，京湖战场任务最重，东西战区受到攻击的时候，京湖战区要担负起驰援的任务。当年岳飞经营京湖时，就曾数次出兵支援两淮战场。

襄阳战场如此重要，金国、蒙古为何没有全力夺取呢？这倒不是他们没有刘整的眼光，而是时机不到。当初，南宋三大军团非常强，襄阳一旦吃紧，两淮、川蜀必定会出兵支援。两淮西进，是逆水而上，兵势会打一些折扣，但川蜀的宋兵顺流而下，其势则有不可当。如果屯兵襄阳城下，东西两路势必前来夹击，弄不好就有全军覆没的危险。

刘整提出攻占襄阳"浮汉入江"的时候，情况已经大为不同了。

两淮的宋军虽然完好无损，但四川的宋兵已经被打残了，他们凭借山城堡垒坚守，大概还能坚持，但要顺流而下支援襄阳恐怕就力不从心。

攻打襄阳的蒙军，没有了来自上游的威胁，只对付京湖守军和逆流而上的两淮援军，胜算就大增。

战略上的筹算，毕竟只能算是纸上谈兵，但如果有一个高瞻远瞩、统帅全局的人来运筹这个战略，纸上谈兵就能变成胜机。

忽必烈就是一个高瞻远瞩、统帅全局的人。早在景定四年的时候，他就采纳了刘整的另一个建议，在襄阳城外扎下了一个据点。

那时，镇守荆襄的是吕文德。吕文德原本是一介武夫，四肢发达，头脑简单。鄂州之战，他攀上贾似道这个高枝，对贾似道毕恭毕敬随即成了他的心腹。当军队中能征惯战的宿将被贾似道清理得一个不剩的时候，山中无老虎，猴子充大王，吕文德成了身系朝廷安危的重将。

刘整向忽必烈建议，在襄阳城外开辟一个榷场，也就是商品交易的场所，加强蒙古和南宋两国的商品贸易，互通往来，如果不是别有用心，这倒不失为一个促进经济发展的好办法。可是，刘整给忽必烈出这样一个点子，就是别有用心，他想以此为幌子，在襄阳城外建立一个军事据点。为了达到目的，刘整给吕文德送了一大笔钱，据说这笔钱，吕文德一辈子也花不完。

吕文德本来就是一个没脑子的人，加之贪图个人小利，居然代奏朝廷，让蒙古人在襄阳城外建了一个榷场。

南宋也在鹿门山外筑起土城，外面与市场相通，里面构筑堡垒。

蒙古人堂而皇之地在襄阳城外做起了买卖，他们以保护贸易为借口，在白鹤山筑城寨。

白鹤山地处要冲，控制着南北要道。

蒙古人在襄阳城外建立据点之后，经常派人到襄阳、樊城四周刺探军情，来去频繁，大有反客为主之势。

等到吕文德明白蒙古人建立榷场的真正目的后，为时已晚。襄阳的脑门上，让蒙古人深深地钉上了一颗钉子。

阿术、刘整率兵南下，直扑襄阳城。

南宋在这个时候，正好委派吕文德的弟弟吕文焕任京西安抚使，兼襄阳知府。

蒙古和南宋在襄阳战场上的主要人物都登场了。

蒙古都元帅阿术将兵刀驻扎在虎头山上，居高临下，看到白水河高兴地说："如果在白河口设一个卡子，切断南宋的粮道，襄阳城就不攻自破。"

阿术说干就干，下令在襄阳东南的鹿门山和东北的白河口修筑城堡。

吕文焕看出了蒙古人的意图，立即给哥哥吕文德写信，说蒙古人在白河口修筑城堡，目的是要切断汉水这条襄阳、樊城与外界联系的水路交通命脉。

四肢发达，头脑简单的吕文德，不但不着急，反而还写信责骂吕文焕说："就算蒙古人在白河口筑城，又算得了什么呢？襄阳和樊城固若金汤，储存的粮食可以吃十年。叛贼刘整要是真的想打襄阳和樊城的主意，只要你坚守几个月，等到春水一涨，我就顺流而下，前来支援你，看叛贼刘整有什么办法，不打得他个屁滚尿流才怪。"

吕文德的豪言壮语，给自己壮胆子还可以，但却吓不走敌人。

蒙古军乘吕文焕犹豫不决的时候，埋头造城，当年九月底，汉水通道就完全在蒙军的控制之下，襄阳和樊城与外界的交通被隔断，成了两座孤城。

吕文焕无可奈何，只好也修筑城墙，做好防守的准备。

阿术和刘整知道蒙古军水战是短腿，跨江作战这条短腿是致命的。于是，他们赶造战船五千艘，分出七万人弃马上船，组建了一支强大的水师。

这些来自北中国的蒙古大汉，绝大多数都是旱鸭子，为了掌握水面上的作战能力，开始了紧张的魔鬼式训练，风雨无阻。

蒙古大汉，训练成了水战高手，南宋赖以生存的最后一点优势也丧失了。

襄阳城大兵压境，临安城却是灯红酒绿，贾似道封锁了所有信息渠道，赵禥在皇宫内纵情淫乐，对外界发生的事情却一无所知

宁海人叶梦鼎，本来在参知政事的职位上退休了，由于他官声好，威望高，贾似道硬把他拉出来，出任右宰相。叶梦鼎上任之后，本来想发挥一些余热，替朝廷干一点事，却又遭到贾似道的掣肘，无奈之下只好愤然离去。

这件事被贾似道的母亲知道了，她将贾似道臭骂了一顿，说叶宰相本来已经辞官赋闲在家，是你见的他的声望高，硬请他出来做右宰相，将别人请出来了，又处处给人家为难，娘看你的所作所为，终究是要惹祸的。我宁可绝食而死，也不愿和你一起遭祸。

贾母虽然是一个妇道人家，倒还有些见识。

贾似道虽然大逆不道，对母亲还是有所忌惮，只好出面挽留叶梦鼎。

叶梦鼎知道留下来绝没有好下场，去意更坚。

赵禥也不允许他辞职。此时，蒙古人攻打襄阳的消息传到临安，叶梦鼎长叹数声，带着家人连夜溜了。

堂堂的政府首脑，连个招呼也不打，就这么悄无声息地走了。虽说是事出有因，但也可以看出，当时的朝政混乱到了什么程度。

贾似道欺君

南宋的重臣忙于搞内斗，蒙古人却在那里秣马厉兵，忽必烈继派出阿术、刘整先行奔赴襄阳后，接着又派史天泽等人率兵支援襄阳战场。看来，忽必烈是想一口吞掉襄阳。

史天泽到达襄阳后，又加筑了从万山到百丈山的城堡，并派重兵把守，让南北不得相通。又在岘山、虎头山筑起一字城，联结各个堡垒，然后分兵围困樊城。

直到这时，赵禥才听说襄阳和樊城告急，命夏贵为沿江置制副使，率兵支

援襄阳和樊城。

夏贵趁春季涨水的时候,轻兵简从,带着粮食赶到襄阳。因为担心蒙古兵偷袭,和吕文焕说了几句话,便带兵退了回去。等到春天细雨绵绵,汉水暴涨的时候,夏贵派水军出没在汉水东岸的树林、山谷之间。

阿术颇通兵法,见汉水东岸山谷、树林间晃来晃去的宋军,对众将说:"这是兵法上说的疑兵,不必理他们。如果料得不错的话,他们一定会来攻打新城。只要调集水师,到那里去等候就是。"

蒙古人真的不是浪得虚名,横扫亚欧,靠的是真功夫,不是吹出来的。第二天一大早,夏贵果然率军去攻打蒙古人筑起不久的新城。

阿术既然料敌在先,当然在军事上就有所部署。夏贵率领南宋水师刚刚到达虎尾洲,就遭到两路蒙军的截击。

夏贵本想打蒙古人一个措手不及,结果却钻进了蒙军的包围圈,顿时就有些手忙脚乱起来。

蒙古人可不管这些,上来就是一顿猛打。夏贵眼看难以抵挡,只得掉头往回跑。蒙军随后掩杀,宋军落水溺死者数千人。

都统制范文虎率领一支水师前去支援夏贵,正碰上夏贵的部队溃败而逃。

范文虎本来就是个没用之人,见蒙古兵如此强悍,吓得胆战心惊,根本就没有交战的勇气,调转船头逃走了。

主将未战先逃,宋军顿时乱了阵脚,纷纷调转船头逃命,水急船多,江面上顿时乱着一团,自相碰撞,落水而亡者达数千人。

吕文德听说支援襄阳和樊城的兵马接连吃了败仗,这才意识到当初答应蒙古人在襄阳城外建立榷场,是个重大失误,常常自责地说:"是我误国,后悔也来不及啊!"

吕文德可能是当时少有能看清襄阳的战略地位的人中的一个,故说出了"是我误国"的感叹。然而,他的看法是用惨重的教训换来的,可惜太迟了。蒙古人根本就不给他纠正的机会。

吕文德忧虑成疾,最后竟毒火攻心,背上长了一个大毒疮,不治而亡。

吕文德虽然对贾似道阿谀奉承,在襄阳之战中贻误战机,罪不可恕,但他还真把襄阳的攻守当回事,论起责任心来,比贾似道之流还是要强。

咸淳六年(1270年),南宋救援襄阳的动作开始大了起来。朝廷派李庭芳出任京湖安抚制置使,命他率兵支援襄阳。

第六章 弱智天子

李庭芳是一个比较正直的人，并不依附贾似道。正因为如此，有人出来横插了一杠子。这个插杠子的人，就是刚去世不久的吕文德的女婿范文虎。

范文虎是殿前副都指挥使，此人本事不大，野心却不小，他担心李庭芳支援襄阳，独占了功劳，于是自愿请命，强烈要求率兵支援襄阳，并自我吹嘘，说只要他率兵前往，一战就可以打败蒙古人。但他又不甘心接受李庭芳的指挥，于是给贾似道写了一封密信，请给他一万兵马，为了能得到贾似道的支持，他在信中允诺："若得托恩相威名，幸得平敌，大功当尽归恩相。"意思是说，击败蒙军，功劳尽归贾似道。

贾似道贪功，答应了范文虎的请求，让范文虎这一路军直接归枢密院领导，可以单独行动，不受李庭芳节制。

抵御外敌，需要各路部队协同作战，统一指挥，贾似道竟然让两路兵马各行其是，简直将打仗当成了儿戏。

范文虎率兵到达襄阳之后，李庭芳屡次催他出兵，他都按兵不动，整天不是和美女纠缠在一起，就是和亲信们喝酒踢足球，玩得潇潇洒洒。被李庭芳逼急了，干脆就说，他直接受枢密院领导，李庭芳无权调动他的部队，没有接到朝廷命令，他不能出兵。

李庭芳除了痛骂贾似道、范文虎混账外，也别无他法。

吕文焕日夜防守襄阳城，一心盼望朝廷的援兵，谁知朝中的权相、朝外的庸将，都在那里风流快活，根本就不管襄阳城的事情。

贾似道还再次称病，请求辞官。

赵禥苦口挽留，甚至还哭了起来。一开始，他让贾似道六天上一次朝，后来变成十天一次，即使是这样，贾似道也不能遵守时间。偶尔进见赵禥，赵禥必定是起身赐座。贾似道离去的时候，还要起身目送他出殿后，才敢坐下来。

后来，贾似道更加傲慢无礼，有时甚至几个月都不上朝。赵禥听说襄阳的形势危急，屡次催促贾似道入朝议事，贾似道拖延不到。

一天，贾似道同群妾在地上斗蟋蟀，正在拍手欢呼的时候，忽然有人来报，说是钦差到了。贾似道不耐烦地说："管他钦差不钦差的，就是御驾亲临，也要等我斗完蟋蟀再说。"

说完，仍然蹲在地上斗蟋蟀，过了很久，才出来见钦差。

钦差是来传召贾似道入朝议事的，好说歹说，苦苦相劝，他才答应第二天上朝。

第二天，贾似道上朝登殿，赵禥着急地说："襄阳被围困了三年，该如何是好？"

贾似道连哄带骗地说："蒙古兵早就撤走了，陛下是从哪里听到这个消息？"

"朕偶然听到一名侍女说的。"

"妇人的话，怎么能听呢？"贾似道怒气冲冲地说："如此多嘴多舌，该死。"

赵禥胆怯地看了贾似道一眼，没有再说什么。

贾似道退出之后，查到那个多嘴的宫女，找了一个借口，硬逼着赵禥将她赐死了。从此以后，再也没有人敢在赵禥面前说事了。

直到这时，贾似道才通知范文虎，让他带兵去救襄阳。

三 襄阳之战

惨烈的战斗

范文虎率领十万两淮水师逆流而上，刚刚抵达会丹滩，猛然听得鼓声大震，杀声四起，连忙登上船楼观阵，远远看见蒙古人的战船顺流而下，来势凶猛；大江两岸，旌旗蔽日，戈铤参天，到处都是蒙古兵，吓得胆战心惊，来不及向部队发出命令，竟然让水手调转船头就跑。

宋军无帅，顿时乱作一团，同顺流而下的蒙古战船刚一交锋，便溃不成军。

范文虎战败之后，襄阳和樊城仍以孤城之势抗击强敌。

咸淳八年（1273年），围困了近五年的襄阳和樊城，开始出现了危机，虽然城中的粮食还能坚持，但食盐和布匹却都消耗已尽。

襄阳和樊城之战中最惨烈的一幕出现了。

当时，李庭芳已经奉命移师郢州（湖北钟祥），但兵力有限，想出击却力不从心。他打听到，襄阳西北有条青泥河，就命人在河中打造了一百艘快船，每三船联成一舫，中间的船装载兵器，两边的船有篷无底。

然后，重金悬赏，招募擅长水战，不怕死的民兵，组建一支敢死队。

襄阳、郢州等地的民兵纷纷应募，一支完全由三千民兵组成的敢死队，很快就组建完成。

李庭芳任命民兵头领张顺、张贵二人统领，袭击敌军。

张顺、张贵两人有勇有谋，在当地的名头很响，深得人心，大家称张贵为"矮张"，称张顺为"竹园张"。

两人奉命之后，将全体勇士召集在一起，对他们说："此去九死一生，要是怕死，就请站出来，免得到关键时刻坏了大事。"

三千勇士，竟然齐声高呼：宁可战死沙场，也不做怕死鬼。

正好这个时候，汉水水势大涨，张顺、张贵调集百艘快船，船上载着盐和布匹，从团山行进到高头港，联结成方阵，约定以红灯为信号，三更时分出战。

五月十四日，三更时分，张贵先行出发，张顺为后应，快船乘风破浪，到了磨洪滩，遇到了蒙军的水师。

蒙军的战船，如蚂蚁一样排满了江面，敢死队的船只根本就无法通过。

张贵乘船直进，命张顺率领善于潜水的士兵，从那有篷没底的船中，悄悄潜入水中，潜游到敌军的船旁凿穿敌军的船底。

敌军船上的士兵，突然见船底冒水，顿时乱着一团。

张贵趁机杀开一条血路，且战且走，黎明时分，直抵襄阳城下。

民兵是什么？民兵就是武装起来的老百姓。区区三千名武装起来的老百姓，居然突破了准备充足的数万蒙军的重围，杀到了襄阳城下，而范文虎率领的装备精良的十万正规军，却一战即溃。南宋是如何灭亡的，由此可见一斑了。

久困孤城的吕文焕，突然见援军到了，喜出望外，大开城门，迎接张贵、张顺及三千勇士，守城的士兵也是群情振奋，勇气倍增，合兵一处，很快就杀退了敌兵。

收兵回城之后，清点人数，却不见负责殿后的张顺，

数天之后，江面上浮出一具尸体，经辨认，就是失踪的张顺。

据说，张顺的尸体披着甲胄，手持兵器，仍然保持着战斗的姿态，浮在水面，逆流而上，直达襄阳城下。

浮尸逆流而上，虽然有些传奇色彩，但也表现了人们对这位民兵将领的缅怀。

北宋的时候，宋江部下有一个名叫张顺的将领，战死涌金门，这里又出了一个张顺，战死襄阳城，同姓同名，被人称奇。

八月，张贵不顾吕文焕的劝阻，决意杀出重围，搬请援兵。他派出两名泅水高手，让他们泅水越过蒙军的防线，前往郢州联络范文虎，准备内外夹攻，打开运输线路。

据说，这两个人能"伏水中数日不食"，是高手中的高手。

两名勇士不辱使命，不仅越过了敌人的封锁线，而且还同范文虎取得了联系，带回了范文虎的约定：发兵五千，驻扎龙尾洲，接应从襄阳杀出的民兵。

到了同范文虎约定的时间，张贵登船清点人数时，发现一名亲兵不见了。这名亲兵刚刚因为违反军纪，挨了一顿鞭子，不用说，此人一定是投敌了。

眼见军情泄露，但已来不及通知范文虎，两难之中，张贵选择了快速出击，希望能以快打慢，抢在敌人得到情报之前，杀出重围。

张贵再次率军乘夜出击，突破重重封锁，向接应地点龙尾洲方向杀去。驶到小新河，见敌人的战船拦住了去路，沿江两岸，火把齐明，火光中，隐隐看见有船驶来，他以为是范文虎的接应部队，谁知近了再看，来的不是宋军，而是蒙古人。

原来，阿术和刘整得到叛卒的报告后，立即在龙尾洲设下埋伏，原本答应接应民兵的范文虎，则因风雨骤起而疑神疑鬼，竟然不顾约定，在两天之前就将船队后撤了三十里。

一路血战的民兵，突然陷入了敌人的包围，险象环生，虽然奋力反击，终因寡不敌众，全军覆没。

张贵力战不屈，身受数十处创伤，力尽被俘，仍然骂敌不止，被敌人杀了。

蒙古兵将张贵的尸体送到襄阳城下，冲着城上的守兵大喊："认得矮张都统么？"

襄阳城的守兵，看到城下张贵的尸体，哭声一片。

吕文焕出城收尸，将他葬在张顺坟墓的旁边，立下双庙，祭祀两位忠臣，并发誓要死守襄阳。

襄阳沦陷

咸淳九年（1273年）正月，襄阳已被围困了五年，樊城也被围了四年。吕文焕在两城之间的汉水上造了座浮桥，沟通两城之间的交通。

阿术先派兵毁坏浮桥，再截断长江水道，阻止援军到来。然后带领精兵，一举攻占了樊城。

破城之时,樊城守将范天顺悬梁自尽,临死之前,仰天长叹道:"生为宋朝臣,死为宋朝鬼。"

将领牛富带着数百兵丁同蒙军展开巷战,杀敌数百,牛富身负重伤,最后撞柱而亡。

小将王福见牛富战死,不禁失声痛哭,大叫道:"将军为国而死,我也不会苟且偷生。"说罢,跳进火中自焚而亡。

襄阳失去了樊城的掎角之势,形势更加危急,二张拼掉老命送来的食盐、布匹也都用完了。城中军民不但缺少食盐和布匹,甚至连做饭的柴火也严重短缺。

缺柴火,大家便拆掉房子,点火做饭,缺布匹,有的人把关子、会子连缀在一起做成衣服。虽然纸币贬值成了废纸,但用纸币做衣服,也算是一个千古奇闻。

吕文焕困守孤城五年,能想的办法都想了。每次巡城,他都要面向临安方向痛哭一场,告急求救的报告也不知发出去了多少,连半根援军的兵毛都没有见到。

朝中重臣贪图玩乐,前线的将士难以拼命,襄阳的局势越来越严重,终于到了再也掩盖不住的程度,贾似道又玩起了两面派手法,一面假意上疏,请求让他前去督战,一面又指使自己的党羽上书朝廷,挽留他"坐镇中央,使天下太平"。

结果,贾似道的好人也做了,赵禥也以朝廷离不开为由,没有批准他上前线。

贾似道仍然将襄阳的存亡置之度外,成天载歌载舞,尽情淫乐。

襄阳城越来越危急,吕文焕早晚登城,防守上丝毫不敢松懈。

一天,他正在城楼指挥军士,忽然听到城下有人叫他姓名,急忙低头俯视,原来是刘整劝他投降。吕文焕也不和他说话,暗中命弓弩手向刘整射箭,刘整来不及躲闪,正好射中他的右肩。幸亏战甲坚厚,才没有被射死。吓得他勒转马头就跑。

二月份,略事休整的蒙古兵,对襄阳城发起了总攻。

蒙古将领阿里海涯,曾向西方人学习新炮法,造炮攻破了樊城,现在又来转攻襄阳。

蒙古兵攻城的新炮接二连三的发射，声如震雷，城中气氛顿时紧张起来，守城士兵很多都出城投降了。

阿里海涯亲自到跑到襄阳城下，再次招降吕文焕。

在内无粮草，外无救兵的情况下，吕文焕自觉大势已去，再战下去只有死路一条，可吕文焕却不想死。因此，在襄阳城生死存亡的最后关头，他选择了投降。

南宋的军队成建制地投敌，早有先例。吕文焕在得不到朝廷支援的情况下，困守襄阳达五年之久，历经血战无数，对他的投降，人们不但没有过多地指责，反而还有些同情。有人写道："吕将军守襄阳，襄阳十年铁脊梁；望断援兵无消息，声声骂杀贾平章。"

忽必烈此时已改国号为元，吕文焕投降蒙古人后，到元朝都城拜见忽必烈，忽必烈封他为襄汉大都督。吕文焕向忽必烈献上攻打鄂州的计划，并表示愿意做先锋。

忽必烈认可了他的出兵计划，让他暂时休息，准备再次攻打南宋。

襄阳失陷后，作为军国平章事的贾似道，有不可推卸的责任，但他却反过来倒打一耙，埋怨赵禥说："臣多次要求到前线去指挥战斗，可陛下就是不让臣离京，陛下如果早听臣的话，事情万万不会糟到这种程度。"

本来是谎话连篇，一切都是贾似道设的套，到了不可收拾的时候，他又将所有的责任推给了赵禥。

赵禥先是当了一回傻子，这里又做了一回替人背黑锅的冤大头。他不但没有丝毫怪罪贾似道的意思，反而还说："师臣如果上了前线，那朕怎么办，朕可是一刻也离不开你呀！"

由此可以看出，贾似道及其党羽的政治手腕实在是高明，本来就是弱智的赵禥，斗不过老奸巨猾的贾似道。

贾似道阴险奸诈，赵禥懦弱无能，皇帝被平章军国事玩弄于股掌之中，这就是南宋当时的朝政。

贾似道肆无忌惮，不但控制了朝政，甚至连赵禥地一举一动，也要受他的控制。

咸淳八年，赵禥举行明堂大礼，贾似道为大礼使。典礼结束后，赵禥到景灵宫祭奠，恰好天降大雨，贾似道让赵禥雨停后乘辂（大车）回宫。赵禥答应了。

第六章　弱智天子

胡贵妃的父亲胡显忠见大雨下个不止，便请他仿效宁宗开禧年间的故事，乘逍遥辇（小车）回宫。

"平章恐怕不会同意吧！"赵禥对贾似道的惧怕，由此可见一斑。

胡显忠谎称已经得到贾似道的同意。赵禥才答应乘逍遥辇回宫。

贾似道知道这件事后，大发雷霆，直接找赵禥理论说："臣为大礼使，陛下的举动臣事先却不知道，还要臣何用？"说罢，大步出了朝门，扬长而去。

赵禥惊惶万状，立即派人前去挽留，贾似道仍然不依不饶，住在葛岭豪宅里不上朝。

赵禥无奈，只得将胡显忠免职发配到饶州，贵妃胡氏送到妙净寺削发为尼。其他相关的人，也都遭到处罚，贾似道这才回朝。

吕文焕投敌叛国，他的亲人自知罪责难逃，哥哥吕文福是庐州知府，儿子吕师夔是靖江知府，两人都上疏请罪。

贾似道从中庇护，一概免予处罚。

赵禥曾召用江万里、马廷鸾为左右宰相，江万里数月之后就辞官不做了。马廷鸾任职一年也隐退了。

朝中只知有贾似道，不知道皇帝是谁。

给事中陈宜中说："襄阳和樊城失守，都是因为范文虎怯懦无能，应该将他斩首，以正国法！"

贾似道却不同意，只将范文虎降一级使用，反而还撤了李庭芳的职。

时隔不久，朝廷又起用李庭芳为淮东制置使，兼扬州知府；夏贵为淮西制置使，兼庐州知府；陈弈为沿江制置使，兼黄州知府。

陈弈没有什么才能，唯一的本事，就是献媚贾似道。

咸淳十年，贾似道的母亲死了。

胡老太太之死，在当时绝对是超级地震，赵禥亲自下令，以天子仪仗送葬，修造的坟墓也向皇帝陵园看齐。

出殡那天更是惊天动地，文武百官全体出动，搭起数丈高的祭台供奉祭品，为了搭这个祭台，临安城还摔死了几个人。

为了讨好贾似道，文武百官搭的祭台，一家比一家高，装饰一家比一家豪华。

偏偏天公不作美，出殡的当天，突然下起了倾盆大雨，达官显贵们站在大雨中泡了一天，脸上连一丝不满的神色都不敢露出来。

母亲去世，贾似道应该守制三年，但丧事一完，赵禥立即让他起复入朝。

七月，赵禥忽然患病，虽经御医多番诊治，仍不见好转，竟然崩逝了。

赵禥在位十年，寿三十五岁。

第二年正月，安葬于绍兴府会稽县永绍陵，尊庙号度宗。

按说，这个年纪正是精力充沛，干大事的时候，但赵禥先天不足，后天又好色成性，每天同数十名美女鬼混，就算是铁打的身子，也经不起这样折腾。因此，英年早逝，咎由自取，怨不得别人。

第七章 亡国之君

度宗皇帝赵禥于咸淳十年（1274年）去世，留下三个未成年的儿子：杨淑妃所生的赵昰七岁，全皇后所生的赵显四岁，俞修容所生的赵昺三岁。谢太后召集群臣开会，商议皇位继承人问题。

谢太后认为，按先嫡后庶、先长后幼的宗法制度，赵显是全皇后所生，属嫡子，是当然的皇位继承人。她的意见，得到了贾似道的赞成。

赵显被立为皇帝。

赵显还是一个乳臭未干的孩子，因此，由太皇太后谢氏垂帘听政，但朝廷的实权，仍然掌握在宰相贾似道的手里。

一 大厦将倾

攻不破的郢州

度宗皇帝赵禥于咸淳十年（1274年）去世，留下三个未成年的儿子：杨淑妃所生的赵昰七岁，全皇后所生的赵显四岁，俞修容所生的赵昺三岁。谢太后召集群臣开会，商议皇位继承人问题。

谢太后认为，按先嫡后庶、先长后幼的宗法制度，赵显是全皇后所生，属嫡子，是当然的皇位继承人。她的意见，得到了贾似道的赞成。

赵显被立为皇帝后。封赵昰为吉王，赵昺为信王，尊谢太后为太皇太后，全皇后为皇太后。

赵显还是一个乳臭未干的孩子，因此，由太皇太后谢氏垂帘听政，但朝廷的实权，仍然掌握在宰相贾似道的手里。

此时的情景，似乎同后周亡国时一模一样，都是由孤儿寡母主政。

宋太祖赵匡胤演了一曲黄袍加身的大戏，从孤儿寡母手里夺取了后周天下，自己做了皇帝。历史的重复，结果如何，让人拭目以待。

赵显做了皇帝以后，来不及改元，元主忽必烈就已经下令大举南侵了。

忽必烈这次南侵，任命了两个大元帅，一个是史天泽，一个是伯颜，任用降将刘整、吕文焕为向导，出兵二十万，主力由伯颜、阿术亲自指挥，从襄阳出发，沿汉水入长江，顺流而下，直取临安。

南宋君臣最害怕的灭国之战，终于狂风暴雨般地来临了。

南宋朝廷，小孩子做皇帝，妇人临朝听政，军国大事完全是门外汉。挟权怙势、贪财好色的贾似道，依然是载歌载舞，粉饰太平。

京湖制置使汪立信，听说元朝出兵的消息，向朝廷上疏，提出两条建议：一是将兵力调到江淮一带驻守，有战事的时候，拿起刀枪参加战斗，无战事的时候，放下刀枪种田，解决粮食问题。二是放还元朝的使臣，答应和约的条款，两国休兵言和。

汪立信的建议，在当时来说，应该算是上策，即使提出来，小皇帝能否答应，也要打一个问号，然而，有一个人率先站出来，否定了这两条建议。这个人就是一手撑天的贾似道。

贾似道看了汪立信的奏折，大骂道："这个瞎贼，竟然如此胡说八道。"

汪立信有一只眼睛有毛病，故贾似道骂他为瞎贼。

贾似道骂了一通后，请旨下令，罢免了汪立信，改用朱祀孙为京湖制置使，兼江陵知府。

元军渡河南下，快到郢州的时候，史天泽因病返回，各路兵马归伯颜指挥。

伯颜将元兵分为两路，自己和阿术率领一路，从襄阳进入汉江，命吕文焕率领水师为先锋，另外派博罗欢率兵从东路进取扬州，命刘整率骑兵为先锋。两路军水陆并进，旌旗绵延数百里。

伯颜率兵抵达郢州，在城西安营扎寨。

元军在郢州的战斗，一开始并不怎么顺利，因为他们遇到宋都统制张世杰的顽强抵抗。

张世杰依托坚固的山城扼守汉江，在江上横贯铁索，拦阻元军的战舰，并在水中布满木桩，战舰云集，弩炮如林，防守得十分严密，元兵无隙可乘。

元兵几次攻到郢城下，都被张世杰打了回去。

攻城受阻，伯颜便派人前去招降，但张世杰软硬不吃。

伯颜见郢州久攻不下，不想在这里纠缠下去，决定放弃攻打郢州。

这时候，阿术抓到了一名宋军的探子，他好言安慰，并以重金诱惑，问宋军探子，有没有其他的路径可以绕过郢州。

宋军探子经不住诱惑，告诉元军一条绕过郢州的通道：从黄家堡出去，经河口把船拖入藤湖，转入汉江下游。

假如元军倾全力攻打郢州，会不会重演当年蒙哥汗攻打钓鱼城那一幕，还真的不好说。但伯颜不是一意孤行的蒙哥，他的一句："大军之出，岂为一城哉？"充分地体现了作为一位指挥千军万马打仗的将军不为一城之得而拼命的大局观。

绕过郢州之后，元军虽然在沙洋、新郢城遭到南宋守军的顽强抵抗，先锋吕文焕还险些被伏弩射死，但最终还是拿下了沙洋、新郢城，一直推进到素有"江鄂屏障"之称的阳逻堡时，才遇到了一块硬骨头。

声东击西

南宋淮西制置使夏贵，调集汉水和鄂州的水师，分别据守各要害之处。都统制王达守阳逻堡，京湖制置使朱祀孙用游击散兵扼住中流，元兵不能前进。

伯颜采用声东击西的办法，本来是要攻打汉阳，却扬言将从汉口渡江，暗中却派别将阿刺罕率奇兵袭击沙芜口。

夏贵果然中了伯颜的诡计，派兵支援汉阳，元将阿刺罕乘机攻占了沙芜口。

伯颜随即从汉阳撤兵，大部队从沙芜口进入长江，数千艘战舰，乘风破浪，顺流而下。

伯颜派人去阳逻堡招降不成，便向阳逻堡发起了猛攻，激战三天三夜，仍然没有进展。

伯颜见阳逻堡久攻不下，又故伎重演，再来了一招声东击西的战法。派阿里海涯佯攻阳逻堡，暗中却让阿术率四翼军攻打青山矶。

阿术率领元兵，在一个大雪纷飞的夜晚，从上游青山渡江，宋军根本就没有防备，让元军顺利渡过了长江。

经过一番血战，击败南宋军队，占领了青山矶，并一路追杀，直抵鄂州。

伯颜闻报大喜，挥师急攻阳逻堡。

夏贵听说阿术已经率兵飞渡至沙州，惊得目瞪口呆，带领水军三百艘战船，流江东下，退驻庐州。

阳逻堡失去援兵，孤军奋战的王达率领八千守后全部战死。

伯颜攻陷阳逻堡后，渡江与阿术会合，进兵鄂州。

朱祀孙带兵支援鄂州，听说阳逻堡战败，也不禁惊慌起来，连夜逃回了江陵府。

元军此后势如破竹，汉阳、鄂州、黄州、蕲州、安庆等地的宋军望风而降。

招降过程中，吕文焕出了大力，因为沿江这些南宋守将，很多是他过去的旧部下，老领导一声召唤，这些人也就一呼百应，投奔老上级去了。

南宋的守军成建制地投降元军，长江防线迅速崩溃。

伯颜命阿里海涯率四万兵马留守鄂州，并攻取荆州、湖州，自己则和阿术率领大军南下，直捣临安。

南宋朝廷听到警报，慌忙召集群臣开会商议，大家都把希望寄托在贾似道身上，请他督兵出战。

就连太学、武学、宗学三大高等学府的学生，也都联名上书，请贾似道亲征。

这群热情而单纯的学生们，并没有将贾似道推向险境的企图，他们是真心地拥护和信任贾似道，希望他能在国家生死存亡的紧要关头站出来，挽救国家于危难之中。

贾似道走到这一步，已经没法推诿，只好硬着头皮答应了。

贾似道临危受命，统领各路兵马，并在临安设立都督府，用黄万石等人参议军事，还从封桩库支出黄金十万两，白银五十万两，纸币关子一千万贯，充都督府的办公经费。同时还四处筹集军粮，号召天下兵马勤王。

当时已是咸淳十年（1274年）暮冬，贾似道仍然在葛岭家中和妻妾等围炉守岁，豪宅内照常是花团锦簇，酒绿灯红，快快活活地过残年，看不出丝毫大战在即的气氛。

贾似道如果知道这是他在葛岭豪宅过的最后一个年，不知该有何感想。

残岁已过，新年开始，这是幼帝赵㬎继位的第一年，改元德祐。

德祐元年（1275年）元旦，宫廷里面照常是要庆贺一番。

当天晚上，就有警报传来，说元兵已经进入黄州，沿江制置使陈奕投降了元军，他的儿子陈岩驻守江州也跟着他的父亲投降了元军。

蕲州知府管景模凑热闹，敲锣打鼓地将元兵迎进了蕲州城。

丁家洲之战

贾似道本来就怯战，听到长江上游的守军节节败退，更是胆战心惊，连忙召集吕师夔参议都督府军事，并授予他自由调遣部队的大权。

吕师夔自知南宋大势已去，且见吕文焕、刘整等人投降元朝，都得到重用，所以他不接受贾似道的命令，同江州的钱真孙一起投降了元军。

吕师夔投降蒙军后，命他为江州知府。他在庾公楼设盛筵款待元军主帅伯颜，并将宗室最漂亮的两名美女请出来陪酒。

吕师夔本来想巴结伯颜，谁知蒙古人不吃这一套，伯颜入席之后，见两个美女一左一右地贴过来，不禁拍案而起，怒斥道："我奉天子之命，奉仁义之师来向南宋问罪，不是你们所想象的好色之徒。"

吕师夔满脸羞愧，无地自容，两名女子哭着跑出了庾公楼。

伯颜为了收复人心，还是坐下来，和颜悦色地入席，喝了几杯酒，只是已经没有了热闹的气氛。

安庆知府范文虎听说吕师夔投降了元军，也心动了，派人到江州去迎接伯颜。

伯颜命阿术先到安庆，自己则带着大队人马随后前往。范文虎大开城门出迎，伯颜封他为两浙大都督。

通判夏倚见范文虎开城迎敌，服毒自杀了。

吕师夔、范文虎都是贾似道的死党，现在接连叛国投敌，这让贾似道很没面子。正在他万分气恼的时候，却传来了一个惊人消息：刘整死了。

刘整是怎么死的呢？可以说是气死的。

原来，他和吕文焕同为元兵的向导，元军到达郢州后，伯颜却派他出兵淮南，担任侧翼的牵制任务。看到比自己降元还晚的吕文焕一路奏凯，功劳越来越大，急得心里直冒火，多次向伯颜请求快速突进，伯颜从整个战局考虑，没有批准他的请战要求，刘整忧愤成疾，竟然吐血而亡。

贾似道之所以磨磨蹭蹭不肯离开临安，就是对刘整有所忌惮，当他得知刘整死去的消息时，高兴地说："刘整一死，敌人就没有了向导，天助我也！"

于是，贾似道从各地抽调十三万精兵，还有许多金银珠宝、粮草辎重，装满了战船。这些战船，前后相连，绵延百余里。

大队人马到达芜湖，贾似道派人去找吕师夔，让他从中调停，让宋元两国重修于好。

吕师夔并不给贾似道留面子，赶走了贾似道派去的人。

没过多久，夏贵带兵前来，从袖子里取出一本书递给贾似道看，说宋朝只有三百二十年。

贾似道也不辩解，只是低头叹息了两声，暗想夏贵等人都不可靠，于是又起用汪立信为江淮招讨使，让他到建康招募兵马。

汪立信领命后，立即上路，与贾似道在芜湖相会。

贾似道拍着汪立信的背说："只因当初没有听你的话，才落得现在的下场。我们应该怎么办啊！"

汪立信回答说："现在还有什么办法？敌人已经深入腹地，江南没有一寸净土，我这次前来，不过是拼死一战，死也要死得壮烈，这才不愧为大宋臣子。"

汪立信说得是大义凛然，豪气万丈。贾似道听后，暗自惭愧，敷衍了几句，两人就分别了。

贾似道自知不妙，又派宋京到元军中去，说愿意称臣纳币，准备再演一遍鄂州城下的乞和大戏。

蒙古人是铁了心要灭了南宋，除非无条件投降，否则一切免谈。

伯颜告诉贾似道派去的使者："我军没有渡江的时候，你们纳币称臣，或许可以商量，如今长江两岸都是我们的了，还有什么和议可言？如果非要议和，请贾似道亲自来谈。"

贾似道怎么敢朝老虎嘴里钻呢？和议的事就此无疾而终。

和议不成，那就只能用武力解决。而就在此时，又传来了池州沦陷的消息。

池州虽破，却留下一个个可歌可泣的故事。

元兵进犯池州。知州王起宗带着一家老小弃城而逃。通判赵卯发自行站出来，代理知州。他命令全城军民修缮城墙，积聚粮食，准备死守池州。

都统张林觉得大势已去，劝赵卯发出城投降，遭到赵卯发的怒斥。贪生怕死的张林，虽然不敢再劝，但却在带兵巡视江阴的时候，突然暗自投降了元军，并同元军来了个里应外合。

赵卯发知道池州是守不住了，便设酒宴款待亲友，在酒席上同他们诀死别，并对他的妻子雍氏说："池州将破，我为守臣，要与城池共亡，你可以先去避难。"

"你要做忠臣,难道我就不能为忠臣妇吗?"

一个妇道人家,竟然有如此精神,如果南宋的官员都能如雍氏,虽然说不能维持南宋这座大厦不倒,但最少可让其倒塌的速度慢一些。

"既然求同死,何必求先后呢?明天,你就随我一同守城吧!"赵卯发说罢,在桌子上写下誓言:"国不可背,城不可降,夫妇同死,节义成双。"

赵卯发写完之后,和妻子面对面地吊死在室内。

伯颜进城后,询问守将的下落,有人对他说,守将和夫人已经自尽了。

伯颜非常惋惜,命人将他们合葬,并亲自前往祭墓,他在他们夫妻墓前说:"南宋的臣子,如果都能像你们夫妻这样,也不至于亡国了。"

贾似道听说池州沦陷,便把最精锐的七万兵马交给孙虎臣,让他驻扎在丁家洲充当先锋;命夏贵率领两千五百艘战舰封锁长江,与孙虎臣水陆呼应。他自己则率后军远远躲在鲁港,遥控指挥。

两军对垒,需要众志成城,负责水战重任的夏贵,嫉妒孙虎臣后来居上,不但没有打胜仗的欲望,反而还盼望打个大败仗,如此一来,大家都扯平了,就没有人再追究他鄂州失利的责任了。

大将各怀异心,宋军已是未战先败。

南宋的重臣,谋身不谋国,在国家生死存亡的关头,依然还各揣着小算盘。

元军在伯颜指挥下,沿长江两岸冲杀。

孙虎臣有一个习惯,行军打仗,总有一名爱妾跟随左右,这次也乘船跟随。

部队走到丁家洲的时候,看见远处有敌船靠近,孙虎臣立即命令船舰准备战斗,猛然听到炮声震天,弹火迎面喷射而来,不禁有些胆怯,勉强指挥将士应战。

正在这时,元将阿术又率领数千战船,顺流冲杀过来。前锋统领姜才颇怀胆识,挺身而出,同元军展开了搏斗。孙虎臣却胆战心惊,丢下部队,跑到小妾的船上去了。

不知谁喊了一声:"主帅跑了!"

主帅都跑了,这个仗就没法打了,于是,上行下效,数万大军,顿时像没头的苍蝇一样,到处乱窜。

孙虎臣临阵当了逃兵，夏贵也不甘落后，一箭未发，调转船头就逃。

水陆两路的主帅跑得没影了，没了指挥官的南宋水陆两军，被元军痛宰一顿，损失惨重。据说，当时是"江面流尸，江水为赤"。

江水变成了血水，到处漂浮尸体，这样的情景，只能用惨不忍睹来形容了。

夏贵逃跑了不说，还把贾似道也吓跑了，他乘一艘快船跑到鲁港，来到贾似道的船前，冲着船上大喊："敌众我寡，难以抵敌，师相还是快逃吧！"

话音刚落，船已去远了。

贾似道本来就是提心吊胆，听到兵败的消息，更是六神无主，立即命令鸣金收兵，他自己刚率先驾船逃去。

南宋的船队，顿时乱着一团，你挤我撞，连船头都调转不过来。

元将阿术率领的水师乘机杀过来，伯颜又指挥骑兵沿岸追杀。宋军不是死于元军刀下做了无头鬼，就是掉进水里进了水晶宫。

贾似道位居平章军国重事，都督各路兵马，被度宗皇帝赵禥尊之为"师相"，众臣视为"周公"，却是如此不堪一击，时人作了一首诗讽刺说：

丁家洲上一声锣，惊走当年贾八哥。
寄语满朝谀佞者，周公今变作周婆。

贾似道逃到珠金沙，连夜召夏贵、孙虎臣议事。

夏贵建议贾似道去扬州召集溃兵，迎皇上到海上去躲避，自己死守淮西。

贾似道和孙虎臣逃回扬州，扯起大旗，想将那些溃兵重新召集起来，谁知溃兵理也不理，该干什么，还是干什么。贾似道就是喊破了嗓子，也是无济于事。

郑虎臣诛杀贾似道

伯颜击败贾似道以后，乘胜沿江而下，镇江、宁国、隆兴、江阴的守将，全都弃城而逃，太平、和州无为军相继投降了元兵。

元军攻陷了饶州，知州唐震因不肯屈服而被害，全家人一起殉难。

故相江万里在家乡投河自尽，后来尸体浮出水面，由随从替他收尸安葬。

贾似道上书请求迁都，太皇太后不许，朝中大臣们也都不同意迁都，甚至连京城的太学生也都上疏谏阻，迁都的事情也就没有再提了。

第七章 亡国之君

殿帅韩震本是贾似道的爪牙，附和贾似道，力请迁都。太皇太后便将这件事情交给宰臣们讨论。

朝廷号召各路大军保卫皇室，众将大多都持观望的态度，只有李庭芝派兵支援。这个时候，突然来了一个张世杰。

参知政事陈宜中怀疑张世杰是元军派来的奸细，撤散了张世杰的部队，另调一支新军归他统领。

江西提刑文天祥，湖南提刑李芾，从前都是遭贾似道贬斥的人，听说临安危急，均伸出援手。

文天祥招募郡中的豪杰，并约溪峒山的一万多蛮人前来保卫京师。

李芾也招集了三千名壮士前来助阵。

无奈此时朝中已乱，风声鹤唳，草木皆兵，仅凭一两名忠臣义士舍身卫国，已无法挽救败局。

南宋此时的左宰相是王爚，陈宜中为知枢密院事。元朝使臣郝经的弟弟郝庸奉忽必烈之命，来到南宋寻访哥哥的下落。

陈宜中上疏，建议放郝经回去，并让总管段佑送郝经出境。

郝经出使南宋，被南宋扣押了十六年，回到元朝都城，不久就病死了。忽必烈尊谥号文忠。

郝经的死，让忽必烈惋惜不已，因此，更加气恼南宋，催促伯颜进兵。伯颜便命元军进攻建康。

江淮招讨使汪立信和贾似道分别后，向建康进发，看见守兵溃散，到处都是元军，便折回高邮，想控制住江淮的局面，为以后作打算。后来，他听说贾似道的大军溃败了，江汉守臣，有的投降，有的逃跑，汪立信绝望了，不禁长叹道："我今日也要死在宋土了。"于是，他写下遗书后，自杀了。

建康都统徐旺荣迎接伯颜进入建康城。伯颜又派兵收降了广德军。

南宋朝廷更是大震。

贾似道穷途无路，让部下将都督府的大印送回了临安。

陈宜中问这些人，贾似道现在在哪里，这些人居然一问三不知。

贾似道生死不明，许多人认为，他极有可能死在乱军之中，所谓树倒猢狲散，因各种原因积累在人们心中的不满，一下子就爆发出来，昔日人人敬慕的"周公"，一下子变成"落水狗"，大家都想打几棍子发泄一下胸中的怨气。

陈宜中成了墙倒众人推的急先锋，上疏要求严厉惩罚贾似道的误国之罪，杀了他。

太皇太后谢氏，初尚念他勤事三朝，不忍心施加重典，仅贬谪为醴泉观使。一面将贾似道创的弊政一律革除，公田收回原价，退还原主；被贾似道罢免的各官，一起复职；在朝的贾党，也一律罢斥，翁应龙刺配吉阳军。

朝中大臣和学生们，仍然是不依不饶，一再上疏，请求杀了贾似道。

贾似道权位已失，不能再作威严，只好上表请求保全。

朝廷下旨，命李庭芝派人遣送贾似道回原籍守制。贾似道却逗留扬州不归。

王爚再次上表，说贾似道不忠不孝，应下诏严加谴责。

谢太后便颁下诏旨，贾似道不得已，只得返回绍兴府。不料绍兴府守臣紧闭城门，不让贾似道进城。

王爚再次上疏，要求严惩贾似道，以谢天下。

太皇太后于是下诏，将贾似道连降三级，让他到婺州去居住。

婺州百姓听说贾似道要来，大家手拿棍棒，拦在路口，不让贾似道入境。

这时候的贾似道，成了一只过街的老鼠、没有收留的流浪狗。

监察御史孙嵘叟等人再次上疏，说贾似道罪重罚轻。朝廷又将贾似道贬到建宁府。接着斩了翁应龙，没收了他的全部家产。

贾似道接着又被贬为高州团练使，安置在循州，他的家产全部充公。

荣王赵与芮已经晋封为福王，他向来忌恨贾似道，于是就找人做监押官，想让监押官在路上干掉贾似道。

会稽县尉郑虎臣立即主动请缨。

原来，郑虎臣的父亲郑埙，在理宗朝担任越州知府，遭到贾似道的陷害，被流放到边远的地方去，客死他乡。郑虎臣也受到株连，被充军到边疆，后来朝廷大赦，才被放归。因此，郑虎臣恨死了贾似道，一直在找机会替父报仇。正巧赶上了这个差使，既可为国除奸，又可替父报仇，公私两顾，自然是非常高兴了。

贾似道那时候还住在建宁府的开元寺中，身边有几十个侍妾。

郑虎臣到了开元寺后，命人将这些侍妾统统赶走，然后喝令贾似道上路。

路上，郑虎臣叫轿夫撤去轿子的顶盖，让贾似道在太阳底下暴晒，并且还经常侮辱他。别看贾似道作威作福了几十年，但人在屋檐下，不得不低头了。

一天，大家到路边一座古寺歇脚，见墙壁上有吴潜南行时的题字，郑虎臣指着壁上的字问贾似道："贾团练，吴宰相怎么会来这里？"

贾似道无言以对，因为吴潜是受他的迫害，逐出京城，才路过这里的。

后来，他们改行水路，船走到南剑州黯淡滩的时候，郑虎臣指着河水对贾似道说："水甚清，何不死于此？"意思是说，这里的水很清澈，你跳下去死了算了。

"太皇许我不死。"贾似道拒不赴死。

郑虎臣冷笑一声，没有再说什么。

一行人继续前进，走到潭州的木棉庵，贾似道内急要上茅房，郑虎臣对轿夫说："今天，我要为天下人除害，杀了贾似道，我死而无憾。"

郑虎臣取出事先准备好的铁锤，走进茅房，朝贾似道的胸膛猛击了几锤，贾似道惨叫几声，气绝而亡。

据说，贾似道权倾朝野、位极人臣的时候，曾经做了一个梦，梦见一个神仙带着一个人来见他，对他说："此人姓郑，将来会要了你的命！"那时候，郑师望刚刚起用，贾似道随便找了一个借口，将他撵出了京城。不料死在郑虎臣的手里。可见，冥冥之中，自有天意。

郑虎臣诛杀贾似道的事迹，记载在《闽都别记》里。后来，明朝抗倭名将俞大猷在木棉庵前的石亭中亦立下石碑，亲书"宋郑虎臣诛贾似道于此"。

明代王紫衡也就郑虎臣诛杀贾似道一事写了一首诗：

    当年误国岂堪论，窜逐遐方曝日奔。
    谁谓虎臣成劲节，木棉千古一碑存。

二　最后的战斗

焦山之战

贾似道倒台之后，南宋朝廷如果能够振作起来，任用贤能，齐心协力地抵御外敌，或许局势还有扭转的可能。然而，恰恰在这个关键的时候，朝廷又重用了一个小人，犯下一个不可饶恕的严重错误，这个小人就是陈宜中。

当时，王爚为平章军国事，陈宜中、留梦炎分别为左右宰相，并兼枢密使，都督诸路军马。

陈宜中在太学时，与黄镛等人合称为"六君子"，因参劾丁大全而被撵出京城。丁大全倒台之后，陈宜中重新回到京城。

陈宜中是一个很会钻营的人，回京之后，很快巴结上贾似道，得到高官。芜湖丁家洲一战，陈宜中怀疑贾似道死了，立即将枪口转向贾似道，上疏奏请严惩贾似道。

郑虎臣擅自杀死了贾似道以后，天下人拍手称快。有人说，郑虎臣杀贾似道，是受陈宜中的指使，陈宜中恩将仇报，是个没有天良的小人。

说这话的人，并不是说贾似道不该杀，而是说不该由陈宜中指使人去杀，因为贾似道对陈宜中有恩，杀对自己有恩的人，就是恩将仇报，是小人。

陈宜中是一个小人，但他自己绝不会这么认为，听到传闻之后，立即下令，将郑虎臣拘捕下狱，并处死了他。

陈宜中处死郑虎臣，是想证明自己的清白，至于他到底是什么样的人，其实，大家心里都有数。但有一个人，真的被他骗倒了，这个人就是谢太皇太后。

谢太皇太后被陈宜中的假象所蒙骗，以为他真的是一个存心忠厚的人，格外信任他，朝廷的大事小事，全都依着他，陈宜中仿佛成了又一个贾似道。

随着元朝铁骑的逼近，临安城里一天之内，数传警报，闹得人心惶惶，大批人试图逃离都城，尤其是朝廷的大小官员，为保身家性命，带头逃跑。同知枢密院事曾渊子等几十位大臣，连夜逃出临安城。

签书枢密院事文及翁和同签书院事倪普等人，为了达到逃跑而又不被朝廷追究责任的目的，竟然指使御史台和谏院弹劾自己，让朝廷罢免自己的官职，好卸任逃走。

谢太皇太后严厉谴责了这些不忠之臣，下诏说："我大宋朝三百余年来，对士大夫从来以礼相待，现在，我与继任的新君遭蒙多难，你们这些大小臣子，不见一人一语救国。内有官僚叛离，外有郡守、县令弃印丢城，耳目之司不能为我纠结，二三执政又不能倡率群工，竟然内外合谋，接踵宵遁。平日读圣贤书，所许谓何？却于此时作此举措，生何面目对人，死何以见先帝？"

谢太皇太后的谴责，在蒙古铁骑的威逼之下，是那么的苍白无力，根本就不能激起内外官员为赵家王朝而战的勇气。大小官僚，该逃跑的照样逃跑，该投降的照样投降，什么忠孝节义，统统被丢在脑后。这种情况，一直延续到南宋灭亡。

最可悲的是，边关的守将，连两国相争，不斩来使的最起码的国际规则也不懂，手中的刀剑杀不了元军，杀使臣却比杀鸡还利索。

元朝礼部尚书廉希贤、工部侍郎严忠范，奉国书出使南宋，抵达建康后，请伯颜派兵护送。伯颜说："去吧！两国相争，不斩来使，带兵反而不便。"

廉希贤、严忠范还是不放心，经他们一再要求，伯颜派了五百人护送他们。

廉希贤、严忠范到了独松关，南宋守将张濡不知利害，竟然袭击了这支使臣队伍，杀了严忠范，抓了廉希贤。廉希贤连惊带吓，病死在押往临安的途中。

南宋朝廷知道惹了大祸，派人到建康去向伯颜谢罪，说这是边将无知引起的一场误会，朝廷实不知情，并表示要严惩惹祸的人，并请求同元朝修好。

伯颜总算有点耐性，勉强接受了南宋的解释，再命议事官张羽随南宋使臣一同到临安去，就议和之事进行协商。

按理说，这应该是一个皆大欢喜的结局，谁知张羽走到平江，再次被南宋守将拦在路上杀死了。

伯颜就是再好的脾气，也经不住这样折腾，一怒之下，发誓再也不同南宋议和，非要灭了南宋不可。于是下令四路进攻，收降常州、岳州，再进破沙市。

京湖宣抚使朱祀孙与副使高达，听说元兵势如破竹，不敢交战，举江陵之兵投降了元军。

湖北的郡县，相继都挂起了白旗。数月之间，荆南全部成了元军的占领区。

伯颜没有了后顾之忧，统兵南下至真州。

阿术攻下真州之后，乘胜攻打扬州，李庭芝命张俊出战。

张俊领兵出城，并没有同元军交战，反而回城劝说李庭芝投降。李庭芝一怒之下斩了张俊，再命统制姜才出战。

姜才赶到三里沟，杀退元兵。阿术又率兵进攻扬州南门。

李庭芝率领全城军民严防死守，元军一时也倒奈何不得。

宋将刘师勇本来是民兵出身，因屡立战功，做了濠州团练使，后来攻克常州，被升为和州防御使，协助知州姚訔守城。

张世杰召刘师勇、孙虎臣等人在焦山会师，准备支援扬州，途中听说成都安抚使笞万寿投降了元军，张世杰更觉得形势危急，决定同元兵决一死战。下令每十船为一队，船与船用铁索相连，抛锚江心，没有命令不许起锚。

张世杰忠心可嘉，却非将才，这种愚蠢的做法，使船队失去了机动性，成了元军攻击的死靶子。

张世杰玩的这一手，实实在在地把宋军赶进了死胡同。

元军指挥官阿术不愧是一个将才，登上石公山观看了宋军的阵势后，大笑道："宋军主帅庸才也，这样布阵，点上一把火，我看他往哪里逃。"

事实确实是这样，南宋船船相连，抛锚不动，被元军从两翼夹攻，一军从中间突破，火箭齐发。

宋军的船队，战不能前进，退不能后撤，躲闪不能左右，顷刻之间，战船变成了火船。可怜的南宋水军，被烧得从这条船跳到那条船，但船船都是火，无处可跳，只好跳进水里。

焦山之战，宋军损失战船七百余艘，被烧死、杀死、淹死的士兵不计其数，几乎全军覆没。这对本来就被贾似道弄得元气大伤的南宋，更是雪上加霜。

张世杰有舍命出战的勇气，可惜敢战而不会战，谋略短浅，仅凭必死之心，不能战胜强大的敌人。

焦山之战大败后，张世杰上书朝廷，请求派兵支援。

这个时候，朝廷的那些人，正在搞窝里斗，根本就没有人理会张世杰。

窝里斗

王爚是平章军国事，按说军国大事，他最有发言权，但是，陈宜中、留梦炎两位宰相却不买他的账，遇事自己做主，根本就不同他商量，完全将他架空了，平章军国事成了一个摆设。于是，他上书指责两位宰相无能，说"庙算指授，臣不得而知"，既然自己啥也不能干，那就干脆辞职。

谢太皇太后当然不同意他辞职。

这时候，太学生刘九皋等人又一次伏阙上书，抨击陈宜中擅权误国，不亚于贾似道。

据说，这次学生运动是王爚和他的儿子暗中策划的。

陈宜中看了学生们的上书，竟然撂下挑子，离开临安，逃到远离前线的南部沿海地区温州去了。

这种不顾国家危难,借赌气之名当逃兵的行径,将他罢职、流放都不过分。

奇怪的是,谢太皇太后却认准了陈宜中,为了笼络他,竟然下诏罢免了王爚,然后左一道诏书,右一个使者,前去请他回京,还把上书的太学生刘九皋等人也抓起来。但陈宜中就是不回朝。

陈宜中把贾似道要挟朝廷的招数全都学到家了,谢太皇太后先是任命他为观文殿大学士、醴泉观使兼侍读,陈宜中对此根本就没有兴趣。直到十月,朝廷开出的价码已涨到右宰相兼枢密使、都督各路兵马。他有些心动了,但还是拿架子,装模作样地说自己要在家尽孝,不肯奉召。

谢太皇太后无奈,只好亲自给他的母亲写信。在他母亲的干预下,陈宜中才回到临安任职。

太学生们对陈宜中的逃跑行为进行了强烈的抨击,指责他畏首畏尾,胆小如鼠,是一个言过其实的两面派,和贾似道一样的误国之臣。

被南宋寄予厚望的陈宜中,虽然回到京城,但整个帝国都已经崩溃,仅凭他一己之力,根本就不能扭转乾坤。更何况他还是一个行事摇摆不定,徘徊在战与和之间,不能作出理智而正确的决定,口头上喊出各种豪言壮语的侃大山,他实际上却是懦弱怕事的庸才,根本就没有同元军决一死战的勇气和魄力。

文天祥早已带兵进京,但一直没有获得为国效力的机会,直到此时,朝廷才命他出任平江知府。

常州血战

南宋大臣们忙着搞窝里斗,元军却在到处攻城掠地。统帅伯颜从建康渡江,分兵三路,水陆并进,约定在临安会师。

右路军由阿剌罕、奥鲁赤率领,从四安镇赶赴独松关;左路军由董文炳、姜卫率领,取道江阴,直奔华亭,命范文虎为先锋;中路军由伯颜亲自率领,直奔常州,命吕文焕为先锋。

伯颜的中路军要到达临安,常州是无法绕过的地方。

本来,常州已经降元,后来被张世杰的部将刘师勇重新夺了回来,经过数月经营,常州的防御大大加固。

城防坚固,守城的人也很英勇,常州军民在知州姚訔、通判陈炤、都统王安节、刘师勇的率领下,严防死守,浴血奋战,蒙古铁骑围攻了两个多月,仍然不能越雷池一步。

十一月，伯颜亲临常州城下，对常州城发起了最强烈的攻坚战。

蒙古兵逼迫城外的百姓运土筑垒，为了加快进度，惨无人道的蒙古兵，竟然将运土的百姓也一起填了进去，更为残忍的是，他们还将百姓杀死，煎膏取油，做成火炮轰城。

在蒙军的猛烈攻击下，常州成了一片火海，浓烟蔽日，烈焰升腾，还掺杂着人油的恶臭味。虽然如此，守城的宋军仍然拼死抵御。

伯颜见常州久攻不下，便将自己帐前的亲兵都赶上了战场。

这些亲兵冲上去，极大地鼓舞了士气，元军一鼓作气，终于攻破了常州城。

城池虽破，战斗却还在继续，在最残酷的巷战中，姚訔、陈炤力战而死。王安节率领敢死队左冲右突，力竭被擒。当元军问他是什么人时，他大叫道："我是王坚的儿子王安节，二十年后，还是一条汉子。"

虎父无犬子，王坚扬威钓鱼城，王安节血战常州城，最终杀身成仁。父子两人为保卫国家，奋不顾身，虽然一胜一败，但都英烈逼人，都是爷们儿。

刘师勇带着八名骑兵突出重围，奔平江去了。

在常州保卫战中，有一支数百人的队伍格外引人注目，因为他们都是吃斋念佛的和尚。这支僧兵的组织者，是宜兴的一位大和尚。这些出家人，在国难当头的时候，挺身而出，城破之日，全部战死，无一生还。

还有无数无名将士，在常州保卫战中为国捐躯，他们为国而战，流尽了最后一滴血。

常州血战，是元军下江南以来罕见的恶仗，付出的代价也极为惨重。

破城之后，恼羞成怒的伯颜，竟然下了屠城令，整个常州"城内外积骸万数，至不可计，井池沟堑，无不充满"。只有七人侥幸躲过了元军灭绝人性的大屠杀，成为见证这一罪行的幸存者。

临安保卫战

常州失守，伯颜中路大军继续挺进。右路元军也一路奏捷，攻占了临安北面的门户要隘独松关（浙江安吉东南），左路元军沿水路出长江口，年底逼近钱塘江，对临安形成了三面包围之势。

大兵压境，临安城一片恐慌，陈宜中下令，将十五岁以上的男丁召集起

第七章 亡国之君

来，组建一支城防守卫部队，称武定军，再派人到平江，催促文天祥进京保卫都城。

元军眼看就要逼近临安，南宋朝廷内部却在守与逃的问题上争吵不休。

左宰相留梦炎觉得大势已去，干脆不辞而别，逃离了临安城，后来，他投降了元军。

陈宜中自己没主意，却还不让别人出主意，张世杰、文天祥主张以临安残存数万勤王之师与元军决一死战，结果，陈宜中一句"王师务宜持重"，将他们的建议打入冷宫。

强敌压境，陈宜中却还在大讲"持重"，不知他的"持重"到底是什么意思，可谢太皇太后对他仍然是言听计从，就这样"持重"地困守孤城。

陈宜中的真实意图是求和，这从他回到朝廷后，建议追封吕文德为和义郡王，提拔吕文德的儿子吕师孟为兵部侍郎就可以看出端倪，因为他这是在讨好吕文焕，而吕文焕投降蒙古人后，已经是元军统帅伯颜手下的大红人。

其实，陈宜中也是枉费心机，要知道，议和要有实力作后盾，仅仅讨好一个吕文焕就想换取和平，简直就是白日做梦。

陈宜中却大发臆想，相信这个美梦会成真。年底，派工部侍郎柳岳到无锡同元军通好。

柳岳见到伯颜，带着哭腔说："幼主还小，现在还在服丧，自古以来，礼不伐丧，贵国为何要步步紧逼呢？南宋以前失信，都是贾似道一个人干的，贾似道已经被杀了，你们也可以原谅我们了。"

柳岳的哭求，遭到伯颜的拒绝，而且，他还搬出宋朝逼降吴越钱氏、攻取南唐李氏的陈年旧账，说："你们杀了我的使臣，我们才来兴师问罪。从前，吴越钱氏纳土、南唐李氏出降，都是你们的规矩。何况宋朝江山，也是从后周幼主的手中夺取的，如今，也应在幼主手中丢失，天道循环，一报还一报，很公平，何必再说？"

伯颜打发了柳岳，率兵进入平江。

谢太皇太后和陈宜中不死心，派陆秀夫、吕师孟和柳岳三个人，再次赶到平江，向伯颜许诺给钱、称元主为叔，再不行，做孙子也行。他们还让吕师孟去找他的叔叔吕文焕，让他多替南宋说些好话。

伯颜仍然不买账，说元朝出兵南下，不是来收孙子，而是来收南宋的江山。

陆秀夫等人灰溜溜地返回临安，汇报了伯颜的答复。

谢太皇太后六神无主，坐在那里只是哭。

陈宜中建议再降低求和称臣的价码，只求封一个小国。

柳岳带着国书前往平江元营，走到高邮嵇家庄的时候，竟然被当地人杀死了。

元军步步紧逼，南宋朝廷上下惶惶不可终日。德祐二年（1276年）元旦，宫廷内外死气沉沉的，没有一点节日的气氛。

过了一天，传来潭州被阿里海涯攻陷、镇抚大使兼知州李芾殉国的消息。朝廷追赠李芾为端明殿大学士，赠谥号忠节。

形势越来越危急，临安的戒备也更加森严，各种谣言满天飞。参知政事陈文龙、同签书枢密院事黄镛，连夜逃离了临安。

朝廷命吴坚为左宰相，常楙为参知政事。那天中午在慈元殿宣诏的时候，文臣只来了六个人。

没过多久，常楙也逃走了。

后来，又听说嘉兴知府刘汉杰举城投降，安吉州守将吴国定给元军献款，只有知州赵良淳和提刑徐道隆以身殉国。

谢太皇太后惶惶不可终日，便有了想向元朝称臣的想法。

陈宜中便派监察御史刘岜到元军营中去上表称臣，表示愿意每年献上二十五万白银，二十五万匹绢布。

伯颜还是不答应，对刘岜说："叫你们的皇帝率群臣，出城投降吧！"

谢太皇太后见称臣纳银都不能解决问题，立即召群臣开会商议。

文天祥作了最坏的打算，请朝廷命吉王、信王分别镇守福州、广州，以待东山再起。他的建议，得到了宗室大臣的支持。

于是，谢太皇太后下诏，晋封吉王赵昰为益王，任福州通判，信王赵昺为广王，任泉州通判。

正月，陈宜中见元兵将临城下，率群臣进宫，请求太皇太后迁都避敌。

谢太皇太后此时似乎恢复了血性，宁死也不肯离开临安。

陈宜中采取了眼泪攻势，放声大哭。

谢太皇太后这才答应迁都，并命人整理行装。然而，等到日薄西山，陈宜中仍然没有进宫保护皇室的老少逃命。谢太皇太后顿时大发雷霆，把积聚心中的烦恼和焦虑一齐发泄出来，大骂群臣欺骗了她，把头上的珠宝扯下来摔了一

第七章 亡国之君

地，把自己关在屋子里，任何人也不见。

其实，陈宜中并不是有意欺骗谢太皇太后，只是一时慌乱，没有把时间说清楚，因为他的计划是第二天清晨出发。

谢太皇太后就这么一赌气，把自己关在屋子里，不见任何人，把时间给耽搁了。

元军的三路大军已经胜利会师，到达了皋亭山（杭州东北郊）一带，而他们的骑兵侦察队，也已经出现在临安城外。

看来，想走也来不及了。

最后的抉择终于来了，南宋悬在半空中摇摆不定的国策，到了必须落地的时刻。

文天祥、张世杰主张凭借临安的城防，同元军决一死战，但前提是把三宫（谢太皇太后、全太后、小皇帝赵显）送到安全的海上去。

陈宜中再次否决了这个建议，他主张向元军投降，并派监察御史杨应奎带上传国玉玺和降表，正式无条件投降元朝。

献出了传国玉玺和降表，标志着延续了三百二十年的宋朝，正式退出了历史舞台。

南宋自行宣布国家灭亡，把土地、人民以及所有的一切，都奉送给入侵者。伯颜当然不会客气，统统照单全收。不过，他对杨应奎说，叫宰相陈宜中亲自到元军大营来，商谈具体事宜。

陈宜中听到这个消息后，吓得魂不附体，到元军大营里去，这不是羊入虎口吗？他当然不会轻易涉险，当天晚上，带着一家老小，悄悄地溜出临安城，跑回温州去躲了起来。

陈宜中第二次当了逃兵。

张世杰、刘师勇等人，因朝廷不战而降，带着人马，愤然跑到海上去了。

元朝派都统卞彪去劝张世杰投降，张世杰割下卞彪的舌头，在中子山车裂了卞彪。

刘师勇忧患成疾，也纵酒而亡。

谢太皇太后命文天祥为右宰相。

具有主讽刺意味的是，文天祥当上宰相的使命不是保家卫国，而是和左宰相吴坚一起，到元朝军营请求伯颜接受南宋的投降。

文天祥到了元军大营，并没有按太皇太后的意思宣布无条件投降，而是要求元军先从临安退兵三百里,然后再进行和谈,同时,他还对元军的贪婪和残暴进行了声讨。

伯颜没有想到南宋还有文天祥这样的人物,把他扣押在军中,让其他人返回临安城。并改临安为两浙大都督府,命忙兀台及降臣范文虎进城管理,然后命人去查封府库,收史馆、礼寺图书及收缴各个部门的大印,撤掉官府及侍卫军。

接着,又索要宫女、内侍及乐官,为了保住贞节,很多宫女都跳水自杀了。

谢太皇太后又命贾余庆为右宰相、刘岜同签书枢密院事,同左宰相吴坚、签书枢密院事家铉翁等人一起任祈请使,赶赴元朝都城,一行人在伯颜军营中落脚。

伯颜让文天祥和祈请使一起北行。他自己则率军进驻钱塘江的沙滩上。听说益王、广王已经出了临安,派范文虎带兵向南追杀益王和广王。

驸马杨镇本来随益王、广王同行,听说元兵追上来了,立即叫益王、广王先走,他自己则留下来拖住追兵。返回途中,正好遇上范文虎。杨镇骗他们说,益王、广王已经走得很远了,想追也追不上。

范文虎抓走了杨镇。

伯颜进入临安城,带领左右去巡城,还到钱塘江去观潮。

德祐二年(1276年)三月,伯颜将南宋的图书、祭器、礼器、财宝、仪仗等等席卷一空,作为战利品,带回大都。

除了物品外,还有一大批俘虏,其中有乐工、工匠、三学的学生、各级官僚等。

南宋皇室的人当然也不例外,小皇帝赵㬎、太后全氏等都被押解北上,只有谢太皇太后因病不能行走,留了下来,但后来也被押送到大都。

据说,谢太皇太后搬出皇宫的时候,老太太赖在床上,死活也不起来。蒙古人急了,干脆连床带人一起抬走了。

当了俘虏的全太后到了大都后,反而还很感激忽必烈,因为忽必烈下诏免了全太后和赵㬎他们"系颈牵羊"的投降仪式。

其实,这只是避免了形式上的难堪,但国亡人降的屈辱又怎能挥之即去呢?

三月二十一日,伯颜回到大都,在写有"天下太平"大旗的引导下进城。

五月初一，元朝举行盛大的受降仪式，南宋君臣献上金银珠宝，作为投降的见面礼，全太后、赵显、赵与芮和宰执大臣、各级官僚，都身穿朝服拜见忽必烈。

和北宋相比，南宋虽说也是投降，结局却比赵佶、赵桓要体面一些。至于实际情况是不是这样，元人在《元史》中是不会将他们干的缺德事记下来的。

赵显投降后，被忽必烈封为开府仪同三司、检校大司徒，爵位是瀛国公。

这不过是个样子而已。

几年之后，赵显被逼出家当了大和尚，先是在蒙古高原上讨生活，后来被迁往吐蕃（今西藏），在雪域高原研究佛学。即便是如此，最终还是没能逃过被杀的命运。元英宗至治三年（1323年），他写诗怀念故国，遭到元朝的猜忌，被赐死，时年五十二岁。

全太后也没能继续锦衣玉食的生活，被逼出家为尼，只能青灯为伴，了此一生。

谢太皇太后最终还是被元人绑架到蒙古高原，七年后病死那里。

第八章　流亡小朝廷

　　南宋朝廷宣布无条件投降，小皇帝、皇太后以及朝中的头头脑脑们，都被蒙古人带走了。尽管宋朝已经灭亡了，小皇帝、皇太后以及朝中大臣们，也都被蒙古人掳走了，但各地的仁人志士，却不甘做亡国奴，他们先后将益王赵昰、广王赵昺扶上皇位，组建起宋朝的流亡小朝廷，继续同元军战斗。

　　这是一场不为名、没有私欲，只是为了国家和民族，抛头颅、洒热血的战斗，可歌！可泣！

一　慷慨赴死留悲歌

匆忙凑合的小朝廷

　　南宋朝廷宣布无条件投降，小皇帝、皇太后以及朝中的头头脑脑们，都被蒙古人带走了。尽管宋朝已经灭亡了，小皇帝、皇太后以及朝中大臣们，也都被蒙古人掳走了，但各地的仁人志士，却不甘做亡国奴，他们先后将益王赵昰、广王赵昺扶上皇位，组建起宋朝的流亡小朝廷，继续同元军战斗。

　　这是一场不为名、没有私欲，只是为了国家和民族，抛头颅、洒热血的战斗，可歌！可泣！

　　德祐二年（1276年）三月，宋朝败亡已定，经文天祥提议，谢太皇太后封赵昰为益王，任福州通判，赵昺为广王，任泉州通判。并派人将他们送出了临安城。

　　文天祥果然有先见之明，谢太皇太后的这一决定，为南宋皇室留下了一点希望的种子。

　　益王赵昰和弟弟广王赵昺逃出临安后，一路南下，由益王赵昰的母亲杨淑妃和她的弟弟杨亮节、宗室秀王赵与檡等人陪同，途中遭到元兵的追杀，幸亏驸马杨镇引开了元军，他们才得以脱身，在山中躲了七天后，由统制张全率领

第八章　流亡小朝廷

几十名骑兵保护，辗转到了温州。

闰三月，陆秀夫和苏刘义赶到温州和两王会合。

陆秀夫的到来，使两王有了得力了的帮手，他先后派人召来陈宜中、张世杰等人，使两王的左右不仅有了文臣武将，而且还有了相当数量的军队。

如此一来，两王是要人有人，要枪有枪，便在温州开大元帅府，大家奉益王赵昰为都元帅，广王赵昺为副元帅。

随后，陈宜中等人，护送两王到福州。

五月一日，益王赵昰在福州称帝，改年号景炎元年（1276年），尊杨淑妃为皇太妃，让她垂帘听政。遥尊被蒙古人带走的小皇帝赵㬎为恭帝。

加封广王赵昺为卫王；任命陈宜中为左宰相兼枢密使，都督诸路军马；右宰相留给还在扬州同元军作战的李庭芝；陈文龙、刘黻参知政事，张世杰为枢密副使，陆秀夫签书枢密院事，苏刘义主管殿前司。改福州为安福府，温州为瑞安府。

一个流亡小朝廷，就这么匆匆忙忙地凑合起来了。

文天祥被俘后，随祈请使一同北上，走到镇江的时候，在一个漆黑的夜晚，他与幕僚杜浒等十二人，躲过蒙古人的防范，逃了出来。

真州守将苗再成将他接进城里，共商收复大计。文天祥还给李庭芝写了一封信，约他共图大业。

李庭芝不但没有响应文天祥的号召，反而给苗再成写信，叫他杀了文天祥。

原来，李庭芝听到一个消息，说有一个降元的宋朝宰相在四处活动，游说还在坚持抗元的各路将领投降元朝。他怀疑文天祥就是那个替蒙古人做说客的旧宰相。

李庭芝誓死不当亡国奴，派人搜捕文天祥。

苗再成知道这中间有误会，便把李庭芝的信给文天祥看，文天祥气愤难当，决定要到扬州去面见李庭芝，向他解释清楚。苗再成便派二十名士兵护送他。

当天晚上，文天祥一行到了扬州城下，听到门卫说，奉制置使的命令，捉拿文天祥。文天祥知道误会深了，如果进了扬州城，恐怕不能活着出来。

文天祥便更名改姓，流落到高邮，途中生了一场大病，被一个樵夫给救了，将他送到嵇家庄。

稽家庄一个叫稽耸的草民，知道文天祥的身份后，便派儿子稽德润护送他一路寻找益王和广王。途中，听说益王赵昰已经在福州即位，文天祥立即从温州航海，直奔福州。

流亡小朝廷名义上虽然由杨太妃主政，其实，陈宜中成了实际的主事者。刚建立的小朝廷，要办的事情很多，不幸的是，主政的人却是不干事的人。

陈宜中还是继续着以往的做法，上阵打仗当缩头乌龟，争权夺利比谁都卖力。他曾示意台谏，上书弹骇不听话的陆秀夫，结果，陆秀夫被撵出了福州。

国家都要亡了，陈宜中还要搞窝里斗，这让张世杰很不满，他指责陈宜中："都什么时候了，还要指使台谏整人？"

陈宜中虽然主持大政，可他还得张世杰带兵保护自己，不敢得罪他，只得又将陆秀夫请回来。

其实，张世杰也不是一个有度量的人。

景炎元年五月二十六日，文天祥辗转到了福州，小朝廷因为李庭芝镇守淮东，不能到福州来任右宰相之职，任命文天祥为右宰相，兼知枢密院事。

文天祥讨厌陈宜中这个人，不想和他共事，一再推辞，不肯就职。朝廷便改授他枢密使，统领各路军马。

不久，陈宜中、张世杰合伙排挤文天祥，将他撵出福州，派往南剑州建府立衙，管理江西。

抗元烽火

文天祥回到江西之后，各地的豪杰和溃兵纷纷前来投靠他。不久，在江西战场上，吴浚率兵收复了南丰、宜黄、宁都三县；翟国秀也夺取了秀山；傅卓又收复了衢州。

不幸的是，元将唆都率兵展开了猛烈的攻击，攻陷了婺州，衢州再次陷落元军之手。

旧相留梦炎这时也投降了元朝，吴浚也大败而归，翟国秀则不战而逃，傅卓干脆就投降了元朝。江西的抗元力量遭到重创。

广东战场上，宋军也是节节败退。不久，又传来淮东沦陷的消息。

淮东的守将李庭芝可是一个铁杆主战派。谢太皇太后投降元朝后，曾传诏各地停止抵抗。淮西制置使夏贵，举全境投降了元朝；孙虎臣眼见国破家亡而无力回天，忧愤而死。

第八章 流亡小朝廷

坚守扬州的李庭芝拒不投降，手持谢太皇太后诏谕的使者，连扬州的城门都没有进，就被打发走了。

元军屡次到扬州招降，李庭芝不但不投降，甚至连元朝的使者也给杀了，表示他与元朝血战到底的决心。

小皇帝赵㬎被元军掳走北上的时候，李庭芝在誓师大会上痛哭流涕，将库存的金帛全部拿出来犒赏众将士，命姜才率四万兵马在瓜洲拦截，但终因敌众我寡，没有成功。

元将阿术见李庭拒不投降，派兵据守在高邮、宝应，切断了扬州的粮道。

扬州城陷入了内无粮草，外无救兵的绝境。接着，淮安、盱眙、泗州的守将都因没有粮食而出城投降。

即使是这样，李庭芝仍然不屈不挠，大家以牛皮、酒糟、草根充饥，仍然奋战不止，曾经横扫中亚、西亚、欧洲的蒙古大军，对扬州这座孤城无计可施。

七月份，赵昰的使者来到扬州，召李庭芝到福州任右宰相。李庭芝留下置制使朱焕守扬州，自己和姜才率七千兵马取道泰州，准备从那里东下入海奔福州。

谁知李庭芝前脚刚走，朱焕后脚便开城投降了元军。

阿术立即分兵追杀李庭芝，李庭芝战败逃进泰州。

李庭芝进城不久，泰州守将孙贵、胡惟孝偷偷打开北门，迎元兵进城。

姜才这时候背上长了个大毒疮，不能迎战。李庭芝见大势已去，投进莲池自杀，因水浅而没有淹死，被元军俘虏。

阿术敬佩李庭芝和姜才，百般劝降。但刚刚投降的朱焕不干了，他对阿术说："扬州用兵以来，积骸满野，死人无数，这都是李庭芝、姜才二人造成的，此时不杀他们，等待何时？"

阿术便下令，处死了李庭芝和姜才。

李庭芝和姜才被杀的死讯传出后，扬州城的百姓哭声遍野。

扬州的兵祸源于蒙古人的入侵，李庭芝和姜才率领军民抵抗入侵之敌，是正义之战。朱焕却把扬州遭受兵祸之灾的屎盆子扣到李庭芝和姜才两人头上，实在是不折不扣的强盗逻辑。

扬州沦陷不久，真州也相继失陷，苗再成战死沙场。

至此，淮东的各个州县，尽归元朝所有。

接下来，元朝派阿剌罕、董文炳、忙兀台、唆都等统领水军，从明州出发。李恒、吕师夔等人，率领骑兵从江西出发。

水陆并进，分别攻打福建、广东、广西。两路军长驱直入，所向披靡，直达建宁府。十一月，逼近福州。

流亡小朝廷再次面临抉择。

陈宜中原本就没有和元兵刀兵相见的勇气，张世杰则只想向南方跑得远远的，躲开元军。两位主宰朝廷命运的文武重臣，虽说原因和目的不同，但他们的认识却是高度地一致，那就是一个字：逃。

逃，是南宋最基本的国策，从汴梁逃到扬州，从扬州逃到建康，从建康逃到临安，现在又从临安逃到温州，从温州逃到福州，而且，还将继续逃下去。

陈宜中和张世杰置备船只，带帝小皇帝赵昰以及杨太妃和卫王赵昺，登船逃到海上去了。

海上漂泊

流亡小朝廷下海不久，福建招抚使王积翁带元朝将领阿剌罕等人来到福州。知州王刚中举城投降。

流亡小朝廷在海上漂泊，辗转到了泉州。泉州招抚使蒲寿庚请朝廷在泉州港落脚。张世杰以为泉州不安全，决定继续西行。

张世杰的决定，让蒲寿庚失望至极，一怒之下，他把泉州城内的皇亲国戚几乎都杀光了。然后和知州田子真举城投降了元朝。

阿剌罕收降泉州后，派人去劝降兴化军，参政陈文龙竟然也是一个不怕死的主，下令杀了来使，然后让部将林华领兵出战。

林华领兵出城后，一去不返，投降了元军，并将元兵引到城下。

通判曹澄孙出城迎敌，大败而归。陈文龙被俘，阿剌罕胁迫他投降。

陈文龙是一个宁死不屈的硬汉子，他指着自己腹部说："这里面装的，都是舍生取义的文章，怎么会被你胁迫呢？"

阿剌罕佩服陈文龙是一条汉子，将他送到扬州。

陈文龙到扬州后，绝食而亡。

元将阿里海牙这一支军队进攻广西，攻陷了静江，邕州府马塈战死。随后分兵攻郁林、浔州、容州、腾州、梧州。

南宋广西提刑邓得遇听说静江失守，穿上朝服，朝着南方拜了几拜后，投江自尽了。

文天祥奔波于汀州、漳州之间，一心想从江西进兵。当时，汀州的守将黄去疾已经和吴浚一起投降了元朝。吴浚又到漳州来游说文天祥去投降元朝。

文天祥先是斥责吴浚投敌叛国，然后将他推出去斩首示众。随即带兵从梅州出发，进军江西，先后攻克了会昌、雩都，又派赵时赏等人围攻赣州，他自己坐镇兴国县，指挥全局。

广东制置使张镇攻克了广州，张世杰保护小皇帝赵昰来到潮州后，回兵讨伐蒲寿庚。

蒲寿庚闭城自守，张世杰传檄各路攻打邵武军。

不久，陈文龙的侄子陈瓒举兵杀了林华，夺回兴化。

淮人张德兴、傅高带领民兵攻下了黄州及寿昌军，杀死元朝宣慰使郑鼎。

四川制置副使张珏也从合州进兵，收复了泸州、涪州。

一时间，南宋残留的一隅江山，大有重新兴起的气象。

南宋军队取得胜利，其是并不是南宋的军队突然能打，而是元朝内部出了问题。

原来，元朝王公昔里吉发动叛乱，割据北方，忽必烈将南方的一部分军队调回北方平叛去了。所以，南宋的残军趁此机会，抢回了一些国土。

伯颜讨平了昔里吉后，命令塔出、吕师夔、李恒等人，率兵从大庾岭出发，忙兀台、唆都、蒲寿庚及元帅刘深等人，率领水军下海，一起追讨益王赵昰、广王赵昺。

李恒派兵到兴国县袭击文天祥。

文天祥被打个措手不及，先是逃到永丰，后又逃到方石岭。

李恒率兵一路追杀，文天祥的部将巩信、张日中战死，剩下的人也都逃散了。

文天祥的妻子欧阳氏，两个儿子文佛生、文环生也都被元兵掳走。

文天祥脱身急走，赵时赏坐着轿子在后面缓缓而行，追兵追上来的时候，问赵时赏的姓名，赵时赏毫不迟疑地说，他就是文天祥。

赵时赏谎称自己是文天祥，是想借此给文天祥赢得逃走的时间。

赵时赏被元兵抓走了，文天祥乘机和长子文道生及杜浒、邹㵒等人逃往循州。

李恒抓住赵时赏，让人辨认，这才知道抓了个冒牌货。一怒之下，杀了赵时赏。

李恒将文天祥的妻子和两个儿子送往燕京,两个儿子在途中病死了。

元将唆都率兵支援泉州,张世杰只好撤退,邵武再次失守,兴化也跟着沦陷。陈瓒惨遭车裂而死。

唆都再次攻取漳州,接着转攻惠州,并与吕师夔会师广州。

淮西的义民张德兴也被元军杀害。

黄州寿昌军再次沦陷,

景炎三年(1278年),四川制置副使张珏被元兵击败,合州失守,他逃到涪州的时候,遭到元军的伏击而被俘,自己解下弓弦将自己勒死了。

张世杰带着小皇帝赵昰一路逃命,途中遭到元将刘深袭击,不得已而躲避到秀山,然后转从井澳下海,亡命于海面和各个小岛之间。

仿佛天也要给他们过不去,这一天,突然间刮起一阵狂风,竟然把小皇帝赵昰乘坐的船给掀翻了,小皇帝掉进了大海里。可怜的小皇帝,一路颠簸,早已是身心疲惫,当水手们将他从水里捞起来的时候,已经淹得半死,经过一番抢救,才慢慢地缓过气来。从此,小皇帝一病不起,连话也懒得说一句。

张世杰想占领一座城池,暂作栖息之地。陈宜中再也不想过那种风里来、浪里去的生活了,建议把小朝廷迁往占城(今越南中南部),并借口探路,带着一条船,先跑到占城去了。并且一去不复返,第三次当了逃兵。

陈宜中身为百官之首的宰相,在国家最危难的时候,再次上演了逃跑的闹剧。

据说,陈宜中逃到占城,也没能避过战祸,几年后元兵攻打越南,占城沦陷,陈宜中逃到了泰国,成了海外遗民,最后客死他乡。

景炎三年三月,张世杰他们也只能带着病倒了的小皇帝,在海上东一头、西一头地乱撞,又跑了几个月,漂到了雷州半岛附近的碙州岛,算是暂时找了个落脚的地方。

连年累月地奔逃,提心吊胆地躲藏,大家早已身心疲惫。小皇帝赵昰到碙州岛后,已经是油尽灯干,四月份,死在这个小海岛上,死的时候,年仅十一岁。

皇帝死了,流亡小朝廷的凝聚力下降到了极点。很多人都有了散伙的想法。

其实,小朝廷已经没有存在的必要,即使不散,也没有能力抗元复国,更没有长远打算,只是当一天和尚撞一天钟,过一天算一天罢了,因为整个流亡小朝廷的疆域,不过是一支船队而已。

就是这样一个小朝廷,陆秀夫还想振作起来,他对大家说:"度宗的皇子广王还在,百官都在,军队还有不少人。不妨扶广王继位,再次立国。"

大家一合计,就在岛上立广王赵昺做了皇帝。

赵昺当时年仅八岁。

据说,当时有人看到黄龙在海上翻腾,于是改元祥兴,升碙州为翔龙县。

杨太妃仍然一同听政。

正巧这时都统凌震和转运判官王道夫再次攻下广州,张世杰认为广州外海的崖山天险可持,于是将小皇帝转移到崖山落脚。

君臣到达崖山后,张世杰派士兵上山伐木,筑造行宫、军营千余间,接着又打造战船、兵器,忙碌了好几个月。

然后,将皇帝赵昰埋葬在崖山,尊号端宗。

随后,晋升陆秀夫为左宰相。

文天祥因母亲和弟弟都在惠州,就收集一些残兵去了惠州,然后,带着母亲、弟弟一同到达丽江,并上疏朝廷,说自己兵败江西,应该受罚。

朝廷并没有责怪文天祥,反而还任命他为少保,封信国公。张世杰同时也封为越国公。这时,湖南制置使张烈良等也起兵接应崖山,雷州、琼州、全州、永州、潭州的百姓周隆、贺十二等人,也同时扯起了起义大旗,接应崖山,他们少则几千人,多则几万人。

忽必烈命张弘范为元帅,李恒为副元帅,再次进入福建和广东。

接着,又催促阿里海牙迅速平定湖南和广西。阿里海牙日夜兼程赶到潭州,打了周隆、贺十二等人一个措手不及,周隆、贺十二被俘斩首,张烈良等人也都力战而死。

阿里海牙进兵海南,劝南宋琼州安抚使赵与珞投降。赵与珞拒不降敌,但在进兵白沙口的途中,作乱的州民将他捆绑起来,送给了阿里海牙,被车裂而死。

海南一带的宋军,先后投降了元朝。

李恒从梅岭袭击广州,凌震、王道夫等人连吃败仗,弃城逃回崖山。

祥兴元年(1278年)十二月,文天祥驻扎在潮州,张弘范又从海路进兵,袭击漳州、潮州、惠州。

文天祥带着家人和部下向海丰撤退，母亲和长子均病死在途中。

这一天，他们到达五坡岭，正在埋锅做饭的时候，元兵先锋张弘正领兵追到了，仓促之间，士兵都吓跑了。只剩下文天祥、刘子俊、邹㵯、杜浒等人，全都做了元兵的俘虏。

邹㵯自刎而亡，杜浒也绝食身亡。

刘子俊想救文天祥，对元兵谎称自己是文天祥，不想元军中有人认识文天祥，刘子俊也因欺瞒元兵而被残忍地杀害了。

张弘正只带着文天祥到了潮阳，同张弘范相见。张弘范的左右呵斥文天祥跪拜，文天祥断然拒绝，宁死不屈。

张弘范亲自给文天祥松绑，以礼相待，文天祥但求一死，张弘范不许，将他关在一条船里。文天祥的亲属，也都被抓了起来。

文天祥其实也有死的打算，只因还存在着卷土重来的想法，只得暂时忍耐，关在船中的那段日子里，他把满腔的忠愤，都用诗歌表现出来。

二　正气照汗青

张弘范进攻崖山，他叫文天祥写信劝张世杰投降，文天祥断然拒绝说："我不能保护父母，难道还要教别人背叛父母吗？"

张弘范一再强迫文天祥写信，文天祥提笔，将前些日子在船上写的一首《过零丁洋》的感怀诗重抄一遍：

　　　　辛苦遭逢起一经，干戈寥落四周星。
　　　　山河破碎风飘絮，身世浮沉雨打萍。
　　　　惶恐滩头说惶恐，零丁洋里叹零丁。
　　　　人生自古谁无死，留取丹心照汗青。

"人生自古谁无死，留取丹心照汗青"成为千古绝句，广为流传。

张弘范看了文天祥的这首《过零丁洋》后，情不自禁的赞道："好人！好诗！"此后，不再强逼文天祥。

张弘范兵攻崖山。张世杰将船连接起来，用石墩固定，把小皇帝放在最中间的船上，决定破釜沉舟，背水一战。

将士们都认为这样做不妥，张世杰悲怆地说："年年航海外逃，什么时候才算完啊！不如同元兵决一胜负，胜了是社稷之福，败了就同归于尽罢了。"

刘世杰已是抱有必死的决心。

此时，元将李恒带领水师，赶到崖山同张弘范会师。

祥兴二年（1279年）二月六日，最后的决战——崖山之战，打响了。

这天早晨，西边有黑云笼罩，早潮骤然大涨。

李恒乘潮水大涨的时候，发起了进攻。张世杰率兵死战，相持到中午，不分胜负。

这时，张弘范又率兵进攻。

张世杰两面受敌，加上将士们都已疲惫不堪，不能再战。一时间，旗靡樯倒，海上波涛翻滚，船只像一片树叶一样，随时都有船毁人亡的危险。

翟国秀、凌震等人，都投降了元军。

张世杰仍然独自支撑，战到日落的时候，又赶上风雨大作，雾气弥漫，咫尺间都分辨不出事物。

张世杰料知大势已去，便和苏刘义斩断缆绳，带着十六艘船逃走了。

陆秀夫来到小皇帝赵昺的船上，小皇帝吓得缩作一团，陆秀夫见各船都连结在一起，知道不能脱身，对小皇帝说："国家已经到了这个地步，陛下应该为国而死。德祐皇帝已经受到凌辱，陛下不能再次受辱。"

陆秀夫说罢，背上小皇帝赵昺，一同跳入大海。很多大臣也一同殉难。

杨太妃听到小皇帝赵昺的死讯，放声痛哭地说："我忍辱偷生到现在，就为了赵氏的这一支血脉，如今还有什么希望呢？"绝望中，她也跳海自杀了。

张世杰的船到了海陵山下，正遇上飓风大作，将士们劝他上岸暂避，张世杰叹息道："不必了！不必了！"

他独自登上船楼，焚香祝天道："我为赵氏已经尽力了，一个君主驾崩，又立一个，如今又驾崩了，我没有去死，是因为心里还有一个希望，想等敌人退去以后，再立一位赵氏宗室子弟为帝。如今，大浪涛天，想必是上天要让赵氏灭亡，也不容我再活了。"

祷告刚刚完毕，风越刮越急，浪越来越大，张世杰的船，一会儿被抛上浪尖，一会儿又掉进谷底，一个巨浪突然扑来，盖住了他的船，巨浪过后，再也没有出来。

苏刘义逃出去后，不久也被部下杀了。

南宋到此，算是彻底地灭亡了。

从高宗皇帝赵构到小皇帝赵昺,共历九个皇帝,总计一百五十二年,和北宋一起计算,一共三百二十年。

文天祥被送到元朝都城后,被关进了大牢。这期间,前来劝降的人络绎不绝,除了元朝的平章政事阿合马、宰相孛罗、平章张弘范等人,更动用了南宋的降臣留梦炎等人,甚至连已被降为瀛国公的恭帝赵㬎,也前来当说客。

文天祥请赵㬎上座,然后跪拜道:"圣驾请回!圣驾请回!"根本就不给赵㬎劝说的机会。

文天祥被囚禁了三年,在狱中,他写出了不少诗篇,气壮山河的《正气歌》就是他在狱中写成的。他在《正气歌》中写道:

> 天地有正气,杂然赋流形。下则为河岳,上则为日星。
> 於人曰浩然,沛乎塞苍冥。皇路当清夷,含和吐明庭。
> 时穷节乃见,一一垂丹青。在齐太史简,在晋董狐笔。
> 在秦张良椎,在汉苏武节。为严将军头,为嵇侍中血。
> 为张睢阳齿,为颜常山舌。或为辽东帽,清操厉冰雪。
> 或为出师表,鬼神泣壮烈。或为渡江楫,慷慨吞胡羯。
> 或为击贼笏,逆竖头破裂。是气势磅礴,凛烈万古存。
> 当其贯日月,生死安足论。地维赖以立,天柱赖以尊。
> 三纲实系命,道义为之根。嗟予遘阳九,隶也实不力。
> 楚囚缨冠其,传车送穷北。鼎镬甘如饴,求之不可得。
> 阴房阗鬼火,春院闭天黑。牛骥同一皂,鸡栖凤凰食。
> 一朝蒙雾露,分作沟中瘠。如此再寒暑,百疠自辟易。
> 哀哉沮洳场,为我安乐国。岂有他缪巧,阴阳不能贼。
> 顾此耿耿在,仰视浮云白。悠悠我心悲,苍天曷有极。
> 哲人日已远,典刑在夙昔。风檐展书读,古道照颜色。

元世祖忽必烈要以儒家思想治国,他问议事大臣:"南方、北方宰相,谁是贤能?"

群臣回答说:"北人无如耶律楚材,南人无如文天祥。"

此时,京城出现了匿名帖子,说外地起兵反元,有人声称要来救"文宰相"。

忽必烈决定作最后一次努力,亲自劝降文天祥。

第八章 流亡小朝廷

文天祥见忽必烈，不肯下跪，只作了个揖。

忽必烈劝文天祥归顺元朝，许诺：只要他归降，就让他当元朝的宰相。

文天祥断然拒绝，回答说："忠臣不事二主，愿求一死。"

忽必烈知道劝说已经没有希望，下令第二天处死了文天祥。

至元十九年（1282年）腊月初九，文天祥被押到菜市口刑场，他要求刽子手让他面向故国所在地的南方，从容就义。他的衣带上留下一首绝命诗：

　　孔曰成仁，孟云取义。惟其义尽，所以仁至。
　　读圣贤书，所学何事？而今而后，庶几无愧！

元世祖忽必烈听说后，感叹地说："好男子，不为吾用，杀之诚可惜也！"

文天祥以他对国家、对民族、对江山社稷的忠诚，威武不能屈、富贵不能淫的气节，用鲜血为旋仆旋起、愈挫愈强的中华民族，写下了最好的注释。

图书在版编目（CIP）数据

这才是南宋史 / 余耀华著. —北京：中国书籍出版社，2013.9
ISBN 978-7-5068-3748-4

Ⅰ.①这… Ⅱ.①余… Ⅲ.①中国历史—南宋—通俗读物
Ⅳ.①K245.09

中国版本图书馆 CIP 数据核字（2013）第 216619 号

这才是南宋史

余耀华　著

策划编辑	邹攀峰
责任编辑	邹攀峰
责任印制	孙马飞　张智勇
封面设计	嘉玮伟业
出版发行	中国书籍出版社
地　　址	北京市丰台区三路居路 97 号（邮编：100073）
电　　话	(010) 52257143（总编室）　　(010) 52257153（发行部）
电子邮箱	chinabp@vip.sina.com
经　　销	全国新华书店
印　　刷	三河市国源印刷有限公司
开　　本	710 毫米×1000 毫米　1/16
字　　数	400 千字
印　　张	32.75
版　　次	2014 年 3 月第 1 版　2020 年 4 月第 2 次印刷
书　　号	ISBN 978-7-5068-3748-4
定　　价	49.00 元

版权所有 翻印必究